M. Emin Değer'in Eserleri:

- *CIA, Kontrgerilla ve Türkiye* (......................,
  li Müdafaa-i Hukuk Yayınları, 2007)
- *Emperyalizmin Tuzaklarındaki Ülke: Oltadaki Balık Türkiye* (Çınar Yayınları, 1993-1995, 5 baskı; Toplumsal Dönüşüm Yayınları, 1998; Otopsi Yayınları, 2004-2007, 4 baskı; Kilit Yayınları, Ocak 2010)
- *Düşünce Özgürlüğü Çıkmazı* (Tekin Yayınevi, 1995)
- *Uğur Mumcu ve 12 Mart: Geriye Dönüşün İlk Adımı* (Um-Ag Yayınları, 1996)
- *Bir Cumhuriyet Düşmanının Portresi ya da Fethullah Gülen Hocaefendi'nin Derin Misyonu* (Cumhuriyet Kitap, 2000-2 baskı)

Emperyalizmin Tuzaklarındaki Ülke: Oltadaki Balık Türkiye
M. Emin Değer

ISBN: 978-605-604-354-3

Sayfa Düzenlemesi
Yalçın Ateş

Kapak Tasarım
Ersinhan Ersin

Kapak Fotoğrafı
"ABD Eyalet Plakalarını Simgeleyen Kravatıyla,
Oltaya Yakalanmış Yöneticimiz"

Basımevi
Sözkesen Matbaacılık

1-5. Baskı: Çınar Yayınları (1993-1995)
6. Baskı: Toplumsal Dönüşüm Yayınları (1998)
7-10. Baskı: Otopsi Yayınları (2004-2007)
11-12-13. Baskı: Şubat 2010
14. Baskı: Nisan 2011 - 15. Baskı: Şubat 2012
16. Baskı: Eylül 2012 – 17. Baskı: Mayıs 2013
18. Baskı: Aralık 2014
19. Baskı: Nisan 2016
20. Baskı: Ağustos 2016
21. Baskı: Eylül 2016
22. Baskı: Eylül 2016
23. Baskı: Eylül 2016

Genel Dağıtım
Kıta Bas. Yay. Dağ. Ltd. Şti.
Kızılırmak Caddesi No: 12/A Kızılay / Ankara
Tel: (312) 435 59 03 - Fax: (312) 435 59 04
e-posta: info@kitakitap.com

M. Emin Değer

Emperyalizmin Tuzaklarındaki Ülke
Oltadaki Balık Türkiye

Gözden Geçirilmiş
ve Genişletilmiş
23. Baskı

İÇİNDEKİLER

5

5. Sözleşmelerin Tuzağında ya da Bağımsızlıktan Bağımlılığa -I

6. Sözleşmelerin Tuzağında ya da Bağımsızlıktan Bağımlılığa -II

Ülkemin ve Cumhuriyet'in geleceğini
kuracak kuşaklara...
Benzer yanılgılara düşülmemesi dileklerimle...

Emperyalizmin Tuzaklarındaki Ülke

Oltadaki Balık Türkiye

OLTADAKİ BALIK TÜRKİYE

"...Biz askeri paktlarımızı kurmaya ve sağlamlaştırmayı hedef alan tedbirlere devam etmeliyiz.. Büyük ölçüde politik ve askeri nüfuz garantileyecek genişlikte ekonomik yayılma planını Asya, Afrika ve diğer azgelişmiş bölgelerde uygulamak zorundayız.. - Yardım - birinci gruba, bizimle dost olan ve bize uzun süreli askeri paktlarla bağlanmış olan ülkeler girer. Bu ülkelere yapılacak yardımlar ve açılacak krediler öncelikle askeri nitelikle olmalıdır. **Oltaya yakalanmış balığın yeme ihtiyacı yoktur. Bu noktada dışişleri bakanlığı ile aynı fikirdeyim, genişletilmiş iktisadi yardım, - örneğin Türkiye'ye - bazı hallerde düşünülenin tersi sonuçlar verebilir. Yani bağımsızlık eğilimini artırıp, mevcut askeri paktları zayıflatabilir. Bu tip ülkelere - Türkiye gibi - doğrudan doğruya iktisadi yardım da yapılabilir, ama bu bize uygun ve bağlı hükümetleri iktidarda tutacak ve bize düşman muhalifler zararsız bırakacak biçim ve miktarda olmalıdır.** Bunlara bağlantılı olarak özel sermaye yatırımlarını da ayarlamak gereklidir. Hükümet, özel sermaye yatırımlarını cesaretlenmeli ve onlardan *akıllıca* yararlanmasını bilmelidir. Bu yatırımlar yardımıyla birçok politik amaca ulaşabilir. Bu tip özel sermaye yatırımları zamanla bütün gayri meşru muhalefeti ve politikamıza karşı mukavemeti ortadan kaldırabilmeli veya nötralize edebilmelidir. Ayrıca bizi desteklemekte kararsız ve sallantılı olan bütün şahsi teşebbüs ve menfaat çevrelerini etkilemelidir. Aynı zamanda **ABD ile işbirliğine hazır yerli işadamlarına yardımı artırmalı ve böylece bu işadamlarının, ilgili ülkenin ekonomisinde kilit noktalarını ele geçirmeleri, buna dayanarak politik etkilerinin artması** sağlanmalı."

Nelson A. ROCKEFELLER'ın
Başkan Einsenhower'a yazdığı
mektuptan, 1956

DAVET

Dört nala gelip Uzak Asya'dan
Akdeniz'e bir kısrak başı gibi uzanan
bu memleket bizim!
Bilekler kan içinde
Dişler kenetli, ayaklar çıplak
ve ipek bir halıya benzeyen toprak,
bu cehennem, bu cennet bizim
Kapansın el kapıları
bir daha açılmasın
Yok edin insanın insana kulluğunu
Bu davet bizim
Yaşamak bir ağaç gibi tek ve hür
Ve bir orman gibi kardeşçesine
bu hasret bizim.

Nâzım Hikmet (Kuvayı Milliye Destanı'ndan)

ŞEHİTLER

Şehitler, Kuvayı Milliye şehitleri,
mezardan çıkmanın vaktidir!
Şehitler, Kuvayı Milliye şehitleri
Sakarya'da, İnönü'nde, Afyon'dakiler
Dumlupınar'dakiler de elbet
ve de Aydın'da, Antep'te vurulup düşenler,
siz toprak altında ulu köklerimsiniz
yatarsınız al kanlar içinde.
Şehitler, Kuvayı Milliye şehitleri,
siz toprak altında derin uykudayken
düşmanı çağırdılar,
satıldık, uyanın!
Siz toprak üstünde e derin uykulardayız,
kalkıp uyandırın bizi,
uyandırın bizi!
Şehitler,
Kuvayı Milliye şehitleri,
mezardan çıkmanın vaktidir!

Nâzım Hikmet, 1959 (Bütün Eserleri, c. 2, s. 242, Sofya baskısı-1967)

Sunum

Rıfat Ilgaz'ın ölümünden önce yazdığı son yazı (1993)

Bizden Biri

Hak adamı olduğu kadar halkın da adamı, haksızlıklar karşısında belgeli, becerili savunucumuz olan Emin Değer'in emek ürünü yapıtıyla başbaşayım.

Tanıdığım, biraz da kendisinden öğrendiğim kadarıyla, yöremizin bu sevilen adamını sizlere de tanıtayım: M. Emin Değer, 1927'de Kastamonu'da doğdu. Orta öğrenimini burada yaptıktan sonra, Ankara Üniversitesi Hukuk Fakültesi'nde yüksek öğrenimini bitirerek, 1951 yılında Hâkim Teğmen olarak Silahlı Kuvvetler'de göreve başladı. 1960'ta Millî Savunma Bakanlığı Hukuk Müşavir Yardımcılığı'na atanan Değer, 1968'de hukuk müşaviri oldu. Bu görevinde Türkiye-ABD ilişkilerinin bağımsızlığımıza düşürdüğü gölgeyi saptamış, ABD görevlilerinin kendilerinden yüksek rütbede olan subay ya da generallerimize karşı üstten bakışlarını içine sindirememiştir. Yardım mallarının hukuksal statüsünü saptamak için Yardım Kurulu'nda bir heyetle yapılan görüşmede, açıkça "Bu mallar zaten bizim, siz sadece kullanıcı durumundasınız, bu koşullarda aramızdaki 1947 Sözleşmesi dışında, bu malların hukuksal statüsü aranmaz." dediklerini, tutum ve davranışlarıyla, veren insanların üstten küçümser bakışlarını bugün bile anımsarken, o günkü acıyı duyumsadığını söylemektedir. Ve Türkiye-Birleşik Amerika ilişkilerini belgeleyerek çalışmaya başlamasının bu olaylara bağlı olduğunu özellikle vurgulamaktadır.

Silahlı Kuvvetler'deki çalışmaları sonucu, Gelibolu'daki 2. Kolordu Kıdemli Hakimliği'ne atanan Değer, 1971 yılında bu görevden isteğiyle emekliye ayrılmıştır.

M. Emin Değer, tanık olduğu ilişkileri, *CIA, Kontrgerilla ve Türkiye* adı altında yayınladığı yapıtıyla büyük ilgi görmüştür.

Değer, bu kez de yeni çalışmalarıyla emperyalizmin yardım adı altında sözleşmelerle bir ülkeye nasıl girdiğini, ilgili ülkeleri yerli işbirlikçilerle her yönden gizli bir işgale uğrattığını, ilişki kurduğu ülkeleri bölgesel çıkarları için kullandığını, emperyalizmin kendi belgelerine dayanarak açıklanmaktadır. Bu bağlamda Türk dostu (!) olarak tanınan Richard Perle'ün, Türkiye'yi Ortadoğu'da emperyalizmin bekçiliğine uygun gördüğünü çekinmeden söylediği, yine bir başka Türk dostu (!) eski ABD Türkiye Büyükelçisi McGhee'nin Türkiye'nin sürekli yardım isteğini biraz alaycı bir biçimde dile getirerek *"bereket, ne Türkler köle, ne de Amerikalılar aptaldı!"* sözleriyle bize ders verdiği anlaşılmaktadır.

Amerika iç ve dış siyasasını çokuluslu şirketlerin çıkarlarına göre düzenlendiği, emperyalizmin sömürü ilkelerinin de bu şirketlerce saptandığı, Rockefeller'ın Başkan Eisenhower'a yazdığı 1956 tarihli bir mektup ve daha başka belgelerle değerlendirilmekte ve Rockefeller'ın bu mektubunda Türkiye'nin "OLTAYA YAKALANMIŞ BALIK" olduğu, bu nedenle de yeme gereksinimi bulunmadığı açıklanmaktadır.

Türkiye'nin, 1947'den bu yana emperyalizmin tuzaklarında geçen yarı bağımlı yaşamı belgelerle anlatılmaktadır. Emperyalizmin tuzaklarından kurtulmanın yolu, Değer'e göre, bu tuzaklara neden ve nasıl düşürüldüğümüz öğrenmeden bulunamaz.

Demek, Orhan Veli'nin dediği gibi, rakı şişesinde değil de, bir de "oltada balık" olmak var, bu uçsuz bucaksız sömürü düzeninde... Oltaya yakalanmış balığın yeme gereksinimi yoktur! Öyle ya, zokayı yutan balık yemi neylesin!

Gelgelelim danışmanlar, üzerine düşen işi yapacak Başkan Eisenhower'ı uyaracaklardır mektuplarla:

"İşbirliğine hazır yerli işadamlarına yardımı artırmalı, buna dayanarak politik etkilerinin artması sağlanmalıdır."

Kimdir bu oltayı yutturan? Ev sahibi olmak isteyen bir bezirgân mı, kılkuyruk bir kiracı mı, sıradan bir konuk mu, sırtımızdan geçinmeye kalkışan bir sığıntı mı? Yardım, dış yardım diye bize bostan bekçiliği yaptırmaya kalkışan açıkgöz bir toprak ağası da olabilir; hem bostanımızdan, hem bekçiliğimizden yararlanmaya kalkışan bir ağaların ağası da olabilir.

Richard Burt adlı bir ABD'li şöyle açıklıyor bu ilişkiyi kitapta: "En iyi yapacağımız iş, Türkiye'nin kendisini korumasını sağlamaktır. Çok daha az masraflı yaklaşımdır bu." Yeni emperyalizmin amacı da budur. Yeni emperyalizm, ticaretin bayrağı altında genişleyecek, yayılacak, sermayenin uluslararası anlaşması ile başlayacak ve azgelişmiş ülkeleri işgal altına alacaktır. Güvensizliğini ve bağımsızlığını koruma, ekonomik gelişmesini yardım anlaşmasıyla sağlayacak! Dost gülü altında, dostluk, özgürlük, eşitlik aldatmacalarıyla...

Emperyalizm saldırılarla değil, dostluk türküleriyle girecek, yardım anlaşmalarıyla yerleşecektir. Oyun böyle açıktan açığa oynanıp dururken, azgelişmiş ülkelerin siyasal iktidarları da kendi başarılarıyla durmadan övüneceklerdir.

Azgelişmiş memleketleri özendirmeli, destekler, ödenekler, "bir verip yirmi almalısınız" çekişmeleri, bağışlar, az faizli dış yardımlar derken, giydirilmiş canlı savaş araçları, çekiç güçlerin konuşlandırılma eylemleri, üslerden yararlanma biçimleri...

Eğer sömürü düzeninin Ortadoğu'da sürüp gitmesi gerekliyse, yeni yeni bölme yönetme kuralları da uygulanmalı ki, emperyalizm tüm kurallarıyla uygulanmış olsun.

Bu konuda, biraz da Sakıncalı Piyademize kulak verelim. Sömürmek mi gerekiyor, bunun bir yolu daha var, "Şovenizm, emperyalist devletler için birer araç olarak kullanılır."

"Şovenizm, kendi soyunu öteki soylardan üstün gören bağnaz ulusçuluk anlamına gelir. Bu bağnaz ulusçuluk saldırgan siyasetlerin, ideolojilerin de temel kaynağıdır."

"Her ulusun devrimcileri ve sosyalistleri olduğu gibi şovenleri de vardır. Alman'ın da vardır, İtalyan'ın da vardır, İspanyol'unda vardır; Türk'ün de, Kürt'ün de vardır!"

"Şovenizmin barış getirdiği ve adına serüvenlere çıkarılan uluslara yarar sağladığı hiç görülmemiştir. Şovenizmin sonu hep kan ve gözyaşı doludur."

"Kurtuluş Savaşı öncesi ve sonrasında Arap-Kürt liderleri İngiliz İstihbarat Servisi'nce korunurlardı."

"1919 yılında 10 Temmuz günü Lord Curzon'a gönderilen gizli telgrafta da Kürtlerin manda istedikleri bildirilmekteydi. İngilizler bölgede bir Kürt devleti kurdurmak istiyorlardı."

"Bölge bir petrol bölgesiydi, İngilizler Kürtlerle bu nedenle ilgileniyorlardı. Bu amaç Sevr Antlaşması ile gerçekleşiyordu. 1925 yılında Musul Sorunu da bu nedenle patlak vermiştir."

"70'li yıllarda da Irak'taki Kürtler, ABD tarafından destekleniyorlardı."

"Her şoven akım, başka bir şoven akımı doğurur. Etki ve tepki kuralı en çok bu alanda geçerlidir."

"Kürt sorununun ABD desteği ile çözümleneceği, ABD destekli Kürt şovenizminin bölgede yeni sorunlar doğuracağı da pek yakında anlaşılacaktır!"

ABD, şovenizmden yararlanarak azgelişmiş ülkeleri oluşturan halkları, azınlıkları, hatta dinleri, mezhepleri, tarikatları birbirine kapıştırıp çıban başları oluşturmaya kalkışırken, bastığı dalı kesmekte yine kendisinin getirdiği çokuluslu şirketler oluşturup sömürme kuralını geçersiz duruma düşürmektedir, ki bu çokuluslu şirketlerin de en başında petrol şirketleri gelmektedir.

İlhan Selçuk, 26 Şubat 1974 tarihli yazısında çokuluslu şirketlerin dünyayı yönetirken devletleri aşan politik etkinliklerine dikkat çekmekte ve özellikle petrol şirketlerinden başta gelen yedisine "7 Kız Kardeş" adını takmaktadır.

İlhan Selçuk, Arap petrollerinin ardından bu şirketlerin bulunduğu, sözgelişi ARAMCO'yu "7 Kız Kardeş"in üçünün oluşturduğunu vurgulamaktadır.

9 Mart 1993... İlhan Selçuk, "Pencere"sinden bakıyor:

"Bütün Batı, Saddam'a karşı birleşti!

Neden?

Kuveyt'in petrol kaynaklarına el attığı için!

Biz durur muyuz! Bir koyup yirmi almak için tüfek başına!

"Ortadoğu petrolünün gerçek efendisi, Batı zenginler kulübüdür. Amerikan askeri de bu nedenle körfezde nöbet tutuyor."

Sakıncalılar adına Emin Değer kardeşimiz de görev başında. Bir gözü zokayı yutan balıkta, bir gözü Kültür Evi'nden kapı dışarı edilmiş memleketlisinde. Bir savunucu olarak bu haksızlığı da şöyle göğüslüyor:

"Çağdaş Türkiye'nin aydınlamasına 80'i aşkın yapıtıyla katılan çağdaş bir sanat erine verilen onur belgesine saldırı vardır. Bir hakkın, bir beldenin seçilmiş belediye başkanınca seçilmiş, o belde halkının onayı ile verilmiş bir hakkın geri alınması olayı ile karşı karşıya bulunuyoruz. Bu olayı nedenleri ve sonuçlarıyla tartışmalıyız. Bahçelievler Belediye Başkanı'nın bu kararı, her şeyden önce, Türk aydınlanmasına karşı bir savaş açılması demektir. Burada cezalandırılan Rıfat Ilgaz'ın temel görüşüdür. Öte yandan bu olay Refah Partisi'nin ülke yönetimine geldiğinde, sanatı bile ideolojinin emrine vererek, çağdaş düşünce dahil her şeyi kendi dünya görüşlerine göre düzenleyeceklerini göstermektedir. Özetle; aydınlanmaya açılan her kapı kapanacak demektir. Rıfat Ilgaz, toplumsal çelişkileri acı bir gülümseyişle dudaklardan insan yüreğine ve düşüncesine aktaran bir savaşçı... O ad silinemez.

21

Silinmesi, o yörenin kazınamaz ayıbı olur. Ona kulak verelim, hem de geç kalmadan:

> *"Kaldır başını kan uykularından*
> *Böyle yürek, böyle atardamar*
> *Atmaz olsun!*
> *Ses ol, ışık ol, yumruk ol!*
> *Karayeller başına indirmeden çatını*
> *Sel suları bastığın toprağı dönüm dönüm*
> *Alıp götürmeden büyük denizlere*
> *Çabuk ol!"*

Sakın geç kalmış olmayalım..? Hayır! Tam çağı işe başlamanın doğan günle! Sözümü geri alıyorum, henüz senden geçmedi, arkadaş!

> *"Tam çağı işe başlamanın doğan günle*
> *Yırt otuzunda aldığın diplomayı*
> *Alfabelik çocuk ol!"*

Sözüm bitmedi daha, şu dizelerimi de dinle. Sonra baş başa kal değerli yazar kardeşimle:

> *"Bir bulut ne zamandır üstümüzde*
> *Yurt genişliğinde bir bulut, kuşun ağırlığında*
> *Nilüferler sularımızda açar mevsimsiz*
> *Dolanır ayaklarımıza boğum boğum*
> *Yapraklarında iri leş sinekleri uçuşa hazır.*
>
> *Göz göz oyulmuş gözlerimiz, biz körüz*
> *Göz çukurlarımızda radarlar fırıl fırıl döner*
> *Körüz, el yordamıyla yaşıyoruz bu yüzden*
> *Yeni körler peydahlarız uyur uyanır*
> *Ayak altında eziledursun karınca sürüleri*
> *Ezenlerle bir olmuş yaşıyoruz ne güzel*
> *Çizme onlardan, içindeki ayak bizden ne iyi.*

Körüz biz, kör uçuşlara açmışız toprağımızı
Ha düştü, ha düşecek çelik gagalardan
Mantar mantar açılan tohumlar sıcakta
Gözlerimizi bir pula satıp geçmişiz bir yana
Ölmesini bilenlere yüz çevirmemiz bundan
Körüz gözbebeklerimize mil çekilmiş, mil
Acımasız bir namlu şakağımızda soğuk
Tetikte kendi parmağımız yabancının değil.

11. Baskıya Önsöz

"Bir Tarih Dersi ya da Yanlış Yanlış Üstüne"

Kimi olayların topluma yanlış yansıması, dahası olayların canlı tanıkları yaşarken yanlışın yinelenmesi, topluma saygısızlığın ötesinde anlam taşır. Yakın tarihini bilmeyen ülkeler, dahası aşağıda sunacağım belgeyi ve özünü bilmeyenler, ihanete uzanan zavallılık içindedirler. Yazımın konusu, topluma yanlış yansıyan çok önemli bir olayı doğrulamak ve belgelemektir.

1964 yılı, Kıbrıs sorununun ülke kaderinde derin etkiler bıraktığı olaylarla geçmiştir. Bunlardan biri, belleklerde yanlış kalmış olmalı ki, sık sık dile getirilir, hem de yanlış biçimde yinelenir. 11 Şubat 2007 tarihli *Radikal* gazetesinde Johnson Mektubu anlatılırken aynı yanlışa tanık oldum.[1]

Sözünü ettiğim, 1964 yılında İsmet Paşa'nın Başbakanlığı sırasında *TIME*'a verdiği demeç ve Johnson'la mektuplaşma olayıdır... Önce konuyla ilgili bir anı:

16 Nisan 1964 tarihinde Millî Savunma Bakanlığı'ndaki görevime giderken, tanık olduğum bir gazete bayiinin önündeki alkış ve sevinç çığlıkları anılarımın en önemlilerinden biridir. Oradaki sevinç çığlıkları ve alkışlar, *Milliyet* gazetesindeki haber içinmiş. *Milliyet* ga-

---

[1] Avni Özgürel (*Radikal*, 11 Şubat 2007) der ki:
"İhtilal sonrası ABD'yle dostane ve müttefik olmanın gerektirdiği koşullar içinde ilişkileri sürdüreceğine inanan İnönü de Kıbrıs'ta 'Kanlı Noel'in ardından yaşanan gelişmeler dolayısıyla tutunduğu dalın elinde kaldığını gördü. Ünlü Johnson Mektubu'na verdiği cevapta Paşa, kendisine atfedildiği üzere, 'Yeni bir dünya kurulur ve Türkiye de orada yerini bulur' diye bir cümle kullanmadı; ama Batı ittifakı ve ABD'ye güvenmek konusunda içine düştüğü hayal kırıklığını net şekilde yansıttı. Ve daha kötüsü, İnönü Hükümeti, Paşa'nın durumu anlatmak için ABD'ye yaptığı ziyaret sırasında güvenoyuyla düşürüldü..."

zetesinde iri puntolarla tam sayfaya dizilmiş şu haber, ulusal benliğimizle ilgili bir konuydu. Kalabalığın sevinci, Başbakan İsmet Paşa'nın sözlerineymiş. Ben de gazeteyi alıp manşeti ve açıklamaları okuduğumda, "Yaşa Paşam!" demişim. Resmi elbiseyle bu söz birleştiğinde topluluk daha da coşkulandı. O günkü *Milliyet* kısa sürede tükenmiş olmalı ki, orada bulunanlar vitrine asılı gazeteyi okumaya çalışıyor ve "Yaşa Paşam!" diye bağırışıyorlardı.

Milliyet'in yayınladığı şu sözler, bir dönemin onur bayrağı olacak nitelikteydi. Topluluk "Yaşa Paşam, Lozan Kahramanı!" diye alkış tutuyordu. Ben de uzandım ve manşetteki şu sözleri okudum, gururlandım:

"YENİ BİR DÜNYA KURULUR, TÜRKİYE BU DÜNYADA YERİNİ BULUR."

Tanrım, ne sözdü, bir ulusun ulusal benliğini bulmasının sevinci sardı beni. Hele şu sözler ancak Lozan Kahramanı'na ait olabilirdi, öyleydi de:

"Müttefiklerimiz NATO'nun dağılması için çalışmakta olan uzak devletlerle yarış etmektedirler. Biz, ittifak bozulmasın diye sonuna kadar sabrediyoruz. Müttefiklerimiz bu ittifakı dağıtma gayretlerinde muvaffak olurlarsa, yeni şartlarla yeni bir dünya kurulur. Türkiye o dünyada yerini bulur."

Bu sözler bir kafa tutma değildi, yıllardır ABD'nin dümen suyunda yüzmeye çalışanların ulusal benliğini bulmanın heyecanıydı. 27 Mayıs sonrası ABD'nin kimi söz ve girişimleri mercek altına alınmıştı. ABD dostluğu kimi yazarlar ve özellikle gençler arasında tartışılıyordu. ABD'nin dostluğu gündemdeydi ve sorgulanıyordu. Özellikle gençler arasında ağır tartışmalara konu ediliyordu.

27 Mayıs sonrasında İsmet Paşa başbakanlığında, bir yandan bozulan devlet düzeni yerine oturtulurken, iç ve dış dengeyi sağlamak

gibi ağır sorumluluk da taşınıyordu. Bu denge arayışıyla uğraşılırken, 1963 Noel'i Makaryos'un Yunan gizli servisi ve EOKA'nın elbirliğiyle Türkleri hedef alan saldırı ve kıyımı meydana geldi. Bu arada Noel gecesi bir askeri doktorumuzun iki çocuğu ve eşinin banyoda katledilmelerinin yarattığı dehşet sonrasında olayların önlenememesi, Türkiye'yi stratejik arayış içine itti. İsmet Paşa, bu çalışmaların ABD yetkililerince izlenmesinden şöyle yakınır: "Çalışmalarımız gizi kalmıyor... Biz bir konuda çalışırken ya da karar aşamasındayken, ABD elçisi, ertesi sabah, daha günlük çalışmaya başlamadan ABD Başkanı'nın o konuya ilişkin görüşünü ve eleştirisini getiriyor. Biz bu memleketi böyle mi teslim ettik!"

Paşa haklı mıydı, hayır, değildi. Bunu Johnson'ın 5 Haziran 1964 tarihli mektubundan öğrenecektik. Johnson o mektubunda Türkiye ile ABD arasında imzalanan, 12 Temmuz 1947 Antlaşması'na ve Truman Doktrini'ne dayanarak sistemdeki yerimizi anlatacaktı. Çünkü Truman Doktrini, ABD Başkanı'na, o güne değin sözleşmeleri eleştirel mantıkla okumadığımız için ayırdında olmadığımız, geniş yetkiler veriyordu. Paşa'nın bunu bilmesi gerekirdi ama anlaşılan, sözleşmeler konusunda ona yeterli bilgi verilmemişti.

İsmet Paşa, özellikle Kıbrıs'la ilgili girişimlerimizin önlenmesine yönelik olacağını düşünerek, çalışmalarımızın gizli kalmasını isterdi, doğrusu da bu idi. Lozan Kahramanı, *Milliyet*'teki sözleriyle ulusal onurumuzu ayağa kaldırıyordu. Bu yönden haklıydı. Ama, işte "o ama" olmasa!

Özellikle ABD dostluğunun böylesine bir olayda işlerimize karışmasını doğru bulmuyordu. Devletin kimi olayları gizli tutması gerektiğini düşünerek, ABD'nin işlerimize karışmasının yanlışlığını anlatmak istemiş olmalıydı. Kıbrıs konusundaki gelişmeleri de öne çıkararak, *TIME* dergisine verdiği demeçle, olayları dünyaya göstermek istiyor olmalıydı.

16 Nisan 1964 tarihinde *Milliyet* gazetesinde yayınlanan ve 8 sütunda bayraklaştırılan haber, Lozan Kahramanı'nın "yeter!" deyişiydi

ve çok önemliydi. İşte, Atatürk Bulvarı'ndaki gazete bayileri önünde birikenler, *Milliyet*'in manşetini konuşuyorlardı. *Milliyet*'in yayınladığı şu meydan okuyan sözler, bir dönemin tarihinde onur bayrağı olacak nitelikteydi. Paşa kafa tutuyor ve dikkat çekiyordu. Tekrar tekrar okuyordum... Şu sözler, bir onurun dirilişiydi:

**"YENİ BİR DÜNYA KURULUR,
TÜRKİYE BU DÜNYADA YERİNİ BULUR."**

İyi de, bu açıklamayı uygulamaya geçirebilecek miydik? Amerika'ya öylesine bağlanmıştık ki! Şu açıklamalarını "söz" olarak bile toplumda tartışmayı başarabildik mi? Paşa'nın şu sözleri heyecanı yükseltiyordu:

"Müttefiklerimiz NATO'nun dağılması için çalışmakta olan uzak devletlerle yarış etmektedirler. Biz, ittifak bozulmasın diye sonuna kadar sabrediyoruz. Müttefiklerimiz bu ittifakı dağıtma gayretlerinde muvaffak olurlarsa, yeni şartlarla yeni bir dünya kurulur. Türkiye o dünyada yerini bulur."

Bunu Lozan Kahramanı söylüyordu, okuyanlar özünü yakalamış değillerdi. Çoğunluk sevinç ve kıvanç içindeydi. Evet, yıllar yılı ABD'nin bir dediğini iki etmeyenlere ders niteliğindeki bu sözler, yurtseverlerin onur bayrağı gibi dalgalanıyordu. Çünkü bu sözlerle ABD'ye "dur!" dediğimiz sanılıyordu. Oh, ABD'ye "dur!" diyebilmiştik. Bu sevinç ülkeye dalga dalga yayıldı. Ama 'şu ama' olmasaydı!

Evet, 1964'teki bu sözler tarihe geçecekti, ama şu sözleri olmasaydı... Okuduğumda sevincimi yarım bırakacak, içimi bir acı kaplayacaktı, öyle de oldu. Paşa'nın aşağıda aktardığım şu sözleri Mustafa Kemal Cumhuriyeti'ne yakışmıyordu. Evet şu sözler, her okuyanı isyan ettiren şu sözler:

"Amerika'nın sorumluluğuna inanıyordum, yanılmışım demektir."

28

Bu, Lozan Kahramanı'nın sözleriydi, ama olamazdı, olmamalıydı. Nasıl olur da, Amerika'nın sorumluluğa inanılır, nasıl olur da Lozan Kahramanı Truman Doktrini'ne dayanarak güvenliğimizi ABD'ye bırakır? "Evet, ama" demeden edemiyordum. "Evet ama, olmadı Paşam" demişim. Evet, nasıl olurdu da, Lord Curzon'ın Lozan'ın imzalandığını işittiğinde söyledikleri unutulurdu.[2] Ve nasıl olur da, bir ülkenin lideri ülkesinin yazgısını bir başka ülkenin sorumluluğuna bağlardı.

O gazete bayiinin önüne toplananları kıvançlandıran demeç, *TIME* dergisinin Türkiye Temsilcisi Mehmet Ali Kışlalı'ya verilmişti. *Milliyet*, *TIME*'ın haberini yayınlıyordu. Konunun artalanını bilmeyenler için gerçekten koltuk kabartan sözledi bunlar. Nasıl sevinmezsin(!), yıllarca her dediğini yaptıran, Truman Doktrini'ni her koşulda uygulayan ABD'ye Lozan Kahramanı kafa tutuyordu...

Ve Johnson Ne Demişti?

Peki Johnson bu sözleri yanıtsız mı bıraktı dersiniz? Johnson olayları izledi, bekledi ve 05 Haziran 1964 tarihli bir mektupla kulağımızı çekiverdi. Öyle ki, ulusal onurumuzu hiçleyerek. Evet, Johnson o mektubunda, "dur bakalım Paşa, öyle ulu orta konuşma" diyordu.

Evet, bir ulusun onurunu hiçe sayarak politika dilinin bile utandığı bir üslupla yazılan şu satırları okuyup düşünelim. Johnson der ki:

> "Bay Başbakan;
>
> Türkiye Hükümeti'nin Kıbrıs'ın bir kısmını askeri kuvvetle işgal etmek üzere müdahalede bulunmaya karar vermeyi tasarladığı hakkında Büyükelçi Hare vasıtasıyla Dışişleri Bakanınızdan aldığım haber, beni

---

[2]   Lozan Görüşmeleri sırasında Lord Curzon'ın İsmet Paşa'ya söylediği şu sözleri hatırlatıyoruz: "Ne istersek reddediyorsunuz. Bunları şimdi cebimize atıyoruz ama siz savaştan çıkmış yoksul bir ülkesiniz. Kalkınmanız için paraya ihtiyacınız olacak. İleride bunun için bize geldiğinizde tekrar isteklerimizi önünüze koyacağız ve alacağız." Peki öyle olmadı mı? (Yazarın notu)

ciddi surette endişeye sevk etmektedir. En dostane ve açık şekilde belirtmek isterim ki, geniş çapta neticeler tevlit edebilecek böyle bir hareketin Türkiye tarafından takip edilmesini, hükümetinizin bizimle evvelden tam bir istişarede bulunmak hususundaki taahhüdüyle kabili telif addetmiyorum.

Büyükelçi Hare, görüşlerimi öğrenmek üzere birkaç saat tehir etmiş olduğunuzu bana bildirdi.

Diğer taraftan Bay Başbakan, NATO vecibelerini de dikkat nazarınıza celp etmek mecburiyetindeyim. Kıbrıs'a vaki bir müdahalenin Türk-Yunan kuvvetleri arasında askeri bir çarpışmaya müncer olacağı hususunda zihninizde en ufak bir tereddüt olmamalıdır. Dışişleri Bakanı Rusk, Lahey'de yapılan son NATO Bakanlar Konseyi toplantısında, Türkiye ile Yunanistan arasında bir harbin kelimenin tam manasıyla 'düşünülemez' olarak telakki edilmesi gerektiğini beyan emişti. NATO'ya iltihak, esası icabı olarak, memleketlerin birbirleriyle harp etmeyeceklerini kabul etmek demektir. Ayrıca Türkiye tarafından Kıbrıs'a yapılacak askeri bir müdahale Sovyetler Birliği'nin meseleye doğrudan doğruya karışmasına yol açabilir. NATO müttefiklerimizin tam rıza ve muvafakatleri olmadan Türkiye'nin girişeceği bir harekât neticesinde ortaya çıkacak bir Sovyet müdahalesine karşı Türkiye'yi müdafaa etmek mükellefiyeti olup olmadığını müzakere etmek fırsatını bulmamış olduklarını takdir buyuracağınız kanaatindeyim.

Kaldı ki, bir saldırıda ABD'nin temin ettiği malzemeleri kullanamazsınız... Böyle bir harekât, on binlerce Türk'ün katline neden olur. Bunları sizinle baş başa tartışmak isterdim ama görevimden ayrılamıyorum. Eğer gelirseniz memnuniyetle karşılarım."

Bir Ders mi, Tehdit mi?

Evet, ABD'nin dostluğunu ve yardımın bir tuzak olduğunu ilk kez bu satırlar aracılığıyla doğrudan öğrenecektik. Bu mektup, yazılışından iki yıl sonra açıklanacaktı. İsmet Paşa, 21 Haziran 1964'te ABD'ye gitti. Başkan Johnson, uçağını yollamıştı. Johnson, İsmet Paşa'ya Türkiye'nin semadan çekilmiş bir fotoğrafını göstererek, "görüyorsunuz, bahçenizde gezerken bile sizi görebiliyoruz." dedi. Bu bir espri miydi, elbette hayır; Johnson, bu sözleriyle "Bana danışmadan adım atmaya kalkma, görüyorsun bahçende bile izleniyorsun, 24 saat gözlem altındasın, her istediğinizi yapamazsın" demek istemişti. Evet, öyleydi Mustafa Kemal'in ülkesi, onun arkadaşı İsmet Paşa'nın izlediği politikanın esiri olmuştu. Kader mi dediniz, olamaz..! Mustafa Kemaller kader tanımamalı, çünkü akıl her zaman, her yerde öndedir... Gerçek şuydu: Türkiye, Truman Doktrini'nin çıkmazındaydı.

ABD, İsmet Paşa'yı gözden çıkarmıştı. Bir ABD'li general geldi, yeni bir başbakan ve yeni bir iktidar aranıyordu. Demirel'de karar kılındı. İş İsmet Paşa'nın düşürülmesine kalmıştı, 1965 bütçe müzakerelerinde İsmet Paşa Hükümeti düşürüldü ve Senatör Suat Hayri Ürgüplü'nün Başbakanlığında yeni bir hükümet kuruldu. Süleyman Demirel, Başbakan Yardımcısıydı. Kısa süre sonra seçime gidildi. Süleyman Demirel dönemine adım atılıyordu.

Johnson Mektubu iki yıl sonra açıklandı. O iki yıl içinde ne mi oldu? Silahlı Kuvvetler'de ABD karşıtlığı gelişti, devlet yönetiminde değişiklikler oldu. Daha neler olmadı ki..? 12 Mart ve 12 Eylül'ün fırtınaları içinde İsmet Paşa'nın sözleri askıya alındı. Zaten Johnson o mektubuyla özelde Truman Doktrini'nin ve ABD'nin güdümünde olduğumuza işaret etmişti. Hele hele son 7 yılda ulusal onurumuzu teslim ettiğimiz günümüz yönetiminin elinde çırpınıp duruyoruz. Artık Başbakanlarımız, onurumuzu ayaklar altına alarak, Beyaz Saray'dan bir randevu almak için, Washington'ın kapılarında kendi danışmanlarını kullanıyorlar. Ulusal onurumuz mu..? O, Mustafa Kemal'in bize bıraktığı en büyük armağan, herkes üstlenemez. Onu elbette bayraklaştıracağız, herkes ona elini süremez.

Evet, bir çıkmazdayız. Türkiye bu çıkmazdan kurtulacaktır. Yeter ki yanlışları görelim, ulusal bilinçle kendimizi bulalım. Politikada dostluk değil, çıkarlar egemendir. Kaldı ki söz konusu güç ABD ise "çıkar mı, dostluk mu?" sorusunun yanıtı hep "çıkar" olmuştur.

7. Baskıya Geniş Önsöz

Yeniden Yayınlanırken

Emperyalizmin Tuzaklarındaki Ülke: Oltadaki Balık Türkiye, Soğuk Savaş dönemi Türkiye-ABD ilişkilerinin temel dinamiklerini, Amerika'nın değişik amaçlı uygulamalarının sonuçlarını, Ortadoğu ve Türkiye'yle ilgili stratejik planlarını, hedef ve taktiklerini belgeleyip ulusal sorunlarımıza çözüm arayan bir çalışmaydı. O dönem Türkiye'sinin sistemdeki yerini, nereden alınıp nereye götürülmek istediğini ve nedenlerini, ulusal çıkarlarımızın çoğu kez gözardı edildiğini, kararların nasıl oluşturulduğunu; sözde dost Amerika'nın salt kendi çıkarları için dayatmasıyla, ulusal sorunlarımızın çözümünü ertelemek zorunda kalışımızın vb. konuların irdelenidiği bir araştırma idi. Kitap, her yaş ve konumdaki okurun, ilgisini ve güvenini kazanmış, yeni basımlarla geniş kitlelere ulaşmıştı.[3]

Özellikle ABD'nin Büyük Ortadoğu politikasının ilk adımı olarak Irak saldırısı ve sonuçları günümüz insanını, "neler oluyor, neler olacak" sorularıyla karşı karşıya getirmişti. *Emperyalizmin Tuzaklarındaki Ülke: Oltadaki Balık Türkiye* bu yönden günceldi ve günceliğini yitirmeyecek, yeniden değerlendirilecekti. Yeni Dünya Düzeni'ni kurma amacıyla yola çıkan gücün, değişen dünyada nasıl bir strateji uygulayacağını, geçmişin olayları karşısındaki tepkileri ve ne gibi önlemler alacağının düşünülmesi, bizim gibi ülkelerin bu yeni düzende davranış ve yol almada yanlışlara düşmemesi için de geçmişin bilinmesi gerekiyordu.

Emperyalizmin Tuzaklarındaki Ülke: Oltadaki Balık Türkiye 1990-91 Irak olayından sonra yayınlanmıştı. Türk-Amerikan ilişkileri-

---

[3] *Emperyalizmin Tuzaklarındaki Ülke: Oldaki Balık Türkiye,* 1993-1999 tarihleri arasında 6 ve sonra saptadığım kadarıyla, 2 korsan olmak üzere, toplam 8 baskı yapmıştı.

33

ni başlangıcından o güne olayların izlerinde yol alarak anlatmayı hedefleyen bir çalışmaydı. Günümüz Amerika'sını ve hedeflerini anlamak ve iz sürmek için o geçmişin bilinmesi gerekiyordu. Geçmişi bilmeden sağlıklı bir geleceğin kurulamayacağını düşünerek, günümüz olaylarına da yer veren açıklamalarla yeniden yayınlanması yerinde olurdu.

Dünyaya yeni bir düzen verilecek günlerde geçmişi nasıl ele alacaktık? Bunun için Soğuk Savaş günlerini ve sonrasını bilmek gerekirdi. İşe oradan başlamalıydım.

Soğuk Savaş Dönemi ve Sonrasında Dünya Düzeni

Bugün için masal olan iki kutuplu dünyadaki denge, karşılıklı güçlerin birbirini kollayan dikkatine dayanıyordu. Güç mü, o hep tetikteydi. Öyle ki, bir yanlış anlama ya da dikkat sapması, o dengeyi bozabilirdi. Ama dünyayı paylaşamayan o iki güç de, bir olay[4] dışında, güçler dengesi bozuluncaya dek hata yapmadı! Gün geldi o dikkat ve denge, Sovyetler'in gücünü yitirmesiyle bozuldu; meydan, ötekine kalmıştı. Bu, Soğuk Savaş'ın da sonuydu ve öteki güç, yenginin tadını çıkaracaktı! Hedeflerini önceden belirlemişti, zaman geçirmemeliydi. Irak petrolleri, sonra Kafkaslar ve Orta Asya'ya uzanan alanlardaki zenginlikler onun olmalıydı.

Gücünü önce Irak'ta denedi. 1979'da İran İslam Devrimi (!) sonrası, Irak-İran Savaşı'nda desteklediği Saddam'a, önce Kuveyt saldırı-

---

[4] Böyle bir olay, 1962'de dünyayı nükleer bir savaşın eşiğine getiriverdi. Amerika'nın 1960'ta Türkiye'ye orta menzilli Jüpiter füzeleri yerleştirmesini, Sovyetler tepkiyle karşıladı. Füzeler 1962'de işlevsel hale geldi. Sovyet lideri Kruşçev, 1962 Mayıs'ındaki Bulgaristan gezisinde Türkiye'ye yerleştirilen füzelerle ilgili sert mesajlar verdi. Aynı yıl, misilleme olarak Küba'ya orta menzilli Jüpiter füzeleri yerleştirerek "biz de varız" demek istedi. ABD, Küba'yı abluka altına aldı. Nota'lar, karşılıklı demeçler derken, 1962 sonbaharı, dünyayı "yarın ne olacak?" düşüncesiyle karşı karşıya bıraktı.. ABD Başkanı Kennedy, 22 Ekim tarihli nota ile Sovyetler'i uyardı, Sovyetler de Türkiye'deki Jüpiter füzelerinin kaldırılmasını istedi. Dünya bir nükleer savaşla karşı karşıya kalmıştı.. İki taraf da füzeleri çekmek istemiyordu. Türkiye kendi güvenliği için füzelerin sökülmesine karşıydı. Hatta, Cumhurbaşkanı Cemal Gürsel bu konuyu bir açıklamayla dünyaya duyurdu. Sonunda taraflar füzelerin sökülmesinde anlaşınca sorun çözülmüş oldu, dünya rahat bir soluk aldı.

sına göz yumacağını duyumsattı. Sonra da, suçlayarak Irak'a saldırdı ve kısa sürede kazandığı utkuyla gücünün önüne geçmenin kolay olmadığını gösterdi. Irak olayını askıya aldı.[5] "Yeni Dünya Düzeni", stratejik bir hedef kavram olarak eylemleriyle tartışmaya açıldı. Somali, Yugoslavya, Hırvatistan, Bosna Hersek vb. ülkelerdeki operasyonlar, yeni düzenin başarılı uygulamalarıydı. Yeni efendi, bu yolla dünyaya gücünü gösteriyordu.

Derken, Amerika'nın önüne bir engel çıkacaktı: 11 Eylül... Amacının tehdit mi, gizmeli bir acı oyun mu olduğu anlaşılamayan bir dehşet olayına tanık oldu dünya. ABD'nin kendine yönelik tehdit ilan ettiği 11 Eylül olayının yarattığı sarsıntı, dünyayı ayağa kaldırdı! Kimilerine göre ABD bağrından vurulmuştu. Oysa o Güç Gösterimi Çağı'[6]nın tek gücüydü! Dünya yeni bir tehditle karşı karşıyaydı. Bu yeni bir tehlikeydi ama tehdidin kaynağı ve hedefi karanlıktaydı. O gün olduğu gibi bugün de öyledir. 11 Eylül olayı, bir bakıma, Amerika'nın ve Yeni Dünya Düzeni'nin yazgısında milat olacaktı. Irak saldırısında tek başına karar veren ve utkuyu sağlayan (sağladığını sanan) dünyanın yeni efendisi, artık karar verirken kimseye danışmak zorunda değilim, diyordu. O, karar verir, uygular ya da uygulatırdı.

---

5 "Neden yarıda bıraktı, askıya aldı?" sorusunun yanıtı şu olabilir: Güç hedefini tam olarak vuramazsa, istediğini elde edemez. Eğer ABD 1991'de Irak'ı zorlasaydı, bugünkü başarıyı elde edemeyebilirdi. Elde ettiği düşünüldüğünde de, o saldırı BM'nin kararına ve güçlü koalisyonun başarısına bağlanacak, dünya egemenliği hedefi geriye itilecekti. Bu onun işine gelmezdi. Amerika gibi emperyal hedefleri olan bir ülke, dünyaya hükmetmeyi hedeflemişse, bunu tek başına ve salt kendi gücüne dayanarak gerçekleştirmek ister. Elbet planlarını ona göre yapar, stratejisini ona göre oluşturur. Bu açıdan, son Irak saldırısı Amerikan stratejistlerince planlanmış bir hareketin kısmen başarılı uygulaması sayılabilir.

6 Z. Khalilzad- Ian. O. Lesser- F. Stephan Larrabe, *Türk-Batı İlişkilerinin Geleceği: Stratejik Bir Plana Doğru*, Avrasya Yayınları, s. xıı'de Amerika'nın, Soğuk Savaş sonrası yıllarını ve içinde bulunduğumuz dönemi "Güç Gösterimi Çağı" olarak nitelemesinin boş olmadığı görülüyor. Bu metin Avrasya Yayınları'ndan çıkan, yukarıda adı geçen yapıtın "Giriş" yazısından alınmıştır. Sözü edilen metin, "ABD ve Batı istikrarlı ve demokratik bir Türkiye'den yanadır. Ankara daha etkin ve mutlak bir bölgesel rol üstlenecek ise, bunlar önemli unsurlardır. Güç Gösterimi Çağında ABD, Türkiye'de ve çevresinde stratejik serbestlik sağlamaya çalışmaktadır. "Gündemdeki ilk madde enerji güvenliğidir. Türkiye İran Körfezi, Kafkasya ve Orta Asya'daki önemli petrol ve gaz kaynaklarına yakınlığı ve bu kaynakları dünya pazarlarına ulaştırma yönünde sunduğu alternatif yollarla eşsiz bir konumdadır." demektedir.

Bu arada, Amerika'nın Soğuk Savaş döneminde üniversiteleri ve bilimadamlarını, toplumları dezenformasyona uğratarak yozlaştırmak için kullandığını belgeleyen iki kitap Türkçeye çevrildi.[7] Burada dikkat çekecek bir konuya değinelim. Bu kitapların, o dönemde Amerika'yı yöneten gücün denetimi altında bilimi siyasetin emrine veren bilimadamlarının kaleminden çıkmış olması üzerinde durulmalıdır. Dünya, ABD'nin Soğuk Savaş döneminde toplumları kobay gibi kullanarak insanlık suçu işlendiğini öğreniyordu. ABD bu yayını gücünü göstermek için mi yapmıştı? O, toplumları istediği düzene sokabilmeliydi. Gerekirse gücünü gösterirdi.[8] Geçmişte yaptığı gibi! Bu yayının amacı, bize göre, güç göstermenin bir evresiydi.

ABD'nin insanlığın gelişmesi ve yüceltilmesi için güven kaynağı olan bilim ve teknolojiyi siyasetin emrinde kullanması düşündürücüdür. Hele bilim ve bilimadamlarının ve üniversitelerin salt Amerika'nın sömürü amaçlı çıkarlarını koruyacak veriler için görevlendirilmesi, üzerinde önemle durulacak bir olaydır. Toplumları dezenformasyonla kendi dinamiklerinden koparmak ve yeni projeler için itaatkâr birimler ve öncü tabakalar oluşturmak insanlık suçu değil midir?

Peki, toplumların "itaatkâr bir öncü tabaka oluşturmak için kariyer promosyonu" yapıldığı, özünden koparılıp tahripkâr süreçler içine sürüklenmesi neden şimdi açıklanıyor, dahası belgeleniyordu? Bunun bir amacı olmalı, değil mi? Yine, "bu çalışma alanlarının ve bilimadamlarının devlet tarafından finansa edildiğini" açıklamanın nedenleri üzerinde düşünülmeli ve dersler çıkarılmalıydı.

Sözü edilen çalışmada, devletin (ABD), Pentagon ve CIA başta olmak üzere, Rockefeller ve Ford Vakıflarıyla ve öteki sivil toplum

---

[7] 1. Noam Chomsky'nin editörlüğünde; *Soğuk Savaş ve Üniversite: Savaş Sonrası Yılların Entelektüel Tarihi,* çev. Musa Ceylan, Kızılelma Yayını, 1998.
2. Christopher Simpson editörlüğünde 9 bilimadamı, *Üniversiteler, Amerikan İmparatorluğu ve Soğuk Savaş Döneminde Sosyal Bilimlerde Para ve Siyaset,* çev. Musa Ceylan, Kızılelma Yayınevi, 2000.

[8] Ziya Paşa'nın iki mısrasındaki anlamı anımsayalım. Der ki: Nush ile uslanmayanı etmeli tekdir / tekdir ile uslanmayanın hakkı kötektir. (Öğütle, iyilikle yola gelmeyen azarlanmalı, dikkati çekilmeli, bunlarla yola gelmeyen dayağı hak etmiş demektir.)

örgüleriyle el ele olduğu düşünüldüğünde, şaşırmamak olası mı? Hele Editör Christopher Simpson'ın, üniversitelerin ABD çıkarları ve güvenliği için, başta Pentagon olmak üzere, bilimin kullanılış biçimine ilişkin görüşlerini *Üniversiteler, Amerikan İmparatorluğu ve Soğuk Savaş Döneminde Sosyal Bilimlerde Para ve Siyaset* Türkçe baskısının önsözünde açıklaması, üzerinde önemle durulacak bir gelişmedir.

Soğuk Savaş döneminde "propaganda kuruluşlarının ön kabulleri ve müdahalelerin, Sovyetler Birliği'nde ve Amerika'da sosyal bilimlerin gelişimini nasıl deforme ettiği"ni[9] açıklıyor. Burada verilmek istenen mesaj şudur: Amerika'nın gücüne erişilemez. O, çıkarı uğruna, halkları teslim almak için bilimi kullanır. Bunun yarattığı toplumsal yıkıntı ve zarar düşünüldüğünde "Soğuk Savaş"ın en önemli silahlarından birinin bilim olduğu anlaşılır. Kitapta ayrıca, o dönemin akademik alandaki kalkınma teorisi ve politikalarının, ilgili toplumlarda "terör ve acı"ya neden olduğu da belgeleniyor. Bu açıklama, o dönemde bilimin insanlık dışı amaçlara alet edildiğinin kanıtlarındandır. Anılan kitaplarda ABD'nin rolü açıklanırken;

"Neredeyse istisnasız olarak Amerikan devletinin rolü, en fazla uluslararası araştırmalar, kalkınma araştırmaları, yöneylem araştırması ve iletişim araştırmaları gibi yeni ve interdisipliner alanlarda belirgin" olduğu ve bunun devlet tarafından finanse edildiği, "Soğuk Savaş üniversitelerinin dezenformasyon üretmek ve sürdürmek zorunluluğunu destekleyip yaratılan mitoslara entelektüel destek[10] sağladığı belgeleniyor.

Amaç ne mi? ABD'nin hiç değişmeyecek olan hedefine giden yolun hep açık, güvenli olmasını sağlamak...

Bu kitapların New York'ta 1997 yılında yayımlandığına işaret edip soralım: O dönemle ilgili olarak, bilimin, insanlığın yararına değil de salt ABD'nin çıkarları için, toplumları yozlaştırma, özünden ko-

---

[9]   Christopher Simpson ve 9 bilimadamı, *Üniversiteler, Amerikan İmparatorluğu ve Soğuk Savaş Döneminde Sosyal Bilimlerde Para ve Siyaset,* çev. Musa Ceylan, Kızılelma Yayınevi, 2000, s. 13.

[10] agy., s. 13.

parma, temel dinamiklerini yıkıp dezenformasyona uğratarak, "Türkiye'yi Batılı kalıpta 'geliştirme' tekniklerini sınayacak canlı bir laboratuvar, müttefik politikaları için itaatkâr bir öncü tabakanın kariyer promosyonu yapmak amacıyla (...) bir tipoloji geliştirme" çalışmaları için kullanıldığını ABD neden açıklıyor? Böyle bir insanlık suçunu açıklamanın bir amacı olmalı! O amaç, sonsuz egemenliğe giden yolda, kendisine engel çıkarılmamasını, emin adımlarla yürüdüğü hedefine ulaşıp, bayrağı en tepeye dikeceğini duyurmak mıdır? Çünkü bu açıklamadan sonra, aynı çalışmada, Soğuk Savaş döneminde, toplumların yaşam biçimlerinin yozlaştırıldığı sergileniyor. Simpson'a göre; devlet denetiminde yapılan bu çalışmaların amacı; kimi toplumların "Geleneksel yaşam biçimlerini değiştirmek, daha açık bir ifadeyle, kültürel açıdan etkinlik kurmak, uluslararası piyasaların genişletilmesi ve mülkiyet ilişkilerinde değişiklik yapılması, yeni ve daha iyi olduğu iddia edilen toplumlara doğru bir *'geçiş'* dönemi yaşanmasını gerektiriyordu." Buradaki *'geçiş'* kavramı, gerçeği gizleyici bir amaç için kullanılmış olmalı. "Geçiş dönemleri pek çok durumda ilerleme yürüyüşüne kuşku ile bakan yerel hükümetin değişmesini gerektirmekte"[11] idiyse de, uygulamada çoğu kez zor'un söz sahibi olduğu görülmüştü."

Bu uygulamayla çoğu kez, hükümetlerin dirençlerini kırmak ya da onları değiştirmek için ideolojik taarruz altında tutuldukları belgeleniyordu.

Bir halk deyimiyle özetlersek, geçmişte dünyayı ve kendi halkını efsanelerle avutup, yalan dolanla aldatarak, Soğuk Savaş'ı kazanmıştı ya, bu kez de küresel stratejisinin hedefi olan, dünyanın zenginliklerini ele geçirip tek erişilmeyen gücün sahibi olarak çıktığı yolda önüne engel çıkarılmasını önleyecekti. Simpson, kitaba yazdığı önsözde, ilginç bir saptamayla; Türkiye için tartışılamayacak olan bağımsızlığımızı, tarihi gerçekleri saptırarak sorgulamaya kalkışıyor[12] ve böylece kendini ele veriyor.

---

[11] agy., s. 23.
[12] agy., s. 14.

İşte tarihi çarpıtan o sözler... C. Simpson: "Türkiye'deki akademi[13]nin ve Türk insanının kendi *bağımsız yollarını bulma mücadelesi,* Türk tarihinin belli kesimlerine ilişkin bilginin aktif biçimde gizlenmiş olması dolayısıyla güçleşmiştir." söylemiyle hüküm kuruyor. Bu sözlerin devamında, "(...) binlerce Kürt'ün köylerinden göçe zorlandığını, aşırı sağcı terör grupları[14] ve devlet tarafından yasaklanmamış organize suç çeteleri arasındaki ittifakın belgelendiğini" söylüyor, dahası Ermeni sorununda Türkiye Cumhuriyeti'ni suçluyor; yapılan tahribatın onarılmasını istiyor. [15]

Simpson, "Bu haberlerin dünyaca bilindiğini, diğer ülkelerin Türkiye'ye yönelik tavırlarını etkilediğini söylemek, Türkiye'ye hakaret değildir" diyor ve "Türkiye'nin kendi tarihiyle barışmadan düze çıkamayacağını" vurgulayarak sözde "uyarıyor"[16] ya da tehdit ediyor. Bununla Amerika'nın dünyanın tek gücü olarak benzer sorunların çözümünde yetkili olduğunu duyumsatılıyor.

"Peki, Amerika neden böyle bir sorumluluk üslenmiş?" derseniz, yanıtı açık; ABD dünyanın lideridir ve bu ona Tanrı'nın verdiği görevdir.[17] Lider olarak da sorumlulukları ve görevleri vardır. Der ki:

---

13   Türkiye'deki akademi Türkiye ve Ortadoğu Amme İdaresi Enstitüsü'dür (TODAİE).
14   Türkiye'de terör özelikle 27 Mayıs sonrası ve 12 Eylül öncesinde toplumu gerçekten bunaltmıştır. O terörün ardında Amerika'nın varlığı kanıtlanmıştır. PKK'nın ve uzantısı olan KADEK'in nasıl ve kimlerce desteklendiğini en iyi ABD bilir. O binlerce Kürt bu toplumun insanıdır. Onları bu toplumdan ayrılmak için özendirenleri de bilir Amerika... Hele şimdilerde Irak'ta kurmaya çalıştığı Kürt devletinin Güney Kürdistan, Türkiye'mizin güneydoğusunun da Kuzey Kürdistan olarak adlandırıldığını da bilir. İncirlik'te konuşlanmış Çekiç Güç'ün PKK'ya destek çıktığı ve malzeme ilettiği de belgelidir. Özetle bu hainliklerin arkasında durarak destek çıkanların, kendi ayıbını kapatıp Türkiye'yi suçlaması, ancak ABD mantığının işidir. Hele bağımsızlık konusunda ve hele bağımsızlık yollarını ulusal iradeyle açtığımızı gözardı etmek ve onu gayrı meşru saymak, Simpson ve onun gibilerin harcı olmamalı. Biz bu toprakları bu toprağın insanının kanı ve canı pahasına bağımsızlaştırdık. Bu tarih olayının gizli bir yanı yoktur. Tarihiyle barışacak olan, ulusal birliği üstüne değil, halklar topluğunun oluşturduğu çıkar toplumu olan Amerika'nın işidir.
15   Christopher Simpson ve 9 Bilimadamı, agy., s. 16.
16   Ermeni olaylarının belgesi olarak gösterilen Takvim-i Vekai'ye göre, sözde Ermeni soykırımı meclislerde tartışılmış.
17   Senatör A. Wandenberg'e göre, "Amerika dünyanın 1 numaralı büyük devleti gibi hareket etmelidir. Dünyanın manevi lideri olmamız gerekir. Yoksa dünya lidersiz kalacaktır." Eisenhower ".. hür dünyayı savunmak azmimizden hiçbir şey kaybetmediğimizi ve

"Diplomatik ve askeri, ekonomik ve ideolojik açılardan liderlik yapmalıyız. Bu sorumluluğu, diplomatik ve askeri alanlarda kabul etmiş bulunuyoruz. Ekonomik ve ideolojik liderlik sorumluluğumuzu ise tam olarak idrak etmiş değiliz." [18]

Ortadoğu, Amerika'nın askeri liderliğinde hep önde gelen bir alan olmuştur. Bu bölgede Türkiye, Amerika'nın Avrasya'yı da kapsayan alanlara uzanan hedefleri için hep önemli sayılmıştır. Stratejik ortaklık da bu coğrafyanın bize yüklediği bir sorundur.

Soğuk Savaş sonrasında Türkiyc'nin önemi "eksen devlet"[19] olarak değerlendirilmişti. Bu dönemde ABD, gündeminin ilk maddesini enerji güvenliği olarak belirledi. Bu açıdan "Türkiye, İran Körfezi, Kafkasya ve Orta Asya'daki önemli petrol ve gaz kaynaklarına yakınlığı ve bu kaynakları dünya pazarlarına ulaştırma yönünde sunduğu alternatif yollarla eşsiz konumda"[20] sayıldığından, önemli müttefiklik statüsü yitirilmemişti. Amerika, Türkiye'yi istediği gibi kullanacağı varsayımıyla, stratejik ortak olarak kabul ettiğini açıkladı. Ama son Irak saldırısındaki tutumumuz ne kadar ulusal ve ne kadar demokratik olsa da, Amerika'nın güveninin sarsılmasına neden sayılacak ve ABD bizi cezalandıramaya kalkışacaktı.

Türkiye, geçmişte, jeo-stratejik konumu nedeniyle Ortadoğu için önemli bir ülke olarak seçilmişti. Bu seçimin perde arkası oldukça karanlıktır. Öteden beri hedef seçilen "Çağdaş Uygarlık" kavramının, Avrupa'ya dönük olarak yanlış anlaşılması sonucu, Batı kulübünde yer alma düşüncesi tek çözüm sayıldı. Bu düşünceyle oluşturulan politikalar geçmişte de, Sovyetler'in baskısı (!) sonucu bizi Truman Doktrini kapanına itmişti. Bu seçimin yanlışlığını anladığımızda da kurtuluşun zor olduğunu görecektik.

---

etmeyeceğimizi belirtméliyiz." derken, General Taylor'a göre de "Birleşik Amerika, hür dünyanın lideri olma kaderinden vazgeçemez."

[18] Christopher Simpson ve 9 Bilimadamı, agy., s. 74.

[19] Z. Khalilzad- Ian. O. Lesser- F. Stephan Larrabe, *Türk-Batı İlişkilerinin Geleceği: Stratejik Bir Plana Doğru,* Avrasya Yayınları, s. xıı.

[20] agy., s. xıı.

Gün geldi bu yanlış seçenek sonucu biz "oltaya yakalanmış balık" sayıldık. Sözde ekonomik kalkınma için yardım beklerken de "oltaya yakalanmış balığın yeme gereksinimi yoktur" deyimiyle alay konusu edildik. Okur, Amerika'nın son olaylar karşısındaki tutumunun nedenini ve "oltadaki balık" sayılmanın gizini yakaladığında, Amerika'nın nasıl bir "dost"(!) ya da "stratejik ortak" olduğunu, kendi vicdanında yargılayarak bulacaktır.

Emperyalizmin Tuzaklarındaki Ülke: Oltadaki Balık Türkiye, bu düşüncelerle yeniden yayına hazırlanırken, kimi konularda dipnotlar ve açıklamalarla güncelleştirilip okurların ilgisine sunulmuştur.

O soruyu yeniden sorabiliriz: Peki, ABD, Soğuk Savaş döneminde, toplumları kendi çıkarları için kullandığını neden belgeleriyle açıklıyor dersiniz? Bu sorunun yanıtı, özet olarak, bu çalışmadadır.

Soğuk Savaş Döneminde Bilim ve Sosyoloji

Amerika, Soğuk Savaş döneminde, başta sosyoloji olmak üzere bilimi, toplumları yozlaştırmak, temel dinamiklerinden saptırarak kültür yıkımına uğratmak ve dünya görüşüne uygun sistemle yeniden yapılandırmak için kullanmıştı. Bu yolla, hedef ülkelerde, "Batılı kalıpta itaatkâr kuşaklar yetiştirmeyi" hedeflemişti. Ne yazık ki, bizim gibi çoğu ülke de, bunun geleceğe hazırlanmanın ön çalışması olduğunu göremedi. Peki Amerika hele Türkiye'de ne yapmak istiyordu? Yanıtını okuyalım:

"Batılı sosyal bilimciler ve istihbarat kuruluşları, uzun zamandır Türkiye üzerine yoğunlaşmışlardır. Ülkeyi canlı bir laboratuvar olması açısından Batılı bir kalıpta 'geliştirme' tekniklerini sınayacaklardı. Müttefik politikaları için mutabakat oluşturmak ve politika, ekonomi, ordu istihbarat, akademi alanlarındaki itaatkâr bir öncü tabakanın kariyer promosyonu yapmak amacıyla kullanacaklardı. Yandaş toplamanın bu türü, tüm dünyadaki siyasal güçler için standart çalışma prosedürü olmaya devam etmektedir. Ancak, jeopolitik konumu ve tarihi nedeniyle Türkiye, olağanüstü yoğun bir kampanyaya tabi tutulmuştur."[21]

---

[21] *Christopher Simpson ve 9 Bilimadamı*, agy., s. 14.

Elimdeki kitabın 'önsöz'ünden aktardığım bu paragrafta, kendimi aldatılmış bir ulusun aşağılanmış bireyi gibi algıladım. Amerika'nın, dünyayı neden kendi tarlası gibi gördüğünün belgeseliyle karşı karşıyaydım. Kısa adıyla *Soğuk Savaş Döneminde Sosyal Bilimlerde Para ve Siyaset,* Amerika'nın Soğuk Savaş döneminde "Hür Dünya" adını verdiği ilgi alanındaki ülkelerde sosyal, ekonomik, askeri, istihbarat vb. konularda uyguladığı politikanın, yöntem ve amaçlarını belgeleyen akademik çalışmaların seyrini ve sonuçlarını içeriyordu.

Kitabı okumaya başladığımda, daha ilk satırlarda, bu proje ve politikada Türkiye'nin yerinin özel ve önemli olduğunu anladım. Türkiye, öncelikli olarak, "Batılı bir kalıpta 'geliştirme teknikleri için bir laboratuvar"[22] sayılıyordu. Bu labaratuvarda "müttefik politikaları için mutabakat oluşturmak." önkoşullar hazırlanıyor ve bunun "politika, ekonomi, ordu, istihbarat ve akademi alanlarındaki itaatkâr[23] (yani ulusal kimliğinden koparılmış emperyalizmin güdümünde ve onun çıkarlarını koruyan "evet efendimci") "öncü tabakanın kariyer promosyonu yapmak"ta kullanıldığı anlatılıyordu. Amerika'nın kendi çıkarları için bir ulusu kobay olarak kullandığı yazılı çizili halde elimize veriliyordu. Ne yazık ki bu ulusun bireylerinden bir kişi bile, bunun ulusal varlığımıza yönelmiş aşağılama ve hakaret olduğunu söyleyemedi. Bu durumda "Lerner ve Pesever'in yargıları yanlış değilmiş" mi demeliyiz? Peki şu ideolojik taarruz neyin nesidir:

"Genel varsayımların aksine, 'ideolojik taarruz', Amerikan ulusal güvenlik stratejisi için 1945'ten beri en azından atom bombası kadar merkezi bir yer işgal etmiştir (...) İdeolojik taarruzlar günlük bazda

---

[22] Geliştirme teknikleri, anılan kitabın 22. sayfasında açıklanıyor: "Kalkınma (gelişme) kavramı, genellikle, 'gelişmekte olan' ülkelerdeki kaynakları uluslararası pazarlara taşımak için gerekli olan büyük çaplı altyapı yatırımlarının yapılması demektir." Uzmanların beklentisine göre bu yatırımlar, hedef ekonomide yabancı yatırımların yapılmasına yol açacaktır. Şöyle bir düşünelim; yalnız bu alıntılar bile, bağımsızlık bilincine karşı açılan savaş değil midir?

[23] Amerikan yardımının (!) amacı, duraksamaya gerek kalmayacak açıklıkla anlatılıyor. Ülkenin temel kurumlarında "itaatkâr öncü tabakanın kariyer promosyonu yapması," o ülkeyi silahsız, savaşsız ele geçirmek değil midir?

yapılabilir. Böylece ideolojik taarruz, bir devletin gücünün oldukça yakın ve şahsi ifadesi olmaya devam etmiştir."[24]

İşte bu yolla, yani ideolojik taarruzla hedef ülke, kendi özünden koparılıp, toplumsal kargaşa içine sokulur. Ancak ABD, bu kargaşa yaratıcı taktikleri "iyi ve gelişmiş topluma geçiş" olarak niteler. Oysa uygulanan taktik, sosyoloji biliminin dezenformasyon için kullanılmasıdır. Amerika, bunu niçin ve hangi amaçla yaptığının yanıtını da veriyor.

Amaç, kendine bağımlı toplumlarda "(...) geleneksel yaşam biçimlerini değiştirmek", daha açık bir ifadeyle kültürel açıdan etkinlik kurmak, [25] uluslararası piyasaların genişletilmesi ve mülkiyet ilişkilerinde değişiklikler yapılması, yeni ve daha iyi olduğu iddia edilen toplumlara doğru 'geçiş' ortamı yaratmaktır.

Bu satırları izleyen bölümde yazılanlar, gerçek amacın o dönemde gizlendiğinin itirafıdır ve dünya toplumlarıyla alay etme küstahlığının, kendini bilmezliğin belgesidir. İşte o satırlar:

"Buradaki 'geçiş' kavramı, gerçeği gizleyici bir amaç taşıyordu. Geçiş dönemleri pek çok durumda, ilerleme yürüyüşlerine kuşku ile bakan hükümetin demokratik yoldan (değiştirilmesini - E.D.) seçilmesini teşvik etmiştir. Bazı durumlarda ise silahlı ayaklanmalara yol açmıştır. Bu da yine uzmanlara bu tür dirençleri yönetme fırsatı sunmuştur."[26]

Bu çalışmaların arkasındaki güç ya da güçler koalisyonunun kimlerden oluştuğu, parasal desteğin kaynağı, anılan kitabın 25. sayfasında açıklanıyor:

---

[24] C. Simpson vd., s. 21-22.
[25] Max Weston Thurnburg'un şu sözleri bu uygulamanın ne zaman karara bağlandığını gösteriyor: "Türkiye yardımı bizden şu vaat ve beyanatların uygulaması ışığında isterse, o zaman yalnız sermayemizi değil, fakat aynı zamanda hizmetlerimizi, ananelerimizi ve ideallerimizi plase edecek ve asla elden gitmesine izin veremeyeceğimiz bir plasman fırsatı elde etmiş olacağız."
[26] C. Simpson vd., s. 23.

43

"Merkezlere ve interdisipliner projelere, dönemin akademisyenlerinin çok iyi bildiği bir dizi vakıftan fonlar aktarılıyordu. Bu vakıflar arasında; Ford Vakfı, Carneghi Şirketi, Rockefeller kardeşlerin çeşitli fonları, Sosyal Bilimler Araştırma Konseyi gibi kuruluşları sayabiliriz."

"Yalnız bu kadar mı, bu işlerin başka destekçisi yok mu?" diye araştırırsanız, karşınıza bir tanıdık çıkar: CIA. Bu, sözünü ettiğim kitapta şöyle açıklanıyor: "Sosyal Bilimleri finanse eden bir dizi vakfın, CIA'in paravan kuruluşları oldukları daha sonra ortaya çıktı." (s. 25) Anılan kitapta, Soğuk Savaş döneminde Amerika'nın toplumları (örneğin Türkiye'yi) kobay gibi kullanırken, bilimin verilerinden nasıl yararlanıldığı, amacın toplumları bu yolla kendi dinamiklerinden koparıp yeni bir kalıba oturtmak olduğu belgeleriyle sergileniyordu. "Ülkelerin canlı laboratuvar" olarak kullanıldığının, her toplumsal grup için tipoloji geliştirildiğinin, toplumları dezanformasyona uğratmanın ve benzer uygulamaların belgelenerek açıklanmasının bir anlamı ve hedefi olmalıydı. Başka türlü sadece insanın değil, toplumların da kobay gibi kullanılmasını belgeleyip yayınlamanın anlamı kalmazdı. Elbet anlamı vardı, hedefleri ve amaçlarıyla örtüşen o anlam, Amerika'nın dünyaya verdiği mesajla duyuruluyordu. Mesajın anlamı açıktı; ABD'nin dünyada yenilemez güce sahip tek ülke olduğunu duyurmak! Bu açıklamayla birkaç sonuca açılan taktikler uygulanmıştı.

Bunlardan ilki, bu uygulama alanı içinde olan insanların ve ülkelerin onuruyla oynanmasıydı. Böyle bir dünyada yaşayan insanın, ulusal ve kişisel onurunu sorgulaması gerekmez mi? Ona insanlık onurunu veren toplumun, bir başka gücün elinde oyuncak gibi oynandığını öğrenmek, onu yaşadığı topluma olan bağlılık ve sevgisini sorgulamaya itecektir. Böyle bir toplumda yaşayanlar, insan ya da kobay sayılsalar da, o toplumun bireyleri olarak, ya onurlarını sorgulamak ya da susmak arasında bir seçimle karşı karşıya geleceklerdir. Böyle bir konumda, o insanın kendine ve ülkesine güveni kalacağı düşünülebilir mi?

Amerika'nın yapmak istediklerinden biri de insanı / bireyi, içinde yaşadığı toplumla karşı karşıya getirmek ve toplumsal bağlarını koparmaktı. Bu ikinci ama öncelikli amaç için değişik yöntemler kullanıldığı görülüyor. Bu yöntemlerden birinin, insanı, özellikle geleceğin yöneticilerini eğitmenin, kendi ideolojisini kabul ettirmenin başarısıdır. Bu uygulama şöyle açıklanıyor:

"İthiel de Sola Podol'a göre, gelecekte insanca bir yönetim (!) için tek umut, sosyal bilimlerin devlet tarafından yaygın olarak kullanılmasıdır. Yani aydınlanmış oldukları varsayılan sosyal bilimciler, üst düzey yöneticileri *(mandarinleri)* üniversite öğrencilerinin beyinlerinin seminerlerde yıkanmasından pek de farklı olmayan bir şekilde eğiteceklerdi." [27]

Bunlar, Amerika'nın "ulusal güvenliği" için yapılıyordu. Evet, Amerika'nın ulusal güvenliği için, ilişkili olduğu ülkelerin yönetim katlarında görev alacak elitleri, çıkar'ı salt yaşam biçimi olarak seçenleri kendi dünya görüşü ve amacı için eğitmenin ötesinde, beyinlerini yıkadığı anlaşılıyor.[28] Bunun için antropoloji biliminin nasıl kullanıldığı bir başka yayında ayrıntılı biçimde anlatılıyor:

"Antropoloji disiplini için sorunlar ayan beyan ortada. Soğuk Savaş'ın muazzam bir etkisi oldu. Soğuk Savaş araştırmaları için çalışan sayımız arttırıldı. Araştırma konularımız, finansman sağlayan kurumlarca yönlendirildi ve belirlendi. Askeri teknoloji, metodolojimizde devrim yaptı. Suç ortağı Soğuk Savaşçılar rolündeki antropologlar, CIA ve Pentagon'un egemen devletlerin içişlerine müdahale planlarının formülasyonuna katıldılar ya da en azından göz yumdular."[29]

---

[27] agy., s. 21.
[28] Ülkemizde uzun yıllar AID uzmanı olarak Türkiye ve Ortadoğu Amme İdaresi Enstitüsü'nde devlet görevlilerini eğiten Podol'un, merkeze yolladığı çalışmalarının sonuçlarını içeren raporundan şu paragrafı okuyalım: *"Geniş ölçüde 'Türk idarecilerini indoktrine etmek' gerekir. Burada özellikle orta kademe yöneticiler üzerinde durmak yerindedir. Amaç, bunlara yeni davranışlar kazandırmaktır. Bu grubun yakın gelecekte yüksek sorumluluk mevkilerine geçecekleri düşünülürse, bütün gayretlerin bu kimseler üzerinde toplanması mantıksal açıdan doğrudur."*
[29] Chomsky vd., agy., s. 158-159.

Bu kadarla da kalınmıyor. Antropolog Nader'e göre: "açık entelektüel tartışmaların susturulması ve materyalizm gibi kavramların sterilize edilmesi söz konusu"dur. Bu, antropoloji için antropolojik çalışmaların siyasaten yönetilmesi demekti (...) Biz antropologlar, artık demokratik illüzyonlara bilerek katılıyoruz. Bilim ve illüzyon: Amerika, benim yapamayacağım şey yoktur demek istiyor olmalı!" Sözlerini şöyle sürdürüyor:

"'Görünmez faktör' tüm dolaylı kontrol süreçlerinin ve mekanizmalarının (ki çoğumuz için görünür niteliktedir) genel toplamından ibarettir. *Görünmezlik, zihinlerin sömürgeleştirilmesi yoluyla başarılmaktadır.* Yanlış olan, doğru veya abes görünüyor. İnsanları öldürmek vatanperverlik oluyor, reddediliyor ya da kabulleniliyor. Düşünülmeyecek davranışlar normalleşiyor. İtiraz eden bağımsız düşünürler, 'kavgacı önderler' sayılmakta, araştırma fonu ve iş bulmaları tehlikeye girmektedir."[30]

Bu özet örneklerden anlaşılıyor ki ABD, Soğuk Savaş döneminde, toplumları ve insanları kukla gibi oynatıp kullanma yöntemini geliştirmiş ve bunu başarıyla uygulamıştır. Nader bunu "Bilimi paranın krallığı için insanlığa ihanet amacıyla kullanmak" olarak niteliyor ve, "Soğuk Savaş döneminde antropolojik çalışmaların siyaseten yönetildiğini, askeri ve ticari güçler için çalışan antropologların sayısının bu güçler üzerine araştırma yapan antropologların sayısından fazla olduğunu, anropologların demokratik illüzyonlara bilerek katıldıklarını," bunun "zihinlerin sömürgeleştirilmesi yoluyla başarıldığını, yanlış olanın doğru veya abes göründüğünü" anlatır ve yazısını şu paragrafla bitirir:

"Pentagon, üniversiteyi bir ulusal güvenlik problemi olarak görür. Üniversitenin buna cevabı, *ulusal güvenlik devleti*nin çıkarlarını koruyacak yöneticileri seçmek olur. Yapılacak iş terfi, ödül, sadakat ister. 'Ağzımı açmayacağım' demek, tabu kültürünün elçisi olmak anlamına gelir (...) Antropologlar, bu çılgınlığın nadiren farkındaydılar. Ama

---

[30] agy., s. 159-160 (Laura Nader'in yazısı).

ulusal güvenlik devletinin, varlığını meşrulaştıracak düşmanlara ihtiyacı vardı. İnsanlığın tüm boyutlarıyla incelenmesi, antropologlara, antropolojik akla şekil veren güçleri açığa çıkarmada özel bir olumluluk yüklüyor."[31]

Asıl amaç, gücün sistemleştirilmesi ve ilişkili oldukları ülkelerin içişlerine karışmanın engellerinin ortadan kaldırması olarak özetlenebilir. Amerika'nın bu yayınlarla, ilişkili olduğu toplumları hafife almanın ötesinde hedefleri olmalı. İlk hedef, bu toplumların kendi denetimi altında olduğunu anlatarak, toplumsal birliklerinin çözüldüğünü ve dağılmanın eşiğinde olduklarını dünyaya duyurmak ve bu ülkelere, artık ABD denetimi ve yönlendirmesi altında oldukları kanısıyla, istediğini yaptıracağını düşünerek dirençlerini kırmak olmalıydı. Öyle mi oldu ne..?[32]

Soğuk Savaş'ta ABD ve Türkiye

Peki bu oyunda Türkiye'nin rolü ve yeri nerededir? Şu satırları dikkatle okuyalım ve düşünelim:

"Glock'un ilk işlerinden biri, Ortadoğu'nun ve özellikle Türkiye'nin yoğun olarak incelenmesini öngören bir araştırma idi (...) Glock'un devletle yaptığı anlaşmalar, bir dizi istihbarat ve propaganda çalışmasını içeriyordu. Bunlar arasında Türkiye'deki kitle iletişim

---

[31] agy., s. 160-161.

[32] Son Irak saldırısında, kuzey cephesi için Türkiye'yi bir uçak gemisi gibi kullanma girişimi, (TBMM'nin) kararı beklenmeden uygulamaya konulmuş, havaalanlarımız, limanlarımız geçici bir anlaşmayla işgale kalkışılmış, Güneydoğu'nun ¾'üne Amerikan birlikleri yerleştirilmiş ve Türkiye, kendi istenci dışında 7480 sayılı Yasa'yla yürürlüğe giren 5 Mart 1959 tarihli anlaşmanın uygulanmasıyla karşı karşıya bırakılmıştı. Anılan anlaşmaya göre; Türkiye, tehditle karşı karşıya kaldığında, ABD'nin yardımını isteyecek, ABD de ancak kendi yasaları ve anayasasını uygulamak kaydıyla yardım edecekti. Amerika o günlerde sürekli Türkiye'nin de Irak'ın kimyasal silahları ve füzelerinin tehdidi altında olduğunu dünya kamuoyuna yayıyordu. Sanırım amaç, Türkiye'nin işgaline gerekçe yaratmaktı. Sözü edilen Modüs Vivendi (geçici anlaşmayla), Güneydoğu'da yerleşmek için gerekçe yaratmaktı. Bu, Türkiye'nin işgali demekti. TBMM'nin 1 Mart 2003 tarihli kararı böyle bir tehlikeyi önlediği için gerçek bir tarih belgesidir. Bu karar sonrası ABD, askerlerini alıp gitti. Şimdi Türkiye'yi cezalandırma oyunları oynanıyor.

araçlarının profili, nükleer savaş için 'bilimsel' planlama ve şehirlere yönelik kimyasal silah saldırıları, siviller ve mahkûmlar arasında psikoza neden olmadaki yararları[33] bakımından LSD vb. ilaçların sınanması gibi konular yer almaktaydı."[34]

Editöre göre; bu tip çalışmalar; "Ortadoğu'nun ve özellikle de Türkiye'nin yoğun olarak incelenmesini öngören araştırmalar"dan biridir. ABD geçmişte, Türk toplumunun ruh sağlığıyla oynadığını yıllar sonra açıklıyor. Editör bir soruyu yanıtlarken söylediği şu sözlerle önemli bir noktaya ışık tutuyor:

"Türklerin çoğu, Araplar, İranlılar ve Ortadoğu'nun diğer halkları, Lerner'in dünya şemasına göre normal değildi. Onlar modernitenin taarruzu altında varlığını kaybetmeye mahkûm olmaları hasebiyle, araştırma numuneleri idiler."[35]

Asıl amaç, bu sözlerle aşağıladığı prototip olarak hazırlanan ülkelerden toplanan verilerle, hedef toplumları istedikleri kalıba oturtmak olmalıydı. Çalışma tamamlanıyor ve *Geleneksel Toplumun Geçip Gidişi: Ortadoğu'yu Modernleştirmek* adıyla kitaplaştırılıyor.

Editöre göre;

"Bu kitap, Amerika'da büyük bir akademik prestij kazanmış ve yıllar boyunca Türkiye ve diğer Ortadoğu ülkelerine uygulanan biçimiyle ekonomik ve politik kalkınma teorisinin temelini oluşturmuştu."[36]

Peki o ülkeler kalkınabilmişler mi? Kalkınamamışlar; biz kalkınabildik mi? Elbette hayır! Neden kalkınamadığımızın belgelerini de bu kitapta buluyoruz. Çünkü bizim gibi ülkelerin kalkınması için, önce

---

[33] Anılan kitaba göre "LSD, güçlü halisünasyonlara yol açan kuvvetli bir uyuşturucu" olarak betimleniyor. (s. 25) Psikoz, sözlükte "Her türlü akıl ve ruh hastalığının genel adı olarak geçiyor. Bir başka anlamı da toplumsal sarsıntıya bağlı oluşan ruh durumu... Ali Püsküllüoğlu, *Türkçe'deki Yabancı Sözcükler,* Arkadaş Yayınları, 1997, s. 340.
[34] Christopher vd., agy., s. 14.
[35] agy., s. 15.
[36] aynı yerde.

toplumsal birlik bütünlük iradesi, sonra kalkınma stratejisi ve ekonomik güç gerekir. Oysa ABD bizim gibi ülkelerde, bırakın ortak iradenin gelişmesini, onun varlığına bile izin vermemiştir. Kalkınmanın gereklerinden plan ve projeye sahip olmamak dışında, paranın musluğu ve ekonomimiz IMF'nin ve Dünya Bankası'nın yönetim ve denetiminde olduğu sürece, kalkınmadan söz edilebilir mi? Sen Türkiye ekonomisinin temel dinamiklerinden tarım ve hayvancılık için önemli stratejik alanları özelleştirme adına elden çıkarma çabasındaysan, bunu Amerika'nın etkisiyle yapıyorsan nasıl kalkınabilirsin? Hele ABD'nin seni tüketici pazarı olarak hazırlama taktiğinin uygulama alanındaysan ve *Geleneksel Toplumun Geçip Gidişi: Ortadoğu'yu Modernleştirmek* adlı bir çalışmayla "Türkiye ve diğer Ortadoğu ülkelerine uygulanan biçimiyle ekonomik ve politik kalkınma teorisinin temelini oluşturan" bir programın hedefine alınmışsan, bırakalım kalkınmayı, kendi kimliğini bile koruyamazsın! Bunun nedeni Lerner'in bu konuyu içeren kitabındaki yargılardan öğrenilebilir:

"20. yüzyıl sonlarının karakteristiği olan tüketici kapitalizmi için bir *hegemonya biçiminin* oluşturulması ve sürdürülmesinde taktikler geliştirmedeki Lerner ve Pevsner, Türk toplumundaki gruplar için bir tipoloji geliştirdiler. Bu tipoloji, Batılı üniversiteler, bankalar ve Uluslararası Para Fonu (IMF) gibi kalkınma kuruluşları tarafından ve bizzat Türkiye içinde yaygın olarak benimsendi. Lerner ve Pevsner'e göre, tüketici kapitalizmi açısından Türkiye'nin en önemli blokları şunlardı: 'Modernler, (Lerner'in ortaya koyduğu şekliyle, bu insanlar, özelliklerini ürünler satın alarak gösteriyorlardı); Gelenekselciler (tüketici değerlerini reddettikleri için Lerner'in gözünde kötü idiler); ve Aradakiler. (Gerek modernlerin, gerekse gelenekçilerin özelliklerini taşıyanlar.)[37]

Tipoloji; insan tiplerini belirleme ve ayırt etme yöntemi olarak tanımlanmaktadır. Bu çözümlemeden çıkarılacak ilk sonuç; Amerika'nın toplumları öbeklere / kademelere ayırarak değerlendirmesidir.

---

[37] Christopher vd., agy., s. 15.

Yazar, ABD'nin bu çalışmaları toplumların "ekonomik kalkınma biçimlerinde tahripkâr süreçlere katkıda bulunmak için" yaptığını açıkladıktan sonra sözü bize getiriyor:

"Bugün için biliyoruz ki, Türkiye'nin karmaşık nüfusunun neredeyse bir çocuğun yapacağı gibi bir bloklar halinde düzenlenmesi, 20. yüzyıl sonlarının tüketici kapitalizminin temsilcileri için, rakip değerler sistemine kafa tutmak, kötülemek ve kimi durumlarda kuşatmak adına kavramsal çerçeve oluşturmuştur."

Editör, buradan yola çıkarak, Lerner ve meslektaşlarınca, uygar dünyada olmamız gereken yerimizin saptandığını belirtiyor. Bu tür değer yargılarının, sonuçları düşünülmeden ortaya konulamayacağına işaret ederek, Lerner'in yargısını okuyalım:

"Türkler ve Ortadoğu'nun diğer halklarının ancak üç aşağı beş yukarı Lerner'inkiler gibi değer yapılarını benimsedikleri takdirde tam insan olabileceği varsayılıyordu."

Görülüyor ki, o öbekleştirme boşuna değilmiş! Türklere tanı koymak içinmiş. Hele bizim yıllardır demokratikleşme çabalarımızın karşısına hep Amerika'nın çıktığını söylersem ne dersiniz? Irene L. Gendzier, anılan kitaptaki "Kalkınma Pratiği ve Savunusu" adlı yazısından (s. 99) şu sözleri okuyup düşünelim:

"Lerner'in Türkiye ve Lübnan'da modernizm ve istikrar şeklindeki iki özelliğin genelde bir arada bulunduğu iddiasının yanlış yorumlanmıştır. Bu ülkelerin dinamik ve demokratikleşmekte oldukları iddiası da yanıltıcıydı." diyor.

Peki, ekonomik kalkınma çabamız hakkında Gendzier'in görüşünü öğrenmek ister misiniz? "Lerner tarafından kullanıldığı biçimiyle, Walt Rostow'un terminolojisiyle ifade edersek, ne Türkiye ve ne de Lübnan ekonomileri kalkışa geçmemişti. Lerner'in Türkiye ve Lübnan'ın demokratikleşmekte oldukları iddiası da yanıltıcı idi." (s. 100)

Derler ya; "Haydi, gel de inanma!"

İşte gerçek bu. "Neden dönme dolap gibi dönüp duruyoruz?" derseniz, geçmişten ders almayı ve Amerika'nın mesajlarını okumayı bilmediğimizden derim. *Emperyalizmin Tuzaklarındaki Ülke: Oltadaki Balık Türkiye*'de Amerika'nın mesajlarını ya anlamadığımız için, ya da ondan zarar gelemeyeceği düşüncesiyle hep yarı yolda kaldığımızın örneklerini göreceksiniz.

İşte bu yanlış algılama ya da anlamama, Türkiye üzerinde oynanan oyunları hızlandırmış, toplumsal ayrışma içine itilen ülkede ulusal birlik parçalanmıştır! Bakın nasıl?

Türkiye'de Modernler, Gelenekçiler ve Aradakiler

Yazara göre, geliştirilen Türkiye tipolojisi, "uluslararası kalkınma kuruluşları tarafından Türkiye'de yaygın olarak benimsenmiş"[38] ve önerilmiş. Neden mi? Tipoloji, insan tiplerini belirleme ve ayırt etme yöntemi olduğuna göre, tüketici kapitalizmi yoluyla Türk toplumunu katmalara ayırmak, bu yolla ulusal birliği sarsmak için!

Christopher, sosyal yapımızı "Türkiye'nin en önemli blokları 'Modernler', 'Gelenekçiler' ve 'Aradakiler / Ara Tabaka' olarak sıralıyor. Bunun, bizim için özel bir tipoloji geliştirmek amacıyla yapıldığını açıklıyor. Hani belli amaçlar için deney fareleri kullanılır ya! Bizi, deney faresi gibi gördüklerini ve kullandıklarını mı anlatıyor dersiniz!

Bu tür uygulamalarla, bir toplumun dinamiklerinin yok sayılıp, sosyal yapısı, "yabancı bir aşı" için değiştiriliyorsa, sonuç bellidir: Toplumsal dejenerasyon! Amerika'nın amacı budur. Çünkü kendi dinamiklerine dayanarak yaşamak isteyen bir toplum, ancak o dinamiklerden koparılarak parçalanabilir.

Tüketici kapitalizmi için "modernler" el üstünde tutulurken; "aradakiler", öteki iki katmanın özelliklerini taşırlar; yani İsa'ya da Mu-

---

[38] Christopher vd., agy., s. 15.

sa'ya da yaranamazlar. "Gelenekçiler, tüketici değerlerini reddettikleri için kötü kişilerdir."[39]

Christopher, bu kademeleşmenin sonuçlarını da yüreklice açıklıyor. Üniversitelerin çalışmaları için:

"(Bu tipolojiler) Kuzey-Güney ilişkilerine egemen olan ekonomik 'kalkınma' biçimlerindeki tahripkâr süreçlere önemli ölçüde katkıda bulunmuştur." diyor.

Peki bizimle neden böylesine ilgilenip yoğun programlara tabi tutmuşlar dersiniz? Christopher ve Lerner'a göre;

"Ortadoğu halkları bu arada Türklerin çoğu (modernler dışında) modernitenin taarruzu altında varlığını kaybetmeye mahkum olmaları nedeniyle, araştırma numuneleriydiler. İnsan medeniyetinin beşiği bu kadim kültürler, popüler ifadeyle 'azgelişmiş' idi. Ayıklanmalı ve eğer eşitliği başaracaklarsa temelden yeniden inşa edilmeliydiler."[40]

Evet, yeniden yapılanacak ülkeler için yol haritası çizilmiş, o yolda yürümeleri isteniyor. Ancak bu yolla "insan olma"nın kapısına geçecekleri vurgulanıyor. Bunun için de bir yol gösterene, bir lidere gereksinimleri var! Çünkü onlar "insan" sayılmazlar, önce onları "insan" etmek gerekir!

Walt W. Rostow, Amerika'nın kanatları altına aldığı ülkelerde "Bu yüzden diplomatik, askeri, ekonomik ve ideolojik açılardan liderlik yapmalıyız"[41] derken iyilik yaptığını mı söylüyor? "İsteyen istediği gibi yorumlasın" da diyemezsiniz. En azından insan olmamız buna el vermez.

Daha ne desinler istersiniz! Bizi insan yerine koymadığını açıklıyor; bize ve bizim gibilere, insanlık niteliği kazandırma çabasında olduğunu söylüyor; bunun için de gönüllü liderliğe aday oluyor. Ne bü-

---

[39] Christopher vd., agy., s. 15.
[40] aynı yerde.
[41] Christopher, agy., s. 74.

yük özveri değil mi? ABD bunları nasıl ve neden yaptı, yapıyor derseniz; 1940'lardan bu yana içimize girerek, bizi bizden koparmak için uyguladığı politikalar ve uzmanlarıyla yönlendirerek, bürokratik yapımızın içine, eğiterek indoktrine ettiğini kendi insanımızla hulûl ederek (Latince deyimle *infiltrasyon* yoluyla girerek) başardığını görürüz.

Peki Amerika, kendi çıkarları için, yalnız bizi mi kullandı? Elbette hayır; insanlığın kobay gibi kullanıldığını belgeleriyle açıklıyor. Bize ve bizim gibilere, gerçek amacını gizleyerek, sözde yardımlarıyla içimize nasıl girdiğini (hulûl ettiğini), olaylara çoğu kez Amerikalı gibi bakmamızı sağladığını, bizi insan yerine koymadığını, yardım diye peşinde dolanıp durduğumuzu neden açıklıyor? ABD gerçekten anlamsız işler yapmayacağı halde bunları neden açıklıyor? Evet, neden?

Gerçekte, bu sorunun yanıtı yalın ve açık: Bizi yalnız öteki ulusların değil, yetiştirdiğimiz çocuklarımızın ve gelecek kuşakların gözünde de küçük düşürüyor. Kuşaklar arasındaki bağı koparmak istiyor. Dünyanın tek buyurganı olmanın gururuyla konuşuyor. Buna dayanarak, "teslim olun, daha fazla küçülmeyin, sizden istediklerimizi yapın!" demek istiyor. Son değer yargısı benimdir, buna uymak zorundasınız; yoksa,.. demek istiyor. Bilmem başka bir yorum yapılabilir mi?

Şu içimize girme (eski deyimle "hulûl etme")[42] konusunun bir tanığını dinleyelim. Bu tanık, olayları yaşamış bir yetkili; uzun yıllar, Dışişleri Bakanlığı, TBMM Başkanlığı ve Cumhurbaşkanı Vekilliği yapmış İhsan Sabri Çağlayangil'dir. Şu sözleriyle tarihe belge bırakır:

"Amerika bizim altımızı oymuş, içimize girmiş. CIA yapar, organik bağlarıyla yapar."[43]

---

42 Hulûl: Geçişme, ozmos.
43 Çağlayangil, 1973'te İsmail Cem'le yaptığı bir söyleşide, "CIA yapar, organik bağlarıyla yapar. Benim istihbarat şefimle, kendisi farkına varmadan. CIA benim altımı oyar. Elinde imkân var yabancı adamın. Girmiş benim içime. Onun için hiç şaşmam. Aramam da, bulamam ki..." İsmail Cem, *Tarih Açısından 12 Mart, c. 1-2,* Cem Yayınevi, 1993, s. 315-317; Türkiye İş Bankası Yayınları, 2009.

Çağlayangil'in bu vb. sözleri kulaklarımızda yankılanırken, editörün kobay olarak kullanıldığımızı açıklaması onur kırıcı da olsa, bir gerçeğin ifadesi değil midir? Bu sözlerin üzerinden en az 30 yıl geçti. Neden uyanmadık, peki uyanabilir miydik? Bu sorunun yanıtını aşağıdaki bölümü okuyarak birlikte bulalım.

Bir Toplumun Altını Oymak ya da İnfiltrasyon

Amerika'nın altımızı oyduğu, bizi kobay gibi kullandığı gerçeği beni yıllar öncesine götürdü. Bu söylemlerin neden zamanında tartışılmadığı sorusuna yanıt aramalıydım önce. Çünkü bu sorunlar açılıp tartışılmadıkça, Türkiye Cumhuriyet'in kuruluşundaki dinamiklerin verdiği görevi yerine getiremeyecektir. Böyle bir konuyu gündemden çıkarmaksa, Amerika'nın bizim ve bizim gibi ülkelerin içine nasıl hulûl ettiğini gözardı etmek olacaktır. Ayrıca çözüm için de, işe bu nedenlerin tartışılmasıyla başlamak gerekir. Bunları düşünürken, birden; "Peki bu tam bir infiltrasyon değil mi" diye sordum kendime.[44]

ABD'nin bizim gibi ülkelerin içine nasıl girdiğini, sağlıklı toplumları temel dinamiklerinden nasıl kopardığını tartıştığımız ortamda, bir doktor arkadaşım, "bunun tıp dilindeki adı 'infiltrasyon'dur" demişti. Christopher da, Amerika'nın Soğuk Savaş döneminde bilimi başta sosyal alanlar olmak üzere her alanda, toplumları dejenerasyona uğratmak için kullandığını açıklıyordu ya! Demek tıp biliminin bu yöntemi tersine çevrilip, mikropların infiltrasyon yoluyla bünyeye girişi örneklenerek, toplumları parçalamak için yıkıcı projeler geliştirilmesinde kullanılmış ve toplumsal yapıya uyarlanmış. Tartışma konumuz, giderek Amerika'nın bizde ve bizim gibi ülkelerde oynadığı oyunlarda adı bilinen ama dokunulamayan ajanların[45] ve süreklilik ka-

---

[44] "B. Coming'in sözünü ettiği seviyelerde, gücün geniş atardamarları, 'kılcal damarlara dönüştü. Çünkü akademik bilgi, üretimin genellikle dünyadaki güç ilişkilerindeki ve pazarlardaki değişimlerini izler. Sonunda Güç ve para, önce kendi konularını bulmuştur, ardından da araştırma konularını ona göre şekillendirilir. Antropolog David Prince'nin deyişiyle, 'kısa dönemde güç tipik biçimde fikirleri seçer." (agy., s. 32-43). Bu anlatım, Amerika'nın ülkelerin kılcal damarlarına kadar girdiğini gösteriyor. Bu, *sosyal alanda infiltrasyon* olarak adlandırılabilir.

[45] ABD ile ilişkili ülkelerde (bunu Fehmi Koru'nun deyimiyle "Amerika'nın kanatları al-

zanan krizlerin nedenleri idi. Bu konuda yalnız değildik. Yazgılarını paylaştığımız ülkeler vardı: Örneğin; Latin Amerika ülkeleri, Endonezya, Malezya, vb. bunlardan birkaçı. Birbirinden ayrılan birçok özelliklerine karşın, ekonomik ve giderek sosyal, siyasal krizlerdeki benzerlikler neye bağlıdır?

Bu ülkeler de, zaman zaman içine düştükleri krizler nedeniyle, sarmallaşan ekonomik, sosyal ve siyasal sorunlar içinde çırpınmaktalar. Geçmişlerinde benzer sorunları, kendi irade ve kararlarıyla çözmelerine karşın, günümüzde, çözümün uluslararası örgütlerin önerilerine bağlanması, bırakalım çözümü, beklenmedik sorunlarla baş başa kalmaktalar.

Sorunların çözümünü beklerken, çözülemez sanılan sorunlar içinde neden çırpınıyoruz? Neden çözümü başkalarının öğüdüne bırakıyoruz? Biz ve bizim gibi ülkeler, hangi nedenlerle kendi sorunlarını çözmeyi başaramıyor, sorun çözmeyi beklerken yeni sorunlar üretiliyor? Örneğin, 12 Eylül darbesiyle ülkemizin içine itildiği sorunların nedeni olarak 27 Mayıs Anayasası gösterilmiş ve onun yerine 12 Eylül sistemi, kendi hukuk düzeniyle kurulmaya başlanmıştı. Bunların ardında da hep Amerika vardı. 12 Eylül sürpriz değildi, ABD için beklenen bir olaydı,[46] çünkü kurgu onundu.

---

tındaki ülkeler" ya da Chomsky'nin nitelemesine göre; "Amerika'nın himayesindeki ülkeler" olarak anlayabiliriz). Bir RAND çalışması olan ve Fehmi Koru'nun önsözüyle yayınlanan "Amerikan Gizli Belgelerinde Türkiye'de İslamcı Akımlar" adlı Rapor'un önsözünde, Fehmi Koru, bu konuyu şöyle anlatır: "Süper güç olmanın bir raconu var: Kanatlarının altında tuttuğun ülkelerde neler olup bittiğinden, hatta meydana gelecek muhtemel gelişmelerden haberdar olman şart. Amerika'nın 'başarısı' nereden kaynaklanıyor. Başarının sebeplerinin en başında, sahip olduğu 'bilgi birikimi'nin geldiği muhakkak. ABD, ilgi alanına giren her ülkedeki gelişmeleri çok yakından izliyor; hiçbir şeyi tesadüfe bırakmamaya gayret ediyor. Yalnız resmi ajanı olan diplomatları aracılığıyla değil, o ülkeleri yakından tanıyan, hatta onlardan olan bir uzmanlar ordusunu besleyerek neler olup bittiğini öğrenmeye çalışıyor." Peki Fehmi koru bunu nerede öğrenmiş dersiniz? Yanıtını kendi veriyor; "Harvard Üniversitesi'nde okurken bu durumun daha yakından farkına varmıştım."

46 12 Eylül 1980 gecesi, Türkiye'de askerin köşebaşlarını tuttuğu dakikalarda, Başkan Carter, Kennedy Center "Damdaki Kemancı" müzikalini izlemektedir. Paul Henze, Beyaz Saray'ın ABD için önemli olayların ve gelişmelerin izlendiği "Situation Room" adlı bölümünde darbeyi öğrenir ve Başkana iletilmesini ister. Carter, locasının yanında-

Oysa biz geçmişte benzer sorunlarla karşılaşmış, ülkemizi işgale kalkışan -bir halk deyimiyle- yedi düveli kendi istencimiz ve gücümüzle yurttan kovmuş, Düyun-u Umumiye belasından kendi istencimizle ve direncimizle kurtulmayı başarmıştık. Binbir yokluk içinde, ülkemizin dört bir yandan düşman işgalinde bulunduğu bir dönemde, ulusal birliğimizden aldığımız güçle, dünyanın en güçlü uluslarının toplandığı Lozan'da bağımsızlığımızı dünyaya kabul ettirmiştik. Ve o onurlu başarıyla Cumhuriyet'i kurmuş neslin çocukları, neden böyle bir acz içine düşürüldü dersiniz? Yanıtı çok kısa; o başarıları kendimize güven içinde elde etmiştik. O zaman biz kendimiz idik, kendimize, ulusumuza güven duygusu içinde başarılara koşmuştuk. Elinizdeki kitabın sayfalarını çevirirken, kendimize güveni yitirdiğimizin, bunun nedenlerinin belgelerini göreceksiniz. Yine o sayfalarda bu kısır döngüye düşüşümüz de tartışılmaktadır.

Yakın tarihimizin bu özgün örneğinden çıkarak, "neden kendimiz olamıyoruz?" sorusunun yanıtını okurlarımın bulacağına inanıyorum. Çözümün de tıpkı 1919 sonrasının "azim ve kararına" bağlı olduğu anlaşılacaktır.

Şu AB'ye kabul edilmemiz için dayatılan önkoşulları gözden geçirdiğimizde, başta bu devletin temelindeki Kemalist düşüncenin eylem planını ve Cumhuriyet'in "Anadolu İhtilali" sonunda kurulmasını yok sayan, bu düşünceleri yol haritasında engel olarak gösteren Batı'nın Ulusal Kurtuluş Savaşımızı ve Lozan'ı hedef aldığını görmüyor muyuz? Evet, çıkış ve kurtuluş yoluna 80 yıl öncesinin yolundan girilir.

Yazgısı bize benzeyen ülkelerde de, geçmişte kendileri olmak denenmiş ve başarılı olunmuştu. Peki ne oluyordu da, kendi istencimizi

---

ki telefonun sinyal sesi üzerine telefonu alır, Dışişleri Bakanı Muskie'den "Türk Ordusu'nun komuta heyeti Ankara'da yönetime el koydu. Herhangi bir kuşku veya kaygıya gerek yok. Müdahele etmesi gerekenler etti" haberini alır ve teşekkür eder, "iyi geceler" der, "Damdaki Kemancı"yı izlemeyi sürdürür. Türkiye'de saatler 03:30, Washington'da 20:00'dır. (M. Ali BİRAND, *12 Eylül 04:00*, Karacan Yayınları, s. 286-287). Amerika, CIA'sı, Dışişleri, Pentagon'u ve Başkanı'yla rahatlamıştır.

ve karar direncimizi kullanamıyorduk? Benzetmek gerekirse, doktor gözetimi altında sağaltılan hastanın, verilen ilaçlarla iyileşmesi beklenirken, neden krizlerin yinelenmesi gibi olaylarla karşı karşıya kalıyoruz? Bunun nedeni, kendimiz olmadaki başarısızlığımızdır...

ABD'nin Tipoloji Geliştirmesi ve İnfiltrasyon

ABD'nin türlü politikalarla toplumların içine soktuğu ajanları aracılığıyla o toplumlarda kendi iradesini etken kıldığını, bunu önlemenin bir yolu olması gerektiğini tartıştığımız ortamda, tartışmayı sessizce izleyen doktor arkadaşım, bir benzetmeyle konuya girdi. Önce, ABD'nin bu uygulamasının tıpta "infiltrasyon" denilen bir yönteme benzetileceğini söyleyerek "Biz gerçeği göremiyoruz, çünkü kendi akıl ve gözümüzle değil, kendi aklımızla değil, Amerikan gözüyle bakıyoruz, Amerikan aklıyla çözüm arıyoruz... ABD'nin içimize girdiğini yetkili bir ağızdan işittiğinizi söylüyorsunuz. Doğrudur, Amerika ilişkili olduğu ülkelerin en gizli yerlerine bile girmiştir, girecektir." dedi ve bunun tıp dilindeki *infiltrasyon* yöntemiyle benzerliğine değinerek *infiltrasyon*u anlattı.

Tıp dilinde "infiltrasyon" kavramı "bir mikrobun ya da kanser hücresinin vücudun en yaşamsal bölgesinin tüm hücrelerine girmesini, mikrobun bünyenin her noktasına yayılmasını gösterirmiş. Bu öyle bir nüfuz edişmiş ki, bu noktadan sonra hastanın sağaltılması çok güç olurmuş.

"İşte ABD'nin uyguladığı yöntem de budur," dedi ve sözlerini şöyle bitirdi: "İnsanoğlu, bilimi aynı yöntemle insanlığın yüceltilmesi için uygulayacak bir ahlak sistemi kurana dek, ne yazık ki, bu çıkmaz sokakta yol arayıp duracaktır. Şu hastalığı önlemek için yapılan aşıyı düşünelim. Hastalığı önleyecek ya da sağalmayı çabuklaştıracak aşı ve iğne tedavilerini düşünelim. İyiliğin ya da kötülüğün iğnenin ucunda olması gibi, örneğini tartıştığımız olayın da benzer sonuçları olabilir. Amerika'nın etkinliğini eğer ulusal bilinç ve gücümüzle önlemeyi düşünür, uygulamak için azim ve karar sahibi olabilirsek, kurulan tuzaklardan kurtuluşu yakalarız" dedi.

Hastalıklardan örnekler verilerek yapılan açıklama, konuyu anlamamı kolaylaştırmıştı.

Bu açıklamanın, sözünü ettiğim *Üniversiteler, Amerikan İmparatorluğu* adlı kitaptaki, kuramlar ve uygulamalarla örtüştüğünü görmüştüm. Amerika'nın, bilimi kendi çıkarları için, başka ülke insanlarını kimliklerinden soyutlayana değin, istediği biçimde yönetmeye çalıştığının belgeleriyle başbaşaydım.

Türkiye bu noktada mıydı? Sormaya cesaret edemedim. Ama sorumun yanıtını almıştım. Sonra sözlüğe baktım. Resimli Redhause İngilizce-Türkçe Sözlük'te: İn-fil-trate (infiltreyt): (f.) süzülmek, sızıp içeri geçmek, süzmek; (askerlik) nüfuz etmek, düşman hatlarına gizlice girmek. İnfiltration. (i) süzme, süzülme." anlamlarını içeriyor.

Buradan çıkarak, elimdeki kitabın, Amerika'nın evrensel ya da bölgesel çıkarlarının ön aldığı ülkelerle kurmak istediği ilişki için, ilgili özel önlemler ve taktikler geliştirerek yola çıktığını anlatan belgesel olduğunu anladım. Toplumsal yaşamın ve her toplumun kendi dinamiklerinin özüne inilmeden, bir toplumun bir başka toplum tarafından yönlendirilemeyeceği gerçeğinden çıkarak konuya yoğunlaşmak gerektiğini düşünüyorum. Çünkü Amerika'nın yaptığı, hedef ülkenin iç ve dış dinamiklerini çözmek, dağıtmak ve toplumları ne yaptığını bilmeyecek konumda istediği gibi yönetmektir. Bunu her zaman, karşısındakileri zorda gördüğü ya da zora soktuğu her yerde uygulamıştır. Görünürde dostlukla yapmıştır bunu. Bizimle ilgili son örnek, bu çalışmanın kaleme alındığı günlerde yaşanmaktaydı. Amerika, istediklerini yapmayan Türkiye'yi cezalandırıyordu.

Amerika, Çıkarlarına Engel Olanı Cezalandırır

Çalışmanın bu aşamasında, (2003 Mart-Nisan) Amerika'dan son uyarı ya da haddini bildirme, dikkat çekme mesajı geldi. "Özür dileyin" diyordu bize, efendilik yapma izni verdiğimiz dünyanın yeni buyurganı... "Özür dileyin, sizi gözden çıkarmayalım." Bir lütuf mu, gözdağı mı bilinmiyor, çünkü Amerika lütfetmez, buyurur. Bir yetkili şöyle demiş:

"Müslüman Türkiye'nin demokratik modelini çok takdir ediyordum. Ancak düş kırıklığına uğradım. Çünkü Türkiye, Irak'ın özgürleşmesini zorlaştırdı. Dünyanın en kötü diktatörlerinden biriyle anlaşmaya yanaştı. Ama eğer yeni bir sayfa açacaksak, Türkiye, *'Evet, biz bir hata yaptık' demeli. 'Iraktaki olaylara daha duyarlı davranmalıydık, bilemedik, ama artık biliyoruz, nerede ne kadar yardımcı olabiliyorsak o kadar yardımcı olmalıyız'* demeliydi. Demeliydi çünkü, Türkiye'nin çıkarları için bu çok önemliydi."[47]

Bak sen hele, adam bizi bizden çok düşünüyor olmalı, düşünüyor ki uyarıyor. Dostun böylesi düşman başına da diyemezsin ki!

Ne dersiniz, Türkiye'nin çıkarlarını düşünerek, Amerika'nın karşısında eskilerin deyimiyle "el pençe divan" durup, "sen büyüksün, bizim yanlışımızı gösterdin" deyip teşekkür mü edelim, "ne olur bizi bağışla" mı diyelim? Bu sözlerin bile bir ulusun onuruyla alay etmek olduğunu düşünemeyen medya kuşlarını kendi çöplüklerinde bırakalım ve şunu soralım kendimize:

Kimdi bu öğüt veren? Evet "haddimizi bildirme" cüretini gösteren kimdi? Elbette 50 yıllık kadim dostumuz, bir dediğini iki etmediğimiz Amerika ve onun şahinlerinin önde geleni, Savunma Bakan Yardımcısı Paul Wolfowitz. Peki, bu kimdir ki bizi tehdit ediyor? Basında çok büyük yankılar yapan bu dost (!) uyarısı üzerine, kimi kalemler coşkuyla Pentagon'un iki numaralı adamının yanında yer alma yarışına girdi.

Paul Wolfowitz, *CNN Türk* televizyonuna verdiği demeçte,[48]

---

[47] 7 Mayıs 2003 tarihli gazeteler, tüm tv kanalları.
[48] Demeç salt basının değil, Amerika'yla ilişkilerde ün kazanmış, yıllanmış gazetecilerden Cengiz Çandar ve Mehmet Ali Birand'ın eseriydi. Birand, "Türkiye Türklere bırakılamayacak kadar önemli bir ülkedir" özdeyişiyle(!) ününe ün katmıştı. Cengiz Çandar, 1960'lardan bu yana, çok ciddi çalışmalarıyla elde ettiği Ortadoğu uzmanlığını, Amerikan ilişkilerindeki becerisiyle pekiştirmiş olmanın ötesinde, şu sözleriyle tarihteki yerini çoktan almış bir ünlüydü: "Kemalizm'le gideceğimiz yer yoktur. Zaten Turgut Özal'ın

Türkiye'nin Irak politikasında hatalı tutum izlediği için Amerika'nın güvenini yitirdiğini söylemiş!

Haber 7 Mayıs 2003 tarihli *Milliyet* gazetesinde sürmanşet "Pentagon'dan Tehdit" başlığıyla verildi. Sonra, spotlarda:

"Wolfowitz, Türkiye, Suriye ve İran'a yanaşmakla yanlış yapar. 'Hata yaptık' demeli ve ABD'ye daha çok yardımcı olmalı." biçiminde yer aldı.

Türk Ordusu'na da kırgındı Wolfowitz... "Ordu, kendisinden beklenen liderliği gösterememiş" diyordu.

Basın, haber ve yorumlarla konuyu birkaç gün gündeminde tuttu. Yorumlar ve sorumlu katların düşünceleri ilginç çelişkiler içeriyordu.

Başbakan bu konuda, "hata yok" dışında söz etmedi. Her zaman düşüncelerini açıklamaktan çekinen Dışişleri Bakanı Gül, topu taca atma çabasıyla; basının, konuşmanın bir bölümü üzerinde durduğunu, ancak değerlendirme yapmak için konuşmanın tamamını okumak gerektiğini vurguladıktan sonra; işi şu sözlerle idare etmeye çalıştı: "Ben konuşmanın tamamını okudum. Bunlar samimi, pragmatik, geleceğe yönelik perspektifler ortaya koyan açıklamalar."[49]

Adalet Bakanı Cemil Çiçek'in, Dışişleri Bakanı Gül'e göre daha yürekli çıkan şu sözleri, yetersiz de olsa ulusal onuru düşünenlere teselli yerine geçti. Wolfowitz'in "Körfez Savaşı'nda Türkiye'ye verdiğimiz sözleri tutmadık" dediğini hatırlatan Çiçek, "Tezkerenin TBMM'den geçmemesinde bu sözlerin etkili olduğunu düşünüyorum. Türkiye bu kez mütereddit davranmıştır. Bize verilen sözlerin yerine getirilmemesi bunda tesirli olmuştur" dedi ve ABD'nin Türkiye ile ilişkilerini değerlendirirken, "Biz nerede hata yaptık demesi ve bunu

---

cenaze töreni Kemalizm'in cenaze törenine benziyordu. Tabut, Turgut Özal'a aitti, ama törenin kendisi Kemalizm'in cenaze töreniydi." (*2. Cumhuriyet Tartışmaları*, M. Sever, C. Dizdar, Başak Yayınları, 1993, s. 96). Hani buna benzer sözleri daha önce Graham Fuller, Turgut Özal söylemişlerdi ya...

[49] 08.05.2003, NTV, *Hürriyet*.

sorgulaması" gerektiğini açıklayan Çiçek, "bunu da en iyi değerlendirecek kişilerin başında Wolfowitz'in geldiğini"[50] ekledi.

Cumhurbaşkanımızın sözleri daha da ilginçti: "Wolfovitz, gerekli yanıtları aldı herhalde" demişti... Eh, bir eski Anayasa Mahkemesi Başkanı'ndan da bu beklenirdi.

Hürriyet'te Sedat Engin ve *Akşam*'da (E) Org. Kemal Yavuz'un yazıları, bize göre sorunu ulusal bilinç ve Cumhuriyet'in temel dinamiklerine dayanan düşüncelere tercüman olacak nitelikteydi.

Sedat Ergin *Hürriyet*'te hem Wolfowitz'e yanıt veriyor hem de bu söyleşinin ünlülerini şu sözlerle sorguluyor:

"Şahsen Mehmet Ali Birand'dan Wolfowitz'e bu sözleri üzerine bir soru daha sormasını beklerdim. Sorulmayan o soru şu:

'Türkiye'nin Irak'la iş yapmasına kızıyorsunuz. Peki Irak'ın ambargo döneminde sattığı petrolün yüzde 80'inden fazlasını Başkan Yardımcınız Dick Cheney'nin petrol şirketi aldı. Basra'dan yüklenen tankerler, aldıkları malı doğrudan Teksas'a getirdiler. Türkiye'nin komşusuyla ticaret yapması ayıp da, sizin düşman ilan ettiğiniz ülkeden, hem de Başkan Yardımcınız vasıtasıyla petrol almanız ayıp değil mi?''

Sedat Ergin yanıtı askıda kalan bir soruyla sürdürüyor: "Ya Türk Genelkurmayı ile ilgili sözler? Wolfowitz 'Askerlerin daha fazla ağırlık koymasını beklerdik' der..."

Bir Başka Ses ve Sesleniş

Güneydoğu Anadolu'da PKK terörünün en azgın yıllarında ordumuza komutanlık etmiş, eski Harp Akademileri Komutanı ve halen *Akşam* gazetesi yazarlarından (E) Org. Kemal Yavuz, konuyu "Emredersiniz Sayın Bakan Yardımcısı" başlıklı yazısında kapsamlı ve eleştirel yöntemle ele alıyor:

---

[50]   08.05.2003, NTV, *Hürriyet*.

"Hep birlikte izlediğimiz gibi, ABD, tüm dünyada bir 'Büyük Proje'yi yürürlüğe koydu. Üstelik bunun saklısı, gizlisi de yok. Projenin adı 'Yeni Amerikan Yüzyılı Projesi'. Daha anlaşılır bir ifade ile, '21. Yüzyılı, Amerikan Yüzyılı Yapma' projesi. Bilindiği gibi, bu projenin mimarlarının başta geleni de Sayın Bakan Yardımcısı. Konuşmasının bir yerinde de bunu, 'Çağın en büyük projesinde işbirliği içinde olabiliriz' diyerek ağzından kaçırıyor. Bu projenin Ortadoğu bölümü Afganistan'la başladı, Irak'la devam etti. Projenin, Irak'la ilgili bölümünün 'senaryosu' yazılırken, Türkiye'ye verilecek 'rol' de tespit edilmişti. Üstelik, tek satır 'devlet kâğıdı' okumadan ABD'ye giden, 'yetkisiz ve etiketsiz' kişi ile yapılan görüşmelerden -görüşenler içinde, aynı Sayın Bakan Yardımcısı da vardı- son derece olumlu intibalar da alınmıştı (Çünkü, İngilizcede 'Takiyye' kelimesinin karşılığı yoktur). Ve Irak senaryosu yürürlüğe kondu. Başlangıçta her şey tıkır tıkır yürüyordu (1. tezkere). Ama, birdenbire hiç beklenmedik bir şey oldu ve senaryosunun Türkiye bölümü, birden tıkandı (2. tezkere). Hayret ki hayret! Böyle bir şey nasıl olabilirdi? Senaryonun yazarları, bu olumsuzluğa o kadar inanmadılar ki, uzun süre bu 'hata'nın düzeltilmesini beklediler. Ama sonuç değişmedi. Ve sonuçta, deneyimli devlet adamı Sayın Demirel'in dediği gibi, 'cezalandırma' gelmekte gecikmedi.

'Cezalandırma' için düzenlenen 'senaryo'nun ilk bölümü Türkiye'de, yurtiçinde uygulamaya kondu. Önce uygun aracılar, yazarlar ve konuşmacılarla, sonra da Kuzey Irak'ta 'yaratılan' krizlerle, hükümetin 'kulağı çekildi'. Sonra, 'toplumsal değeri' çok yüksek bir devlet kuruluşunun, Türk Silahlı Kuvvetleri'nin, 'altını oyma ve içten parçalama' faaliyetine girişildi ve bu 'ikazların' yapılmasından sonra da geçtiğimiz salı günü, 'talepler' geldi. Olay, tamamen budur."

(E) Org. Kemal Yavuz yazısını şöyle noktalıyor:

"Şimdi, durum nedir? Durum, Türkiye Cumhuriyeti'nin, dış politikasını kendi iradesi ile, kendi menfaatleri istikametinde yönetip yönetemeyeceğine karar vermesi meselesidir. Türkiye, hiçbir devletle kavga etmek, onu karşısına almak durumunda kalmamalıdır. Fakat, hiç kimse aksini söyleyemez ki, hiçbir yabancı devletin de 'kuyruğu' olmamalıdır. Benim, 1991'de Silopi'de, rahmetli Özal'a söylediğim gibi; *'Başkasının saban izini takip etmek iradesizliğini gösterenler, ancak başkalarının hedeflerine hizmet ederler. Kendi hedeflerine varmak isteyenler, zahmetini göze alıp, kendi saban izlerini kendileri çizmelidirler.'"*

Türkiye bugün, bu satırların çalışmaya eklendiği 28 Ağustos 2003 tarihinde, Amerika'nın emir niteliğindeki isteklerinin açmazında çırpınıp duruyor. Amerika Irak çıkmazında çırpınırken kurtarıcı bir dal arıyor ve bir ay önce başına çuval bağladığı Türk askerini işgal kuvvetlerinin yerine yollamak istiyor. Türk'ün işgalciye arka çıkması ulusal tarihimize en büyük ihanet olacaktır. Ulusların yaşamında, yapılan yanlışların acısını ne yazık ki gelecek kuşaklar çekiyor. Amerika'nın, günümüzde bilen ve bilmeyenin kullandığı *'stratejik ortaklık'* aldatmacasının temeli, Truman doktriniyle atılmıştır. Bize uzatılan bağımlılık ipine kurtarıcı olarak yapıştık.

Oysa halkımızın o bilgece deyimiyle; "el ipiyle kuyuya inilmez". Başkasının saban izini takip edenlerin, başkasına hizmet ettiklerini bilmeleri gerekir. Irak'a asker yollayıp yollamamayı insanlık onurumuzu düşünerek karar bağlayalım, derim. Yoksa tarih bizi lanetle anacaktır.

Evet "Durum, bu kadar açık."

28 Ağustos 2003

6. Baskıya Geniş Önsöz

Küreselleşen Dünya ve Türkiye

Emperyalizmin Tuzaklarındaki Ülke: Oltadaki Balık Türkiye, 1990 yılının başlarında tasarlandı, 1993 yılında yayımlandı. Amacım, 12 Eylül sonrası Türkiye'sinde yaşanan ve nedenleri kamuoyunca tam olarak algılanamayan olayların, bizim gibi "ABD'nin kanatları altındaki" ülkelerde oluşan, gelişen olaylar ve sonuçlarıyla benzerliğinden yola çıkarak, emperyalizmin kuşatmasındaki yaşantıyla ilgisini belgelemekti. Bu nedenle, bizimle ve benzer ülkelerle ilgili belgeleri bir savcı titizliğiyle değerlendirmeye çalıştım.

6. baskısı yapılan çalışmada, iki kutuplu dünyanın, 1990'lara değin dünya politikasını yönlendiren süperlerin, İkinci Dünya Savaşı sonrası jeopolitiğe göre dünyayı nasıl paylaştıkları, özellikle ülkemiz ve Ortadoğu için, bir yandan birbirleriyle, öte yandan "kanatları altındaki ülkeler"le olan ilişkilerini nasıl düzenledikleri belgelenmeye çalışıldı. Çalışmamla ilgili değerlendirmeler ve kitabın 6. basıma ulaşması, amacımın büyük ölçüde gerçekleştiğini gösterir sanıyorum.

6. baskı yapılırken, SSCB'nin dağılmasından sonra, dünyaya, giderek evrene egemen olmak isteyen tek küresel güç ABD emperyalizminin, yeni hedef ve taktiklerini belgelemek yerinde olacaktı. 1990 Körfez Savaşı sonrası düzensizliğinin giderek "Yeni Dünya Düzeni" adıyla dayatılmasının nedenlerini, saptanan taktikleri, olası gelişmeleri özetle de olsa ekleyerek günümüz olaylarına bir bakış açısı getirmek istedim. Bu tasarımı önceki basımı gözden geçirerek, dipnotlarıyla sağlamayı düşünsem de, çalışmamın içerdiği dönemle ilgili değerlendirmeleri olduğu gibi aktarmanın daha uygun olacağı sonucuna vardım. Böylece, İkinci Dünya Savaşı sonrasının Ortadoğu'suna, bizimle ilgili olaylara ve ardındaki gerçeklere ışık tutmaya çalışan yapıtımın özgünlüğü bozulmadan yeni tasarılar olası gelişmeler okuyucunun değerlendirmesine özetle sunulacaktı.

Bu çalışmaya başlarken önüme koyduğum hedef değişmemiştir, ülkemi "Oltada Balık" sayan sistemin mantığı değişmediği gibi... Çünkü savaşılacak olan bu mantıktı. Amacım emperyalizmin yeni taktiklerini, evrensel sömürü çarkını döndürecek gelişmelerini anlatabilmekti. Unutmayalım ki emperyalizm ad, yol değiştirir ama, amaç değiştirmez.

Öteden beri hele son yarım yüzyıl içinde ABD emperyalizminin en çok ilgilendiği alan olan Ortadoğudur. Bu bağlamda, jeostratejik konumu dışında bir Ortadoğu ülkesi de olan Türkiye, önemini korumuştur. Yaşamın -hele çağdaş yaşamın- yeni bir enerji kaynağı bulunana dek petrole dayandığı gerçeği bilinirse, ABD'nin petrol deposu olan bölgeye ilgisinin nedeni anlaşılır. Bizimle ve bölgemizle ilgilenmesinin, çıkarlarına dayalı amaçlarının kapsamı da kavranır.

Yeryüzü egemenliğini aşarak, evrenin tümüne hükmetme davasını güden bu süper güçle ilişkilerimizi onun amaçlarını bilerek düzenleyip yürütmek, uluslararası ilişkilerde çıkarların ön planda tutulduğu gerçeğini göz önünde tutmak gerekir. Bu arada Türkiye için önde gelen amacın, ulusal bilinç, ulusal birlik ve bütünlük olduğu unutulmamadır. Bu ilişkinin devlet-ulus işbirliğiyle yürütüleceği, devletin sorumluluğunun birlikte paylaşılacağı, davanın başarısı için önkoşul olduğu, gözardı edilmemelidir. Çünkü, ulusun her bireyinin bu gerçeğin bilinciyle ulusal haklara ve onura sahip çıkması, varlığımızı korumanın tek yoludur.

Atatürk'ün 1919'da Ankaralılar ile yaptığı görüşmede, ulusal haklarımızı, varlığımızı ve onurumuzu korumanın yolunu çizerken söylediği şu sözler, bizim için bugün de yol göstericidir: "Kendini kurtarabilmek için ulusun her bireyinin ülkenin alınyazısıyla ilgilenmesi gerekir."

Olayları bu bilinçle izlemenin bir yurttaşlık bilinci olduğu da unutulmamalıdır. Toplumsal sorunlarımızı çözerken, bireysel sorumluluğumuzun gereklerini de gözönünde tutmalıyız.

Antalya
1 Ocak 1998

Küreselleşen Dünya ve Türkiye

Emperyalizmin Tuzaklarındaki Ülke: Oltadaki Balık Türkiye, Soğuk Savaş döneminde emperyalizmin tuzakları arasında geçen kayıp yıllara ve o dönemdeki yanlışlarımızın nedenlerine ışık tutmak için yazılmıştı. İki kutuplu dünyada, bağımsızlığımızın üzerine düşen gölgenin kaldırılması düşünülmüş ve 'kendine gelişin' yolları aranmaya çalışılmıştı. 1947 Truman Doktrini uygulamasıyla Türkiye'ye adım atan ABD'nin, o anlaşmayla elde ettiği ayrıcalıkların ulusal kimliğimize verdiği zararlara, oradan günümüze uzanan olayların nedenlerine ışık tutulmak istenmişti.

Ulusal ya da uluslararası sorunlarda ABD'nin ipoteği altındaki siyasamızın günümüz olaylarına yansıması, çalışmamın önemini belgeliyor. Günümüz Türkiyesi bu yanlış politikadan kurtulma şansına yaklaşmış gibi. Bu şansın kaçırılması, bağımlılığın kökleşmesine neden olacaktır. O şansın kullanılabilmesi için de, ABD emperyalizminin günümüzdeki stratejik ve taktik hedeflerini, dünyanın bizi nasıl algıladığını bilmemiz ve bunun önemini kavramamız gerekecektir. Ayrıca, yeni yanlışlara düşmemek için, günümüz sorunlarının çözümünde yeni politikalar üretecek kararlılık, güven ve azim gerekmektiği inancıyla yeni yöntemler geliştirmeliyiz. Bunun gibi, küreselleşme olarak dayatılan 2000'li yılların sömürü ağına, Ilımlı İslam formülüyle düşürülmek istendiğimizin bilinciyle, geleceğimizin ekonomik, sosyal ve siyasal dengelerini kurmanın yöntemini geliştirmeli, geçmişin yanlışlarını saptamalıyız. Çünkü geçmiş yanılgıların ayırdına varmadan, yeni yanlışlara düşmekten kurtulamayız.

AB'nin Kapısında Bırakılmak

Avrupa Birliği'ne girme çabasındaki Türkiye, Avrupa'nın Hıristiyan Demokrat Partilerince, şimdiye dek düşünülmeyen ya da gündeme açıkça getirilmeyen bir gerekçeyle kapı önünde bekletiliyor. Oysa biz, NATO üyesi olarak, özellikle Sovyetler'in etkili olduğu yıllarda, gücümüzün üstünde bir orduyu silah altında tutmuş, Batı'nın bekçiliğini yapmıştık. "Bize bu iş yapılmamalıydı, düşüncesiyle AB'ye kabul edilmeyi beklemek, kendimizi "paralı asker" saymakla eşanlamlı değil midir?

Dahası, birkaç yıl önce Körfez Savaşı'nda yine ödünsüz bir tutumla, Batı'nın yanında yer aldığımızda, AB üyeliğimiz destekleniyordu. Peki, ne oldu da bugün böylesi bir onur kırıcı noktaya geldik ya da getirildik? Evet, neden?

Bu konuda birden çok neden sıralanabilir. Ama başta bizim yanlışlarımız gelir. Örneğin; biz, politikanın bir çıkarlar dengesine oturtulduğunu düşünemedik, düşünemiyoruz. Dostluk adına, *ödünsüz bağlılığın ödüllendirileceği* gibi bir yanlış düşünce içindeyiz. Oysa politikada başarı ve kazanç için *ödün* değil, *karşılıklı çıkar dengesi* aranır. Biz bu dengeyi, Batı'ya dostluğumuz adına sunduğumuz hizmet yıllarımızı ortaya koyarak sağlamaya çalıştık ve işte burada yanıldık.

AB'nin kapısında bekletilmemize neden olarak, insan hakları ve demokratik sistem açısından Avrupa standartlarında istenen düzeyi yakalayamadığımız, Yunanistan'la Ege ve Kıbrıs anlaşmazlığında katı tutum içinde olduğumuz ileri sürülüyor. Kimi konularda eksiğimiz olmadığı söylenemez. Ancak bu ülkelerin burada bize karşı dostluk dışı tutumlarını, yalnız bir nedene bağlamanın gerçekçi olmayacağının altını çizmeliyiz. Çünkü, AB, 1963'teki irade beyanımıza sözde bu nedenle öncelik tanımazken; demokrasi ve insan hakları konusunda bizden daha geri durumda olan devletlerin yakın tarihlerdeki başvurusunu uygun görmüş, onları birliğe aday göstermiştir. Bu durum, Türkiye'nin kapı önünde bırakılmasının temelinde başka nedenler bulunduğunu göstermez mi? Ege sorunu, ya da bizim için yaşamsal önemdeki Kıbrıs sorununda ödüncü davranmadığımızın gösterilmesi, akıllara gerçeğin açıklanmasından çekinildiği anlamını getiriyor.

Son değerlendirmede bize karşı tutumuyla öne çıkan Alman Başbakanı Kohl'ün Almanya Hıristiyan Demokrat Partisi'nin lideri olması, ister istemez, olayın ardında bir başka neden aramaya zorluyor insanı. Bu konuyu, kimi simgelerle gündemimize getiren bir bilimadamının güncel yazısından bir bölümü aktarmak istiyorum.

Prof. Dr. A. Taner Kışlalı, 17 Aralık 1997 tarihli *Cumhuriyet*'teki yazısında "Avrupa Birliği'nin ambleminde niçin 12 yıldız var?" diye soruyor ve yanıtını ararken önemli bir simgeye dikkat çekiyor: "Efes'teki Meryem Ana'nın evini ziyaret edin, oradaki resimlerde Hz. İsa'nın anasının başında 12 yıldız sayarsınız. Acaba ambleme niçin 12 yıldız konulmuş. İsa'nın 12 Havarisini simgelemek için mi; yoksa 12 sayısını sevdiğinden mi?"

Kışlalı, daha sonra "AB, Türkiye'ye karşı ikiyüzlü" diyor ve nedenlerini sıralıyor:

"Türkiye'ye 'Yunanistan ile sorunlarını çöz' diyor, ama Yunanistan'a dönüp, 'PKK terörüne verdiğin desteği çek' demiyor. Türkiye'ye 'Kıbrıs'ta ödün ver, askerini çek' diyor (...) ama, Yunanistan'a dönüp, 'Yunan tanklarının ve subaylarının Kıbrıs'ta işi ne!' demiyor."

"Türkiye'ye *demokrasini düzelt*' diyor, ama sıra aday olarak kabul ettiği ülkelere, örneğin Slovakya'ya gelince *"zaman içinde düzelir"* [51] diyor.

Kışlalı "Örnekleri çoğaltmaya ne hacet..." dedikten sonra şu önemli noktanın altını çiziyor: "Uluslararası antlaşmalara göre Kıbrıs'ın, Türkiye'nin üye olmadığı bir uluslararası kuruluşa üye olması yasak, ama konu *'kendisinden olanların'* çıkarları olduğunda, AB hukuk tanımıyor. *Hıristiyan Kıbrıs'ı için kolları sıvıyor...*"

Bu görüşü doğrulayan başka değerlendirmeler de var. Böylece, din öğesini, yüzyıllar öncesinin politik sisteminden çıkardığı savlanan Batı'nın, ne denli bir bağnazlık içinde ikiyüzlü davrandığına dünya bir kez daha tanıklık ediyor. Bu gerçeğe işaret edenlerin de yanılmadıklarını görüyoruz.

Anlaşılıyor ki, dışlanmamızın nedenlerinden birisi din, yani Türklerin Müslüman olması. Çünkü, Avrupalı Hıristiyan Demokratlara göre "AB Hıristiyan kulübüdür, Müslümanlara yer yoktur."[52]

---

[51] *Cumhuriyet*, 17 Aralık 1997.
[52] Bu gerçeği 2000'li yıllarda da yaşıyoruz. Demokratik atılımlarda bizden geride olan Hı-

Oysa biz son iki yüzyılı, Batı uygarlığı içinde yer alma sevdasıyla geçirdik. Bunu düşlerken de, Batı'nın dinsel taassuptan kurtulmasını örnek alarak, kendi taassubumuzdan utanır dururduk... Görülüyor ki, sosyal ve politik konular dinin ideolojik çemberi içine alınırsa, hoşgörü yok oluyor. Ya da taassup, aklın önüne geçirildiğinde her zaman için geçerli bir dışlama ya da kabullenme mesajı oluşturuyor... Aydınlanma devrimiyle her türlü bağnazlığı aştığını düşünerek örnek aldığımız Batı'nın, yarım yüzyıl boyunca Sovyet sistemine karşı bekçiliğini yapan bir ülkeyi, salt dinsel farklılık nedeniyle dışladığını düşünmek istemiyor olabilirsiniz. Ne yazık ki bu bir gerçektir. Ancak bu, kendi kusurlarımızı görmemize engel olmamalıdır. Bu konuda, kendimizi sorgulamalı, kendi kusurlarımızı saptayarak yeni yanlışlara düşmemeliyiz.

Kendimizi sorgularken, önce Batı'nın bekçiliğini neden kabul ettiğimizi düşünmeli ve yanıtını aramalıyız. Elbette bu bekçiliği kabul etmeyeceğiz, daha onurlu bir statü istemeyeceğiz. Ulusal onur bunu gerektirir. Batı'nın savunmasına soyunurken, ulusal onurumuzu korumasını bilseydik, bugün bize bekçi muamelesi yapılamazdı.

Bir gerçeği daha not edelim...

Şöyle düşünenler de olabilir: "Peki, bizi Sovyetler'in önünde bir duvar gibi diken ya da savaşın ilk gününde, Anadolu'nun üçte ikisini

---

ristiyan Avrupalılar, Avrupa Birliği'ne alındılar. Türkiye, verilen ev ödevlerini yaptığı takdirde, ancak 2015'te alınabilir deniliyor. Bu arada 27 Mayıs Anayasası'nın getirdiği özgürlük ve haklar zamanında yaşama geçirilebilseydi sorun demokratikleşmede sıkışıp kalmazdı. Ama yine de bir engel çıkarılırdı. 27 Mayıs Anayasası'nın o dönem özellikle ABD tarafından eleştirilmesi ve uygulamasının önlenmesi için zamanın iktidar partisine arka çıkılması, Türkiye'yi 12 Mart'a taşıdı. 12 Mart'ın ilk işi de anayasayı değiştirme girişimi oldu. Böylece, Dickson Raporu'nda işaret edilen. *"27 Mayıs'ın getirdiği anayasanın bazı maddeleri,.. kanuni sistemin hukuki aykırılıkları.. rejimin gelecekteki emniyetini garanti edecek tedbir"*ler yürürlüğe konulmuştu. Bununla yetinilmedi, rövanş 12 Eylül'de alınacaktı. Yanıt, sistemin dayattığı 12 Eylül Anayasası olmuştu. Şimdilerde de 12 Eylül Anayasası anti-demokratik olduğu için Avrupa normlarına dayalı sistem arayışları içinde debelenip duruyoruz. Şu gerçeği bir yere not edelim.: 27 Mayıs Anayasası, Cumhuriyet'in yetiştirdiği bilimadamları ve aydınlardan kurulu bir meclisin eseriydi ve yüzde yüz ulusaldı. 2000'li yılların anayasa çalışmaları, AB'nin güdümünde yapılmaktadır.

kaybedilecek toprak diye kabul ederek insanımızı canlı siper kullanan Batı, o gün engel saymadığı dinimizi, bugün neden engel saysın?"

Bu, yanıtlanması gereken önemli bir sorudur ve yanıtı bellidir: Meryem Ana'nın başındaki yıldızlara sorun yeter!!

"Avrupa'nın kapısında bekletilmemizin nedeni bu kadar basit olmamalı diyenlere de hak verilmelidir. Ama, "din konusunda Batı ve özellikle ABD ne düşünüyor?" sorusunun yanıtını araştırırken bir değişik tezle karşılaşıyoruz; dinler çatışması ya da savaşı. Batı, Sovyet düşmanı yerine, din öğesini yerleştirmeye çalışıyor. Bunun adına da "uygarlıklar çatışması" diyor.

Uygarlıklar Çatışması

SSCB'nin dağılmasından sonra, ABD'nin tek süper güç olarak dünya egemenliğini pekiştirmek amacıyla, yeni kuramlar üretilmeye başlandı. Francis Fukuyama'nın, *Tarihin Sonu ve Son İnsan* adıyla yayımlanan çalışması bunlardan biridir. Fukuyama çalışmasında, "Sovyetler Birliği'nin çöküşüyle, insanlığın, tarihin ideolojik evriminin sonuna geldiğini ve liberal demokrasinin son ve değişmeyecek bir yönetim biçimi olduğunu" ileri sürer. Fukuyama'ya göre, liberal demokrasinin yaşaması, demokratik bir kültür gururunun oluşmasına bağlıdır;

"Demokrasiye ilişkin böyle bir gurur geliştiğinde ve demokratik değerler yurttaşlarca özümsendiğinde, 'demokratik' ya da sivil bir kültür (yurttaşlık kültürü) olacaktır."[53]

Ama bunun kolay gerçekleşmeyeceğini savunuyor: "Kültür, belli geleneksel değerlerin demokratik değerlere dönüşmesinde, direnme biçiminde demokratikleşmenin önünde bir engel olabilir."[54]

Din, Fukuyama'nın, demokratikleşmenin önündeki kültürel engeller sıralamasında önde gelir. Ama bu, Hıristiyanlık değildir;[55] açık-

---

[53] Francis Fukuyama, *Tarihin Sonu ve Son İnsan,* Simavi Yayınları, s. 265-266. Gün Yayınları, 2003.
[54] agy., s. 266.
[55] Fukuyama diyor ki: "Din ancak hoşgörülü ve eşitlikçi olmaktan çıktığında engel olmaya

ça söylenmemesine karşın, işaret edilen İslam'dır!

Buradan varacağımız yer, AB'ye kabulümüzün önündeki engelin din, yani İslam olduğu gerçeğidir.

Burada bu tezle ortak temel noktalarda kesişen bir başka çalışmaya da bakalım; Samuel Huntington'un *Uygarlıklar Çatışması* adlı yapıtındaki teze. Çünkü Hantington'a göre Batı'nın yeni bir düşmanı var, o da İslam Dünyasıdır..

Bu açıdan bakıldığında Samuel Huntington'ın "Uygarlıklar Çatışması" tezi, Fukuyama'nın teziyle bir yerde örtüşmektedir. Huntington ve Fukuyama, ABD emperyalizmine yeni kuramlar üretirken, değişik yollardan giderek aynı sonuca ulaşırlar. Ulaşılan bu sonuç, İslam ve Hıristiyanlığın savaşı olarak dayatılıyor. Savaşın asıl nedeni de, Batı'nın İslam'ın egemen olduğu topraklardaki çıkarlarının korunmasıdır.

Prof. Huntington, bu tezinde, Batı'nın çıkarlarına karşı İslam dünyasının muhalefet adayı olduğunu gündeme getiriyor ve 'dünyanın, İslam'la Batı (Bunu Hıristiyanlık olarak okuyabilirsiniz - E.D.) gibi birbirinden ayrı ve farklı iki büyük uygarlık arasında yeni bir çatışmanın içine sürüklenebileceğini' savunuyor.

Şu soruya yanıt arayalım: Sovyetler'in çöküşüyle düşmansız kalan Batı, kendine yeni düşman olarak İslam'ı mı seçmiştir, eğer öyleyse neden seçmiştir? İslam dünyasıyla Batı'nın güç dengeleri düşünüldüğünde, böyle bir savaşın nesnel nedeni bulunamaz. İdeolojik bir düşmanlık, Aydınlanma devrimini gerçekleştirmiş Batı'nın değerleriyle çelişmektedir. Şu halde bir başka neden aranması gerekiyor. Bu da İslam dünyasının sahip olduğu, ama bilimsel ve teknolojik geriliği ne-

---

başlar. Hegel'e göre, Hıristiyanlığın Fransız Devrimi'nin yolunu hazırladığını daha önce görmüştük. Günümüz demokrasilerinin büyük çoğunluğu Hıristiyan geleneğindendir. Samuel Huntington 1970'lerden sonraki yeni demokrasilerin çoğunun Katolik ülkelerde gerçekleşmiş olduğuna işaret etmiştir. Demek ki din, bazı açılardan demokratikleşme sürecini engellemekten çok, onu desteklemektedir." (Görülüyor ki, burada da sözü edilen, Hıristiyanlıktır. - E.D.).

deniyle değerlendiremediği doğal zenginliklere sahip olmaktan, kısaca eski sömürgeciliğin yeni uyarlamasından başka bir şey olmayacağını gösteriyor.

Batı, öte yandan, gücünün enginliğini İslam alemine ve öteki üçüncü sınıf ülkelere göstermek istiyor. Dünyaya yeni bir düzen vermek isteyen Batı, bunun için gücünü İslam dünyası üzerinde bir korku bulutu gibi salıyor. Çünkü her güç, varlığını sürekli kanıtlamak zorundadır. "Yeni Dünya Düzeni" kavramı bu amaçla, dünyanın yeni efendisinin gücünü göstermek amacıyla ortaya atılmıştır. Aslında 'New Deal", Yeni Dünya Düzeni anlamını değil, "yeniden bölüşmek" anlamını içerir. Ama, emperyalist sistem bunu ancak böyle söyleyebilir. Yeniden paylaşım yerine "dünyaya yeni düzen vermek" söylemiyle, gerçek amacını gizlemektedir.

"Yeni Dünya Düzeni" kurucusu elbet o düzenin altyapısını da oluşturacaktır. Günümüzün tek süper gücü olan ABD, bunun için yeni düşman yaratacak kuramlar üretecektir. Fukuyama ve Huntington'ın tezleri bir de bu bakışla değerlendirilmelidir.

Türkiye'nin Rolü Ortadoğu'da

Peki bu düzende Türkiye'nin yeri ve rolü ne olacaktır? Bu sorunun yanıtı 1990'ların başında verilmiştir. CIA'nın eski İstihbarat Daire Başkan Yardımcılarından Graham Fuller'ın yaptırdığı bir çalışmada açıklanmıştır. Fuller'e göre, "Türkiye'nin rolü Ortadoğu'dadır."[56]

Fuller bu araştırma sonucunda geliştirdiği düşüncelerini Ufuk Güldemir'le yaptığı bir söyleşide açıklamıştı.

Dünya, Samuel Huntington'ın "Uygarlıklar Çatışması" kuramını tartışırken, biz nedense ABD'nin ünlü Ortadoğu ve Türkiye Uzmanı Graham Fuller'ın Türkiye ile ilgili tezlerini ve gösterdiği hedefleri tartışıp görüş üretmeyi düşünmedik! Oysa Fuller'ın Türkiye tezleri ABD'nin görüşlerini yansıttığı için önemliydi! Fuller'a göre:

---

[56] Ufuk Güldemir'in Graham Fuller'le söyleşisi, 26.01.1990, *Cumhuriyet.*

"Türkiye yüzünü Batı'ya değil, Doğu'ya çevirmelidir, İslami yaşamı terketmek Türkiye'yi bunalımlara sürüklemiştir." Bu nedenle "Türkiye artık ulusal kimliğini, yörüngesini, dünyadaki rolünü, hatta İslam'ın günlük yaşamdaki yerini yeniden düşünebilmelidir."[57]

Bu görüşlerin yayınlanmasından sonra, Ilımlı İslam tezine "merhaba!" dedik. Uygulayıcısı da hazırdı. Amerika'nın güvenini kazanmış, yurt dışında açtırdığı okullarıyla ünlü Fethullah Gülen ve cemaati... "Cemaatçilik ayrımcılıktır, yasaktır" mı diyorsunuz, yasak ne demek, Amerikan tipi demokrasinin güven kaynağıdır! Çünkü bu yolla, bir yandan toplum denetlenir, rıza üretilmesi yöntemi hazırlanır. Rıza üretimi, Amerikan tipi demokrasinin temelidir. Ana metinde değinilen bu kavramla ilgili şu notu belleğimize alalım: Noam Chomsky'nin, *Medya Gerçeği* adlı kitabından aktaracağımız metin, Amerika'da halkın belli konularda yönlendirildiği, bireylerin toplumun temel sorunları konusunda, medya yoluyla verilenler dışında bilgi sahibi olmadığı bir sistemi anlatmaktadır. Kısaca, ABD demokrasisi "rıza üretimi" ilkesine dayalıdır. Bu nasıl gerçekleştiğinin yanıtını Chomsky'den alalım:

"Bir lider, halkın genel bir anlayış düzeyine kadar bile ulaşmasını bekleyemez. Demokratik liderler, insanların fikirleri ve programları desteklemesini sağlama görevini yerine getirirken, bilimsel ilkeleri ve sınanmış pratikleri uygulayarak, toplumsal düzeyde temel öneme sahip nedenlere ve değerlere rıza gösterilmesinin (...) üretilmesinde rol oynamalıdırlar."[58]

"Bu yolla ayrıca halkın denetlenmesi de sağlanır. Eğer halk denetlenmez ve propaganda işe yaramazsa o zaman devlet yeraltına

---

[57] Fuller söyleşisinin bir bölümünü daha okuyalım. Fuller (daha doğrusu ABD) diyor ki: "... İslamın Türkiye'nin kültürel ve entelektüel mirasının önemli bir parçası olduğunu, bastırılması gerekmediğini kabul etmek, katılaşmayı önlemek için kendisini ifade etmesine olanak sağlamak mümkündür. Geçmişteki radikal laiklik politikaları döneminde İslam'ın yaşamınızdan nasıl dışlanacağı âdeta bir fikri sabit haline gelmişti. Bence bu, bugün daha az gerekli olan bir reaksiyon."

[58] Noam Chomsky, *Medya Gerçeği,* çev. Abdullah Yılmaz, Tüm Zamanlar Yayınları, 1993, s. 31; Everest Yayınları, 2003.

inmeye, komplocu operasyonlar ve gizli savaşlar yürütmeye zorlanır."[59]

Türkiye'de halkın denetimi için, cemaatler ya da ABD destekli vakıflar, sözde sivil toplum örgütü denilen ABD destekli örgütler işbaşındadır. "ABD destekli" derken "Project Democracy" uygulaması için Kongre'nin onayı ve parasal desteğiyle işlevselleşmiş örgütlerin yardımından söz ediyorum. Amerika bize uygun gördüğü demokrasiyi elbet destekleyecektir. Öküz altında buzağı arayanlar olabilir, demokrasilerde onlara da yer olmalı, değil mi? Sanmayın ki ABD denetimsiz bir düzen kurar. Denetlemesine denetler de, kendi çıkarlarını korur sadece. Biz ne mi yapalım, biz de laf değil, ulusal çıkarlarımız için düşünce ve eylem üretelim.

Ilımlı İslam Fuller'ın özgün tezi gibi görülürse de, ABD'nin siyasal İslam'ı dizginlemek için geliştirdiği bir kuramdır. 1990'da açıklanan kuram, bu tarihten sonra kimi olayların değerlendirilmesinde gözden ırak tutuldu. Şimdi düşünüyorum da, Atatürk'ün tarihteki yerini alması ve günümüz Türkiye'sinin laik düşünceyi terk etmesi temeline dayalı bu sav, uygulamaya geçirildi mi? O tarihten sonra birer birer öldürülen ödün vermez Atatürkçüler, Prof. Muammer Aksoy, Doç. Bahriye Üçok ve Kalpaksız Kuvvacı-Türk devriminin ödünsüz savunucusu Uğur Mumcu olayları niçin faili meçhuller arasında kaldı? Çünkü, Yeni Dünya Düzeni'nde ulusalcı tezler ve Atatürkçü görüşleri savunmanın yeri yoktur, riski vardır.

Derken, Fuller'ın buradan çıkarak ürettiği yeni düşüncelerini içeren *Kuşatmalar-İslam ve Batı'nın Jeopolitiği* adlı yapıtıyla tanıştık. 1995 yılında Rand Coorparation tarafından yayımlanan yapıt, 1996 Aralık ayında Sabah Yayınları'ndan Türk okurlarına sunuldu.*

1990'da ortaya atılan bu tezin ayrıntıları incelendiğinde, ABD'nin Türkiye için geliştirdiği Ilımlı İslam projesinin, bu tarihten önce yü-

---

[59] N. C., agy., s. 35
*   Graham Fuller'ın Türkçedeki diğer kitapları: *Türkiye'nin Yeni Jeopolitik Konumu* (Ian O. Lesser ile birlikte), Alfa Yayınları, 2003; *Siyasal İslam'ın Geleceği,* Timaş Yayınları, 2004; *Yeni Türkiye Cumhuriyeti,* Timaş Yayınları, 2008. (yay. haz. notu).

rürlüğe konulduğu anlaşılıyor. Son yıllarda kimi Amerikalı politikacı ya da bilimadamlığı kisveli istihbarat görevlilerince yinelenen, "Türkiye Doğu'ya yönelmelidir" görüşüyle bize biçilen rol üzerinde durulmalıdır. Böylece, Avrupalı Hıristiyan Demokratların bizi neden kapıda beklettiklerini anlayabiliriz. Dahası, Fethullah Gülen'in hangi nedenlerle Orta Asya'da okullar açtığını, bu okulların finans kaynaklarını, Fethullah Gülen'in 1997 yılında ABD'de, Nevval Sevindi'yle yaptığı söyleşide açıkladığı düşüncelerinden kimilerini, örneğin; "Amerika dünyanın dümeninde" deyişinin nedenlerini, "ABD'nin desteği olmadan dünyanın hiçbir yerinde bir iş yapılamayacağına"[60] ilişkin sözlerinin de ne anlama geldiğini sorgulayabiliriz. Ama bunun için en başa dönmek ve içine itildiğimiz tuzakların kaynağına inmek gerekecektir. Kısacası, filmi baştan izlemeliyiz.

Filmi Baştan İzlemek

Günümüzde yeni senaryoları yazılan filmin geçmiş bölümlerini, dahası başından başlayarak anılarımızı tazelemek için izlemek, günümüzün sorunlarını anlamak için de gereklidir. Çünkü biz bu sete, yıllarca önce başka bir rol için çıkarıldık. Yıllar sonra, dayatılan rolü oynamaya başlamadan, geçmişin yanlışlarını yinelememek için düşünmemiz, "nerede yanlış yaptık?" diye geçmişi ve kendimizi sorgulamamız gerekecektir.

Evet, günümüzü anlayabilmek ve yeni bir strateji saptamak için filmi geriye saralım ve izlemeye 12 Mart 1947'deki ilk sahneden başlayalım.

Başkan Truman, 12 Mart 1947'de Amerikan Kongresi'ne, sonradan Truman Doktrini olarak anılacak bir mesaj sunar. Mesaj, bizim son yarım yüzyıllık yazgımızın da belgesidir. Mesajdan birkaç satır okuyalım:

"Savaşın başından beri Türkiye; Büyük Britanya ve ABD'den 'Ulusal varlığının korunması ve milli bütünlüğünün idamesi için' ge-

---

[60] *Yeni Yüzyıl*, 20-29 Temmuz 1997, "Fethullah Gülen ile New York Sohbeti" adlı söyleşi. Sonradan Sabah Yayınları'nca yayınlanmıştır. Söyleşi, Nevval Sevindi tarafından yapılmıştır.

rekli gelişmeyi sağlamak maksadıyla mali yardım aramaktadır. Bu milli güvenlik, Ortadoğu'daki düzenin korunması için gereklidir.[61] Büyük Britanya Hükümeti maruz bulunduğu güçlüklerden bizi haberdar ederek, bundan böyle Türkiye'ye mali ve ekonomik yardım yapamayacağını bildirmiştir."[62]

Truman'a göre, bu durumda "Türkiye ve Yunanistan'a gerekli yardım yapılmazsa, bu ülkelerin de Bulgaristan, Romanya, Polonya gibi totaliter bir baskı altına düşmeleri önlenemez. Ortadoğu'nun istikrarı ve Amerikan çıkarları için, Türkiye ve Yunanistan'a yardım yapılması zorunludur."

Burada, mesajın asıl amacı açıkça sergileniyor. Bir kez daha okuyalım o bölümü: "Ortadoğu'nun istikrarı ve Amerikan çıkarları için, Türkiye ve Yunanistan'a yardım yapılması zorunludur."

İşte Amerikan yardımının temel felsefesi budur; Amerikan çıkarlarını korumak. Bu elbette ABD açısından doğru bir amaçtır. Doğru olmayan, ayıplanacak olan bu gerçeğin, bizim yöneticilerimizce görülmemesi, ulusal çıkarlarımızın bir başka ulusun, dahası emperyalist sistemin çıkarlarına endekslenmesidir. Bu önemli gerçeği ulusal bilincimize, usumuza not edelim. Edelim ki yeni yanlışlardan korunalım.

Mesaj, öte yandan İkinci Dünya Savaşı sonrasında Amerika'nın tüm dünyaya yayılma amacının ön çalışmasıymış. Önce, Yunan İç Savaşı'nı ileri sürerek İngiltere'nin Yunanistan'a yardım etmesi gerektiği üzerinde duruyor Truman! Büyük Britanya, bu yardımı yapamayacağını belirttiği için, öteden beri kurgulanan plan açıklanıyor. Truman Doktrini de, savaş sonrası kurulacak 'Yeni Dünya Düzeni'nin ilk planı olarak sunuluyor. Elbet anlayanlar için. Gün gelecek, İngiliz egemenliği altındaki Ortadoğu petrolleri üzerinde ABD etkinliği pekiştirile-

---

[61] Ortadoğu'daki düzen, sömürge düzenidir. Savaş öncesi ve savaş sırasında Ortadoğu, Büyük Britanya İmparatorluğu'nun egemenliği altındadır. İşte bu sömürge düzeni ABD'ye endekslenerek korunacaktır. Bize yardımın gerekçelerinden biri ve önde geleni budur.

[62] (E) Amiral Sezai Orkunt, *Türkiye-ABD Askeri İlişkileri,* Karacan Yayınları, 1978, s. 138.

cektir. ABD için bu, "arka bahçeden"[63] çıkışın, dünyaya açılmanın ilk deneyidir.[64]

Bu konu, *The Forrestal Diaries*'te şöyle açıklanıyor:

"Türkiye ve Yunanistan'a yaptığımız yardım, dünyanın çeşitli ülkeleriyle ilgili çok daha önemli ekonomik ve politik hedef ve planlarımızın ilk denemesinden ibaretti."[65]

Peki ABD hangi nedenle Ortadoğu ve azgelişmiş ülkelerle ilgilenmektedir? Ya da Amerika, Ortadoğu ve azgelişmiş ülkelerle ilgilenmezse neler olacaktır? Bu sorunun yanıtını, ünlü stratejist Rostow'un, Ortak Kongre Komitesi'ndeki konuşmasından alalım. Rostow, bir soru üzerine şu açıklamayı yapar:

"Kısacası, azgelişmiş ülkelerin evrimleri, Batı Avrupa'nın ve Japonya'nın kaderi kadar, bizim askeri güvenliğimizi ve yaşayış biçimimizi de tehdit etmektedir. Öyleyse, bir yanda Batı Avrupa'nın sanayileşmiş devletleri ve Japonya'yı, öte yandan Asya'nın, Ortadoğu'nun ve Afrika'nın gelişmiş bölgelerini, makul bir ahenk ve birlik çerçevesi içinde kapsamına alacak bir hür dünya koalisyonu kurulmasının başlıca ulusal çıkarlarımızdan olduğu açıktır."[66]

Bu açıklamanın, emperyalizmin -bugünlerin hedeflerini de belirleyecek- büyük planını içerdiği ve bunun günümüzün globalleşme stratejisinin ilk adımı olduğunu kabul etmemiz gerekmiyor mu?

Yukarıda da değindiğimiz gibi bu sözlerin anlamı, azgelişmiş ülkelerin evriminin, emperyalizm için tehlike sayılmasında odaklaşır. Emperyalist söylemde, tehlike bir dönem 'Dolaylı Saldırı' olarak ku-

---

[63] "Arka bahçe", ABD emperyalizminin Latin Amerika ve çevresini kendi sömürge alanı olarak kabul ettiği dönemde bu alana verilen addır.
[64] 1947'de ilk deneyle atılan ilk adım büyüdü ve 2003 yılında Amerika'nın Ortadoğu stratejisi yürürlüğe konuldu. İkinci Irak saldırısı ilk anda başarıya ulaştı ve ABD Irak petrollerine el koydu. Ama geleceğin ne getireceği bilinmiyor...
[65] M. Fahri, *Amerikan Harp Doktrinleri*, s. 46'ya "The Forrestal Diaries", New-York, 1951, s. 263'ten aktarma.
[66] Harry Magdoff, *Emperyalizm Çağı*, Odak Yayınları, 1974, s. 72.

ramsallaştırılmıştır. 1980'lerin ortasından sonra, 'Düşük Yoğunluklu Çatışma' doktrini dolaylı saldırının yerini alır. Amaç hep aynıdır. Azgelişmiş ülkelerin sosyal uyanışını, bir başka deyimle aydınlanmasını önlemektir. ABD, azgelişmiş ülkelerin evrimini bu nedenle denetimi altına almıştır. Bu denetimde, kalkınma sürecindeki ülkeler için hazırlanan önleyici programların uygulanmasında, sanayileşmiş ülkeler işbirliği içinde olmalıdır. Böyle bir dünya koalisyonunun kurulması, ABD'nin ulusal çıkarları için gereklidir.

Bu programın ilk uygulaması, Kore Savaşlarında görüldü. İkinci uygulamaya da Körfez Savaşı'nda tanık olduk. Noam Chomsky'nin aşağıya aktardığım vurgulaması, bu programın nasıl uygulandığını açıklarken, globalizmin ayak seslerini de duyuruyor. Chomsky "Yeni Dünya Düzeni'nde Üçüncü Dünya, bazen güçle de olsa hâlâ denetlenmelidir. Bu görev Birleşik Devletler'in sorumluğundaydı; fakat göreli ekonomik gerilemesiyle birlikte, yükün omuzlanması daha da güç olmaya başladı." diyor ve bu yükün neden ve nasıl paylaşılmaya başlandığını, uluslararası ekonomik konularda saygın bir yorumcu olduğunu söylediği Financial Times'tan David Hale'in şu görüşlerini aktararak veriyor: "Hele Körfez krizini ABD'nin uluslararası ilişkilerinde, tarihte ABD ordusunun, uluslararası finanse edilen bir ortak mala (Ortadoğu petrolüne - E.D.) uluslararası finanse edilen polis gücüne dönüşmesi olarak görülen bir dönem"[67] olarak ele alıyor.

Bu değerlendirmeye dikkat edilmelidir. Emperyalizm, dünyanın tüm doğal zenginliğini, varlıklarını finans kapitalin ortak malı olarak

[67] Amerika, 2003 İkinci Körfez Harekâtı'nda Birleşmiş Milletler'in desteğini alamadı, ama gücünün üstünlüğünü kanıtlamak için de duraksamadan saldırı kararını aldı ve uyguladı. Bu, dünyanın yeniden düzenlenmesinde tek ve erişilemez bir güç olarak dayatmasının gerekçesidir ve ABD artık dünyanın tek buyurganı olmanın eşiğindedir. Çünkü güç, gerektiğinde tek belirleyici olur ve hukukun yeniden etkin olacağı güne değin süren bir baskı dönemine girilir. Ne zamana dek mi? Kendi gücüne yenildiği güne değin. Bunun için bile yine güç ve güçlülük öne çıkar. Çünkü güç hem hükümdarın hem de hukukun dayanağıdır. Adalet, yönetenin emriyle, yönetilenin isteği arasındaki dengede buluşur. Bu denge, yönetilenin mutluluğunu sağlıyorsa yöneten adil sayılır. Hukuk, yönetenle yönetilenler arasındaki anlaşmazlığın çözümü için vardır. Eğer yöneten kendi koyduğu ya da yönetilenlerle anlaşarak konulan kurallara uyar ve gücünü bu kuralların yerinde uygulanması için kullanılırsa devlet, hukuk devleti sayılır.

görüyor. Bu görüş, azgelişmiş ülkelerdeki doğal zenginliklerin sahibinin sanayileşmiş ülkelerle onlarla işbirliği yapan azgelişmiş ülkelerin elit tabakasına ait olduğunu anlatıyor.

Chomsky'e göre bu değerlendirmede "Zımni varsayım, kamu refahının, (Yani ABD'nin refahının - E.D.) Batı'nın sınai güçlerinin ve özellikle yerli elitlerin refahıyla özdeşleştiğidir."[68]

İşte bu düşünce, gelişmiş ülkelerin refahının, ister istemez, azgelişmiş ülkelerin kalkınmalarının engellenmesine bağlı olduğu sonucuna götürmektedir. Bu mantığa göre de, azgelişmişlerin evrimi, gelişmişlerin çıkarlarına, refahına engeldir. Bu nedenle sanayileşmemiş ülkelerdeki sosyal uyanışa açılan yollar kesilmelidir. Bunun için de ulusal istenç önlenmeli, ulusal bilinç denetim altına alınmalıdır.

Nasıl ve neyle mi? Bu ülkelerle imzalanan, sözde "karşılıklı olarak bağımsızlık ve egemenlik haklarına saygı" ilkelerine dayalı, dostluk ve yardım anlaşmalarıyla...

Okur, bu çalışmada anılan sözleşmeleri okuyarak, inceleyerek emperyalizmin oyunlarını kendi düşünce dünyasında somutlaştıracaktır.

Yeni Dünya Düzeni ya da Globalleşme

İkinci Dünya Savaşı sonrası kurulan Ortadoğu dengesi, iki kutuplu dünyanın statüsüydü. Bu dünyada, bir yanda ABD öte yanda SSCB, bu statünün bozulmadan sürdürülmesinden yanaydılar. Çünkü statünün bozulması, yeni bir dünya savaşı demekti.

İki süper gücün Ortadoğu satrancında, birbirlerini yenmeden kurulan denge, SSCB'nin tarihe karıştığı ana değin korundu. SSCB'nin dağılmasıyla dünyanın tek gücü olarak kalan ABD, dünyaya yeni bir düzen vermeye kalkıştı. Körfez Krizi ve savaşı, bu yeni dünya düzeni için ilk adımdı. Bosna Krizi, Somali olayları, Kafkaslar'daki çatışmalar, Ortadoğu'nun çözülemeyen sorunları, terörün önlenemez tırmanışı

---

[68] Noam Chomsky, Samir Amin, Andre Gunder Frank, *Düşük Yoğunluklu Demokrasi,* çev. Ahmet Fethi, Alan Yayınları, 1994, s. 117.

ve tüm bunların çözümünde Pax Amerikana'nın rolü düşünüldüğünde, tek güç, kendini deniyor dememek elde mi? Hele yıllardır süren Britanya-İrlanda anlaşmazlığına bile el atması ve çözümü dayatması, gücünün sınırlarını zorlamak mı, yoksa gerçek bir liderlik mi sorusunu en azından bugün için yanıtsız bırakıyor. Çünkü çoğu yerde krizi çıkaran da barışı sağlayan da kendisi olursa.

Aslında dünya, yeni belersizliklerin kucağında çırpınıyor. Yeneni ve yenileni tam olarak belirlenemeyen bir savaş mı, yoksa, yeni düzenin ilk uygulaması mı belli değildir?

Birkaç bilinmeyenli bir denklemle karşı karşıyayız. Ortadoğu ve Ortadoğu'da yer alan Türkiye, tanımlanmamış bir çatışmaya adaydır. 8 ay gecikmeyle de olsa Irak'a asker yollamanın eşiğindeyiz. ABD'nin 8,5 Milyar Dolar kredisi karşılığında, bağımsızlığımızın üzerine kaçıncı kez olduğu bilinmeyen, ama sonuncu da olmayacak yeni bir ipotek konulacak koşul yaratarak, kredi karşılığı Irak'a asker yollamak istiyoruz. Uluslararası finans spekülatörü olduğu söylenen Soros, 1997'de Sabancı Üniversitesi'nde bilimadamlarımız, ihracat ve ithalatçılarımız, fabrikatörlerimiz, öğrencilerimiz karşısında konuşurken, bir ara sözü gediğine koyacak noktaya getirir ve "Türkiye'nin en iyi ihraç ürünü, ordusudur"[69] der. Bunun gerçek anlamını yorumlamayı yetkililere bırakalım.

1980'lerin ortasında geliştirilen, uygulaması Ortadoğu'yu da içine alan bu garip savaşta kimin, kimleri, hangi sistemle yönettiği belirlenemeyen, kısaca kendini kendisi için yönetemeyen bir ülkedir günümüz Türkiye'si!

---

[69] Bu haber, 4 Mart 2002 tarihinde, *Milliyet* ana sayfadan, "Soros 'en iyi ürün, ordunuzdur' dedi," başlığıyla verildi. Devamı, 7. sayfada, "Soros'un ilginç tespiti" ve 6 sütun üzerine "Türkiye'nin en iyi ihraç ürünü ordudur" diye verilmişti. Gazete, bu başlıkları tırnak içinde vermiyordu. Böylece başlıklar ve o değerlendirme, konuyu daha da anlamlı kılıyor. Adı verilmeyen bir dinleyicinin Soros'a; "Arjantin'le Türkiye'yi ekonomik kriz yönünden karşılaştırır mısınız?" sorusuna Soros "Türkiye'nin Arjantin'den tek farkı, stratejik pozisyonudur." diyor ve ekliyor: "Bu stratejik pozisyona bağlı olarak, Türkiye'nin en iyi ihracat ürünü de ordusudur." Ne yazık ki, bu değerlendirme karşısında o salondan başka bir ses çıkmıyor. Şimdi o ordu, günümüz yetkililerinin kararıyla, Irak'a istikrar öğesi sağlama adıyla ABD çıkarlarına hizmet için görevlendirilmek isteniyor.

12 Eylül'de itildiğimiz çıkmazda bocalayıp duruyoruz. Bu nedenle de ana çalışmamın sonundaki 12 Eylül'e ilişkin değerlendirmemiz güncelliğini korumaktadır. İçine itildiğimiz çıkmaz, Soğuk Savaş taktiğinin bir başka adla uygulanmasından başka bir şey değildir. Toplum, niçin ve hangi amaçla olduğunu bilmeden kendi içinde çatışır durur. Öyle ki, her olay yeni bir soruna, yeni bir çıkmaz sokağa açılır.

Bu yeni savaşın adı, "Düşük Yoğunluklu Çatışma"dır. Yanları belli olmayan, aynı ülkenin insanlarının, neden savaştıklarını bilmeden birbirlerini kırdıkları, halkın hükümetine, devletin halkına güven duymadığı bu savaşın yarattığı toplumsal çözülmeye ve yıkıma doğru yol alıyoruz. Bu karmaşadan çıkış için, çözüm ve çözümün aranacağı yer de bilinmiyor. Önce kendi varlığını kendi direnci ve kararıyla koruma bilincine sahip olmak ve bunu geliştirecek yerde yarı bağımlılığın sonucunda her adımımızı emperyalizmin denetiminde atıyoruz. Günümüzde bağımsızlıktan söz etmek ya dinazorluktur ya da suç! Oysa Türkiye Cumhuriyeti bir ulusal bağımsızlık savaşının utkusu üzerine kurulmuştur. Bu unutulmaz, unutturulamaz bir tarih gerçeğidir.

Bizim gibi ülkelerdeki sosyal gelişmeler, doğal olarak, siyasal nitelik kazanacağından, Soğuk Savaş döneminin her aşamasında sistem, azgelişmiş ülkelerdeki sosyal ve siyasal değişim rüzgârlarını daha başlangıcında kendisine doğrultulmuş silah olarak görmektedir. Sistemin mantığına göre, değişim giderek bağımsızlık eğiliminin[70] arttırılmamasına ve ulusal kurtuluş hareketine dönüşecektir. Bu nedenle, emperyalizmin mantığında "ulusal kurtuluş hareketleri, barutun icadından sonra ortaya çıkan en tehlikeli silah sayılmıştır." ABD Başkan Yardımcılarından Hamprey'in, 1965 yılında, Harp Okulu'nda yaptığı konuşmadan aktaracağım şu satırlar, bu görüşün kanıtlarından biridir:

[70] a. Bu yapıta adını veren Rockefeller Raporu'ndaki değerlendirmeye bakınız.
b. Ayrıca ABD'li Dilbilimci Prof. Dr. Noam Chomsky'ye göre: "ABD için "daha zayıf düşmanlar" sadece bir tek tehdit oluşturuyor: Bu, bağımsızlık tehdididir ve asla hoş görülemez. ABD kendisiyle danışıldığı sürece en kanlı zorbayı destekler. Hizmet işlevlerini terk ettikleri takdirde Üçüncü Dünya demokratlarını safdışı bırakmaya uğraşır. Bunun hesabının belgeleri ve kayıtları ortadadır. Noam Chomsky, *Yeni Dünya Düzeni*, Ağaç Yayınları, s. 21.

"Askeri bakımdan, önemi barutun keşfi ile kıyaslanabilecek yeni ve en cüretkâr saldırı biçimiyle karşı karşıyayız. Ulusal kurtuluş savaşlarından söz ediyorum. Bu yeni ve karmaşık harp biçimi, güvenliğimiz için belli başlı bir tehlike oluşturmuştur."[71]

ABD için bu, sisteme karşı dolaylı saldırıdan da öte, daha başlangıcında önlenmesi gereken bir tehlikedir. Çünkü sistemin güvenliği doğrudan tehlikeye atar. Bu tehlike, "CI - Counter Insurgency" teorisi olarak adlandırılmıştır. Teori, ulusal kurtuluş savaşlarını önlemek için geliştirilmiş sivil ve askeri teknik bilgilerden oluşur. CIA, Amerika'nın ve "kanatları altındaki ülkelerin"[72] polis ve askerlerine, bu kuramın uygulanması için, devrimci devinimlere karşı savaşım taktikleri öğretilir. [73] Kuramın babası Rostow'dur. Amaç, ulusal kurtuluş devinimlerini ve sosyal uyanışları ezmektir.

Kuramcı Rostow "Bütün ulusal kurtuluş hareketleri komünist olmaya mahkûmdur. Bu sebeple ezilmelidir," "hatta silahlı bir kurtuluş hareketine başvurulmadan önce (düşünce aşamasındayken - E.D.) bu yola gidilmelidir."[74]

Bu, emperyalizmin ulus devlete açık saldırısıdır ve Türkiye bu saldırının tutsağıdır. Peki çıkış yolu nasıl bulunacaktır? Yanıtını Uğur Mumcu'dan alalım:

"Ulusal Kurtuluş Savaşı, anti-emperyalist, anti-kapitalist bir başkaldırmadır. Bu savaşın, günümüzde bütün ezilen uluslarca paylaşılan bir evrensel niteliği vardır. Emperyalizmin boyunduruğu altında Ulusal Kurtuluş Savaşı veren bütün sömürülen 'proleter' uluslar, Kema-

[71] *Yön* Dergisi, 17 Aralık 1965, S. 142.
[72] "ABD'nin kanatları altındaki ülkeler" deyimi, Fehmi Koru'ya aittir. Fuller'ın gözetiminde Boğaziçi Üniversitesi Prof.'larından Sabri Sayarı'ya hazırlatılan *ve* "Türkiye'de İslamcı Akımlar"ı "Ilımlı İslam" formülüyle özümsetilmeye çalışılan kuramının belgesi olan Rand Rapor'u, şu önsözle sunuluyor: "Süper güç olmanın da bir raconu var. Kanatlarını altında tuttuğun ülkelerde olup bitenlerden, hatta meydana gelecek muhtemel gelişmelerden haberdar olman şart." *Amerikan Gizli Belgelerinde Türkiye'de İslamcı Akımlar,* Beyan Yayınları, 1990, s. 7.
[73] *Yön* Dergisi, S. 142.
[74] *Yön* Dergisi, 5 Mayıs 1967, S. 214.

lizm'in bağımsızlık bilincini benimsemektedirler. Çağımız bir bağımsızlık çağı ise, bunun başlangıç noktası Anadolu'daki 'Kuvayı Milliye' savaşlarıdır."[75]

"Emperyalizmin en büyük korkusu, baruttan sonra en tehlikeli buluş saydıkları milliyetçi uyanıştır. Milli petrolümüze, ulusal onurumuza sahip çıktıkça, emperyalizmin dolarıyla, askeriyle, ajanlarıyla karşı karşıya gelinecektir. Çünkü 'Ulusal Kurtuluş Devrimi' dediğimiz Kemalist Devrim, emperyalizmin bütün ilişkilerini kökünden kaldıracak ulusal bir tepkidir."[76]

Yukarıda, 1990'larda başlatılan Ilımlı İslam ve Yeni Dünya Düzeni karşısında onurla direnmenin riskini vurgulamış ve Mumcu gibilerinin seçilmiş olabileceğine değinmiştim. Şimdi bu satırları okuduktan sonra o düşüncemi bir kez daha sorgulamanızı diliyorum.

İşte çıkış yolu, Kemalist Devrimin kaynağı olan bağımsızlık bilinci. Bugün, "bağımsızlık yoktur" diyenler, bize bu yöntemi unutturmak isteyenlerdir. Uluslararası anlaşmaların giriş bölümlerini okuyalım:

"Bu anlaşmayı taraflar 'ülkelerinin bağımsızlıklarını koruma ve egemenlik haklarına tam saygı ilkesini saklı tutarak' imzalamışlardır." Eğer bağımsızlık ve ulusal egemenlik önemini yitirmişse, sözleşmelere böyle bir kayıt neden konuluyor dersiniz?

Ne yazık ki, 12 Temmuz 1947 Antlaşması'nda böyle bir kayıt yoktur. Neden yoktur? Çünkü o antlaşma ABD'ye "biz bağımsızlığımızı koruyamıyoruz, bize yardım et" ricasıyla başvurduğumuz tezine dayanır.[77] 'Sen bana yardım etmezsen ulusal varlığımı ve bütünlüğü-

---

[75] Uğur Mumcu, *Suçlular ve Güçlüler,* Tekin Yayınları, 12. basım, 1982, s. 77.

[76] agy., s. 137.

[77] 12 Temmuz 1947 Antlaşması'nın dayandığı 75-80 sayılı Kongre Yasası'nın gerekçesinden: "Madem ki Yunan ve Türk Hükümetleri Birleşik Devletler Hükümeti'nden, ulusal bütünlüklerinin ve özgür uluslar olarak bağımsızlıklarının korunması için gerekli mali ve diğer yardımları ivedi olarak istemişlerdir. "Bu metin bizim bağımsızlığımızın ipotek edilmesi anlamı taşımaz mı? Şimdi bir de Mustafa Kemal'in Sivas Kongresi'ndeki manda istemlerine karşı tepkilerini yansıtan şu sözlerini okuyalım. Sivas Kongresi'nde

mü koruyamıyorum' derken, elin oğlu anlaşmada ne diye kendini bağlasın?[78]

Türkiye bir çıkmazdadır ama çıkış yolu kapalı değildir. Çıkışı Mustafa Kemal'in bağımsızlık bilincinde aramalıyız. Onun, 28 Aralık 1919'da Ankaralılar ile yaptığı görüşmedeki sözlerini anımsayalım:

"Kendini kurtarabilmek için her bireyin ülkenin alınyazısıyla ilgilenmesi gerekir."[79]

Nasıl ilgilenmeliyiz derseniz, yanıtı yine Mustafa Kemal'den alalım. Ankaralılar ile konuşmasında der ki:

"Bunun için aşağıdan yukarıya yeniden bir örgütlenmenin gerçekleşmesi amacına özel biçimde çaba harcamamız bir ulusal görev sayılmalıdır."[80]

Çünkü bireylere o bilinç aşılanmadan bireyin kendi haklarını araması engellerle karşılaşır. O engelleri aşacak ruh ve bilincin elde edilmesi için de örgüt çalışması yapılmalıdır. Burada dikkat edilecek konu, Atatürk'ün toplumsal bilinç, toplumsal irade ve görevin birlikte elde edileceğine işaret etmesidir. Kemalist devrimin hedeflediği sosyal demokratik düzen, Amerika'nın rıza üretimine dayalı demokrasisi değil, bireyleri kendi hak ve özgürlüklerine sahip çıkacak bilince dayalı bir sistemdir.

Amerikan mandasının kabulü için, Rauf Bey'in de desteklediği, İstanbul'dan gelen kurulun manda önerilerine karşı Mustafa Kemal der ki:

"... Bu olmayacaktır. Türkiye istiklal ve bütünlüğüne sahip olacaktır. Bunu istemekte devam edeceğiz. Anladığıma göre, kimi zevat bizi Amerika'da Wilson'a, Senato'ya, Kongre'ye müracaat ettirmek ve bütün Türk Milleti namına manda isteyen bir oyuna düşürme çabasındalar... Bu oyuna gelmeyeceğiz. Bu manda biçimine Amerikalılar değil, çocuklar bile güler. Her şeyin başında Amerikalılar kendilerine hiçbir menfaat temin etmeyen böyle bir mandayı niçin kabul etsinler?" Bu sözlerin değerini 1947 yılında anlayabilseydik, bağımsızlığımızın ipotek edilmesine izin verir miydik?

[78] Bu anlaşmanın yorum ve belgelerini "ABD Tuzağına Düşmek" başlıklı bölümde, ayrıca Ek: 1 ve Ek: 2'de bulacaksınız.

[79] Arı İnan, *Düşünceleriyle Atatürk*, Türk Tarih Kurumu Yayınları, 1983, s. 195; Altın Kitap, 2003.

[80] agy., s. 195.

Şimdi soralım. Bu mu dayatmacıdır, bu mu anti-demokratiktir? İsmet Paşa'yı nasıl anımsamayız: "Hadi canım sen de!" Peki bu örgütlenme nasıl yapılacaktır? O, hiçbir zaman eskimeyen Müdafaa-ı Hukuk-u Milliye bilinci ve yöntemiyle, akıl ve bilimin yol göstericiliğinde gerçekleşecektir.

Dolaylı Saldırı'dan Düşük Yoğunlukla Çatışma'ya

60'lı ve 70'li yıllar, ABD'nin kanatları altındaki Üçüncü Dünya ülkeleri, önceleri 'Dolaylı Saldırı' ve 80'ler sonrasında 'Düşük Yoğunluklu Çatışma / Savaş' doktrininin uygulama alanı olmuştur. ABD, bu ülkelerdeki sosyal ve ekonomik gelişmeleri belli bir sınır içinde tutmayı askeri diktatörlüklerle sağlamıştır. Ancak, askeri diktatörlüklerin halk yığınlarında yarattığı tepki ve halkların demokratik sisteme yönelmeleri, 1980 sonrası yeni bir sistem araştırılmasını dayatır. Ve Reagan yönetimi, Üçüncü Dünya için, bir demokrasi projesi *(Project Democracy)* geliştirir. Burada da amaç, her zaman olduğu gibi, toplumsal değişim ve reformların önünü kesmek ya da ABD'nin çıkarlarıyla çelişmeyecek bir sınır içinde tutmaktır. Başkan Reagan, 'demokrasi cihadı' olarak ilan ettiği bu projeyi, 1982'de İngiltere Parlamentosu'nda yaptığı bir konuşmayla açıklar.

1983'te de ABD Dışişleri Bakanı George Schultz ve ABD Enformasyon Bakanlığı USIA'nın Direktörü Charles Wick tarafından kamuoyuna tanıtılan bu Demokrasi Projesi'yle azgelişmiş ülkelerdeki çıkarlarının yeni taktiklerle korunması amaçlanır. Kısacası, amaç değil, yöntem değiştiriliyordu.[81] Bu yeni yöntem 'Düşük Yoğunluklu Demokrasi' olarak nitelendi.

'Kontrol altındaki demokrasi' de denilen bu sistemin anlamını saptamak için, ABD'li kaynaklara başvurulmalıdır. Bunlardan biri, Chomsky'nin *Medya Gerçeği* adlı yapıtıdır. Ayrıca ABD'li bilim adamlarından Samir Amin, Noam Chomsky ve Andre Gunder Frank tarafından yazılan ve dilimize *Düşük Yoğunluklu Demokrasi* olarak çevrilen yapıttan da yararlanacağız.

---

[81] Gaby Weber, *Gerilla Bilanço Çıkarıyor*, Belge Yayınları, çev. Arif Çağlar, s. 16-18.

Görülecektir ki, 'Dolaylı Saldırı', 'Düşük Yoğunluklu Çatışma / Savaş' ya da 'Düşük Yoğunluklu Demokrasi' kavram ve uygulamaları, amaç ve sonuçları yönünden birbiriyle kesişmektedir. Bu kavramlar emperyalist sistemin, Üçüncü Dünya ülkelerini, baskıcı, kişiliksiz, bağımlı, sömürüye açık bir düzen ve yönetim altında tutmak için geliştirilmiştir. Bu yöntem ABD'nin kanatları altındaki ülkelerde hep aynı sonucu vermektedir: 'Borç içinde ve kalkınmada geri kalmış bir ülke, etnik, dinsel ve siyasal parçalanmışlığın getirdiği kendi içinde savaşan gruplar ve parçalanmış bir toplumsal yapı. Öylesine parçalanmış bir yapı ki, ülkenin yönetimi partilerin hiçbiri tarafından sağlanamaz. Herkes ötekini suçlar ancak çıkış yolu bulunamadığından' insanlar çözümsüzlük içinde çırpınırlar. Yargısız infazlar, gözaltında kaybolmalar ve faili bilinmeyen öldürümlerle, kendi insanının güvenini yitirmiş devletler, toplumsal dokusu bozulmuş, kurumları dahası hükümetleri devletiyle çatışan ülkeler...[82] Şili, Arjantin, Meksika, Nikaragua, Uruguay ve Türkiye gibi aynı yazgıyı paylaşan ülkeler sosyal, ekonomik ve politik yozlaşma içindedirler. Bu ülkeler neden mi aynı yazgıyı paylaşıyorlar? ABD'nin sömürü alanı içinden çıkamadıkları için! Şimdi bu sorunların yanıtını ABD'li bilimadamlarının araştırmalarından öğrenelim.

ABD'nin Kanatları Altında Ulusal Güvenlik Doktrini

Prof. Noam Chomsky, *Medya Gerçeği* adlı yapıtında, bizim gibi ülkelerde, işkencenin, gözaltında ölümlerin, yargısız infazların görülmez bir güç tarafından korunduğunu; bağımsızlığı yeğleyen medyanın, düşünceleri özgürce açıklamasına engel olunduğunu, "Latin Amerika'daki İşkence" konulu Birinci Uluslararası Seminer'e sunulan tebliğe dayanarak açıklıyor:

Tebliğ; Ulusal Güvenlik Doktrini'nden esinlenen "devlet terörizmi"ne dayanmaktadır. Uygulama, bireylerin ve halkların sömürülmesi, baskı altında tutulması ve bağımlı hale getirilmesi yöntemlerini yet-

---

[82] Susurluk bu çürümüşlüğün dışa vurmasıdır. Susurluk ve sonrasının çözümsüzlüğü, yeni bir derlenmeye yol açabilirse kurtuluş yolunu bulabileceğimiz kanısındayım.

kinleştirmek amacıyla uzman merkezlerde geliştirilen, çokuluslu terör teknolojisini ve bilgilerini elinde bulunduran baskı sistemine işaret eder. Chomsky'ye göre, "bu doktrinin kökeni, Kennedy yönetiminin Latin Amerika'daki askeri misyonunun 'iç güvenliğe' kaydırılması (bunun sonuçları iyi bilinmekte ya da iyi bilinmesi gerekmektedir) yönündeki tarihsel kararına dayanır."[83]

Chomsky, aynı yapıtta şu saptamayı yapıyor:

"Fikirlerin özgürce dile getirilmesini önlemenin ne kadar önem taşıdığının farkında olan ABD Hükümeti, uzun süreden beri, himayesinde olan devletlere her türlü yolculuğu ve basılı malzemeleri izleyip denetleme zorunluluğunu kabul ettirmenin yollarını aramıştır."[84]

Chomsky; "ABD'nin (...) gizli iç yazışmalarda, Latin Amerika rejimlerinin aşırı liberalizmlerinden kaygı duyduğunu" vurguluyor ve "özellikle bu hükümetlerin ABD'de varolan ve yaygın biçimde uygulanan türde, 'yolcuların denetimine yönelik iki ya da çok taraflı anlaşmalar yapmaya yanaşmamaları"nın kuşku doğurduğuna işaret ettikten sonra şu önemli saptamayı yapıyor:

"Benzer nedenlerle, ABD'ye bağımlı ülkelerde bağımsız medya şiddet yoluyla susturulur ya da emin biçimde güvenilir sağcı unsurların ellerine teslim edilir. Denetimin bu yöntemlerle sağlanması durumundaysa; devlet terörü,[85] cinayetler veya gazetecilerin hapse atılması gibi yollarla sansür uygulanarak, kaygılar ortadan kaldırılır. 'Ülke içinde daha hassas yöntemler,' rıza üretilmesi açısından daha sofistike yollar geliştirmek gerekmektedir."[86]

Chomsky bir noktanın daha altını çiziyor: "ABD'nin kanatları altındaki ülkelerde, derinlere uzanan bir kaygıyla, (bir başka deyimle demokrasiye geçişin toplumsal uyanışa neden olacağı kaygısıyla / E.D.)

---

[83] Noam Chomsky, *Medya Gerçeği,* Tüm Zamanlar Yayınları, s. 109.
[84] agy., s. 106.
[85] Gazi olayları ve benzer olaylarla Susurluk dosyasını anımsayalım.
[86] Chomsky, agy., s. 106.

"fikirlerin özgürce ifade edilmesini engelleme çabaları, hep gündemdedir."[87] Çünkü "global plancılara göre Üçüncü Dünya'nın büyük bölümü kapitalist sanayi merkezlerine hizmet etme rolüne soyunmuştur." Daha doğrusu "Üçüncü Dünya'nın çeşitli bölgelerinin hammadde kaynağı ve pazar olma işlevlerini yerine getirmeleri" için özgürlükçü düşünceler susturulmalıdır. Chomsky bu değerlendirmesini, sistemin "gizli belgelerinde samimi" olarak nitelediği açıklamalara dayandırıyor: Buna göre "Batı kapitalizminin yeniden yapılanması ve gelişmesinde (Üçüncü Dünya ülkeleri) kendilerini sömürtmelidirler."[88]

Bu değerlendirmelere göre; ABD'nin kanatları altındaki ülkelerde, halkın özgür istenciyle katılacağı seçimlerin anti-emperyalist düşünceleri geliştireceği kuşkusuyla, özgürlüklerin kısıtlanması sağlanır ve bu politika gizlice desteklenir. ABD'nin sözlüğünde anti-emperyalist, ulusalcı ve dahası düşünce özgürlüğünü savunan girişimler yanlıştır, tehlikeli alanlara açılır! Bu nedenle azgelişmiş ülkelerde özgürlükler denetim altına alınmalıdır. Özgürlüklerin sınırlandırılması bu mantığın eseridir. Chomsky'e göre; "Yanlış düşüncelerin (ulusalcı tezler, sosyal gelişmeleri sağlayacak düşünceler gibi - E.D.) yasaklanması, serbest seyahat özgürlüğünün kısıtlanması ve yıkıcı unsurların (özgür örgütlenme, düşüncelerini özgürce açıklamak gibi - E.D.) kontrol altında tutulması belki ABD'nin ve himaye ettiği ülkelerin politik zayıflığını (yani ABD çıkarlarını güvenceye alır - E.D.) bir ölçüde dengeleyebilir."[89] Ama bununla yetinilebilinir mi?

Chomsky'nin bu saptamasını, bir yandan bu soruya yanıt verirken, günümüzün kimi tartışmalarına da açıklık getireceğini düşünerek dikkatle okuyalım ve demokrasimizden başlayarak tüm sistemimizi sorgulayalım! Çünkü bu sistemi planlayanlar halkın sesini duymak istemezler, gerekirse zor kullanarak sustururlar:

---

[87] Bu konuyu işlediğim *Düşünce Özgürlüğü Çıkmazı* adlı yapıtıma, kimileri "ee, yani düşüncemiz de mi artık ABD'ce yönlendiriliyor, insaf!" demişti. Chomsky'nin bu saptaması bu düşüncede olanların dikkatine sunulur.

[88] Noam Chomsky, *Medya Gerçeği,* Tüm Zamanlar Yayınları, s. 106-107.

[89] aynı yerde.

"Ancak plancılar, ABD'nin muhalefeti ve halk hareketlerini kontrol altında tutmak için önünde sonunda güce, eğer olanaklıysa, yerel güvenlik güçlerine dayanmak zorunda kalacağını açıkça kabul etmişlerdir. ABD'nin belli başlı vaatleri yalnızca ordu ve devlet terörüne kalıcı bağlılığı değil, aynı zamanda demokrasiye (halkın kamusal işlere katılması anlamında) düşmanlığını da açığa çıkarmaktadır ve bu, ABD'nin Üçüncü Dünya'daki belli başlı politikalarının (Reagan yönetiminde bazen gerçek bir tutkuya dönüşen) çarpıcı bir özelliğidir."[90]

Burada birkaç noktanın altını çizelim. Birisi muhalefetin ve halk hareketlerinin kontrol altında tutulmasıdır; bir başkası, bunun için yerel güvenlik güçlerinin kullanılması ve asıl önemlisiyse, ABD'nin kalıcı vaatleri yalnızca ordu ve devlet terörüne değil, aynı zamanda demokrasiye (halkın kamusal işlere katılması anlamında) düşmanlığını da açığa çıkarmaktadır ve bu, ABD'nin Üçüncü Dünya'daki belli başlı politikalarının çarpıcı bir özelliğidir.

12 Eylül rejiminin ve anayasasının ABD tarafından neden desteklendiği ve günümüz sorunlarının temelinde hangi etkilerin yattığı anlaşılmıyor mu?

Chomsky'i okumayı sürdürelim:

"Aynı nedenlerle Kennedy yönetimi, Latin Amerika'daki askeri misyonu yarımküre savunmasından kaydırmış, ABD sonraki yıllarda bütün bölgeye yayılan *Ulusal Güvenlik Doktrini*[91]ni kabul eden devletlere destek vermiştir. Latin Amerikancı Lars Schultz, bu yeni 'askeri otoriterizm' biçimlerinin *'halkın gün geçtikçe artan politik katılımına'* tepki olarak geliştiğini, amacının ise *'sayısal çoğunluğun'*, asıl olarak da emekçi ya da (daha geniş kapsamlı, daha doğru bir terimi kullanırsak) halk sınıflarının politik katılımına son vererek varolan sosyo-ekonomik ayrıcalıklar yapısına yönelik kalıcı tehdidi yok etmek olduğunu gözlemlemişti."[92]

[90] Noam Chomsky, *Medya Gerçeği,* Tüm Zamanlar Yayınları, s. 107.
[91] Burada sözü edilen, ABD'nin ulusal güvenliği, daha doğrusu Amerika'nın çıkarı ve onu koruyacak doktrindir.
[92] *Medya Gerçeği,* s. 107.

Şu saptama ve değerlendirmenin de altını çizelim: "Halkın katılımı tehdidi ancak, demokratik biçimlerin yerine emin biçimde başkaları konabildiği zaman ortadan kaldırılabilir."[93]

"Halkın katılımı tehdidi" de nedir, derseniz, örneğin, anayasal bir kurum olarak sistemde yer alan Mili Güvenlik Kurulu ya da benzeri örgütlerin varlığını düşünelim. MGK kararlarını bir de bu açıdan değerlendirelim. ABD'nin, 12 Eylül öncesi ve sonrasıyla günümüzdeki etkinliğinin, biçimsel gibi görünen gerçekte sistemi denetleyen boyutunu gözönüne alarak savaşalım emperyalizmle. Şunu asla unutmayalım; kargaşa ortamını hazırlayan da, o ortamı MGK kararlarıyla düzeltme yolunu açan da sistemin bize dayattığı formüllerdir, yani ABD'nin indoktrine ederek içimize saldığı, bizden olanların sisteme aşıladığı yabancı düşünceler.

Chomsky, bu bölümü şöyle bitiriyor: "Aynı etkenler, tehlikeli fikirleri ve 'ABD aleyhindeki yıkıcılığı' (aslında, politik sistemden dışlanması gereken halk sınıflarına yüklenebilecek olan bir eğilim - E.D.) önlemenin niçin zorunlu olduğunu da açıklamaktadır."[94]

Boşuna üretilmiyor kuramlar. Düşük Yoğunluklu Çatışmanın komşusu neden Düşük Yoğunluklu Demokrasi'dir dersiniz? İkisi de *yönetilmezlik* alanına açılır da ondan. Şimdi bunu görelim.

**Düşük Yoğunluklu Demokrasi ya da
Demokratik Yönetilmezlik**

Samir Amin, Noam Chomsky ve Gunder Frank'ın ortak yapıtları *Düşük Yoğunluklu Demokrasi* ABD'nin Üçüncü Dünya Ülkelerini sömürmekten dünya egemenliğine giden adaylığını pekiştirmek için geliştirdiği (Kontr-Gerilla'dan Düşük Yoğunluklu Çatışma'ya uzanan - E.D.) kuramlar ve uygulamaları örneklendirmektedir.

Yapıtın girişinden şu bölümü aktarayım: "1980'lerin başında ABD, birçok Üçüncü Dünya devletinde yıllarca süren askeri yönetim-

---

93 agy., s. 107.
94 agy., s. 106-107.

ler, solun, emeğin ve diğer halk güçlerinin örgütsel gücünü önemli ölçüde kırmışken, koşulların demokratik bir açılıma uygun olduğunu kavradı. Carter yönetiminin insan hakları konusundaki politikası, Başkan Reagan yönetiminde izlenen daha açık demokratikleşme politikasının dolaysız öncülü olarak görülebilir. ABD geniş halk güçlerini seçimlere katarak daha radikal değişimlerin önünü alabilen ve bununla birlikte askeri seleflerinin anti-komünist ve anti-reformist geleneklerinin sürekliliğini garanti edebilen, istikrarlı yaşanabilir 'demokratik rejimler' istiyordu. Yeni demokratik süreçler kontrolden çıkıp solun gereğinden fazla toplumsal güç elde etmesine olanak verdiğinde, demokratik 'yönetilemezlik'e bir alternatif olarak ordu her zaman hazırda bekleyecekti."[95]

Şimdi şu bölüme dikkat edelim ve yineleye yineleye okuyalım:

"Şu halde 'Düşük Yoğunluklu Demokrasi' Üçüncü Dünya'nın önceki 'istikrarsız' temsili demokratik sistemleri ile çoğunlukla ABD'nin desteğiyle kurulan ve sürdürülen, 1960 ve 70'lerin en askeri diktatörlükleri arasındaki bir ara konak olarak tasarlandı.

ABD'nin tanımladığı demokrasi, gerçekte 'Düşük Yoğunluklu Çatışma'nın bir bileşeniydi. Bu nedenle demokrasi, müdahele aracı olarak kullanıldı. Amacı hem ilerici reformların hem de devrimci değişimlerin önünü almaktı.

Anlaşılıyor ki ABD, her koşulda toplumların evrimci dinamiklerini önlemenin ya da saptırmanın, sömürü çarkını döndürmenin yeni bir yöntemini bulmuş, 'Yeni Dünya Düzeni'nin altyapısını oluşturmaya başlamıştı."[96]

Bu yeni sistemin sonuçları, yani "Düşük Yoğunluklu Demokrasilerin sonuçları nedir?" sorusunun yanıtı, "siyasal ve toplumsal parçalanma, borç içinde bütçe ve kurumlaşamayan, askerin denetimi altında

---

[95] Samir Amin, Noam Chomsky, Andre Gunder Frank, *Düşük Yoğunluklu Demokrasi,* Alan Yayınları, çev. Ahmet Fethi, s. 15-16.

[96] agy., s. 16.

sözde demokrasi"dir. Bu gerçeğin somut belgesi için aynı kaynağa başvuralım:

Nikaragua ve Guatemala'da
Düşük Yoğunluklu Demokrasi ya da Çatışma

Amin, Chomsky ve Frank, okuduğumuz soyut değerlendirmeyi somut örneklerle desteklemektedir. Şimdi somut bir örneğe, Nikaragua ve Guatemala örneğine bakalım.

"ABD'nin demokrasi adına müdahelesinin, yeni demokratik kurumların oluşmasından çok siyasal ve toplumsal parçalanmaya nasıl yol açtığının bir başka örneği de Nikaragua'dır. Gerçekte Nikaragua, hiçbir grup ya da siyasi parti ülkenin kaderini kontrol edemeyeceği derecede parçalanmıştır. Uzun süreden beri ülkede gözlemlerde bulunan bir yabancının (ABD'nin Nikaragua'daki Tarım Müşaviri Eric Holt-Gimenez) belirttiği gibi, 'Nikaragua yönetilemez.' Hiç kimse görevini yapamıyor. Sadece küçük yerel denetim ve nüfuz beylikleri vardır."[97]

Guatemala'da demokrasinin nasıl ilerlediği, herhalde en iyi şekilde insan haklarının durumuna bakılarak ölçülebilir; yani, siyasi öldürümlerin ve kayıpların sayısına, basın özgürlüğüne, demilitarizasyon, toplanma ve örgütlenme özgürlüğüne bakılarak...

Cerezo yönetiminde siyasi baskıların düzeyi ve yoğunluğu, önceki dönemlerden farklı olarak önemli iyileşmeyi göstermedi. Meksika'da üslenen Guatemala İnsan Hakları Komisyonu'na (CDHG) göre, Cerezo'lu yıllarda 2.429 'yargısız infaz' ve 559 'kayıp' olayı meydana geldi (...) Bunlar, gelişen bir demokrasiden umulan rakamlar değil (...) Başkanlığının ilk yıllarında insan hakları ihlalleri sıklık bakımından geriledi; fakat sonraki yıllarda tekrar hızlandı. 1980'lerin başında olduğu gibi, öğrenci hareketinin liderliği ölüm mangaları tarafından birkaç ay içinde yok edildi. 1989 Ağustos ve Eylül'ünde, üniversite öğrencileri birliği AEU'nun 15 üyesi kayboldu. Birçoğu sonradan işkence edilip öldürülmüş olarak bulundu (...) 1990'ın ilk altı ayında 163

---

[97] Samir Amin vd., agy., s. 135.

yargısız infazın gerçekleştirildiği bildirildi. Bu infazların büyük bir bölümü güvenlik kuvvetlerine mal ediliyordu."[98]

Benzerlikler çok, sanki Türkiye üzerine konuşuluyor. Sürdürelim okumayı ve Susurluk'ta ortaya çıkan olayları ve içine itildiğimiz çözümsüzlüğün nedenlerini araştıralım!

"Buralarda sivil hükümetler güvenlik konularında orduya sınırsız bir yetki vermişlerdir. Ordu, dini ibadetten kalkınma girişimlerine kadar, yaşamın bütün alanlarını kaplayan bir denetim kurarak kırsal alanları bütünüyle avucuna aldı. (...) Önceki askeri hükümetler döneminde yaratılan sivil birlikler, model köyler, gerillaları köylülerden ayırmak ve köylülerin örgütlenmesini yok etmek için tasarlanan bir stratejinin köşetaşı olarak duruyor. Yüzyıllardır süren siyasi kargaşalarda hayatta kalmayı başaran köy düzeyindeki örgütlenmeler silinip süpürüldü.[99]

"Sivil birliklerin temel yapısı, (bizdeki koruculuk benzeri - E.D.) herkesin komşusunu gözetlemesine dayanır. Ordunun birbirini denetleyen ücretsiz işgücü ve muhbir insanları kullanmasının bir yoludur. Bu, yerlilere dayatılan bir görevdir. (kişisel görüşme)"[100]

Bu alıntılardaki ülke adını kaldırın, 1980'lerden sonra yaşadığımız ve bugün de içinden çıkamadığımız Türkiye ile karşılaşırsınız. Çözümsüz sorunların aynılığını bu ülkelerden herhangi birinin sosyoekonomik durumuyla ilgili çözümlemenin ve sonuçlarının öteki ülkelerinkiyle aynılığını görürsünüz:

Örneğin şu çözümlemeye bakalım:

"ABD'nin yeni stratejisi, iki büyük partinin (...) ittifakı temelinde (...) demokrasisini 'istikrarlılaştırma'dır. Bu iki partili sistemde hükümet değişiklilikleri demektir. (12 Eylül taşeronları bizde de iki partiyi hedeflemişlerdi. Bunun kaynağının da emperyalizm olduğu görülmektedir - E.D.)

---

[98] agy., s. 135 vd.
[99] Samin Amin vd., s. 135.
[100] agy., s. 163-166 (vurgular bana ait).

Bu iki partinin siyasi bir anlaşmaya varmadaki güçlüklerinden (Bizde, DYP ve ANAP'ın birleşememeleri gibi [1998] - E.D.[101]) ayrı olarak, buradaki sorun, (...) seçimlere karşın henüz gerekli konsensüsü sağlayamamış olmalarıdır."

"Başlıca siyasi partilerdeki sağ eğilimler veriliyken genel olarak merkez-sol'da olan geniş halk kesimleri temsil edilmeden duruyor (...) Bu alanı doldurmak isteyen gruplar şimdiye kadar başarısız oldular (...) İlerici güçler bölünmüş ve oldukça parçalanmıştır. (12 Eylül sistemiyle bizde de tıpkısı amaçlanmış ve gerçekleştirilmiştir. Yalnız sol değil sağ kanat da parçalanmış olup, birleştirilememektedir - E.D.) Yeni toplumsal hareketlere dayalı yeni bir partinin oluşturulması olasılığı, şimdilik düşüktür (...) Hareketten gelen ilerici güçler ya da bizzat sol, bütün farklı grupları geniş kitlesel harekette birleştiren bir program temelinde birleşmek zorundadır. Uyum programları karşıtı grupların ortak program temelinde birleşmesinin olanağı vardır. Bu tarihsel görevi yerine getirmede başarısızlık devam ederse (...) gerçek katılımcı demokrasinin geleceği çok kuşkuludur.."[102]

Bu satırlar bir Latin Amerika ülkesiyle ilgilidir, bizdeki siyasal parçalanmışlığa ne denli benziyor, değil mi? Sağda ve soldaki parçalanmışlık, ayrı coğrafya, ayrı örf ve toplum yapısına, tarihsel oluşum ve gelişim farklılıklarına karşın, günümüzdeki sosyo-politik benzerliğe ne dersiniz? Bu benzerlik ABD'nin "kanatları altındaki" ülkelerde uyguladığı politikaların aynılığından kaynaklanmaktadır.

Ne deniliyordu Nikaragua için: "Gerçekte Nikaragua, hiçbir grup ya da siyasi partinin, ülkenin kaderini kontrol edemeyeceği derecede siyasi yönden parçalanmıştır (...) Nikaragua yönetilemez. Hiç kimse görevini yapmıyor.." Bu alıntıdaki Nikaragua yerine ya da önceki alıntıda (...) ile boş bırakılan yerlere 'Türkiye' adını koyalım. Benzer durumlarla karşı karşıya olduğumuz, hayır, aynı durumların içinde olduğumuz görülür.

---

[101] DYP ve ANAP, 31 Ekim 2009 tarihinde Demokrat Parti adıyla birleşti. İlk Genel Başkanı, Hüsamettin Cindoruk oldu (yay. haz. notu).

[102] *Düşük Yoğunluklu Demokrasi*, s. 226-227. (Bu çözümleme Arjantin'le ilgilidir.)

Anılan yapıtın 31. sayfasındaki şu değerlendirme de bizim için önemli ipuçları taşır:

"Arjantin, Guatemala, Filipinler ve Güney Kore'deki demokrasilerde 'ilerici reformlar engellenirken', statüko korunur. Demokratikleşme, seçimlere biçimsel katılım düzeyinde kalır. Bu demokratikleşme, medeni haklarda ve insan haklarında kimi sınırlı değişiklikler doğurur ve değişim yönünde halk harekelerinin gerçekleşebileceği yasal alanı geliştirir. Fakat tanınmış hedef tahtası olan emekçilere, öğrencilere, sola ve insan hakları savunucularına karşı alışılmış baskı ve insan hakları ihlalleri sürer gider.

Düşük Yoğunluklu Demokrasi, kırılgan bir siyasal sistemdir. Kırılganlığı iki kaynaktan gelir. Bir yanda, yeni demokratik düzen halk hareketlenmesi için alanı genişletir ve dolayısıyla düzeni tehdit eden radikal istemlere eklemlenirken, toplumsal istikrarsızlığın artma olasılığına neden olur (...) Ordu, "Düşük Yoğunluklu Demokrasi" altında, izin verilebilir değişimin ölçüsü üzerinde, sessiz veto yetkisi kullanır." (Türkiye'de özellikle 1997 başlarında yaşanan olayların öncesi ve sonrasını ve MGK kararlarını, ordu-yönetim ilişkisini bir de bu açıdan düşünelim - E.D.)

Asıl şu saptama çok önemlidir:

"Bu düzen hem sağdan hem de soldan istikrarsızlık tehdidi altındadır (...)" (Bir başka deyimle, yönetilemezlik doktrini uygulamasıyla karşı karşıya kalınıyor - E.D.) "Ne var ki, eğilimleri açıkça sağdan ve orduyla koalisyondan yanadır. Sivil muhafazakâr hükümet, çoğunlukla ordunun gönüllü suç ortağıdır. Muhafazakâr yönetim, ordu ve iş dünyasının elitleri hep birlikte hegemonik bir blok oluştururlar."[103]

Bu satırlar Türkiye'nin dününü, bugününü ve 12 Eylül sisteminde kaldığımız sürece yarınlarını da anlatmıyor mu? Bu nedenle dikkatle okunmalı, üzerinde düşünülmelidir. Ancak böylece içinde bulundu-

---

[103] *Düşük Yoğunluklu Demokrasi*, s. 31.

6. Baskıya Geniş Önsöz

ğumuz koşulları bizimle paylaşan dünyanın dört bir yanındaki ülkelerle neden aynı yazgıyı paylaştığımızı anlayabilir ve anlatabiliriz!

Bu her şeyi açıklayan gerçekleri anlamadan da, "Amerika bize neden karışsın!" der dururuz...

İşte 1947'de bize biçilen rol ve bu rolü en iyi oynamak için emperyalizmin rejisine bağlanmanın sonucu... Şunu düşünemedik; bir oyuncu, oyunu salt rejisörün verdiği taktikle oynayarak star olamaz. Eğer oyuna kendisinden katkı koyamazsa, yeni sahnede rol alamaz. Kaldı ki bir ulus, ulusal çıkarlarını başkalarının çıkarlarıyla eşlediği sürece, ulusal varlığını sürdüremez. Öte yandan, kendi çıkarını değil, başkalarının çıkarını öne alanlar, ne denli özverili olurlarsa olsunlar, kendisi için çalıştıranların yanında onurlu yere oturtulmazlar. Bir ulus, kendisi için, ulusal varlığı ve refahı için, kendisini görevlendiremediği sürece, başkalarının biçtiği rolü oynayacaktır.

Bugün içinde bulunduğumuz durumu bu açıdan değerlendirdiğimizde, yanlışı nerede ve ne zaman yaptığımızı anlayabiliriz.

Emperyalizmin bize uygun gördüğü rolü başarıyla oynadık diye övünmek ve karşılık beklemek de kendimizi aşağılamaktan başka bir anlam taşımaz. İşte son yarım yüzyıllık çabalarımızın sonunda elde ettiğimiz kazanç budur. Bu gerçekler karşısında bize biçilmek istenen rolü oynayacak mıyız, oynamayacak mıyız? Çözümü beklenen sorun burada düğümlenir!

Türkiye'nin Rolü Ortadoğu'da ya da Tuzak İçinde Tuzak

"Türkiye'nin Rolü Ortadoğu'da"... Bu bir haber başlığı.. *Cumhuriyet*'te 26 Ocak 1990 tarihinde yayınlanan, Ufuk Güldemir'in Graham Fuller'la yaptığı söyleşi, bu başlık altında verilmiş. Başlıktaki söylem de Graham Fuller'a ait. Fuller'ın ABD yönetimindeki yetki ve etkisi düşünülürse, bu söylemin ABD'nin verdiği role işaret ettiği anlaşılır. Demem o ki, ABD bizim rolümüzün alanını 26 Ocak 1990'da açıklamış. Daha sonra, Fuller bununla yetinmiyor, alanımızın sınırlarını genişletiyor, Orta Asya'ya kadar uzatıyor. Ve biz şimdi bu rolü "Atlantik'ten Pasifik'e kadar öykünmesiyle oynuyoruz. Başkaları için oynatıldığımızın ayırdında değiliz. Bunu anlattığım yaşlı bir köylü "Hey gidi Koca Gazi hey!" diye başladı ve "ne kadar haklıymışsın, 'yurtta barış dünyada barış' derken. Sen olsaydın, düş görmediğin için biz de düş görmezdik. Ne Orta Asya için ne de başka yerler için..."

Şimdi daha iyi anlaşılıyor: Şu kimilerinin başka ülkelerde okul açmaları, hele Orta Asya'da açılan okullardaki eğitimin amacı demek ki rolümüzün uzantısıymış. Öyle ya, şu "Atlantik'ten Pasifik'e kadar" Türk söyleminin başka anlamı olabilir mi? Bu okullarda ne öğretilecek, ne öğretiliyor ki şu rolümüz uygulamaya konulsun, biliyor muyuz?

Ama Fethullahçılar sürekli okul açıyorlar. Kimileri Orta Asya'daki okullarda bazı ABD'li özel görevlilerin İngilizce dersi verir havasında, özel görevlerini icra ettiğini söylüyor. Fethullah Gülen Hocaefendi'nin mucizelerine inanarak, onun Orta Asya'daki öğretim çalışmalarına basının belli kanatlarında övgüler döktürülmesi, hareketin artalanında ABD'nin izine götürür insanı. Sanki bu ülkede okuyamayan milyonlar yokmuş da, Orta Asya'nın eğitimi bize kalmış! Demiyorlar ki, bu adam daha 1980'lerin sonunda emekli aylığından başka geliri olmayan biriydi. Orta Asya'da 300'e yakın okulu nasıl açtı, bu paralar nereden geliyor? Cemaati topluyormuş! Peki cemaat, bu paranın vergisini veriyor mu? Yani vergisi verilmiş para mı bu okullara harcanan? Öyleyse, defterine işliyor mu? Değirmenin suyunun kaynağı o zaman anlaşılır.

İşte ancak buradan çıkarak, Fuller'ın *Kuşatmalar* adlı yapıtındaki öz düşünceyi ve bize biçilen rolü, kuzu kuzu oynamaya başladığımızı anlayabiliriz. Bu arada Fuller'in nasıl usta bir yönlendirici ve kafa karıştırıcı olduğunu şu paragrafı okuyarak saptamaya çalışalım: Fuller, anılan yapıtında diyor ki:

"Modern Türk devletinin kurtarıcısı ve kurucusu olan, Türkiye'yi önceden belirlenmiş Batılı bir maceraya sokan[104] Mustafa Ke-

---

[104] Türk Bağımsızlık Savaşı'nı ve devrimlerimizi "macera" olarak nitelemek, ABD'nin ye-

mal Atatürk, birçok Müslüman'da ikili, kararsız duygular yaratır. Doğrudur, 1920'lerin başlarında Atatürk, Üçüncü Dünya'nın en başarılı ulusal kurtuluş hareketlerinden birisini başlatmıştır. Ama Müslüman geçmişini ve pek çok İslami değeri açıkça reddeden bir harekettir bu. Üstelik Atatürk, Sünni İslam dünyasının manevi liderliğini, hilafeti kaldırmıştır. O zamandan beri de Sünni aleminde tanınmış bir lider yoktur. Roma Katolik Kilisesi'ndeki papalığın kaldırılmasına benzetilecek olan bu hareket, İslam'ın otoritesi ve evrimi açısından sakatlayıcı olmuştur. Yine de bu adım, Batılı bir güç tarafından atılmadığı halde, birçok İslamcının gözünde bir Batılılaşma adımıdır; Batılıların alkışları arasında, (Bizim İkinci Cumhuriyetçilerin ve İslamcıların söyleminin tıpkısı değil mi? - E.D.) İslam'a doğrudan zarar vererek, gerçekleştirilmiştir.[105] Birçok Müslüman yorumcuya göre, burada hedef, bir bütün olarak İslam kurumunu ve onun mirasını zayıf düşürmektir."[106, 107]

Fuller'ın kurduğu tuzağı görüyorsunuz, değil mi? İslamcılarımızın esin kaynağını da... Bir kez, İslam'da Hıristiyan dünyasında olduğu gibi ruhban sınıfı yoktur. Bu nedenle İslam aleminin lidersiz kal-

---

ni görüşü değil. 18 Ocak 1927 tarihinde, Temsilciler Meclisi'nde Lozan Antlaşması'nın ABD tarafından kabul edilip edilmemesi tartışılırken, Temsilci Upshow, Mustafa Kemal'i şöyle tanımlar: "Timurlenk kadar hunhar, Müthiş İvan kadar sefih ve kafatasları üstüne oturan Cengiz Han kadar kepaze olan...."

[105] M. K. Atatürk, *Söylev*'de halifeliği savunanlar için der ki: "Baylar, açık ve kesin söylemeliyim ki, Müslüman halkı, bir halife heyulası ile uğraştırma ve kandırma çabasında bulunanlar, yalnız ve ancak Müslümanların ve özellikle Türkiye'nin düşmanlarıdır. Böyle bir oyuna kapılmak da ancak bilgisizlik ve aymazlık belirtisi olabilir." T. T. K. Yayınları, 1989, c. 2, s. 1133.

[106] Graham Fuller ve Ian O Lesser. *Kuşatılanlar: İslam'ın ve Batı'nın Jeopolitiği*, Sabah Yayınları, 1996, s. 37.

[107] Halifeliğin kaldırıldığı sırada, Antalya Milletvekili Rasih efendi (Soyadı Yasası'ndan sonra Kaplan) gezdiği ülkelerdeki (Hint'li ve Mısırlı) Müslümanların Mustafa Kemal'in halife olmasını istediklerini iletir. Bu öneriye karşı O, Rasih efendiye der ki: 'Siz din bilginisiniz. Halifenin devlet başkanı olduğunu bilirsiniz. Başlarında kralları, imparatorları bulunan uyrukların, bana ulaştırdığınız dilek ve önerilerini nasıl kabul edebilirim. Kabul etsem o uyrukların başında bulunan kişiler bunu kabul ederler mi? Halifenin buyrukları ve yasakları yerine getirilir. Beni halife yapmak isteyenler buyruklarımı yerine getirebilecekler midir? Bu duruma göre yapacak işi ve anlamı "mevhum" (hayali, olmayan) ama var sayılan bir niteliği takınmak gülünç olmaz mı?' (Söylev, s. 1133) Fuller'ın kafa karıştıran önerisi bu yanıtın anlamıyla değerlendirilmelidir..

ması söz konusu olamaz. Halife "din ulusu" değil, Osmanlı Sultanı'nın ikinci niteliğidir. Ve II'nci Abdülhamit'e değin de siyasal alanda etkin bir rol verilmemiştir.. Kaldı ki, Osmanlı'nın geri kalışında Hilafetin rolü nasıl unutulabilir? İslam âleminin yükselişinde, Halifeliğin rolü saptanmış mıdır ki, kaldırılması geri kalmışlığın nedeni sayılsın?

Fuller bunları değil sıradan, kendini bilgin sayan çoğu kişiden daha iyi bilir. Ama kafa karıştırmak, Türk insanının daha da öte, İslam Dünyası'nın kafasını karıştırmak için güdeme getiriyor olmalı!

Oysa bugün İslam dünyası içinde gelişmeye aday tek ülke Türkiye'dir ve bunu Mustafa Kemal'in kurduğu cumhuriyet sayesinde elde etmiştir.

Hele, şu sözde kaygının, nasıl bir tuzak olduğun görmemek olası mı? Bakın ne diyor Fuller:

"Sünni Müslüman âleminin resmi bir liderliği yoktur ve bu, din adamları ile Sünni önderler arasında belli kaygılar yarattığı gibi, İslamın birliğini zayıflatabilecek bir faktördür."[108] Ne denli bir Müslüman dostu (!) İçi yanıyor adamın!!! Nasıl vah vah vah diye hayıflanmazsınız. Adamın İslam'da bu tür önderlik, yani Papalık gibi bir statü olmadığını bilmez deyemeyiz. Bir halk deyimiyle domuzuna bilir, bilir ama, nasıl olur da, özellikle Türkiye için bir fesat virüsü sokabilirim umuduyla konuşmaktadır.

Hem İslam uygarlığıyla (alemiyle) Hıristiyan uygarlığının (aleminin) bir çatışmaya aday olduklarını, Huntington'a hak vererek ileri süreceksin, hem de İslam âleminin sözde birliğini sağlayacak öneriyi, hilafet kurumuna bağlayacaksın! Buna aptallar bile inanmaz. Ve inşallah bizim İslamcılarımız bu öneriye sarılmazlar.

Şu tarihsel gerçeği vurgulamakta yarar vardır. Eğer Halifelik gerçekten bir İslam birliğini sağlamış olsaydı, Birinci Dünya Savaşı'nda, Çanakkale'de, Suriye'de, Irak'ta İngiliz ve Fransız bayrakları altında Türklerle Müslüman toplumlar, Osmanlı'ya karşı savaşmazlardı. Bu

---

[108] *Kuşatılanlar: İslam'ın...*, s. 37-38.

toplumlar ümmet bilinciyle emperyalizmin güdümünde ve emrinde halifenin ordularına karşı savaşmışlardır. Bu tarih gerçeği de gösteriyor ki, Hilafet İslam Dünyasında birliği sağlayacak bir kurum değildir, olmamıştır da. Çünkü Müslüman toplumlar her zaman başka amaçlarla ayrılmışlardır." Emeviler Endülüs'te, Aleviler Mağrip'te, Fatımiler Mısır'da, Abbasiler Bağdat'ta birer halifelik ve saltanat kurmuşlardır." [109] Bu da gösteriyor ki, Hilafet ancak siyasal nedenlerle ve güç öğesi olarak kullanılmıştır.

Bugün için bir Sünni İslam liderliğinin de kurulamayacağını kabul eden Fuller'in amacı, Mustafa Kemal'i suçlamak, Türkiye'nin çağdaşlaşma hedefini engellemektir. Bu değerlendirmeyle Türkiye'de laik sistem ve düşünce karşıtlarının eline koz verdiğini bilerek yapıyor bunu! Amacı kafaları alabildiğine karıştırarak nifak sokmak. Belgesi mi?

Bakın nasıl başarıyor bu işi:

'Çağdaşlaşma ancak Batı'nın kültürel ve felsefi temelinin de alınmasıyla gerçekleşir: Bu durumda "İslam uygarlığının kültürel ve ahlaksal temelleri nasıl olur da etkilenmeden yerinde kalabilir? " diye soruyor, sonra. bunun 'Batı'ya tabi olmak anlamına geleceğine işaret ediyor, bu uygulamanın sonucunu ayrı bir uç etken olarak vurguluyor. "Bir çok Müslüman'ın ve Asyalı'nın gözünde, Batı toplularının içine düştüğü, çürümeyi, uyuşturucu, şiddet ve ailenin yozlaşması gibi değerlerin yok olmasına, ahlaki değerlerin ortadan kalkmasına neden olur," diyor ve;

"Bir kültür kendi kimliğini, bütün insan topluluklarının en değerli kültürel kaynağını nasıl korur?"[110] sorusuyla, İslam dünyasındaki modernleşmenin önüne getirilen ve öteden beri tartışılan bir sorunu dayatıyor. Bununla da bir taşla birçok kuş vurmayı amaçlıyor.

---

[109] *Söylev*, s. 945.
[110] *Kuşatılanlar: ...*, s. 43.

İslam Dünyası Uyanmasın!
.Neden?

İslam dünyası bu eski sorunu hep tartışıp duracak. Elbette Türkiye'de bazı çevreler, kimilerinin dayatmasıyla, bugünlerde içine itildiği çürümenin suçlusu olarak Kemalist devrimi tartışacak, hayır suçlayacak! Fuller'ın amaçlarından biri bu.

Fuller bunu da saklamıyor. "Bu öncelikle bir ilahiyat meselesi mi acaba?" diye soruyor ve şu yanıtlarla kafaları iyice karıştırıyor:

"Asıl mesele, doktrinler arasında doğaları gereği süregelen bir uzlaşmazlık mı? Yoksa aynı tarihsel kökene sahip dinsel toplulukları, devletleri ve bunların çıkarlarını birbirine mi düşürmekteyiz?"[111] sorusuyla açıyor amacını. Evet, amaç, ulusları ve ulusların bireylerini birbirine düşürmek!

Fuller öyle bir ikilem dayatıyor ki, Müslümanlar kendi kimliklerini terketmeden uygarlaşıp, çağdaşlaşamazlar. Çağdaşlaşmaları onların zararına olur, çünkü: "Bir yorumcunun (ABD emperyalizminin kuramcılarından Robert Kaplan) belirttiğine göre; anarşi, hükümet yolsuzluğu ve kargaşanın dalga halinde yükselmesiyle bir bütün olarak Üçüncü Dünya devletlerinin yaşayabileceği ağır şoklara karşı, İslam'ın biçimsel ve katı yapısı çoğu İslam toplumunu bir arada tutmak için gerekli çimentoyu sağlayabilir..."

Bu nedenle "Günümüzde yüzünü Batı'ya dönen ve bir yandan da modernleşmenin geniş ölçüde saldırısıyla karşı karşıya bulunan Müslümanların önündeki ikilem budur. Bu noktada İslam, modern seküler milliyetçilikten çok daha köklü bir kültürel dayanak sunmaktadır."[112]

Aman uyanmasın şu Üçüncü Dünya, hele Müslüman Türkler..! Öyle demek istiyor Fuller ve arkadaşı... Doğaldır ki, ABD adına konuşuyorlar.

---

[111] Graham Fuller ve Ian O. Lesser, *Kuşatılanlar: İslam ve Batı'nın Jeopolitiği*, Sabah Yayınları, 1996, s. 7.
[112] agy., s. 43.

Bir başka amaç, her şeyi inanç felsefesiyle açıklayan, bilimsel anlamda ne bir buluş, ne bir üretim yapan, teknolojik yoksunluk içindeki Müslümanlar, Batı'yı asla izleyemeyecekler, geri kalmışlığın da gerisine düşecekler. Yüzyıllardır Batı karşısındaki ezilmişliklerinden, neoemperyal denetim altındaki ezilmişlikten kurtulamayacaklar.

"Batı'nın silahlarını, teknolojisini ve askeri doktrinini kullanan İsrail'in şaşmaz biçimde üstün gelmesi, sonuçta Araplar'ın onur kırıcı yenilgilere uğraması"nın[113] yarattığı, "Zayıflık ve ezilmişlik duygusu, haysiyet ve eşitlik uğruna (ve galiba ayırım gözetmeden) bir mücadele doğurmaktadır."[114]

Fuller'ın istediği şudur: İslam dünyası, kendi kabuğundan çıkmasın. Çıkar ve modernleşme dalgasına kapılırsa, yok olur. Batı uygarlığının çamurlarına (!) bulaşmadan, öz kültürüne sığınsın ki, küreselleşmenin önüne engeller çıkarmasın. Ona göre Mustafa Kemal'in giriştiği iş bir macera idi. Onu başkaları da izlemek istiyor. Yanlış olur. Üçüncü Dünya'nın uykusundan uyanması tehlikeler yaratır. Bu tehlikenin iki yönlü olduğu kuşkusuzdur. Küreselleşmenin önüne engel çıkarılacaktır. Amaçlarından biri bu! Asıl tehlike Üçüncü Dünya için, çünkü İslam ülkeleri Batı'nın ezici gücüyle karşılaşacaktır. Bunu Fuller, kaynak göstermeden, nedense İslam dünyasının düşünceleriyle açıklıyor:

"Batı'nın, kendisine meydan okuyan bütün Müslümanları, Batı karşısında ortaya koyduğu güç çok cılız bile olsa, aynı şaşmaz kararlılıkla ezmeye çalıştığı düşünülür, ki bu kişi ister Nâsır, isterse Kaddafi, Humeyni ya da Saddam Hüseyin olsun. Bu inanca göre, Batı ancak Müslüman alemi tamamen miskinliğe gömülünce huzur bulacaktır."[115] Fuller, "Birçok Müslüman'a göre Batı'nın bilinçli olarak Müslüman gücünü her yerde zayıf düşürmek istemediğini" söylüyor.

Fuller'ın mesajı çok açık: İslam dünyası Batı'nın (gerçekte ABD'nin) gücünü hesap etmeli, ona göre tavır almalıdır. Ezilmek is-

---

[113] Fuller ve.. agy., s. 39.
[114] agy., s. 42.
[115] agy., s. 42.

temiyorsa teslim olmalıdır. Çünkü "Her türlü harekâtın etkili olabilmesi için gereken istihbarat toplama, lojistik ve komuta-kontrol yetenekleri Batı'nın (hepsinden önce ABD'nin - E.D.) askeri kurumlarında bulunduğuna göre, Müslüman alemi içinde barışı sağlama işi Müslüman devletlerine bırakılamaz."[116]

Açıkçası şimdiye dek sürdürülen statü bozulmamalı, sömürü çarkı durmamalıdır.

Geleceğin İpuçları

Bu kısa açıklama, küreselleşme aşamasındaki ABD emperyalizminin Ortadoğu, Türkiye ve Orta Asya'ya ilişkin stratejik hesaplarını, yeni taktik savaşlarının ipuçlarını vermektedir. İstenen tam teslimiyettir. Mustafa Kemal'in bir "maceracı" diye nitelenmesi de teslimiyete karşı çıkmasındandır. Mustafa Kemal, küçümseniyor bir yerde, ama korkulmuyor da değil.

Bu nedenle Mustafa Kemal Atatürk devrimleri ve özellikle bağımsızlık bilinci hedef tahtasındadır. Çünkü, Üçüncü Dünya'da onun ilkeleri, aşılamayan engellerdir. Bu dünyanın özgürlük ve bağımsızlık gibi evrensel ilkelerinin, yalnız kendi ulusu için değil, tüm mazlum uluslar için tek kurtuluş yolu olduğunu ilk söyleyen ve gerçekleştiren odur.

Daha 1922 yılında der ki:

"Türkiye'nin bugünkü savaşımı yalnız kendisi adına olsaydı belki kısa, daha az kanlı ve daha çabuk biterdi. Türkiye çok büyük ve önemli bir çaba harcıyor. Çünkü savunduğu, kıyıcılığa uğramış bütün ulusların, bütün Doğu'nun davasıdır ve bunu sona erdirinceye değin Türkiye kendisiyle birlikte olan Doğu uluslarının birlikte yürüyeceğine inanmaktadır.

---

[116] "Batı, Müslüman devletlerdeki etkisiz yönetimin birinci derecede sorumlusu değildir elbette. Yine de Batı'nın izlediği politikalar, otoriter rejimlere destek verme ve bütün Ortadoğu'da değişim yerine istikrarı belirgin biçimde yeğleme yoluyla, bu başarısız yönetimlerde kısmen rol oynamıştır. Başarısız yönetimlerin Batı'nın yakın müttefiki olduğu bölgelerde, bu algılayış özellikle güçlüdür." Fuller agy., s. 106.

Dünyanın filan yerinde bir rahatsızlık varsa, bana ne dememeliyiz. Böyle bir rahatsızlık varsa, tıpkı kendi aramızda olmuş gibi, onunla ilgilenmeliyiz. Olay ne denli uzakta olursa olsun, bu ilkeden şaşmamak gerekir. İşte bu düşünüş, insanları, ulusları ve hükümetleri bencillikten kurtarır. Bencillik kişisel olsun, ulusal olsun her zaman kötü anlaşılmalıdır."[117]

Yokluğa yollanmak istenen bir ulusu çağdaş ve bağımsız bir devlete kavuşturan, ulusal bilincini açığa çıkaran böyle bir öndere ABD gibi sömürgen bir tek güç adayı nasıl olur da sempati duyar. Çünkü yüzyılımızda yenilmeyen tek sistemi o kurmuştur. Yalnız kendi ulusunu değil tüm mazlum ulusları da kucaklayan evrensel bir sevgi mesajıyla hem de!

Bu sözlerin bir anlamı da, insanlığın bir bütün olarak sevilmesi, sayılması ve sorunlarıyla ilgilenilmesi değil midir? İnsanlığı böylesine sevgi ve saygıyla kucaklayan kaç lider vardır? Mustafa Kemal Atatürk'ü bir de bu açıdan anlamaya çalışalım. Ve ABD'nin Fuller'ın dilinden seslendiği "Atatürk artık tarihteki yerini almalıdır" sözü, onun insanlığı kucaklayan bu evrensel düşüncesine tepki sayılmalıdır. Çünkü emperyalist sistem için bu tür düşünceler sakıncalıdır.

1933 yılında Mısır Büyükelçiliği'nden çıkarken söyledikleri, ulusal kurtuluş savaşlarının şaşmaz ilkelerinin bayraklaşmış söylemi değil midir?

"Sömürgecilik ve emperyalizm yeryüzünden yok olacak ve yerine uluslar arasında hiçbir renk, din ve ırk ayrımı gözetmeyen yeni uyum ve işbirliği egemen olacaktır."[118]

ABD'nin tüm çabaları, Cumhuriyet ve Aydınlanma devriminin ulusal yapımızın harcına katkısını bozamamıştır. Ulusal bilinç, Müdafaa-i Hukuk-u Milliye temeline oturtulan Cumhuriyet'in ve devrimlerin yıkılmaz tinsel ve meşru temeli olmuştur; bundan sonra da olacak ve Cumhuriyet bu temele oturduğu için, sonsuza dek yaşayacaktır.

[117] Sami N. Özerdim, *Atatürkçü'nün El Kitabı*, s. 216, 219.
[118] agy., s. 216.

Fuller'ın, [gerçekte ABD'nin] İslam dünyası için öngördüğü yeni stratejik ortamda doğrudan çatışma riski, büyük ölçüde Müslüman dünyasının kendi içiyle sınırlıdır. Yani yukarıda değindiğimiz koşullarla, Müslümanlar kendi aralarında ya da kendi ülkelerinde 'Düşük Yoğunluklu Çatışma' kuramının uygulaması içinde olacaklardır. Ancak Batı (ABD) buna seyirci kalamaz. Böyle bir harekâtın başarılı olabilmesi için her türlü komuta ve denetim değil mi ki Batı'nın (hepsinden önce ABD'nin) askeri kurumlarındadır, öyleyse "Müslüman alemiinde barışı sağlamak işi Müslüman devletlerine bırakılamaz. Ama kimi durumda, 'Batılı kuvvetlere destek rolünü üstlenmesiyle, cephede Müslüman kuvvetlere önemli bir rol öngörmek uygun olabilir.'"[119]

Bu söylemin mesajı şudur: Müslüman'ı Müslüman'a kırdırmak! Ve böylece, İslam dünyasındaki istikrarsızlığı ve güvensizliği sürdürmek.

Öte yandan ABD, 'Ilımlı İslam gruplarıyla diyalog içinde olmak',[120] İslamcıların iktidarda olduğu yerlerde, faydalı ikili ilişkiler için gerekli koşulları doğru saptamak zorundadır.[121]

Fuller'ın bu çalışmada da, Rand Coorparation'ın Prof. Sabri Sayarı'ya yaptırdığı çalışma raporundan yararlandığı anlaşılıyor. O raporda, ABD'nin Ortadoğu'daki ve Türkiye'deki çıkarlarının korunması için Ilımlı İslamcılarla gizlice ilişki kurmasının doğru olacağı önerilir.[122] Bugün içinde bulunduğumuz koşulların bu çalışmada vurgulanan öneriler doğrultusunda geliştiğini belirtmeliyim.

Türkiye, ABD'nin İslam dünyası ve Orta Asya'daki çıkarları için köprü rolünü oynayamaması halinde, Fuller'a göre, "ABD-Türkiye işbirliği umutlarını ciddi bir şekilde kısıtlayacak ve bunun uzantısı olarak ABD'nin Kafkaslar ile Ortadoğu'daki hareket serbestisini azaltacaktır." Fuller bu saptamadan sonrada, ABD dostluğunun ne anlama

---

[119] Fuller ve.. agy., s. 154-155.
[120] Graham Fuller ve.. agy., s. 166.
[121] Graham Fuller ve.. agy., s. 166.
[122] 1 Numaralı dipnottaki yapıt. s. 93-94.

geldiğini de vurguluyor: "Güvenlik ilişkilerinin bu doğrultuda gelişmemesi Türkiye'ye felâket getirecektir."[123] Bu sözün anlamı şudur: ABD'nin çıkarları için çalışmadığında felâkete hazır ol![124]

Bunun ulusal onurumuza açık bir saldırı olduğunu ve emperyalizmle dost olunamayacağını unutmayalım. Elbette bu konuma girdiğimiz tarihi, ve 'Oltadaki Balık' olmanın yazgımız olmadığını da! Dünya şu gerçeği iyi bilmelidir:

Bu devlet, "ya bağımsızlık, ya ölüm!" andının utkusuyla kurulmuştur. Atatürk'ün şu sözleriyle seslenelim aymazlara: "Türkiye devletinin bağımsızlığı kutsaldır. O, sonuna dek güven altında ve dokunulmazdır."[125]

---

[123] Fuller ve.. agy., s. 153.
[124] Bu uyarının boş olmadığı Irak'a saldırıda kuzey cephesi için TBMM'nin 1 Mart 2003 tarihinde Hükümet tezkeresinin reddi ve gelişen olaylar, Amerika'nın Türkiye'yi cezalandırması, işte o felaketin habercisidir. Ancak ABD bu tavırlarıyla Türkiye'ye diz çöktürmek istiyor, bu unutulmamalıdır.
[125] Sami N. Özerdim, *Atatürkçü'nün El Kitabı,* TDK yayını, 1981, s. 91.

Giriş

> "Çekiç Güç köklü bir çıban gibi! Çıbanın başını keskin bir bıçakla kesebilirsiniz, ama kökünü çıkaramazsınız. Çıkarmaya kalktığınızda nelerle karşılaşacağınız bilinmez!"[126]

22 Ocak 1993 tarihinde TRT-1'de haberleri izlerken işittiğim bu sözleri, Türkiye Cumhuriyeti'nin Başbakanı söylüyordu. Önce bir şaşkınlık geçirdim. Acaba, gerçek miydi? Evet gerçekti ve DYP Meclis Grubu'nda Demirel, düşünceli ama kararlı bir yüzle konuşuyordu. O anda, Demirel'in birkaç gün önce, 18 Ocak'ta ABD, İngiliz ve Fransız Büyükelçilerinin olağandışı ziyaretlerinde yapılan, Çekiç Güç'ün faaliyetleri ile ilgili toplantı çıkışındaki yüz ifadesini anımsadım. Deyim yerindeyse, zıpkın yemiş gibiydi. Ve hırslıydı. Soruları yanıtlarken söyledikleri, geçmişin bir yanlışına işaret ediyordu.

O toplantıda neler konuşuldu bilinmiyor, ama apar topar gelen büyükelçilerin, Türkiye'nin egemenlik haklarını incitici sözler söyledikleri düşünülebilir. Konu, İncirlik Üssü'nün, bizim iznimiz dışında kullanılmasının yarattığı tepki olmalıydı.

Son birkaç ay içinde ve özellikle son günlerde Çekiç Güç, sözleşmelere aykırı olarak, Türkiye'nin bilgisi dışındaki uçuşlarla kamuoyunun ilgi odağı oluyordu.[127] Demirel, o gün Genelkurmay Başka-

---

[126] İsmet İnönü, 1964'te ABD-Türkiye ilişkilerinin bağımsızlığımıza düşürdüğü gölgeden yakınır ve der ki: "Bağımsız iç politika güdemez, havanda su döversiniz. Zannetmeyin ki kolay iştir. (Kurtulmak için) Teşebbüs ettiğinizde başınıza neler gelir, bilemezsiniz."

[127] Çekiç Güç'ün İncirlik Üssü'nü denetim dışında kullandığına dair basına yansıyan bilgiler şunlardır:
1- "Amerika'ya ait bir DC-130 uçağı güvenlik kuvvetlerinin bilgisi dışında Yüksekova karayolu pistine iniş yapmıştır. Eğer, bundan sonra adı geçen piste başka inişler olacaksa, bunun bildirilmesi."

nı'yla da konuştu. İncirlik Üssü'nün Türkiye'nin iradesi ve bilgisi dışında kullanılması da ilk kez olmuyordu. 1958'de Lübnan olayları sırasında, ABD Deniz Piyadeleri'nin İncirlik üzerinden Lübnan'a aktarılması, zamanın muhalefeti CHP'nin lideri İsmet Paşa tarafından eleştirilmişti. Türkiye kamuoyu, Birinci Dünya Savaşı'na istemimiz dışında girmemize ve Sevr'e kadar uzanan olaylara, Göben ve Breslaw adlı iki Alman kruvazörünün bayrağımızı asıp Karadeniz'e açılarak Sivastopol'u bombalamasının neden olduğunu bilmektedir. Türk kamuoyu işte bu bilinç içinde ve kendi topraklarından başka ülkelere yapılan saldırıyı ulusal istence karşı saygısızlık saydığı, hoş görmediği için, bu gibi konularda çok duyarlıdır. Daha sonra U-2 casus uçakları olayı, Körfez Savaşı sırasında da ABD uçaklarının, İncirlik Üssü'nü anlaşmalara aykırı olarak kullanmaları, kamuoyunda aşırı duyarlılık yaratmış, bu da doğal olarak siyasal iktidarları güç durumda bırakmıştır.

Bu gelişmelerden çıkarak Demirel'in Büyükelçilerle yaptığı toplantıdan çıkarken sözlediklerini anımsadım.

Demirel demişti ki: "Çekiç Güç korkuluk değil ya! Oraya getirildiğine göre, geliş amacına uygun çalışacaktır, ne yapacağını biliyorsunuz demektir. Buna baştan izin vermişsiniz! Biz izin vermezdik."[128]

2- Yine Asayiş Bölge Komutanlığı'ndan Diyarbakır'daki Bölge Valiliği'ne bir başka yakınma:
"25.5.1991 tarihinde saat 12.20'de ABD'ye ait bir Chinok tipi helikopterin Boyunkaya ve Keneli köylerine ve bu köylerin civarına, özellikle çukur bölgelerine inip kalktığı, müteakiben aynı helikopterin Nuh Peygamber bölgesine indiği ve Silopi istikametine gittiği tespit edilmiştir."

"..... öğlen saatlerinde Cudi Dağı Nuh Peygamber bölgesinde zaman zaman inip kalktığı görülen ABD'ye ait çift pervaneli helikoptere Cevizdüzü'ndeki birliklerce bölgemizde uçarken müsadeli ikaz ateşi yapılmış, helikopterin pilotları yakalanarak ABD komutanına görülmüştür. Gayri muntazam uçuşun sebebi sorulduğunda, 'test uçuşu' yapıldığı cevabı alınmıştır."

3- Bunlar sadece bir örnek. Ancak Asayiş Bölge Komutanlığı'ndan Olağanüstü Hal Bölge Valiliği'ne giden sayısız yazıların özeti şöyle:
"Müttefik kuvvetlere ait hava araçlarının yürürlükteki kuralları ihlali devam etmektedir."

(Yalçın Doğan - Milliyet)
[128] Gerçekten, Demirel 1967'de U-2 casus uçaklarının uçuşuna izin vermemiş, haşhaş eki-

Bu sözler, bir yandan da ANAP Genel Başkanı Mesut Yılmaz'a yanıttı. Çünkü Mesut Yılmaz Çekiç Güç'ün, ANAP'ın yönetimde bulunduğu dönemde TBMM'den alınan olurla görev yaptığını unutmuş görünüyor ve hükümeti eleştiriyordu. Demek istiyordu ki, Çekiç Güç'ün ABD'li Komutanı ne kural tanır, ne de Türk Hükümeti'ni dinler.

Demirel, yine bu sözlerle, bu ve benzeri olaylara seyirci kalmanın, sorumluluğunun gereğini yerine getirememenin verdiği çaresizliğe tepki olmanın ötesinde, Çekiç Güç'ün arkasında olmadığını duyurmak istemiş olamaz mıydı?

Çünkü TBMM kürsüsündeki Demirel, bu sözleri kararlılıkla söylediğini anlatmak amacıyla kimi sözlerini vurgulayarak, "şimdi siz, Demirel Çekiç Güç'e çıban başı dedi, diyeceksiz." dediği anda haber bandı değişti ve başka habere geçildi. Oysa konuşmanın gelişmesine göre, Demirel'in sözlerinin orada bitmemesi gerekiyordu. TV habercisi sözün gerisini neden kesmiş olabilirdi?

Bunun bir Demirel taktiği olduğunu düşündüm. O yine her zamanki konuşma biçemi ile, "Demirel, Çekiç Güç'e çıban başı dedi, diyeceksiniz, sakın bunu yanlış anlamayın," diye sürdürür ve enfes bir Aristo mantığı ile sözlerinin etkisini bir başka yöne çevirebilirdi. Ertesi gün basından izlediğimde Demirel'in konuşmayı; "Evet, Çekiç Güç çıban başıdır." diye noktaladığını öğrendim.[129]

Acaba Demirel, bu olayı örnekleyerek, Türkiye-ABD ilişkilerinde bir dönüm noktasına gelindiği mesajını mı vermişti? Çünkü, Çekiç Güç'ü, yalnız şu kadar personel ve uçak, helikopter olarak görmek ve

---

minin yasaklanması istemini reddetmiştir. Şimdi neden "Çekiç Güçü" kovamıyor? Bu sorunun yanıtı, elinizdeki çalışmanın ilerleyen bölümlerindedir.

[129] *Cumhuriyet*, 19 Ocak 1993.
"Demirel Cumhurbaşkanı olarak, bu kez 29 Haziran günü Miliyet'teki açıklamalarında, ABD'nin IRAK'ı 27 Haziran gecesi Hawk Füzeleriyle bombalamasına tepki göstermesinin eleştirisine şu açıklamayla yanıt vermişti "Clinton'ı kıramadık. İngiltere, Almanya, Fransa ABD'den yana." İnsan sormadan edemiyor; bu bir tür özür dileme mi, yoksa onun dillere pelesenk olan "dün dündür, bugün bugündür" söylemine uygun bir geçiştirme miydi, anlaşılamadı.

onun devinimlerini önlemek sorunu çözmezdi. Aslolan o çıbanı kurutmaktı. Türkiye değişen dünya koşullarını da değerlendirerek Türk-ABD ilişkilerini baştan ele alabilirse, düze çıkışın yolları bulunabilirdi! Ancak bunun için yeni dostluklar, bağlantılar gerekmez miydi? Avrasya'ya açılımın hızlı günlerinde Demirel, bölgesel bir birliğin kuruluşuna adım atılmasına öncülük ediyordu. Karadeniz İşbirliği Toplantısı bu amacın ilk adımıydı.

Demirel'in, Karadeniz İşbirliği Toplantısı'nda söyledikleri daha ilginçti. Diyordu ki, "Ülkeler tek başlarına kavgasını veremedikleri bir dünyaya karşı güçlerini birleştirerek mücadeleye yönelmelidirler."[130]

İlginç sözlerdi: "Ülkeler tek başlarına kavgasını veremedikleri bir dünyaya karşı birleşmelidirler." Bu sözler, yerinde ve çok önemli mesajlar içeriyordu. İlk bakışta insanda yeni bir döneme geçişin coşkusu yeşeriyordu. Peki yeni bir dönemin habercisi miydi, yeni bir Demirel'le mi karşılaşacaktık, bilemezdik.[131] Ama zamanla anlaşıldı ki ne yeni bir geçiş umarı vardı, ne de Demirel'de değişim! O hep "dün dündür, bugün bugündür" felsefesinin adamıydı nihayet.

Ama o sözler var ya, ister istemez, "yeni bir Demirel mi?" sorusunu sorduruyor. Peki bu birleşme kime karşı, hem de güçlerin birleştirilmesi? Amerika bunu onaylar mı? Bunu bir karşı gelme, halk deyimiyle dikelme sayar mı? Bu ve benzeri sorulara yanıt ararken, yakın tarihimizin benzer bir olayını, ABD'ye kafa tutma ve en ağır zılgıtı yeme olayını anımsadım. Evet, Demirel'in o sözleri bende, İsmet Paşa'nın 16 Nisan 1964 tarihli *Milliyet* gazetesinin manşetindeki sözlerini çağrıştırıyordu. İsmet Paşa'yla Johnson'ın mektuplaşmalarını (!) anımsamıştım.

---

[130] *Cumhuriyet* ve *Hürriyet*, 6 Mart 1993.
[131] Bu satırları 1993 yılında yazmışız. 2010 yılındaki dünya artık eskisi gibi değil. Demirel'in iyi dileği gerçekleşmedi. Demirel mi? Onu en iyi kendi sözleriyle anlatabiliriz: "Dün dündür, bugün bugündür."

İsmet Paşa ve Johnson Mektubu

1963'ün 22-23 Aralık gecesi, Rumların, EOKA destekli girişimiyle başlayan Kıbrıs Türklerine yönelik soykırım saldırıları, dünyada önemine uygun tepki görmedi. Dahası Amerika bu olayda yansız kalmayı yeğledi. Kimi geçici uyarılara karşın, Türklere yönelik saldırılar sürüyor, ABD'nin oyalayıcı arabuluculukları da sonuç vermiyordu. Sorunun giderek ağırlaşması üzerine Türkiye, Londra-Zürih Antlaşmaları'na dayanarak Kıbrıs'a asker çıkarma kararı aldı. Ama ABD bunu her defasında engelledi. O sıralar İsmet Paşa 27 Mayıs sonrasında kurulan koalisyonların başbakanıydı. O günlerle ilgili kimi gelişmeleri damadı Metin Toker'den aktaralım:

"Benim bildiğim kadarı, biz Kıbrıs'a çıkmaya ciddi olarak ilk defa 1964 yazında azmettik. O teşebbüsümüz de Johnson'ın ünlü mektubuyla durdurulmuştu." Metin Toker, Paşa'nın bu sözlerini şöyle yorumlar: "Türkiye'de yıllarca hissedilecek Amerikan aleyhtarlığının duygusal temeli budur."[132]

Toker'in, Türkiye'deki Amerikan karşıtlığına koyduğu tanı budur. ABD'ye bir tür arka çıkmak mı dersiniz, bilemiyorum. Toker'in son değerlendirmesine katılmak için, ABD'nin emperyalist emellerini bilmemek, dünyanın öteki ülkelerindeki ve bizdeki oyunlarını gözardı etmek gerekir. Peki Toker'in, bunları yazdıktan 15 sayfa sonraki şu tespitine ne demeli:

"Kısa zamanda anlaşıldı ki, Johnson da İsmet Paşa'ya teşhis koymuştu. Bu teşhisin gereği, Amerika'nın Türkiye'de İsmet Paşa'nın yerini alacak bir başbakan aramaya başlaması oldu (...) General Porter diye bir Amerikalı geldi. General, Ankara'ya Başkan Johnson tarafından bizzat gönderilmişti. Görevi, İsmet Paşa'nın *'hayır'* dediği birtakım teklifleri, Türkiye adına kabul edebilecek bir başkan aramaktı (...) General Porter'ın gelişi günlerinde, CIA ajanları da Türkiye'de bir anket yapıyorlardı (...)"[133]

---

[132] Metin Toker, *Demokrasinin İsmet Paşa'lı Yılları*, s. 195.
[133] agy., s. 211.

Milliyet

Halk Gazetesi

BUGÜN 8 SAYFA 25 KURUŞ

KURUCUSU: ALİ NACİ KARACAN

Yeni bir ŞAHESER ROMAN daha!
Kader Yolcuları

PERŞEMBE
16
NİSAN
1964

İNÖNÜ, "TİME,, DERGİSİNE VERDİĞİ DEMEÇTE, MÜTTEFİKLERİN TUTUMUNU DEĞİŞTİRMESİNİ İSTEDİ

"YENİ ŞARTLARLA YENİ BIR DÜNYA KURULUR TÜRKİYEDE BU DÜNYADA YERİNİ BULUR,,

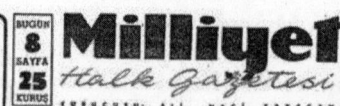

"BATI İTTİFAKI YIKILIR,,

Müttefiklerimiz NATO'nun dağılması için çalışmakta olan uzak devletlerle yarış etmektedirler. Biz bozulmasın diye sabrediyoruz

İnönü «Amerikanın mes'uliyetine inanıyordum. Bunun cezasını görüyorum demektir» dedi

ANKARA, M. Ali KIŞLALI bildiriyor

BAŞBAKAN İsmet İnönü konusunda "Müttefikler tutumlarını değiştirmedikleri takdirde Batı İttifakının yıkılacağını» söylemiş, bu takdirde «Yeni şartlarla yeni bir dünya kurulur» diyerek, «Türkiye'nin bu yeni dünyada kendisine yer bulacağını» ifade etmiştir.

YUNAN PROTESTOSU REDDEDİLDİ

ANKARA, Özel.

BARIŞ GÜCÜ EOKA'NIN İŞTE BÖYLE OYUNCAĞI OLDU

BARIŞ GÜCÜ ESİR OLDU

3 Türk daha öldürüldü

Bir B.M. sözcüsüne göre, Rum mevzilerine hücum eden Türkler, Kanada askerlerine de ateş açtı. Lefkoşa'nın da muhtelif noktalarında çatışma oldu

LEFKOŞA, A.A., AP. ve Özel Muhabirlerimizden

KIBRIS'ta dün bir yeni çatışma olmuş, bu Kıbrıslı Türk ölüyü...

SEY...

Onun duyusu

E.O.K.A. SİLAHLARININ GÖLGESİNDE

TÜRK MÜCAHİTLERİ

Milliyet, 16.04.1964.

Toker, aile ilişkileri içinde de olsa, 1950'lerden sonra, deneyimli ve başarılı bir gazeteci olarak olayların içyüzünü çok iyi bilmesi gereken biriydi. Bilirdi de! Türkiye'de ABD karşıtı görüşlerin *duygusal temele dayanmadığını* da bilmeli, değil mi? Onu da bilir bilmesine ama, neden bilmezden gelir dersiniz? "Neden?" sorusunun yanıtı sonraya kalsın. Çünkü bu nedenin yanıtı olacak gerçekler bugün için açıklanmıyor. Açıklandığı gün sorunun yanıtını öğreneceğimizden kimsenin kuşkusu olmasın. Çünkü tarihi gerçeklere kimi kez geç ulaşılıyor, ama gerçekler sonuçta gizli kalmıyor.

Burada bir gerçeğin, kamuoyunca yanlış bilinen bir tarih olayının belgesini değerlendirelim diyorum. Johnson'ın mektubu, ilgili olayların ve gelişmelerin yeniden değerlendirilmesini gerektirecek önemli bir tarih sayfasıdır.

Kıbrıs'taki soykırımın önlenememesi ve Amerika'nın Türkiye'nin elini kolunu bağlayan politikaları karşısında İsmet İnönü, dünyanın ünlü yayın organlarından TIME Dergisine bir açıklama yapar. Derginin Türkiye Temsilcisi M. Ali KIŞLALI'ya verilen bu beyanat, 16 Nisan 1964 tarihinde *Milliyet* gazetesinde de yayınlanır.

İsmet Paşa'nın, "Batı Cephesi Komutanı" edasıyla söylediği sözlerin Johnson tarafından özümsenmediği, 1.5 ay sonra gelen bir mektupla açığa çıkacaktır. Bu, ünlü Johnson mektubudur. 05 Haziran 1964 tarihli o her türlü politik incelikten yoksun ve bir ulusu aşağılayıcı içerikteki mektup, öncesi ve sonrasıyla Türkiye-ABD ilişkilerinde yeni bir dönemin başlangıcı olmuştu.[134]

Johnson'ın mektubu, daha çok İsmet Paşa'nın Türkiye-ABD ilişkilerinin geldiği noktaya bakarak, 1947'deki anlaşmaya üstü örtülü göndermeyle bir tür pişmanlık duygusunu yansıtan sözlerine yanıttır. 16 Nisan 1964 tarihli *Milliyet* Gazetesinde yayımlanan demeç, ilginç bir mizanpajla tam sayfa verilmişti! Şu çarpıcı sözler manşet üstünde kutu içindeydi:

---

[134] Johnson'ın mektubu 1.5 yıl gizlenmiş ve 13 Ocak 1966 tarihinde *Hürriyet* Gazetesinde Cüneyt Arcayürek tarafından yayınlanmıştır. İnönü'nün Johnson'ın mektubuna yazdığı cevap da 14 Ocak 1966 tarihinde *Milliyet* Gazetesinde yayınlanmıştır. Kamuoyunda, "Yeni bir dünya kurulur. Türkiye bu dünyada yerini bulur" sözlerinin bu mektupta olduğu kanısı yanlıştır. Bu iki mektubu yapıtın ekler bölümünde bulacaksınız.

> ## "YENİ ŞARTLARLA YENİ BİR DÜNYA KURULUR, TÜRKİYE DE BU DÜNYADA YERİNİ BULUR."
>
> **"İnönü, *TIME* Dergisine verdiği demeçte, müttefiklerin tutumunu değiştirmesini istedi."**

Ve bir bomba etkisi yaratacak ve Amerika'nın tepesini attıracak sekiz sütunu kaplayan 36 puntoyla dizilmiş şu sözler:

> ## "BATI İTTİFAKI YIKILIR"
>
> **"Müttefiklerimiz, NATO'nun dağılması için çalışmakta olan uzak devletlerle yarış etmektedirler. Biz, bozulmasın diye sabrediyoruz.**

Sayfanın sağ yanında da şu pişmanlık sözleri yer alıyordu:

"Amerika'nın mesuliyetine inanıyordum, bunun cezasını görüyorum demektir."

Bu demeç, Lozan Kahramanı İsmet Paşa'nın liderliğinin sesiydi, Amerika buna izin veremezdi, vermedi de.

Demecin can alıcı söylemleri habere şöyle yansıyordu.

"Müttefiklerimiz ittifakın (NATO) dağılması için çalışmakta olan uzak devletlerle yarış etmektedirler. Biz ittifak bozulmasın diye sonuna kadar sabrediyoruz. Müttefiklerimiz bu ittifakı dağıtma gayretlerinde muvaffak olurlarsa, yeni şartlarla yeni bir dünya kurulur."

Kurulur mu, kurulmaz mı öğrenecektik; biz de, İsmet Paşada! Johnson'ın o ünlü mektubu, İsmet Paşa'nın bu sözlerine yanıttı. Dahası yanıtın da ötesinde uluslararası yazışma biçemine aykırı, politik terbiye sınırlarını aşan tipik bir "kovboy biçemi" örneğiydi. Türkiye, ABD'nin gerçek yüzünü o mektuptaki biçemde gördü ve tanıdı. Ve Türkiye'deki Amerika, artık gerçek yüzüyle kamuoyunda tartışılmaya başlandı. Kendimize geliyorduk, kim dost kim değil anlayacaktık!

Buna İnönü'nün o "Yeni Bir Dünya Kurulur"la başlayan sözleri neden olmuştu. Peki, o dünyayı kurabilecek miydik? O gün bugündür bu soruya yanıt arar dururuz. Birgün, evet birgün mutlaka bulacağımıza eminim. Yeter ki, aramaktan vazgeçmeyelim.

Johnson, "o dünyayı kuramazsınız" diyordu İsmet Paşa'ya. "Sen haddini bil!" anlamından da öte mesajlar içeren biçemiyle, yeni bir döneme kapı açıyor ve "ben işlerim nedeniyle gelemiyorum, ama sen gel konuşalım," diyordu.[135] Demokraside İkinci İnönü dönemi son aylarına girmişti, ama bunu yalnız Johnson biliyordu.

Lozan Kahramanı İsmet Paşa, Amerikan Başkanı'nın çağrısına uyup 22 Haziran 1964'te Washington'da "hazır ol"du. Bu çağrıyla Johnson, o sözlerin öcünü alacaktı; çünkü izni olmadan bir başka dünya kurulmasına göz yumamazdı. Johnson Mektubu hem asker kanadında hem de sağduyulu politik arenada Türkiye'nin kendisini sorgulamasına kapı açmıştı. Bu açılışın evrelerini sayfaları çevirirken göreek ve okuyacaksınız.

Hani derler ya, iyi ki varsın, iyi ki sözünü ettin! Evet, iyi ki Johnson o mektubu yazdı ve biz kendi kendimizi aramaya başladık. Bulduk mu? Nerede o güzel günler? Ama bulacağız, inanın bulacağız!

İkinci İnönü Devri (!) Sonrası

Johnson Mektubu, demokraside İkinci İnönü dönemine son vermiş, yeni dönem için başlayan çalışmalar hız kazanmıştır. İsmet Paşa kabinesi 1965 Bütçe müzakerelerinde düşürülür. Bu, bir tür taklibi hükümet de sayılabilir. Çünkü hükümetin yıkılışında ve yenisinin hazırlanış ve kuruluşunda, ortama General Porter ve CIA'in öteki ajanlarının gölgelerinin düştüğü, o gün bugündür söylemektedir. Çünkü General Porter'ın seçtiği kişi, hükümetin gölge başbakanıdır. Adamlar ta Ame-

---

[135] Bu konu Prof. Dr. Baskın Oran'ın editörlüğünde yazılmış *Türk Dış Politikası* (İletişim Yayınları, 2001, c. 1) adlı yapıtta da eksik ve kısmen yanlış yazılmıştır. Nedense İsmet Paşa'nın TIME'a verdiği demeçten hiç söz edilmemektedir. Tarih olmuş olayların değerlendirilmesini tarihe bırakmak için o olaylara toplumun değer yargılarından yararlanmamak tarihe saygısızlık olmaz mı?

rika'dan bunun için gelirler, hem de görevli olarak. Görevleri gereği, ararlar tararlar ve Türkiye'yi "emanet edecekleri" adamı bulurlar. 1965'ten bu yana, zaman zaman Amerika'nın dayatmalarına hayır diyebilen, dahası 1977'de Carter'e kafa tuttuğu basında tartışılan ve bu hareketleri sonucu cezalandırılan Süleyman Demirel'e teslim edilmiştir Türkiye'nin kaderi... Adalet Partisi Genel Başkanlığı'na adaylığını açıkladığında, Johnson'la çekilmiş fotoğrafını delegelere dağıtanlar, onun değerini yıllar önce saptamış olmalılar ki, seçiminde hata yapılmadığı yıllar içinde daha iyi anlaşılacaktır.

İşte o 22 Ocak 1993 akşamı, Çekiç Güç'e, "Çıban Başı" diyen de, o Demirel'di. Demirel'in, ABD'nin buna benzer davranışlarına geçmişte de tepki gösterdiğini, sonradan her tepkisinde cezalandırdığını da öğrendik.

Ne var ki, Demirel önceden belirlenmiş isim olmasına karşın bu toprağın çocuğu olduğunu aklında tutmuş, ülkesine hizmet etmiştir. 12 Mart'lar ve 12 Eylül'lerde, Demirel işte bu deneylerden geçtiği için, büyükelçilerle konuşmasından sonra, rahatlık içinde söylüyordu o sözleri. Deneyimleri sonucu, gerçeklerin ve çıkar yolun ancak halkla birlikte çalışılarak bulunacağının bilinciyle konuştuğunu sanıyorum. Ya da biz en azından böyle yorumlamak istiyoruz.

Bu yorumu haklı çıkaracak olaylar vardır. Türkiye'nin Ortadoğu politikasında, Araplar ile ilişkilerin sıcaklaştırılması, onun zamanında atılan adımlarla başlamıştır. U-2 casus uçaklarına karşı çıkması, haşhaş ekimi konusundaki tutumu, koşullar gerektirdiğinde ABD'nin çıkarlarına karşı gelebileceği izlenimi yaratmıştır. 12 Mart ve 12 Eylül'lerdeki düşürülmesinde, bu tutumlarının payı olduğu kuşkusuzdur. Demirel, öyle anlaşılıyor ki, Türkiye için büyük sakıncalar doğuracak konularda, ABD'nin etkilerini geçiştirmeyi yeğleyen bir tutum izlemiştir. Prof. Dr. İdris Küçükömer, 15 Şubat 1970 tarihli *Milliyet* Gazetesindeki bir yazısında der ki:

"Demirel, kendine özgü deneyleriyle yeni bir denge kurmaya çalıştığında, emperyalizmin bazı sahalardaki oyunlarıyla uyuşmaz bir pratiğe girmiştir. Şimdi Demirel'in ayağının altındaki toprak kaymaktadır."

Bu sözlerin 12 Mart'ta gerçekleşeceğini görecektik, öyle de oldu. Çünkü ABD, oyunun ancak kendi koyduğu kurallara göre oynanmasını ister. Kural dışına çıkan oyundan atılır. Demirel de iki kez atılmıştır.

Benzeri başka olaylar da var, Türkiye -ABD ilişkileri tarihinde...

1974 Kıbrıs Barış Harekâtı sonunda ambargo ile cezalandırıldık. Ama halkımız o tarihlerde, ABD varlığını her noktada tartışıyordu, Amerika'ya güvenilemeyeceği anlaşılmıştı. Bu, 27 Mayıs Anayasası'nın getirdiği ortamın eseriydi. 12 Mart Muhtırası'nın imzacılarından Org. Memduh Tağmaç'ın deyimi ile; "Sosyal gelişme, ekonomik gelişmeyi geçmişti." O günlerde toplumun etkin kesimi ve aydınlar, ABD yanlılarını ulusal bilinçten uzak, sisteme yabancılaşmış kişiler olarak görüyordu. Bunda 27 Mayıs sonrasının gelişmeleri ve anayasanın özgürlükçü niteliği etkendi. Bu nedenle muhtıradan hemen sonra anayasa masaya yatırıldı ve ilk değişiklik muhtıradaki, "anayasanın öngördüğü reformların gerçekleştirilmesi" yerine anayasanın özgürlüklerle ilgili hükümleri mercek altına alındı. Bu, Kemalist devrimden geriye dönüşün ilk adımı idi..

12 Mart'tan sonra toplumsal tartışmalar, toplumsal tepkiye dönüştü ve toplum öteden beri içinde çırpındığı sağ - sol kamplarına ayrışmanın ardından Alevi - Sünni ayrışmasının tepkileri ile alt üst oldu, olaylar Türkiye'yi 12 Eylül kıskacına alıverdi.

Şöyle bir geriye dönüp baktığımızda, ne zaman ABD'nin etkisi altındaki bir ülkede, ülkenin yararına bir devinim olsa, ABD'nin bu ve benzeri olaylara izin vermediği ve cezalandırıldığı görülür. Çünkü Amerika, dünyayı yönetirken, belirlediği statünün bozulmasını istemez.

Demem o ki, ABD'nin çıkarı neyi gerektiriyorsa, bizim gibi ülkeler, o çıkar için, çıkarları kadar değerlidirler. Bağımsızlık mı? Günümüzde düşünülemez! Ve bu ilke, ABD'nin asla hoş görmediği bir niteliktir. Özellikle kimi yöneticilerimiz de "dünyanın bugünkü ortamında modası geçmiş bir kavramdır. *Karşılıklı bağımlılık* vardır," görüşünü savunmuyorlar mı? Unutmayalım ki *karşılıklı bağımlılık* yalnız ve yalnız ABD'nin çıkarına çalışır ve günümüzde geçer akçe *karşılıklı bağımlılık*tır.

Karşılıklı bağımlılık kavramı da, ABD emperyalizminin ürünüdür. 1957 Aralık ayında, Eisenhower ve McMillan, bir NATO Konseyi toplantısı öncesi bir tebliğ yayınlarlar. Bu tebliğde denir ki, "Hür dünya devletleri birbirlerine karşılıklı olarak bağlıdırlar. Bir devletin kendi kendine yetinmesi artık gerilerde kalmıştır. Ortak egemenlik, *karşılıklı bağımlılık*la sağlanır."[136] Burada "ortak egemenliğin" altını çizelim.

Clinton'ın başkan seçilmesinden sonra Özal'ın, "ABD, dünyanın sorumluluğunu üzerinde taşıyor, taşıyacak" sözleri de, bu karşılıklı bağımlılığı anlatır. Bu tür ilişkiler, teslimiyetçi beyinler yetiştirir. Onlar için de ABD'ye karşı çıkmak bağışlanmaz, cezalandırılır.[137] Çünkü bağımlılığımız tehlikeye (!) girer. İşte bu nedenle, ABD, Türkiye'yi' "Oltadaki Balık' gibi görmüş, öyle nitelemiştir. Ona göre "Oltadaki Balığın yeme ihtiyacı yoktur."[138] Yemlenirse ne mi olur; bağımsızlık eğilimi artar, Amerika'nın dümen suyundan çıkmaya kalkışılır. Amerika işte buna izin veremez. Bu, ortak egemenliğin doğal sonucudur.

ABD'nin ulusal çıkarlarını gözetmesi elbet doğaldır. Hiçbir ülke ulusal çıkarlarını gözeten siyasa izlediği için eleştirilemez. Ancak, ABD ile ilişki kuran ülkelerin, kendi çıkarlarını ABD'nin çıkarlarına bağlamaları ve politikalarını bu eksene oturtmaları yanlıştır. Rockefeller'ın bu sözleri, Türkiye-ABD ilişkilerindeki yerimizi "oltadaki balığın yeme gereksinmesi olmaz" sözleriyle değerlendirmesi, siya-

---

[136] M. Fahri, *Amerikan Harp Doktrinleri,* Yön Yayınları, 1965, s. 282.
[137] M. Fahri, agy., s. 332.
[138] Bkz. 3. bölüm, s. 221 vd.

samızdaki yanlışlığı anlatmaktaydı. Bugün bu siyasanın bizi ne denli çıkmaza sürüklediğini görüyoruz.

Eğer biz, ABD'nin Ortadoğu'daki çıkarlarının bekçisi olma yerine, ABD'nin çıkarlarıyla ulusal çıkarlarımızı dengeleyici bir siyasa izleseydik, ABD'ye böylesine bağımlı kalamazdık, "oltadaki balık" gibi de görülmezdik.

Ortadoğu ve ABD'nin Çıkarları

İkinci Dünya Savaşı sonrası ABD, Sosyalist Blok'u çepeçevre kuşatma savıyla, "ulusal çıkarlarının uluslararası çıkarlara üstün" olduğunu da saklamadan, "hür dünya" nitelemesiyle dünyanın büyük bir bölümünü etkisi altına aldı. Stratejik hedeflerini genişleterek, dünyayı sosyalist etkilerden koruma politikasının temellerini attı. Günümüzün küresel stratejisinin esaslarını belirtti. Zamanın Dışişleri Bakanı Dean Rusk bakın ne diyor:

"Dünya çok küçülmüştür. Toprak ile, su ile, atmosfer ile, bunları kapsayan uzay ile, yani dünyanın tümü ile ilgilenmeliyiz."[139]

O günlerde, ABD'nin sadece yeryüzü ile değil, uzayla da ilgilenmesinin küresel hedefe yöneleceği düşünülmüyordu. Oysa ABD öteki uluslara ve özellikle azgelişmiş ülkelere, karşı gelinemez bir gücün egemeni olduğunu anlatmaya çalışıyordu. Johnson, ünlü mektubuyla ABD'ye çağırılan İnönü'ye, Türkiye'nin uzaydan çekilmiş fotoğrafını vererek; "Görüyorsunuz ya, bahçenizde gezerken bile fotoğrafınızı çekebiliyoruz," sözleriyle, tehdidini politik espriyle örtüştürürken, bu bölgede olayların denetimleri dışına çıkamayacağını söylüyordu. Yalnız Türkiye'yle Ortadoğu'yla değil, evrenle ilgilenmeye kalkışan ABD'nin, Ortadoğu ve daha ötelerle ilgilenmesi kadar doğal ne olabilirdi?[140]

---

[139] Harry Magdoff. *Emperyalizm Çağı*, s. 55; "Amerikan Yardımı Hakkında Rapor", M. W. Thornburg.

[140] ABD ordusunun Bağdat'ı işgal ettiği tarihlerde, *Milliyet* Gazetesinin "Açık Pencere" köşesinde Melih Aşık'ın, (E) Amiral Dervişoğlu'dan aktardığı şu anı, Johnson'ın İsmet Paşa'ya semadan çekilmiş fotoğrafı göstermesindeki imayı anımsatıyor: "NTV'de stra-

Bu coğrafya yüzyıllardan beri başka ülkelerin hedefi olmuştur. Ama bu toprakları yurt edinen insanlar, ulusal bilinçleriyle her karış toprağına kanlarını akıtarak bu toprakları savunacaklarını göstermiştir dünyaya.[141] İnönü, 1964 Haziran'ında Washigton'da böyle bir tarihin yalnız tanığı değil, yapıcısıyla olan yakınlığını anlatabildi mi, bilemiyoruz.

Bu coğrafyanın stratejik değeri, elbet küresel hedefler seçen Amerika'nın dikkatinin merkezindeydi. Türkiye, her şeyden önce eski Sovyetler'le uzun bir sınırı olan, Ortadoğu ülkesiydi. Ayrıca, laik bir toplum yapısında İslam ülkesi olan Türkiye, öteki İslam ülkeleri için ilgiyle izlenecek bir örnekti. Yani Türkiye yalnız stratejik yönden değil, sosyal ve siyasal yönden de önemli bir ülkeydi ve Amerika bunun araştırmasını yaptırmıştı.

1947'de Türkiye-ABD ilişkileri üzerinde araştırma yapmak ve rapor düzenlemek için Türkiye'ye yollanan Thornburg, yönetime verdiği "Türkiye'ye Niçin Yardım" adlı raporunda der ki:

"Türkiye, Avrupa'nın stratejik doğu kalesi ve Yakın Doğu'nun kuzey kalesi olmanın ötesinde, büyük önemde bir yerde bulunmaktadır. Türkiye, Arap dünyası tarafından yakından takip edilen sosyal ve ekonomik bir deney alanıdır. Bana bir Arap, 'İngiltere ve Amerika'nın gelişme koşullarını takip bizim kapasitemiz dışındadır, fakat Türkiye'nin bugün yaptıklarını biz yarın yapabiliriz," dedi.[142]

Bu sözlerin gerçek anlamı şudur: 'Türkiye deneyi, Ulusal Kurtuluş Savaşı temeline dayalıdır. Etki alanımızdaki ülkeler bunu örnek alacak olursa, dünyaya egemen olma istencimiz boşa çıkar. O ülkeler-

---

teji danışmanı olarak (E) Amiral Salim Dervişoğlu ilginç bilgiler verirken, şu anıyı anlatmış: "Amerikalılar bize geçmişte Irak'ın fezadan çekilmiş fotoğraflarını gösterdiler. Bunlar içinde biri Bağdat'ta bir meydanda sigara içen adamın resmiydi. Biz bunu başardık demişlerdi." *Milliyet,* 11 Nisan 2003.

[141] Ulusal şahlanışın ilk adımında, Amasya Genelgesi'yle dünyaya şöyle haykırılmıştı: "Ulus, bağımsızlığını kendi azim / direnç ve kararıyla kurtaracaktır."

[142] M. W. Thornburg, Amerikan Yardımı Hakkında Rapor. Türkiye'ye Niçin Yardım. Bkz: Elinizdeki kitabın sonundaki EK-8.

de bağımsızlık rüzgârları esmesini önlemeliyiz. Başka türlü bu gidişin önü alınamaz. ABD'nin Ortadoğu stratejisi, bu temel üzerine oturtulmuştur.

Thornburg'a göre; "Türkiye, Avrupa'nın stratejik doğu kalesi ve Ortadoğu'nun kuzey kalesi olmaktan daha önemli Amerikan çıkarlarını büyük önem kazandığı yerde bulunmaktadır." Bu değer yargısının önemini kavrayamadığımız için, Amerika'nın bizi olası bir saldırıdan koruyacağı varsayımıyla ABD'nin güdümüne girmeye gönüllü olduk.

ABD, Türkiye'ye ulusal çıkarlarının sağlanmasında bu coğrafyanın önemi nedeniyle gelmiştir. Bu coğrafya, ABD'nin çıkarlarının kesiştiği bir noktadadır. Bizi yalnız o gün için değil, ideallerinin, örf ve âdetlerinin etkisi altında tutmayı amaçlayarak, varoluş mitimizden ayırıp, kendi dümen suyunda bir eksene oturtmak için gelmiştir.

Kaldı ki ABD, iki kutuplu dünyada, kendi düzen ve sistem anlayışını, etkisi altındaki tüm ülkelere benimsetme siyasasını izlemekteydi. Bugün de öyledir. Sovyetler'in ve sosyalist uygulamanın yıkılması üzerine ABD, dünyada tek güç olarak kalmıştır. Bugün de tek güç olmanın gereklerini yerine getirmektedir. Nasıl mı? Dünyaya yeniden düzen vereceğini çekinmeden söyleyerek... Bunun gerçek anlamı şudur: Ben dünyanın tek efendisiyim, benim sözüm geçer, bana bağlı olanlar için yaşam alanı benim denetimimdedir. Bağlı olmayanlar mı? Onların sonu Saddam'ın sonu gibi olacaktır...

Güç ve gücün saltanatı hep kanla başlamış, kanla bitmiştir. Amerika'nın dünyaya egemen olma hevesi, bir halk deyimiyle söylersek, "kursağında kalacak"tır.

Yeni Dünya Düzeni mi?

Birinci Körfez Savaşı nedeniyle dünyanın içine itildiği krizin amacı, Bush'un, savaş ertesinde yayınladığı mesajda mıydı dersiniz? Bush, mesajında "ABD'nin dünyanın düzeninden sorumlu olduğunu" vurguladıktan sonra, bu savaş sonrasında "dünyaya yeni bir düzen vermek" istediklerini söylemişti. Bu söz, çöl fırtınasının esintileri arasında kayboldu ve üzerine nedense yeterince durulmadı. Bush'un bu sözünün arkasından, "Bu yeni düzenden ne anlaşılacaktır?" sorusu gündeme gelmişti. Bu sözün anlamını değişen dünya dengelerine göre değerlendirmek gerekecekti. Ancak, emperyalizmin sürekli amacı olan sömürünün bu düzendeki yeri neresiydi? Çünkü, kapitalizm için sömürü, sistemin zorunlu bir sonucu idi. "Yeni Dünya Düzeni"nin sömürüye karşı konulacak engelleri önlemek başta olmak üzere, gizli soygunu sürdürecek, komünizm korkusu yerine, bir başka korku öğesi bularak, etki alanındaki ülkeleri disiplin altında tutacak yöntemler getirmekte olup olmadığı da yeterince tartışılmadı. Ama zamanla anlaşıldı ki ABD, PAX AMERİCANA peşindedir ve elbette bu yeni düzende onun sözü geçecektir.

Bugün İkinci Körfez Savaşı, Birleşmiş Milletler Örgütü'nün karşı çıkmasına ve uluslararası hukuka aykırılığı nedeniyle, meşruluk dışı sayılmasına karşın, insanlık dramı olarak Amerika ve İngiltere'nin öncülüğünde sivil hedefleri de içine alarak başladı; başladı ama nasıl sonlanacağı bilinmiyor. 1 Mayıs 2003 tarihinde savaşın bittiği açıklandı ama savaş, şehir gerillası taktiğiyle sürdürülmektedir. İlk anda, Dünya bir kez daha hukukun ana kaynağı olan GÜÇ karşısında ellerini oğuşturarak izliyor bu evrensel hukuk anlayışına aykırı saldırıyı ve vahşeti. İnsanlık ilk kez bu vahşeti, her ülkede ve her kesimden halk kitlelerinin katılımıyla lanetliyor, sorguluyor. Bugün için umarsızlık yenilemiyor; ama gelişmelerden Amerikan saldırganlığının durağanlığının geçeceği görülüyor. GÜÇ'ü tek belirleyici olarak görmek, yanılgının ilk adımı olacaktır, tarihte de hep böyle olmuştur.

Neden mi? Dünyanın kuruluşundan bu yana, her oluşumun dayandığı ve her oluşumu meşrulaştıran GÜÇ karşısındaki yalnızlığını yenemediğinden. O yalnızlık, olayları akılla değil, aklın ve inancın dışında değerlendirmek ve çözümü GÜÇ'te aramaktan geliyor. Tarihte GÜÇ'ün yenildiği anlarda, olayların akılla ve inançla ele alınıp değerlendirildiğine tanık oluruz. O anlarda, büyük stratejistlerin aklın ve onların dayandığı ulusların bayrağı dalgalanır. Burada GÜÇ kendi oyunuyla yenilir. Çünkü başarıyı akılda değil, ZOR'da aramaktadır. GÜÇ karşıtı olmadan ZOR'u ve zulmü getirir. Bu da yenginin değil, yeniliğin yolunu açar!

Soğuk Savaş sonrasının dünyasında, sorunların salt güçle çözümü, dünyanın yeni bir oluşumun eşiğinde olduğunu göstermektedir. Bu kör bir gidiştir ve aklın egemenliği sağlanmadan da çıkış yolu bulunamaz. Çıkış yolunu yine GÜÇ gösterecektir; ama bu kez aklın ve güvene dayalı inancın göstereceği yolda, yeniden hukukun egemen kılındığı ortamda.

Böyle bir geleceğin yakın olmayacağı görülüyor. Ama bugün dünyanın tam bir kaos ortamına sürüklendiği düşünülürse, kaostan çıkışın ancak insanlığın ortak aklının devinimiyle kurulacak, hukuka dayalı sisteme bağlı olduğu anlaşılmaktadır. İşte o noktadan sonra, kaosun yarattığı vahşetin, insanlığın yok oluşunu hazırlayacağı anlatılıp çıkış yollarının ortak akıl ve çabayla bulunacağı görülecektir. Bu, insanlığın kaçıncı kurtuluş umududur bilinmez, ama tarihin her zaman tanık olduğu yol ve yöntemdir.

ABD bugünlere önce çevresini sonra dünyayı denetleyerek ve öteki ülkeleri amacı doğrultusunda kullanarak gelmiştir. Bu yöntem, insanlığın bu vahşetten kurtuluşu için kullanılmalıdır. Böylece insanlık belki de ilk kez kan ve barutu disiplin altına alabilir; o her şeyi yapan ve yıkan GÜÇ'ü de bir kez daha hukukun disiplini altına almayı başarır.

"Ya olmazsa?" demeyin, insanlık ortak aklın eserleriyle ayaktadır. GÜÇ'ü disiplin altına alamayan toplumlar yok olmanın eşiğindedirler. Amerika çıkarları için ilişki kurduğu ülkelerin düşünce ve amaçlarını nasıl kendi çıkarları doğrultusunda toparlamış ve kendi çıkarları için kullanmışsa, insanlık bu yöntemi insanlığın kurtuluşu için kullanmayı başaracaktır. "Yoksa" demeyin. Çünkü aksi, insanlığın sonu demekten başka bir anlam taşımaz.

Amerika'nın insanlığı sürüklediği kaostan çıkmanın, yine insanlığın ortak akıl ve gücüne bağlı olduğu bilinmeli ve bunun planları yapılarak eyleme geçilmelidir. Bu er ya da geç böyle olacaktır. Olmazsa ne mi olur? Dünyanın sonu gelir, yani kıyamet denen sonla karşılaşılır.

Amerika geçmişte de benzer güç gösterileriyle yarattığı kaosu çıkarları için kullanmıştır. Küba Krizi, sağduyuya kulak tıkanmış olsaydı, dünyanın sonunu getirecek atom savaşıyla sonuçlanabilirdi. Şükür Tanrı'ya ki, kıyamete beş kala gerçek ortaya çıktı ve dünya kıyametin eşiğinden döndü.

Kennedy 1962'de; "Yardım, dünyayı denetleme yöntemlerinden biridir." derken; ABD'ye yandaş hükümetleri iktidarda tutmayı, uluslararası şirketlerin çıkarlarına engel olacak girişimleri önlemeyi, etki altındaki ülkelerin kalkınma programlarını, AID'nin önerileri ve IMF, Dünya Bankası yoluyla denetlemeyi, bu ülkelerin ABD'ye olan bağımlılıklarını artırmayı sürekli kılacak bir denetime işaret ediyordu.

ABD, bu yeni dönemde, önceden kazandıklarını elde tutmanın ötesinde, yeni çıkarlara ve yeni hedeflere açılmak için yeni yöntemler geliştirmeliydi. Küresel egemenliğin yollarını açarken, "güç gösterimi", kullandığı yöntemlerin birincisi olacaktı. Burada yalnız kendi gücü değil, sözde ortak çıkarları olduğunu söylediği ülkelerle işbirliğini önde tutmalıydı. Sovyetler'in yıkılışından sonra amacının önünde engel kalmadığı görülüyordu. Ama bu demek değildi ki, kimi güçlerin sesi çıkmayacak ve öteki ülkeler Küresel Güç'ün önünde el bağlayacaklardır. Sovyetler'in yıkımında başta NATO olmak üzere öteki kuruluşların da koalisyonu etken olmuştur. Bu dönemde o koalisyonu yanında tutabilmek en geçerli politika olacaktır. Yani, Soğuk Savaş'taki güç birliğinin dağılmaması, yeni dönemin başlangıcında kendine bağlı olarak kalması, politikasının başarısı için çok önemliydi. Çünkü o koalisyonun dağılması, Avrupa Birliği'nin ayrı bir güç odağı olarak sivrilmesine neden olacaktı. Hem tek güç olmalı, hem de Soğuk Savaş'ın kazanılmasındaki ortak güç dağılmamalıydı. Bu koalisyonun dağılması yanlış olurdu.

Bunun için aradığı, değişen dünya dengelerini tek başına sağlayacak yeni yöntemlerdi! Yani emperyalist amacı elden geldiğince gizleyerek, dünyayı kendi çıkarlarını koruyacak bir düzenle buluşturarak teslim almak istiyordu!

Soğuk Savaş'ın insanlığın zulümden kurtarılması, demokrasi ve insan hakları savunuculuğu vb. söylemlerin gölgesinde kurulan güçler koalisyonunu yanında tutmanın gereğini bilerek yeni stratejisini oluşturmalıydı. İnsanlığın bugüne gelirken elde ettiği kazanımları hiçe sayan bir zorbalık yönetimi kurmak istediğini söyleyemezdi. Ama Amerika, Körfez Savaşı'nda yanında olan güçleri zamanla dağıttı, Birleşmiş Milletler'deki karar koalisyonunu İkinci Irak saldırısında yanında tutamadı. Çünkü İkinci Dünya savaşı sonrasının insan hakları ve demokrasi ilkelerine dayanarak kuruluşuna önderlik ettiği BM'nin, görüş ve kararlarını gücüne dayanarak yok sayacak kadar ileri gitti. Ve "güç gösterimi çağı" dediği bu dönemde öteki ulusların gücüne "selam dur"masını istiyordu. Kısaca, gücüne güveni sonsuzdu.

İlk adımdan başlayarak dünyanın gözü önündeki gelişme ve hele Irak olayı, insanlığı nasıl bir gelecek beklediğini gösterecekti dünyaya. İnsanlık ya yeni bir zulüm ve baskı çağına "merhaba" diyecek ya da Amerika'nın oyununu bozacak, kurtuluşu kendi emeğiyle elde edecekti.

İnsanoğlu, insana değer veren düzen özlemi olmasa karamsarlığın altında ezilir kalırdı. Umutla o düzeni aramayı sürdürmeliydik. Yoksa insanlık varolmakla olmamak arasında sıkışıp kalacaktır. Dünya Soğuk Savaş'ın korkusundan kurtulmanın sevincini yaşayamadı, ama yeni bir "korku çağı"na da "merhaba" demeyecektir. Amerikan oyunu bu kez tutmayacak ve insanlık kendi düzenini, uygarlığın gerçek sahibi olarak kurucaktır. Kısaca, yanlışlardan kurtuluşun yolunu bulacak, yeni ve uygar dünyayı elbirliğiyle kuracaktır.

Yanlıştan Kurtuluş ve Tarih Bilinci

İşte böyle bir ortamda Demirel'in *"Evet, Çekiç Güç çıban başıdır,"* sözleri, yanlıştan dönüş için yeni bir uyanışın başlangıcı olabilir mi?" diye düşünmüştüm! Umudum, 12 Eylül'le susturulan toplumun silkinmesi, kendine gelmesiydi. Bunun için geçmişi bilmek, iki kutuplu dünyada, ABD'nin emperyalist siyasasının hangi ülkelerde, nasıl uygulandığını öğrenmek gerekirdi!

Bu çalışma, tek kutuplu dünyaya yeni bir düzen vermek isteyen 'Dünya Jandarması'nın geçmişten günümüze, dünyaya ve Türkiye nasıl baktığını belgelerle sergilemeyi amaçlamıştı. Çünkü geçmişi ve o geçmişteki olayları bilmeden geleceğe yön verilemezdi. Dün yapılan yanlışları yinelememek ve düzeltmek için; geleceği kurarken, o yılların yanlışlarından kurtuluşun yollarını aramak, sorunları akılla ve bilgiyle ele almak, doğruları yaratmak ve yaşatmak için de bilinçli olmak gerekir. Bu kurtuluş, öncelikle ulusal planda olacaktır.

Buna, *Tarih Bilinci* de deniyor.

Eğer Mustafa Kemal'in şu sözlerini yüreğimize ve bilincimize işleyebilirsek, yalnız Çekiç Güç'ten değil, Amerika'nın tasallutundan da kurtulabiliriz! Demirel'in dediği gibi, kökünü çıkarmadan da kurtulamayız. Yol ve yöntem mi? Tarihimizin başarı sayfalarında arayalım:

"Temel ilke, Türk ulusunun onurlu ve şerefli bir ulus olarak yaşamasıdır. Bu, ancak tam bağımsız olmakla sağlanabilir. Ne denli zengin ve gönençli olursa olsun, bağımsızlıktan yoksun bir ulus, uygar insanlık karşısında uşak durumunda kalmaktan kendini kurtaramaz.[143]

Yabancı bir devletin koruyuculuğunu istemek, insanlık niteliklerinden yoksunluğu, güçsüzlüğü ve beceriksizliği açığa vurmaktan başka bir şey değildir. Gerçekten bu aşağılık duruma düşenlerin, isteyerek başlarına yabancı bir yönetici getirmeleri hiç düşünülemez. Oysa, Türk'ün onuru ve yetenekleri çok yüksek ve büyüktür. Böyle bir ulus, tutsak yaşamaktansa yok olsun daha iyidir.

Öyleyse, ya bağımsızlık, ya ölüm!"[144]

---

[143] Petrol zengini Arap ülkelerini düşünelim. Bunca zenginliğe karşın Batı'nın emrinden ya da yönlendirmesinden çıkabilirler mi? Bu soruyu 1993'te sormuştum. Günümüzde ne yazık ki Türkiye, Amerika'nın güdümünden çıkarılamıyor.

[144] Gazi Mustafa Kemal, *Nutuk-Söylev*, 3. Basım, 1965.

1

Yeni Emperyalizm

Bu garip değişmeleri, birbirine dışlarından o derece zıt zincirleyen şeylerin, bu hayret verici nizamı sadece tesadüfî sebeplerle anlatmak kabil değildir. Birbirinden uzak olaylar rastgele yaklaştırılırsa, aralarında hiçbir bağlılık münasebeti yok gibi görünür, fakat eğer bunlar, birbirlerini takip edişlerindeki şekle göre tetkik edilirlerse görülür ki, herbiri kendinden öncekine bağlanmakta ve vadeler birbirini takip ederek seri tamamlanmaktadır.

Albert Sorel, *Avrupa ve Fransız İhtilali*,
Çev. Nahit Sırrı Örik'ten aktaran
Prof. Dr. Emre Kongar, *Toplumsal Değişim Kuramları ve Türkiye Gerçeği*, s. 18.

"Daha soylu ve daha erkek insanlardan doğan, daha yüksek insanlıklar önünde, alçak uygarlıkların ve çürümekte olan ırkların ortadan kalkması, Tanrı'nın sınırsız tasarısının bir parçasıdır.. Amerikan fabrikaları, Amerika halkının kullanabileceğinden fazlasını yapmaktadır. Amerikan toprağı tüketebileceğinden fazlasını çıkarıyor. Tutacağımız yol bizim için çizilmiş bir yazgıdır, dünya ticareti bizim olmalıdır, olacaktır. Ve bunu anamızın (İngiltere) örnek olduğu biçimden yapacağız. Bütün yeryüzünde Amerikan ürünlerinin dağıtım noktaları olarak ticaret karakolları kurulacak, okyanusu ticaret filomuzla kuşatacak ve büyüklüğümüzle orantılı bir donanma meydana getireceğiz. Ticaret karakollarımızın çevresinde bizim bayrağımızı dalgalandıran ve bizimle ticaret yapan, kendi hükümetlerine sahip büyük sömürgeler kurulacak, kurumlarımız ticaretin kanatları altında bayrağımızı izleyeceklerdir."

(Aktaran) Prof. Dr. Türkkaya Ataöv,
Amerikan Emperyalizminin Doğuşu, s. 79.

"Biz, egemen bir hükümetin egemen olduğu topraklar üzerindeki mülkleri ve insanları kendi tasarrufu altında bulundurma hakkına tam manasıyla el atmaya kalkışmıyoruz.. Sadece uluslararası, özel yatırımcı için cazip şartlar yaratılmasının, onlar hesabına, akıllı ve basiretli bir politika olacağını düşünüyoruz. Dolayısıyla, yardım görüşmelerimiz de özel yatırımın öneminin belirtilmesi için, her zaman ve mümkün olan her yerde elçilerimiz aracılığı ile yetkilileri etkilemeye çalışıyoruz."

Dean Rusk,
ABD Dışişleri Eski Bakanı

Yeni Emperyalizm

"Savaşın (İkinci Cihan Savaşı'nın) sonucu ne olursa olsun, (Amerika) hem dünya sorunları, hem hayatının her veçhesinde bütün fırsat, sorumluluk ve tehlikeleriyle birlikte, bir emperyalizm siyaseti sürdürecektir. İngiltere bu çatışmadan (İkinci Cihan Savaşı'ndan) yardımımız sayesinde yenilmeden çıksa bile, ekonomik bakımdan o kadar sıkıntıya uğrayacak ve prestiji o kadar sarsılacak ki, dünya politikasında uzun süredir kurduğu üstünlüğü koruyamayacaktır. İngiltere, olsa olsa, Amerika'nın ekonomik kaynaklarıyla askeri ve deniz gücünün ağırlık merkezi teşkil ettiği yeni bir Anglo-Sakson emperyalizminin küçük ortağı olabilir. Aslında, Küba ve Filipinler'i işgalimiz ve geçen (Birinci) Cihan Savaşı'na katılmamızla, son çeyrek yüzyıldır çizdiğimiz yönden ayrılmamız mümkün değil."[145]

Amerika emperyalist siyasasını yeni boyutlara taşıma kararını, Ulusal Endüstri Konferansı'nda, Konferans Başkanı Dr. Vingel Jordan bu sözlerle açıklıyor. Bu sözlerin söylendiği tarih ve yer, Amerika'nın evrensel hedefini nasıl ve nereye dayandıracağını gösterdiği gibi, daha girmediği savaş sonrasının planlarını hazırladığını göstermesi bakımından dikkat çekici ve önemliydi. Önemliydi, çünkü Amerikan sisteminin nasıl işlediğini ortaya koyuyordu.

Sistemin temel dinamiklerinin göstergesi olmasının ötesinde, ona yön verenlerin hedeflerini de açığa vurmaktaydı. Dikkat edilirse, gösterilen hedef, dünyanın zenginlikleridir ve siyaset de bu emperyalist temele dayandırılmaktadır. Bir başka dikkat çekici nokta; siyaset, hedef ve stratejinin bir hükümet katında değil, endüstri konferansında açıklanmasıydı... Açıklayan da siyaset adamı değildi; o konferansın başkanıydı. İşte bu noktanın anlamı, ABD'de sistemin temel dinamiklerinin endüstri ve ticaret burjuvazisinin elinde olduğuydu!

---

[145] (Aktaran), Prof. Dr. Türkkaya Ataöv, *Amerikan Emperyalizminin Doğuşu*, s. 143.

Buradan yola çıkılarak denebilir ki, siyasal sistemin belirleyicileri de elbet para musluğunu elinde tutanlar olacaktır. Çünkü dünyaya açılan, dünya politikasını yönlendirmek isteyenler d, sistemi ayakta tutan paranın güçleridir, yani paraya egemen olanlardır. Kısaca, Amerikan sisteminde siyasetin kaynağı ne halk ne de parlamentodur. Siyaseti ve hedeflerini belirleyen sistemin dayandığı çıkar ve o çıkarın peşinde koşan, paradan gayri bir kutsallık tanımayan insan hırsıdır. Amerika'da hırs Tanrılaştırılmıştır, demek yanlış olmayacaktır...

Girişte yer alan sözler, düşüncemizin ve nitelememizin belgesidir, 10 Aralık 1940 tarihinde Ulusal Endüstri Konferansı'nda söylenmiştir. Bu sözlerin söylendiği yer, Amerikan sisteminin temel dayanağını gösterir. O temel, kapitalizmin sömürü düzeni olduğunun da kanıtıdır. Sistem, sermayenin uluslararası egemenliğinin sağlanmasına dayalı olduğu için strateji ve taktik, kapital sahiplerince saptanacaktır.

O konferansın yapıldığı tarihte ABD henüz savaşa girmemiştir ama, savaş sonrasının planlarını yaparak, yönünü seçtiği hedeflere göre çizmek gerektiğini, bir politika konferansında değil, endüstri konferansında açıklamaktadır. Nedeni, bu araştırmanın da konusudur. Yani bu neden emperyalizmin özüdür, mantığıdır, o mantığın dayandığı nesnel ortamdır. Çünkü yeni emperyalizm ticaretin bayrağı altında genişleyecek, yayılacak, sermayenin uluslararası devinimi sağlanacaktır. Bu yolla, azgelişmiş ülkeler, ABD'nin çıkarları için güdüm ya da işgal altına alınacaktır. Hem de koruyucu melek tavrıyla.. O hedef ülkeler, güvenliklerinin ve bağımsızlıklarının korunması, ekonomik gelişmelerinin yardım anlaşmasıyla sağlanması savlarıyla; dost gülüşüne gizlenmiş, özgürlük, eşitlik sözcüklerinin sihrine kapılarak aldatılacaklardır. [146] Bunun anlamı; gizli sömürgeciliktir!

Önce, bugün artık tarih olmuş ama günümüz siyasalarını etkileyen "Yeni Emperyalizm" nedir; nedir gizli işgalle dünyayı sömüren ve

---

[146] ABD, Yeni Dünya Düzeni adına Irak'ı "Özgürleştirme ve Bağımsızlaştırma" adını verdiği saldırıyla işgal etmiştir. İşgal sonrası, Irak halkının özgürleşme bir yana, daha ağır sorunlarla karşılaştığı görülmektedir. ABD, petrol kuyularını koruma altına almış, ama binlerce yıllık kültür mozaiğini yağmacıların eline terk etmiş, parasal çıkarını insanlığın tarihi mirasına yeğleyerek uygarlıktan ne anladığını belgelemiştir.

Yeni Emperyalizm

yönettiren olgu? Doğuşundan günümüze gelinceye değin emperyalizmin geçirdiği evreleri ve uygulamaları özetle izlemeye çalışalım.

Emperyalizm, askeri işgalli sömürüyü, Ulusal Kurtuluş Savaşlarının etkisi altında sürdüremeyeceğini anlamış, İkinci Dünya Savaşı sonrası yeni bir yöntem geliştirmiştir, hem de geldiği ülkenin tüm alanlarını denetlemenin yol ve yöntemlerini anlaşmalarla sağlayarak! Bunun bir başka adı, "dolaylı işgaldir."

Dolaylı işgal; hedef ülkeyi dostluk ve yardım anlaşmalarıyla uyutarak, sosyal ve ekonomik dinamiklerini IMF ve Dünya Bankası'nın denetimiyle bozup, ilgili devletin yönetimini kendi amacı doğrultusunda yönlendirmek, istediklerini yaptırmaktır. Doğrudan ve askeri işgalci yöntemin, ulusal bir direniş bilinci yaratmasına karşın, bu dolaylı işgal, değil halkın, politika ile uğraşan çoğu kişinin bile ayırdına varamayacağı bir gizli yerleşme ve o ülke yönetimini etkileyerek, hedefin önündeki engelleri yok etmekdir. [147]

İşte ABD, dünyanın azgelişmiş ya da gelişmekte olan ülkelerine bu yöntemle yerleşmiştir. Biliyorum, bu "yerleşmiştir" sözcüğüne kimileri dudak bükecektir. Ancak, Türkiye'nin ve benzeri ülkelerin, 1950'lerden bu yana geçirdiği evre ve içinde bulunduğumuz günler dikkate alındığında, bu "yerleşme" sözcüğünün bile olayı tam olarak açıklamaya yetmediğini göreceğiz.

ABD, İkinci Dünya Savaşı öncesi, başta Büyük Britanya, Fransa, Hollanda, Belçika gibi ülkelerin işgalci sömürgeciliğinden çok, Büyük Britanya'nın, uluslararası finans örgütleri -bankalar ve öteki para hareketi örgütleri, - ticarette elde ettiği egemenlik yöntemini geliştirmeyi uygun görmüştür. Harry Magdoff'un George S. Moore'dan aktardığı şu değerlendirme, binlerce kanıttan biridir:

---

[147] Bu, İkinci Dünya Savaşı sonrasının iki kutuplu siyasasıydı. Günümüzde ABD, dişlerini göstermekte ve sırtlanlaşmaktadır Dünya'nın kendisinden sorulacağını düşünmektedir. Yeni Dünya Düzeni'nin ne olduğu ve ne olacağını bugünlerin olaylarını değerlendirerek anlayabilir ve geleceğimizi biçimlendirebiliriz. Ama sanılmasın ki, dünyayı tek elden yönetecek güç önlenemez! Bu tek gücün de sonu olur. Çünkü karşıtı olmayan güç, gücünü yitirir ya da kendini hedef alır, kendiyle savaşır...

133

"Birleşik Devletler Bankalarının, 19. yüzyılda İngiltere'nin büyük mali kurumlarının uluslararası finans alanında oynadıkları role hazırlanmaları çok doğaldır. First National City Bank'ın Genel Müdürü Moore, bunun "ulusal devletin doğumundan bu yana görülmedik uluslararası bir bağımlılığa gidiş" yarattığını da söyler.

Avrupa finans kapitalinin (Alman ve İngiliz bankaları ve bunların şubeleri kanalıyla) Güney Amerika ekonomik ilişkilerindeki etkinliğini National City Bank'ın bir yetkilisi 1915'te açıklarken; "Bankaların şube açtıkları ülkelerde, kaynak geliştirmesi için kredi sağladıkları, kamu hizmetlerini ve yatırımları finanse ettikleri, hammaddeler için, kendi endüstrilerine pazar yarattıklarını" belirtir ve şu açıklamayı yapar.

"İngiliz ve Alman paraları bu ülkelere rahatça yatırılmıştır. İngiltere ve Almanya, son 25 yıl içinde, Arjantin'e, Brezilya'ya ve Uruguay'a yaklaşık 4 milyon dolar yatırmışlar ve bunun sonucunda bu üç ülkenin toplam ticaretinin yüzde 46'sını ellerine geçirmişlerdir."[148]

ABD özel girişiminin ticaret yoluyla sömürü stratejisi bu görüşlerden doğmuştur.

Yeni emperyalizmin altyapısı, dünya kapitalizminin genişleme, yayılma ve ticaretin uluslararası niteliğe dönüşmesi süreci ile, hammadde gereksiniminin ulusal sınırlar dışından karşılanması zorunluluğu, yeni teknoloji, endüstrilerin birleşmesi ve hammadde kaynaklarının araştırılması için yeni strateji, yeni planlar yapılması ve yeni alanlar keşfedilmesi gereğini doğurdu.

Harry Magdoff'un *The Business History Review* dergisinin İlkbahar 1959 sayısında aktardığı gibi:

"Doğal maddeler işleyen endüstriler başta olmak üzere, birçokları hammaddelerini kendi kontrollerine almışlardı. Başka bir deyişle, iş ekonomisi endüstrileşmişti. Belli başlı endüstriler büyük, dikey bütün-

---

[148] Orhan Hançerlioğlu, *Felsefe Sözlüğü*, c. 7, s. 298; "Yeni Sömürgecilik" maddesi.

leşmeye girmişler, merkezi girişimler haline gelmiş, birkaç firmanın hakimiyeti altında girmişlerdir."[149]

Bu gelişme ulusal planda olduğu gibi, uluslararası planda da yer bulacaktı. Çünkü, çok söylendiği gibi, kapitalin milliyeti yoktur. Büyük sermayenin doğuşu ya da sermayenin enternasyonalleşmesi, sömürgecilik siyasasında önemli bir aşamadır. Ticaretin uluslararası aşamasında, yabancı kapitalle işbirliği yapan yerli şirket ve iş adamları kanalıyla, azgelişmiş ülke ekonomilerinin denetimi ve yönlendirilmesi ulusallıktan çıkmıştır. Bu olgu, uluslararası ticaretin yeni pazarlara açılma sürecine denk gelir. Bu süreci, kredi ve borç verme ya da yardım anlaşmaları izler. İşte bu mekanizma, yeni emperyalizmin gizli işgal yöntemlerinden biri ve en tehlikelisidir.

Sırasıyla özetlersek; sanayi devrimi, hammadde kaynaklarının denetimi, endüstrilerin birleşmesi, ticaretin enternasyonalleşmesi (uluslararasılaşması), yeni pazarlara açılma ve yeni emperyalizm! Türkiye'ye gelen, ekonomik ve sosyal sorunlarımızla ilgili raporlar düzenleyen ve bize kalkınma stratejileri öneren her uzmanın, "ağır sanayii bırakın, siz Avrupa'nın yiyecek ve tahıl tarlası olun" önerileri işte bu sistemin önerileridir. Böylece hammadde kaynakları emperyalizmin hizmetine sunulacaktı, öyle de olmuştur.

Hammadde kaynaklarını denetleme, yeni pazarlar, azgelişmiş ülkelerin özel girişimleriyle (komprador burjuvazi işbirliğiyle) el ele sağlanır.

"Büyük emperyalist tekeller, geri kalmış ülkeleri hafif sanayiye yöneltmek yoluyla da (Thornburg, 1948 tarihli raporunda Karabük Demir Çelik Fabrikaları'nın, Kırıkkale Silah Fabrikaları'nın tasfiyesini öneriyor ve Türkiye'nin tarım ve hafif sanayi ile kalkınacağını belirtiyordu - E.D.) yeni bir sömürüye girişmişler ve yerli kompradorlarla sömürü ortaklıklarını kurmuşlardır."[150]

---

[149] Harry Magdoff, agy., s. 39.
[150] Orhan Hançerlioğlu, *Felsefe Sözlüğü*, c. 7, s. 298; "Yeni Sömürgecilik" maddesi.

Bu yolla, o ülkelerdeki sosyal ve ekonomik gelişmeler de denetim altına alınır. Bu ülkelerin artıdeğeri uluslararası şirketlere akar. Hançerlioğlu'na göre;

"Kendi ülkelerini sömürten yerli kompradorların emperyalist burjuvaziden aldıkları kâr payı, göreceli olarak, bir dilenciye verilen sadaka ölçüsündedir. Bir başka deyişle, yerli komprador burjuvazi, bir sadaka karşılığında, emperyalistlerle ortaklıklar kurarak kendi yoksul halkını sömürmektedir."[151]

"Ama," diyor Hançerlioğlu, "bu sadaka, komprador burjuvaziye kendi yoksul halkının yaşama düzeyi ile ölçülemeyecek üstünlükle çok yüksek bir yaşama düzeyi sağlamaktadır!"[152]

Görülüyor ki, her gelişmişlik, kendinden daha geri olan kesimin sırtındaki yüktür. Azgelişmiş ülkenin işbirlikçi burjuvası, kendi halkını; onun bağlı olduğu emperyalist sistem ise, ikisini birden sömürür. Bu gerçek hiçbir zaman değişmez. Sosyalist sistem ayakta iken de böyleydi, bugün de böyledir, yarın da böyle olacaktır.

Bunu ABD'li Prof. Benhan, *Azgelişmiş Ülkelere Ekonomik Yardım* adlı yapıtında şöyle açıklar: "Yoksul Ülkelere yardım ederken, kendi kârlarımızı artırdığımızı bilmek hoşumuza gider."[153]

Yeni emperyalizm, bu sömürü çarkını kendi denetimindeki uluslararası finans kapitalin, AID, IMF, Dünya Bankası, konsorsiyumlar gibi örgütleriyle döndürür. Emperyalizmin çıkarı için her yol meşrudur. Dean Rusk, "Birleşik Devletler'in, ulusal çıkarları, uluslararası çıkarlara feda edildiği için değil, uluslararası çıkarları diğer uluslara

---

151 Orhan Hançerlioğlu, agy., s. 299. *Şu not benimdir:* Son yılların ekonomik krizlerinde Tükiye'de kazandıklarını korumak için, fabikalarını ve işyerlerini Türkiye'den kaçıranların emperyalist ortaklarının (küresel sermayenin) çıkarlarını korumak için kaçtıklarını düşünmek konuyu somutlaştıracaktır. Kendi yurttaşını sömüren parabazlar, o paraları bu ülke için değil, kendileri için kazandıklarını kanıtlamışlardır. Bu açık bir suçlamadır. Bu suçlamadan ancak kazançlarını ülkelerine yatırım olarak kullandıklarında kurtulurlar ve paraya tapmadıklarını kanıtlarlar.
152 Orhan Hançerlioğlu agy., s. 299.
153 agy., s. 298; Türk halk dilinde buna "ölü soyuculuk" denir.

zorla kabul ettirdiğine" ilişkin eleştirilere yanıt verirken; bunun ABD'nin Dünya liderliğinin sonucu olduğunu savunur ve, "kanımızca bu eleştiri bizim ve uluslararası hukukun güçlü olduğunun kanıtıdır."[154] der.

Bu sözlerden hukukun kaynağının da güç olduğu anlaşılmaktadır.

Bu yanıtın altında yatan, ABD'nin kendi gücüne ve idealizmine olan güvenidir. "Biz haklıyız, çünkü güçlüyüz" demek istiyor Dean Rusk.

ABD'nin ulusal çıkarları, uluslararası şirket çıkarlarıyla eşdeğerdir. Rockefeller da, "Standart Oil için iyi olan, ABD için de iyidir" der. Claude Julien, "Özel çıkarlar ve ulusal çıkar birbirine bağlı olduğuna göre, bu çıkarların birbirine karışmaları / müdahaleleri de birbirine bağlı olmalıdır," der ve Dünya Bankası Başkanı Eugene R. Block'un şu açıklamasını aktarır:

"Bizim dış ülkelere yardım programımız, Amerikan özel teşebbüslerinin yararınadır. Bu programlar başlıca şu yararları sağlar:

-Dış ülkelere yardım, Amerikan malları ve hizmetleri için doyurucu ve doğrudan pazar sağlar.

-Dış ülkelere yardım, Amerikan şirketleri için yeni pazarların denizaşırı gelişimini hızlandırır.

-Dış ülkelere yardım, yardımdan yararlanan ülkelerin ekonomisini, serbest teşebbüs sistemine yöneltir; bu sayede Amerikan firmaları gelişebilir."

Claude Julien değerlendirmesini şöyle noktalar: "Doyurucu ve doğrudan pazar, yardımdan yararlanan ülkeleri, aldıkları kredinin ortalama yüzde 80'ini Amerika'dan satın alınacak mallara ayırmaya mecbur eden antlaşma hükmüne bağlı olarak açılır."[155]

---

[154] Harry Magdoff, agy., s. 55.
[155] Claude Julien, *Amerikan İmparatorluğu*, s. 275.

Emperyalizmin Küresel Örgütlenişi

Dünya Bankası Başkanı'nın yukarıda özetlenen sözleri, Bankanın uluslararası sermaye hareketlerini düzenlerken, hangi amaca hizmet ettiğinin belgesidir. Özetle amaç, azgelişmiş ülkeleri belli bir dünya görüşü altında toplamak ve dünyaya, emperyalist sistemin rahatça işleyeceği bir düzen vermektir. Bunun en sağlam yolu, o yaşamın "olmazsa olmaz"ı parayla sağlanır, paradan geçer.

İşte yeni emperyalizmin en büyük silahı budur: Para, para, para...

İkinci Dünya Savaşı sonunda ABD, uluslararası sermaye hareketlerine yön vererek dünyaya egemen olunacağının bilinciyle, uluslararası bir örgüt kurma gereğini duyar. Önce, uluslararası ekonomik düzenin parasal sorunlarının altyapısı, Bretton-Woods Antlaşması onaylanır. 44 ülkenin katıldığı bu antlaşma gereği, katılan ülkeler ellerindeki altın stoklarını değerlendirerek, paranın uluslararası değerini altın kambiyo standartlarına bağlarlar. Daha sonra dolar, altının yerine geçer. Artık altın para, değer birimi için kullanılmaz olur. ABD, böylece ülkelerin parasal denetimini de eline geçirir.

Dikkat edilirse bugün, ABD doları nezle olsa, öteki para birimleri neredeyse komaya girerler. Dünyaya hükmeden sermaye, dolara bağımlı kılınmıştır.[156] ABD dünya ekonomisini Dünya Bankası, IMF, dolar ve öteki finans kurumlarıyla denetimi altına almıştır.

Dünya Bankası, IMF ve AID gibi kuruluşlarla - evrensel finans sistemi yoluyla - azgelişmiş ülkelerin kaynaklarını; hangi ekonomik alanda çalışacaklarından, yatırım plan ve programlarına değin her noktada kontrol etmeye başlar. Bu denetim öylesine kapsamlıdır ki, yardım alan ülkenin yalnız sosyal ve ekonomi politikalarını yönlendirmekle kalmaz, eğitimden sağlık sorunlarına değin tüm yaşantılarının seyrini etkiler, dış politikalarını denetler ve yönlendirir.

---

[156] Ancak Avrupa Birliği'nin parası Avro (Euro), doların tahtını sallamaya başlamıştır. Durum yeni yüzyılın ilk yıllarında böyledir. Ama Amerika dünyaya tek başına egemen olmayı başarırsa yalnız para değil, dünya yeni değer yargılarını Amerika'nın belirleyeceği günlere hazır olmalıdır.

ABD böylece, Dünya Bankası, IMF, AID gibi dolara dayalı ve tümü kendi denetimi altındaki kuruluşlarla, yani finans kapitalin evrensel kurumlarıyla, etki alanındaki ülkeleri her noktada yönlendirmenin yolunu bulmuş olmaktadır.

Azgelişmiş ülkelerin yeraltı ve yerüstü kaynakları ve insan emeği, bu yolla yeni emperyalizmin emrine sunulmuş olmaktadır. Öteki ülkeler tüm gereksindikleri kaynaklardan ABD'nin izniyle yararlanabileceklerdir, Amerika bunu işbirliği sözleşmelerine dayalı çıkar hesapları ve dostluk anlaşmalarıyla sağlamıştır.

Bu sistemin savunması da, Sovyetler'in yıkımına değin, NATO'su, CENTO'su, SEATO'su ile sağlanmıştır. Sistemin yükü ve savunması, azgelişmiş ülkelerin sırtına yüklenmiştir. Amerika bu yolla küresel gücün ve politikasının altyapısını oluşturmuş, ortak gücün komutasını da kendisi üstlenmiştir. ABD bu yolla, küresel çıkarlarının bekçiliğini kendi denetimi ve komutası altında azgelişmiş ülke ordularına yaptırmaktadır. Çünkü çıkar, ABD'nin olmazsa olmaz hedefidir ve çıkarları yalnız yeryüzüyle sınırlı değildir, evren de onun çıkar hedefleri arasındadır. Çıkarları için her yol ve yöntem meşrudur.

Çıkarı Her Koşulda Meşrulaştıran Toplum

Çıkar, canlıların yaşamında etkin bir öğe, bir anlam ve gerçekliktir. Hayvanlar bile çıkarları için can alır, can verirler. Doğadaki her canlı önce kendi yaşamını sürdürmek ister. Ve insan, elbet her tür kazanımını korur ve onun için savaşım verir. Ama çıkarı yaşamın tek amacı, yaşam biçimi olarak uygulamak, çıkarını her şeyin, tüm hukuk ve etik değerlerin üstünde tutmak, insanlık niteliğini yok saymak demektir. Çıkarını savunmak bir haktır, ama çıkarı için kuralları yok saymak ve yalnız kendi çıkarını öne almak insanlık suçuna kadar uzanan etik ve nitelik yoksunluğudur.

Uluslar da elbet, kendi ulusal çıkarlarını düşünmek, elde etmek ve savunmak yükümlülüğündedirler. Ama temel ahlak ve hukuk kuralları içinde kalarak.

Amerika bu kurala uymayan, kuruluşundan başlayarak kendi ulusal görünümlü ama sistemin kurucusu ve ana dinamiklerini ayakta tutan gücün / paranın egemenliğini sürdürmek için, salt çıkarı için devinen ve varlığının tek öğesi sayan sistemin adıdır. Bu nedenle çıkar, Amerika'nın varlık sebebidir ve onun için yaşar.

ABD'nin, bu küresel güç ve sömürü politikasına yön veren düşünce ve eylem sistemi, neye dayanır derseniz; yanıtı bellidir: Çıkar. Onun için vardır ve dünyayı çıkarları için denetler, elde etmeye çalışır ve elde ettiklerini sömürür.

"Bir ülke nasıl olur da dünyayı böylesine denetleyebilir? Bu gücün motoru nedir?" sorularının yanıtı, ABD'nin kuruluş felsefesinden çıkarılabilir. Çünkü kuruluş evresinde toplumlar, belli bir felsefe, ilkeler ve ortak değerler çevresindeki birleşmelerle oluşur. O ilkeler, o toplumun tarih içinde var oluşunun temeli olup, geleceğine yön verir. Buna toplumların tarih içinde amaç ve sistemlerinin meşrulaştırılması denir. Bu bağlamda, ABD'nin kuruluş, varoluş ve geleceğe uzanan meşrulaşma ilkeleri de elbet çıkar temeline oturacaktır. Sistemin amacı, politika ilkeleri ve hedefi tek sözcükle özetlenir ki o yalnız ve yalnız "çıkar" dır.

Çıkar, her varlığa ona yön veren bir gerçekliktir ama Amerikan toplumu için, öncelikli önemdedir. Nedeni, o toplumun varoluş ve kuruluşunun sosyal kaynağının bu ilişkiye dayanmasıdır. Bundan 300 yıl önce bir Amerikan ulusu yoktu. Amerika'nın keşfi ile bu yeni kıtaya başlayan göçler, bugünkü kuşakların ana ve babalarını oraya, Avrupa'da bulamadıklarını arayıp bulmak için taşıdı. Yeni bir ülkeye, yeni umutlarla geldiler. Hiçbir şeyleri yoktu, ama o ülkede her şey vardı. Yaşamak için çalışmak, doğayı yenmek gerekiyordu. Amerika kıtasına soylularının sömürüsünden kurtulup kendileri gibi olmak için kaçtılar. Zenginlik en büyük özlemleri ve hedefleriydi. Zengin olmak istediler ve daha çok zengin olmak için de yollar aramaya başladılar.

Tek itici güçleri çıkarlarıydı. O çıkarları için birleştiler ya da kavga ettiler. Yeni dünyanın geniş ve bakir topraklarını paylaştılar başlangıçta; ama zamanla güçlüler, güçsüzleri kovdu topraklarından. Bu da çıkar içindi; çıkarları için çalıştılar, savaştılar ve böylece çıkara tapar oldular.

İşte Amerikan ulusu, böylece çıkar temeline oturtulan birleşmeyle gerçekleşti. Bugüne uzanan gelişmesinde, dünyaya egemen olma istencinde ve hırsında, hep o tek sözcük itici güç oldu; 'çıkar'. Tarih içinde, o toplumu meşrulaştıran, o insanları bağlayan çıkarları oldu. Yenisiyle, eskisiyle emperyalizm de çıkar üzerine kurulu değil mi? Daha çok çıkar sağlamak için de yayılma gerekmez mi? İşte, yeni emperyalizmin itici gücü de bu oldu; çıkar...

Şimdi, Amerikan ulusu denen çıkarlar toplumunun, kuruluş ve sömürgeciliğe adım atışının evrelerini izleyelim.

Sömürgecilikten Yeni Emperyalizme

Sömürgecilik, genel olarak, bir ulusun başka ulusları ya da toplulukları, siyasal ve ekonomik egemenliği altına alarak yayılması ya da yayılmayı istemesi olarak tanımlanır.

Sömürgecilik, yeni emperyalizm öncesinde, güçlü ülkelerin güçsüzlerin yeraltı ve yerüstü servetlerine el konulmasından da öte, sömürgeleştirilen ülke insanlarının, emek güçlerine el konulması ve o insanların kölelik düzeninde yaşatılmasıydı.

Örneğin Çin'i sömüren ülkeler, Çin'in Şanghai lokantalarının kapılarına, "Buraya köpekler ve Çinliler giremez" levhalarını asarak, Çinli'yi köleden de aşağı gördüklerini belgelemişlerdi. Asgari ücret Kenya'da yerliler için 6 dolar iken, Avrupalılar için 209 dolardı. Kuzey Rodezya'da yerlilere 5 dolar, Avrupalılara 229 dolar olarak ödenmesi bunun somut örnekleridir. Uygar olduğunu, ele geçirdiği ülkelere özgürlük ve uygarlık getirdiğini söyleyen Batı, işte budur. Ve Batı uygarlığı, zenginliği, işte o insanların gözyaşları, sömürülen emekleri, canları ve kanları pahasına elde edilen artıdeğerden de öte, varlıklarının talanına dayanır.

Örneğin, Büyük Britanya'nın azgelişmiş sömürgelerine 1862'de yatırdığı 3,6 milyon frank, 1870'te 30 milyon franka yükselir. Fransa ikincisi plandadır. Daha sonra, Belçika, Hollanda, Amerika, Japonya dünyanın geri kalmış bölgelerini, daha da geri kalmaları pahasına sömürü yarışına girmişlerdir. [157]

Azgelişmiş ülkeler yoksullaşırken, köleleşir. Avrupa, üstün insanlar (!) toplumu (Eu-rope) olarak dünyaya üstten bakar. İşte bu üstten bakış bir yerde faşizme dönüşmüş, dünyanın başına bela olmuştur.

Batı uygarlığı, bir yerde, Mehmet Akif Ersoy'un diliyle, "tek dişi kalmış canavar"ın eseridir. Birinci ve İkinci Dünya Savaşı sonrası dünya, askeri işgalli sömürü düzenine veda etmiş ve yeni bir sömürü düzenine (azgelişmiş ülkeleri gizli işgalle ele geçirme dönemine) geçilmiştir. Buna da insanlığın yücelmesi denilmiştir. Bu yeni dönemde Büyük Britanya'nın yerini ABD almış, savaş sonrası sıfırdan kalkınmaya başlayan Almanya ve Japonya zamanla toparlanmış, dünya pazarlarındaki paylarını aramaya başlamış, kısa sürede yeni bir pazar çelişkisi doğmuş, sömürü ad değiştirerek sürdürülmeye başlanmıştır. Belçikalı ekonomist Ernest Mandel:

"Bütün insanların potansiyel olarak yararlanabileceği muazzam servetlerle sefalet, israf ya da insani ve teknik kaynakların noksan istihdamı arasındaki zıtlık, dünya ölçüsünde hiçbir zaman bugünkü kadar açıkça sömürülmemiştir," der ve şöyle sürdürür:

"Eğer insanlar doğa üzerindeki başarılarını hemcinsleri ile paylaşılmayı ve aynı bilimsel yöntemlerle adaletle dünyayı yeniden kurmayı beceremezlerse, üretken güçler, nükleer savaş gücü haline gelebilir."[158]

İşte yeni emperyalizm, bu olasılığı görmekle kalmamış, "dolaylı saldırı" saydığı karşı çıkışları önlemenin yollarını da aramış ve bulmuştur. Bunu yardım adıyla ilişki kurduğu ülkelerin askeri ve sivil

---

[157] Orhan Hançerlioğlu, *Felsefe Sözlüğü*, c. 6, s. 149-151.
[158] Orhan Hançerlioğlu, agy., s. 150.

güvenlik güçleriyle sağlar. "Azgelişmiş ülkeler, kendi ordularının işgali altındadır." söylemi bu gerçeği anlatır. Bu öyle bir uygulama ki, bir yandan işgalci yöntemin halkta yarattığı toplumsal tepki önlenmekte, öte yandan bu gerçeği gören halkın kendi ordusuna olan güveni sarsıldığı için, toplumun birlik duygusu parçalanmaktadır. Ordu ve halk birbirinden koparılmakta, toplumla güvenlik güçleri birbirine düşürülmektedir. Gizli işgal altındaki ülkeler, yalnız ekonomileriyle değil, ajan olarak kullanmak için kendi ideolojisini aşılayarak eğittiği o ülkenin insanlarıyla da her yönden yeni emperyalizmin yönetimi ve denetimi altındadır. Gerçekte ekonomik bağımlılık, iç ve dış siyasada bağımlılığa yol açmaktadır. Özellikle azgelişmiş ülkelerin güvenlik güçleri ve orduları da emperyalizmin denetimindedir. Çünkü, ABD ile yapılan anlaşmalar gereği, ordular ulusal ordu değildir; ordular "hür dünya"yı savunma görüntüsü altında, emperyalizmin çıkarlarını savunmaktadır. Ulusal ölçekteki bir sorunun çözümünde, eli kolu bağlı kalmak gibi bir tehlike içine düşmeleri olasıdır ve bu bizim yakın tarihimizde (Kıbrıs bunalımında olduğu gibi) yaşanmıştır.[159]

Bir sözleşmenin gereğini yerine getirsiniz bile cezalandırılırsınız. 1975'teki ambargo bunun somut örneğidir. Ordunuzun silah araç ve gereçleri belli bir kaynağa bağlı olduğundan, lojistik ikmal yapamazsınız. Sizi kendine muhtaç etmiştir. Sızlanıp durursunuz. Başkaldırmaya giriştiğinizde, İsmet Paşa'nın deyimiyle, "başınıza neler geleceğini" bilemezsiniz. 12 Mart'lar yetmez, 12 Eylül'lerle terbiye etmeye kalkarlar sizi..!

Ama yazılı ve görüntülü, görüntüsüz medya eliyle, bütün dünyaya, günün her saatinde ABD'nin özgürlük, demokrasi ve insan hakları savunucusu ve "özgür dünya"nın güvenlik dayanağı olduğu imajı yayılır. Dünyanın sorumlusu odur, ama gün gelir, "sorumluluğuna inanmanın cezasını çekersiniz." Yeni emperyalizm düzeninde, sistemin

---

[159] Kıbrıs sorununda Türkiye'nin, Türkleri korumak içi, adaya asker çıkarma girişimi Johnson Mektubu'yla önlenmiştir. Johnson'ın, zamanın Başbakanı İsmet İnönü'ye yazdığı uyarı mektubunda, "NATO'nun ortak savunmamız için verdiği silahları Kıbrıs'ta kullanamazsınız, aksi halde sizi Sovyetler'e karşı bile savunmayız" dediği unutulmamalıdır.

ezdiği ülke insanlarının uyanması önlenir; Ulusal Kurtuluş Savaşları, nükleer patlamalardan daha korkunç olarak nitelenir.

Görülen o ki, yeni emperyalizm, halkların gerçeği görüp savaşma bilincine erişinceye dek dünyayı sömürecektir. ABD'nin küresel ihtirası o güne değin artarak dünyayı sömürmekle yetirmeyecek, daha öteleri evreni sömürmeye adım atacaktır.

Kapitalizm ve Amerikan Sisteminin Doğuşu

"Emperyalizmin mantığı nedir?" sorusunun yanıtı, "zenginleşmenin, daha da daha da zenginleşmesi" yani, kapitalin sürekli büyümesidir. Çünkü kapital olduğu gibi kaldığında küçülür. Kapitalizm, artı değerden yoksun kaldığında erir, yok olur. Kapitalist bir ekonomide, işveren daha çok kazanmak için, en az ücretle en çok iş saatini bulmak, dolayısıyla en çok kâr etmek ister. Bununla da yetinmez, giderek tekelleşme süreci başlar. Kapital, yeni sömürü alanlarına açılır. Bulamadığında kendi kurumlarını sömürür ki, bu onun giderek güçsüzleşmesine yol açar. Bu nedenle, emperyalizm, kapitalizm için bir tercih sorunu değil, kapitalist bir toplumun yaşama biçimidir. Çünkü, üreten fabrikaların ürünlerine pazarlar, artan ürünler için dış pazarlar gerekli olduğu kadar, üretim için de hammaddeye gereksinim vardır. Bu zincirleme ilişkiler, gereksinimler, kapitalizmin özü ve iç dinamiğidir ve bu kapitalist toplumu emperyalist olmaya iter.

Özetle kapitalizm, emperyalizme açılan dönülmez bir yolun başıdır. Kapitalist sistemle gelişen sanayi devrimi, sanayileşmiş ülkeleri sömürge imparatorluğu kurmaya zorlamıştır ve bu olgu, sistemin önlenemez sonucudur.

Avrupa'nın sömürge imparatorluğu kurduğu dönemin başında Amerika, Büyük Britanya'nın sömürgesidir. 1776'da utkuyla sonuçlanan Kurtuluş Savaşı sonunda bağımsızlığına kavuşan Amerika, kısa sürede yeni toprak kazanımları ve iç savaşla birliği sağlar, 1870'lere doğru ekonomide görülen hızlı gelişme, Amerika'nın gelecekteki hedeflerine yol gösterecektir. İç savaş sırasında Kuzey ve Doğu'da sanayi gelişir. Ağır metalürji, sanayideki gelişme, demiryolu ve karayollarının ülkeyi ağ gibi sarması, Kayalık Dağları'ndan çıkarılan değerli madenler, petrol kuyuları, yeni ülkeye çabuk zengin olmak umudu ve ihtirasıyla gelenleri umutlandıracaktır. Ülkenin el sürülmemiş zengin kaynaklarını, liberalizmi politik amaçla yeğleyen ülkelerin yardımıyla işlerler... öylece ortak bir ilişki ve çıkara dayalı Amerikan Ulusu (!) oluşur. Bu insanlar arasındaki bileşke, çıkar ilişkisidir. O çıkar, daha çok kazanmak, zenginliğe zenginlik katmaktır. İnsanları ve toplumları her şeyden daha çok, daha güçlü bir bağla birleştiren çıkar ilişkisi, Amerikan politikasının itici gücü olur. Bu ilişki, çelişkiyi de beraberinde taşır. Güçlü insanlarla güçsüzler arasında, o bileşke çelişkiye dönüşür. İşte kapitalist sistem, bu çelişkiyi arttırabildiği ölçüde sömürür ve zenginleşir.

Çağdaş emperyalizm, Amerika'nın kuruluşuna ve Birleşik Devletler'e dönüşmesine etken olan bu ilişki, çelişki üzerine oturacaktır. Amerika'yı var eden ilişki, Amerika'yı dünyanın egemeni olmaya iten güç olur!

Prof. Dr. Türkkaya Ataöv'ün, *Amerikan Gizli Belgelerinde Amerikan Emperyalizminin Doğuşu* adlı eseri, bugün dünyayı avcunun içine alma düşleri gören tek süper gücün, emperyalist sisteme nasıl geçtiğini ve nasıl geliştiğini belgeleriyle sergiler.

Amerikan politikasının itici gücü, zenginleşme, genişleme yoluyla bunalımları önlemek, böylece demokrasiyi zenginlikle yaşatmaktır. Amerikan idealinin temeli, bunu sağlayan kavramlardır. Zenginleşme için genişleme, genişlemenin sağlanması için dünyayı denetleme... Ve elbette önce, kendi yakın çevresini sömürme ve denetim altına alma...

Amerika bu serüvenlerden geçerek girdiği yolda, hep kazanmak, kazanmak ve asla kaybetmemek amacı ve direnciyle koşmaktadır. Önce kendi yarım küresindeki alanlarda koştu; ama dünyaya egemen olma düşüncesini önde tutarak... O alanda da yalnız kendisi vardı, öyle olsun istedi. Bunu da bir ilkeye bağladı: *Monroe Doktrini*.

Monroe Doktrini

ABD, Fransız Devrimi sonrası Avrupa'daki karmaşadan uzak kalmayı yeğlemiş ve İngiltere'nin yardım çağrısına sırt çevirmişti. Gelişmeler, Güney Amerika üzerinde Avrupa'nın emperyalist istemlerine "dur!" denilmesini gerektiriyordu. İşte bu koşullarda Başkan James Monroe'nün adıyla anılan bir politika oluşturuldu. Bu politikanın önceliği, elden geldiğince Avrupa'daki olaylardan soyutlanmaktı. ABD, bu politika ile arka bahçesini güvenliğe almış -ya da doğru deyimiyle, kendine ayırmış-, Avrupa'nın bu bölgedeki sömürgecilik girişimlerini önlemiştir.

Başkan Monroe, Avrupa'nın Amerika kıtasını rahat bırakması gereğini politikasının ilkeleri arasına almış ve "biz Büyük Britanya'nın izinden gidiyor görüntüsünden kurtulmalıyız" diyerek "Birliğin Durumu Hakkında Mesaj" adıyla yayınladığı metne yaptığı ekle, Avrupa'ya şu mesajı yollamıştır:

"ABD'nin çıkar ve haklarının dayandığı şu ilkeyi belirtmek yerinde olur: Amerika kıtasının insanlarının kendi kendilerine bağışladıkları ve elde tuttukları özgür ve bağımsız koşullar adına bundan böyle hiçbir Avrupalı devlet tarafından sömürge haline getirilemeyeceği bilinmelidir (...) Böylesi bir müdaheleyi bizim kayıtsızlıkla seyretmemiz olacak şey değildir."

O yılların önder ABD'li politikacılarından Gustave Koerner, Monroe Doktrini'ni "Amerika'nın çıkarı" olarak niteliyor ve bunun, geleceğe yönelik yeni politikalara ışık tutacağını şöyle vurguluyor:

"Gerçek Monroe Doktrini, ülkemizin çıkarıdır; bu çıkarın ne olduğu, nasıl korunacağı ve ileri sürülüp sürülmeyeceği, hiçbir gelenek, program, doktrin ya da örnek tanımadan, o zamanki koşullar değerlendirilerek kararlaştırılacaktır. Zaten (bu güne kadar da) biz hep böyle hareket ettik."[160]

---

[160] Prof. Dr. Tükkaya Ataöv, *Amerikan Gizli Belgelerinde Amerikan Emperyalizmin Doğuşu*, s. 7-8.

Bu öngörü gerçekleşmiş ve bir ara önemsenmeyen strateji, sonraki başkanların politikalarına da kaynaklık etmiştir. Örneğin, Başkan Kennedy'ye, Küba olaylarında bu doktrinden yararlanması önerilir. Başkan Truman da kendinden sonra gelen Eisenhower'ın bu doktrinden yararlanmamasını eleştirir: "Eğer Küba'da zor durumda kalmışsak bu, Başkan Eisenhower'ın 1956'da Monroe Doktrini'ni uygulayacak cesareti gösteremeyişi yüzündendir."

Amerika zaman zaman bu doktrini, politikasının dayanağı yapmıştır. Haftalık *TIME* Dergisi bir yorumunda:

"Tarih boyunca devlet adamlarının en içten bildirileri hep geçici olmuştur. Ulusların arşivleri kararnamelerle, bildirilerle, fermanlarla, protokollerle, dokümanlarla doludur. Hepsi de yıllarca yankı yapacak diye düşünülmüş ama ancak birkaç hafta ya da birkaç ay sürmüştür. Ama Monroe Doktrini, Amerikalıların aklında ve kalbinde yaşamaktadır."[161]

Bu yorumu aktaran Claude Julien, *Amerikan İmparatorluğu* adlı kitabında, söz konusu doktrini, "bir buçuk asırdan beri ABD'nin çıkarlarına uygun bir araç olarak kaldığı ölçüde bütün anlamına kavuşmuştur" söylemiyle değerlendirir.[162]

Monroe, doktrinin uygulanmasında şu mesajını ilke edinir: "Avrupa devletlerinin kendilerini ilgilendiren sorunlar nedeniyle giriştikleri savaşlara, biz hiçbir zaman katılmamışızdır ve katılmak da politikamıza uygun düşmez."[163]

Bu ilke, ABD'nin Birinci Dünya Savaşına katılmasını önler. Ama zamanla ekonomik, teknik ve bilimsel alandaki atılım ve kazanımları sonucu kendine güveni ve Avrupa'yı yakaladığı inancıyla ABD, İkinci Dünya Savaşı'na katılır. Savaş sonrası dünyaya kendi hedeflerine uygun yeni bir düzen verecektir. Böylece yalnızca 20. yüzyıla değil, 21.

---

[161] Claude Julien, *Amerikan İmparatorluğu*, çev. Tahsin Saraç, Hitit Yayınları, 1969, s. 124-132.
[162] agy., s. 132.
[163] aynı yerde.

yüzyıla da damgasını vuracak gücün sahibi olur. Bu güçle yarım yüzyıllık iki kutuplu dünya düzenini yıkar. Bu artık dünyanın ondan sorulması anlamını içerir. Bu bir güç gösterimidir. Ama gücünün sınırını sonsuzluğa adayarak yeni hedeflere uzanmaya kalktığında, dünyanın başına bela olup olmayacağını yaşayarak öğreneceğiz. Dileriz ki, gücünün sonsuzluğuna güvenerek insanı zaman zaman vahşileştiren hırsa kapılmasın. Kendini sınırlayamayan gücün önce ona sahip olana zararlı olacağı unutulmamalıdır.

Kim bilir, belki de dünya, Amerikan belasından ancak bu yolla kurtulabilecektir.

Gizli İşgalin İç Dinamiği

Bu değerlendirmenin yerindeliği, o günden bugüne gelişen olaylarla doğrulanmıştır. Çünkü Gustave Koerner'in dediği gibi, "Amerika'nın uygulamaları hiçbir gelenek, program, doktrin ya da örnek tanımaz."[164] Koşullar ABD'nin çıkarı için neyi gerektiriyorsa o yapılır. Tarih boyunca bu hep böyle olmuştur. Bu yargımızın kanıtlarından birini Dean Rusk'ın, bir kongrede konuşmasından yapacağımız şu alıntıda bulabiliriz.

Dean Rusk der ki: "yardım görüşmelerimizde ve doğrudan yapılan müzakerelerde özel yatırımın önemini belirtmesi için her zaman ve mümkün olan her yerde elçiliklerimiz aracılığıyla yetkilileri etkilemeye çalışıyoruz"[165]

Gerektiğinde ülkelerin başındaki adamlar rüşvetle elde edilir; çıkarlar onların yardımıyla savunulur. Eski bir CIA ajanı Philip Agee, *CIA Günlüğü* adlı itiraflarında, Uruguay'daki anti-komünist siyasal çalışmaların, Kırsal Eylem Birliği lideri ve 1960 Başkanı olan Benitto Nordome kanalıyla sürdürülen bir harekât olduğunu yazar. Görülüyor ki ABD, Uruguay'da Devlet Başkanını elde etmiş, ya da kazandığı ajanı, devlet başkanı olarak seçtirmiştir! Filipinlerde Marcos, İran'da

---

[164] Prof. Dr. Türkkaya Ataöv, *Amerikan Emperyalizminin Doğuşu*, s. 7-8.
[165] Harry Magdoff, agy., s. 165.

Şah Rıza Pehlevi, Vietnam'da Kaoki, ABD'nin çıkarlarını ülkelerinde temsil eden, koruyan liderlere örnektir.[166] Philip Agee, "polisteki bağlantılı ajanlarımızla solculara sorguları sırasında işkence yaptırdık" der.[167]

Rüşvetle polislerden de, "Benim polisler her zamankinden iyi çalışıyorlar," diye söz eder!

Uruguay'ın kokuşmuş bir ülke haline getirilişini anlattığı anılarına göre, Philip Agee, bir hayli paralı ajanı emniyet örgütünde kullandığını yazar. Başta Emniyet Müdürü Albay Rodrigez gelir. Agee der ki:

"Merkezin emniyet örgütü içindeki çeşitli görevlilerle ilişki kurması Emniyet Müdürü için sır değildir; bunlar 'resmi' bağlantılı çalışanlar olarak tanımlanır. Öte yandan merkez, terfi ettirilecek ancak şimdilik Soruşturma Dairesinde dördüncü ya da beşinci derecede bir göreve atanan eski Haber Alma ve Bağlantı Dairesi Müdürü'yle gizli ilişki kurmuştur. Müfettiş Antoni Piriz Costagnet, emniyet örgütü içinde merkezin paralı ajanıdır ve üstlerinin bilmemesi gereken işleri çekinmeden yerine getirir. Emniyet Müdürü'yle öteki polis yetkilerinin bilmemesi gereken işleri, merkez bu ajana vermektedir. Piriz ayrıca, grevler ve halk arasındaki huzursuzluklarla ilgili hükümet planları, siyasetin değişmesi ihtimali ve emniyet örgütü içindeki personel atamaları konusunda değerli bilgiler sağlamaktadır."[168]

Bu gizli ilişkilerin nasıl kurulduğunu bir de Bissel Raporu'ndan izleyelim. Amerika'nın etkisi altına aldığı ülkelerdeki ajanların, "hep bir Amerikalı, dahası resmi görevli bir Amerikalı ile ilişki kurduklarını" açıklayan rapora göre, bu ajanların seçiminde, "Birleşik Amerika Doktrini'ne inandırılan ve eğitilen o ülkelerin yurttaşlarından daha

---

[166] Biz de mi? Bu adlara denk gelmese de bizdeki oyunun aktörleri daha tarih olmadılar. Ama kamuoyu onları biliyor. Tarih elbette onların adını yazacaktır.

[167] P. Agee, agy., s. 458. Bizde "Manisalı Gençler" davasında işkence savlarını doğrulayan Emniyet Müdür Yardımcısı "Bizler bu konuda ABD'de eğitildik" diyecektir. 8 yıllık hukuk savaşımından sonra işkence savı kanıtlanmıştır.

[168] Philip Agee, *CIA Günlüğü,* c. 2, s. 482.

fazla yararlanılmalıdır. Böylece, o ülkelerin yurttaşlarının kurduğu örgütler eliyle gerçekleştirilen olaylara Amerika'nın karıştığı anlaşılamaz."[169]

Bissel Raporu'nda, "Başlıca görevimiz müttefik bulmak - hem kişi hem örgüt -olanlarla ilişki kurmak, onların aynı ilkeler için çalışmalarını sağlamaktır. Ancak böyle masum kuruluşlarca (örneğin AID, Amerikan Vakıfları, Eisenhower Vakfı, Ford Vakfı gibi ya da o ülkelerin özel girişimcileri ve örgütleriyle / - E.D.) yürütüldüğü vakit daha başarılı olur."[170]

Bu yöntem gizli işgalin başarısıdır. Bu işgalde, Rockefeller'ın yöntemi uygulanır. Ekonominin musluklarını ele geçiren yerli ya da ve yabancılarla ortaklık kurmuş özel girişimciler eliyle, siyasal sisteme egemen olunur.

Gizli işgalin en önemli iç dinamiklerinden birisi bu yerli işbirlikçilerdir!

Bayrağın ticareti izlemesi, ticaret gemilerinin savaş gemileriyle eşgüdümü, ticaret yoluyla azgelişmiş ülkelerin ekonomik yapılarını ele geçirmek, yeni emperyalizmin gizli işgal yöntemlerinden birkaçıdır. Ve bu yöntem, sözleşmeler, antlaşmalarla gelişir, yerleşir! Parlamentoların onayından geçer, yasallaşır. O andan sonra artık ABD ile çıkar ortaklığınız (!) kurulmuştur. Karşılıklı işbirliği içine girmişsinizdir. ABD, Bölgenizde "kendi ulusal çıkarlarının (ABD'li uluslararası şirketlerin) korunmasını" dünya barışı için önemli saydığından, "karşılıklı işbirliği"ne inandırır sizi. Sözleşmeler dikkatle, diplomatik dilin gizi çözülerek okunursa, korunan çıkarın emperyalizmin çıkarı olduğu görülür. Örneğin, Türkiye-ABD arasında imzalanan 1959 tarihli "Karşılıklı İşbirliği Antlaşması"nda, "ABD Hükümeti Türkiye'nin istiklâl ve bütünlüğünü kendi milli menfaati ve dünya sulhu için hayati telakki ettiğinden," betimlemesiyle antlaşmanın ABD'nin çıkarlarını korumak için yapıldığı anlaşılır. Görülüyor ki, ABD, bizimle kendi çıkarı için

[169] Attilâ İlhan, *Batının Deli Gömleği*, s. 81.
[170] agy., s. 82.

işbirliğine girmiştir. Buradaki çıkar, ilke olarak, ABD'nin ulusal sömürüsüne dayanan politikasının dinamiğidir. ABD, Richard Perle'ün deyimiyle, bizi de Ortadoğu'daki çıkarlarının "Bekçi"si[171] olarak görmektedir. Sanırsınız ki, bu işbirliği için ABD yardımı karşılıksızdır, sürekli akacaktır. ABD şemsiyesi sizi tehlikelere karşı güvenliğe almıştır. İsmail Cem, *Türkiye'de Geri Kalmışlığın Tarihi* adlı incelemesinde; "DP (Demokrat Parti) Hükümetinin ve özellikle Celâl Bayar'ın NATO'ya girdiğimizde yalnız güvenliğimizin garantiye alınacağına değil, ekonomik sıkıntıların da giderileceğine.." inandığını yazar.[172] Dahası, Bayar'a göre, "İsmet Paşa da, bu görüştedir."[173]

Dönemin yöneticileri nedense gerçeği değil, görmek istediklerini düşlüyorlarmış. Türkiye politikasına yön verenlerin dünyayı yorumlamayı, özümsemeyi bırakın, dünyaya bakmayı bile bilmedikleri anlaşılıyor.

Tanrısal Buyruk: Genişleme ve Yayılma

Amerika'da devleti kuran felsefe, ticaret ve sanayi burjuvazisinin çıkara dayalı dünya görüşünün ürünüdür. Devlet sisteminin kuruluş ve oluşumuna kaynaklık eden bu görüş, elbet onun iç ve dış siyasasının da ana dinamiği olacaktır. Elbet devlet yönetimi de bu görüş ve bunu temsil edenlerin egemenliği altında kurulacaktır. Yani devletin ilk adımdan başlayarak politika oluştururken ve uygulamanın her aşamasında paraya komuta edenlerle el ele olacağını düşünmek yanlış sayılmamalı. Yönetimin ve işleyişin temel ve belirgin özelliği de burada aranmalıdır. Bu açıdan bakıldığında, Amerikan sisteminin, iş çevreleriyle resmi çevrelerin uyumunu sağlayan, kendine özgü sistem olduğu görülür. Dolayısıyla, politikaların oluşturulmasında da yönetim, her zaman iş çevrelerinin etkilerine açık olacaktır. Dünyanın en büyük bankalarına, tekelleşmiş sanayi imparatorluğuna sahip iş çevreleri, gerekirse yönetime baskısı yaparak, istediklerini yaptıracak güçtedir. Pa-

---

171 Bölüm II'ye bakınız (s. 162 vd.).
172 İsmail Cem, *Türkiye'de Geri Kalmışlığın Tarihi*, s. 337-339.
173 aynı yerde.

ranın gücü ve etkisi yalnız kendi ülkesinde aranmamalıdır. ABD, ilişkili olduğu ülkelerin yönetimlerini de etkilemekte uzmandır.

Örneğin, Standart Oil Şirketlerinin kurucusu William Rockefeller, 1893'teki Brezilya İhtilali'ni önlemesi için, Cleveland Hükümeti'ne baskı yapar. Torun Rockefeller da, Başkan Eisenhower'a yeni emperyalizm sömürü politikasının ilkelerini dikte edecektir.[174]

1960'larda tekelci şirketlerin çıkarlarını engelleyecek her türlü ulusalcı devinimler ya da devrimler Amerika için tehlike sayılmış, askerlerle el ele verilerek darbeler (12 Mart ve 12 Eylül ve bir ölçüde 27 Mayıs) gerçekleştirilmiştir.

Amerika'ya özgü şu deyim, sistemin bağlı olduğu temel yapıyı, ekonominin etkinliğini ve dinamiklerini anlatmanın ötesinde ulusal çıkar ve tekelleşmiş şirketlerin gücüne işaret eder. Standart Oil'in güvenliği Amerika'nın güvenliği için önemlidir.

Standart Oil'ın 1962 yıllık Raporu'ndaki şu paragraf, ABD ulusal çıkarlarının tekelci şirket çıkarlarıyla özdeş olduğunu anlatmaktadır. "Çokuluslu şirketlerin hükümetlerinden uygulanmasını istediği politika tek formülle özetlenebilir: Standart Oil'ın güvenliğinin sağlanacağı bir dünya."[175]

Rapor şu sözlerle Standart Oil'ın hedefini açıklıyor: "Daha ideolojik terimler kullanılırsa, bunun anlamı 'hür dünyanın korunması ve sınırlarının mümkün olduğu zaman ve yerde genişletilmesidir. Bu ise Truman Doktrini'nin 1947 yılında kabul edilmesinden beri Amerikan politikasının açığa vurulan amacı olmuştur. Bu durumun sürekli tamamlayıcısı da dünya ölçüsünde büyük bir askeri makinenin kurulması ve sürekli kılınmasıdır."

Özetle, ABD'nin sosyal, ekonomik ve askeri politikaları tekelci büyük şirketlerin, holdinglerin çıkarlarıyla özdeştir. Amerika'yı ger-

---

[174] Rockefeller'ın Eisenhower'a yazdığı mektup için bkz. Ekler bölümü.
[175] Sweezy, Baran ve Magdoff, *Çağdaş Kapitalizmin Bunalımı,* Bilgi Yayınevi, Nisan 1975, s. 139-140.

çekte bu şirketler yönetir. Hatta askeri darbelerin ya da savaşların ardında bu şirketlerin eli bulunmaktadır. Örneğin; Şili'de Allende'ye karşı gerçekleşen darbeyi ITT'nin yönlendirdiği belgelenmiştir. CIA ve ITT'nin elbirliği ile Pinochet darbesi geçekleştirilmiştir. Çünkü sistem, bir yerde, "şirketlerin çıkarı, Amerika'nın ulusal çıkarları" demektir. Bu çıkarların korunması için, Amerika genişlemek zorundadır. Bu ona "Tanrısal istencin çizdiği kader"(!)dir. Papaz ve yazar Josiah Strong der ki;

"Nüfus üstünlüğü ve ardındaki zenginlikten gelen güçle birlikte, eşi görülmemiş bir enerjiye sahip olan bu ırk, - diyelim en geniş özgürlük, en saf Hıristiyanlık, en yüce uygarlığın temsilcisi - kendi kurumlarını bütün insanlığa kabul ettirebilmek için özellikle saldırgan nitelikler geliştirecek, bütün dünyaya yayılacaktır. Bu güçlü ulus, Meksika'yı, Orta ve Güney Amerika'yı, denizdeki adaları, Afrika'yı ve gerisini ele geçirecektir"[176]

Bu amaca ulaşmak için en büyük ırk olan Anglo-Sakson Amerika ırkının dili olan İngilizce, bir 'Dünya Dili' olmalıdır. Böylece, dünya Anglo-Saksonlara açılacaktır.[177]

Genişleme kuramcılarından biri de, Kaptan Alfred Thayer Mahan'dır. Mahan, genişleme teorisini, ahlaki bir eksene oturtma çabasıyla der ki: "Amerika, Batı Uygarlığının koruyucusu olarak, insanlığın iyiliği için çalışmalı." Görülüyor ki, bugün "hür dünyayı koruma" güdüsünün kaynağı, emperyalist düşünceyi doğuran o geçmişe dayanıyor.

Mahan, uzak denizlerde üsler kurulmasını, ticaret ve savaş filolarının eşgüdümlü olarak dolaşmalarını önerir. Uzak ülkelerde karakollar ve üsler kurulması, gemilere "kömür alabilecekleri, onarım yapabilecekleri, dinlenebilecekleri yerleri bulmak, ulusunun denizlerdeki gücünü geliştirmek isteyen hükümetin görevidir"[178] Mahan'a göre;

[176] Prof. Dr. Tükkaya Ataöv, agy., s. 34.
[177] agy., s. 35.
[178] agy., s. 45-47.

"Ülkenin refahı için, gözler yalnız içe değil, dışa da çevrilmeli (...) Artan üretime pazar beklerken, üretim gücünü kabul ettirmek ve ürünlerle pazarları birleştiren halkayı, yani ticareti genişletmek sonsuz amaçtır."[179]

1870-1896 arası geliştirilen bu düşünceler, eyleme hemen geçirilemez. Ve eyleme dönüşmekte gecikince 1896'da Turner, öteden beri savunduğu genişleme, demokrasi ve zenginlik ilişkisini *Atlantik Monthly*'de yayınladığı bir yazısında şu sözlerle açıklar:

"3 yıldan beri Amerikan hayatının temel gerçeği yayılma olmuştur. Canlı bir dış politika, iki okyanusu birbirine bağlayan bir kanal, deniz gücümüzün kabul edilmesine, uzaktaki adalarla komşu ülkelerde Amerikan etkisinin yayılmasını istediği bu hareketin devam edeceğini göstermektedir.[180]

Dışa açılma birden gerçekleşmez, geciktikçe de bunalım ekonomiyi etkiler. Topluma yön veren çevreler, basın yoluyla kamuoyu yaratma çabasındadır. *Washington Post*'ta çıkan bir yazıda 1890'ların Amerikası şöyle anlatılır:

"Yeni bir bilincin - güçlük bilincinin - ve onunla birlikte gücümüzü gösterme isteğinin bize egemen olduğu anlaşılıyor (...) Aşırı tutku, çıkar düşkünlüğü, toprak açlığı, gurur, yalnızca çarpışma isteği, adına ne derseniz deyin, yeni bir duygu bize canlılık veriyor. Ormanda kan tadını duyumsamak gibi halkın ağzında bir imparatorluk tadı var. Bu gelişme yeniden doğan Cumhuriyetin uluslar arasında yerini silahla alarak bir imparatorluk siyaseti gütmesi demektir."[181]

Senatör William Frye "pazar bulmalıyız, yoksa ihtilal olur," sözleriyle sarsmak ister toplumu. 1893'te Hawai işgal edilir. ABD Emperyalizmi, ilk adımı kıta dışına atmıştır artık. Yol açılmıştır!

Kaptan Mahan, bu olayı değerlendirirken geleceğe şöyle işaret eder:

---

[179] agy., s. 45-47.
[180] agy., s. 48.
[181] agy., s. 51-52.

"Bu tek başına bir olay değil, ileride başka olaylara yol açacak bir ilke, bir siyasettir. Hawai'nin ilhakı, yeterli bir içgüdüyle bağlantısız, gelişigüzel bir çaba değil, fakat bir ulusun belirmesinde kendi gerekliliğine inandıran bir ilk meyve ve işarettir."[182]

Newyork Üniversitesi eski tarih profesörü Braun, bu olayı, "Amerika ve dünya politikasında bir dönüm noktası" olarak alkışlar.

Daha sonra Küba'ya müdahale edilir. Neden mi? Senatör Beveridge'e göre, "Tanrı, yeryüzünün en üstün ırkı" olan "Amerikan halkını, dünyanın yeni baştan doğuşuna önderlik edecek halk olarak seçmiştir." Kennedy "Amerikalılar istediklerinden değil, kader böyle istediği için dünya özgürlük kalelerinin nöbetçisidirler," derken, Beveridge'in ruhunu canlandırıyordu. Burada, Senatör Beveridge'in 22 Nisan 1898'deki sözlerini ve düşüncelerini, gelin bugünlere işaret eden konuşmasının bir bölümünden izleyelim:

"Daha soylu ve daha erkek insanlardan doğan daha yüksek insanlıklar önünde, ancak uygarlıkların ve çürümekte olan ırkların ortadan kalkması Tanrı'nın sınırsız tasarısının bir parçasıdır. Amerikan fabrikaları, Amerikan halkının kullanabileceğinden daha fazlasını yapmaktadırlar; Amerikan toprağı tüketebildiğinden daha fazlasını çıkarıyor. Tutacağımız yol bizim için çizilmiş bir yazgıdır, dünya ticareti bizim olmalıdır, olacaktır. Ve bunu anamızın (İngiltere'nin) bize örnek olduğu biçimde yapacağız. Tüm yeryüzünde Amerikan ürünlerinin dağıtım noktaları olarak ticaret karakolları kurulacak, okyanusu ticaret filomuzla kuşatacak ve büyüklüğümüzle orantılı bir donanma meydana getireceğiz. Ticaret karakollarımızın çevresinde bizim bayrağımızı dalgalandıran ve bizimle ticaret yapan, kendi hükümetlerine sahip büyük sömürgeler kuracağız, kurumlarımız ticaretin kanatları altında bayrağımızı izleyecektir."[183]

Amerika'nın "kendi hükümetlerine sahip sömürgeler" politikası işte bu sözlerle başlamıştır. Askerlerin değil, ideolojilerin işgaline da-

---

[182] agy., s. 65.
[183] agy., s. 79.

yalı sömürge politikasıdır bu, ve askerlerin işgalinden daha tehlikeli sonuçlar doğurur. Çünkü idealleri, dili ve ekonomisiyle, dahası örf ve âdetleri, kültürüyle gelen emperyalizm toplumların özünü bozar, düşünce yapısını işgal eder. Asıl tehlikeli olan da budur.

Senatör O. H. Platt da, "Topraklarımızın her an genişlemesi, önünde durulmaz büyüme yasasına uygundur" der.

1890'larda söylenen bu sözlerden yola çıkan ABD, 1950'lerde Dean Rusk'ın diliyle, "dünya çok küçülmüştür, toprakla, suyla, atmosferle ilgilenmeliyiz," diyecektir. [184]

Başkan Truman'ın 12 Mart 1947'de Kongre'ye sunduğu mesajda söyledikleri de, Amerikalıların yarım yüzyıl sonra babalarının izinden gittiğini gösterir. Truman der ki:

"Dünyanın en güçlü devleti olarak üzerimize düşen sorumluluktan kaçınamayız. Bütün gücümüzü, bütün imkânlarımızı, bütün enerjimizi halkın ve hükümetin mantığını, inisiyatifini bir tek ödev için seferber etmeliyiz. Milletlerarası olayların gelişmesine ABD'nin etki etmesini sağlamalıyız."[185]

Görülüyor ki Truman da bu sözleriyle işte o geçmişten gelen ihtirası temsil ediyordu.

Bu alıntılar, ABD emperyalizmini doğuran "çıkar + güç = genişleme ve yayılma" denkleminin; zenginlik ve etkinlik için dünyayı ele geçirme amacının, Amerikan politikasında temel öğe olduğunu gösteriyor.

1992-2000 döneminde Amerika'yı yöneten Başkan Clinton'ın, "ulusal çıkarlarımızı koruyacağız, çıkarımız nerdeyse biz oradayız," sözleri, Kaptan Mahan'ın "uzak ülkelerde üsler kurmalıyız," sözleriyle aynı anlama gelmiyor mu? İkinci Dünya Savaşı sonrası ABD'nin Atlantik'te, Pasifik'te, Ortadoğu'da ve Hint Okyanusu'nda kazandığı üsler, Kaptan Mahan'ın, "gelişmemiş ülkelerde savaş karakolları kurul-

---

[184] Harry Magdooff, agy., s. 55.
[185] M. Fahri, *Amerikan Harp Doktrinleri*, Yön Yayınları, s. 179.

ması ve gemiler için lojistik ikmal üsleri sağlanması" önerisinin gerçekleşmesi değil midir? Ya Amerika'nın güvenliği için Müdahale Hakkı Teorisi'nin babası kimdir? Prof. Ataöv'e göre:

"Amerika, Theodore Roosevelt'in önderliğinde hem Latin Amerika'da, hem de Uzakdoğu'da müdahalelere hazırlanıyordu. Önce Batı küresine bakalım. Başkan Roosevelt Monroe Doktrini'nden bir 'netice-i lazime' *(corollary)* çıkardı. Bu, Monroe Doktrini'nin bir parçası olmasa da, Orta ve Güney Amerika'da herhangi bir devlet, toplumsal ve siyasal yapı bakımından Amerika'nın güvenini kazanamayacak olursa, Amerika gibi 'uygar bir ulusun' müdahale edeceği inancını yaymaya çalıştı ve siyasetini bu yönde uyguladı."[186]

"Açık Kapı Politikası"nın ekonomik bağımlılığa yol açtığını bir Amerikalı tanıktan dinleyelim. Tarihçi Williams, *Amerikan Dış Politikası* adlı kitabında şöyle vurguluyor:

"Endüstri bakımından gelişmiş bir ulus, daha zayıf bir ekonominin gelişmesinde denetleyici ve tek yanlı rol oynamaya çalışırsa, o zaman daha güçlü ülkenin siyaseti; tam ve açık olarak belirtilince, yalnızca bir imparatorluk siyaseti olarak tanımlanabilir. Ortaya çıkan imparatorluk, daha zayıf olan ülkenin günbegün genel valiler tarafından yönetilmesi ya da gelişmiş ülkeden gittikçe artan sayıda göçmen gelmesi anlamında gayri resmi bir imparatorluktur. Daha zayıf ve yoksul olan ulus, tercihlerini, güçlü toplumun doğrudan doğruya ya da dolaylı olarak saptadığı sınırlar içinde yapar."[187]

Sömürülmek Kader Değildir, Olmamalı da..!

Görülüyor ki, Amerika için genişleme ve yayılma; kimine göre tarihsel kader, - Darwinci görüş - kimine göre Tanrısal bir istenç-irade-buyruk, kimine göre ise "insanlığa özgürlük, eşitlik götürme" görevi. Ve emperyalizm, Amerika'nın varoluş felsefesinin dünyayı algılama ve yorumlama yöntemi, kısaca kapitalist sisteminin doğal, zorunlu ya-

---

[186] Aktaran, Prof. Dr. Türkkaya Ataöv, agy., s. 139.
[187] agy., s. 143.

şam koşulu ya da amacı, adına ne derseniz deyin, Amerika işte bu karmaşık sistemle dünyaya hükmetmenin hazzı içinde yol arıyor.

Yeni emperyalizm, gizli güçleriyle, zora dayalı sömürü sistemiyle, dünyanın son yarım yüzyıldır katlanmaya zorlandığı bir sistem. Bu sistemden kurtulmanın mantığı ve yolu onu tanımakta aranmalıdır.

Emperyalizmle çıkar ilişkisi kurulabilir mi? Tarihçi Williams'a göre hayır. Peki, ondan kurtulabilir miyiz? Evet, üretici güçlerin önayak olacakları bir devrimle.

O güne değin, toplumların sömürü düzenine karşı çıkacak bilinç ve gücün sağlanması için çalışmalıyız. Emperyalizm kader değil, kapitalist sistemin ürünüdür. Bugünlerde kapitalist sistem dünyayı yeniden ele geçirmektedir. Yine de, geleceğe umutla bakmamız için çok neden var gibi geliyor. İnsanlığı toptan köleleştirme olanağı bulunamamıştır. Yoksa dünyanın sonu gelmiş demektir. Kölelik ve zillet, insanlığın kaderi ya da ayıbı olmamalı, olmayacaktır.

Bunun için önce, genelde emperyalizmin, özelde ABD'nin yapısı, felsefesi ve politikası incelenmeli, zayıf noktaları saptanarak, savaşım planları hazırlanmalıdır. Eğer geçmişte bu yöntem uygulanmış olsaydı, ona göre politika saptanır, tuzaklara düşülmez, bu bölgede Amerika'nın çıkar bekçiliği yapılmaz, tarihimize utanılası bir not düşülmezdi. Bu çıkmazdan kurtuluş yolları vardır.

Gecikilmiş midir? Elbette! Ama bu, her şeyin bittiği anlamına gelmez. Mustafa Kemal'in Ulusal Kurtuluş Savaşı'na başlarken dünyaya haykırdığı ilkelerden yola çıkılarak, bugünlerden bu tuzaklardan kurtulmanın yollarını aramalıyız.

Emperyalizmin yenilmezliğini düşünmeyelim. Geçmişte bir tek biz yenmiştik. Bugün neden yenmeyelim?

2

ABD, Ortadoğu ve Türkiye

"Basra Körfezi'nin ulaşıma açık tutulması açısından da Türkiye kritik bir noktadadır. Ki bu konuda Türkiye'nin yaratabileceği alternatifler zaten inceleme altındadır. Mısır, Sudan, Somali, Kenya ve Umman'daki üsleri birbirine bağlayan su yollarının kesiştiği nokta olan Doğu Akdeniz, eğer Türkiye nötr bir yol seçerse, tehdit altında kalır."

Wohlstetter Doktrini'nden

"Özellikle Doğu Türkiye'nin önemi arttı. Çünkü ittifak içinde insan fazlası olan tek ülke Türkiye. Cepheye dizi dizi insan sürülebilir. Avrupalılar bunu yapmakta Kore Savaşı'ndan bu yana isteksiz. Doğu Türkiye'de yapılmasına başlanan yeni üsler de, bu bağlamda çok önem taşıyacak. Bu üsler, her ne kadar kâğıt üzerinde Basra Körfezi ile irtibatlandırılamıyorsa da, müstakbel bir kriz anında büyük hizmetleri geçecek."

Prof. Eliot Cohen
ABD Donanma Akademisi, Stratejist Öğretmen - 1986

> *Bunun bir avantajı da şu: Türkiye dışındaki NATO üyelerinin Körfez'e tahsisli birliklerini Körfez'e yakın bir üste konuşlandırmaları çeşitli siyasal sorunlara yol açar. Oysa, Türkiye'nin Türk birliklerini konuşlandırmamak için Körfez'e yakın bir üs aramasına gerek yoktur, çünkü zaten en yakın üs Türkiye'nin kendisidir."*
>
> Wohlstetter Doktrini'nden

ABD emperyalizmi teorisyenlerinin değişik yer ve zamanlarda ürettikleri bu kuramlara göre, ABD için önemimiz, "insan fazlasının dizi dizi cepheye sürülebileceği" ve bizdeki üslerin gerçekte emperyalizmin Basra Körfezi ve Güney Batı Asya'daki çıkarlarının korunmasında kullanılacağı düşüncesidir.

[Burada Ek 6'da yer alan Perle ve Burt'la yapılan bir söyleşideki şu sözleri de belleğimizde tutarak değerlendirme yapılması gereğini okuyucunun dikkatine sunmalıyım.]

"Bir tek Amerikan askerini Türkiye'de tutmak, bize 90 bin dolara mal oluyor. Oysa bir tek Türk askerinin Türk Hükümeti'ne maliyeti 6 bin dolardır," diyor Perle. Böyle ucuz insan deposudur Türkiye, Amerika'nın gözünde.

Perle ve Burt'e göre Ortadoğu'daki rolümüz ABD'nin çıkarlarının bekçiliğidir. Bu çalışma, işte bu gerçeğin belgelerini sunuyor.[188]

---

[188] Çerçeveli ifadeler, Ufuk Güldemir'in *Çevik Kuvvetin Gölgesinde* adlı yapıtından alınmıştır.

BU VATANA NASIL KIYDILAR

İnsan olan vatanını satar mı?
Suyun içip ekmeğini yediniz.
Dünyada vatandan aziz şey var mı?
Beyler bu vatana nasıl kıydınız?

Onu didik didik didiklediler,
Saçlarından tutup sürüklediler,
Götürüp kafire: "Buyur.." dediler.
Beyler bu vatana nasıl kıydınız?

Eli kolu zincirlere vurulmuş,
Vatan çırılçıplak yere serilmiş,
Oturmuş göğsüne Teksaslı çavuş.
Beyler bu vatana nasıl kıydınız?

Günü gelir çark düzüne çevrilir,
Günü gelir hesabınız görülür.
Günü gelir sualiniz sorulur:
Beyler bu vatana nasıl kıydınız?

Nâzım Hikmet, Şiirler 1951-1963, Bütün Eserleri,
c. 2, 1959, Sofya Baskısı- 1967

Ortadoğu'da Emperyalizmin Bekçisi Olmak

Önce, şu haberi okuyalım:

> ### "Demirel'e iletilen ABD kararı"

Hürriyet'te, 13 Mart 1993'te yayınlanan Ertuğrul Özkök'ün yazısı, bu tümceyle başlıyor ve şöyle sürüyor:

> "ABD'nin Ankara Büyükelçisi Barkley, geçen pazartesi günü Başbakan Demirel'in önüne ABD Hükümetinin Ermenistan'a yardım kararını koyuyor. ABD'nin yardıma başlaması, Türkiye'nin endişe ile beklediği bir karardı. Çünkü ABD böyle bir operasyonu başlatınca, dünya medyası bir anda bu olaya yöneliyor. O nedenle Demirel, 'yardım edecekseniz eşit davranın, Azerbaycan'a da yardım edin' diyor. ABD, bu tavsiyeyi dinleyecek mi? Şimdi Ankara'da bunun cevabı bekleniyor!"

Demirel'in önüne konulan kararla, ABD'nin Türkiye'yi Erivan'ı tanımaya zorladığı anlaşılıyor. Yani ABD, Türkiye'ye "Ermenistan'ı tanı" diyor. Ne denli çirkin bir egemenlik hakkımıza saldırı değil mi? Bu, bağımsızlık savaşı vermiş bir ülkeye emperyalizmin saygıyı aşan dayatmasıdır. Bu hareket, Lozan'ı tanımayan Amerika'nın, dost saydığı, birçok ittifak bağlarıyla ortaklık içinde bulunduğu ülkeyi kendi kararını uygulamak için zorlaması sayılmaz mı? Bu hareketin asıl anlamı, egemenlik ve bağımsızlığını savaşarak elde etmiş bir ülkenin başbakanına, "o egemenliği ve bağımsızlığı bugün de tanımıyorum," demek değil mi? Sorular ve birbirini izleyecek sorunlar bitmeyecektir. Bu, dostluk politikasının sınırlarını aşan bir gelişme, dahası saldırıdır. İlgili ülkeyi bir tür aşağılama denemesidir. Buna, ancak çıkarlarından başka bir şey gözetmeyen emperyalizmin mantığı izin verir.[189]

---

[189] 19 Mart 1993 tarihli *Cumhuriyet* gazetesinde yer alan bir haber, Clinton yönetiminin bize bakış açısını netleştiriyor. ABD yönetimi "Türkiye'den, Erivan'la diplomatik ilişki

Bu mantık, ABD'nin, dayattığı her kararın ya da önerinin kabul ve uygulanmasını isteme hakkı olduğu anlamını içerir! Böyle bir mantığı benimsemek, egemen ulusun başka bir egemenin kararlarını uygulaması gibi bir olmazı onaylamak değil midir? Bu, bir ulusun kendini inkâr etmesi demektir. Çünkü bu uygulama, bir ulus için varolmakla olmamak arasındaki sınırı aşmayı hoşgörmenin yollarını açar. Ve buradan çıkarak şu sonucu kabul etmiş oluruz: Amerika bizi her emrinin yerine getirileceği bir statü içinde görüyor demektir ki, bu egemenlik haklarımıza saygısızlığın ötesinde anlamlar içerir. Başkanın bizim Başbakanımıza, kendi memuruna emir yollar gibi, kendi memuru eliyle karar yollaması kabul edilemez olmanın ötesindeydi! Bunun bir de hele basın yoluyla kamuoyuna açıklanması, Türkiye'yi dünya önünde güç durumda bırakmıştı.

ABD, hangi yetkiyle böyle bir istemde bulunabiliyordu? Bu olayda yanıtı aranacak soru bu olmalıydı. Bu sorulara yanıt ararken, 1993 yılında *Milliyet* gazetesinde yayımlanan, M. Ali Birand'ın, zamanın ABD Savunma Bakan Yardımcısı Richard Perle ve Dışişleri Bakan Yardımcısı Richard Burt'le yaptığı söyleşiyi anımsadım. O söyleşide dile getirilen kimi görüşlerden, Amerika'nın bizi Ortadoğu'daki çıkarlarının bekçiliğine layık gördüğü sonucu çıkıyordu.

Bu haber / yorumu değerlendirmek için o yayını buldum, okudum ve Amerika'ya bu davranış kolaylığını bizim yöneticilerimizin geçmiş yıllarda yapılan sözleşmelerle verdiğini saptadım.

Şimdi o söyleşideki konumuzla ilgili bölümleri, ama önce bir paragrafı, bir soruya verilen yanıttan başlayarak okuyalım. Richard Perle;

"Bizim Türkiye'ye Ortadoğu'da herhangi bir rol alması için baskı yapmamız söz konusu değildir (...) Ama Türk Hükümeti isterse karar verir, rol alır."[190] der ve daha sonra ekler: "Türkiye'yi Ortadoğu'da

---

kurulmasını" istemiş! Ayrıca, şimdiye dek sadece demiryolu kullanılırken, Bill Clinton yönetiminin istemi üzerine, yeni bir kamyon yolu yapılacakmış! Anlaşılan bizi bize bırakmaya niyetleri yok...

190 Mehmet Ali Birand, "Richard Perle ve Richard Burt'la Söyleşi", *Milliyet*, 24 Nisan 1993.

bekçi gibi bir duruma sokma çabasında değiliz, stratejimiz bu değil. Ama (...)"

Bu 'ama'nın nedenini anlatmak için o söyleşideki bir tümceyi bir daha okuyup düşünelim:

"Bir tek Amerikan askerini Türkiye'de tutmak bize yılda 90 bin dolara mal oluyor. Oysa bir Türk askerinin Türk Hükümeti'ne maliyeti yılda 6 bin dolardır."

Evet doğrudan "benim bekçim ol" demiyor, ama uygulama ve yukarıdaki değerlendirmelerden bizi bekçiliğe uygun gördüğü, bunu az masrafla sağlanacağı için yeğlediği anlaşılmıyor mu?[191]

Bu yanıtı okuduktan sonra, Amerika'nın bize neden, hangi hak ya da yetkiyle rol vermeye kalkıştığını sorgulayabiliriz. Ama Amerika'yı eleştirmeden önce, bizi bu konuma getiren sözleşmeleri imzalayan yetkililerimizi sorguya çekmemiz gerekmez mi?

Şöyle de düşünülebilir, ki o zaman yanıttaki değerlendirme yanlış sayılmaz, ama yine de Amerika'ya "Sen hangi hakla ve yetkiyle bana çıkarlarının korunması için bekçilik rolü veriyorsun?" diye sorulamaz. Bu, o sözleşmelerin imzası sırasında politikanın kendine özgü dili ve uygulamasının sonucudur.[192]

---

[191] Amerika'nın bizi kendi emrindeki asker gibi gördüğü ve istediği an istediği yerde görevlendireceği düşüncesinde olduğu son Irak olayında belgelenmiştir. Ancak TBMM'nin 1 Mart 2003 tarihli onurlu ve gerçekten tarihsel kararı, o sanının yanlışlığını gösterdi.

[192] Eski Milli Savunma Bakanlarından Hasan Işık, 1981 Şubat'ında verdiği bir demeçte Türkiye ile ABD arasındaki ilişkiyi şu ilginç değerlendirmeyle ele alır.:
"Galiba dışarıda Türkiye'nin Ortadoğu'da özellikle de Körfez Bölgesi'nde yeni işlevler üstlenmesini isteyenler var. Ve bununla yetinilmiyor, Türkiye'nin bunu hiç talep beklemeksizin kendiliğinden yapması yeğleniyor."
Hasan Esat Işık'ın bu demeci Teoman Erel'in *Milliyet* Gazetesindeki köşesinde, (23. 02. 1981) yer alır. Işık şöyle sürdürür:
"Belki de ABD ve Batı, Türkiye'nin bu kadar tepki göstereceğini hesaplamamıştır. Şimdi ortalığı sakinleştirmek, girişimlerini kabul edilebilir bir görünüme sokmak ve en ucuz biçimde gerçekleştirmek için zaman kazanıyorlar."
Teoman Erel "ABD Genelkurmay Başkanı Orgeneral David Jones, askeri harcamalarla ilgili raporunu biz böyle bir merak içindeyken Kongre'ye sundu" der ve "General, Kör-

ABD, bize Ortadoğu'da biçtiği bekçilik rolünü Perle'ün diliyle açıklıyor. Bu dolaylı bir dille anlatılıyor, politikacı diliyle! Amacını sözcüklerin ardında saklayarak diyor ki:

"İran'la Türkiye arasında çok önemli farklar var. Sizi Ortadoğu'da bekçi gibi bir duruma sokma çabasında değiliz."

Bu söylemle de, baklayı ağzından çıkarıyor. Daha önce bir başka soruyu yanıtlarken, "Ama," demişti, "Türkiye isterse rol alabilir." Daha sonra da, bu rolün *bekçilik* olduğunu söylüyordu. ABD, Ertuğrul Özkök'ün haber / yorumunda açıklandığı gibi, aldığı kararı Ankara'daki elçisi kanalıyla başbakanımıza elden yollayarak, bu konuda bize verilen rolün önemini vurgulamak istiyor olmalı, değil mi?

Richard Perle ve Burt'le söyleşinin TSK'ya ilişkin değerlendirmeleri, ABD için bugün bile, salt ABD - Türkiye ilişkilerinde değil, emperyalizmin küresel amaçlarına ışık tuttuğu için çok önemlidir, işlerini iyi bilen ve usta bir tartışmacı ve diplomat olan bu ikilinin sözleri, söyleşi arasında kimi sözcüklere yükledikleri anlamla daha da önem kazanmıştır! Bu söyleşide, o sıralar Doğu Anadolu'da yapılan hava üslerine, Amerikan askerlerinin yerleştirilmesine Türkiye'nin izin verip vermeyeceği de tartışılmıştır. Mehmet Ali Birand'ın Doğu Anadolu'da günün koşullarına göre, "son derecede ileri teknolojiye göre" yapıldığına işaret ettiği bu üslere, Türkiye'den çok ABD'li askerlerin yerleştirileceği kanısını içeren sorusuna, Burt'ün yanıtı şudur:

"Bütün bu yapıların, Amerikan askerinin oraya gelmesini sağlamaya yönelik olduğu kavramı bir noktayı gözden kaçırıyor. O da, ya-

---

fez konusuna şöyle girdi," diyerek, Amerika'nın bizden ne istediğini yetkili ağızdan aktarır:

"ABD'nin Batı Avrupa, Kuzeydoğu Asya ve Güneybatı Asya'da çıkarları vardır. ABD'nin güvenliği, Batı Avrupa ve Kuzeydoğu Asya'daki müttefiklerine sıkı sıkıya bağlı olduğu için ve onlar Güneybatı Asya'daki petrol kaynaklarına bağlı olduklarından, bir bölgedeki ABD stratejisi öbür bölgeler tarafından desteklenmelidir..."

Şu Irak olayının çok eskilere dayanan geçmişi Amerika için yaşamsal önemini anlatmaya yeter mi, bilmiyorum. Ama görülüyor ki, ABD bizi bu bölgede çıkarlarının bekçiliğine soyundurmuş. Kusur Amerika'nın mı, derseniz; HAYIR, derim.

pacağımız en iyi işin Türkiye'nin kendisini korumasını sağlamaktır. Çok daha az masraflı bir yaklaşımdır bu."[193]

Bu sözler, ilk bakışta ABD'nin savunmamız için beslediği iyi (!) duyguların açıklanması gibi algılanabilir. Ancak, ABD'nin emperyalist felsefesi / stratejisi ve Türkiye'de bulunuşunun nedeni düşünüldüğünde, bu sözlerin gerçeği yansıtmaktan uzak olduğu; ikilinin, konuları belli bir amaçla birbirine karıştırdığı ve her zaman yaptıkları gibi kendilerince önemli olanları gizlemeyi başardıkları görülüyor. Bu sorudan önce, bir başka soruya verilen yanıtta söylenenleri burada yineliyorlar. Söyledikleri şudur:

"Askeri yönden Türkiye'nin oynayabileceği rol, *kendi sınırları içinde askeri gücünü artırmak*, kendi öneminin boyutlarını geliştirmektedir. Türk gücü sınırları dışına taşırılmasını değil, eğer Türkiye kendi sınırları içinde güçlü olursa, NATO da güçlenir."[194]

Bu söylemle, ABD bize, "sen işine bak, kardeşim. Önce kendini güçlendir. Bu üsleri kullanmak senin harcın değil," demek mi istiyor? İlk anda böyle bir anlam çıkarabilirsiniz, ama tarihin yazılışını yaşayarak gördükten sonra, bu sözlerin bir şeyleri gizlemek amacı ile söylendiği anlaşılır. Gazeteci haklı olarak soruyor. "Bu üsler neye yarayacak?" Konuğunda "Başımıza bir bela daha almayalım," düşüncesi

---

[193] ABD Donanma Akademisi Stratejisi Bölümü Profesörü Elito Cohen, bir konuşmasında, Doğu Anadolu'daki üsler için der ki: " Özellikle Doğu Türkiye'nin önemi arttı. Çünkü ittifak içinde insan fazlası olan tek ülke Türkiye, cepheye birbiri ardına insan sürülebilir. Avrupalılar bunu yapmakta Kore Savaşı'ndan bu yana isteksiz. Bu üsler her ne kadar kâğıt üzerinde Basra Körfezi ile irtibatlandırılamıyorsa da müstakbel bir kriz anında büyük hizmetleri geçecektir." (Aktaran: Ufuk Güldemir, *Çevik Kuvvetin Gölgesinde*, s. 38) Amerika'nın Türk insanını cepheye sürülecek av gibi nitelemelerini düşündüğümde, Irak saldırısında TBMM'nin o kararının ne denli tarihi değeri olduğunu anladım; ABD'nin neden bu denli kızgın olduğunu da... Bu tehlike geçmiş değildir... Bugün anlaşılıyor ki, Amerika hem Körfez Harekâtı'nı, daha da ileri Kafkas ve Avrasya'ya yönelik stratejik hedeflerini düşünerek kurmuş Güneydoğu'daki üsleri... Türkiye'yi işgalin ön hazırlıklarıymış onlar...

[194] Bu sözlerin politik değeri bile olmadığı, güçlenmemizin istenmediği gizli değildir. Bu konu ileride "Bir ABD'li Gözüyle 1977'lerde Türk Ordusu" başlığı altında ele alınmıştır.

egemen. Soru çok açık, ama yanıt açık değil, dahası biraz da suçlayıcı. Suçlayarak konunun üzerine gidilmesi önlenmek istenmiş!

Bu üslerin neye yaradığını, ülkemde NATO dışı alanları kapsayan bir strateji için hazırlanıldığını, 1990'larda ve günümüzdeki Körfez Krizleri sırasında gördük. Anlaşılıyor ki ABD, emperyal stratejisini 1980'lerden başlayarak uygulamayı düşünmüş, Ortadoğu'ya ilişkin geleceğe yönelik taktik planlarına uygun düzenlemeleri yürürlüğe koymuş. O üsler bu taktik uygulamalarının ön çalışmaları olan "Acil Müdahale Gücü", "Çevik Güç" derken, "Çekiç Güç"ler içinmiş.

Bu planların içinde, Türkiye'nin bütünlüğüne yönelik olanların bulunup bulunmadığına, olayların akışı izlenerek yanıt aranmalıdır.

Söyleşide, "Türkiye'nin kendini koruması ve askerinin güçlenmesi" vurgusunda saklanan, ABD'nin askeri varlığının, Ortadoğu ile ilgili planları için bu üslerden yararlandırılması gerçeğidir. Ama, bu hazırlığın o günler için olmadığı, gelecekteki planları için olduğu zamanla görülecek ve anlaşılacaktı. 1980'lerden bu yana önce "Acil müdahale Gücü", sonra "Çevik Güç" adı ile anılan ve herhangi bir sorunda, o bölgeye akıp ABD'nin bölgesel ve giderek küresel çıkarlarını koruyacak sistemler geliştiriliyordu.

Çekiç Güç, bu sistemin parçasıydı. Ama Perle ve Burt ikilisi bunu açıklamak istemiyordu.

Güneydoğu'da Yeni Üsler

Perle daha sonra, "Doğu Anadolu'da bir savunma boşluğu olduğunu, bu boşluğun hava desteği ile doldurulması gerektiği"ni işaret ederek der ki:

"Sovyetler'in Kafkasya'da 20 tümeni var. Bu üsler, onları bir saldırı kararından caydırmaktadır. Dolayısıyla, bu üslerdeki uçaklar, savunma görevi yapan uçaklar olacaklardır. Türkiye'nin doğusunda Amerikan mevcudiyeti kolay iş değildir. Bununla birlikte, Sovyetler NATO'ya karşı bir tehdit teşkil ediyorlarsa, o zaman ittifakın bu bölgesinde mevcut olan hava boşluğunu doldurmuş oluyoruz."

Bu sözlerin ABD'nin Ortadoğu'ya yönelik planlarının gizlenmesi için söylendiğini görmek için, olaylara dikkatle bakmak yetecektir. Aynı söyleşide, Perle, Türkiye'nin savunma gücü üzerine ABD Senatosu'ndaki konuşmasından da söz eder; özetle, "Türk ordusunun savunma gücü çok zayıftır." der. Sorulmaz, ya da düşünülmez ki, *'Yahu, ABD ulusal güvenliğimiz ve ulusal bütünlüğümüzün korunması için yardım ediyordu değil mi? O tarihten bu yana geçen yarım yüzyılı aşkın süreçte, koruyucu yardım şemsiyesi altındaydık. Bizi bu duruma yardımlarıyla mı düşürdüler dersiniz?'* İşte, asıl yanıtı aranacak soru bu idi. Buradan çıkarak Amerika'nın bize hangi gözle baktığını bulabiliriz.

Perle, Doğu Anadolu'daki üslerin kullanılması üzerinde durur ve "Türkiye'nin doğusundaki üslerin kullanılmasıyla ilgili eğilimimiz tamamen savunma niteliğindedir," der ama, hemen bunu izleyen tümcesiyle de, bu yanıtın gerçeği saklama amaçlı olduğu anlaşılır. "Dolayısıyla amacımız, savunma olmakla birlikte, Sovyetler niyetimizin değişmeyeceğinden emin olmadıklarından, buna göre hareket etmek gereğini duyacaklar ve bu durum da caydırıcılığı yaratacaktır."

Perle, üslerin Türkiye'nin savunmasına katkısı olduğunu vurgulamayı sürdürür. Birand'ın bir sorusu üzerine Burt, "Türkiye'yi Ortadoğu'da bekçi gibi bir duruma sokma çabasında değiliz, stratejimiz bu değil," der ama, bu yanıt M. Ali Birand'ın kuşkularını gidermez. Birand, sorusunu yineler. Soru açıktır: "Bana bu üslerin Çevik Kuvvet tarafından kullanılmayacağını, buraya Amerikan askeri yığılmayacağını, Türkiye'ye NATO görevi dışında, Ortadoğu'ya yönelik ve bugünün dışında, daha değişik ve aktif bir rol verilme niyetinde olmadığınızı (tabii Türkiye kabul eder veya etmez) söyleyebilir misiniz?"

Soru çok açıktır, ama Burt'ün yanıtı yine kaçamaklarla doludur.

"Böyle bir durumda her olasılığı düşünmek gerek" diye söze başlar ve "Türkiye'nin böyle bir rolü oynayamayacağını savunmak istemiyorum. Bu karar, Türk Hükümeti tarafından verilecek bir karardır. Bizim Türkiye'ye Ortadoğu'da herhangi bir rol alması için baskı yapmamız söz konusu değildir" diye bitirir.

Birand'ın istediği yanıtı almış olduğu anlaşılıyor. Özetlersek, ABD, bize Ortadoğu'daki çıkarlarının bekçiliğini yaptırmak istemektedir. Bu sözlerden çıkan anlam budur. O günden bu yana gelişen kimi olaylarla, bizi istediği gibi kullanamamıştır ama, politikasının bu olduğu kuşku götürmez. Her ne kadar Burt, "baskı yapmamız söz konusu değildir. Esasen politikamız da bu değildir" dese de.[195]

Demirel'e Başkan Clinton'ın yolladığı karar, yıllar sonra bize hangi görevin verildiğini göstermiyor mu?

Burt ve Perle'ün *savunma* dedikleri, Ortadoğu'daki Amerikan çıkarına karşı girişilecek, doğrudan ya da dolaylı saldırı sayılacak girişimleri önleyecek açık ve gizli eylemlerdir. Amaç, ulusal kurtuluş hareketlerini, sosyal uyanışları engellemektir. Savunulacak şey, Amerikan çıkarlarıdır. Burt'ün işte bu nedenle, "sizi bekçi gibi bir duruma sokma niyetinde değiliz" derken, soru üzerine de, "biz baskı yapmayız, ama Türk Hükümeti isterse karar verir ve rol alır" sözü, bekçiliğin bizim kararımıza bağlı olduğunu, ama bunun bir seçeneğinin de olmadığını özenle vurgulamıyor mu?

Amerika'nın gerçek amacını bilerek, bu ülkeyle olan ilişkilerimizi, diplomatik sözlerin anlamını, gerçek yaşamdaki deneylerle saptayarak düzenlememiz gerekir. Diplomasinin sözlerinin arka yüzünü anlamadan kurulan ilişkiler, bir ulusu böyle bekçi yapmakla kalmaz, hatalarınız birgün yüzünüze karşı açıkça söyleniverir.[196]

Türk Askeri Ucuza Gelir

Bu söyleşiden çıkan sonucun bize ders olması gereken bir başka yönü var. Perle, bu bölgenin Türk askerinin korumasına neden verildiğini de anlatıyor. Bu anlatım, ABD askerlerine verilen değer ile Türk askerine verilen değerin parasal ölçütüne ışık tutmakta ve elbet, bekçiliğin değerini göstermektedir. Perle'e göre, Türkiye'nin alacağı rol çok daha az masraflıdır. "Bir tek Amerikan askerini Türkiye'de tutmak," diyor

---

[195] ABD, İkinci Körfez Savaşı'nda bizi zorlamış, istediği sonucu alamayınca da cezalandırma yolunu seçmiştir.
[196] Örneğin, Bush'un söyledikleri.

Perle "bize 90 bin dolara mal oluyor. Oysa Türk askerinin Türk Hükümeti'ne maliyeti yılda 6 bin dolardır." Bu ölçüte göre, acaba bir Türk generali kaça mal olur? ABD utanmasa ya da biz biraz daha vurdumduymaz olsak, kendisince bilinen bu değeri de açıklar. Bu aşağılayıcı ölçütü, sorumluların sorumsuzluğuna iletirim.

Görülüyor ki, ABD'nin bize biçtiği rol, ucuza geldiği için kendi açısından kazançlıdır. *Oltaya yakalanmış balığın değeri ne ola ki?* ABD işte bu nedenle bizi, bir savaş ya da krize değin ve krizin ilk günlerinde, caydırıcı bir öğe olarak kullanmak istiyor. Ne de olsa ucuza geliriz! Uluslararası tröstlerin çıkarlarını ucuz bir bekçi ile korumak, yeni emperyalizmin dehasıdır.

Truman Doktrini'nin ilk uygulandığı yıllarda ABD Ankara Büyükelçisi olarak görev yapan ve Türk dostu olarak bilinen McGhee'nin bizim için söylediklerini de anımsayalım... eski büyükelçi bizim ısrarla yardım diye çırpınışımızı değerlendirirken "Ne var ki?" diyordu, "Türkiye bir kukla, Amerika da enayi değildir." Bu da bir değer biçmedir. McGhee'nin biçtiği değer de bu sözlerin ardındaki, işte o tek Türk askerinin Türk lirasıyla ölçülen değeridir. ABD'nin bize biçtiği değer budur: Acı ama gerçek!

Perle ve Burt'ün, Türk Silahlı Kuvvetleri'ne, ülkesini koruması için getirdikleri öneri üzerine olsa gerek, Birand soruyor: "Yardımda Türkiye - Yunanistan oranı ve kısıtlama hakkında ne düşünüyorlar?" İkili, görünüşte bu orana. Türkiye'nin gereksinmeleri Yunanistan'dan fazla olduğu için karşıdırlar. O günlerde Kongre'ye sunulan bir mesajda Türk Ordusu'nun gücü tartışılmıştır. Birand sorar: "Türk ordusunun gücü konusunda Kongre'ye verilen mesaj nedir? Böyle bir açıklama, yani ordusunun zayıflığı dolayısıyla NATO güney kanadının büyük güçsüzlük yaşadığı, karşı tarafa (Sovyetler'e / - E.D.) söylenmiş olmuyor mu?" Perle şu yanıtı veriyor: "Doğru, ama demokrasinin cilveleri."

Birand soruyor; "Peki Kongre'deki gizli toplantıda hakkımızda neler konuşuldu?" Perle'ün Yanıt ilginç, ama bakışlarında bir değişiklik yok: "Yine Türk ordusunun durumunu anlattım. Artık o kadarının dışarıya sızmaması gerektiğinden, kapalı oturum istedik."[197]

Özetle, ABD açısından, TSK'nın durumu iç açıcı değildir. Çoğu kez söyledikleri gibi "hantaldır, araç gereç ve silah yönünden yetersizdir." Gizli oturumlara konu olacak başka sorunumuz var mı, bilemiyoruz. Ama tüm bunları değerlendirerek, bu duruma nasıl geldiğimizi, emperyalizmin tuzaklarındaki yıllarımızı düşünmenin de görevimiz olduğunu biliyor muyuz dersiniz?

Burada bir parantez açalım ve 1978'de NATO Başkomutanı Org. Haig'in bir değer yargısını aktaralım. *Günaydın* Gazetesinin 01 Kasım 1978 tarihli haberine göre; NATO Başkomutanı Haig o günlerde yeni çıkan, askerlik ve savunma konularını içeren *MS* adlı dergiye verdiği demeçte, "ambargo sonunda TSK'nın etkinlik ve yeteneklerinde büyük bir düşüş görüldüğünü" belirtir. Haig, TSK'nın NATO savunmasının önemli bir parçası olduğunu, ambargonun bu kuvvetlerin sağlayacağı potansiyel savaş gücüne yansıdığını ileri sürmüştür. Perle'ün, "Türk Ordusu zayıf" dediği tarih 1983. Haig'in 'yetersiz' dediği tarih ise 1978'dir. Anlaşılan o ki, ABD bizimle dalga geçiyor ya da hiç ciddiye almamış, almıyor da![198]

Şöyle bir düşünelim: Demek ki 1947'den bu yana yapılan yardımlar (!) 35 yıl sonra ordumuzu yetersiz noktaya getirmiş! Peki bu nasıl yardımmış ki, bir Ulusal Kurtuluş Savaşı vermiş ulusun ordusu, böylesine yetersiz durumdadır? Bu sorunun tek yanıtı vardır: Türkiye, yardım tuzağına düşürülmüştür. Yardım, ancak emperyalizmin çıkarları için yapılır, Türkiye'yi güçlendirmek için değil.[199] Türkiye'nin

---

[197] 1983 Yardım Yasası'nın, ABD senatosundaki görüşmelerinin bir bölümü gizli oturumda yapılmış. Perle, bu toplantılardaki konuşmalarla ilgili soruyu böyle yanıtlıyor.
[198] Ama 1990'larda Türk Ordusu ABD kıskacından kurtulduğu kadar, silah ve araç gereç sağlayacak ve Ortadoğu'nun en güçlü ordusu olacaktır. Elbet ABD etkisini en aza indirerek! Böylece Amerika'nın bizi yalnız Demirperde (Sovyetler'in sınırına verilen ad) karşısında ilk hedef olarak gördüğü de belgelendi.
[199] Ufuk Güldemir, Sisav'ın 1982'de düzenlediği "1980'lerde NATO" konulu bir toplantıda konuşan ABD'li ünlü stratejist Prof. Wohlstetter'in şu sözlerini aktarır: "Türkiye'yi Türklere bayıldığımız için değil, son tahlilde Batı'nın petrolünü koruduğu için güçlendirmeliyiz." (Ufuk Güldemir, *Çevik Kuvvetin Gölgesinde,* s. 50)

güçlenmesi de emperyalizmin işine gelmez. Bu duruma bize özgü olarak hazırlanmış bilinçli programlarla getirildik. O programlar gereği dikkatlerimiz saptırılmıştı.

Perle, aslında şunu söylemek istiyor. "Bu zayıf halinizle bu işin altından kalkamazsınız. O nedenle biz Doğu Anadolu'ya gelelim. Nasıl olsa geleceğiz ama, sizin izninizle gelirsek, zorla gelmiş sayılmayız." Bir yandan bunu demek istiyor, öte yandan görüyorsunuz ya, bu ordu zayıftır, Ortadoğu'daki çıkarlarımız için Türkiye'de üs sağlamamız gerekir. Burt ve Perle'e göre, bugünkü Türkiye ancak bekçilik yapabilir.[200]

Bir ABD'li Gözüyle 1977'de Türk Ordusu

Nedendir bilinmez, 1977 yılının Kasım ayında, Türk basınından saklanan bir gezi düzenlenir. Bu geziyi, *Yankı* Dergisinin 8 Kasım 1977 tarihli sayısında çıkan *"Türkiye Kurban"* başlıklı haberden öğrendik. NATO Genel Karargâhı'nın düzenlediği bu geziye Türkiye dışındaki NATO ülkelerinin gazetecileri çağrılır. *Yankı* Dergisi de, bu gazetecilerin yazıları ve değerlendirmelerinden yola çıkarak, haberi; *"Türkiye Kurban"* başlığı ile verir. Gezinin yapıldığı tarihte, ambargo iki buçuk yaşındadır. Ülkenin "70 cent'e muhtaç" olduğu dönemdeyiz. Seçimler yapılmış, sosyal demokratlar tek başına hükümet kuracak kadar milletvekili çıkaramadıklarından, hükümet kurma görevi, halkın geniş kesiminin karşı olduğu Milliyetçi Cephe'ye verilmiştir. Terör tırmanmaktaydı. Ambargo nedeni ile ABD'nin, parasını peşin ödediğimiz savunma araç ve gereçleri bile yollamadığı yıllardır. Parası peşin ödense bile ABD'nin istedikleri yapılmazsa satın alınanların teslim edilmemesi ABD yasalarına ve sözleşmelere "uygun"dur.[201] Bundan ulusal çıkarlarımız zarar görebilir ama Amerika, sözleşme hükümlerini

---

[200] 7480 sayılı yasanın yürürlüğe koyduğu antlaşma bizim istemimizle Amerikan askerinin Türkiye'de konuşlandırılmasına olanak veriyordu. Perle'ün söylemek istediği de sanırım bu idi. Demek ki ABD, Türkiye'yi işgal planlarını çoktan yapmış, uygulama zamanlaması beklentisinde. Son Irak olaylarında Türkiye'yi yığınak olarak seçmesi de o planın içinde olmalı ki, öteden beri planladığı düşüncesini uygulayamamanın hırsı içinde yeni yollar aramakta.

[201] Bkz. Ekler Bölümü: Ek: 1, Kongre Kanunu, Ek: 2, Türkiye'ye Yapılacak Amerikan Yardımı Hakkında Antlaşma.

uyguladığı için haksız sayılamaz. Haksız olan, sözleşmeleri ulusal çıkarlarımızı düşünmeden imzalayanlardır.

İşte bu koşullarda gerçekleştirilen gezinin anlamı üzerinde yeterince durulmadı. 1978 başlarında hükümet, AP'den istifa edenlerden ve Bağımsızlardan 11 üyenin desteğiyle sosyal demokrat CHP lideri Bülent Ecevit tarafından kuruldu. Ambargo, TSK'nın ambargo nedeniyle güçsüzleştirildiği vb. konular tartışmaya açıldı. Bu tartışma o gün içinde bulunduğumuz koşulların ABD'ye bağımlılıktan kaynaklandığı söylemleriyle gündemin ilk maddeleri arasındaydı.

NATO'lu gazetecilerin gezisi ile ilgili haberler sonrası, sosyal demokratların yeni savunma ve güvenlik kavramlarını gündeme getirdiği günlerde, Truman Doktrini'ni ve sözde kalan yardım sözleşmesini tartışmaya açtım. Mayıs 1978 tarihli *Tartışma* Dergisi'nde yayımlanan bu yazıyı, yıllar süren yardım masalının ne anlama geldiğini o günden bugüne hiçbir değişiklik olmadığını ve yardımın getirdiği bağımlılığın sürdüğünü belgelemek için olduğu gibi aktaracağım. Ama önce bir başka belgeye bakalım...

1977'de yabancıların gözüyle Türkiye "kurban" idi. 1983'te de Perle'ün değerlendirmelerine göre Türkiye yine "kurban"! Bir de ara dönem var. 1980'de, ABD Savunma Bakanlığı'nın en üst görevlerinden birinde bulunmuş, 'müsteşar' sanını kullanan bir yetkili, *US Armed Forses Journal*'da yayımlanan yazısında, "Türkiye'nin yok olan kredisi, askeri teçhizat alımına daha çok gidecek. Türkiye'nin şişirilmiş ve tahammül edilmez kuvvet yapısını desteklemek, ayakta tutmak için, daha fazla gayret gerekecek demektir" diyordu. ABD Savunma Bakanlığı Müsteşarı'na göre ise: "Türk Ordusu Yetersizdir!"

Bu yazı, 1-7 Eylül 1980 tarihli *Yankı* Dergisi'nde yayınlandığında 12 Eylül'e bir adımlık yol kalmıştı. Yazının kimi bölümlerinin acı da olsa bizi uyaracak niteliğine işaret ederek aktaralım:

"Türk Ordusu çok büyük değişiklikler geçirmiştir. Şimdi birbiri peşi sıra ekonomik şoklar geçirmiş bir subay kadrosuna sahiptir. Bu kadro gittikçe daha fazla politize olmuştur. *Ordu bünyesindeki erat içinde değişik etnik ve değişik sınıf gerginliklerini kontrol altına ala-*

173

mamıştır.[202] Daha kötüsü, Amerikan yardımının kesilmesinden sonra işe yararlılığından ve ehliyetinden oluşturmuş olduğu görünümü büyük çapta kaybetmiştir.

"Türk ordusu, Kıbrıs'a müdahalesinden dolayı kesilen Amerikan yardımı olmasa ve ekonomik krizden etkilenmese de, önemli problemlerle karşı karşıya kalmak zorundaydı. İkinci Dünya Savaşı'ndan sonra Türkiye hiçbir şekilde (ne insan gücü, ne de teçhizat bakımından) muhafaza edemeyeceği bir kuvveti bünyesinde oluşturmaya çalışmıştır. Bu, Türkiye'nin gerçek tehdide muhatap olmadığı anlamına gelmektedir."

Burada kısa bir ara verelim ve şu bölümü bir kez daha okuyalım. Ne diyordu sayın müsteşar?:

"Bu, Türkiye'nin gerçek tehdide muhatap olmadığı anlamına gelmektedir."

Yazıdaki bu tümce, bu çalışmada zaman zaman değindiğimiz bir görüşümüzü doğruluyor. "ABD, bizi Sovyet tehdidi ile korkutarak kullanıyor, bize çıkarlarının jandarmalığını yaptırıyor" demiştik. Doğruyu gördüğümüz ve gerçekleri söylediğimiz anlaşılıyor. Bu gerçeği ulusça görmeliyiz artık... ABD, ulusal onurumuzla oynuyor. Bizi, eski bir halk deyimindeki gibi, "İngiliz sicimiyle" bağlamış. Bağımsızlığımızı korurken (!) bağımlılaştırılmışız. İsmet Paşa'nın güvendiği "sorumluluk"[203] bu mu olmalıydı! Güvenilemeyeceğini anladığında da iş işten geçmişti...

---

[202] *İtalik* vurgulu satırlar (bana ait) günümüzde ABD politikası olarak açıklandığında anlam kazanır. O günlerde sesi yeni yeni çıkan PKK'nın bugün neden ABD tarafından korunduğu, o günlerin izi sürülerek bulunabilir. Kuzey Irak'taki PKK / KADEK'in neden korunduğu, APO'nun Suriye'den kaçırıldığı, yargılanması, idam cezasının müebbet hapse çevrilmesi vb. konuları düşünerek o satırları anlamaya çalışalım. Çalışalım da Amerika'nın *infiltrasyon* yöntemiyle içimizde kök saldığını, kurtuluşu yeniden kendimize dönüşte aramamız gerektiğinin bilinciyle çıkış yolu arayalım. Unutmayalım, Amerika da yenilir, yenilecektir. İnsanlık tarihinde hiçbir zorbanın zulmünü sonsuza değin sürdürdüğü görülmemiştir. Zorbalar hep kendi oyunlarıyla yenilmişlerdir.

[203] 1963 sonunda ABD'nin Kıbrıs'taki soykırım olaylarına engel olmak için, Türkiye'nin Londra ve Zürih Antlaşmalarına göre Kıbrıs'a gerekli müdahelesini önleyen tutumuna karşı İnönü, zamanın başbakanı olarak tepkisini şu sözlerle dile getirmişti: "Amerika'nın mesuliyetine inanıyordum, bunun cezasını çekiyorum demektir. "

Bugünlere işte o "delik yardım şemsiyesi" altında ıslana ıslana geldik.

Yazıdan bir bölümü daha okuyalım ve ABD'siyle, NATO'suyla Batı bir savaşta bize yardıma gelir mi gelmez mi sorusuna yanıt arayalım:

"Türkiye, Merkezi Bölge'den gelecek sembolik desteği hesaba katabilir. Avrupa'daki tüm tahsis edilmiş Kara ve Hava Kuvvetleri esas itibariyle ilk hattaki Sovyet Zırhlı Kuvvetlerini ve Hava Kuvvetlerini durdurabilecek durumda değildir. Amerika bile, ancak sınırlı bir hava desteği sağlayabilir. NATO'nun güney kanadına gönderilecek Amerikan Deniz Piyadeleri ve diğer birlikler, ne Sovyetler'in Türkiye'ye saldırması muhtemel kuvvetlerine karşı hazırlıklıdırlar ne de Sovyet Zırhlı Kuvvetlerine karşı teçhiz edilmişlerdir."

Bununla birlikte, iki nesil boyunca Amerikan ve NATO askeri danışmanlarının belirttikleri gibi, bu tehdit Türkiye'nin altından kalkamayacağı bir kuvvet beslemeye çalışmasını haklı kılmaz. Bunun neticesinde Türkiye daha güçlü değil, daha zayıf olmuştur."

Bu satırları okuyunca, "dost acı söyler" diyebilir miyiz? "Neden yeterli yardım etmiyorsun!" da diyemeyiz. Ama kendimize diyeceklerimiz olmalı, değil mi?

İşte, yardımla geldiğimiz nokta budur! Biz yeni bir ulusal savunma, yeni bir ulusal strateji saptamalıyız. Böylece bu yardım ayıbından kurtulmanın adımını atabiliriz. Sürdürelim okumayı ve subaylarımız nasıl görülüyor, bir de o açıdan bakalım; Amerika'nın 1977'de bize bakışını da öğrenelim.

"Türkiye, elindeki sınırlı usta subaylarını ve astsubaylarını çok büyük kuvvet bünyesi içinde eritmek durumunda kalmıştır. Türkiye'nin en iyi birlikleri bile genellikle yetenekli liderlikten ve en temel teknik ehliyetten mahrumdur. Tamir edilebilir teçhizat çoğunlukla ya paslanmaya ya da tahrip olmaya terk edilir. Türkiye'nin destek kuvvetlerinin birçoğu en temel askeri işlevleri bile üstlenebilecek durumda değildir. Türkiye'nin piyadesi ve küçük birlik eğitimi son derece iyiyse de, topyekûn eğitimi zayıftır."

Ya askeri teçhizatımız, ABD yardımına dayalı araç ve gereçlerimiz, paramızla aldıklarımız nasılmış? Hani bizi yardımla destekliyordu ya! Bakalım neler yapılmış?:

"Türkiye hiçbir zaman askeri teçhizatını kaynaklarıyla dengeli hale getirememiştir. Türkiye, kuvvet yapısını ayakta tutacak sayıda teçhizata sahip değildir. Türkiye'nin askeri teçhizatının çoğu, savaş performansı hakkında şüphe yaratacak kadar eskidir. Bunlar o kadar çeşitlidir ki, yedek parça ve lojistik yönünden büyük sorunlar yaratırlar. Öyle ki, ön hatta bulunan Türk teçhizatı bile genellikle son ekonomik krizden önce kullanılmaz haldeydi."

Bir an için düşünelim. Türkiye gerçekten Sovyet tehdidi altında idiyse ve Sovyetler Ortadoğu'daki ABD etkinliğini tehdit ediyor ve Türkiye, NATO için bir kalkan görevi üstlendiyse, Silahlı Kuvvetleri'nin bu zayıf durumu ile etkili bir savunma yapılabilir mi? Bu sorunun yanıtı bellidir, yapamaz! O halde, ABD'nin bizi küresel çıkarlarının en önemli halkalarından biri olan Ortadoğu bekçiliğine layık gördüğünü söylemek doğru olabilir mi?

Çünkü niteliği, Pentagon'da müsteşar olan kişinin 1980'de; Perle ve Burt'ün 1983'te durumunu değerlendirdiği ordunun, malzeme ve para yönünden Sovyetler ile baş edemeyeceğini vurgulamalarının bir amacı olmalı, değil mi? Örneğin Araplarla baş edebilir (!), öyle mi? Körfezdeki çıkarlarını koruyabilir... Buradan çıkan sonuç, ABD'nin Türkiye'yi Ortadoğu'daki çıkarlarının bekçiliğine layık gördüğüdür...[204]

Evet, ABD bizi bir Şah İran'ı gibi kullanamadı. Nedeni, Cumhuriyetin temelindeki ulusal kurtuluş felsefesidir. Onu yıkamadı bir türlü. Ama bizi bekçiliğine layık gördüğünü de saklamıyor! Yeter ki, politikanın dilini bilelim.

---

[204] Evet, bekçi olarak. Bizi asla Irak için uygun görmez, görmediği de son Irak saldırısında anlaşıldı. Nedeni Musul petrollerindeki tarihsel hakkımız ve Türkmenlerle ilişkilerimiz olmalı. Kürt devleti ayrı bir engel / sorun. Ötesinde Türkiye'nin bölgede prestij kazanması çıkarlarına uygun değildir.

Bir de politikacının gerçek amacını gizleyerek, üstü örtülü biçemle anlattığı konuda, politikacının neyi, nasıl söyleyeceğini öğrenmek için, Chicago Üniversitesi Uluslararası İlişkiler Kürsüsü Profesörü Hans J. Morgenthau'ya kulak verelim:

"İç politikada olduğu gibi, dış politikada da en karakteristik özellik, dış politikaların ifade edilen mahiyetleri ile -güç için girişilmiş bir mücadele olan- gerçek mahiyetlerinin farklı oluşudur. Yani izlenen dış politikanın siyasal hedefi, ideolojik haklılaştırmalar ve rasyonalizasyonlarla örtülmeye ve gözlerden saklanmaya çalışılır."[205]

Morgenthau, bunun bireylerin taktik hesaplarında da geçerli olduğunu söyler:

"Bireyler bile kendilerini güç mücadelesine ne kadar derinden vermişlerse, güç mücadelesini olduğu gibi görmekten de o kadar uzaklaşırlar!".[206] Yani gerek devletler gerekse insanlar, gerçek amaçlarını tam olarak açıklamazlar. Hele politikacıların söylediklerinin gerçek anlamını, ancak politikanın dilini bilenler çıkarabilir.

İşte Perle ve Burt'ün sözlerini bu ölçüye vurduk! Böylece, Türkiye'ye Amerika'nın bakışını bir yetkilinin dilinden bir kez daha saptamaya çalıştık.[207]

Yukarıdaki sözleri, hiçbir şey eklemeden, sorumluların sorumsuzluğuna bırakıyoruz. Çünkü, bu gerçekler çok yazıldı. Bunları yazanlar, geçmişte mahkemelerden kurtulamadı. Şu yukarıda okuduklarımızın onda birini yazan kişi Türk yurttaşı olsa, Türk Ceza Yasası'nın (TCY) 133. maddesine göre sorgulanır ve hüküm giyer. Ama ABD'li müsteşar yazabilir ve o müsteşarın yazdıkları yayımlanır, suç olmaz. Biz yazarsak ne mi olur?

TCY'nin 133. maddesine göre:

---

[205] Prof. Hans J. Morgenthau, *Uluslararası İlişkiler,* Türk Siyasi İlimler Derneği Yayınları, çev. Ünsal Oskay ve Baskın Oran, 1970, c. 1, s. 110.
[206] agy., s. 111.
[207] Bu söyleşi yapıtın Ekler bölümündedir.

177

"Devletin emniyeti veya dahili ve harici veya beynelmilel siyasi menfaatleri icabından olarak gizli kalması lazım gelen malumatı istihsal eden on beş seneden aşağı olmamak üzere ağır hapis ile cezalandırılır."

Ama, Yasanın bu hükmündeki yaptırımı müsteşara uygulayamayız. Dahası, o yazıyı yayınlayan dergiye de! İyi ki uygulayamamışız, yoksa bu gerçekleri öğrenemeyecektik.

Şimdi, Mayıs 1978 tarihinde *Tartışma Dergisi*'nde yayınlanan "Yardım ve Ulusal Savunmamız" başlıklı ve bu sorunu irdeleyen yazımı okuyalım:

"Ulusal Savunma" Kavramı ya da Savunma Darboğazındaki Türkiye

Yeni Ecevit Hükümeti, ülkemizin kaostan kurtulması için bir dizi önlemler almaya başladı. Kanımızca bunlar içinde en önemlisi; dış politikada görülmektedir. Finans Kapitalin uzantısı ekonomik yapının doğal sonucu olarak, Türkiye'nin iç siyasasının da emperyalizmin denetiminde olduğunu gören hükümet, dış siyasayı Kemalist bir yöntemle, gerçekçi bir yaklaşımla ele aldı. Bu arada dış güvenliğimizin en önemli bölümü olan dış güvenlik ve savunma konusuna da aynı yaklaşımla eğildi.

Başbakan Ecevit, "Ulusal Güvenlik" konusuna eğilme yöntemini şöyle açıklıyor:

"Bir ülkenin savunma gücü, yalnız sahip olduğu askeri araç ve gereçlerle, hatta ordusunun büyüklük ve etkinliği ile ölçülemez. Bir ülkenin ekonomisi de savunma ve güvenliği açısından çok büyük önem taşır."

1975 Şubat'ından bu yana uygulanan ABD ambargosunun sonuçları ve Silahlı Kuvvetlerimizin savaş gücü üzerinde yapılan tartışmalar, NATO Başkomutanı Aleksandr Haig'in ikide bir, "Ambargo, Türk Silahlı Kuvvetleri'nin savaş gücünü yarı yarıya azalttı" demesi anımsanırsa, Başbakan Ecevit'in dile getirdiği gerçek, daha da önem kazanır. Haig'in sözleri, konuya yüzeysel bakanlara, "Aşk olsun adama, ABD generali ama, başkandan da, senatodan da daha gerçekçi ve Türk dostu, gerçekleri söylemekten çekinmiyor" dedirtebilir. Ancak gerçek, [bir başka deyimle, bu sözlerin ardındaki gerçek] başkadır. Çünkü hem NATO Başkomutanı, hem de ABD'nin generali olan kişi, bu sözler yerine, Silahlı Kuvvetlerimizin araç gereç ve silah desteğini sağlamayı neden düşünmez de, dünya kamuoyu önünde savaş gücümüzün azaldığını yineler durur? NATO Başkomutanı olarak, NATO'nun Güneydoğu kanadındaki bu aksamayı ABD Senatosu'nu etkileyecek biçimde somut önerileri ve davranışları ortaya koyacakken, neden aynı sözleri yineler durur? Elbet böylesine etkili bir tavır takınma yerine, sık sık savaş gücümüzün azaldığını söylemenin bir başka nedeni olmalıdır!

Haig'in seslendiği kitle, birincil derecede Türk Silahlı Kuvvetleri'nin sorumluları mı acaba? Yoksa Türk kamuoyu mu, dünya kamuoyu mu? Acaba bu sözlerin ardında yatan gerçek, asıl söylemek istedikleri de şunlar mı? "Türk Generalleri, Türk halkı görüyorsunuz ki, ABD yardım etmezse, Silahlı Kuvvetlerinizin ikmali aksıyor. Bu nedenle Kıbrıs, Türk - Yunan ilişkileri ve Ortadoğu siyasasını bizim önerilerimiz doğrultusunda düzenleyin, daha fazla direnmek, üstün Sovyet savaş gücü karşısında sizi zor durumda bırakır." Haig bunları mı söylemek istiyor? Bizi bu düşünceye götüren nesnel koşullar da var. Gerçekten, NATO Genel Karargâhı'nın davetlisi olarak geçen sonbaharda (1977), Türk - Sovyet sınırında incelemeler yapan NATO ülkeleri gazetecileri (Türkiye NATO ülkesi olduğu halde, bu geziye Türk basını çağrılmamıştır) *"Üstün Sovyet savaş gücü karşısında Türk Silahlı Kuvvetleri tutunamaz. Ambargo, Türk Silahlı Kuvvetleri'nin savaş gücünü azaltmıştır"* diye yazdılar. Anlaşılan Haig, sık sık söylediği sözlerinin istenilen etkiyi sağlamadığını görmüş ve basının desteğini istemiş olmalı ki, başarısı alkışlanmalıdır.

Hemen belirtelim ki, Silahlı Kuvvetlerimizin savaş gücü azalmışsa, bu sonuç sadece ambargoya bağlanamaz. Türkiye, 30 yıl önce (12 Temmuz 1947 Antlaşması ile) Sovyet tehdidine karşı ulusal varlığını ve güvenliğini korumak için Truman Doktrini kapsamına girmiş ve ABD 30 yıl süreyle bizi hep Sovyet tehdidine karşı koruduğu savı ile ülkemizde üsler kurmuş, ikili ilişkilerini giderek yoğunlaştırmıştır. Türkiye halkına, yıllardır ABD yardımının önemi, yardım almazsak halimizin harap olacağı anlatılmıştır. Bu koşullar altında sürdürülen 30 yıllık lojistik savaş desteği, kuzey komşumuza karşı savunmamızı sağlamaya uygun gerçekten olsaydı, son birkaç yılın ambargo eylemi, savaş gücümüzü Haig'in ve NATO'lu gazetecilerin söylediği biçimde etkilemezdi. 30 yıllık desteğin yerine, unutulmuş olduğumuz anlaşılıyor. Amaç, bizim savunmamız değilmiş; bu gerçek, geç de olsa anlaşılmıştır.

Türkiye 1978'e bu koşullarla ve yeni bir siyasal kadro ile girdi. ABD, 1946'da başlayan teslimiyet politikası yanlılarını, Haig ve başka öğelerle etkiliyordu. Ama Türkiye'de 1978'le birlikte yönetimi devralan siyasal kadro ve bu kadronun lideri "karar ve irade adamı"nın gerçekçi ve onurlu bir siyasa uygulayacağı anlaşılıyor. Ecevit, başbakan olur olmaz, Türkiye halkının onurunu dillendirerek, "ABD'ye Kıbrıs konusuna karışmamasını tavsiye ederim" dedi ve yeni bir siyasal tavır gösterdi. Bu güven ve onur dolu sözlerin değerini anlayabilmek için, ABD'nin askeri ve ekonomik yardımı ile ulusal savunmasını, ulusal güvenliğini ve bu arada ekonomik gelişmesini sağlama çabasında olan ülkelere ve özellikle bize, yıllardan beri hangi gözle baktığını ve uyguladığı emperyalist siyasasının ana çizgilerini yansıtan belgelere göz atmada yarar görerek bu incelemeyi hazırladık.

Hemen söyleyelim ki, bu incelemede ana eksen, Rockefeller'ın Eisenhower'a yazdığı mektup olacaktır. Mektuba göre, "Türkiye oltaya yakalanmış balıktır ve yeme gereksinmesi yoktur."

Ecevit'in sözleri ve eylemleri, yeni siyasal kadronun kararları, Türkiye'nin oltadan kurtulma aşamasına başlangıç olacak mı? Koşullar emperyalizmin denetiminden kurtarılabilirse, evet.

Türkiye Kurban

"Doğu Türkiye'nin NATO tarafından ne derecede savunulacağı meçhuldür. Bu bölgenin iskana elverişli olmaması ve nispeten az bir ekonomik değer taşıması nazarı dikkate alınarak, NATO, madenlerin bulunduğu kısım hariç, Türk topraklarının 1 / 3'ünün gözden çıkarılmasına karar verecek, ancak ondan sonra, Batı'nın menfaatlerinin söz konusu olduğu ülkeyi ciddi şekilde savunmaya girişecektir. Bu durum muhtelif hava üslerinin bulunduğu yerlerden de açıkça anlaşılmaktadır. Doğu Türkiye'deki askeri altyapılar, bu konuda pek az bir şey ifade etmektedir. Geriye, önemli cephane depoları ve uçakların bulunmadığı, üzerinden zor geçilen yolların ve sadece bakımsız birkaç kışlanın bulunduğu bir bölge kalmaktadır."[208]

Bu satırlar, Hollandalı bir gazetecinin Kasım 1977'de, NATO ülkeleri gazetecileri ile birlikte, Türk - Sovyet sınırındaki gözlemleri sonucu söylediklerinden aktarılmıştır. Konu, Türk Silahlı Kuvvetleri ile ilgili olayları gerçeğe yakın ölçüler içinde verdiğini savlayan bir dergide ele alınmış ve Hollandalı gazetecinin sözleri şu başlık altında sunulmuştur:

"Türkiye muhtemel bir Sovyet saldırısı karşısında, NATO tarafından nasıl savunulacak?" Bu soruya cevap arayan, NATO'nun çeşitli karargâhlarında yetkililerle konuşan ve Türk - Sovyet hudut bölgesini gezen bir Hollandalı gazeteci kendi kendine şöyle sordu:

"Yoksa NATO, Doğu'nun üçte birini genel savaş stratejisi içinde kurban mı edecektir?" Hollandalı gazetecinin görüşlerini aktaran derginin konu ile ilgili başlığı buradan alınmış olmalı: *"Türkiye Kurban!"* Hollandalı gazetecinin sözlerini, dergi biraz daha açıyor ve bir gerçeği açıklıyor: "Türkiye Kurban". Ancak derginin eksik bıraktığı bir noktayı, biz, tüm çıplaklığı ile vurgulayalım. Türkiye, kapitalizme, emperyalizme kurban edilmek isteniyor.

---

[208] *Yankı*, 14 Kasım 1997.

Ankara ya da Nato İçin Önemli Olan

Hollandalı gazeteciden aktarılan gerçekleri, Türk - Sovyet sınırında gözlem yapan başka gazeteciler de söylediler, yazdılar. Yazılanlar, basınımızın bir kanadınca kamuoyuna aktarıldı. Bu gezinin ve Türkiye'nin savunmasıyla ilgili ayrıntıların, dünya kamuoyunda tartışmaya açılmasına ilişkin görüşlerimizi ileride açıklayacağız. Ancak şu kadarını söyleyelim ki, NATO ülkeleri gazetecilerinin gezisi ve söylenenler, Silahlı Kuvvetler'in sivil yönetime ambargonun kaldırılması için baskı yapmasına yönelik olabilir. Şimdi NATO'lu gazetecilerin bizi böyle bir yoruma götüren sorularını yineleyelim: "Türk ordusu bir Sovyet taarruzunu karşılayabilir mi?" Ve hemen soralım. Gazeteciler, Türkiye açısından olumlu yanıt veremedikleri bu soruyu, değil mi ki sordular ve değil mi ki NATO Başkomutanı Aleksandr Haig ikide bir, "Ambargo, Türk Silahlı Kuvvetleri'nin savaş gücünü yüzde 50 azalttı" der durur; burada üzerinde önemle durulacak bir sorun var demektir...

Gezinin bir ayağında Doğu'daki komutanla konuşan gazetecilere göre komutan, "Ruslar buraya adım atamazlar" demişse de bu yanıt, Hollandalı gazetecinin kuşkusunu gideremeye yetmez. Peki, bu soru neden sorulmuştur dersiniz? Yazının son paragrafı konuya açıklık getirmekte ama, hem bu yazı hem de bu açıklık çok acı gerçeklere de ışık tutuyor.

Gazeteci konuyu NATO ülkeleri savunma uzmanlarına da sormuş ve kendince bir sonuç çıkarmış. NATO ülkelerinin savunma uzmanları, bir yandan Doğu'nun üçte birini kurban eden, öte yandan Doğu'daki Türk Komutanı'na "buralara Rusların ayak basamayacaklarını" söyleten formülü açıklamışlar. Bu, Kızılordu'nun Türkiye'ye girebileceği çok sınırlı işgal yollarına yöneltilmiş, yeterince atom silahının hazır beklediği anlamına gelmekteymiş. Hollandalı gazeteci burada kendince ince bir insanlık dersi vermek istemiş olmalı ki "mahalli halk, göçmenler ve Ankara için pek az önem taşıyan fakir çiftçileri düşünen yok" sözleriyle insanlık dersi vermeye kalkışmış (*Yankı* Dergisi, 14 Kasım 1977). Peki, Avrupa'nın güvenliği için Türkiye'yi güvenlik duvarı sayanlar içinde Hollanda ve o gazeteci yok mudur? Evet, sözleri ilk anda bize acı bir ders niteliğinde görülebilir, ama o insanlık dersi sözleri kazındığında altından sömürgecilik tarihinin kanlı yaprakları çıkar..

Bir Gezi ve Gerçekler

Türkiye'nin savunması yıllardır tartışılır. Özellikle ABD ambargosu başladığından beri zaman zaman NATO içinde de "Türk Silahlı Kuvvetleri'nin savaş gücü azalıyor!" temasıyla tartışılır durur. 1977 Kasım'ında NATO ülkeleri gazetecileri, Türk-Sovyet sınırında bir inceleme gezisine çağırıldılar. Gezi, Batı basınında geniş yankılar yaratan bazı konuların tartışılmasına neden oldu. Böylece bazı gerçekler, yıllardır halkımızdan gizlenen konular, geniş boyutlarıyla ilk kez gündeme getirildi:

- Türk - Sovyet sınırındaki gerçekler,

- Ambargo gerçeği ve sonuçları,

- ABD'nin bizimle ilgilenmesinin ardında kendi çıkarı, Ortadoğu'daki emperyalist istemlerinin bulunduğu gerçeği,

- Bir savaş halinde topraklarımızın 1 / 3'ünü, NATO'nun gözden çıkardığı gerçeği vurgulandı, tartışıldı. 30 yılın gerçeği idi bunlar ama, bugüne değin tüm boyutlarıyla böylesine tartışılmamıştı!

Tüm bu gerçekler yetkililerce kamuoyundan gizlenmeye çalışıldığı için, yıllar içinde artan bir yoğunlukla tehlikeli boyutlara ulaşıldı. NATO'nun bizi, bizim halkımızı ve topraklarımızı değil, ABD emperyalizminin çıkarlarını savunduğu söylenir yıllardan beri! ABD'nin çokuluslu şirketlerin çıkarları doğrultusunda, Ortadoğu politikasındaki etkinliğini sağlamak için Türkiye'de üsler kurduğu söylenir, yazılır. Gerektiğinde, bize dostça değil, düşmanca davranacağı anlatılmaya çalışılır. "Ambargo" bu davranışın somut örneği olarak gösterilir. Yıllardır yurtsever aydınlar, dili söz, eli kalem tu-

183

tanlar söyler, yazarlar bu gerçekleri. Söylerler, yazarlar ama, yetkililerden dinleyen olmaz. Kafalar, beyinler; bunları söyleyenlerin "Moskof Uşağı" olduğu yolunda koşullandırılmıştır. Ama bakın, bugün aynı sözleri NATO'nun savunma uzmanları söylüyor, Batı'nın gazetecileri yazıyor. Ve artık bu sözler ilgi görüyor, tartışılabiliyor ülkemizde! Dinlenecek ve değerlendirilecek sözlerin dışarıdan gelmesi mi gerekirdi, diyelim? Yabancılar söylerse, yazarsa gerçekler daha mı etkili oluyor?

NATO'lu Gazetecilere teşekkür edelim. Onlara hangi amaçla getirilmiş ve konuşturulmuş olsalar da teşekkür edelim...

Temeldeki Çelişki

NATO'lu Gazeteciler söyleyinceye kadar, ambargo, NATO'nun bizi ne kadar savunacağı gibi konulara böylesine ilgi gösterilmezdi. Bu nedenle, Türkiye - ABD ilişkilerinin temelinde yatan gerçek ve temel çelişki; Türkiye ile ABD arasında ortak bir çıkar olamayacağı görülmedi. Ortak çıkar bir yana, Türkiye'mizin ABD'ye daha çok bağımlılaştığı ve o oranda da sömürünün yoğunlaştığı görülemedi! Bugün görülenden ders alınması düşünülüyor mu, bilemiyoruz.

Bir temel görüşümüzü belirleyelim hemen: İçinde bulunduğumuz bunalım, karmakarışık ekonomik, sosyal ve doğal olarak politik sorunlarımızın, gerçekçi ve ulusal onura dayalı çözümü, ancak bu çelişkinin giderilmesine bağlıdır. Çünkü ABD'ye göre, "Türkiye Oltadaki Balıktır." Şu halde kaderimizi, oltayı elinde tutan çizecektir.

Bu nedenle, "Oltadaki Balık" olmaktan kurtulmadıkça, en azından kurtulmaya karar vermedikçe, oltayı elinde tutanın çizdiği kaderimize karşı çıkmamız boşunadır.

NATO ülkeleri gazetecilerinin tartıştığı gerçekleri bizim de tartışmamız, NATO'lu ve NATO dışı yardımları, ABD ile içinde bulunduğumuz durumu değerlendirerek bir çıkış yolu bulmamız gerekecektir. NATO'lu gazetecilerin tartıştığı konuyu, eğer bu kez de çözüme ulaşacak boyutlarıyla tartışmazsak, geleceğimizin karanlıklara gömüleceğini bilmeliyiz. Bugün bir gerçek tüm çıplaklığı ile ortaya çıkmıştır. NATO, Türkiye'yi ancak kendi savunma ve savaş stratejisi içinde, Hollandalı gazetecinin deyimiyle "Batı'nın çıkarları söz konusu olduğu ölçüde" savunur. Bu stratejinin ana çizgilerini, Batı'nın, daha doğrusu ABD emperyalizminin çıkarları çizmektedir. Bu savunma stratejisine göre; Türkiye'nin üçte biri kuzeyden gelecek saldırıya kurban edilecektir. Neden mi? Emperyalizmin çıkarları için... Buna karşın ABD, Türkiye'ye yardımı da kesmiştir. Onunla da kalmamış, uyguladığı ambargo yoluyla lojistik yönden ABD-NATO standartlarına göre donatılmış ordunun araç ve gereçlerinin ikmalini aksatmıştır. İşin garibi, NATO'nun ABD'den atanmış başkomutanı, savaş gücümüzün azaldığını durmaksızın söylemektedir.

ABD, bir yandan Türkiye'ye ambargo uygulayarak, Silahlı Kuvvetlerimizi zor durumda bırakırken, öte yandan komşumuz Yunanistan'ı silahla donatıyor, araç gereçle besliyor. Bizi, Çarlık Rusyası ile olan kötü ilişkilere karşın, 1945 sonrası birkaç yıl dışta tutulursa, Kurtuluş Savaşı'nın başlangıcından bu yana, ilişkimizin önemli sayılacak derecede bozulmadığı, kuzey komşumuz Sovyetler Birliği'ne karşı sözümona "savunma hazırlığı" ile oyalarken, Yunanistan'ı bize karşı kışkırtmakta ya da en azından desteklemektedir. Öte yandan, tehlikenin hep kuzeyden geleceği tehdidi ile 17 yıldır giderek bozulan Türk-Yunan ilişkileri özellikle önemsenmeye çalışılmaktadır. İlginç olan, Türkiye'nin NATO Antlaşması'na olan bağlılığının ve ABD'yle olan ilişkilerinin tartışılmasından neden çekindiğimizi açıklayamayışımızdır.

Türkiye hangi nedenle böylesine bir özveri içindedir? NATO idealine, emperyalizme hizmet etmeyi neden üstlenmiştir?

Acaba bu özveri, NATO idealine (emperyalizme) hizmet, yeterli bir güvence veriyor mu? Aynı dergi, bu soruya da yeterli açıklık getiren, bir inceleme de yapmış. Bu incelemede deniyor ki; "NATO'nun Avrupa'daki taktik nükleer bombaları tartışma konusu.

Bunların sayısı binleri buluyor. Bazıları klasik bombalardan, stratejik nükleer bombalardan daha da büyük. Bir zamanlar bu konudaki Amerikan üstünlüğü çoktan yok oldu. Sovyetler, Avrupa'daki Amerikan nükleer gücünü hedefleyen taktik nükleer silahlar yerleştirdiler. Böylece hasıl olan denge, bir savaş vukuunda Avrupa'da baskın saldırı gereğini ortaya çıkardı. Bu da hızlı bir tırmanmaya yol açacaktı. Tüm müttefikleri, bu arada Türkiye'yi huzursuz kılan en önemli nokta, bu taktik nükleer silahların hangi hallerde ve nasıl kullanılacağı hakkında açık seçik bir kurala sahip olunmaması. Sadece, hangi hedeflere karşı kullanabilecekleri hakkında biraz fikir var, o da belli değil. Gerekirse bu bombalar geniş tank ve piyade topluluklarına karşı da kullanılabilecek. Ama bunlar, Türkiye'nin doğudaki savunmasında kullanabilecek mi? Daha doğrusu, Türkiye, kullanılması Amerikan askeri ve siyasi makamlarının kararlarına bağlı bir silaha ne derecede güvenebilecek?" Özellikle son yılların deneyleri ambargo, Kıbrıs Sorunu gibi konularda takınılan tavır, Türkiye halkının ne ABD, ne de NATO tarafından savunulacağı ve kullanma kararı bize ait olmayan nükleer silahlara güvenilmeyeceğini göstermiştir. Üstelik bu silahların Türkiye'de bulunuşu, ülkemizin bir atom savaşında ilk hedef sayılması gerçeğine açılıyor.

NATO'lu gazeteciler, Türkiye'mizin olası bir Sovyet saldırısına karşı savunulmayacağını söylüyorlar! Hem de 30 yıllık ABD yardımına karşın... Bu durum bizim bir sorunu, "Türkiye'mizin Savunması", bir başka deyimle "Ulusal Savunma- Ulusal Güvenlik" sorununu süre geçirmeden, gerçekleri tüm çıplaklığı ile ele alarak çözüme bağlamamız gerektiğini ortaya koyuyor.

Emperyalizm ve "Ulusal Savunma - Ulusal Güvenlik"

Olası bir Sovyet saldırısına karşı; savunmamızın güçlenmesi için Truman Doktrini kapsamına girdiğimiz yılın üzerinden tam 30 yıl geçmiş. 30 yıl sonra, hâlâ, Türkiye'mizin "kuzey komşusuna" karşı nasıl savunulacağını tartışıyoruz. Bunca yardım (!), bunca savunma desteğine karşın! Bu durum, böylesine önemli bir konuda (Türkiye'nin savunma sistemi-ulusal güvenlik kavramının saptanmasında) ulusal çıkarlar yerine, emperyalist önerilere göre Batı'nın çıkarlarının önde tutulmasından kaynaklanmaktadır. Yani Türkiye'nin savunması değil, Batı'nın Sovyet saldırılarından nasıl korunacağı tartışılmaktadır.

Gerçekte, Türkiye'mizin savunması ya da gerçek deyimi ile "Ulusal Savunma - Ulusal Güvenlik" denince akla ne gelir? Türkiye'nin dünyadaki yeri nerededir, çağdaş ve gerçekçi siyasası ne olmalıdır?

Çevremizdeki ülkeler ve dünya siyasasına egemen ülkelerle ilişkilerimizin boyutları belirlenmeden, süper güçler ve ülkeler arasındaki ilişkilerin çıkar dengesi içinde nasıl boyutlandığı bilinmeden, dünyadaki yerimiz ve buna uygun ulusal siyasamız saptanmadan, "ulusal güvenlik ve ulusal savunma" kavramı geliştirilemez. Ancak bundan sonra, ülkemizi kime karşı ve niçin savunacağımızı belirleyebiliriz. Bunun ardından ulusal güvenlik ve ulusal savunma kavramı belirlenir ve geliştirilir. Son 30 yılda siyasamızın ve savunmamızın böyle bir temele oturtulduğu söylenebilir mi? NATO içinde oluşumuz savunmamızın, güvenliğimizin ulusal çıkarlara göre değil, NATO'nun, daha doğrusu ABD'nin çıkarları esas alınarak saptanması sonucuna açılıyor! ABD'nin ideolojik düşmanı bizim için de düşman sayılıyor. Bu nedenle bize, tehlikenin ve saldırının yıllardır hep kuzeyden geleceği söylenir. Türkiye'mize kuzey komşusundan da tehlike gelebilir ama, tehlikenin sadece orada olduğu varsayımı yanlıştır. Son yıllarda giderek artan bir düşmanlık kampanyası ile halkını bize karşı düşmanca duygularla besleyen Batı komşumuz Yunanistan'ın emperyalizmin denetiminde, bir kez daha saldırıya kalkışmayacağını neden düşünmeyelim? Hele giderek artan bir silahlanma çabası, bir ara (1967-1980) NATO Askeri Kanadı'ndan çekilmesine karşın, artırılarak sürdürülen ABD yardımı ile, Türkiye'mizin aleyhine bozulmak istenen savaş gücü dengesini de göre göre...

Ve neden sormayalım! ABD diplomatlarını "istenmeyen adam" sayan, patronu olduğu NATO'nun askeri kanadından çekilen Yunanistan'a, ABD değil ambargo uygulamak, yardımı artırırken, "bir dediğini iki etmeyen" Türkiye'ye karşı ambargoyu, Silahlı Kuvvetlerimizin savaş gücünü düşürmek için uygulamış olduğunu neden düşünmüyoruz dersiniz?

Son 30 yılda Türkiye halkına, saldırının sadece bir yerden -kuzeyden- geleceği söylendi ve askerimiz hep kuzeyden gelecek saldırı için hazırlandı. Ama görülüyor ki, 30 yıl sonra başladığımız noktadayız. Hem de Amerikan emperyalizmine verdiğimiz bunca ödüne karşın, savunmamız askıdadır. Bir başka gerçek daha var. Son 30 yılın 15 yılında, Türkiye aynı bağdaşma içinde yer alan - NATO - aynı düşmana karşı savaşmaya hazırlanan Batı komşusu Yunanistan'la giderek artan bir anlaşmazlık içindedir. 1964, 1967 ve 1974'te tam üç kez de Soğuk Savaş'ın sıcağa dönüşmesi bir an sorun haline gelmiştir. Teoride, aynı tehdit odağına karşı savaşmaya hazırlananlar, neden bir türlü çözüme bağlanmayan anlaşmazlıklar içindedirler? Ve işin garibi, bu anlaşmazlıkların ardındaki el, emperyalizmin kanlı elleri, neden görülmüyor? Tıpkı 57 yıl önceki gibi! Yunanistan, 1919'da emperyalizmin o günlerdeki ağababalarının kışkırtmasıyla Türkiye'ye Osmanlı İmparatorluğu'nun son yıllarını fırsat bilerek saldırmıştır. Mustafa Kemal'in önderliğinde, Yunan askerleri ile birlikte, emperyalist emeller de denize dökülmüştü. Sevr'de dikte ettirilenleri Lozan'da yırtmıştık. Ne yazık ki bugün, Amerikan emperyalizmi, yine Türk - Yunan ilişkilerini bozarak sömürmekte ve bunları Ortadoğu politikasında bir öğe olarak kullanmaktadır. 1920'lerde, Anadolu topraklarındaki Yunan askerini kendi çıkarı için kullananlar, bugün Kıbrıs'taki Yunan ve Rum çıkarlarını koruma perdesi ardında, Ortadoğu siyasasını biçimlemekteler. Bu nedenle ekonomimiz başta olmak üzere iç ve dış siyasamız denetlenir; çünkü ekonomik yönden kalkınmamız istenmez.

Sonuç

İşte bu koşullarda Türkiye yeni bir kalkınma yolu aramakta. "Demokratik Sol", programında çizdiği ilkelere uygun, gerçekçi ve tam bağımsızlık ilkesine dayalı yeni bir ulusal güvenlik ve savunma kavramı oluşturma çabasında.

Bu amaçla bir komisyon kuruldu. Ama yıllardır teslimiyetçi politika ile koşullandırılmış kafalar, "Ulusal Savunma" denince şaşkına döndüler. "Ulusal Savunma olmaz" o kafalara göre. Milliyetçiliği ABD'nin güdümünde bir ulus olmakta gören kalemler, "Ulusal Güvenlik" ve "Ulusal Savunma" kavramına saldırıyorlar. Onunla da kalınmıyor. Mart 1978 tarihli bir yayında, Genelkurmay Eski Başkanlarından Semih Sancar'ın "Ulusal savunma yoktur, ulusal saldırı vardır" söylemiyle, ulusal savunma konusunda yeni hükümetin görüşlerine gölge düşürülmeye kalkışıldı. Bu sözler neden söylendi? Acaba Türkiye'nin *Oltadaki Balık* olmaktan kurtulması istenmiyor mu dersiniz?

Ambargo, Kıbrıs sorunu, ABD yardımı, Ortadoğu sorunları, yeni hükümetle birlikte ABD yetkilerinin Türkiye-ABD arasında kurduğu trafik köprüsü ve en son Rockefeller'ın ziyareti, olayları izlerken ister istemez "acabalar" zinciri yaratıyor.

O Amerika Birleşik Devletleri ki, kapitalizmin genel çıkarı olmayan hiçbir konuya eğilmez ve o çıkara aykırı gelişmelere de sempati beslemez!

O Rockefeller ki, Eisenhower'a yazdığı mektupta "Standart Oil için iyi olan ABD için de iyidir" diyor ve azgelişmiş ülkelere yapılan yardımda asıl amacın o ülkeler "ekonomisinin kilit noktalarını ele geçirmek" olduğunu vurguluyor.

Rockefeller'ın, 22 yıl önce, zamanın ABD Başkanı'na önerdiği dış siyasa ilkeleri adım adım uygulanıyor. Dünyanın geri bıraktırılmış yörelerindeki halklar, emperyalizmin sözde kalkınmaya yardımcı "AID", "Ekonomik İşbirliği", "Kalkınma için Birleşme" vb. programlarıyla daha çok sömürülmüşlerdir. Sömürü çıkarını görerek halkını uyaran, işçi sınıfına ışık tutan aydınlar, halk öncüleri, isyancı sayılarak yok edilmişlerdir. Sosyal uyanışın ekonomiyi aştığı (Memduh Tağmaç, 12 Mart öncesinde "sosyal gelişme, ekonomik gelişmeyi geçti, tedbir alınmalı" demişti) yerlerde de, 12 Mart vb. uygulamalarla kurulu düzeni sürdürmeyi denemişlerdir.

Türkiye'mizi *"oltaya yakalanmış balık"* diye niteleyip, ABD güdümündeki azgelişmiş ülkelere örnek gösteren Rockefeller, ulusal güvenliğimizi ve ulusal savunmamızı yeniden ve bağımsızlık ilkesine uygun bir tutumla ele aldığımız bugünlerde, ülkemizde peş peşe konaklayan öteki ABD yetkili ve yetkisizler arasında neden ülkemize geldi, bilemiyoruz...[209] Ama, onun Eisenhower'a yazdığı mektuptaki şu sözler takılıyor aklımıza: "Dışişleri Bakanlığı ile aynı fikirdeyim, genişletilmiş iktisadi yardım, örneğin Türkiye'ye, bazı hallerde düşünülenin tam tersi sonuçlar verebilir. Yani BAĞIM-SIZLIK eğilimini artırıp mevcut askeri paktları zayıflatabilir."

Ama görülen o ki Türkiye, 1960'lardan buraya geri dönülmesi güç sarp yollardan geçerek gelmiştir. "Düzen değişikliği" programıyla sosyal muhalefetin en güçlü ve sağlıklı örgütü olan demokratik sol, ülkemizin emperyalizmin, "Savunma Yardımları", Ortak Savunma Kavramları" vb. oyalayıcı programlarıyla içine itildiği savunma darboğazından çıkarılması ve çağlar boyu bağımsız yaşamış halkımızın onuruna ve çağdaş gereksinmelere uygun bir ulusal güvenlik ve ulusal savunma politikasına oturtulmasını sağlamada kararlıdır.[210]

30 yıl önce girdiğimiz siyasal yanılgıdan, 30 yıl sonra ulusal gerçekçilikle çıkabileceğimize inanıyorum. Türkiye'mizin ulusal güvenliğe attığı adımları güvenle ve saygıyla selamlayalım.

Kaderin Ağı mı? Emperyalizmin Tuzağı mı?

30 yıl sonra, 30 yıllık yanılgıdan kurtulabilecek miydik? Doğrusu o satırları yazarken, Türkiye'nin tuzaklardan kurtulmasını istiyorduk,

---

[209] Bu yazı yayımlanmadan önce Nisan 1978'de Rockefeller ve kimi ABD'li yetkililer Türkiye'ye gelmiş ve bir dizi inceleme yapmıştır. Bu gezi ve araştırma, basından gizlenmiştir.

[210] Bu düşüncenin eyleme geçirilmesine izin verilmedi, verilmezdi de! 1978 sonlarında gerçekleşen Kahramanmaraş olayı, bunun öncesinde Malatya olayları, 1979'da Sivas ve Çorum olayları ve IMF'nin, Dünya Bankası'nın çıkardığı engeller, demokratik sol ağırlıklı yönetimin önüne dikilenler başarıya izin vermedi. Çünkü Amerika ulusalcı ve kendi denetimi dışına çıkma eğilimi olan ülkelerde bağımsızlığın gelişmesine izin vermezdi. Öyle de oldu, 12 Eylül'e ne kalmıştı ki?

ama umudumuz yoktu. Toplum, içine itildiği çıkmazın ayırdında değildi. Emperyalizmin dayattığı sisteme karşı çıkmak, bağımsız ve bağlantısız ulusal bir politika izlenmesini istemek, "komünizme çağrı" olarak niteleniyor ve ağır cezalarla suçlanma nedeni oluyordu.

Yardımın getirdiği borç tuzağı, ekonomimizi tutsak etmişti. Bağımlı ekonomi, bağımlı iç ve dış politikaya açılıyordu. Bu arada, ulusal güvenliğimizin koruyucusu olarak baktığımız ordu, yalnız silah, araç ve gereç yönünden değil, stratejik savunma yönünden de emperyalizme bağımlı kılınmıştı. Bu gerçeği gören ve karşı çıkanlar "yasadışı görüşü benimsemiş" sicili ile ordudan atılıyordu. Ordu için kimlerin güvenir olduğunu, Karşılıklı Güvenlik Antlaşmaları gereğince ABD saptıyor olmalıydı. "Bağımsızlık" ilkesinden "karşılıklı bağımlılığa" kayan bir politikanın sonucuydu bulunduğumuz nokta! Görülüyor ki her yandan bağımlı ve 70 cent'e muhtaç bir ülkeydi, 1977 seçimlerine giren Türkiye...

5 Haziran 1977 seçimleri, 12 Mart öncesi ve sonrası gelişen ve halk kitlelerini, demokratik kitle örgütlerini de arkasına alan sosyal muhalefet için hükümet olma yolunu açmıştı. Beklenen, CHP'nin tek başına hükümet kurmasıydı. Seçim öncesi, ABD diplomatlarının halkın nabzını yokladıklarına ilişkin haberler toplumun ağır tepkisiyle karşılaştı. CHP'lilerin toplantılarına, siyasal ve ekonomik güçlerin desteğindeki o günlerin nitelemesiyle, "faşist saldırılar" önlenmiyordu. CHP Genel Başkanı Ecevit'e, İzmir Çiğli Havaalanı'nda gizi bugüne değin çözülemeyen -daha doğrusu çözülmeyen- bir suikast girişimi oldu. Ecevit'e suikasta kalkışan, bir polis memuruydu ve kullandığı silahın CIA'in elinde bulunanlardan olduğu söylendi.

CHP'nin seçimlerden başarılı çıkmasını istemeyen ABD'nin kimi yollarla olayları yönlendirenlere arka çıktığı kanısı yerleşti topluma. 1971 Şili seçimlerinde de, ITT kanalıyla Allende'nin başarısı önlenmeye çalışılmıştı.

191

Çabalar başarı sağlayamadı, denilemez. CHP, 216 milletvekili ile birinci parti oldu, ama salt çoğunluğu sağlayamadı. 1978 başlarına değin, önce bir CHP Hükümeti kuruldu. Bu hükümet güvenoyu alamadığı için Demirel, İkinci Milliyetçi Cephe (MC) Hükümeti'ni kurdu. CHP'nin 1978 başlarında kurduğu hükümet, bu birinci ve ikinci MC'nin kadrolarına yerleştirdiği militanlarla çalışmaya başladı.

CHP Hükümeti, AP'den istifa ettirilmiş bağımsızlardan (!) 11 bağımsız ya da bağımsızlaştırılmış (!) bakan adayının desteği ile kuruldu. Başlangıçta bunun bir oyun olduğunu anlayamamıştık. Zamanla bu oluşumum sosyal demokratlara kurulmuş bir büyük tuzak olduğu anlayacaktık!

CHP Hükümeti; IMF, Dünya Bankası ve Uluslararası Finans Kapitalin öteki tuzaklarında çırpındı durdu. Ama 1965'te başlayan "kendi güvenliğimizi, kendimiz düşünmeliyiz, ABD'ye güvenerek ulusal güvenlik sağlanamaz" görüşü, Başbakan Ecevit'le, Millî Savunma Bakanı Esat Işık'ın sözcülüğü ile yaşama geçirilmek istendi. Ecevit, tuzaklar içinde çırpınırken, borç para bulmak için çalmadığı kapı bırakmadığı bir gün, İsviçre'de ABD için, "gölge etmesin, başka bir şey istemem" deyiverdi.

12 Eylül'ün kaldırım taşlarıydı bunlar. ABD elbette affetmeyecekti...

Yeni bir ulusal savunma konsepti, ABD'nin dümen suyundan çıkmak demekti, ama günün koşulları içinde bu olanaksızdı. 1950'lerden bu yana ilk kez bir Millî Savunma Bakanı, "Bir ulusun güvenliği anlaşmalara bırakılmaz," diyordu. Millî Birlik Komitesi üyesi Cemal Madanoğlu'nun 1967'de söylediği "ulusal ordu" özlemini dile getiriyordu. Yine 1964'te İnönü'nün, "yeni bir dünya kurulur" sözleri üzerine, CIA'in desteği ile ulaşılan sonuç, - sözde 11 bağımsız milletvekili ile kurulan- hükümeti bekliyordu. 12 Eylül'ün kurtarıcı (!) Komutanı Kenan Evren'in 1970'lerin sonlarında (1978) bir darbe planı yapılmasını emrettiği[211] öğrenildiğinde, ABD'nin vakit kaybetmediği anlaşılacaktı.

---

[211] M. Ali Birand, *12 Eylül 04:00.*

Çünkü ABD, büyük sermayesinin çıkarları için, etkisine aldığı ülkelerde sosyal uyanış istemezdi. Oysa toplum, 27 Mayıs'ın ışıklandırdığı ortamda düşüncelerini ve hedeflerini açıkça tartışmaya başlamıştı. Bu toplumsal bir uyanıştı ki tehlikeliydi; önlem alınmalıydı!

Çünkü halk, ABD'nin ülkedeki varlığını tartışmaya başlamıştı. Toplumda tartışma geleneğinin olmaması, ABD'nin bütün tartışmaları kendi çıkarları için sakıncalı bulması, kontrgerilla gerçeği, tartışmaları çatışmaya dönüştürdü. Bireysel ve topluluklar arasındaki çatışmalar, terörü giderek alevlendirdi.

Terör, giderek toplumsal çatışmalara dönüştü, Sivas ve Malatya'da topluma yöneldi ve 1978'in son ayında bir kenti, Kahramanmaraş'ı 3-4 günde altüst etti. Çatışma Sünni-Alevi çelişkisine oturtuldu. Daha sonra, Çorum'da Sünni-Alevi yurttaşlar arasındaki huzursuzluk Mayıs 1980'de silahlı çatışmayla sonuçlandı!

Polis bu olayları önleyemedi ya da önlenmesi engellendi. 1980'lere doğru toplumda her birey can güvenliğinden kuşkuluydu. IMF, Ecevit Hükümeti'ne yüz vermedi. 1979 Senato Kısmi Seçimlerinde yenik düşen CHP, hükümeti bıraktı. Demirel bir kez daha başbakandı...

Ne var ki ABD ona da sıcak bakmıyordu. Geçmişteki U-2 casus uçağı, haşhaş ekimi, Başkan Ford ve Carter'la tartışmaları, onun tam olarak dümen suyuna giremediğini gösteriyordu. 24 Ocak Kararları, uluslararası kapitalizmin yeni bir tuzağı olarak dayatıldı. Çünkü bu ekonomik sistem, ancak askeri disiplinle uygulanabilirdi.

Her şey, askerin 1980 yılına girerken verdiği muhtırayla işe karışmasının yollarını açıyordu.

12 Eylül'e doğru hızla yol alıyorduk...

12 Eylül, 12 Mart öncesi ve sonrası olaylar gözden geçirilerek. Türkiye'nin Truman Doktrini'ne bağlandığı tarihten bu yana gelişen olaylar değerlendirilerek yazılmalıdır. 12 Eylül'le hesaplaşmasının yolu buradan geçer. 12 Eylül'le hesaplaşmak için 12 Eylül, öncesi ve sonrasıyla sorgulanmalı, yargılanmalıdır.

Emperyalizmin tuzaklarından çıkmanın / kurtulmanın önkoşulu budur. Bunun için de işe ABD'nin Türkiye'deki varlığı tartışılarak başlanmalıdır.

ABD, Ortadoğu ve Türkiye

Ortadoğu ve Akdeniz, öteden beri Batı Dünyası ve ABD için jeostratejik önemde bir bölgedir. Rockefeller Kardeşler Fonu olarak bilinen ve ABD ekonomik politikasının ilkelerini saptayan örgütçe hazırlanan 1952 tarihli bir raporda deniyor ki:

"Asya, Ortadoğu ve Afrika milliyetçiliği, Sovyet Bloku'nun tahrikleriyle yıkıcı bir güç haline gelecek olursa, Avrupa'nın petrol ve diğer hammadde ikmal kaynakları tehlikeye girebilir."[212]

Şu halde, bölgeyi güvenlik altına almak için, bölge ülkeleri ile ilişkiler kurmak ve yaşamsal önemdeki kaynakları böylece güvenceye almak gerekir. Bu nedenle, Ortadoğu, emperyalizmin ilgi odağıdır ve bu bölgeyi kendi etki alanı içinde tutmalıdır. W. Rostow, Senato Dış Ekonomik İlişkiler Alt Komitesi'nin Kasım 1956'daki toplantısında der ki:

"Öyleyse bir yandan Batı Avrupa'nın sanayileşmiş devletleri ve Japonya'yı, öte yandan Asya'nın, Ortadoğu'nun ve Afrika'nın azgelişmiş bölgelerini makul bir ahenk ve birlikle kapsamına alacak *Hür Dünya Koalisyonu* kurulmasının başlıca ulusal çıkarlarımızdan olduğu açıktır."[213]

Görülüyor ki ABD, global politikasını daha o tarihlerde gündeme getirmiş, ilgi alanındaki -nüfuz bölgesindeki- ülkeleri ve çevrelerini "makul bir ahenk" içinde tutarak dünya egemenliğine adım atma hazırlığına başlamıştır.

İkinci Dünya Savaşı öncesinde Ortadoğu petrol yataklarının işletme hakkının yüzde 10'dan azı ABD firmalarına, yüzde 72'si İngiltere'ye ait iken, 1960'larda ABD payının yüzde 59'lara çıktığı Harry

---

[212] Harry Magdoff, *Emperyalizm Çağı*, s. 71.
[213] agy., s. 72.

Magdoff'un *Emperyalizm Çağı* adlı yapıtında belirtiliyor. ABD Dışişleri Bakanlığı Siyasi İşler Müsteşarı Rostow diyor ki:

"Savaş sonrası tarihi birçok yönden Fransa'nın, Belçika'nın, Hollanda'nın daha önce ellerinde tuttukları güvenlik mozaiklerini Amerikalılara terk etmeleri süreci olmuştur."[214]

US News dergisinin 22 Mart 1971 tarihli sayısında ABD Savunma Bakanlığı, Türkiye'nin önemini şöyle vurguluyor:

"Türkiye ve Yunanistan'ın Batı için önemi, askeri potansiyellerinden çok, stratejik konumlarından gelmektedir. Daha da önemlisi, ABD'nin Ortadoğu ve Hint Okyanusu'ndaki stratejik çıkarlarıdır. Bu çıkarlar, Türkiye ve Yunanistan'ı Amerika için özellikle hayati kılmaktadır."[215]

ABD İçin Türkiye'nin Önemi

ABD'nin 1950'lerdeki Türkiye eski Büyükelçisi, Ortadoğu ve Türkiye uzmanı, kısacası deneyimli bir diplomat McGhee'nin Ortadoğu ve Amerikan politikasına odaklaştırdığı anılarının bir bölümü Türkçe olarak yayınladı. *ABD-Türkiye-NATO-Ortadoğu* adlı yapıt, Truman Doktrini ve ABD-Türkiye ilişkilerini belli bir strateji ile yönlendirmiş bir diplomatın anılarına dayalı olduğu için önemli. Bu çalışmada Türkiye'nin neden önemli olduğunu yetkili bir kalemden okuyoruz.

McGhee'ye göre, "Türkiye stratejik mevkiini ve askeri gücü"nü kullanarak Ortadoğu'da önemli rol almış bir ülkedir. Yapıta yazdığı önsözde, NATO Eski Genel Sekreteri'nden yaptığı alıntıda, Peter Carrington:[216] "George McGhee dikkati çeken bir ABD Büyükelçisiy-

---

[214] Harry Magdoff, agy., s. 57.
[215] agy., s. 57. Amerika'nın Ortadoğu politikasının temelinde bölgenin petrol yatakları bulunduğu daha o tarihlerde, yani İkinci Dünya Savaşı sonrası politikalarıyla belgelenmiştir. 1979 Irak-İran Savaşı, Saddam - ABD ilişkisi, Saddam'ın 1991 Kuveyt saldırısına göz yumulması, bunu izleyen Baba Bush'un Irak Savaşı ve 2003 Irak'ın Saddam'ın zulmünden kurtarılması, Irak'ın özgürleştirilmesi oyunlarının ardında önce petrolün, sonra bölgenin ABD''nin tam denetimi altına alınmasının yattığı söylenebilir.
[216] Aktaran, *Türkiye İçin Devrim Dergisi*, 23 Mart 1971.

di ve Türkiye'nin özgür dünya açısından taşıdığı jeopolitik önemi anlayacak ileri görüşe sahipti..." diyor ve "Türkiye'nin ortak savunmamıza katılmasının Batı için önemini kavrayabilen (ya da emperyalizmin dünya politikasını yeterince bilmeyen - E.D.) devlet adamlarının var olmasını, Batı için şans sayarak", Türkiye ve McGhee'yi şu sözlerle değerlendiriyor:

"Türkiye'nin Batı komşularıyla ve Avrupa'yla olduğu gibi, öteki ülkelerle ve özellikle Ortadoğu ülkeleriyle de ilişkileri vardır. Düşman ya da tarafsız bir Türkiye, komşularımızla ilişkilerimizi, savunma politikamızı zorluklara iter, stratejimizin inandırıcılığını zayıflatırdı."[217]

Peter Carrington, bu sözlerle Türkiye'nin, Batı'nın ve özellikle ABD'nin çıkarları için önemli olduğu kadar, öteki ülkeler için de önemli olduğunu anlatır. Eisenhower 1953'te "Dünyada Ortadoğu'dan daha çok stratejik önemi olan bölge yoktur" derken, tezini hiç kuşkusuz bölgenin zengin ve el sürülmemiş maden yataklarına ve petrol rezervlerine dayandırıyordu. Amerika'nın Türkiye'ye verdiği değerin nedeni de hem bölgedeki yerimiz, yani kendi coğrafyamızın stratejik konumu, hem de Ortadoğu'nun statüsü sağlam tek demokratik ülkesi olmamızdı. Bir başka deyimle, ABD'nin Ortadoğu'ya ve Türkiye'ye ilgi nedeni, komünizmin yayılmaması için, bölge istikrarını koruyan ülke olmasına bağlanıyordu. Statükonun korunması elbet önemliydi ama Ortadoğu'ya yönelik yüzyıllardan beri, hele Birinci Dünya savaşı öncesi ve sonrası ilginin artarak sürmesinin gerçek nedeni, bölgenin petrol ve maden yataklarına sahip olmasında aranmalıdır. ABD'nin Basra Körfezi'yle ilgisi, ve 1990-91 Körfez Savaşı sonrası, İkinci Körfez Savaşı'na değin giderek artan sınır tanımayan hırsı, dünya dengelerini bozacak dereceye ulaşmıştır. Bu nedenle, 2002'nin son ve 2003'ün ilk ayları, yeni Körfez Savaşı -gerçekte Amerika'nın hukuk dışı saldırısı- için Birleşmiş Milletler Örgütü'nden karar çıkarma çabalarının nedeni de körfezin petrolü kadar, ABD'nin çevre ülkeleriyle hesaplaşma ve çıkarlarını korumaya yönelik stratejisinin dayat-

---

[217] George McGhee, *ABD-Türkiye- NATO ve Ortadoğu.*

masıdır. Büyük Ortadoğu projesinin somut adımlarından bir yenisi olmalı..

Gelişmeler gösteriyor ki, özellikle Ortadoğu için yeni düzen gereklidir. Ama son gelişmeler, özlenen barışçıl statü için zamanın erken olduğunu söylüyor.

Evet, bölgedeki statüko, Birinci Dünya Savaşı sonrası çizilen yapay sınırlara ve çağdışı sistemlere dayalı. İsrail devletinin, emperyalizmin uç beyi olarak Filistin toprakları üzerine kurulması, Ortadoğu'ya ilişkin politikasının bir parçasıdır. Sosyal ve siyasal bakımdan Ortaçağ karanlığında yaşayan Arap kabilelerini ya da kabile devletçiklerini, çağın gereklerine uyumlulaştırmak gibi çabaların yarattığı bunalım, o gün bugün sürmektedir. Bölgedeki yönetim sistemleri, Ortadoğu'daki sömürüyü engelleyecek her şeye karşıdır. Bunun adı da, istikrarı yani emperyalist sömürü düzenini korumak oluyor!

Ama 1991 ve sonrasının gelişmeleri, bölge ülkelerinin ve Irak'ın Nisan 2003'teki konumu, "çevre için model sayılacak bir oluşumun mayasını tutturabilir mi?" sorusuna yanıt olacak koşulların oluşmadığını gösteriyor. Çünkü ortam, Irak'taki karmaşanın ne zaman ve nasıl düzene sokulacağı beklentisine yanıt verecek durumda değil. Bunun için de ABD'nin, Ortadoğu'ya vereceği düzen ve statüyü belirlemesi gerekiyor. Ancak gerek saldırı koalisyonunun gerekse Birleşmiş Milletler'in bu konuda Amerika'yı serbest bırakıp bırakmayacakları da bilinmiyor. Çünkü ABD, gücünün tek başına dünyaya düzen getireceği inancında. Bu inanç yıkılmadan dünyanın düzene girmesi de düşten öteye gidecek gibi değil. Günümüzün bu çok önemli konusu çözümlenmeden, ne Ortadoğu ne de dünya rahat edecektir. Neden? Bu sorunun yanıtı, McGhee'nin anılarında bulunabilir. Daha doğrusu kitap baştan sona bu soruya yanıt olarak kaleme alınmış gibi!

Ortadoğu, İlgi Kaynağı Olarak Hep Ortadoğu'dur...

McGhee anılarına "Ortadoğu Savunması'nın Mantığı" söylemiyle başlar ve konuyu, "Dünyanın ilgisi, son yıllarda Basra Körfezi'nde 8 yıl süren İran-Irak Savaşı'nın da katkısıyla, Ortadoğu'nun savunması üzerine yoğunlaşmayı sürdürmektedir," diye açmaya çalışır. Demek ister ki: Ortadoğu, tarih içinde olduğu gibi bugün de; emperyalizm için çok önemli bir ilgi odağıdır. ABD'li stratejistlere göre de, dünyanın en önemli stratejik bölgesi olan Ortadoğu'da Türkiye, tarihten gelen bir misyonla, Çar Petro'dan bu yana, Rusların bu bölgeye inmesine engel olan bir kalkan sayılmıştır. McGhee;

"İşte Türkiye'nin Ortadoğu güvenliği açısından önemi en başta 600.000 kişilik ordusuna, sonra da halkının demokrasiye birlik içinde adanmışlığına dayanmaktadır. Tabii, aynı zamanda ülkenin coğrafi mevkiinden de kaynaklanmaktadır," der ve sözünü şu yargıyla sürdürür:

"İşgalci Sovyet birliklerinin karadan Ortadoğu'ya ve Basra Körfezi'ne inebileceği tek yol Türkiye, İran ve Irak'ın kuzeyindeki dağ geçitleridir."[218]

Bu değerlendirme, ABD'nin 1947'deki Türkiye'ye yardımının gerçek sebebini gösterir. Kısaca, Türkiye, emperyalizmin çıkar ve sömürü ağına yardımcı bir kalkandır. Yardımın gerçek nedeni budur. ABD'nin önde gelen stratejistlerinden Rutsel, Kaplan ve Goblenz'e göre de;

"Türkiye, Ortadoğu'da ideal bir araçtır. Çünkü Türkiye bu bölgede, Birleşik Devletler stratejisinin gelişmesine aktif olarak katılan ve Yakın Doğu / Ortadoğu sahnesinde Amerika'nın yüzünü güldüren tek devlettir."[219]

Bize göre, Türkiye'nin önemi bugün için, geçmişten daha da önde gelir. Eğer Ortadoğu'da istikrar isteniyorsa, Ortadoğu'nun doğal kaynakları dünya için önemliyse, Ortadoğu'nun stratejik önemi değerlendirilecekse, Türkiye dışlanarak bir düzen kurulamaz. Düzen kurulamadığında da, Ortadoğu bir daha düzene sokulamayacak kadar sarsılır, darmadağın olur.[220]

---

[218] McGee
[219] Aktaran, Prof. Dr. Türkkaya Ataöv, *Amerika, NATO ve Türkiye*, s. 245-246; William Rutsel, Mortan A, Kaplan ve C. G. Goblenz, *ABD Dış Siyaseti*'nden.
[220] Amerika'nın Türkiye'yi Irak'tan uzak tutmak isterken, bir yandan da kendi denetiminde

Bu nedenle ne Avrupa, ne de Amerika Türkiye'yi dışlayarak Ortadoğu'da düzen kuramazlar. Bu tarihin bize armağan ettiği coğrafyamızdan kaynaklanan, kimi kez ödül kimi kez de ceza sayılan bir durumdur.

İkinci Dünya Savaşı sonrası Türkiye'ye Batı Savunması'nda verilen rolün dayanağı da bu gerçektir. Bir araç, bir kalkandır Türkiye! O nedenle de, Türkiye'nin son yıllara değin, ekonomik yönden gelişmesi önlenmiştir. Çünkü, bir Sovyet saldırısı karşısında, kuvvetlerin Toroslar'a çekilmesi planladığından, ABD açısından Türkiye'ye yapılacak yatırım boşa gidecektir. Doğu ve Güneydoğu Anadolu'nun kaderine terk edilmişliğinin ardında, o bölgenin, - emperyalizmin çıkarlarına göre düzenlenmiş güvenlik konsepti nedeniyle- işgalciye terk edilmesi planı vardır, demek yanlış olmaz. Bunlar ABD'nin çıkarlarına uygundur, ama Türkiye ulusal bir savunma konsepti hazırlamış olsaydı,[221] Ortadoğu'da hem emperyalist etkileri kırar, hem de saygın bir ülke olurdu. Böyle bir politika, kalkınmaya destek olacağı gibi, bölgelerarası eşitsizliğe bağlı bugünkü sosyal ve siyasal sorunların doğmasını önlerdi.

McGhee'nin anılarından çıkardığımız sonuç şudur: Ortadoğu'yu savunmanın mantığı, ABD'nin çıkarlarını güvenceye almakla biçimlenir. Bu politika geçmişte Sovyet yayılmacılığını önleme görüntüsüyle sahnelenmişse de, günümüzde oyun gerçek oyuncularla oynanmaktadır. Çünkü yardımcı oyuncular dönemi geçmiştir. Hem politika hem de oyuncular dönemi sona ermiştir.

Irak'la ilgilenmesi için politika üretmesi, çelişkili gibi görünmekteyse de, gerçekte sorunun Türkiyesiz çözümündeki zorluğu gösterir. Çünkü bu bölgeyle tarihten gelen bağımız vardır. Bölgedeki herhangi bir yanlış, sağaltılması çok derin yaralar açılmasına neden olacaktır.

[221] Türkiye NATO üyesi olduktan sonra, ulusal savunma konseptine sahip olmamıştır. Yani ulusal savunma düşüncesi yoktu, olmadığı için de ulusal çıkarlarımızı koruyacak felsefi düşünce geliştirilememiştir. Bu nedenle son 60 yıllık yanlışımızın bizi nerelere sürüklediğini anlayamıyoruz. Yine bu bağlamda egemenlik ve bağımsızlık kavramlarından uzaklaştığımız için, bağımsızlığı sıradan bir sözcük olarak seslendiriyoruz. Unutmayalım ki, gün egemenlik ve bağımsızlığa sahip çıkmanın günüdür. Çünkü dünya bu kez iyice karışacak, Yeni Dünya Düzeni Amerika'ya karşın bağımsızlığı bayrak yapan uluslarca kurulacak. Evet, bağımsızlık bu yüzyılın en değerli kavramı olacaktır.

Bugünün ve geleceğin politikaları, önce Basra Körfezi'nin, daha doğrusu petrol bölgeleriyle petrolü dünya pazarlarına ulaştırma yollarının güvenliği için oluşturulacaktır. ABD için geçmişte başka oyuncuların rol aldığı seyirlik oyunu bitmiştir. Yeni oyun asıl oyuncularla sahnelenecek, sahneleyen ve başrolde oynayan hep ABD olacaktır. McGhee açıkça söylemek istemiyordu ama, uygulamada Türkiye uzunca bir süre misafir oyuncu rollerini (90'lı yıllarda) Çekiç Güç'e güç katarak oynamış; yeni dönem politikasının oluşmasında rol alması istenmemiştir. Çünkü Amerika, hedeflediği bölge egemenliğini başka bir güçle, hele Türkiye'yle paylaşamazdı.

ABD, bölgede yeni statüyü kendisinin oluşturacağını düşünüyordu. Irak'ı kısa sürede işgal edecek, yeni düzeni kurup, korunmasını kendisine bağlı ve denetleyebileceği bir güce bırakacaktı. Planlarını buna göre yapmış olmalıydı. Düşünemediği, planlamadığı bir şey oldu, halk deyimiyle "evdeki hesap çarşıya uymayacak"tı. Bu zor günlerde, yeni taktiklere ve yeni oyunculara gereksiniyordu. Irak'a bırakın demokrasiyi, tek otoritenin bile egemen olmasını istemezdi. Ortadoğu'daki yapay sınırları, Ortaçağ kalıntısı şeyhlik, emirlik ve krallıkları, etnik oluşum ve benzer gelişmeleri destekleyerek, bölge ülkelerdeki sosyal uyanışı önleme ve erteleme, çıkarı için en uygun politika idi. Politikası hep *"böl, yut, parçala, egemen ol"* olan bir dünya gücü, Irak için başka bir düzen düşünemezdi. Şimdi o politika uygulanacaktı. İşte burada bize, yani Türkiye'ye yine rol verilecekti. Karşılığı 10 milyar dolar kredi, yani borç! Kim mi ödeyecek? Çocuklarımız! Onlara bırakacağımız başka bir şey yok ki...

"Neden borçlandık, neden bu çıkmazda çırpınıp duruyoruz?" sorusunun yanıtı, son 60 yılın politikasızlığında aranmalıdır. Evet, ne ulusal hedefimiz oldu ne de ulusal politikamız. Sovyet tehdidinden korunmayı kendi gücümüzle düşünüp, strateji ve politika oluşturamayışımız, bizi bu çıkmaza sokmuştu.

Ortadoğu'yu Savunmanın Mantığı

Ortadoğu öteden beri Batı'nın ilgisini çekmiştir. İpek Yolu, Haçlı Savaşları gibi tarihin ve çıkar yollarının kesistiği noktaların kavşağı olan bölge, özelikle petrol ve öteki el değmemiş değerler nedeniyle Birinci Dünya Savaşı'nda bölge, bir halk deyimiyle, "72 buçuk millet"in at koşturduğu, istihbarat örgütlerinin birbirini atlattıkları bir coğrafyadır. Bu coğrafya yalnız Batı'nın değil, Rusya'nın da Çar Petro'dan bu yana ilgi alanı içindedir. Türkiye işte bu netameli coğrafyanın odak noktasındadır.

Şu soruya verilecek yanıt, ABD'nin gerçek yüzünün görülmesine yardımcı olacaktır: Acaba, İkinci Dünya Savaşı sonrası, savaşın yorgunluğu ve Avrupa'daki peykleri nedeniyle başı dertte olan Sovyetler, Türkiye ve İran'ı aşıp, Ortadoğu'ya, Basra Körfezi'ne inebilir miydi? Bu soruya ileride yanıt arayacağız ama, 1945-1947 yıllarında Türkiye'nin, Sovyetler'in Boğazlar ve Doğu Anadolu'ya yönelik istemlerini tek başına karşıladığı ve bu arada Sovyetler'in İran'daki birliklerini geri çektiği düşünülürse, böyle bir olasılığın gerçekleşmeyeceği söylenebilir. Ve o iki yıl (1945-47) göstermiştir ki, ulus ancak kendi varlığına güvenerek tehlikeleri göğüslemiştir. Eğer biz bölgenin özelliği ve Türkiye'nin çıkarlarına uygun bir anlayışla tarafsız kalabilseydik, emperyalizmin Ortadoğu politikasında önemli bir denge öğesi olur, daha saygın rollerle hem kendimize hem de insanlığa onurla hizmet ederdik.

Carrington'ın sözlerini anımsayalım. NATO Eski Genel Sekreteri; "Tarafsız bir Türkiye savunma durumumuzu da, dış politikamızı da gerçekten büyük zorluklara iter, stratejimizin inandırıcılığını zayıflatırdı." diyordu.

Bu gerçek görülebilse ve ona göre politikalar oluşturulabilseydi, bugünkü zorluklarla karşılaşılmayabilirdi!

Biz McGhee'nin anılarından çıkarak ABD'nin bizi nasıl kullandığına ilişkin saptamalarına kulak verelim:

"Sovyetler, Türkiye'yle sürdürdükleri sinir savaşının bir parçası olarak Kara Kuvvetleri'ni de Türkiye'ye doğru sürmüş, ayrıca Türk kıyılarının 45 mil açığında deniz manevralarına başlamıştı. Türkler, Sovyet baskısı karşısına kaya gibi dikildiler. Montrö Antlaşması'nın gereklerini yerine getirdiklerini, antlaşmanın şartlarına zaman zaman fanatizme varan bir tutkuyla uyduklarını, Türk çıkarlarını bile ikinci plana ittiklerini söyleyerek direndiler. Ankara ayrıca, 'ulusal açıdan Sovyet önerisi Türkiye'nin egemenlik haklarıyla ve güvenliğiyle tutarlı değildir ve bu haklar sınırlandırılamaz, diye Sovyet tehditlerine karşı çıktı" diyordu.

Bu anlatımın işaret ettiği gerçek, İkinci Dünya Savaşı sonrası, bizim Sovyet tehdidi ile baş başa bırakıldığımızdır. McGhee, bu sözleriyle bizim o zaman gerçek bir ulusal bilinçle tehlikeyi göğüslediğimizi belgeliyor.

Truman Doktrini mi? İşte asıl o, Ortadoğu'ya ABD emperyalizminin yerleşme pratiklerinin teorisidir.[222] Hayır, yalnız teori değil, dünya tarihinin seyrini değiştiren bir uygulamasıdır.

McGhee, Truman Doktrini'ne 23 Ağustos 1946'da ABD Kuvvet Komutanlarının ortaklaşa alınmış bir kararından çıkılarak ulaşıldığını yazar:

"ABD Kuvvet Komutanları, Ortadoğu'ya yönelik Sovyet eylemlerini 'Sovyet de facto, coğrafi-politikası' olarak nitelendirdiklerini bildirirdiler ve Türkiye'nin Doğu Akdeniz ve Ortadoğu'da en önemli unsur olduğu sonucuna vardılar. ABD'nin Türkiye'ye yardımının ana mantığı artık ortaya çıkmış durumdaydı ve İngiltere'yle görüştükten sonra, ABD bölgede daha büyük sorumluluk üstlenmeye hazır olduğu yolunda güvence verdi."[223]

---

[222] 1957'de Eisenhower, bu pratiği kendi adıyla anılan bir doktrinle somutlaştırmış ve Kongre'ye sunduğu bir mesajla "Sovyetler'in Ortadoğu'ya sızmalarının önlenmesi için Ortadoğu'nun denetiminin tam olarak ABD'ye ait olduğunu" dünyaya duyurmuştur. Bu mesajın da Rockefeller Grubunun oluşturduğu "Dolaylı Saldırı" teorisine dayalı olduğu anlaşılmaktadır. Eisenhower, ayrıca bu mesajla, Ortadoğu ülkelerinden isteyenler için özel yardım programları geliştirdiğini de açıklamış, Doğu Bloku üyelerinden Ortadoğu'ya yönelik bir karışma (müdahale) olursa, ABD Silahlı Kuvvetleri'nin kayıtsız kalmayacağını duyurmuştu. Gerçekten 1957'deki Ortadoğu krizinde (Kissinger anılarında bu krizin kendilerince yoğunlaştırıldığını açıklıyordu) ABD Lübnan'a asker çıkarmıştır. Lübnan o gün bugün krizden çıkabilmiş, Ortadoğu huzura kavuşabilmiş değildir. Bu gerçeği, Çekiç Güç'ün ülkemizde konuşlanmasına izin verenlerin dikkatine sunarım.
[223] McGhee, agy., s. 50-51.

Görülüyor ki, ABD, 1946'da Türkiye'nin kendi çıkarları için öneminin bilinciyle, yardım adı altında Türkiye'yi bölgedeki stratejik amaçları için kullanmaya karar vermiştir. Görünürdeki amaç, Sovyetler'in Ortadoğu'ya yönelik planlarını önlemek ve Türkiye'yi bunun için kullanmaktır. McGhee der ki: "İngilizler Ortadoğu politikalarının çapası olarak Türkiye'yi kullanmaya karar verdiler." Bizim için aşağılayıcı bir niteleme! İngilizler "çapa" olarak, ABD "araç" olarak kullanırlarmış! Herhalde bizim için de *amaç, çapa* ya da *araç* olmayı kabul etmemek olmalıydı. "Başarabildik mi?" diye sormayalım, tarih karşısında mahcup oluruz.

McGhee'yi okumayı sürdürelim:

"Kuvvet Komutanları Türkiye'yi Doğu Akdeniz ve Ortadoğu'da Sovyet saldırganlığına karşı doğal bir engel olarak nitelendirirken, Vietnam Savaşı sırasında çok ünlenen Domino Kuramı'na benzer bir olaylar dizisini öngörmekteydiler. Yani eğer Türkiye Sovyet baskılarına karşı durabilir, Batı'dan direnişe yardımcı olacak ihtiyaçlarını sağlayabilirse *(Batı'ya el açarcasına yardım diye yalvarırsa - E.D.)* tüm Ortadoğu ülkelerinin de, komünizme karşı direnme kararlılıkları güçlenecektir. Yok eğer Türkiye barış içindeyken boyun eğerse, tüm Ortadoğu ülkeleri de hızla Sovyet boyunduruğuna girerdi. Rusya, Türkiye'yi barış döneminde emip yutabilirse, bizim Ortadoğu'yu savaşla savunma yeteneğimiz tümüyle yok olur."[224]

Kuvvet Komutanları ABD'nin amaçlarını şöyle sıralıyor: **1.** Türklerin Sovyet baskısına direnme istek ve yeteneklerini artırmak, **2.** Türkiye'nin kendini savunma konusundaki askeri potansiyelini iyileştirmek, bu topraklara yönelebilecek saldırıları durdurma ve geciktirme yeteneğini en üst düzeye çıkarmak.

Evet evet, kobay olarak seçilmişti Türkiye, ABD'nin çıkarları açısından gerçekten çok önemli, yaşamsal bir konumdaydı, ama bu ondan gizlenmeliydi. Bizim bu gerçeğin bilinciyle, Türkiye-ABD iliş-

---

[224] agy., s. 50-51.

kilerini düzenlememiz ve politikamızı asıl gücün bizde olduğunu düşünerek saptamamız gerekirdi. Böyle bir politika uygulanabilseydi Türkiye bugünkü açmazlarla karşılaşmazdı.

Görülüyor ki, emperyalizmin tuzaklarını, kendi bilgisizliğimiz ya da saflığımız yüzünden, elimizle kurmuşuz.

İstikrar-Bunalım-Çıkar

Emperyalizmin sözlüğünde istikrarın anlamı, ABD'nin çıkarlarının korunmasıdır. Bu arada çıkarı olan bölgede ya da ülkede kral olmuş, diktatör olmuş, ABD önemsemez, dahası böyle ülkelerde bir adamı elde etmek ve o kanalla toplumu denetlemek daha kolaydır ve ucuza gelir. Yeter ki bunlar, ABD'nin çıkarlarına engel olmasın. Ve asıl önemlisi, ABD için yıkıcı aşamaya gelmemesi koşuluyla bunalımlar da olmalıdır. Böylece ABD, o ülkelerin politikalarına dahil olur, dahası işbirlikçi sınıflar eliyle, politikalarını yönlendirir.

Örneğin, 1960'lardan bu yana Birleşmiş Milletler'in ilgisini çeken, Türk-Yunan ilişkilerinde bunalımlara neden olan Kıbrıs sorunu, neden çözülemiyor? Ya da gerçekçi bir deyimle ABD, Kıbrıs bunalımının çözümünü hemen istemiyor mu?

Bu soruyu, yıllardır oynanan oyunun kurallarına ve sonuçlarına bakarak, "evet istemiyor" diye yanıtlıyoruz. Kıbrıs bunalımı, ABD istemeden çözümlenemez.[225] Oysa Amerika bunalımın sürmesini, sürdürülmesini istemektedir.

Bir an için sorunun çözümlendiğini varsayalım. Kıbrıs bunalımı çözümlense ve Kıbrıs'ta iki toplumun barış içinde yaşamasını sağlayan bir düzen kurulsa ve ayrıca Türk-Yunan anlaşmazlığı giderilse,

---

[225] Bu düşünce 1993 tarihinde güncelleşmiştir. Yıl 2003, Eylül ayının 24'üydü. Kıbrıs sorunu hâlâ çözüm bekliyordu, Amerika "ol" desin ki sorun çözülsün! Kutsal kitaplardaki evrenin, Tanrı'nın "ol!" emriyle oluştuğu inancı esas alınarak bu "ol" sözünü kinaye olarak kullandık. Mevlud şiirinde Tanrı'yı anlatırken, "Ol dedi bir kerre var oldu cihan, olma derse mahvolur ol dem heman" der. Bush bir bakıma her sözünün yerine getirilmesi gereken bir ülkenin başkanı. Demem o ki, ABD "çözülsün" demeden Kıbrıs sorunu çözülemez!

Ortadoğu'da ABD'nin hakemliğine gerek kalmayacaktır. Rockefeller'ın Eisenhower'a yazdığı mektuptaki şu saptama, ABD'nin bize uyguladığı politikanın altyapısı değil midir?: "Türkiye'nin gelişmesi, onun bağımsızlık eğilimini arttırır." ABD bunu ister mi? Elbet istemez. Çünkü böyle bir Türkiye, gelişme yolunda attığı adımlar, bağımsız bir dış siyasa ve artan gücüyle, Ortadoğu'da bir güç olacaktır ki bu sonuç Amerika'nın çıkarları için büyük bir tehlike yaratır. Oysa Ortadoğu, ABD için yaşamsal önemdedir. 1960'larda Dışişleri bakanı olan McNamara, bir Meclis komitesindeki konuşmasında Ortadoğu, Türkiye, Yunanistan ve İran'ın, ABD için önemini şöyle anlatılır:

"Yakın ve Ortadoğu, Birleşik Devletler açısından taşıdığı stratejik önemini devam ettirmektedir. Çünkü bu bölge siyasi, askeri, ekonomik çıkarların birleştiği kavşaktır ve Ortadoğu petrolü Batı için hayati önem taşımaktadır. Bundan ötürü, bu bölgenin istikrarlı ve sürekli kalkınma içinde olmasında bizim çok büyük çıkarımız vardır.

Bunun gerçek anlamı, bu ülkeler ancak ABD'nin çıkarları el verdiği kalkınabilirler!

McNamara konuşmasını şöyle sürdürür:

"Yunanistan, Türkiye ve İran ile olan ittifak ilişkilerimizi devam ettirmekte de büyük çıkarımız vardır. Zira bu üç ülke, Sovyetler Birliği, sıcak deniz limanları ve Ortadoğu'nun petrol yatakları arasında yer almaktadır."[226]

Evet, Ortadoğu ABD için "siyasal, askeri ve ekonomik" çıkarların birleştiği kavşaktır. O nedenle Ortadoğu'da sorunlarını çözümlemiş, anti-emperyalist bir savaştan sonra kurulduğu için, emperyalizme karşı odak olan güçlü bir Türkiye, ABD için gözardı edilemeyecek bir tehlike odağıdır.

Carrington'a göre, tarafsızlığımız bile ABD için tehlikedir. Böyle bir tehlikeyi daha başlangıçta görmek, o ülkenin gelişmesini önlemek,

---

[226] Harry Magdoff, agy., s. 153.

iç ve dış bunalımlar içinde bırakmak, ABD'nin güvenliği ve çıkarları açısından gereklidir.

İçinde çırpındığımız bunalımlar ve sorunlar, giderek artan borçlar ve siyasal sosyal çalkantılar, bir de bu açıdan değerlendirilmelidir.

Bunalım, ABD'nin Çıkarınadır

Ortadoğu sorunu içinde Türk-Yunan ilişkileri, Arap-İsrail anlaşmazlığı kadar önemlidir ve çözümü bugünkü koşullar içinde çok güçtür.[227]

Ortadoğu'daki bunalım, ayrıca bu ülkelerin savaş gereksinmelerini dolayısıyla askeri harcamalarını arttırmakta, emperyalizme bağımlılık bu yönden de yeni sorunlara neden olarak sürmektedir. Örneğin, 7 Şubat 1993 tarihli *Milliyet* Gazetesindeki şu haber, Körfez bunalımının kimlere, neler sağladığını anlatıyor:

"Körfez Savaşı'ndan sonra Ortadoğu, dünyanın en büyük silah deposu"

Bahreyn	: 200 milyon dolar
Birleşik Arap Emirlikleri	: 1. 2 milyar dolar
İsrail	: 1. 3 milyar dolar
Mısır	: 2. 2 milyar dolar
Suriye	: 2 milyar dolar
S. Arabistan	: 25. 6 milyar dolar
Türkiye	: 6. 2 milyar dolar
Umman	: 594 Milyon dolar

---

[227] Bu tespit 2000'li yıllar için de geçerlidir. Kıbrıs Sorunu, çözüm yerine yeni sorunlara açılan bir bunalım yumağı olmuştur. 2003'te Kıbrıs Sorunu'nun çözümü, Birleşmiş Milletler Genel Sekreteri'nin bir oyunuyla (elbet ABD'nin etkisi altında) Avrupa Birliği'ne devredilmiş; BM'nin gündeminden düşürülmüştür. Oysa bu konu, 1959 tarihli Londra ve Zürih Antlaşmaları gereğince Türkiye, İngiltere ve Yunanistan arasında çözüme bağlanacak bir sorundur. Çözüm yerine Kıbrıs'ı bu antlaşmalara karşın AB üyeliğine almak, hem ABD'nin hem de Avrupa Birliği'nin Türkiye'yi dışlayarak diz çöktürme politikasının örnek sonucudur.

Kaynaklarını silaha yatıran bunalım içindeki ülkeler, ekonomik kalkınmaya zaman ve para ayıramazlar. Bu ülkeler, bir yandan çokuluslu şirketler için pazar olurken, öte yandan hammadde kaynaklarını uluslararası şirketlere açmak zorunda kalmaktadır. Bu, o oyunun bir parçasıdır. Ortadoğu ülkeleri, eğer kendi ulusal çıkarları için istikrara ulaşmayı başarırlarsa (ki, ulaşılması zor bir hedeftir) elbet, petrol ve maden kaynaklarını ulusal amaçları için çalıştıracaklardır. Bu nedenle, Ortadoğu ülkelerinin, kendileri için istikrara kavuşması istenmez dahası önlenir. Çünkü, bunalımın sürmesi emperyalizmin çıkarınadır. Eisenhower'ın şu sözleri yardımın gerçek yüzünü ve amacını belgeler:

"Hür halklara sadece asil bir düşünce ile değil, fakat bir zorunluluk gereği bağlı olduğumuzu biliyoruz. Hiçbir hür halk, kendisini ekonomik olarak tecrit ederek, sahip olduğu herhangi bir avantajını uzun süre devam ettiremez ya da güvenlik içinde olamaz. Bütün üstünlüğümüze rağmen, biz bile, çiftliklerimizin ve fabrikalarımızın artık üretimleri için, dünya pazarlarına ihtiyaç duymaktayız; bu çiftlikler ve fabrikalar için uzak ülkelerden hayati maddeler ve ürünler getirtmek zorundayız. Barış ticaretinin ortaya çıkardığı bu karşılıklı bağımlılık, kendisini savaş zamanında çok daha fazla hissettirmektedir."[228]

ABD, bu nedenlerle, dünya egemenliğine soyunmuştur. Çünkü bir başka Amerikalı, Washington'ın Dış Yardım Danışmanı Clarence B. Randall şöyle der:

"Zamanla endüstrimizin ya da savunma programımızın, acilen ihtiyaç duyacağı belirli bir nadide hammadde yatağının, dünyanın neresinde, hangi el atılmamış bölgesinde çıkacağını önceden kim bilebilir?"[229]

Böyle bir hammadde kaynağını kaçırmamak için dünyaya el koymak gerekir. İşte global politikanın bir başka gerekçesi... Her koşulda azgelişmiş ülkelerin gelişmeleri önlenmelidir ve önlenir. Nasıl mı?

---

[228] Harry Magdoff, agy., s. 253.
[229] agy., s. 25.

Bu sorunun yanıtı için azgelişmişlik - kapitalizm ilişkisini değerlendiren şu alıntıyı okuyalım:

"Azgelişmiş kapitalizmlerin sürekli ve güvenilir hammadde ikmalcileri olarak dünya pazarına entegre olmaları, istisnalarla birlikte, tekelci kontrol merkezine sürekli olarak bağımlı hale gelmeleriyle sonuçlanmaktadır ki, bu tekelci kontrol merkezleri, bu bağlılıktan doğan pazar yapısı ile, dokunulmazlık ve sağlamlık kazanmışlardır. Kapitalist dünya pazarlarına entegre olunması, azgelişmiş ülkeler üzerinde hemen her zaman aynı etkileri yapmaktadır:

1- Bağımsızlık ve kendine güven gerektiren kalkınma yolundan ayrılırlar ya da bu yola hiç girmezler;

2- Ekonomik olarak kendine yeterliliklerini kaybederler ve ihtiyaca bağımlı hale gelirler;

3- Endüstri el yapıları, alıcıların kabul ettikleri fiyatlar üzerinden belirli ürünlerin ihracatının gerektirdiği ihtiyaçlara göre adapte olur ve bu, çeşitliliğin, gelişen ekonomik verimliliğin gerektirdiği kaynak elastikiyetini azaltır."[230]

Bu koşullarda Ortadoğu bunalımları çözülebilir mi? Bunalımlar ve istikrarsızlık, ABD'nin istikrar anlayışı için gereklidir.

Teresa Hayter'a göre "Emperyalizmin yardımı yıkıcı bunalımları geçiştirmek için kullanılır." Bunalımları çözmek için değil. Çünkü bunalımın çözülmesi, yeni bir durum ortaya çıkarır, statüyü değiştirir. Eğer emperyalizmin çıkarı, statünün değiştirilmesinde değilse, bunalım çözülmez "geçiştirilir", dahası artırılır.[231] Bunun için elbette eko-

---

[230] Harry Magdoff, agy., s. 254.

[231] ABD'nin gerektiğinde bunalım politikaları izlediği Kissinger'ın şu itirafı ile de belgelenmiştir. Kissinger, Ortadoğu'ya dair anılarında der ki: "Ortadoğu politikalarımız Sovyetler'in Mısır'dan kovulmasıydı. Böylece Ortadoğu'da meydana gelen çeşitli bunalımlarda, örneğin Ürdün bunalımında ve Süveyş'teki füze bunalımında Sovyet nüfuzunun ne denli sınırlı olduğunu gösterebilmek için son derece kışkırtıcı bir tutum izledik... 1973'te her şeyden önce Arap Birleşik Cephesi'ni parçalamayı amaçlıyorduk. Ayrıca, Avrupalıların Japonların bu diplomasiye karışmalarını sağlamayı amaçlıyorduk." *Arayış*, Haftalık Politika Dergisi, 05.09.1981, İktibas, S. 22.

nomik-siyasi-askersi güç gereklidir. Bu gücün siyasal gerçekler göze-tilerek kullanılması, gücü kullananı başarılı kılar. Siyasi gerçeklik, gü-cün dengeli kullanılışı, o gücü kullananın "çıkar"ına göre algılanır ve değerlenir.

ABD 1990'lara değin, dünyaya yön veren süper devletlerden biri olarak, Sovyet diplomasisi ile yarış içindeydi. Nüfuz alanındaki ülke-lerde statükoyu korumak o ülkelerdeki sosyal devinimleri önlemek ya da denetimi altında tutmak istiyordu. Çünkü, sosyal değişimin kapita-list sisteme karşı tehlikelere neden olacağını biliyordu. Demokrasi, in-san hakları vb. çağdaş insanın ve toplumun sorunları, onun etkisi al-tındaki ülkelerde *sadece konuşulur* ama *yaşama geçirilmesi* geciktiri-lirdi.

ABD, çıkarlarını sağlayan statükoyu "kuvvet üstünlüğü yarata-rak" korumanın yol ve yöntemini geliştirmiştir. Dönemin ABD Dışiş-leri Bakanı Dean Acheson, 1951'de güç - politika ilişkisini şöyle de-ğerlendirir:

"Güç pozisyonuna göre hareket etmek zorundayız. Bu gücü yarat-tığımız zaman, kanaatime göre, uluslararası durum hızla değişmeye başlayacaktır."[232]

L. Pera ise, statüko - güç ilişkisini değerlendirirken der ki:

"Dış politikamız, bizim tarafımızdan tek yönlü bir siyaset gücüne dayanmaktadır. Dünyada statükoyu koruyabilmek için bu siyasetin zo-runlu olduğunu kabul ediyoruz."[233]

Bu nedenle de ABD, düşmanla karşılaşabileceği her noktaya "kuvvet yığmak, her noktayı her an denetim altında tutmak ve statü-koyu korumak" zorundadır. Peki düşman kimdir, neededir, saldırısı ne zaman gerçekleşir? Sorunun yanıtı bellidir. ABD'nin çıkarlarını engelleyen her şey, kişi, topluluk, devlet ya da doğa, Amerika'nın düş-manıdır. Dahası, onun çıkarlarını korumayan da düşmandır. ABD'ye

---

[232] M. Fahri, *Amerikan Harp Doktrinleri*, s. 62.
[233] agy., s. 62.

göre insanlık, kendi geleceği için, ABD'nin kurduğu statüyü bozamaz, bozmamalıdır. Devletler statülerini Amerika'nın koyduğu dünya statüsünü esas alarak kurmak zorundadırlar.

Buna uymayanlar yalnız ABD'nin değil, insanlığın düşmanıdır (!) Peki o uyulacak statüko nedir, kim, niçin ve ne zaman oluşturmuştur?

"Statü ko politikasının amacı, tarihin belli bir anındaki güçler dağılımının devamını sağlamak ve korumaktır. Bu yönüyle statüko, siyasetin uluslararası politika alanında yüklendiği fonksiyonun, içişleri alanında tutucu bir siyasetin yüklendiği fonksiyon gibi olduğu söylenebilir."[234]

Peki, o tarihi an, ne zaman gelir? Morgenthau der ki:

"Çoğu kez bir savaşın sona erdiği ve güçler dağılımının barış antlaşması hükümleri içinde kodifiye edildiği (yeni kurallara bağlandığı) andır."

Mogenthau'nun dediği gibi, statükonun saptandığı, "tarihin o belli anı", İkinci Dünya Savaşı sonrası, Malta'da yapılan paylaşımın (ki, Churchill'in anılarından öğrenildiğine göre, Roosevelt'le anlaştıktan sonra Stalin'le başbaşa saptanan Doğu Avrupa ve Balkanlar'ın kaderinin) Potsdam'da onaylandığı andır.[235]

Dünyayı altüst eden 6 yıllık savaş bitmiş ve savaşın galipleri, yeni bir düzen kurmak için dünyayı aralarında paylaşmışlar, yeni statükoyu oluşturmuşlardı. Bu statükonun bozulması, yeni bir dağılmaya değin istenmezdi. Soğuk Savaş, işte bu statünün sürdürülmesini sağlamıştır.

---

[234] Hans J. Morgenthau, *Ululararası Politika,* c. 1, s. 48.
[235] Böyle anlarda dünya o anı yeniden yaratan güçten aldığı hızla düzenlenir. Sovyetler'in yıkımından sonra ABD'nin *Yeni Dünya Düzeni* söylemi, 1990-91 Körfez bunalımıyla başlayan, Somali ve Balkanlar'a, Kosova, Yugoslavya vb. alanlarda sürdürülen yeni bunalımların mimarı Amerika o yeni dünyanın da mimarı olabilmek için eski düzeni yıkmak zorundadır. Afganistan ve ikinci Irak saldırısı bu politikanın devamıdır. Ne zaman ve nasıl mı biter? Güç, kendini yiyip bitirene kadar. Çünkü diyalektik yasa gereği, gücün karşısında savaşım verecek güç olmadığı sürece, o güç kendini yiyecek ve bitirecektir. Dünya tarihi bunun örnekleriyle doludur.

İngiltere, savaş sonrası eski gücünü kazanamayacağını anlamış ve Ortadoğu'da nüfuz bölgelerini yavaş yavaş ABD'ye terk etmişti. [236]

Türkiye ve Yunanistan, ilk terk edilecek alanlardır. Türkiye, İkinci Dünya Savaşı başlarında, İngilizler'le yapılan antlaşma sonucu, İngiliz nüfuz bölgesine girmiş sayılır. Öyle ki, Doğan Avcıoğlu'na göre, 1973'te açıklanan Churchill'in elyazılı belgesinde, İngiltere'nin, Polonya'nın tamamını Rusya'nın nüfuz bölgesi olarak Stalin'e sunduğu görülür. Romanya'nın yüzde 90'ının, Bulgaristan'ın yüzde 75'inin, Yugoslavya ve Macaristan'ın yüzde 50'sinin Rusya'ya bırakıldığı anlaşılır. Churchill, Türkiye üzerinde bir pazarlığa yanaşmamıştır. Çünkü İngiltere, Akdeniz'in tamamını kendi alanı olarak ayırmıştır. Doğan Avcıoğlu'na göre; Churchill, bu yazıyla *1939 Türkiye-İngiltere Antlaşması* gereği, Türkiye'den kendisini sorumlu tuttuğunu anlatır. "Akdeniz'in egemenliğini elinde tutan Churchill'in Türkiye'yi kendi nüfuz alanı içinde saydığı açıktır. Nitekim, 1943'te de, ABD'ye Türkiye'nin askeri, politik ve ekonomik bakımdan İngiliz nüfuz bölgesi olduğunu kabul ettirmeyi" başarmıştır.[237]

Türkiye'nin Truman Doktrini ile ABD nüfuz alanına terk edilişi de *İngiltere'nin izniyle* olmuştur. McGhee, anılarında "İngiltere'nin Türkiye'yi taşıyamayacağını ABD'ye 1946'da bildirdiğini" yazar. Ve Türkiye'nin kaderi bu tarihten sonra ABD'nin elindedir.

Bugün kaderini başkalarını eline bırakanların hazin sonunu yaşıyorsak, kusur tarihten ders almayanların yönetiminde aranmalıdır.

Churchill'in Boğazlar Sorunu ile ilgili ikili oyunu, Rusya'nın, savaş sonrası bu sorunla bizi zorlaması ile sonuçlanır. Paylaşımda, Batı nüfuz bölgesinde bırakılan Türkiye'nin bu zorlamalar sonucu, "Truman Doktrini'ne sarılmasının altyapısı mı hazırlandı" diye düşünmeden edemiyor insan!

Evet, savaş sonrası statüko böyle saptanır. "Tarihin o anı"nın belirlediği statükoyu koruma da, onu belirleyenlerin sorumluluğundadır.

---

[236] Doğan Avcıoğlu, *Milli Kurtuluş Tarihi,* c. 3, s. 1555-1597.
[237] aynı yerde.

Onlar da çıkarları neyi gerektiriyorsa onu yapmışlardır. Mithat Cemal Kuntay bu acımasız gerçeğin nasıl saptandığını anlatır:

Elmaslı kılıçlar kuşanıp sırma giyerler
Dimdik oturur bir milleti yerler

Sovyetler nüfuz alanlarını yalnız ideolojik değil, askeri yöntemlerle de işgal etmiştir. Girdiği yerlerde kendisine başkaldırılmasına izin vermemiştir. Macaristan ve Çekoslovakya olayları, bunun somut örnekleridir. Batı ne yapmıştır bu işgaller üzerine? Sadece sözle karşı çıkmıştır. Çünkü, oralar Potsdam'da belirlenen Yeni Dünya Düzeni'ne göre Sovyetler'in nüfuz bölgesindedir.

Peki, giderek Batı'nın savaş öncesi elinde tuttuğu tüm nüfuz bölgelerini ele geçiren ABD, 40 yıldır süren bu etkinliği nasıl sağlamıştır, statüyü nasıl korumuştur? Yardım antlaşmalarıyla, Karşılıklı İşbirliği ve Güvenlik Antlaşmaları'yla, ikili ve çok yönlü antlaşmalarla elbette! Ayrıca, denetimi altındaki finans kapitalin evrensel örgütleriyle, ülkeleri gizli işgali altına almıştır. "Azgelişmiş ülkeler, kendi ordularının işgali altındadır," deyimi, bu dönemi anlatan en anlamlı söylemdir. Evet, ABD nüfuz alanına aldığı ülkelerdeki işgalini, o ülkelerin orduları ile sağlamıştır. Bu statünün bozulmaması için de her yolu geçerli saymış, bu ülkelerde de statükonun -kurulu düzenin- değişmesine izin vermemiştir. Buradaki ölçüt, 'sosyal gelişmenin ekonomiyi geçmemesi'dir. Sosyal gelişmelerin, ekonomik gelişmeleri geçtiği an, o statü bozulmuş sayılır, eski statüyü sürdürecek yeni bir yönetim iş başına geçirilir.[238] Bu asker olabilir, sivil yönetim, Krallık, diktatörlük olabilir. ABD için önemli olan statükonun değişmememsidir. Dışişleri Eski Bakanlarından İhsan Sabri Çağlayangil, İsmail Cem'le 1974 yılında yaptığı görüşmede der ki:

"Amerika bir memlekette demokratik idare olmuş, şoven irade olmuş, faşist idare olmuş, ona hiç bakmaz. Amerika, o memleketin

---

[238] Bu tezin tarihimizdeki uygulaması 12 Mart'tır. 12 Mart muhtırasının kahramanı, zamanın Genelkurmay Başkanı Org. Memduh Tağmaç, 05 Mart 1971 tarihinde Ankara'daki subayları topladığı Hava Kuvvetleri Toplantı Salonu'nda "Sosyal gelişme ekonomiyi geçmiştir, buna dur demek gerekir" derken bu taktiği dile getirmiş oluyordu.

kendisine ne ölçüde tabi olduğuna, kendi politikasına ne ölçüde *satelit* (uydu) haline gelebildiğine bakar."[239]

"ABD'nin evrensel politikası, emperyalist bir sistem politikasıdır ve çıkar temeline oturur demiştik." ABD'de partiler değişir -zaten iki parti esasına dayalı bir sistemdir- ama ABD'nin dünyaya egemen olma, öteki ülkelere söz geçirme ve sömürme ilkesi / politikası değişmez. Çünkü ABD'de politikanın çerçevesini evrensel soygun şirketleri çizer. Ve bu politika işte o evrensel şirketlerin çıkarları temeline oturtulmuştur. Evrensel şirketlerin çıkarları evrensel bir güçle korunacaktır kuşkusuz. H. J. Morgenthau'ya göre:

"Uluslararası politika denen geniş alanda siyasal gerçekçiliğe yolunu bulmakta yardım eden nirengi noktası ise 'güç' terimi ile ifade edilen 'çıkar' kavramıdır (...) Çıkar kavramı, siyaseti (zenginlik veya servet olarak tarif edilen çıkar kavramından anlaşılan) ekonomi, ahlak (etik), estetik ve din gibi konularda ayrı ve bağımsız bir eylem, anlayış konusu ve alanı olarak ele alır."[240]

Morgenthau, devamla: "Güç şeklinde tanımlanan çıkar kavram ve anlayışı, gözlemcinin entelektüel bir disiplin taşımasını, siyasete konu olan şeyleri rasyonel bir düzen içinde ele almasını, böylece siyaseti kuramsal olarak anlaşılabilir kılmasını gerektirir."[241]

Dikkat edilirse ABD, her koşulda çıkarlarını öne sürmekte ve her şeyi çıkarları için yaptığını savunmaktadır ki, elbette kendi açısından haklıdır. Çünkü sistem, çıkar ilkesine oturtulmuştur. Çıkar yalnızca sistemin değil, küreselleşmiş kapitalin de hizmetinde olan politika ve stratejinin varlık sebebidir. O nedenle diyoruz ki, ABD'nin bugününü ve yarınını değerlendirmek için iyi düşünülmelidir. Max Weber'e göre; "İnsanın eylemlerini fikirler değil, çıkarlar (maddi ve manevi) dolaysız olarak etkilemektedir."[242]

239 İsmail Cem, *Tarih Açısından 12 Mart,* c. 1, s. 317.
240 Morgenthau, *Uluslararası Politika,* Türk Siyasal Bilimler Derneği, 1970, c. 1, s. 4.
241 agy., c. 1, s. 5.
242 (Aktaran), Morgenthau, agy., c. 1, s. 10.

Özetle, politikanın aracı ve amacı çıkardır. ABD Başkanlarından Clinton, "çıkarımızın gerektirdiği her yerde oluruz" derken, politikanın o ana ilkesini dile getiriyordu.

Global Politika - Yeni Dünya Düzeni

Bu koşullarda 'Yeni Dünya Düzeni'nin, emperyalist amaçtan uzak, değişik ve insanı esas alan ahlak ve hukuk temeline dayanan bir temele oturacağını düşünmek, düş kurmak olur. Hele geçmişte Sovyetler'in karşı çıkacağını varsayarak ya da karşı çıktığı konularda dengeci bir politika güdülürken, tek kutuplu dünyada artık ABD "tek buyurgan" olmuşsa! Bu nedenle geçmişte bizim gibi stratejik önemi olan ülkelerle olan ilişkilerinde gösterdiği dikkati, o duyarlılıkla göstereceğini umut etmenin saflığına kapılmamak gerekir.

Değil mi ki ABD, Sovyetler'in dağılmasıyla, öteden beri amacı olan küresel politikayı, rahatlıkla izleme olanağına kavuştu. Evet ABD, İkinci Dünya Savaşı sonrası Avrupa emperyalist ülkelerinin terk ettiği sömürgeleri ve bölgeleri birer birer ele geçirirken, dünyaya toptan egemen olmanın utkusunu yaşamaktadır. Gerçekte ABD'nin dünyayı, "komünizmin işgalinden kurtarma" savının ardında yatan, işgal kuşkusu değildi. Bu, emperyalist politikanın ön uygulamasıydı; küresel egemenliğe hazırlıktı. Soğuk Savaş sonrasının stratejik hedeflerine nasıl yol alacağının araştırılmasıydı. Bir başka deyişle ABD'nin geliştirdiği dünya egemenliğine dair teorilerin uygulamada hayata geçirilip geçirilmeyeceğini denemesiydi. Çünkü Amerika, egemenlik yarışında zamana yenilmek istemiyor, bir an önce dünyaya el koymanın yolunu arıyordu. Denemeleri arasında değişik teori ve pratikler vardı.

"Kenar kuşak" kuramcılarından, Yale Üniversitesi Uluslararası İlişkiler Profesörü Nicholas Spyem'a göre; "Kenar kuşak bölgesine egemen olan devlet, Avrupa ve Asya'ya egemen olur."[243]

Peki, *'kenar kuşak'* bölgeleri hangileridir? Türkiye, İran, Irak, Pakistan, Afganistan, Hindistan, Kore. NATO'nun ve bir zamanlar bu

---

[243] Prof. Dr. Türkkaya Ataöv, *Amerika, NATO ve Türkiye,* s. 244.

kuşak ülkelerinin ABD'nin zorlamasıyla içine girdikleri CENTO ve SEATO gibi anlaşmalar zincirinin, emperyalizmin dünya egemenliğinin araçları olarak kuruldukları anlaşılmıyor mu? Amerika'nın çevremizde dönüp dolaşmasının nedeni, Türkiye'nin bu coğrafyadaki konumudur.

ABD bu kuramı iki ayrı politika güderek uygulamaya kalkışmıştır.

Dış ilişkilerinde uyguladığı ikili oyuna dayalı görüşlerine bakalım: ABD'nin savaş teorisyenlerinden Burnhan'a göre, "Bunlardan biri gizli ve resmi olmayan, öteki açık ve resmi politikadır." Açık politikaya göre "ABD, sosyalizmin gelişmesini durdurmak, onu tutmak, önlemek gereğini ilan etmiştir. Ve bunu çeşitli anlaşmalara temel yapmıştır. Birleşmiş Milletler'in rolüne inanmaktadır ve ona saygılıdır."

Oysa incelendiğinde görülür ki; antlaşmaların, "komünizmin yayılması"nın ve "hür dünya" statükosunu bozmasının önlenmesi için, "Birleşmiş Milletler Antlaşması'nın esas amaçlarına hizmet edildiği" savıyla, anlaşmalarda yer alan "ülkelerin ekonomik ve askeri gereksinmelerinin karşılanması" vb. söylem ve kavramlar, gerçekte asıl amacın gizlenmesi ve imzacı ülkenin aldatılması için sözleşmelere konulmuş kavramlardır.[244] Dikkatle incelendiğinde, bu anlaşmaların Amerika'nın çıkarlarını koruduğu ya da koruyacağı anlaşılır!

ABD bu tür anlaşmalarda gerçek amacını, - dünya egemenliğine yönelik amacını - hep bu sözlerin arkasında gizlemektedir. "ABD'nin

---

[244] Örneğin Türkiye'nin işgaline yönelik planın belgesi olan 5 Mart 1959 tarihli Güvenlik İşbirliği Antlaşması'nın dibacesinden aktaracağım bölüm, bu ikili oyunun belgesidir. Gerçekte ABD, bu anlaşmayla Türkiye'yi işgal politikasını yürürlüğe koymuştu. Okuyalım:

Türkiye Cumhuriyeti Hükümeti'yle Amerika Birleşik Devletleri Hükümeti, Londra'da 28 Temmuz 1958 tarihinde kendilerinin de katıldıkları beyannameyi tatbik mevkiine koymayı arzu ederek;

.... Birleşmiş Milletler Anayasası prensipleri gereğince sulhun takviyesini arzu ederek;

.... Birleşmiş Milletler Anayasası'nın 51. maddesi gereğince emniyet ve müdafaaları için işbirliği yapmak haklarını teyit ederek;

.... Amerika Birleşik Devletleri Hükümeti'nin, Türkiye'nin istiklal ve tamamiyetini kendi milli menfaat ve dünya sulhü için hayati telakki ettiğini nazarı itibara alarak; aşağıdaki hususlarda anlaşmışlardır.

bu amaca yönelik politikası gizlidir, saldırgandır ve *kurtarma* politikasını bütün niteliklerine, amaçlarına sahiptir." diyor J. Burnham.

Amerika ile yapılan anlaşmaların J. Burnham'ın sözleri ışığında değerlendirilmesi gerekir. Böylece Amerika'nın uluslararası kuruluşları kendi çıkarlarına meşruluk kazandırmak için kullandığı belgelenmiş olur. Bu neye mi yarayacaktır? Amerika'ya günü geldiğinde hesap sorulurken, bunlar gibi evrensel belgelerin kanıt olarak kullanılacağı unutulmamalıdır.

Ya Birleşmiş Milletler'in yüce amaçları? Birçok bölgede görüldüğü gibi, Amerika'nın çıkarları ile çelişmediği sürece, ona da saygılıdır.

Ancak, ABD'nin resmi ağızlarından çıkan açıklamalara dikkat edildiğinde, sözleşmelerin resmi dili ardındaki gizler çözülebilir. Yeter ki, gerçekleri arama ve bulma istenci olsun ve konulara diyalektik bir gözle bakılabilsin.

Örneğin, şu "Karşılıklı Güvenlik Antlaşmaları"ndaki "karşılıklı" kavramının ne anlama geldiğini araştıralım. Karşılıklı güvenlik ve işbirliği için, imzacı ülkeler her yönden *eşit* olmalıdır. Eğer bu sözleşmeye imza koyanlardan biri güçlü, öteki zayıfsa ve zayıf güçlüden yardım alıyorsa, bu karşılıklı işbirliğinden ve ortak düşman (!) Sovyetler'den binlerce kilometre uzaktaki ABD'nin güvenliğini nasıl sağlayacaktır? O zayıf ülkede ya da çevresinde güçlü ülkenin çıkarları olmalı ki karşılıklı savunma anlam kazansın. Şu halde, ya bu anlaşmadaki karşılıklı savunma deyimi bir aldatmacadır, ya da açıklanmayan bir giz vardır. Çünkü burada savunulan, o azgelişmiş ülke değildir, ABD'nin çıkarlarıdır. ABD'nin de "çıkarı" olmadan, böyle bir işbirliğine kalkışması söz konusu olamayacağına göre, bu karşılıklı alışverişten ABD'nin gerçek çıkarı nedir?

Amerika için çıkar, ulus olma eyleminin altyapısıdır. Bireyler arasındaki birleşme bilincinin itici gücüdür. Özetle; Avrupalı göçmenlerin birleşerek ulus olma bilincidir. Bu altyapı kısaca çıkar odaklıdır. Birey-

216

lerin bilincinden, toplumun bilincine geçmiştir. Tarihin derinliklerinden gelen öteki uluslarda olmayan bir öğedir! Çıkar, Amerikan toplumunda bayraklaştırılmıştır. Özetle ABD'de toplumsal değer yargısı çıkarıdır.

Uluslararası sözleşmelerde de bu kavram önde gelir. Karşılıklı güvenlik ve işbirliği antlaşmalarıyla korunan, ABD'nin çıkarıdır. ABD'nin, o ülkedeki ya da dünyanın herhangi bir yerindeki çıkarıdır, evrensel şirketlerin çıkarlarıdır. Çünkü, ABD'nin binlerce mil uzağındaki ev sahibi ülke, nasıl ve hangi yöntemle, güçle, ABD'nin kendi topraklarında karşılaşacağı bir tehlikeyi önleyebilir. Kaldı ki o, azgelişmiş bir ülkedir ve kendi sorunları için ABD'den yardım istemiştir. Ve işte bu koşullarda ABD, yardım sözleşmesini, "egemen eşitler"in birbirlerinin "güvenliğini koruyacağı" tezi üzerine oturtmaktadır. İlk bakışta, o küçük ülke, kendisine ağır bir yükümlülük getireceğini düşünmeden sözleşmeyi imzalar. Oysa, bu imza ona, kendi ülkesindeki ABD çıkarlarını koruma yükümlülüğünü getirmektedir. Bunun için önce, eğitim kurumlarından başlanarak, toplumun genel eğilimleri ABD ideolojisine göre biçimlenecektir. Emperyalizm aleyhine hiçbir davranışa yaşam hakkı tanınmayacak, toplum giderek kendi ideolojisine, varoluş felsefesine yabancılaşacak, toplumsal çürüme ve kokuşma başlayacaktır.

Öte yandan, o ülkenin ABD'de ne askeri vardır ne de üsleri. Ama ABD, ülkede hem asker bulundurmuş, hem de üsler kurmuştur. Neden? Sözde o ülkeyi koruyacaktır. Neye karşı? Uluslararası komünizme karşı! Bu savla gelir, yerleşir ve ülkeyi denetlemeye başlar. Yeraltı ve yerüstü zenginliklerini sömürür. Yerli sermaye ile kurduğu ortaklıklarla ekonomisinin kilit noktalarını ele geçirir ve ekonomisine etken olan politikaları yönlendirir.

Böyle bir ülke, artık ABD'nin gizli işgali altındadır. Bu gizli işgali gören ve topluma anlatanlar en ağır suçlamalarla izlenirler, tutuklanırlar. Öyle ki, medya aracılığı ile, "halk düşmanı" olarak gösterilirler. Demokrasi ve insan haklarını gündeme getiren aydınlar, zamanın Cumhurbaşkanı Kenan Evren tarafından "vatan hainliği" ile suçlanmışlar ve bu suçlama ihbar sayıldığından, bildiriyi hazırlayanlar Ankara Sıkıyönetim Mahkemesi'nde yargılanmışlardır.[245] Çünkü yöneticiler, tek dünya görüşüne göre eğitilmişlerdi ve 12 Eylül zulmü sürüyordu. Dilekçe verme, Magna Carta'dan bu yana içeriğinde suç öğesi bulunmamak koşuluyla temel hakların en kutsalı ve dokunulmazı olarak bilinirdi. Ama demokratik haklarını savunan Türk aydınları suçluydular, dahası vatan hainiydiler. Bu olay "Aydınlar Dilekçesi Olayı" olarak tarihteki yerini almıştır.

Temelde onları suçlayan dünya görüşü ABD ideolojisine dayanır. Burada Podol Raporu'nu anımsamanın tam yeri değil mi?[246]

---

[245] Aydınlar Dilekçesi Olayı ve davası: 12 Eylül darbesi sonrası sözde "sivil yönetim" döneminin ilk yıllarındaki uygulamaların insan hak ve özgürlüklerine getirilen kısıtlamanın kaldırılması, gerçek demokrasiye dönülmesi için yapılan girişimlerin yasaklanmasına tepki ve bu konuda kamuoyu oluşturma amacıyla, çeşitli yaşlarda ve çeşitli mesleklerden 1255 aydının imzaladığı dilekçe olayı. Bu dilekçe devletin başına verilmiş, imzalayanlar sıkıyönetim uygulamalarına aykırı davrandıkları iddiasıyla suçlanmış, haklarında Ankara Sıkıyönetim Mahkemesi'nde Sıkıyönetim Yasası'na aykırı davranıldığı suçlamasıyla dava açılmıştı. Bu olay Aydınlar Dilekçesi olarak anılır ve 12 Eylül suç defterine bu adla geçmiştir. Dava sırasında Kenan Evren, devletin başı olarak, 28 Mayıs 1984 tarihinde Manisa'da halka konuşurken, dilekçeyi imzalayanları "vatan haini" olarak suçlamıştı. Dava sonunda verilen beraat kararından sonra Evren'in imzacılara vatan haini demesi nedeniyle, Aziz Nesin'in açtığı (ve vekili olarak tarafımdan savunulan) tazminat davası, Cumhurbaşkanının yargılanamayacağı gerekçesiyle reddedilmişti. Bu hareket ve sonuçları, 12 Eylül'ün ne denli baskıcı bir sistem kurmak istediğinin belgesi olarak işlenmiştir tarihe...

[246] Richard Podol adlı bir AID uzmanının raporundan aşağıya aktaracağımız bölüm, emperyalizmin Türk bürokrasisine nasıl yön verdiğini ve ABD yardımının amaçlarını belgeler. Richard Podol, Türkiye'de çalışmakta ve TODAİE'de devlet memurlarına yöneticilik dersi vermektedir. İşte bu nitelikleri nedeniyle, misyonu gereği hazırladığı, bürokrasimizle ilgili raporu ABD'ye sunmuştur. Şu cümleler bu rapordan alınmıştır: "On yıldan fazla bir zamandır Türkiye'de faaliyette bulunan Amerikan yardım programı bir zamandan beri meyvelerini vermeye başlamıştır. Önemli mevkilerde Amerikan eğitimi görmüş bir Türk'ün bulunmadığı bir Bakanlık ya da bir İktisadi Kamu Kuruluşu hemen hemen kalmamıştır. Bu kimseler halen bulundukları örgütte 'ileri güç' niteliğini taşımaktadır. Genel müdür ve müsteşarlık mevkilerinden daha büyük görevlere kısa zamanda geçmeleri beklenir. AID bütün gayretleri bu gruba yöneltmelidir. Geniş ölçüde Türk idarecilerini doktrine etmek gerekir. Burada özellikle orta kademe yöneticiler üzerinde durmak yerindedir. Amaç, bunlara yeni davranışlar kazandırmaktır. Bu grubun yakın gelecekte yüksek sorumluluk mevkilerine geçecekleri düşünülürse, bütün gayretlerin bu kimseler üzerinde toplanması mantık açısından doğrudur." Aktaran, İlhami Soysal, *Yön*, S. 140.

ABD işte bu yöntemle, yerleştiği ülkenin güvenlik güçlerine, sözleşmelere yerleştirilen sözcüklerle çıkarlarını koruma görevi verir. Böyle bir ülkenin ulusal bir güvenlik stratejisi ve sistemi yoktur. Emperyalizmle hiçbir yönden ortak çıkarı olmayan, temelde çelişkisi bulunan ülke, bu gerçeğin ayırdında olmadığından, emperyalizmin evrensel çıkarlarının koruyucusu olur. Ve kendini savunacağını düşünerek girdiği savunma örgütlerinde, kendi ulusal çıkarlarına değil, emperyalizmin evrensel çıkarlarına hizmet eder; ne yazık ki bunun ayırdında değildir. Dahası, yerli sanayi ve sermaye örgütlerinin uluslararası sermaye gruplarıyla yaptığı ortaklık da, gerçekte güçlü ekonominin ekonomik çıkarlarına hizmet eder. Uluslararası sermaye o ülkenin ekonomisini, sosyal yapısını giderek etkiler ve yönlendirir. Uluslararası finans kapital örgütlerine hükmeden sistemin ilişkili olduğu ülkeler, kısır döngüden çıkamayacağına inandıklarında da, karşısında kendi ülkelerinin güvenlik güçlerini bulur. Görev askere düşer.. Sistemi, statükoyu korumak için görevlidir. Yalnız şu düşünülmez: Hangi sistem, hangi statü?

Toplumu bu kısır döngüden kurtarmak için, emperyalist sistemin nasıl işlediğini bilmek ve onu boşa çıkaracak bilinçle işe başlamak gerekir.

3

Çokuluslu Şirketlerin Tuzağında
Oltadaki Balık Türkiye

"*Çokuluslu şirketlerin hükümetlerinden uygulanmasını istedikleri politika tek formülde özetlenebilir: Standart Oil'ın güvenliğinin sağlanacağı bir dünya. Daha ideolojik terimler kullanılırsa bunun anlamı 'hür dünyanın korunması ve sınırlarının mümkün olduğu zaman ve yerde genişletilmesi'dir. Bu ise 'Truman Doktrini'nin 1947 yılında kabul edilmesinden beri ABD politikasının açığa vurulmuş amacı olmuştur. Bu madalyonun diğer yüzü anti-komünizmdir. Bu durumun gerekli bir tamamlayıcısı da dünya ölçüsünde büyük bir askeri makinenin kurulması ve sürekli kılınmasıdır. Bugün dünyada görülen tüm önemli mücadeleler, çokuluslu şirketlerin en fazla alana sahip olma açlığına dayanmaktadır.*"

Swezzy, Baran ve Magdoff,
Çağdaş Kapitalizmin Bunalımı, s. 139.

Çokuluslu Şirketler ve ABD Dış Politikası[247]

Politika geneldе, "devlet işlerine katılma ve devlet etkinliklerinin biçim, amaç ve içeriğini belirleme işi" olarak tanımlanır. Marksçı görüşle politika, "Sınıflı toplumda, sınıf ve partilerin devlet yönetimini eline geçirmek, kendi sınıfsal çıkarlarını devlet çerçevesi içinde ve devlet yardımıyla gerek topluma, gerekse diğer devletlere kabul ettirmek için, sınıfların verdiği örgütlü mücadeleyi içeren sosyal bir fenomen"dir.[248]

Peki kapitalist sistemde bu çark nasıl işler? Pratikte kapitalist sistemde de kapitale egemen olanlarla emekçiler arasında devletin kuruluşundaki oydaşma, kapitalin gücü arttıkça kuruluştaki denge bozulur ve güçlü olan, devlete ve yönetime egemen olur. Bu çarkın nasıl işlediği, uluslararası şirketlerin çalışma ve dünyayı yönetmede, ABD siyasasını nasıl etkilediği araştırıldığında, tanımın yerinde olduğu görülür. Richard Barnet ve Ronald E. Müller'in *Evrensel Soygun: Çokuluslu Şirketlerin Gücü* adıyla dilimize çevrilen yapıtlarında, şirketlerin gücü ve etki alanları şöyle anlatılır:

"Evrensel şirketlerin başındaki adamlar, dünyayı bir bütün olarak yönetmeye kalkışan ilk *örgüt, teknoloji, para ve ideoloji* sahibi insanlardır. Tarihte, eski zamanların evrensel tasarılar peşinde koşan insanı ya kendini aldatıyordu ya da mistiğin biriydi. Dünya, askeri istilalarla yönetilebileceğe benzememekte, ama bu düş (ABD'nin küresel amaçları / -E.D.) yaşamaya devam etmektedir."[249]

---

[247] İlhan Selçuk, 26 Şubat 1964 tarihli *Cumhuriyet* Gazetesindeki yazısında, çokuluslu şirketlerin devletleri aşan politik etkinliklerine dikkat çekmekte ve özellikle petrol şirketlerinin başta geldiğini vurgulamaktadır. Selçuk, petrol şirketlerinden başta gelen 7'sine "7 Kızkardeş" adını takmış. Bunlar; Standart Oil of New Jarsey, Royal Dutch Shell, Biritish Petroleum, Gulf Oil, Texas Co., Standart Oil of California ve Socony-Mobil olarak sıralandırılmıştır. İlhan Selçuk, Arap petrollerinin ardında da bu şirketlerin bulunduğunu, örneğin ARAMCO'nun bu "7 Kızkardeş"ten üçünün birleşerek kurduğu bir örgüt olduğunu yazmaktadır.

[248] *Marksçı-Leninci Felsefe Sözlüğü*, s. 139.

[249] Richard J. Barnet ve Ronald E. Müller, *Evrensel Soygun: Çokuluslu Şirketlerin Gücü*, s. 17/2.

Barnet ve Müller, uluslararası şirketlerin örgütlenişini, dünyaya yayılış biçim ve yöntemlerini inceledikleri belgesel bir yapıtta, bu söylemle çıkarlar okuyucu karşısına. Yapıtta, evrensel şirketlerin, hükümetlerin politikalarını nasıl etkiledikleri belge ve olaylarla açıklanıyor. David Rockefeller, 1952 yılında Detroid İktisatçılar Kulübü'nde, "son anketlerden birine göre, her beş öğrenciden üçünün, büyük şirketlerce, devlet idaresinin dizginlerinin Kongre ve hükümetin elinden alındığına inandıklarını" belirtirken vurguladığı bu gerçektir. Bu sözler ve uygulamadan çıkan sonuç şudur: Dünyanın dev şirketlerinin yöneticileri, askeri istilaların -yayılmaların-başaramadıklarını başaran insanlardır. Çünkü bu yolla gelenler, toplumdaki bireyleri ve giderek toplumu içten ele geçirme yöntemini uygularlar. Nasıl mı, örgütleri aracılığıyla kendi ideallerini empoze ederek! İşte bu "gizli işgal"dir. Ve ABD, işte bu yöntemi, evrensel / küresel ticaretin kurallarıyla ve evrensel / küresel şirketlerle uyguluyor. Amerika için ulusal çıkar, evrensel şirketlerin çıkarıdır. Ünlü Morgan, "ABD için iyi olan, Morgan firması için de iyidir" derken, bu gerçeği seslendiriyor. Ve bu gerçek de politika kavramına ilişkin Marksçı-Leninci tanımın doğruluğunu gösteriyor.

Şimdi, çokuluslu şirketlerin ABD siyasasını nasıl yönlendirdiğine ilişkin bir örneği izleyelim.

Rockefeller İmparatorluğu'nun Gücü

1956 yılında, ABD'nin o günkü Başkanı Eisenhower'a, Nelson A. Rockefeller bir mektup yazar. Bu mektubu değerlendirmeye geçmeden önce, ABD'de iktidar kavgalarının çokuluslu şirketler arasında yürütüldüğü ve bu şirketlerin ABD dış siyasasının saptanmasında büyük ölçüde etkili oldukları gerçeğini bir yere not edelim. Her parti ve başkanla birlikte, güçlü gruplardan biri yönetimde etkili olur. Eisenhower'la birlikte, ABD Başkanlık katında ve siyaset oluşturulmasında Rockefeller Grubu etkili olmuştur. Daha önce (Truman döneminde), Morgan firmasındaki nöbet, Başkan Eisenhower'la birlikte Rockefeller Grubu'na geçmiştir. Ocak 1956 tarihli bu mektup, dünyayı sömüren şirketlerin, ABD siyasasında ne ölçüde etkili olduklarını, devlet başkanlarını nasıl etkilediklerini ve ABD siyasasının şirketlerce - ve

223

elbet o şirketlerin çıkarları ile genel çıkar dengesi gözetilerek - saptandığını kanıtlamaktadır.

Rockefeller da bunu şöyle vurguluyor: "Standart Oil Tröstü için iyi olan, ABD için de iyidir." Evrensel şirketlerin çıkarı, ulusal çıkarla eşdeğer değil miydi? O halde önce şirketimin çıkarları korunmalıdır.

Torun Rockefeller; Eisenhower'e yazdığı mektupta buradan çıkarak, ABD'nin evrensel sömürü siyasasının küresel ilkelerini dikte ediyor.

Mektubun nasıl, neden yazıldığı ve etkisi, Rockefeller'ın kimliği ve ABD politikasındaki yeri bilinmeden yeterince anlaşılmaz. Bu mektubu değerlendirmeye geçmeden önce; "Nelson Rockefeller kimdir, Amerika gibi bir devletin politikasını yönlendirecek başkana emredercesine akıl verme gücünü nereden, nasıl almıştır diye soralım ve bu soruların yanıtını arayalım:

Nelson Aldrich Rockefeller, Amerika'nın ilk petrol tröstü olan Standart Oil Company'nin kurucusu John Rockefeller'ın torunudur. Rockefeller ailesi, petrol krallığından başka dallarda da, ABD ve dünya ekonomisinde etkindir. Bankacılık bunların başında gelir. Ve elbet bu ekonomik güç, aileyi politikada da etkin kılmıştır.

Nelson Rockefeller, 1940'larda Dışişleri Bakanlığı Latin Amerika İşleri Dairesi Başkanlığı'na getirilir. Latin Amerika'da, ABD çıkarlarını çok iyi koruduğu için, önce, Uzmanlar Komitesi Başkanı, 1944'te Dışişleri Bakanı Yardımcısı, 1950'de Uluslararası Kalkınma Danışma Kurulu Başkanı, 1954'te Başkan Eisenhower'ın Başdanışmanı olur.

Rockefeller'in yükselişi, elbet salt yeteneklerine dayanmıyor. Formül çok basit: Yetenek + ekonomik güç + ABD çıkarlarını en iyi korumak... Standart Oil için iyi olan, ABD için de iyidir... Kısaca, bizim deyimimizle, politika üretirken iyi bir tüccar gibi düşünüyor!

Bu felsefeyi Turgut Özal da benimsemişti. O da devleti tüccar kafası ile yönetmek istemişti; devlet yapımızın ABD devlet yapısıyla ayrılığını gözardı ederek... ABD, tüccar gibi dünyayı sömürüyor, bizim sömürdüğümüz ise kendi halkımız oldu. Oysa Cumhuriyet, devletin halkla el ele olması ilkesine dayalıydı. Çünkü halkın gücüne dayanmayan sistemler halktan kopmaya mahkûmdular. Halkı dışlayan sistemler giderek yozlaşır ve başka güçlerin denetimine girerler. Günümüz Türkiyesi gibi.

Mektubun son paragrafındaki sözler, Rockefeller imparatorluğunun sınır tanımayan gücünün yansımasıdır:

"Yeni politikanın - *mektubun başında ilkeleri açıklanan politikanın -E.D.* - yürütülmesinden sorumlu olan sizin ve çalışma arkadaşlarınızın Asya'da ve özellikle Ortadoğu'daki pozisyonlarımızı kuvvetlendirici tedbirlerin alınması zorunluluğuna artık inanmış olmanız ve üzerinde durduğum ana sorunun, öncelik tanınması gereken çeşitli yönlerini tekrar ele almaya karar vermeniz, en büyük arzumdur."

Mektubun üslubu gözden kaçmamalıdır. Bu mektup, Rockefeller Grubu'nun, Başkan Eisenhower'a dikte ettiği politika ilkeleridir. Dikkat edilirse, "artık inanmış olmanız ve tekrar ele almaya karar vermeniz en büyük arzumdur" biçimindeki sözler, bir Başkan'a yazılıyor. Bu sözlerden çıkarılacak bir başka anlam, konunun başkanla daha önce uzun uzun tartışıldığı, başkanın bu önerilere yatkınlık göstermediği, daha sonra işin yazılı bir öneriye dönüştürüldüğüdür. Rockefeller Grubu, bu mektupla, ABD Emperyalizmi'nin strateji ve taktiklerini saptamaktan öte, evrensel soygunun içyüzünü aydınlatıyor. Böylece yardımla gelen bağımlılığın, azgelişmiş ülkelerdeki bağımsızlık bilincini yok etme yöntemlerini sıralayan mektup, ABD'nin global siyasasının ve sömürü ilkelerinin de kanıtı oluyor.

Petrol İmparatoru Rockefeller'ın Ortadoğu'ya ve bu arada özellikle Türkiye'ye dikkat çekişi, bizden söz ederken, sıraladığı kimi nitelemeler, Türkiye'yi aşağılamanın önemli bir belgesidir:

"Oltaya yakalanmış balığın yeme ihtiyacı yoktur. Bu noktada Dışişleri Bakanlığı ile aynı fikirdeyim. Genişletilmiş iktisadi yardım - örneğin Türkiye'ye - bazı hallerde düşünülenin tersi sonuçlar verebilir. Yani bağımsızlık eğilimini artırıp, mevcut askeri paktları zayıflatabilir," söylemi, günümüze kadar uygulanan, ABD'nin Türkiye siyasasını inceleyenlere ışık tutmalıdır. Rockefeller'in mektubu, ABD'nin Türkiye'ye bakış açışının da belgesidir deyişimizin yerindeliği anlaşılıyor. Bu açı saptanmadan, günümüzün Türkiye-ABD ilişkilerine ve sorunlarına gerçekçi bir çözüm bulunamaz, ABD'nin bizi Ortadoğu'da araç olarak kullandığını, bekçilik rolüne uygun bulduğunu gördük. McGhee'nin, "İnglizler Ortadoğu politikalarının çapası olarak Türkiye'yi kullanmaya karar verdiler,"[250] derken, bizim öteden beri emperyalizmin oyuncağı olduğumuz gibi aşağılayıcı bir biçemi yeğlemesinin kaynağı, işte bu bakış açısıdır. Bu gerçeklerin bilinmesi, uydu siyasasını terkedip, kişilikli bir politika saptanmasına yardımcı olacaktır.

Rockefeller'ın mektubu, bizim için bir başka yönden de önem taşıyor. Bizden söz ederken verdiği örnek, aşağılayıcı olmanın da ötesinde, bağımsızlığımıza ve ulusal kimliğimize yönelik saldırı değil midir? Bu örnek, Lozan'ı tanımayan ABD'nin, bizi "uygar uluslar" içinde görmek istemediğine ilişkin tavrının sürdüğünü göstermiyor mu?

Sorduğumuz kimi soruların yanıtını bazen bulamayız! Çünkü o sorulara neden olan olayların altyapısını bilmeden, gerçeği ve doğruyu bulmak güçtür. Örneğin; ABD, 1975'te bize yaptığı yardımı neden kesti? Ambargonun uygulanmasında, sadece Türkiye'nin Kıbrıs politikası mı etken olmuştur? 1975'te sık sık yinelenen, "NATO'nun Doğu kanadının yeterince savunulamayacağı, Türk Silahlı Kuvvetleri'nin savaş gücünün zayıfladığı"nı hem de NATO Başkomutanı söyleyip dururken, ABD, neden ambargoyu üç yıl boyunca sürdürmüştür? Söylendiği gibi, Yunan lobisinin etkisinde mi kalınmaktadır, yoksa olayların ardında başka gerçekler mi vardır?

Bu vb. soruların yanıtını, gecikmiş de olsak, bugünden tezi yok aramalı ve bulmalıyız.[251] Engelleri aşmak için, kendi gücümüzden

---

[250] McGhee, *ABD-Türkiye-NATO-Ortadoğu*, s. 32.
[251] Bu düşünce ve önerilerimizin üzerinden 15 yıl geçti. Bu süreçte ABD'nin bizimle ilgili sayısız uygulamaları, eylemli eylemsiz girişimleri oldu. Ama Türkiye, Amerika'yla ilişkilerini akılcı bir yöntemle, ulusal çıkarlarımızı koruyacak bir politika uygulayarak yürütemedi. Bir ara "stratejik ortak" sayıldık, ama hep ikinci sınıf ülke olarak algılandık.

başka dayanağımız olmadığının bilincini taşımalıyız. Bu gücün kaynağı 1919 tarihinde ve Amasya Tamimi'ndedir. Ve Amerika, işte bu nedenle bizdeki ulusal kurtuluş bilincini öldürmek ister. "Sosyal uyanış ve bağımsızlık eğilimi önlenmelidir." Bir ulusal kurtuluş utkusu üzerine kurulmuş cumhuriyeti, ABD içine sindirememiş ve ABD'nin Türkiye'ye bakışı hep kuşkucu olmuştur. Çünkü, ulusal bağımsızlık savaşı sonunda kurulmuş olan bu devletin dış politikası, anti-emperyalisttir. ABD'nin bizi bu temelden koparma girişimi tam başarıya ulaşamamıştır. Zaman zaman ne denli çarpıtılmak istense de, temeldeki sağlamlık ve kuruluştaki Kemalist ilke yıkılamamıştır. Lozan'ı tanımayan ABD'de[252] Kemalist Türkiye yıllarca çeşitli etkinliklerle protesto edilmiş, Kemalist rejimin mutlaka yıkılacağı ve Milliyetçi Türk Hükümeti'nin hedeflerine asla varamayacağı ileri sürülmüştür."[253]

Türkiye'yi yörüngesine katan ABD, bu amacı da gözönünde tutarak bize yardım(!) elini uzatmıştır. O yardımın ne olduğu ve neler getirip götürdüğü bu çalışmanın ana konusudur.

Askeri Paktlar ve Ulusal Kurtuluş Hareketleri

Rockefeller, sözünü ettiğimiz mektubunda, ABD'nin etki alanındaki ülkeleri üç gruba ayırıyor: Her grup ülkeye karşı nasıl davranılması gerektiğini belirlemeden, evrensel soygunun politik programını ana ilkeleriyle sıralıyor. Mektupta işaret edildiği gibi, *askeri paktların asıl amacı, ulusal uyanışları önleyerek, ekonomik yayılmanın yollarını açacak olmasıdır.*

Irak saldırısı öncesinde stratejik ortak olarak ülkemiz savaş için komuta merkezi ve lojistik destek üssü olarak nitelendi, liman ve havaalanlarımızın, Amerika'nın çıkarları için yeniden yapılandırılması için sözleşme yapıldı. Daha da öte, Irak Savaşı'nda açılacak kuzey cephesinde askerlerin Türkiye topraklarından Irak'a girmeleri TBMM'nin onayına sunuldu. TBMM bu öneriyi reddetti. Önerinin reddi öncesi Güneydoğu'da üslenen ABD askerleri ve Türkiye'den Irak'a aktarılacak savaş araç ve gereçleri, liman ve havaalanlarımızdaki iyileştirme adlı çalışmalar durduruldu ve Amerika bir anda Türkiye'yi gözden düşürdü. Çünkü hem sözleşmelerde hem de ABD'nin ulusal çıkarlarında kendisine bağlı saydığı ülkelerden istenenler verilmediğinde o ülkeyle ilişkiler askıya alınır ve ülke cezalandırılır. Günümüzün Türkiye-Amerika ilişkilerinin net fotoğrafı budur.

[252] Prof. Dr. Türkkaya Ataöv, *Amerika-Nato-Türkiye*, s. 170-174.
[253] agy., s. 171.

Şimdi mektubu okuyalım:

"Biz askeri paktlarımızı kurmayı ve sağlamlaştırmayı hedef alan tedbirlere devam etmeliyiz. Çünkü bu paktlar, herhangi bir komünist saldırısını ve ulusal hareketleri önlemekte faydalı olacaklardır. Bundan başka Asya ve Ortadoğu'daki pozisyonlarımızı her yönden sağlamlaştıracaklardır."

Rockefeller'ın askeri paktlara önem verdiği dikkatinizden kaçmamıştır. Peki neden önem vermektedir? Onun, askeri paktlardan beklediği yararların başında Ulusal kurtuluş hareketlerini - ulusal uyanışları, ulusal kurtuluş savaşlarını-önleme amacı gelmektedir. ABD'nin ulusal bağımsızlık hareketlerini de komünizm sızması olarak değerlendirdiğini unutmayalım. "Ekonomik yararlar", "Asya'da ve Ortadoğu'daki pozisyonların sağlamlaşması" daha sonra düşünülüyor. Rockefeller Grubu'nun, ulusal kurtuluş hareketlerine karşı oluşu, bu hareketlerin gelişmesi sonucu, çokuluslu şirketlerin çıkarlarının engelleneceği kuşkusundan doğmaktadır.

Rockefeller, konuyu şu vurguyla sürdürüyor:

"Şu önemli gerçeği gözden uzak tutamayız: Magnezyum, krom, kalay, çinko ve elbet tabii kauçuğumuzun tamamı, bakır ve petrolümüzün önemli bir kısmı, kurşun ve alüminyumun üçte biri, denizaşırı ülkelerden gelmektedir. En önemlisi, ABD tarafından kurulmuş askeri paktlardan herhangi birinin etki alanında bulunan Asya ve Afrika'nın azgelişmiş bölgelerinden gelmektedir. Süper stratejik maddelerin, bu arada uranyumun durumu da, yukarıdakiler gibidir."

Rockefeller'a göre, askeri paktların öteki yararı, *"ekonomik yayılma"*yı kolaylaştırmasıdır. Bu amaçla askeri paktları çekici bir biçime sokmak, gerekirse biçimlerinde değişiklik yapmak ve "askeri paktlara çekilmek istenen ülkelere geniş ölçüde ve akıllıca yaklaşmak," vb. öneriler -*bu 'paktlara çekilmek' ve 'akıllıca' sözcüklerinin anlamı ileride açıklanıyor*- "ekonomik yardımlar yapılması, bu yardımların daha dikkatli ve elastiki biçimde olması gerekir" diyor. Bazı ülkelerin askeri paktlara çekilmelerinin (bu deyime de dikkat edilmelidir) gereği vurgulanıyor. "Onlar için ayrı bir plan uygulanmalıdır," diyor ve yöntemini açıklıyor:

Yani yardımın ilk aşamasında "herhangi bir koşul öne sürülmemelidir." İkinci aşamada öne sürülecek politik ve askeri koşulları kabul ettirmenin yolu bu yöntemle açılacaktır. Rockefeller'in, "çok özel durum" dediği, ABD için, o an önemli olan, ülkenin "nüfuz alanı"na alınmasıdır. Böyle bir ülkeye yapılacak yardım, *"oltaya gelmeyen balığın yemlenmesi"* anlamını taşır. Bu nedenle hedef ülke her koşulda kazanılacaktır. Rockefeller her ülkenin ilk anda oltaya gelmeyeceğini de biliyor. Mısır, oltaya geç gelmiştir; ama bugün bizden çok yardım (!) alır.

En iyisi, Rockefeller'ın görüşünü tam olarak okuyalım:

"Bu askeri paktları sağlamlaştırmak ve genişletmek için Marshall Planı'nın Avrupa'da bize sağladığı kadar ya da ondan daha büyük ölçüde, politik ve askeri nüfuzu garantileyecek genişlikte bir ekonomik yayılma planını Asya, Afrika ve diğer azgelişmiş bölgelerde uygulamak zorundayız. Bunun için, azgelişmiş ülkelere yaptığımız ekonomik yardımların büyük kısmı askeri paktlarımıza hizmet etmek üzere kurulmuş olan kanallardan akmalıdır. Bu ise bizi askeri paktları cazip hale sokmaya götürmelidir. Başka bir deyişle, askeri paktların ekonomik yönünü mümkün olduğu kadar belirgin hale getirmeliyiz. Askeri paktlarımıza çekmek istediğimiz ülkelere geniş ölçüde ve akıllıca yardımlar yapmalıyız. Fakat bunu şimdiye kadar yaptığımızdan daha dikkatli ve esnek bir biçimde yapmak gerekmektedir. Çok özel durumlarda herhangi bir şart bile koşmamalıyız. İkinci dönemde, hem politik, hem de askeri şart ve taleplerimizi kabul ettirme yolu açılmış olacaktır."

Rockefeller'ın işaret ettiği amaç: Marshall yardımının Avrupa'da sağladığı nüfuzdan daha büyük ölçüde "politik ve askeri nüfuzu garantileyecek genişlikte bir yayılma planının Asya, Afrika ve diğer azgelişmiş bölgelerde uygulanması zorunluluğu"dur.

Bu yayılmanın uygulama ilkeleri, azgelişmiş ülkelerin durumuna göre değişmektedir. Bu ilkeleri incelemeden önce bir noktayı işaretleyelim. ABD'nin uyguladığı siyasanın genel çizgileri izlendiğinde, siyasanın saptanmasında Rockefeller'ın önerdiği ilkelerin etkisi daha iyi anlaşılacaktır. Hele, "ekonomik yardımın nasıl yapılacağına" ilişkin önerilere bakıldığında, mektubun önemi, yorumu gerektirmeyecek ölçüde belirmektedir.

Rockefeller, sözü edilen mektubunda, azgelişmiş ülkeleri üç gruba ayırıyor:

Birinci gruba, ABD ile dost olan ve uzun süreli sağlam askeri paktlarla bağlanan anti-komünist hükümetlerin iktidarlarda olduğu ülkeler girmekte. Bu ülkeler *Oltaya Yakalanmış Balık*tır ve bu nedenle YEM'e gereksinim duymazlar. Örneğini de veriyor:

Oltadaki Balık Türkiye

Türkiye gibi ülkeler birinci gruptadır. Bunlara yapılacak yardımda öncelik, askeri alandır. Ekonomik yardım akıllıca, dikkatli ve esnek yapılmalı ve ABD'nin dümen suyundaki hükümetleri iktidarda tutmaya yaramalıdır. Der ki:

"Birinci grup ülkeler, bizimle dost olan ve bize uzun süreli, sağlam askeri paktlarla bağlanmış anti-komünist hükümetlerin iktidarda olduğu ülkelerdir. Bu ülkelere yapılacak yardımlar ve açılacak krediler, öncelikle askeri nitelikte olmalıdır. *Oltaya yakalanmış balığın yeme ihtiyacı yoktur;* bu noktada Dışişleri Bakanlığı ile aynı fikirdeyim, genişletilmiş iktisadi yardım -örneğin Türkiye'ye - bazı hallerde düşünülenin tersi sonuçlar verilebilir. Yani *bağımsızlık* eğilimini artırıp, mevcut askeri paktları zayıflatabilir. Bu tip ülkelere -Türkiye gibi- doğrudan iktisadi yardım da yapılabilir ama bu, muhaliflerimizi bize karşı *zararsızlaştıracak biçim ve miktarda* olmalıdır."

Açıkça söylüyor Rockefeller, Türkiye gibi ülkelere dikkatlice yaklaşılmalı ve oralarda bağımsızlık eğilimini artıracak politikaların gelişmesine izin verilmemelidir. Bu uyarı, bizim bu ilkelerden hangilerini göğüslemek zorunda bırakıldığımıı düşünülerek değerlendirilmelidir. Dickson Raporu'ndaki, Atatürk'ün milli politikasının ateşlediği bağımsızlık rüzgârlarının (elbet 27 Mayıs Anayasası'nın yarattığı ortam ve ivme ile) 12 Mart'larda ve 12 Eylül'lerde nasıl söndürülmek istendiği ve 12 Eylül'ün, nasıl yılgın bir toplum yarattığı göz önüne alınırsa, son yarım yüzyıldır içinde çırpındığımız tuzakları görebiliriz.

Şimdi, yeniden Rockefeller'ın mektubuna dönelim. Rockefeller diyor ki:

"Bu tip ülkelere (Türkiye gibi) doğrudan doğruya iktisadi yardım da yapılabilir ama bu, ancak bize uygun ve bize bağlı hükümetleri iktidarda tutacak ve muhaliflerimizi *zararsızlaştıracak biçim ve miktarda* olmalıdır."

Yani daha önce söylediği gibi; "akıllıca, dikkatli ve esnek."

Türkiye - ABD ilişkileri incelendiğinde, bu sözlerin adım adım uygulandığı görülür. ABD bize askeri yardım yapar. Amaç, kuzey komşumuzdan gelecek tehdide karşı savunmamızı güçlendirmektir! Peki bu sağlanmış mıdır? Sorunun yanıtını önce bir ABD'li yetkiliden hem de bölgemizle ilgili bir komutandan alalım. O yıllarda NATO Başkomutanı olan Amerikalı Org. Haig, "Türk Silahlı Kuvvetleri'nin malzeme, araç gereç ve silah yönünden iç açıcı durumda olmadığını" söyler. Peki hem Sovyetler'den gelecek tehdidin önlenmesi için yardım yaptığını söyleyeceksin, hem de Silahlı Kuvvetler'in donanımının Sovyet tehdidini önleyecek ölçüde olmadığını açıklayacaksın! Bir de şu belgeye bakalım:

Senato'ya verilen bir rapora göre: "Türkiye'nin ekonomik sorunları, İkinci Dünya Savaşı standartlarına bile uymayan kalabalık bir ordu, modası geçmiş gemilerden oluşmuş bir donanma ve ancak yüzde 50 hareket yeteneği olan hava kuvveti bırakmıştır."

Evet, Türkiye'nin içinde bulunduğu koşulları bilerek yardım etmeye geleceksin, o toprakları Ortadoğu'da üs olarak kullanacaksın, bunun için yardım ettiğini söyleyeceksin, sonra da 1947'den bu sözle-

231

rin söylendiği 1980'lere kadar yardım elini uzattığın Türkiye'nin yetersizliğini ilan edeceksin. Hem de en yetkili ağızdan!

Bir atasözümüz vardır ya, "bu ne perhiz, bu ne lahana turşusu!". Bu söylemlerin ne anlama geldiğini neden sormadık dersiniz? Sorsanız ne yazar; çünkü ABD, gücüne tapanların önerisini uyguluyor!

İşte ABD bu! İşte bağımsızlığımızı ve ulusal bütünlüğümüzü korumak için sığındığımız ABD ve işte 1947'den sonra, yardımla geldiğimiz noktanın içer acısı görüntüsü. Ama bitmedi; bundan daha da acısı ve uyanmamız için bizi sallayan sözler var: Sözü edilen raporda ordumuzun savunma gücünü de değerlendiriyor. Okuyalım:

"Bir Sovyet tecavüzü karşısında, Türk Ordusu ancak arazinin çetinliğinden yararlanarak, bir 'aracı oyalama savaşı' verebilecektir."[254]

McGhee de bize Sovyetler karşısında barikat rolü vermemiş miydi?[255] Evet, Türk Ordusu, ABD'nin çıkarları için barikat rolü oynayacaktı. Yani NATO gücü gelinceye değin, olası bir Sovyet saldırısının önünde bedenimizi siper edecektik. Kasım Yargıcı'nın haberine göre, sözü geçen Amerikan raporu üzerine Haig, Türkiye'ye sürpriz bir ziyaret yapar ve durumu yerinde denetler. Sonuç mu? Sıfıra sıfır, elde var sıfır!

Peki "neden" diye sormayı düşündük mü? Neden sorgulamadık? Bir başka ülkenin çıkarları için Mehmetçiği barikat rolü için hazırlamanın yanlışlığını neden düşünmedik? Ve neden bize yapılan yardımların ekonomik ve sosyal yönden kalkınmamıza yetmediğini düşünerek, "yardım adı altında ABD'nin çıkarlarına hizmet ediliyor" diyenleri yargıladık? O seslere kulaklarımızı neden tıkadık? Bugün artık bu soruların yanıtını arayıp bulmalıyız.

Başka uyarılar da oldu. 1977 Kasım ayında NATO ülkelerinin gazetecileri NATO Genel Karargâhı tarafından, Doğu Anadolu'da bir inceleme gezisine yollanır. Gezi sonunda gazeteciler izlenimlerini

---

[254] *Milliyet*, 19 Nisan 1979, Kasım Yargıcı'nın Londra'dan yolladığı haber.
[255] McGhee, agy., s. 20.

TSK'nın silah, araç-gereçleri yönünden, olası bir Sovyet saldırısı karşısında tutunamayacağını, ortak görüş olarak belirtirler ve önceki sayfalarda değindiğimiz gibi kendi yayın organlarında yazarlar.[256]

Yani bu gezinin izlenimleri, önce dünya basınında yankılandı, sonra bize yansıdı. Peki amaç ne idi? O sıralar sık sık NATO yetkilileri ve Org. Haig'in ikide bir yinelediği, "Türk ordusu hantal ve araç - gereç yönünden yetersiz" sözlerinin ardında yatan, "ABD olmasa, Türk ordusu bu malzemeleri bile bulamaz, Türkiye bize muhtaçtır" söylemine haklılık kazandırmaktı için miydi?

Görülüyor ki ABD'nin yardım ettiği ülkeler ordularını ve ekonomilerini güçlendiremez. Yardımın amacı, o orduların güçlendirilmesi, ülkenin ekonomik kalkınması değildir. Ne diyordu Rockefeller? Yardım "akıllıca" ve dikkatlice yapılmalı.. Meğer o sözler uygulamaya konulmuş! Asıl amaç, ABD'nin "hür dünya" dediği etki alanındaki ülkeler üstündeki egemenliğini pekiştirmekmiş! Nasıl mı? Yanıtı Amerikalı bir yazardan alalım. Ovid Demaris *Kirli İşler İmparatorluğu* adlı yapıtında yardımları şöyle niteliendirir:

"Marshall Planı, savaşın yıkıntı haline getirdiği bir Avrupa'ya iktisadi yardım sağlamıştır, bunun yanı sıra Çinhindi'nde Fransızları askeri bakımdan desteklemiş ve Kore Savaşı'nda *'savunma desteği'* yaratmıştır. Eisenhower yıllarında ABD, savunma şemsiyesini, Çin'i ve Rusya'yı çevreleyen 42 ülkenin üzerine açmıştır (...) 1960'larda resmi müttefikler yerine karşı ayaklanmalara ağırlık verildi. Aşağılık diktatörler ve çürümüş cuntalar, *iktisadi yardım*'la ayakta tutulmaktaydı. Bunlar devrimci toplulukların başlattıkları başkaldırı eylemlerine karşı, kurulu düzeni koruyorlardı."[257]

Böyle diyor Demaris. Hem de bir Amerikalı. Bu gerçekler karşısında bize, Amerika'nın dostluğundan nasıl kurtuluruz sorusuna akıllıca yanıt aramak kalıyor. Eğer aklımızı Amerika'nın etkisi dışında kullanabilirsek, çıkış yolunu bulabiliriz. Anlaşıyor ki kurtuluş için öncelik, aklımızın bağımsızlığını sağlamaktadır.

---

[256] Bu konu ilerleyen sayfalarda ele alınacaktır.
[257] Ovid Demaris, *Kirli İşler İmparatorluğu*, s. 188.

1960'lı ve 70'li yıllarda, ABD yardımı alan ülkelerin tümüne yakını, askeri yönetim altındadır. 1960 sonrası azgelişmiş ülkelerde ABD tipi özgürlükçü demokrasiler (!) askeri yönetimlerle yerleşmiştir. Nerede ABD yanlısı hükümetlerin iktidarda tutunması zorluklarla karşı karşıya ise, ABD çıkarı, daha doğrusu çokuluslu şirketlerin çıkarları tehlikeye girmişse, orada askerlerin yönetime el koyduğu görülürdü. ABD Meclis Dış İlişkiler Komitesi Başkanı'nın 20 Mayıs 1965 tarihinde söylediği şu sözler, konuya tam bir açıklık kazandırıyor:

"Dış yardımları eleştiren herkesin karşısına, Brezilya Silahlı Kuvvetleri'nin Goulart Hükümeti'ni devirdiği ve bu güçlerin demokrasi ilkeleri ve ABD tarafında olma yönünde koşullandırılmaları gerçeği dikilmektedir. Bu subayların birçoğu, AID programı çerçevesinde, Birleşik Devletlerde eğitilmişlerdi. Demokrasinin, komünizmden daha iyi olduğunu biliyorlardı."[258]

Ovid Demaris de sözü edilen yapıtında der ki:

"İran Başbakanı Muhammed Musaddık, 1952'de petrol alanlarının millileştirilmesinin ülkenin yararına olacağına karar verdiği zaman, CIA onu hemen yerinden edriverdi. Musaddık'ı deviren, Şah'ı destekleyen ordu, Amerika tarafından eğitilmiş ve donatılmıştı."[259]

Azgelişmiş ülkelerde silahlı kuvvetler, ulusal güvenlik adına, demokrasinin savunuculuğunu da üstlenir. Azgelişmiş ülke askerlerinin belirli günlerde verdikleri demeçler ve yayımladıkları mesajlarda, "demokrasinin güçlenmesi ve korunması konusunda silahlı kuvvetlerin azimli ve kararlı oldukları" vurgulanır. Oysa, demokrasi halkın her kesiminin ve özellikle işçi ve emekçi yığınlarının yönetime etki ve katkıları ile güçlenir ve korunur.

Silahlı kuvvetlere, "demokrasinin güçlenmesi ve korunması" görevi vermek; halkın, özellikle çokuluslu şirketlerle elbirliği edilerek sömürülen emekçilerin, işçi ve köylülerin sömürüye karşı çıkışlarını

---

[258] Haryy Magdoff, agy., s. 156-157.
[259] Ovid Demaris, agy., s. 211.

önlemek; gerçek deyimi ile demokrasiyi önlemektir. Askerin desteğindeki yönetim, herhalde ve hiçbir zaman demokratik olmaz. Demokrasi askerin öncülüğünde de kurulmaz.

İşte Rockefeller'ın deyimiyle, "ABD dış politikasının önemli öğelerinden biri" olan ABD emperyalizminin yardımı; bu amaçla, azgelişmiş ülke askerlerini de, ABD'nin çıkarları doğrultusunda kullanma amacıyla yapılır. Hem de azgelişmiş ülke askerlerine, silah, savaş araç ve gerecinden çok, "battaniyeler, çizmeler, üniformalar, elektrik jenaratörleri" gibi şeyler vererek! Deyim yerindeyse, çocuğa oyuncak vererek kandırmak gibi, aşağılayıcı bir gözle bakılarak.

Bu konuyu bir de, Ovid Demaris'ten izleyelim: 1952'deki Musaddık'ın petrol alanlarını milletleştirme girişimiyle ilgili bunalım ve olaylara nasıl el konulduğunu; Temsilciler Meclisi Yurtdışı İşler Komitesi önünde, 1954'de Tuğgeneral George C. Stewart, şöyle anlatır:

"Bu bunalım patlak verip de her şey çökmek üzereyken, her zamanki kriterlerimizi bozduk ve yaptığımız daha başka şeyler arasında, orduya hemen olağanüstü durum gereğince battaniyeler, üniformalar, çizmeler, elektrik jenaratörü ve sağlık malzemesi verdik; bunlar ordunun Şah'ı desteklemesini mümkün kılacaktı. Ellerindeki silahlar, binilen kamyonlar, sokaklardan geçirilen zırhlı arabalar ve kontrolün sağlandığı radyo bağlantıları, hep askeri yardım programı adı altında verilmişti. Eğer bu program olmasaydı, belki de bugün Amerika Birleşik Devletleri'ne dost olmayan bir hükümet iktidarda olacaktı."[260]

Rockefeller'ın bu konuya ilişkin görüşleri incelediğinde, çokuluslu şirketlerin ve ABD'nin dümen suyuna giren ülkelere ve kişilere verdiği değeri de saptamış oluruz.

Nelson A. Rockefeller:

"Dünyanın geniş bölgelerini kapsayan azgelişmiş ülkelerde, sermaye, teçhizat, idare, personel ve teknik uzman eksikliği en önemli

---

[260] Ovid Demaris, *Kirli İşler İmparatorluğu*, s. 211.

meseledir. Bütün planlamalarımızda, bu gerçeği daima hesaba katmak zorundayız. Askeri pakt ve tedbirlerin gerekliliğine inanıyorsak, bunların faturasını da ödemeye hazır olmak gerekir" der ve ABD'nin ağlarını nasıl ördüğünü şöyle anlatır:

"Düşüncelerimin en somut örneği, hatırlayacağınız gibi bizzat meşgul olduğum İran tecrübesidir. Ekonomik yardımı harekete geçirerek İran petrolüne el koymayı başardık ve bu *ülkenin ekonomisine yerleştik. İran'da ekonomik pozisyonumuzun kuvvetlenmesi, bu ülkenin dış politikasının kontrolümüz altına girmesini ve özellikle Bağdat Paktı'na üye olmasını sağladı. Halihazırda İran Şahı, elçimize danışmadan hükümetinde herhangi bir değişiklik yapmaya bile cesaret edememektedir.*"[261]

Evet, iktidarda ABD desteğiyle oturan Şah ve benzeri ülke liderleri (!) ABD elçisine danışmadan bakan bile atayamazlar![262] Emperyalizm onları maşa gibi kullanır. Ve işi bittiğinde de fırlatır atar. Güney Vietnam'ın ABD yanlısı, - Rockefeller'ın deyimiyle, ABD'ye uygun ve bağlı bir hükümetinin- Başkanı Kao-Ki, Vietnam'dan kaçırılmış, Onu kullanan Amerika desteğini çekince, Amerika'da barmenlik yapmıştır. Adnan Menderes, Demokrat Parti ile, Türkiye'de ABD yanlısı -Rockefeller'in deyimiyle, ABD'ye uygun ve bağlı hükümet- olmuştu. 1958 ekonomik bunalımdan, ABD yardımıyla kalkınma girişiminin saplandığı çıkmazdan kurtulmak için *"gerekirse Sovyetlerden yardım alırız"* dediği gün kaderini çizdi. ABD, oltadaki balık saydığı ülkelerde, kendisine yandaş kişileri iktidarda tutmak ister, ama işi bittiğinde de fırlatır atar! Çünkü maşalar, işi bittiğinde fırlatıp atılır!

Oltadaki balığa yem de gerekmez. Önemli olan, oltadaki balık olmamaktır.

---

[261] Bu satırları okuduktan sonra, bugünlerde Amerikan Savunma Bakan Yardımcısı Wolfowitz'in sözlerini bir kez daha okuyalım derim.

[262] Bugün Türkiye'yi yönetenler giderek İran'dan da öte bir karanlığa sürüklenmektedirler, elbette ülke de öyle. Kurtuluş ancak ulusal istencin işe el koymasındadır.

Propaganda Aracı Olarak Yardım

Rockefeller, mektubunda, askeri paktların olabildikleri ölçüde ekonomik yardımda da aracı olabileceğini, ama yardımdaki bir başka ve gerçek amacın, azgelişmiş ülkelerin ekonomilerinin kilit noktalarını ele geçirmek olduğunu vurguluyor.

ABD yardımı üzerine, Kennedy, öteki başkan ve yetkililer de çok şey söylemişlerdir. Örneğin Kennedy, yardımı şöyle tanımlar:

"Dış yardım ABD'nin dünyayı denetleme ve etkileme amacı olan ve kesinlikle çökecek ya da Komünist Blok'a geçebilecek ülkelerin güçlendirilmesini sağlayan yöntemdir."

Bu sözler, olguya yüzeysel bakışlıların, yardımın çıkar gözetilmeden azgelişmiş ülkelerde halkın refahına katkı, özgürlükçü demokrasiyi koruma ve kurtarma gibi, insancıl bir amaçla yapıldığına inanmaları için söylenmiş olmalı. Gerçekten bu sözler, siyasal bilince erişmemiş toplumları, yardımın iyi niyetle, artniyet taşımadan, salt uluslararası komünizmin etkisinden koruma amacıyla yapıldığına inandırabilir. Propagandanın amacı da budur. ABD, yeryüzünde özgürlüklerin koruyucu meleğidir, hem de hiçbir karşılık beklemeden! Ancak gerçek böyle midir? Gerçeği Rockefeller'ın mektubundan öğreniyoruz:

"Yapılacak geniş iktisadi yardımlarda, ABD'nin karşılık beklemeden yardım ettiği ve işbirliği yapmak isteğinde samimi olduğu izlenimi yaratılmalıdır. Elimizdeki bütün propaganda olanaklarıyla durmaksızın, azgelişmiş ülkelere yapılan Amerikan yardımının karşılıksız bir yardım olduğu, artniyet taşımadığı bütün kafalara sokulmalı, bu konuda hiçbir masraftan kaçınmamalıyız. Bu arada anti-komünist çalışmalarımıza, ideolojik çalışmalarımıza ara vermemeliyiz."

ABD, işte bu planı uygulamıştır. İkiyüzlülük planı! Bunun için, azgelişmiş ülkelerin liderleri ve aydınları üzerinde kurulacak etkinliklerle, yardımın gerçek amacının öne çıkarılması önlenir. Bunun için hiçbir masraftan kaçınılmaz. Gerekirse, karşı gruplar ya tasfiye ya da nötralize edilirler. Bu çalışmalarda güvenilecek olanlar, özel girişimcilerdir. Çünkü onlar, önce kendilerinin çıkarlarını düşünürler. ABD'ye karşı çıkanlar, önce kendi çıkarlarını engelleyeceklerdir. Bu nedenle azgelişmiş ülkelerin özel girişimcileri ile işbirliği ilkesine dayanarak, yardımın gerçek niteliği gizlenebilir. Kimlerin karşı çıktığı, kimlerin tasfiye ya da nötralize edileceği de bu yolla saptanır. ABD bu yöntemle aynı ülke insanlarını birbirleri için ajan olarak kullanmaktadır.

"Yardım" ve Ekonominin Kilit Noktaları

ABD, İkinci Dünya Savaşı öncesi, dünyaya açılımda geç kaldığından, ekonomik sömürüye *açık kapı siyasası* ile başlamıştı. Açık kapı siyasası, bugün de ABD dış politikasının önemli bir öğesidir. Çin'in Avrupalılarca sömürülmesinden kendisine pay isteyen ABD, Dışişleri Bakanı John Hay eliyle, 1899'da nüfuz bölgelerine ilişkin bir nota gönderir. Buna göre "Her ülke, öteki ülkelerin çıkarına saygı gösterecek; Avrupalı ve Amerikalılar tarafından yönetilen bir komisyon, Çin limanlarına girişte gümrük vergilerini alacak"tır.

Avrupa buna yanaşmaz Bu arada; *Boxer İsyanı* çıkar ve uluslararası bir ordu kurulması önerilir. Bunu fırsat sayan ABD, John Hay eliyle, 1900'de ikinci bir nota yollar. ABD, uluslararası orduya "Çin'in toprak ve yönetim bütünlüğünü korumak" ve "bütün dünya için Çin İmparatorluğu'nun bütün bölgeleriyle tarafsız ve eşitliğe dayanan bir ticaret ilkesi sürdürülmesi" koşullarıyla katılacaktır. Bu politikayla Çin'e giren ABD, hemen bir konsorsiyum kurdurur ve Çin Hükümeti, demiryolları yapımını bu konsorsiyuma bırakır. Başkan Talf, "Benim hükümetimin değişmeyen amacı, Amerikan sermayesinin Çin'in kalkınmasında kullanılmasını teşvik etmek olmuştur."[263] diyecektir.

Böylece,

- Sömürgeleşmemiş bölgelerde ticaret ve yatırımların yollarını açmak;

- Sömürgeleştirilmiş bölgelerde, ABD sermayesine de eşit ticaret ve yatırım hakkı tanınması için sömürgeci ülkelere baskı yapmk olanağı sağlanmıştır.

---

[263] Claude Julien, *Amerikan İmparatorluğu*, s. 195-196.

ABD, bunu açıktan yapmıştır. Temsilciler Meclisi Dışişleri Komitesi'ne verilen bir raporda, "Ulusların kalkınmaları, kendi çıkarlarımıza uygun olduğunda desteklenmelidir"[264] söylemi, yardım amacının değişik bir anlatımı değil midir?

Eisenhower'ın, 1953'teki yıllık raporunda yer alan şu sözler de, amacın asla değişmediğini gösterir:

"Dış politikamızın ciddi ve açık amacı, yatırımlar için yabancı uluslardan uygun bir ortam yaratılması sağlamaktır.[265]

Uygun ortam doğal olarak, 'ABD'nin çıkarlarına uygun koşulların varlığı ya da yaratılmasıdır.' Bu siyasanın nasıl uygulandığını ve yeni emperyalizmin ilkelerini, Dışişleri Bakanı Dean Rusk'ın bir Kongre Komitesi'nde yaptığı 1962 tarihli konuşmadan izleyelim:

"Biz, egemen bir hükümetin egemen olduğu topraklar üzerindeki mülkleri ve insanları kendi tasarrufları altında bulundurma hakkına tam manasıyla el atmaya kalkışmıyoruz. Sadece uluslararası özel yatırımcı için cazip şartlar yaratılmasının, onlar hesabına, akıllı ve basiretli bir politika olacağını düşünüyoruz. Dolayısıyla, yardım görüşmelerimizde ve doğrudan yardım müzakerelerimizde, özel yatırımın öneminin belirtilmesi için yetkilileri etkilemeye çalışıyoruz."[266]

Dünya, son yarım yüzyıl bu sözlerin uygulamasına tanık oldu. Emperyalizm değişik bir yöntemle de olsa, sömürü çarkını döndürmenin yollarını buluyor, bulacaktır. Değil mi ki ülkeleri yönetenleri avlamayı başarıyor, değil mi ki yalnız hileyi politikasının ayrılmaz öğesi sayıyor, başarısı tartışma götürmez.

Çarkın nasıl kurulduğunu ve işletildiğini yine Rockefeller'dan öğrenelim. Özetle der ki:

'Temel ilke olarak ABD'ye bağımlı hükümetleri iktidarda tutacak ve ABD'ye düşman muhalifleri zararsız bırakacak biçim ve ölçüde

[264] Harry Magdoff, agy., s. 160.
[265] agy., s. 162.
[266] agy., s. 164.

yapılacak ekonomik yardımla bağıntılı olarak, özel sermaye yatırımlarını da ayarlamak gereklidir.'

Ölçüye dikkat edelim. Önemli olan, ABD'ye bağlılıktır. Bu bağlılık ödüllendirilir, ama eğer ABD'ye şu ya da bu nedenle eleştirel ölçüyle de olsa karşıysanız, ülkenizin sorunlarını ulusal ölçüyle ele alıyor, "önce ulusal çıkarlarım" diyorsanız; başarınız önlenir, giderek suçlanırsınız. Çünkü ABD'ye göre ulusalcılık, yabancı sermayeye yani ABD çıkarlarına düşmandır; Ulusalcı politika güden hükümetler, bu nedenle ABD için tehlikelidir. Rockefeller der ki:

"Hükümetler, özel sermaye yatırımlarını cesaretlendirmeli ve onlardan akıllıca yararlanmasını bilmelidir. Bu yatırımlar yardımıyla birçok politik amaca ulaşılabilir."

Mektuptaki sıraya göre, bu politik amaçlar şunlardır:

a) Bu tip özel sermaye yatırımları zamanla bütün gayrı meşru muhalefeti ve Amerika'nın politikasına mukavemeti ortadan kaldırabilmeli ve nötralize edebilmelidir.[267]

b) Ayrıca ABD'yi desteklemekte kararsız ve sallantılı olan bütün şahsi teşebbüs ve menfaat çevrelerini etkilemektedir.

c) Aynı zamanda, ABD ile işbirliğine hazır yerli işadamlarına yardımı artırmalı ve böylece bu işadamlarının, ilgili ülkenin ekonomisinde kilit noktalarını ele geçirmeleri, buna dayanarak politik etkilerini artırmaları sağlanmalıdır."

"Ekonominin kilit noktalarını ele geçirme" önerisi, yaratılacak çıkar grupları kanalı ile politik etkinliği arttırma, emperyalizmin çıkarla-

---

[267] Buradaki "gayrı meşru muhalefet," ABD çıkarlarına karşı politika güden ulusalcı düşüncelerdir. Geçmişte ulusumuzun öz çıkarları için düşünce üretenlerin bile suçlandığı günleri anımsayalım. Onların neden suçlanıp yargılandıklarını ve toplum gözünde suçlu gösterilmek istendiğini; Milli Cephe politikasının hükümete taşındığını anımsatmak isterim. Dahası ulusalcı politika güdenlerin aşırı solcu olarak nitelendirildiğini ve 1965'te ABD'nin Ankara Büyükelçiliği'nde görevli Albay Dickson'a verilen bir raporda sol eğilimlerin tasfiyesi, giderek boğulması gerektiğine ilişkin söylemlerin Türkiye'yi 12 Mart'a ve 12 Eylül'e taşıdığını unutmayalım derim.

rına göre yönlendirme, çokuluslu şirketlerin çıkarlarını güvence altına alma amacı taşır. Çünkü kapitalist bir yapıda, sömürü ve emperyalizm bir tercih sorunu değildir. Sistemin doğal işleyişinin sonucudur. Bu nedenle, sömürü çarkının dönmesi için, her türlü önlemi almak ve az-gelişmiş ülkeler üzerindeki ağı iyi örmek gerekir. Rockefeller'ın öne-risi, bu sömürü ağının gerçekten özenle örülme yöntemlerini sergili-yor.

Ekonominin kilit noktalarını ele geçiren yerli işadamları kanalı ile, ekonomik yapı giderek üstyapı kurumlarını da etkileyecek, yöne-timin önde gelenleri ele geçirilecek demektir. Bu, Amerikan demokra-sisinin temel ilkesidir. Ekonominin kilit noktalarına sahip olmak, eko-nomiye ve giderek ülkeye sahip olmakla eşdeğer sayılır. Bu nedenle de "Ülkeyi ona sahip olanlar yönetmelidir"[268] ilkesi Amerikan demok-rasisinin özü olarak kabul edilir. ABD'nin ilk başyargıcı John Jay'ın formülü olan bu ilke, kapitalist demokrasinin olmazsa olmazıdır. Tho-mas Ferguson'a göre: "yatırımcı politika kuramı" olan bu ilke, o çer-çeveye bağlı olarak, politikanın pratikte devletin denetimini sağlamak için mücadele eden yatırımcı gruplar arasındaki ilişkilere indirgenme-sini gerektirmektedir. Yani, devleti, ekonomiyi yönlendirenlerin seçtiği politikacılar yönetmelidir. Bu, Amerikan sisteminin doğal sonucudur. Bunun tamamlayıcısı da *rıza üretimi*'dir.

"Rıza üretimi," özetle, halkın çeşitli yollardan kandırılması de-mektir. Bu yöntemle seçmenler, yöneticileri değil yöneticileri seçecek kişileri seçer. Rıza üretimi seçimde işler.[269] Değerlendirme, Noam Chomsky'nindir. Yazar, çözümlemesini şöyle sürdürür:

---

[268] Noam Chomsky, *Medya Gerçeği,* Tüm Zamanlar Yayıncılık, 1990, s. 28-29.
[269] Rıza üretiminin felsefi temeli "ülkeyi ona sahip olanlar yönetmeli" mantığına dayanır. Noam Chomsky, *Medya Gerçeği* adlı yapıtında bu konuyu işlerken der ki: "Amerikan demokrasisinde seçim 'Seçme özgürlüğü değil, ikna etme özgürlüğü'nde düğümlenir. 'İkna özgürlüğü eğer birkaç elde toplanıyorsa, özgür toplumun niteliğini bu olduğu ka-bul edilmelidir..., ABD de bunun için 'Halkla ilişkiler sanayiinin' görevi '... şirketin önündeki biricik *ciddi tehlikeyi oluşturan halkın düşüncesini* denetlemektir.' ..... Ünlü gazeteci Walter Lippmann '.. *kendinin bilincinde bir sanat ve halkın yönetiminin düzenli bir organı'* haline gelmiş bulunan *rızanın üretilmesi*ni demokrasi pratiğinde bir devrim olarak tanımlamıştı. ' Özetle, Amerikan demokrasisinin rıza üretimine dayalı olduğu ve bunun doğru bir yöntem sayıldığı giz de değildir." N. Chomsky, agy., s. 3.

"İkinci Dünya Savaşı'ndan sonra, elit kesimlerin yeniden gündeme gelen global çatışma için seferber olma gerekliliğini anladıkları bir zamanda, cahil halk tekrar tembel pasifizmine gömülürken, tarihçi Thomas Barley, 'Kitleler dillere destan bir biçimde kısa görüşlü oldukları ve genel olarak bıçak kemiğe dayanana kadar tehlikeyi fark etmedikleri için, devlet adamlarımızın onları uzun vadeli çıkarlarının bilincine varmaları için aldatmak zorunda kaldıkları gözleminde bulunmaktadır (...) Genel anlayış bizim liderleri değil, liderlerin bizi denetlediği şeklindedir. Eğer halk denetlenemez ve propaganda işe yaramazsa, devlet o zaman yeraltına inmeye, komplocu operasyonlar ve gizli savaşlar yürütmeye zorlanır."[270]

Chomsky'ye göre bunun bir başka adı da; "bir elit kesimin manipüle ettiği politik demokrasidir." John Jay'ın düsturu aslında "cumhuriyetin dayandığı ve sürekliliğini sağlayan ilkedir. Kapitalist demokrasi, doğası gereği, kolayca görülebilecek nedenlerden dolayı bu modelden fazla uzaklaşamaz."[271]

Buna "paranın egemenliği" de denilebilir. İşte o ünlü Amerikan demokrasisinin özü: çıkar, para ve sömürü..!

Bürokraside de köşe başları bu yöntemle ele geçirilir. Bu yöntem Türkiye'de önce bürokrasinin kilit noktaları için hazırlanan programla uygulamaya konulmuştur. Bize özgü bir programdır uygulanan. Örneğin, ABD'li AID uzmanı Podol'un *Yön* Dergisinin 3 Aralık 1965 tarihli 145. sayısında yayınlanan raporuna göre; "Türkiye'deki bürokratik kademeler Amerikan eğitimi görmüş, güvenli bürokratlarca işgal edilmiştir." ABD, işte bu yöntemle devlet bürokrasisini yönlendirmeyi başarmıştır. İşte ahtapotun kollarıyla sarılmış azgelişmiş ülkeler ve günümüzün kendi ilkelerinden koparılmış, neyi nasıl yapacağını bilmeyen, her partinin / politikacının kendine göre yönetim planları yaptığı Türkiye! Bugünlere Amerika'nın verdiği akılla geldik. Çıkış yolunu eğer ABD'de arayacaksak yeni çıkmazlara adım atacağımızı unut-

---

[270] Noam Chomsky, agy., s. 28-34.
[271] aynı yerde.

mayalım. Peki Amerika bunu nasıl sağlıyor? Kendi sisteminin en iyi sitem olduğuna inandırarak...

ABD, sisteminin en iyisi olduğunu söyler; söylemekle de kalmaz, inandırır. Ve işini sağlama almayı savsamaz. CIA Gizli Hizmetler Direktörü Richard Bissel bir raporunda, azgelişmiş ülkelerdeki devinimlerini şöyle anlatır:

"...Birleşik Amerika doktrinine inandırılan ve eğitilen o ülkenin yurttaşlarından daha fazla yararlanılmalıdır. Yabancı ülkelerin yurttaşlarına ideallerimiz anlatılarak, eğitilerek ve devamlı iş önerilerek, casusluğa atılmaları için özendirilmelidir. Ancak bunlar ülkelerinin çıkarına ters işlerde kullanılmamalıdır. (Çünkü hainlikleri ortaya çıkar ve yararlanılamazlar -E.D.) Amerika'ya sadık kalmaları sağlanmalıdır.[272]

Bir ülkenin insanını, kendi ülkesinde casus olarak kullanmak: İşte Amerika'nın çirkin suratı! Sevr'i, Lozan'a yeğleyenler, İkinci Cumhuriyetçiler, "Kemalizm öldü" diyenler, resmi tarih ve resmi ideolojiye karşı çıkma savının ardında Türkiye Cumhuriyeti'ne karşı çıkanlar; sivil toplum tartışması gibi sözde sosyal, bilimsel "doğru"ya ve "gerçek"e bürünerek giriştikleri tartışmada, kime ve neye hizmet ettiklerinin ayırdında mıdırlar? Eğer öyleyse yazık! Elbet Türkiye sivil toplum yapısına geçmek zorunda. Ancak bunun için varoluş, kurtuluş ve kuruluş felsefesinden kopması mı gerekir? O temelden kopunca toplumun boşlukta kalacağının bilincinde olanların oyunudur bu tartışmalar. Bu gerçeği, görebilecek yerde olanların görmemeleri ya da görmezden gelmelerinin anlamı BISSEL RAPORU'nda saklıdır.

ABD, koşullar gerektirdiğinde hükümetlere yardımı kesmesine karşın, denetimindeki finans kapitalin evrensel organları (IMF, Dünya Bankası vb. organlar) ilgi ve yardımlarını, özel girişimcilerden esirgememişlerdi. Maliye eski bakanlarından Cihat Bilgehan, 1977 Ekim ayında, Dünya Bankası ve IMF'den eli boş dönerken, Koç Grubu, Dünya Bankası'ndan 20 milyon dolarlık kredi alıyordu.

---

[272] Attilâ İlhan, *Batının Deli Gömleği*, s. 78-84.

Yardımın özel kesim esas alınarak yapılmasının gerçek amacı, kapitalizmin ideolojik yayılması ve bu yolla, ideolojik kavganın azgelişmiş ülkelerde sürdürülmesidir.

Türkiye'nin, Truman Doktrini kapsamına girmesinden bu yana geçen yarım yüzyıllık süreç dikkatle incelendiğinde, ABD'nin bu politikayı bizde de aksatmadan uyguladığı görülür. Zaman zaman, bu politikaya karşı çıkışlar olmuş, bağımsızlık eğilimleri toplumun genel istencine dönüşmüştür. Ama her defasında ABD önlem almayı başarmış ve "politikasına karşı oluşan direnişi ortadan kaldırabilmeyi" sağlamıştır. Rockefeller'ın "gayri meşru muhalefet" dediği, ABD çıkarına karşı gelen, o ülkenin ulusalcı birimleridir. Meşruluk ölçütü, ABD çıkarına uygun olmak ya da olmamaktır.

"Yardım" ve Tarafsız Ülkeler

Rockefeller, ikinci grup ülkeleri, "tarafsız" bir politika güden ya da o eğilimdeki ülkeler olarak gösteriyor ve onlarla ilgili önerilerini şöyle sergiliyor:

"İkinci grup, tarafsız bir politika güden veya o eğilimi gösteren ülkeleri kapsamaktadır. Bu durumda devlet, gerekli ekonomik koşulların yaratılmasına kaydırılmalıdır. Bu koşullar, zamanla bizim için çalışmalı ve bu ülkelerin bize bağlı askeri pakt ve birliklere kendiliklerinden girmelerini sağlamalıdır. Bu politikanın *temel* hedefi, bu ülkelerle ekonomik ilişkilerimizin artırılması sonucunda yerli ekonominin kilit noktalarını ele geçirmektir."

Bu ülkelere yapılacak yardımın amacı, ABD girişimcileri için ekonomik koşul, yatırım alanı yaratmak, ekonomik yaşamda giderek etkin olmaktır. Rockefeller "burada da amaç, ekonominin kilit noktalarını ele geçirmektir" der. Böylece bu ülkelerde de, ABD idealizmi ve politikasını benimseyen çevreler yaratılır, varolanların alanı genişletilir.

Bir kez daha görüyoruz ki, ABD için ekonomi, her şeyin başıdır. Bir ülkeye hükmetmek, ancak ekonominin kilit noktalarını ele geçirmekle olanaklıdır.

Rockefeller der ki:

"Bu ülkelerdeki özel yabancı sermaye yatırımlarını teşvik etmeyen hükümetlere karşı olan grup ve kişiler desteklenmelidir. [273] Böylece bu ülkelerdeki yeni politikamızın temelini sağlam bir şekilde atabiliriz. Bu gruba giren ülkelerin en önemlisi, Hindistan'dır."

The Economist Dergisi, Hindistan'la ilgili uygulamaya şu örneği vermektedir:

"Hindistan'ın kendi arzularıyla AID'nin arzuları birleştiği anda, ortaya herhangi bir mesele çıkmamaktadır. Örneğin; daha fazla gıda yardımına karşılık Hindistan'ın hammadde ve yardımcı maddeler ithalatının liberalleşmesini kabul etmesi gibi."[274]

Ancak ABD, ilgili ülkelerle yaptığı sözleşmeye "egemen eşitlik ilkesine dayanarak" ya da "egemen eşitler olarak" gibi, sözleşmelerin eşitler arasında yapıldığı görüşünü yerleştirir. Bir yanda ekonomik, askersel ve politik olarak dünyayı yönettiğini ve Tanrı'nın ulusuna bu misyonu verdiğini söyleyen bir ülke; öte yanda "bana kalkınmam için yardım et" ya da "güvenliğim ve bağımsızlığım için yardımın gerekli" diyen ülkeler ve egemenlik, eşitlik kavramları... Bu eşitlik, Anatole France'in Fransız Devrimi'nin eşitlik ilkesine karşı söylediği şu sözleri anımsatıyor:

"Kanun, o muhteşem eşitliği ile köprü altında uyumayı, sokaklarda dilenmeyi ve ekmek çalmayı fakirler için olduğu kadar zenginler için de yasaklamış."

Unutulmamalı ki, *isteyen*in, *veren*le eşitliği ne kadarsa, sözleşmelerin eşitliği de o kadardır.

---

[273] Örneğin, Türkiye'de ulusal çıkar için savaşım verenler dışlanmakta, suçlanmaktayken, özel girişimden yana olanlar hep el üstünde tutulmuştur. Özelikle Özal dönemi ve hatta 12 Eylül dönemi bu gerçeğin örnekleriyle doludur. Dahası TCK'nın 141 ve 142. maddelerinin kimlere uygulandığı gerçeğinden hareketle, bu ilkenin Türkiye'de ülke gerçeklerini savunanlar için kıyım nedeni olarak kullanıldığı görülür.

[274] Harry Magdoff, agy., s. 161.

ABD'nin emperyalist emelleri ve dünyayı ele geçirme, milliyetçilik ve bağımsızlık eğilimlerini ezme politikasının özü, asıl üçüncü grup ülkelerle ilgili önerilerde vurgulanıyor:

-Bu ülkelere yapılan özel sermaye yatırımları artırılmalı.

-Özel propagandalarla ekonomik yardımlar hızlandırılmalı.

Ve dikkat edilsin ki, amaç bu ülkelerden eski sömürgeci egemenlerin ilişkisini kesmek için;

- Sömürge idarelerine karşı savaşan yerli işadamları desteklenmeli.

ABD, bu ülkelerde sömürgeci başka ülkelere karşı oluşan ya da gelişen anti-emperyalist politikaları, işadamları eliyle destekliyor. Böylece, o ülkelerde ekonominin kilit noktalarını daha baştan ele geçirmeyi planlıyor. Bakın, nasıl?:

"Bu tip ülkeleri desteklemediğimizde, onları yumuşatıcı etkimizin tümünü kaybedebileceğimizi bilmeliyiz. Eğer bunlar yapılmazsa bu ülkelerde bağımsızlık istendiğinde öyle kuvvetli bir milliyetçilik doğabilir ki, bu sömürge ülke yalnız eski sömürücü ülkenin kontrolünden çıkmakla kalmaz, bizim de kontrolümüzden çıkabilir."

Rockefeller buna ilginç bir örnek veriyor: Kongo..!

Belçika Kongosu

Rockefeller'ın Kongo'yu örnek alışı rastlantı değildir. Kongo, sömürge Afrika'sında, bağımsızlık kavgasını bilinçle veren bir ülkedir. Belçika yönetimindeki Kongo'da, Kasawubu ve Lumumba gibi liderler, bağımsızlık bilincini geliştirdiler. Birleşik Cephe Lideri Lumumba, uzun süren kavgalardan sonra, sömürgecilerce işkenceyle öldürüldü. Kongo'daki bağımsızlık kavgasının yayılmasından kaygı duyan ABD, buna seyirci kalamazdı. ABD Dışişleri Bakanlığı Afrika İşlerinden Sorumlu Bakan Yardımcısı Suttertwight, şöyle der:

"Birleşik Amerika için, Afrika'da kilit niteliği taşıyan bölge ve mevkilerin olağanüstü bir önemi vardır. Bu bizim dünya çapındaki stratejimizin gerçekleşmesine hizmet eden yatırımlar olarak düşünülmelidir."[275]

22 Temmuz 1960 tarihli sayısında *Wall Street Journal* şunları yazar:

"Sam Amca'nın Afrika'ya yardım programı, yeni bir döneme girildiğini göstermektedir. Şimdiye dek Amerika, Afrika'daki yeni devletlerle olan meselelerini Avrupalı müttefikleri kanalıyla çözmeyi uygun görmüştü. Bilindiği gibi Avrupalı müttefiklerin, bu yeni Afrika devletleriyle sıkı bağları vardır ve bu devletler düne kadar Avrupalı müttefikler tarafından idare edilmekteydi. Örneğin; Gana, İngiltere ile Mali Federasyonu Fransa ile; Kongo, Belçika ile bağlıydı vs.. Fakat artık Kongo olaylarıyla Birleşik Amerika, Afrika işlerine doğrudan doğruya karışmak zorunluluğunu duymuştur."[276]

"Yardım" ve Politik Etkinlik

Rockefeller, birinci gruba ilişkin olarak, yardımın öncelikle özel girişimci yatırımcılara verilmesini ve hükümetlerin özel girişimcileri desteklemeleri için çalışmasını önerdikten sonra, önlemleri sıralıyordu:

"- Bu tip yatırımlar, gayrı meşru muhalefeti ve politikamıza karşı mukavemeti ortadan kaldırmalı veya nötralize edebilmeli...

- Kararsız ve sallantılı olan bütün şahsi teşebbüsleri ve çıkar çevrelerini etkilemeli...

- İşbirliğine hazır yerli işadamlarına yardım arttırılmalı, ilgili ülkenin ekonomisinde kilit noktalar ele geçirilerek politik etkilerin artması sağlanmalıdır."

Rockefeller'ın bu önerisini yukarıda da görmüştük.

Bu, yeni emperyalizmin yerli işbirlikçileri eliyle, bir ülkenin politikasını ele geçirme yöntemidir. ABD, işte bu uygulamayı evrensel

[275] M. Fahri, agy., s. 331.
[276] agy., s. 332.

planda sürdürmüş ve etki alanındaki ülkeleri gizlice işgal etme yöntemi geliştirmiş, bu yolla toplumları içten ele geçirmeyi başarmıştır. Bu uygulamanın bir adı da, *toplum desteğini kazanmak*tır.

ABD, bir ülkede hükümetleri etkileme güçlüğü çekerse, değişik yöntemler uygular. Önce hükümeti değiştirme yollarını arar. Kukla hükümetler kurdurmayı dener. Dr. Hıfzı Topuz, "Afrika'da Nkrumaizm" başlıklı 16 Ocak 1966 tarihli bir yazısında; "Çoğu yerde kukla hükümetler iş başına getirilir"[277] diyor. Vietnam'da Kao-Ki, İran'da Şah Rıza Pehlevi, Endonezya'da Suharto, Filipinler'de Marcos, bu tiplerin örnekleridir.

1960 sonrası, Türkiye'deki sosyal uyanış ve İsmet İnönü'nün, *TIME* Dergisine verdiği demeçteki "Yeni bir dünya kurulur"[278] mesajının huzursuzluğu, ABD'yi Türkiye'de de arayışlara yöneltti. Önce Johnson bir mektupla uyarmaya çalıştı İsmet Paşa'yı. Demirel'in ABD'nin güvendiği bir kişi olarak sahneye çıkışı, oyunun Türkiye'de de oynandığına kanıt sayılmaz mı? Ancak, gizli kalmış kimi olaylar, Demirel'in, ABD politikasına tam uyum sağlayamadığını gösterir.

Böyle durumlarda ABD, geçmişte askeri yönetimleri denerdi: Sisteminin aradığı sivil kişiyi buluncaya dek, sözde demokrasi askıya alınırdı. Ne zaman aranan kişi bulunur, o zaman sivil yönetime doğru yol alınmaya çalışılırdı. Türkiye'de bu arayış, 1980'ler sonrası Turgut Özal'la somut örneğine kavuşmuştu.[279] Sonrası mı? Tansu Çiller iste-

---

[277] *Cumhuriyet*, 16.01.1966.

[278] *Time* Dergisi için M. Ali Kışlalı'nın İsmet Paşa'yla yaptığı söyleşinin 16 Nisan 1964 günü *Milliyet* Gazetesinde yayımlanması, bir süre sessiz kalan ABD'nin sert tepkisine neden oldu. Johnson'ın 5 Haziran 1964 tarihli mektubuyla Türkiye-Amerika ilişkilerinde yeni bir döneme girilecekti.

[279] Türkiye Özal sonrası birçok deneyden geçmiş Demirel'in yeniden yükselişine tanık olacaktı. Ve Demirel'in kızı olarak anılan Tansu Çiller döneminde sosyal ve siyasal çalkantılar içinde daha da yoksullaştı. Ilımlı İslam formüllerinin getirdiği huzur arayışı derken, ABD'nin ve "project democracy" uygulamasının merkezine oturtuldu. Türkiye Düşük Yoğunluklu Demokrasi ile Düşük Yoğunluklu Çatışmanın kesiştiği merkezde 2000'li yıllara hazırlanıyordu. Çözüm için de "project democracy" uygulaması gereği, Kongreden çıkan ödenekle desteklenen sivil toplum örgütleri ve bu örgütlerin Parlamentoya kadar uzanan kulis faaliyetleri ile yeni bir çıkmaza doğru yol alıyordu. O yolun çıkamazında nereye mi gidilir? YOK OLUŞA! Çıkış yolu mu? Önce şu karanlıkları aydınlata-

neni veremedi... Ve çıkış yolu ararken, siyasallaşan ekonomik çıkmazdan kurtuluşu Dünya Bankası'nın yolladığı bir Türk'ün yardımıyla bulmaya başladık. Oysa Cumhuriyet devrimine karşı olanlar son perdeyi sahnelemişlerdi. Türkiye 12 Mart'ta girdiği karşı devrimin ivmesinde bu son oyunun içindeydi artık. Bu yol Türkiye'yi 3 Kasım 2002 seçimlerine ve oradan da yeni Amerikan oyunlarına taşıyacaktı. Öyle ki, Türkiye ABD'nin gizli işgalinden kurtulmak isterken, açık işgale çağrı çıkarmanın eşiğindedir.

Bu çıkmaza neden düştük? Birçok kez değindiğimiz gibi, ABD'nin bir ülkede en çok istemediği şey, halkın gerçekleri görmesi ve sosyal uyanıştır. İşte yardımın bir başka amacı, bu sosyal uyanışı önlemek için toplumun, ABD'ye yakın kesime dayanarak desteğini sağlamak, anti-emperyalist gelişmeleri böylece engellemektir. ABD'nin Türkiye üzerindeki oyunları başarıyla sonuçlanmış görünüyor.

Bu oyunu ABD'nin kimi ülkelerde oynadığının bir tanığı var, Claude Julien... Julien, Amerikan ideolojisini yaymak amacıyla ABD'nin tüm iletişim araçlarını kullandığını; "insancıl, demokrat ve hür dünyanın lideri" olduğu imgesini yaratmak için çabaladığını örnekleriyle anlatır.

"ABD, her ülkede, özellikle tutucu milliyetçi çevreleri kullanır. Gazete ve dergilere kaynak sağlar," diyen C. Julien'e göre:

"Amerikan tv şirketlerinin, hiçbir ülkenin ulaşamayacağı mali olanakları vardır. Röportajlar, seri programlar, çocuk yayınları yapılmakta ve bunlar da, bütün dünyada ikinci kez satılmaktadır. Amerikan karşıtı sanılan ülkelerde bile (örneğin Fransa'da) ulusal TV 1960'lı yıllarda hergün, büyük oranda Amerikan imajları yayınlamaktaydı."[280]

ABD bu yolla kendi dünya görüşünü günün 24 saatinde tüm dünyaya yaymakta ve olayları kendi gözüyle ve sözüyle yansıtmaktadır.

---

cak ışığa gereksinim duyuyoruz. Çıkış yolunu o ışığın aydınlığında bulacağımıza inanıyorum.

[280] Claude Julien, agy., s. 374.

1990-1991 Körfez Krizi'nin savaşa giden yolları, aynı yöntemle, dünyaya ABD'nin haklılığını kabul ettirmiştir. Hele savaş sırası CNN TV'sinin, savaşı her cepheden, dakika dakika yayınlaması ve olayların, dünyayı saran heyecan içinde yorumlarla sunulması, iletişim araçlarına egemen olanın gücünü gösterir. ABD, işte bu yöntemle dünyayı etkilemekte ve gücünün sınırsız olduğu imgesine dayanarak toplum desteğini sağlamaktadır.

ABD, propagandayı yalnız başına yapmaz. Sözleşmelere koyduğu hükümlerle, yardım alan ülkeye, kendi propagandasını yaptırır. Nasıl mı? En somut örnek, bizimle yapılan 12 Temmuz 1947 Antlaşması'nın 3. maddesinin 2. fıkrası hükmüdür.

Bu hükme göre;

"Türkiye Hükümeti, bu yardımın amacı, kaynağı, mahiyeti, genişliği, miktarı ve işleyişi hakkında Türkiye'de tam ve devamlı yayın yapacaktır."

Amerika, kendi ideolojisini yerleştirmek için bizi kullanıyor; bu bir... İkincisi, bu yolla hem kamuoyu oluşturuyor, hem de *"Amerika olmasaydı, biz hem siyasal hem de ekonomik çıkmazlar içinde olurduk,"* düşüncesini yerleştiriyor topluma. Bu propagandayı ABD kendisi yapsa, tepki görürdü. Yöntemin ustalığını görüyorsunuz, değil mi?

Burada hemen Küba ile ilgili *Platt Değiştirgesi*'ni anımsayalım. ABD Kongresi'nin kabul ettiği yasayı 12 Haziran 1902'de Küba Parlamentosu kendi anayasasına eklemişti. Biz de, Kongre Yasası hükmünü 5123 Sayılı Yasa ile kabul ettiğimizi ve o yasayı kendi yasalarımız arasına aldığımızı unutmayalım. Amerika'nın propagandasını yapma yükümünün sonuçlarını, yardımın bizi Amerikan sömürgesi yapacağını düşünen ve yazanlar, komünist propagandası yapmakla suçlanmışlardır. Onlara yıllarca haksızlık edilmiş, acı çektirilmiştir.

Amerikan yardımına karşı çıkanlardan Marko Paşa mizah dergisinin sahibi Sabahattin Ali öldürülmüş; Rıfat Ilgaz veremin ikinci evresinde hastane yerine tutukevlerine tutulmuştur. Bir başka aydın ve akademisyen, Mehmet Ali Aybar, *"Zincirli Hürriyet"* adlı gazetesinde yardımın sömürgeleştirme amacı taşıdığını yazdığı için üniversiteden atılmıştır. Yardımın Türkiye'yi sömürgeleştireceğini yazan, söyleyen aydınlar ağır sonuçlara katlanmak zorunda kalmışlar, ama yine de davalarını her zaman ve her koşulda yılmadan savunmuşlardır. Dönenler olmuştur, ama Türk aydını haklı olmanın onurunu yaşamaktadır; çünkü bugün Amerikan gerçeği tam anlamıyla ortaya çıkmış, onun insanlığın bittiği yerde yürüdüğü görülmüştür.

Amerika karşıtlığının, özellikle Demokrat Parti döneminde nasıl değerlendirildiği, 1950-1960 döneminin sosyal ve siyasal olayları incelendiğinde görülür. O tarihlerde Amerika hayranlığı bir misyon olarak algılanıyordu. Öyle günler geldi ki, *"biz Amerika olmasa ne yaparız?"* diyenler, Amerika'ya kurtuluş umuduyla bağlananlar yakınımızda, kimi kez de ayırdında olmadan içimizde yuvalanmışlardı.[281]

Celâl Bayar'ın "Türkiye, küçük Amerika olacaktır" sözleri, Turgut Özal'ın dilinde, "Amerika gibi Türkiye" söylemine dönüşecektir. Bu tür öykünmelerin kimlik bunalımından çıktığı açıktır. Bunların devlet yetkililerince, hele devlet başkanlarınca yapılması, ayrıca değerlendirilmesi gereken olgudur. Emperyalizmin nerelere kadar sızmayı başardığını gösterir. Türkiye halkı, Ulusal Kurtuluş Savaşı ile kazandığı ulusal kimliğini, Truman Doktrini ile girdiği ABD'nin koruyucu şemsiyesi altında baskı altına almış, girdiği büyük bunalım içinde, o baskıdan kurtulma çabasındadır. O kimliği buluncaya değin de, emperyalizmin tuzaklarında çırpınıp duracaktır. Çünkü, gerçek ulusalcı dünya görüşü, tuzakları ve yanlışları görür; tuzaklardan kurtulmanın yollarını araştırır. Karşılıklı güvenlik ve işbirliği ya da yardım sözleşmelerinin nasıl bir bağımlılık yarattığını, toplumun kendine olan güvenini yıkan hüküm ve uygulamaların niteliklerini anlayabilir.

---

[281] Bugün utanarak anımsadığım bir anımı aktarmak istiyorum: Bir tatil günüydü, evimde dinlenirken, açık bulunan radyo programı kesilerek, "Sayın dinleyiciler, size acı bir haber verdiğimiz için üzgünüz. Şimdi aldığımız bir habere göre, dostumuz ve müttefikimiz Amerika'nın Başkanı Sayın Kennedy elim bir saldırı sonunda yaşamını yitirmiştir," haberi verildi. Bu sözlerini işittiğimde, içimden bir sesin birden "biz şimdi ne yapacağız?" dediğini, bugün her anımsayışımda kendimden utanırım. Bu anımı Amerikan propagandasının içimize nasıl işlediğini anlatmak için sizlerle paylaştım.

Amerika'yla yapılan sözleşmelerin bağımsızlığımızı ipotek altına aldığını söyleyenler; geçmişte komünist olarak nitelenmiş ve yalnız mahkemelerce değil, topluma egemen güçlerin ve elbet ABD propagandasının (moda deyimiyle medyanın) etkisiyle halkın gözünde de küçük düşürülmeye çalışılmıştır. Yıllar sonra gerçekler toplumun büyük bir kesimince görülüp anlaşılmaya başlandığında da, emperyalizmin içimizde kurduğu sistemin kendini yerli işbirlikçileri eliyle yaptığı savunmayla karşılaşıyoruz. Halkımıza, yitirdiği kimliği arama izni bile verilmiyor. Toplum olarak ulusal kurtuluş bilincine o kimliğimizi bularak ulaşacağımız için, tuzaklardan çıkmamız önleniyor. Öyle ki, İsmet Paşa bile, "Daha bağımsız, kişilikli dış politika izlenemediğini" üst düzey bir parti toplantısında yakınarak der ki:

"Peygamber edasıyla size dünyaları vaad ederler, imzayı attınız mı ertesi günü gelmişlerdir. Ondan sonra sökebilirsen sök. Gitmezler. Ancak bu meselenin üstüne vakit geçirmeden eğilmek lazım. Yoksa, ne bağımsız dış politika, ne bağımsız iç politika güdülür, havanda su döversiniz. Fakat zannetmeyin ki kolay iştir (...) Teşebbüs ettiğimizde başımıza neler geleceğini kestiremem (...)"[282]

Yardımın, "bağımsızlık ve özgürlüğümüzü ABD olmadan koruyamayacağımız temeline oturtulduğu, *'yardımın amacı ve mahiyeti hakkında devamlı ve tam yayınla'* emperyalizmin propagandası yaptırılarak, toplumun kendine olan güveninin yıkılmak istediğini; böylece bağımlılaştırıldığımızın ayırdına varılmasının değişik yöntemlerle sürekli önlendiğini anladığımızda, halkın o bilgece deyimiyle *iş işten geçmek üzereydi...*

Böylece düşüncenin suç sayılması,[283] örgütlenme hak ve özgürlüğünün sınırlanması, Amerika karşıtlığının komünist olmakla eşdeğer tutulması, vb. suçlama ve saldırılarla yıldırılan insanların toplumu olarak tanındık. ABD bu yöntemle, kendisi için yapacağımız propaganda ile Türk toplumunun desteğini sağlamakla kalmamış, gerçekleri gör-

---

[282] M. Şükrü Koç, *Emperyalizm ve Eğitimde Yabancılaşma*, s. 165-166.
[283] 1990'lara değin TCK'nun 141 ve 142. maddeleri düşünce suçlarına uygulanırdı. Bu maddeler kaldırıldı ama düşünce suçları başka yasal düzenlemelerle sürdürülüyor.

memizi de engellemiştir. ABD yararına propaganda yapanlar, kendi sözlerinin etkisi altında kalırlar. Bu, yeni emperyalizmin dahiyane buluşlarından biridir. Resmi yaşamda sözleşmelere uyulmaktan kaçınılmaz. Peki uyulmazsa ne olur? Cezalandırılırsınız. Yalnız uymadığınız için değil, İsmet Paşa gibi, tuzakların ayırdına vardığınızda da cezalandırılırsınız. Sızlarsınız ama sonuç değişmez. Sizi alaşağı ederler, tıpkı İsmet Paşa gibi...

Antlaşmaya Uymayan Cezalandırılır

Unutmamak gerekir ki, ABD bu gereğe uymayan ya da politikasını ABD'nin çizdiği rotadan ayıran hükümetlere yaşama hakkı tanımaz. Çünkü, The American Journal Of İnternational Law Nu. 1./1952 tarihli bir Kongre Yasası'nın 511 numaralı paragrafının (a) ve (b) hükmü, bunu gerektirir.

Okuyalım bu hükmü:

"(a) Birleşik Amerika Hükümetlerinin imzalamış olduğu ikili veya çok taraflı antlaşma ve sözleşmelerde, askeri taahhütleri yerine getirmekten şu veya bu sebeple kaçınan ülkelere hiçbir şekilde iktisadi yardım yapılmaz."

"(b) Birleşik Amerika Devletleri'nin güvenliğini artırmaya hizmet etmeyen hiçbir iktisadi ve teknik yardım yapılmaz."[284]

Bu hükmü gördükten sonra, bu tuzaktan kurtulmadan, ABD, Kıbrıs sorununda neden bizi yalnız bırakıyor, neden ambargo uygulandı diye yakınmanın ne kadar yersiz olduğu anlaşılmıyor mu? Oysa sızlanma yerine sözleşmeler tuzağından kurtulmanın yolları aranmalı değil mi?

Rockefeller özetle neyi öneriyordu: "Ekonominin kilit noktalarını ele geçirerek politik etkinliği sağlamak gerekir." Amerika'nın yaptığı da budur. Ekonomi ve politika el ele, her ikisi de özel girişimin denetiminde olmalı ki, Amerika'nın çıkarları korunsun. ABD, ekonominin kilit noktalarını kendi denetiminde, güvenebileceği uzmanların görev-

---

[284] M. Fahri, agy., s. 332.

lendirilmesini sağlar. Örneğin 27 Mayıs ve 12 Mart dönemlerinde Kemal Kurdaş ve Karaosmanoğlu'nun göreve gelmeleri bu görüşün örnekleri değil midir?[285]

1978'e dek, yani CHP'nin hükümet kurmasına kadar, ABD'nin çizdiği ekonomik rotadan (kimi sanayi kuruluşları dışında)[286] çıkılmadı. Ancak CHP değişik bir ekonomik programla, ekonomiyi "yeniden düzenleme" amacında olduğunu söyleyerek oy aldı. Seçimden birinci parti olarak çıktı. Halk Sektörü, KUP ve Köy-Kent Projeleri, kooperatifçilikle kalkınma gibi, o günün koşullarında romantik planda kalacak bir ekonomik model sunuyordu. Bu elbette ABD'nin Türkiye ile yaptığı anlaşmalara dayalı beklentilerine aykırı idi.[287] Çünkü bu tür bir model düşüncesi, öneri olarak kalsa bile, ABD'nin çıkarına karşı bir politika oluşturmaktaydı ve Amerika açısından tehlikeliydi.[288] Bu neden, CHP'nin hedefe alınması için yeterliydi. Gerçekten de öyle oldu. CHP 20 aya yakın hükümet sorumluluğunu üstlendiği dönemde, halkın gözünden düşürüldü ve 1979 sonbaharında yapılan Senato seçimlerinde oy kaybına uğradı. Bülent Ecevit, hükümetten çekildi. Demirel Başbakanlığında yeni bir koalisyon kuruldu. 12 Eylül'e 11 ay kalmıştı...

ABD'li Prof. Boldwin'in, Amerika'nın önerdiği politikanın izlenmemesinin sonuçlarına işaret eden şu söylemine kulak verelim:

"Hükümetin özel sermaye karşıtı bir politikayı izlemesi durumunda, hükümeti izlediği politikadan caydırmak üzere Dünya Bankası'nın çözümü, *(politikasını değiştirmek için şantaj yaparak -E.D.)* borç vermeyi reddetmektir."[289]

---

[285] Kemal Derviş'i getirecek ortamın nasıl yaratıldığı ayrı bir araştırma konusudur. Ama görmesini bilenler için her şey ortada değil mi? 19 Şubat 2002 olayını bir de bu açıdan düşünelim.

[286] Sovyetler'in kredisi ile İskenderun Demir-Çelik, Seydişehir Alüminyum kuruluşları ve Romanya'nın desteği ile Kırıkkale'de kurulan Orta Anadolu Rafinerisi bunlardandır.

[287] Türkiye örneği açıktır ve incelenmelidir. Örneğin, Thornburg Raporu'yla başlayan etkileme, sözleşmelerle zorunlu uygulamaya dönüşmüştür.

[288] Seçimin propaganda döneminde, Ecevit'in geçtiği yerlerde olaylar çıktı, İzmir Çiğli Havaalanında bir polis tarafından yapılan silahlı saldırı girişimi atlatıldı.

[289] Harry Magdoff, agy., s. 188. Şu IMF ve Dünya Bankası yardımlarının(!) amacı ve uygulamalarla ülkelerin nelere katlandığı, nasıl yönlendirildiği anlaşılmıyor mu?

Bu yöntem bizde başarıyla uygulanmıştır. 1978'de ülkede daha bağımsız bir politika izlemek savıyla hükümet kuran CHP, bu uygulamanın sarmalında bitirilmek istenmiştir. ABD bu uygulamayla, ekonomiye komuta edenlerden yararlanarak, toplum desteğini arkasına alan gücün önünde durulamayacağını göstermiştir! 1978-1979'da, bağımsızlığa adım atmanın değil, bağımsızlığı düşünmenin bile cezalandırıldığını yaşayarak gördük. Dünya finans örgütlerine verilen emirle krediler kesildi. "70 cent'e" muhtaç bir ekonomik düzen devralan Ecevit Hükümeti, kredi sağlamak için çırpındı durdu. Ama hangi kapıyı çaldıysa, bize emperyalizmin örgütlerine gitmemiz öneriliyordu. Kredi alınamadı. Terör kırlardan kentlere, sokaklara indi. Ve işadamları, ekonominin kilit noktalarını ellerinde tutanlar, ilanlarla örgütlerinin baskılarıyla, toplumun CHP'ye verdiği krediyi sıfıra indirmeyi başardılar. Ecevit Hükümeti 22 ayda bitiriliverdi.

Bugün tarih olmuş o olaylar, yöntemin bizdeki en somut örneğidir. Bu kadarla da kalınmadı. CHP'ye yönelik eleştiriler kesilmedi... 12 Eylül'den sonra Türkiye'de, sosyal demokrasinin bir türlü örgütlenemeyişi, 12 Eylül sisteminin sol görüşe açtığı savaşın sonucudur. Çünkü, 12 Eylül'ü yaratanlar, ABD'nin ideolojik eğitiminden geçmişlerdi.[290]

Türkiye'de "sol" denilince tüyleri diken diken olanlar, nefret duyanlar, ABD ideolojisiyle yetişmiş kafalardır. Ama unutmayalım, yukarıda da değindiğimiz gibi, ABD "adam yetiştirme" işinde en çok bizi kullanmıştır. Hem de Kongre Yasası'na göre yapılan sözleşme uyarınca çıkardığımız yasadan (Bkz. Ekler Bölümü: Ek. 1 ve 2) yararlanarak (...) Böylece toplum kendi özünden saptırılmış ve "müttefik politikaları için mutabakat oluşturmak ve politika, ekonomi, ordu, istihbarat ve akademi alanlarındaki bir öncü tabakanın kariyer promosyonu yapma amacı.." gerçekleştirilmeye çalışılmıştır.[291]

---

[290] Bkz. Podol Raporu.
[291] Bkz. Bu kitabın başında yeralan "Yeniden Yayımlanırken" başlıklı yazı.

Toplumun Kendi Değerlerine Yabancılaşması

ABD geçmişte ve özellikle Soğuk Savaş döneminde toplumları değişik yol ve yöntemlerle kendi çizgisine çekerek ya da açıktan olmazsa gizli baskıyla çıkarlarını korumaktaydı. Bunlardan biri ve geri kalmış uluslar için en zararlısı, toplum desteğini arkasına alarak bir ulusu kendi değerlerine yabancılaştırmaktı.

ABD'ye toplum desteğini sağlamada istemeden ya da kazandığı işbirlikçileriyle bizler yardımcı olmuşuz demek yanlış değildir. Ayrıca sözleşmelerin uygulanmasında ilgili hükümetler de kullanılmış oluyor. Kanımızca emperyalizmin bu türü işgalci yöntemden de, kukla hükümetlerle yönetim türünden de daha tehlikelidir. Çünkü bu yöntemle toplum, kendi değer yargılarından koparılmakta, kendine ve tarihine yabancılaştırılmaktadır. Sonuç toplumsal bütünlük yerine, anarşizme kadar uzanan toplumsal parçalanma ve ABD'nin güdümüne girmektir.[292]

"Bu nasıl oluyor?" sorusunun yanıtını, uygulamaları izleyerek bulalım.

"Kimi kez, toplumun desteğini kazanmak da gereklidir," diyor, Pentagon'un ünlü kuramcılarından A. Lindays ve şöyle sürdürüyor:

"Toplumun desteği sağlandığı ölçüde, o topluma kendi görüş ve ideolojimizi empoze edebiliriz. Ancak bundan sonra o ülkede - reformcu da olsa - partizan hareketini (yani halkın bilinçlenmesine yönelik içten değişim ve dönüşümleri ya da ayaklanmaları - E.D.) kolaylıkla bastırmak ve ezmek mümkün olur."[293]

Son yarım yüzyılda uygulanan program budur. Bugün sonucunu acı çekerek izliyoruz: Girdiğimiz bunalımlar ve parçalanmanın eşiğinde çözüm arama yerine Avrupa Birliği'nin kapısında bekleyiş, ABD'nin tuzaklarında çırpınış... Peki neden derseniz, "çözümü ve kurtuluşu

---

[292] Güncel sorunları düşünerek nereden nereye geldiğimizi, okurun bu çalışma ışığında değerlendirmesine bırakıyorum.

[293] M. Fahri, agy., s. 308-309.

kendi istencimiz ve aklımızla arama ve bulma yerine, başkalarının iradesine bağlanarak kurtulmayı ummak," derim. Günümüzün manzarası budur. Oysa kurtuluş yolu, ulusal bilinç ve azim, yani dirençten geçer. Ulus olarak eğer, bu geçmiş yarım yüzyılı bağımsızlık, toplumsal uyanış ve tarih bilinciyle inceleyip nedenlerini araştırmaz, çözüm önerileri saptayıp uygulamaya geçemezsek; bunalımlardan çıkamayacağımız gibi, kokuşmuşluk ve çürümüşlük içinde yok olacağımız bilinmelidir.

Görülüyor ki ABD, çıkarlarını korumak ve yeni kazançlar elde etmek için ilişkili ülkelerdeki işbirlikçilerle el ele verip toplumun değer yargılarını değiştirerek, kendi ideolojisi doğrultusunda bir dünya görüşü yaratmakta ve bunu uygulatmaktadır. Böyle bir tuzağa düşen ülke, bu aşamadan sonra, ABD'nin çizdiği yön doğrultusunda yol alacaktır. Amerika'ya ve emperyalizme karşı olmak, halkın çıkarını öne almak, kurulu düzenin emekçiler yararına sosyal dengeyi esas alan bir politika güderek değişimi istemek suçtur. Halktan yana olanlar sürekli halkın gözünden düşürülmeye çalışılır. Halkı cephelere bölerek, ulusal birliği parçalayıp sömürü çarkını işbirlikçi burjuvazi eliyle işletmek yeni emperyalizmin yöntemlerinden bir başkasıdır. 1970'lerdeki Milliyetçi Cephe hareketinin, bu yöntemin uygulamalarından biri olduğu bugün artık saklanamaz. Toplumu milliyetçiler ve solcular olarak ikiye ayıranların kimin denetiminde olduğu geç de olsa anlaşılmış olmalıdır! Bunun gibi, Alevi-Sünni, Kürt-Türk, laik-anti laik ayrımlarına da dikkat edilmeli, emperyalizmin tuzaklarında yürüdüğümüz yadsınmamalı, yadsımanın yeni sorunlara neden olacağı düşünülmelidir... Çünkü sömürü düzeni, yeni planlarla, yine dostluk ve yardım antlaşmalarıyla sürdürülür. Buna *"toplum desteğini sağlama"* denilir.[294]

Bu yöntemle, dıştan ve dünyanın gözü önünde geçen, ayıplanacak ve kınanacak bir saldırı yerine, daha az masrafla, fakat daha etkin bir sonuç alınır. Ve böyle bir toplum, artık kolay kolay kendine gelemez. Bunalımlar birbirini kovalar. Türkiye'mizin içinde çırpındığı bunalımın kökeninde, emperyalizmin tuzağında geçen yarım yüzyılın etkileri gözardı edilmemelidir.

---

[294] Bu satırları 1993'te yazarken bugünlerin geleceğine işaret ettiğim görülüyor. E.D.

Ayrıca dış saldırı, topyekûn savaş ideali yaratarak, işgalciye karşı, halkın her kesiminde tam bir birleşme ve bütünleşme yaratmasına karşın; bu yöntem, halkı kısa zamanda birleşemeyecek biçimde parçalar, aynı ülkenin "tasada ve kıvançta ortak" olması gereken insanları birbirine düşman edilir. Bu da, emperyalizmin *"parçala - egemen ol"* ilkesine uygun bir yöntemdir. Türkiye'nin bugünkü duruma nasıl getirildiği araştırılırken, yarım yüzyıla bu açıdan da bakılmalıdır.

Bir toplumun desteğini sağlayarak, Amerikan ideolojisinin yerleştirilmesinde türlü yöntemler uygulanır. Bunlar karşılıklı antlaşma olarak gelir. "Dostluk ve Yardım Antlaşmaları", "Ekonomik İşbirliği Antlaşmaları", "Kalkınma İçin İttifak" vb. adlar altındaki ekonomik sızmalar, etkili yöntemlerdendir.

İlerici ve gelişmiş ülkeler düzeyine ulaşma çabasıyla, gelişme yolundaki ülkeler, kalkınma programlarının hazırlanması için danışman ararlar. Plan ve programlarının hazırlanması için, paraya gereksinirler. Gelen danışmanların önerdikleri planların gerçekleşmesi, dev firmaların işi üstlenmesine bağlıdır. Bunların tümü de Dünya Bankası, Uluslararası Para Fonu (IMF), konsorsiyumlar vb. kurumlarıyla emperyalizmin denetimindedir.

Bu kurumlar ve uygulamalar, ekonomik sızmayı kolaylaştıran, yabancı bankalara ve diğer kurumlara kapıyı açmak için azgelişmiş bir ülke üzerinde, siyasi baskıda bulunma olanağını elde etmekte kullanılan değerli araçlardır.

Eğer ekonomik sızma, siyasal baskılarla sağlanamazsa, değişik koşullar altında, yetkililerin rüşvetle satın alınması ya da bankalar ve devlet kurumları tarafından borç verilmesi, daha uygundur. Daha gelişmiş ülkeler için ise, "İttifaklar ve Çıkar Grupları" oluşturulmaktadır.

Şu gerçek iyi bilinmelidir: Emperyalizm, yerleşmek istediği ülkeye girebilmek için her yolu dener, uyguladığı yöntemlerle amacına ulaşmakta başarı sağlayamadığında, o ülkeyi parçalamak için baskı altında tutar ve hedefinden asla şaşmaz.

İletişim Çağında Kamuoyu Oluşturmak

ABD, azgelişmiş ülkelerde türlü yöntemlerle, kendi ideolojisi doğrultusunda kamuoyu oluşturur. Bunların en etkililerinden biri antlaşmalara konulan özel hükümlerde gizlidir Azgelişmiş ülkeler, antlaşmalara konulan hükümlerle Amerikan ideolojisini yaymak zorunda kalırlar.

Yeni sömürgeciliğin bir başka uygulaması, "Kalkınma İçin İttifak" adlı programla Latin Amerika'da görülür. Güney Amerika için uygulanan "Kalkınma İçin İttifak", daha sonraları, "İlerleme İçin Birleşme Programı"na dönüşür. Claude Julien der ki;

"Kalkınma İçin İttifak'ın övgü dolu bir analizinde, William D. Rogers, Arjantin ve Şili'deki seçim kampanyalarına ABD'nin nasıl karıştığını anlatmaktadır. Rogers'e göre; bu şebeke, "yavaş yavaş kurulmuş ve sonradan emperyalizmin sadık bendeleri olacak subay, mühendis ve teknisyenlerin ABD'de yetiştirilmesi yoluyla pekiştirilmiştir. Ayrıca ABD, Latin Amerika'da, kamuoyunu koşullandırmak için, basın, televizyon ve sinema üstünde de çok sağlam bir denetim sistemi kurmuştur."[295]

Kamuoyu oluşturmada, toplumları etkilemede çağdaş basın ve yayının en etkin silahlardan biri olduğu yadsınabilir mi? Bu etkin silah elbet her an, emperyalizmin emrinde ve hizmetinde kullanılmaktadır.[296] Buna bir de günümüzde medyanın kapitalizmin emrinde ve denetiminde olduğu eklendiğinde, kamuoyunun neredeyse paranın gü-

---

[295] Claude Julien, *Amerikan İmparatorluğu,* Hitit Yayınları, 1969, s. 313-314.

[296] Amerika için özgürlüğün sınırı, global sermayenin güvenliğinin korunduğu yerde başlar. Bu nedenle "ifade edilebilir basın özgürlüğünün" ölçütü "düşüncenin bu sınırlar içinde özgürce ifade edilebilirliği" demektir. Bir başka deyimle, düşüncenin özgürce ifade edilebilirliğinin ölçütü, global sermayenin gelişmesine engel olup olmamasında aranır. Bunun bir başka anlamı sermayenin çalıştığı alanlarda / ülkelerde kurulu düzen ve istikrarın korunmasıdır. Chomsky' der ki: "Fikirlerin özgürce ifade edilebilmesini engelleme çabaları daha derinlere uzanan kaygıların yansımasıdır. Global plancılara göre, Üçüncü Dünya'nın büyük bölümü kapitalist sanayi merkezlerine hizmet etme rolüne soyunmuştur. O ülkeler "... Batı kapitalizminin yeniden yapılanması ve gelişmesi için kendilerini sömürtmelidirler." Bu nedenle "... yanlış düşüncelerin (Batı karşıtı düşünceler - E.D.) yasaklanması, seyahat özgürlüğünün kısıtlanması." vb özgürlüklerikısıtlayıcı uygulamalara izin verilmelidir. Noam Chomsky, *Medya Gerçeği,* s. 106-107.

dümünde olduğu anlaşılır. Özgürlük ve nesnellik mi, o da paranın emrinde ve onun izin verdiği alanlarda gezinir durur!

Bu alanda kimse Amerika'nın eline su dökemez. ABD, sineması, televizyonu ve dünyayı saran ajanlarıyla, hergün daha da ileri giderek, dünyaya anlık olayları, bir ölçüde her ülkenin kendi iç olaylarını, ABD gözüyle ve kendi değer yargılarına göre değerlendirerek iletir. Ayrıca çeşitli yollardan ve özellikle kültürel aktivitelerle dünyanın dört köşesinde her an hazırdır. ABD, kurduğu ve etki alanında bulunan medya kanalları ve yaygınlaştırdığı kültür devinimleriyle, toplumları etkisi altında tutma yöntemini ustalıkla uygulayan karmaşık bir sistemin kurcusudur. Ve bu yolla toplumların kültürel altyapılarını bozarak, kendi kültürünü aşılamanın olanağını sağlayarak bir *kültür imparatorluğu* kurmuştur. Kitleleri etkilemede ve eğitiminde kitabın, gazete ve dergilerin rolü önde gelir. Ekonomik ve askeri yönden dünyanın yarısını saran bu imparatorluk, asıl etkinliğini bilimsel ve sosyal gerçekleri bozarak yaydığı kitaplarla da sürdürmektedir. Bu alanda CIA kadar etkin bir örgüt de United States Information Agency (USIA)'dır. Bu örgütün, sadece 1994 yılında bu tür kitaplara yüksek ücretler ödeyerek, profesörüne kadar sahte yazar bulduğu, Josan Epstern'in yazdığı gibi, "uydurma ve keyfi değerler sistemi kurarak, üniversite öğretim üyelerini, bilginleri ve yazı işleri müdürlerini kullandığı bilinmektedir."[297]

Böylece basını, radyo - televizyonu, sineması ve dünyanın her yerine dağılmış işadamları, profesörü ve öğrencisi, sivil ve askeri danışmanlarıyla emperyalizm, Amerikan ideolojisini, günün her saatinde dünyanın her yerinde işlemekte, yerleştirmekte ve yaygınlaştırmaktadır.

Bu ve benzeri yöntemlerle, azgelişmiş ülkeler, olayları ABD gözü ile görecek düzeye getirilmekte, Amerikancı bir kamuoyu yaratılmaktadır. Görülüyor ki emperyalizm, ne yapıp edip, kendi görüşlerine yandaş bulmanın yollarını hep açık tutmaktadır. "Hükümetlerin, toplumsal baskıları karşılayacak yeterli bir ekonomik gelişme sağlaya-

---

[297] Claude Julien, agy., s. 300-310.

mamaları, yüksek nüfus artışı ve şehirlere olan sürekli göçün yarattığı şehirsel bölgelerin, giderek daha çok güç merkezi haline gelmeleri ve bu bölgelerde yaşayan kitlelerin demagojik tahriklere yatkın olmaları,"[298] sonucu toplumsal gerginlikler, toprak ve servet dağılımındaki eşitsizlikler sosyal dengeyi bozup güven duygusunu alt üst eder. Bu noktadan sonra çözüm için ABD ideolojisini benimsemiş kadrolara ve önderlere başvurulur.

"Bu kadrolar nasıl yetiştirilir, Amerikan ideolojisi nasıl aşılanır?" sorularının yanıtını ararken; karşımıza paranın ve propagandanın engin ve etkin gücü çıkar.

Bugüne açılan yollarda, emperyalizmin gizli ve açık propagandalarıyla yürüdüğümüzü bilir ve ABD'nin bize Thornburg Raporu'nda belirtilen "kendi ideallerini ve ananelerini aşılama" amacını göz önüne alırsak, yanlışlarımızı saptar, kurtuluş yollarını açabiliriz.[299] Ancak o yolları, kendimiz için çözüm, kendimiz için varolma bilinciyle ararsak açabileceğimizi bilelim. Yoksa yine çıkmazlarda dolanır dururuz.

1990'lardan bu yana Türkiye'mizin moda tartışması Lozan'ı yadsıyıp, dahası yırtıp Sevr'i alkışlama, Atatürk'ün önderliğinde Müdafaa-i Hukuk temeline dayalı Ulusal Kurtuluş Savaşı utkusu üzerine oturtulan Cumhuriyet'i yıkıp, İkinci Cumhuriyet'i kurma boş düşleri ya da kördüğümü içinde, kendimizi yeniden tanımlama çabasında çırpınıp duruyoruz. Bir yandan da, Avrupa Birliği'ne kabul edilip edilmeme tartışmalarıyla gün geçiriyoruz. Bu boş çabalarla ancak emperyalizmin ideolojisine hizmet ettiğimizin ayırdında bile değiliz. Bu yolun hep çıkmaza açıldığını bilecek kadar deneyimimiz olmalı, değil mi?

Zaman geçmekte, ulus olarak her geçen gün kendi özümüze dönerek, cumhuriyeti, kendi iç dinamiklerinden alınacak güçle evrimleştirecek yerde, çağdaş uygarlığa açılmanın gereklerinden uzaklaşmaktayız! Ne yazık ki, bunun ayırdında değiliz. Kurtuluşumuzun, ulusal

---

[298] Harry Magdoff, agy., s. 156.
[299] Thornburg Raporu Ekler bölümündedir.

kurtuluş davasının temelindeki dinamiklere dayalı, tam bağımsızlığa adanmış, halkın özgür istencini esas alan bir sistemde olduğunu bilmeliyiz.

Bu yöntemin bizi Amerika'nın tasallutundan / sataşmasından da kurtaracağının bilinciyle, çabalarımızı sürdürmeliyiz. Çünkü hiçbir ideoloji, Cumhuriyet'in temelindeki Müdafaa-i Hukuk felsefesinin yerini tutamaz. Müdafaa-i Hukuk-i Milliye'yi terk ederek çıkacağımız yol, bizi emperyalizmin yeni tuzaklarına götürür. Bir ulusun, emperyalizmi topraklarından kovması gibi tarihsel bir eylem üzerine kurulu Cumhuriyet'i, demokrasiye geçiş adına yıkmak (sanki Kemalist eylem demokrasiye karşıymış gibi) Mustafa Kemal'in deyimiyle, *"Gaflet ve delalet"ten* de öte *"hıyanet"* değil midir? Bu gibi savların ardında, ulusal kurtuluş hareketlerini kendi ideolojisi için tehlikeli bulan ABD'nin yıkıcı amaçlarını ve gizli yöntemlerini aramalıyız.

Kim olursa olsun, hangi makamda bulunursa bulunsun, bunların hainliklerine engel olmalıyız. Kaldı ki, ne Mustafa Kemal ne de Cumhuriyet'i kuran kadro, demokrasiye karşıdır. Amaç, halkın istencine dayalı bir yönetim kurmaktır. Türk Devrimi'nin amacı ve hedefi budur. Bu amaç için de toplumun bağımsız düşünebilecek bir yapıya kavuşturulması gerekirdi. 1920'lere değin halk olma bilincine erişmemiş bir ümmet toplumunun (bireyleri önce Tanrı'nın sonra Padişah'ın kulu olan toplumun) demokrasiye geçişindeki engelleri, eğitim ve çağdaş değer yargılarıyla aşmak gerekiyordu. Laiklik, işte bu yolu açan en önemli bir ilkedir. Böyle bir yolu açma girişimi bile, o kadronun amacındaki gerçekçiliği, çağdaşlığı ve doğruluğu belgeler. Laik düşünce ile halkın özgür istence kavuşabilme yolu açılmıştır. Bunun kolay bir yol olduğu söylenemez. Bugün bile bu doğruyu göremeyenler var. 1920'ler Türkiye'sini, 2000'lerin değer yargılarıyla ölçmek, sorgulamak, bir zamanlar moda olan, "M. Kemal isteseydi sosyalizmi kurardı ama o faşizmi yeğledi" söylemi kadar yanlıştır, hem de kocaman bir yanlış.

Unutulmasın ki, Mustafa Kemal, o günün koşulları içinde yapılabileceklerin en iyisini yapmıştır. Bugünün; "1920'lerde yanlış yapıldı" söylemi, ulusal kurtuluş kavgasını ve o kavganın kadrosunu yadsımak içindir.

Bunun emperyalizmin amacına hizmet olduğunu gözardı edemeyiz. Çünkü ABD'nin, kendi kuruluşundan bu yana karşı olduğu, kendi deyimiyle tek düşman "Ulusal Kurtuluş Hareketleri'dir. ABD idealizminin amacı, bu yolu açacak ya da övecek eylem ve düşüncelere karşı verilecek savaşım için düşünce ve taktikler geliştirmektir.

Bugünlerde, 1920'leri ve devrimleri yerenlerin ilişkileri, ürettikleri eleştiri ve öneriler araştırıldığında ABD kaynaklı düşünce ya da görüşlerle karşılaşılır.

Biz cumhuriyetçilere düşen görev, ulusal kurtuluş utkusu üzerine kurulu Cumhuriyet'i yılmadan yüceltmek ve savunmaktır. Burada bir yanlış uygulamaya işaret etmek isterim. Kimi örgütlerin, Atatürkçü Düşünce Dernekleri'nin, dahası toplumun güvenlik kurumlarının, Atatürk ve Atatürkçülük adına, cumhuriyetin temel ilkelerinden *sadece laikliğe önem vermeleri* varolma ya da olmama davasının yanlış savunulduğunu gösterir. Çünkü cumhuriyetimizin var olma davasının ana dayanağı olan "Egemenlik ve Bağımsızlık" için verilen ve Lozan'da masa başı savaşımıyla dünyaya kabul ettirilen ilkeleri unuturcasına, *salt laikliğin öne alınması* savunma eksikliği ve yanlışlığı doğuruyor. Çünkü "bağımsızlık," devrimin ana kaynağıdır. Bağımsızlığı tartışılan bir ülke, egemenliğine de sahip değildir. Laikliği tek başına Türkiye için bayraklaştırmak, bağımsızlığı gözardı etmek yanlıştır. Çünkü bu ayrıca cumhuriyeti temel ilkelerinden soyutlayanlara, unutturmak isteyenlere hizmet etmektedir. Amasya genelgesiyle dünyaya bağımsızlığın bayrağını dalgalandırarak haykıran atalarımızın yolundan dönmeye kadar giden bir aymazlıktır.

Unutmayalım, Atatürk, Cumhuriyet'i savunmanın istiklalimizi / bağımsızlık ve egemenliğimizi savunmakla eşanlamlı olduğunu şu sözlerle gençliğe birinci görev olarak vermiştir. Ve bunu varlığımızın temeli olarak göstermiştir. Atatürk'ün bize emanet ettiği Cumhuriyet'in temel ilkelerini, onun şu emanetinden bir kez daha okuyarak öğrenelim:

"Ey Türk gençliği! Birinci vazifen Türk istiklalini, Türk Cumhuriyeti'ni ilelebet (sonsuza dek) muhafaza ve müdafaa etmektir. Mevcudiyetinin (var olmanın) ve istikbalinin yegâne temeli budur. Bu temel senin en kıymetli hazinendir."

Görülüyor ki, bize emanet edilen egemenlik ve bağımsızlık temeline dayanan Cumhuriyet'i savunmak ve onu vareden ilkeleri sonsuza dek yaşatmak gerekir. Bunun için de çağdaş bilgi ve teknolojiyi, evrensel gelişmeyi yakalamanın eğitimde temel hedef olarak seçilmesi gerekeceği bilinmelidir. Cumhuriyet'i savunmanın ancak çağı dahası çağın üstündeki bilgi ve bilinci elde etmekten geçeceği unutulmamalıdır.

Eğitim ve öğretimde ulusal niteliğe ancak bağımsız ve egemenliğine sahip bir ülkede ulusal nitelikler korunarak ulaşılabilir. Laiklik de işte o bağımsız ve egemen bir toplumun harcında birleştirici öğe olur.

Bunun özellikle günümüze her açıdan ağırlığını koymuş olan ABD emperyalizminin etkisi altında kolay olmadığı bilinmeli ve ona uygun strateji saptanmalıdır.

Çünkü ABD, azgelişmiş ülkeler için hazırladığı özel programlarla, ülkelerin bağımsızlık bilincini etkileyerek ulusal bilinci denetim altına almaktadır. Yabancı dille yapılan eğitim, bizim gibi ülkelerde ulusal bilinçten yoksun, yalnız kişisel çıkarlarını gözeten insanlar yetiştirme yöntemidir. Biz bu yöntemi tarihimizden ders almayı bilmediğimiz için, eğitim sisteminin temeline oturttuk ve günümüzün gençliğini yetiştirdik. Şimdi onları ulusal bilinçten yoksun diye eleştirmeye hakkımız var mı diye sormadan, yurtdışına kaçıyorlar diye hayıflanıyoruz. Evet her ulusal konuda olduğu gibi, Mustafa Kemal Atatürk, gençlerimizin yabancılar tarafından eğitilmesinin sakıncalarını içeren 3 Ocak 1922 tarihli yazısıyla (muhtıra) o dönemin ilgililerini değil, günümüzün ve geleceğin ulusalcılarını uyarmak istemiştir. Muhtıra, İçişleri Bakanlığı'na yollanmıştır. Bu muhtıradan bir bölümü okuyarak düşünelim. Mustafa Kemal'e kulak verelim, dünümüzü ve geleceğimizi düşünelim:

"Hiçbir hükümet, kendi uyruğunda olan on binlerce çocuğun, kendi yurdu içinde, bir yabancı kurum tarafından, her türlü denetimden uzak olarak büyütülmesine, onlara istenenin aşılanmasına izin veremez. Buna izin vermek, çocukları yaşayacakları çevreye düşman ya da hiç olmazsa yabancı olarak yetiştirmek ve yaşayacakları çevre ile çatışmak zorunda bırakmaktır. *Bu ise gerek o çocukların, gerek içerisinde yaşayacakları halkın yıkımını hazırlamaktır. Bunu yasaklamak ise hükümetin görevidir.*

Bundan dolayı, Amerikalılarca örnek çiftlik vb. kurumlar kurup buralarda kendi uyruğumuzdan olan binlerce çocuğun Türk hükümetine ve (Türk) ulusuna karşı sevgisiz ve uyumsuz duygularla yetişmelerine izin veremeyiz."[300]

Biz bu uyarıları (devrim emrini) yok saydığımız için günümüzün ağır sorunları altında çıkış yolu bulmak için çırpınıp duruyoruz.

Higher Education Dergisi'nin Nisan 1960 sayısında, "Eğitimin uluslararası hedeflerin ele geçirilmesinde ana amaçlardan biri olduğuna" işaret edilmektedir. Attilâ İlhan'ın *Batı'nın Deli Gömleği* adlı yapıtında işlevleri açıklanan "Bissel Raporu"nda da: "Yabancı ülkelerin yurttaşlarına idealimiz anlatılıp eğitilerek ve devamlı bir iş önerilerek casusluğa atılmaları için özendirilmelidirler," denildiği görülür. O raporda deniliyor ki: "Başlıca görevimiz müttefik bulmak, - hem kişi, hem örgüt - onlarla ilişki kurup, aynı ilkeler için çalışmalarını sağlamaktır."

Bu yolla, ilgili ülkede gerektiğinde operasyonlar yapılacağına işaret edildikten sonra:

"Bunun bir örneği, ileride ülkesinde etkili bir siyasi lider olacağı tahmin edilen politikacıları bulup Amerika'yı tanımaları için uygulanan programlardır. *(Bilmem bu programlar içinde zayıflama kürleri ya da sağlık kontrolleri de var mıdır? - E.D.)* Ancak böyle masum prog-

---

[300] "MUHTIRA", Ankara, 3 Ocak 1922, İçişleri Bakanlığı'na 29.12.1921 Gün ve 10319 / 2423 sayılı yazınızın yanıtıdır.

ramlar bile, ABD hükümetleri tarafından değil de, resmi olmayan kuruluşlarca yürütüldüğü vakit daha başarılı olabilmektedtir."[301]

ABD, azgelişmiş ülke aydınlarını kazanmak için, özel programlar hazırlamaktadır. Bu uygulamayla aydınlara kendi ideolojisini benimsetmeye ve eğitilen o aydınların ülkelerindeki kültür çalışmalarını yönlendirmeye çalışmaktadır.

Kennedy'nin ilginç buluşuyla, azgelişmiş ülkelere özel amaçla yetiştirilmiş eğitim misyonerleri yollandı. "Barış Gönüllüleri" adıyla gelenlerin, görevlendirildikleri ülkelerde Amerikan ideolojisini halka aşılama programının uygulayıcısı oldukları anlaşıldı. Bunlar, görevlendirildikleri ülkelerin sosyal ve siyasal eğilimlerini saptayacaklar, ilişki kurdukları yörelerin ekonomik yapısını öğrenecekler, Amerika'nın o ülkede ve bölgelerinde uygulayacağı programlar için veri toplayacaklardı. Amerika, 1840'lardan başlayarak Anadolu'ya yolladığı misyonerlerle Ermeni ve Rumları Osmanlı'ya karşı örgütlemiş ve 1915 Ermeni ayaklanmasının altyapısını misyonerlerle hazırlamıştı. Barış Gönüllüleri, yüzyıl sonra misyonerlerin görevini yapacaklar, elde edilen verilerle Amerika'nın ilişkili olduğu ülkelerin sosyal, ekonomik ve siyasal yapısına yön verecekti. Yani bunlar çağdaş misyonerlerdi.

Bu tür bir eğitimin ne gibi sonuçlar doğuracağı bellidir. Amaç, bu yolla ülkelerin içten ele geçirilmesidir. Bunun için o toplumun sosyal ekonomik ve kültürel niteliklerini, değer yargılarını öğrenmek gerekir. ABD bunu da bir plan içinde ele almış ve uygulamaya geçmişti. *Barış Gönüllüleri* bir planın uygulamasıydı.

Barış Gönüllüleri Toplum Yapısının İzinde

Barış Gönüllüleri'nden istenen, Amerikan ideolojisinin propagandasını yaparak Amerika'ya sadık toplumsal ortam oluşturmak olmalıydı. *Saturday Review* Dergisindeki, "Barış gönüllüleri bu işi başarabilecekler mi?" başlıklı yazıda belirtildiği gibi amaç; "Bir Müslüman'ın Mekke'ye yönelmesi gibi, bir insanın Washington'a bakmasını sağlayacak ideali bulmak"[302] olarak belirlenmiş.

---

[301] Attilâ İlhan, *Batının Deli Gömleği*, s. 82.
[302] Türkkaya Ataöv, *Amerika, Nato ve Türkiye*, s. 236.

Özetle, Barış Gönüllüleri, gönderildikleri ülkelerin insanları ile yakın ilişkiler kurarak, aile yapısının içine girerek sosyal araştırma yapmak ve Amerikan ideolojisi için altyapı oluşturmak için görevlendirilmişlerdi. Bu amacı gerçekleştirmek için, özel eğitimle yetiştirilmişler arasından seçilmişlerdi.

Öyle ki, onlara verilen özel eğitimde; Türkiye'ye gelecek olanlara Türk gibi düşünme ve davranma, Hindistan'a gideceklere Hintli gibi, Arjantin'e gideceklere Arjantinli gibi davranma yetisi kazandırılmaya çalışılmıştı. Örneğin, köye giden bir görevli, yer sofrasında yemek yiyebiliyor, köylülerle köy meydanında sohbet ediyor, tarlada çalışıyordu. Böylece günlük yaşamı paylaşarak, kurulan sosyal ilişki içinde, yörenin ekonomik ve sosyal yapısını, insanların tepkilerini saptayacak yetiler kazandırılmışlardı. Ne yazık ki, gerçeği göremeyen insanımızdan da, "yahu bu insanlar bizimle kaynaşıyorlar, bunlar bizden biri gibi, Amerika bize yakın olabilir" imgesi yaratma amacı sağlanmış oluyordu.

ABD, böylece eğitim ve kültür emperyalizmini "azgelişmişler"in içine girerek yürütmeyi deniyordu. Bizi yozlaştırarak, kendi ideallerini ve ananelerini aşılamanın çabası içindeydi. Bu konuyu ülkemizin çıkarlarını zedeleyeceğine işaret ederek eleştirenler, karşı çıkanlar, "komünist" suçlamasıyla horlanmaya çalışıldı.

John F. Kennedy'nin, Barış Gönüllüleri politikasının "nedeni ve amacı" hakkında Michigan Üniversitesi'nde yaptığı konuşmasından aktaracağımız şu bölüm, Amerika'nın neyi, niçin yaptığını işin başında açıkladığını belgeliyor. Kennedy'yi izleyelim:

"Azgelişmiş ülkelere iktisadi, askeri ve kültürel yardımlar yapıyoruz. Bütçemizden büyük paralar harcıyoruz. Buna rağmen, dost ve müttefik ülkelerdeki halklar, Amerikalıları sevmiyor. Bunda, şüphesiz, milletimizi oralarda temsil eden, sivil-asker görevlilerin davranışlarının büyük etkisi olmaktadır. Çok kez, bu görevliler, bu ülkeler ve insanları hakkında, önceden hazırlanmadıkları, doğru ve sağlam bilgi sahibi bulunmadıkları için, yerli halkla aralarında çabucak çatışmalar oluyor. İnsanların dilleri, dinleri, gelenekleri, kültürleri bizimkilerden farklıdır. Onlara saygılı olmak, bu farklılıkları öğrenmek, aslında Amerika'nın faydasınadır. Düşününüz;, SSCB, hem bizim kadar para harcamıyor, yardım yapmıyor, hem de ilişki kurduğu ülkelerin gençleri arasında bizden fazla sempati topluyor. Bu engeli yenmek, yardım ettiğimiz halklarda Amerikan halkına sevgi toplamak için, yeni bir yaklaşıma ihtiyacımız vardır. Kuracağımız yeni bir örgüt ile bu görevi, kolej ve üniversiteli gençlerimize vermek istiyoruz. Bu, aynı zamanda, sizlere yeni bir iş kapısının açılması demektir."[303]

Başkan, "yardım edilen halklara Amerikan halkına sevgi toplamak için o insanlara dilleri, dinleri, gelenek ve kültürlerindeki farlılıklar bilinerek" yaklaşılmasını öneriyor. Böylece, Amerika'ya karşı duyulan olumsuz tepkinin giderilmesi amacı taşındığı anlaşılıyor.

Ancak Barış Gönüllüleri'nin, bir ajan gibi çalıştıklarının saptanması sonunda, açığa çıkan gizli görevleri nedeniyle ülkelerine geri dönmüşlerdir. Ama Barış Gönüllüleri, çalıştıkları sürece verdikleri raporlarda, asıl görevlerini aksatmadan yapabildiler. Toplumun her kesimiyle ilgili bilgi ve belge toplayabildiler.

Yerli Bilimadamlarını Kullanmak

ABD toplanan bu bilgileri, başka bilgi ve belgelerle, ilgili ülke uzmanlarının yardımıyla değerlendirmiş, her ülke için geliştirdiği formülleri uygulamaya koymuştur.

Emperyalizm içine girdiği toplumu her yönden denetimi altına almak istediğinden, değişik örgütlerle o toplum etkilemeye çalışır ve bunun için de, toplumların geleneksel kültürünü ve eğilimlerini saptamaya önem verir. Bir örnek de, ünlü Ford Vakfı'nın, Türk bilimadamlarına değişik konularda yaptırdığı anketlerdir. Bu anketlerde sorulan sorular, o toplum yapısını tanımaya ve emperyalizmin öngördüğü programların uygulanması için, veriler elde etmeye yarayacak yanıtlar sağlamak için hazırlanmıştır. Öyle ki, sorulara yanıt verilmesi bile, toplumun o kesimine konulacak tanı için önemlidir.

---

[303] Şükrü Koç, *Emperyalizm ve Eğitimde Yabancılaşma.*

Hacettepe Üniversitesi Nüfus Etütleri Enstitüsü'nde, kentlerde ve kırsal kesimde yapılacak nüfus planlaması için hazırlanan anket soruları, bu savımıza örnek olacak niteliktedir. Sorular, kentler için ayrı, kırsal kesim için ayrı içerikte hazırlandığı gibi, kadın ve erkekler içinde ayrıdır. Ve o sorularla, Türk insanının sosyal anatomisi çıkarılmak istenmiştir. Kasaba ve köylerin sosyal yapıları kadar, kentlerin ve köylerin erkek ve kadınlarının sosyal ve ruhsal yapılarının da çözümlenmesine yarayacak sorular sorulmuştur. Bu sorulardan bir kısmı bizim sosyal ahlak ve inanç yapımız gereği yanıtlanamayacak niteliktedir. Özellikle kadınlara, köy kadınlarına sorulanlar, örneğin cinsel ilişki sırasındaki korunma yöntemleri arasında, "Erkeğin dışarı akıtması, geri çekme, dışarı akıtmayı hiç duydunuz mu? Dışarı akıtma hakkında daha çok şey öğrenmek ister misiniz? (Kadın İçin Soru: 173, Erkek İçin Soru: 181) gibi sorulara, kadınlarımızın yüzde doksanının yanıtlarının alınamaması bile, o çevrenin sosyal ve ruhsal yapısının saptanması için önemli değil midir?

ABD bunları niçin yapıyor? Bizim için mi? Bu soruya "evet" yanıtı vermek, ABD'nin "çıkarlarından gayrı bir şey düşünmediğine" ilişkin kendi değer yargılarını yadsımak demektir.

ABD toplumun çekirdek birimi olan ailenin, sosyal ve ekonomik yapısını, bireylerin sosyal ve ruhsal niteliklerini saptayıp, toplumun desteğini kazanmak, bu yolla da toplumsal yozlaşmanın altyapısını düzenlemenin verilerini elde etmek istemiştir. Bu yöntem kendi etki alanındaki ulusları belli ekonomik ve sosyal yapı içinde tutabilmenin yollarından biri olmalı.

ABD Yardımı ve Ahtapotun Kolları

Yukarıdaki örnekler, ABD yardımlarının uygulama yöntemlerinden alınmıştır. ABD Savunma Bakanı Robert McNamara'nın, 1967 yılında, Amerikan Temsilciler Meclisi Dışişleri Komisyonu'nda yaptığı konuşmanın bir başka bölümü, azgelişmiş ülkelerin askeri personelinin yetiştirilmesindeki amaç ve programı, ayrıntılarıyla sergilediği için çok ilginçtir ve bizim için ders niteliğini de aşan önemdedir.

McNamara, azgelişmiş ülkelerin liderlik yeteneği taşıyan askerlerin eğitilmeleri için ABD'ye yollanmasının kendi çıkarları için önemini anlatırken, der ki:

"Birleşik Devletler'deki ve yabancı ülkelerdeki askeri okullarımızda ve eğitim merkezlerinde seçme subaylar ve önemli mevkilerde bulunacak uzmanları eğitmemiz, en önemli askeri yardım yatırımımızdır. Bu öğrenciler dönüşlerinde eğiticiler olmak üzere kendi ülkeleri tarafından özel olarak seçilmişlerdir. Bunlar gerekli bilgilerle donatılmışlardır ve bu bilgileri kendi birliklerine aktaracak olan geleceğin liderleridir. Amerikalıların ne yapmak istediklerini ve nasıl düşündüklerini gayet iyi bilen kimseler olup, liderlik mevkiinde bulunmalarının ne kadar önemli olduğunu belirtmeye ayrıca gerek duymuyorum."

Bakan, konuşmasını aynı espriyle sürdürür ve şöyle noktalar:

"Ayrıca böyle kimselerden dost edinmenin değeri, ölçülemeyecek kadar fazladır."[304]

Amerikan yardımının bir başka yüzüyle, gerçeklerle karşılaşıyoruz.

Bu sözler, azgelişmiş ülke ordularında, Amerikan ideolojisine göre yetişmiş personelin, ayrıca ABD yetkilileriyle dostluk ilişkileri içinde olduklarını da belirtmektedir. Böylece bu askerin ekonomik, sosyal ve siyasal eğilimleri, güçlü ve zayıf yönleri, belli olaylar karşısındaki tepkileri öğrenilir ve nerede, nasıl kullanılacakları saptanır. Bu askerler hazır kuvvettir artık. ABD'nin dostlarıdır. Bu dostluğun bir diğer adı ya da azgelişmiş ülke için gerçek adı, *satılmışlık* ve *işbirlikçilik*tir.

Askeri yardımların nedenlerini ve bir başka noktadan önemini, zamanın Savunma Bakanı McNamara 1967 yılında bir Meclis Komitesi'nde şöyle vurgular:

---

[304] Harry Magdoff, agy., s. 155.

"Daha kesin olarak belirtmek gerekirse, Latin Amerika'ya yapılan yardımlarda güttüğümüz temel amaç, gerekli olduğu yerlerde, polis ve diğer güvenlik kuvvetleriyle birlikte ihtiyaç duyulan iç güvenliği sağlayacak yetenekli askeri ve yarı-askeri güçlerin yetiştirilmesine yardımcı olmaktır."[305]

Görülüyor ki, ABD yardımının gerçek amacı, azgelişmiş ülke sorunlarının çözümüne yardım değilmiş. O ülkeyi, ekonomik yönden olduğu kadar, kendilerinin o ülkeye yolladıkları elemanlarla, ülke subaylarından ve sivil bürokratlarından seçilerek eğitilen sivil önderlerle denetim altında tutmakmış.

Amerika bu formülü sadece Güney Amerika'da mı uyguluyor? Sorunun yanıtı bellidir: Hayır! Dünyanın neresinde Amerikan çıkarı varsa, oralarda da aynı oyunlar oynanmaktadır. Amerika, çıkarı olmayan yerde yoktur. Bu uygulamanın Türkiye'de de yürütüldüğü biliniyor artık. 12 Mart ve 12 Eylül'e açılan yollar ve gelişmelerde ülkücü komando adıyla olay çıkaranların nereden ve kimden güç aldıkları, ne kadar gizlense de belgelenmiş ve açıklanmıştır.

McNamara, yardımın amaçlarını sıralarken belirttiği ve kendilerinin yetiştirdiğini söylediği "yerli, yarı-askeri güçler", Türkiye için ülkücü komandolar olmalıdır. ABD yardım adıyla bir yandan toplum desteğini sağlarken, bir yandan da "yarı-askeri güçleri" eğiterek, gençliği ve halkı bölmüş; toplum, kamplara ayrılarak parçalanmıştır.

İşte, ABD yardımının gerçek yüzü, yetkili ağızlardan açıklanan amaçları; dostluğun, hele hele stratejik ortaklığın gerçek yüzü.

Bugün tüm çıplaklığıyla ortaya çıkan gerçek şudur: ABD, yardım ettiği her ülkeye, bu arada elbet Türkiye'ye, kendi ideolojisinin yayılması amacıyla gelmektedir. Evet, yardım sözcüğünün ardındaki gerçek, ABD'nin yardım adıyla yabancı ülkelere sızması, bu ülkelerin silahlı kuvvetlerinden başlayarak, halkın günlük yaşamı ve ekonomisine kadar, tüm yaşamının denetim altına alınması, dünyada Amerikan ide-

---

[305] Harry Magdoff, agy., s. 155.

olojisini egemen kılma, çokuluslu şirketler eliyle azgelişmiş ülkeleri sömürme politikasının yıkıcı sonucudur.

Amerikan ideolojisine yeni emperyalizme ve sömürüye karşı olabilecek her türlü düşün ve eylemi ezmeyi tanrısal bir görev sayan bu korkunç dev, sömürünün temel ilkelerini 22 Mayıs 1947 tarihli "Yunanistan ve Türkiye'ye Yardım Kanunu" ile bize kabul ettirmiştir.

Bu yasanın 3. maddesi incelendiğinde, her paragrafının "yardım" adı altında, ülkemizi ve halkımızı ahtapotun kolları gibi sardığı anlaşılır.[306]

Böylece ABD, her ülkede kredi vererek, şirketleri eliyle özel girişimleri destekleyerek; asker-sivil önderlerini kendi ideolojisine göre yetiştirerek, ekonomik yardım yoluyla ekonomik yaşama ve her türlü yollardan işçi kuruluşlarına sızarak tam bir egemenlik kurmuştur. Etkisi altındaki ülkenin her noktasına sızan ABD, ideolojisini girdiği topluma kabul ettirmeyi amaçlar, halkların uyanmasını bunun için istemez. ABD bu nedenle, her ilerici ve halkçı eyleme, girişime, uluslararası komünizmin aracı gözü ile bakar, baktırır ve dahası bunları ayaklanma sayar. Azgelişmiş ülke askerini, polisini ve öteki güvenlik görevlilerini, sivil bürokratını, bu ideoloji doğrultusunda politik bilinç vermek için eğitir.

Bu yöntmle toplumlar özünden koparılmaktadır. Yardımla gelen ABD, toplumu kendi değer yargılarına yabancılaştırıp toplumsal birliği parçalamakta ve sömürü düzenini sürdürmektedir.

---

[306] Bkz. Ekler bölümü, Ek: 1.

4

ABD Neden Türkiye'de?

*"İnsan-doğa, insan-insan çelişkileri bir toplumun sahip olduğu tekno-
loji ve ideoloji doğrultusunda çözüme doğru gider. Bu anlamıyla ideo-
loji teknolojinin nasıl kullanıldığını belirleyen öğe olmaktadır."*

*"Bir toplum kendi içindeki teknolojik gelişmeler yolu ile değiştiği za-
man, ideolojisi de bu teknolojik gelişmelere paralel olarak oluşur. Bu
durumda ideoloji toplumsal değişmenin bir sonucu olarak ele alınabi-
lir. Toplum dışardan teknoloji ithal ediyorsa, genellikle bu teknolojiye
uygun ideolojiyi de ithal eder. Kimi durumlarda ise, bir ideolojinin be-
nimsenmesi güdümlü toplumsal değişmenin başlatıcısı olur."*

Prof. Dr. Emre Kongar
*Toplumsal Değişme Kuramları
ve Türkiye Gerçeği*, Remzi Kitabevi, s. 23.

273

ABD Neden Türkiye'de?

Bu sorunun yanıtı bellidir. ABD, dünyanın öteki ülkelerinde hangi nedenle bulunuyorsa, Türkiye'ye de o nedenle gelmiş, dahası yerleşmeye çalışmıştır. Ortadoğu'nun yeraltı zenginlikleri nedeniyle önemi de göz önüne alındığında, Türkiye'deki varlığı ayrı bir değerlendirme konusudur. ABD'nin bu bölgeye yerleşmek istemesi bu nedenle üsler kurması kendi açısından yerinde sayılabilir. Ama bunun için de Türkiye'yi bir üs olarak kullanmak istemesi bizim için olumsuz sayılmalı, değil mi? Amerika geçmişte, dünyayı Sovyet etkisinden kurtarmak ve korumak için, azgelişmiş ülkelerle ilgilendiğini öne sürerek, bölgesel antlaşmalarla "Hür Dünya" adını verdiği ülkeleri kendine bağlamıştı. Türkiye de bunlardan biriydi. Bunun, ulusal bir kurtuluş savaşı utkusu üzerine kurulan devletimizin yöneticileri ve bizim için utanç verici olduğu kabul edilmelidir.

Amerika, Türkiye'yle ilişkilerini Anadolu'nun jeostratejik konumu nedeniyle geliştirmiş, olası bir Sovyet saldırısı karşısında bizi baraj olarak değerlendirmiştir. ABD, İkinci Dünya Savaşı sonrasında, ulusların demokratik ve bağımsız, özgür olmalarını amaçladığı savıyla yola çıkmıştı. Bu ve benzeri söylemler, ABD'nin gerçek amacını gizlemeye yarayan yöntemlerden biridir. Bu nedenle, ABD'nin gerçek amacını anlatmak için propagandasını aşmak ve gerçekleri anlatmak zaman alacaktı. "Özgürlükler ülkesi" olarak ünlenen ülkede gerçekleri söylemek güçtür ve söyleyenler suçlanır. Bunlar önceki bölümlerde belgeleriyle sergilenmeye çalışılmıştı. Aradan geçen yıllar Amerika'nın gerçek yüzünü ve amacını göstermişse de toplumların gerçeği kabul etmeleri, yaygın Amerikan propagandası nedeniyle ya gecikmiş ya da anlaşılmamıştır.

Gerçekte, ABD'nin gözünde kendi hedeflerine göre, dünya çok küçük sayılır. Yola çıkarken adımlarını, dünya ile ilgilenmenin, ona tanrı tarafından verilmiş bir görev olduğu savıyla atmıştı. Kendince haklıydı, çünkü dünyayı kucaklamak onun kaderiydi, bir başka görüşle onu dünya liderliğine Tanrı seçmişti. Eski Genelkurmay Başkanlarından General Tailor, "Birleşik Amerika hür dünya lideri olmak kaderinden vazgeçemez" derken, ABD'nin gücünden emin ve öteki ülkelere ne denli yukarıdan bakışını yansıtıyordu. Başkan Eisenhower de, "Hür dünyayı savunma azmimizden bir şey kaybetmediğimizi ve etmeyeceğimizi belirtmeliyiz" sözleriyle, dünyaya düzen verme mitinin kendilerine ait olduğunu vurgulamıştı[307] Bu miti Tanrısal iradeye bağlayan pek çok söylem vardır.[308] Örneğin, Eisenhower'ın rakibi, Başkan adayı Stevenson, "Tanrı, bize özgür dünyanın liderliğinden hiç de aşağı olmayan bir görev yüklemiştir"[309] der.

Başkan Kennedy, ölümünden bir gün önce, yapacağı konuşmasını düzeltirken Mezamir'deki şu sözleri, Dallas'taki konuşmasına aktarmıştı. "Tanrı şehri korumazsa, bekçinin beklemesi boştur." Robert Kennedy de, "Gezegenimizin manevi yönetiminde hakkımız vardır." sözleriyle, Tanrı'nın kendilerine dünyayı korumak için tinsel bir görev verdiğini anlatıyorlar.[310]

McKinley, Filipinler'i fethe giderken, "onları kalkındırmak, uygarlaştırmak ve Hıristiyanlaştırmak" amacında olduklarını söylüyordu.[311] Gerçekte bu sözler, 'evrensel soygunun örtüleriydi ve ABD bu soygunu *Tanrı adına* yapıyordu! Bu sözlerin bir başka anlamı da ABD'nin, dünyanın jandarmalığını üstlenmesinin ilanıydı. Bu nedenle istediğini yapabilir; çünkü onu Tanrı görevlendirmiştir!

Peki, ABD'nin Türkiye'ye geliş amacı neydi, bu ülkeye adım attığı günden bu yana, evindeymiş gibi devinir, durur. Bunun nedenini ünlü bir uzmanın, Max Weston Thornburg'un "Türkiye'ye Yardım, Niçin?" adlı raporundan öğrenmeye çalışalım. Truman Doktrini uygulaması çalışmalarında ülkemize araştırma için gelen Max Weston

---

[307] M. Fahri, agy., s. 26.
[308] Bush da yola çıkarken, 11 Eylül'le hesaplaşmayı "haçlı seferi" olarak nitelemişti.
[309] Claude Julien, agy., s. 43.
[310] aynı yerde.
[311] aynı yerde.

Thornburg'un araştırmaları sonunda yönetime verdiği raporunun son paragrafını, bu sorunun yanıtı olarak okuyalım:

"Eğer Cumhurbaşkanı İsmet İnönü'nün 12 Temmuz Beyannamesi, tek parti diktatörlüğünün sonu anlamına geliyorsa ve eğer bakanların son zamanlarda özel girişimi destekleyecekleri söylemleri yerine getirilecekse ve eğer Türkiye bizden yardımı bu vaat ve açıklamaların ışığı altında isterse, o zaman yalnız sermayemizi değil, aynı zamanda hizmetlerimizi, geleneklerimizi ve ideallerimizi plase edecek ve elden kaçmasına izin verilemeyecek bir yatırım fırsatı doğacaktır."[312]

Şu sözlerin altını çizelim: *"Türkiye bizden yardımı bu vaat ve açıklamaların ışığı altında isterse..."* İlk bakışta bunun yerinde bir koşul olduğu sanılabilir. Ama yardım için her konuda bizim istememiz gerekli. Ve her konuda her zaman bir halk deyimiyle, "el uzatıp bana yardım et" demenin, kişide yaratacağı kendini aşağılama düşüncesinin yıkıcı etkisi gözardı edilebilir mi? Güvenliğimizin korunması için yardım istediğimiz ABD, onurumuzu ayaklar altına alırsak yardım edebilecek! Bu, yardım istediğimiz Amerika için eleştiri konusu olamaz. Ama yardım isteyen için öyle mi? Önce bu koşul, Mustafa Kemal'in bu ulusa verdiği onuru yıkmak istiyor, bununla da kalmıyor, asıl bundan sonra sıralanan koşullar önemli. Neden mi? Çünkü yalnız sermayeleriyle değil, idealleri ve gelenekleriyle gelecekler. Asıl önemlisi, sıralanan koşullarla geldiklerinde de, bir daha elden kaçırmak istemeyecekleri bu fırsatı değerlendirmenin bize nelere mal olacağıydı. Bu söylemin amacı açık. Amerika kendi idealleri ve ananeleriyle geldiğinde, Türk toplumu özünden koparılacak, kimliksiz kalacak, Amerikalı olamayacağı gibi Türk olarak da kimliğini bulamayacaktır.

Şöyle bir çevremize bakarsak, bu amacın gerçekleşmesine ne kaldı bile diyemeyiz.

Amaç, kendi geleneklerini ve ideallerini aşılayarak bizi kimliğimizden soyutlamak ve kendimize yabancılaştırmaksa, yolun sonuna ne

---

[312] Doğan Avcıoğlu, *Türkiye'nin Düzeni*, s. 558; ayrıca bkz., Ekler bölümü: 3.

kaldı? Evet, ABD bu amacını büyük ölçüde gerçekleştirmiş ve bizi kimliğimizden koparmıştır.

ABD tuzağının en acımasızı budur. Bir toplumu kendi amacı için kimliksizliğe kurban etmek! Bu Kızılderililere uygulanan yöntemdir. ABD'nin neden, oyun üstüne oyun sergileyerek bizi tam bir uydu yapmak istediği anlaşılmıyor mu? "Bir daha elden gitmesine izin verilmeyecek yatırım" olarak değerlendirildiğimiz için. Acı, acının da ötesinde utanılası bir gerçek. Ulusça, bu gerçeğin ayırdına vardığımız gün, tuzaklardan kurtulmanın yollarını bulabiliriz. Evet uzun yıllar kapalı olan yollar açılmaz değil, yeter ki gerçeği ulusça görüp kurtuluş bilince ulaşabilelim.

ABD emperyalizmi Birinci Dünya Savaşı'ndan önce, 1898'e kadar daha çok arka bahçesi ile (Latin Amerika) ve Okyanusya'daki adalarla ilgiliydi.[313] Bu ilgisini "büyük ağabey" misyonu içinde işbirliği ve güvenlik anlaşmalarıyla koruma esprisine dayandırmıştı. Bu politikanın korunan ülkelere nelere mal olduğunu şu belgeden izleyelim. Guetamala eski başkanlarından Juan Jose Arewalo, Washington'ın işbirliği ve güvenlik anlaşması kavramını; "Bu antlaşma Latin Amerika'daki 20 devlet için bir güvenlik şalıdır," diye niteledikten sonra, konuşmasını şöyle sürdürür:

"Birleşik Amerika, bizim Cumhuriyette birkaç defa ağır yaralar açtı. Topraklarımızı bombaladı, hem de harp filan ilan etmeden. Ülkemize askeri çıkarmalar yaptı, başkanımızı ve insanlarımızı öldürdü. Ama bütün bunların ne önemi var efendim, Amerika yani bizim ağabeyimiz, son 30 yıl içinde ülkelerimizin bütün servet kaynaklarını söküp götürdü. Amerika, bizim kardeşimizdir! Bizim devletimiz, onların çiftliğidir. Bütün imtiyazları hep kendisinde toplar. Bizlere gelince, onun küçük kardeşleri: 20 tane çıplak ve genç küçük kardeş: Evet biz-

---

[313] "1998'den sonra dünyaya yayılmaya başlayan ABD'nin "İspanya ile savaş, Hawai, Filipinler, Küba, Porto Riko ve Guam'ın ele geçirilişi, Panama Kanalı'nın açılması, Çin'de açık kapı siyaseti, Boxer Başkaldırmasında sömürgecilerin yanında savaşa katılması, Japonya'yla Rusya arasındaki barışta aracılık etmesi... Bütün bunlar ABD'nin dünya devleti oluşunun belirtileriydi," der. T. A., agy., s. 13.

ler, ağabeyimize gereken saygıyı göstermekle yükümlü olarak, topraklarımızın ürünlerini ve ülkelerimizin servetlerini, ona, saygıdeğer ağabeyimize vermekle ödevliyiz."[314]

Bu sesleniş umarsızlığın sesiydi, ama onurlu bir haykırış olarak geçmiştir tarihe. Bir acı ve çirkin gerçeği tarihe aktaran sesleniştir. Ve işte, Amerika budur!

Oysa biz bu haykırıştan 35 yıl sonra, güvenliğimizin ve bağımsızlığımızın korunması için Truman Doktrini kapsamına alınmak için yalvar yakar olduk. Bağımsızlığımıza ipotek koyan bir Kongre Yasası'nı, ABD Başkanı'nın istemiyle, yasalarımız arasına kattık; o yasanın bizim yasalarımızda değişiklik yapmayı içeren maddesine göre yasa çıkarmayı kabul ettik. Oysa bu, egemenlik hakkımızın devrine yol açan bir anlaşmaydı. Bu, "Yunanistan ve Türkiye'ye Yardımla ilgili Kongre Yasası"nın iç hukuk kuralı olarak kabulü demekti. Bu yasaya göre, güvenliğimizin tehlike altında olup olmadığına Amerikan Başkanı karar verecekti. "Emrin olur," dedik ve 1947'den bugünlere bu ayıbı taşıyarak geldik. Bu aymazlıktan Johnson Mektubu'yla uyanmak istedik ama olmadı, uyanamadık.

ABD'nin arka bahçesi ile ilgilenmesi, başlangıçta Latin Amerika'yı Avrupa emperyalizminden koruma amacına bağlanmıştı. Bu düzen genelde Monroe Doktrini olarak bilinir. Bu doktrine göre, Avrupa, Amerika'nın işlerine karışmayacak; Amerika da Avrupa'nın işlerine burnunu sokmayacaktı. Bu bir centilmenlik anlaşması olarak uygulanıyordu. ABD, daha sonra Monroe Doktrini'ni, "Ulusun büyüdüğü, güç ve kaynakları kıtada egemen bir konuma geçtiği için, bunun ona, herhangi bir devlete ya da bütün devletlere karşı aşağı yukarı sarsılmaz bir güç kazandırdığını" belirterek 1895'teki Dışişleri Sekreteri Richard Olney'in diliyle genişletiyordu.[315] Böylece ABD, Latin Amerika'yı sömürgeleştirme politikasına yeni bir ufuk açmayı başaracak, artık Batı yarımküresinde her sorunu kendi sorunu olarak algılayacak, bölgeyle ilgili her sorun onun iradesiyle çözümlenecekti.

---

[314] M. Fahri, agy., s. 58.
[315] Prof. Dr. Türkkaya Ataöv, *Amerikan Emperyalizminin Doğuşu*, s. 9.

Bu, yayılma siyasetinin hukuka dayalı ilk adımı sayılabilir. Çünkü hukuk gerçekte güçlünün iradesini tartışmasız kabul ettirdiği an doğar. Son adım mı? Daha atılmadı denilebilir, ama Irak olayı o son adımın sesi olacaktır. İkinci büyük adım, İkinci Dünya Savaşı sonrasında atıldı, büyük adım da o idi. Ama Irak olayının bir hukuksal temele oturtulması, ufukta ışık aramak kadar uzaktadır.

ABD, Birici Dünya Savaşı'ndan sonra, arka bahçesindeki sömürü düzeninin çarklarını döndürmeye yetmediğinden, dünyaya açılmayı hedefine alacaktır. İsteği, dünyayı yönetenler arasında yer almaktı. Amerika kendi idealizminden ve liderliğinden öylesine emin idi ki, işe ünlü Wilson Doktrini ile dünyaya uygun gördüğü düzenin ana çizgilerini açıklamakla başladı. Ona güç veren, Amerikan idealizmiydi.

Amerikan İdealizmi Yeni Emperyalizm

Amerika, Birinci Dünya Savaşı'ndan sonra arka bahçesinden de aldığı güçle, dünyaya açılma ve öteki alanlarda etkin olma yolunu aramaya başladı. Öteden beri dünyaya yayılma ve genişleme yolunda fırsat kollayan ABD, Wilson'ın ünlü 14 maddelik barış ilkesi (!) ve "MANDA" siyasası ile, genişleme ve yayılma idealizmini - Amerikan idealizmi - dünyanın her yerinde egemen kılma isteği ile yola çıktı. Ama aldığı yol onun hedeflerine uygun değildi. Asıl hedefini İkinci Dünya Savaşı'yla seçti ve savaş sonrasında uyguladığı politikalarla dünyanın lideri olma amacına doğru koşmaya başladı. Dünyanın büyük bir kesimi, son 40 yılı, ABD'nin sömürü ağında ve tuzağında geçirdi. Yeni Emperyalizm, bu dönemde dostluk ve yardımlaşma antlaşmalarıyla geldi. Emperyalizmin asıl amacı değişmemişti, değişen yöntemdi. Ne yazık ki, azgelişmişlik, bunun nasıl bir tuzak olduğunun anlaşılmasını önledi.

Öyle ki, İnönü gibi, Ulusal Kurtuluş Savaşı'nın komutanı ve Lozan'ın başarılı diplomatı bile, Lord Curzon'ın Lozan'ın imza günü yaptığı uyarılara karşın, 1947 Antlaşması'nı imzaladı. Bundan 26 yıl sonra "ABD'nin sorumluluğuna inanıyordum, bunun cezasını görüyorum demektir."[316] sözleriyle, gerçekleri zamanında göremediğini söy-

---

[316] Johnson Mektubu... 1963 yılı son günü Kıbrıs'ta Türklere karşı gerçekleşen ve aralıklarla sürdürülün soykırım nedeniyle *TIME* Dergisine verilen demeçten.

ledi... Sovyetler'in dağılması ile girilen yeni dönemde, ABD, Körfez Olayı'nı bir örnek baskı olarak sergiledi. Körfez Savaşı ve sonrasında Somali, Avrupa'da Yugoslavya'yla başlayan Bosna-Hersek, Arnavutluk olaylarıyla dünyaya yeni düzenin nasıl sağlanacağının örneğini göstermek istedi. Özetle ABD, kendi idealizmini dünyaya dayattı. Yeni Dünya Düzeni, artık karşısında hiçbir güç kalmadığı için, ABD çıkarının her yerde, ABD'nin gücüyle korunması demekti. Dahası, uygulamaya bakarak denilebilir ki, BM'yi de peşine takarak, Somali'de olduğu gibi insancıl yardım görüntüsü altında eylemli işgal ya da Irak örneğindeki gibi, tepeden inme ve ezme yöntemi uygulanacaktı. İşte Yeni Dünya Düzeni'nin örnek uygulaması... Amaç, ABD'nin daha doğrusu çokuluslu şirketlerin çıkarını korumaktı, başka bir şey değil!

Ancak, ABD yeni düzenin ne denli acımasız olduğunu, medya üzerindeki kendine özgü baskısının engin gücü ile gizlemektedir. 1993 ve sonrası Başkanı Clinton'ın 20 Ocak 1993 tarihinde yemin ederken dile getirdiği "ABD'nin çıkarlarına ters düştüğünde müdahaleden kaçınmayız" uyarısı, Amerikan idealizminin ne olduğunu anlatmaya yetecekti. Bu, Amerikan yayılmacılığının bundan sonra hiçbir engel, dahası hukuk tanımayacağının ilanıydı. Ama yeni değildi, çünkü Amerika kuruluşuyla birlikte yayılmacılığını da açıklamıştı.

Başkan Eisenhower, 1953 yılına ilişkin yıllık raporunda der ki: "Dış politikamızın açık amacı, yabancı ülkelerde yatırımlar için uygun bir ortam yaratılmasını sağlamaktır."[317]

Çünkü önemli olan, ABD'nin asıl gücünün (özel sermaye sahibi girişimcilerin) öteki ülke ekonomilerine egemen olmasıdır. ABD'nin bu politikasında öncü ve en etken örgüt AID / Uluslararası Kalkınma Teşkilatı'dır. ABD yardımının nasıl, ne zaman ve hangi koşullarda yapılacağını düzenleyen bu örgüt, yardımın finansmanını sağlayacağı konuları ve koşulları saptar ve yardım edilecek hükümetleri, özel kesimi uyarır. ABD yardımının uzun erimli etkilerini şöyle anlatır:

"AID her ne kadar ihracata doğrudan doğruya yardım yapmıyorsa da, ABD'nin izlediği yardım politikası, ABD ihracatçılarına dolaylı yol-

---

[317] Harry Magdoff, agy., s. 162.

lardan yardım yapılmasını mümkün kılmaktadır. Böyle bir politika izlenmesinin sebebi ise, dış yardımlarla finanse edilmemesi halinde, ihracatın mevcut seviyesini koruyamayacağıdır."[318]

Çünkü dış yardımın etkisi altında bulunan ülkelere yardım boncuğuyla girerek, pazar kazanmak gerekir. Bu yolla başka yeni ülkelerin pazarlarına girerek yeni pazarlar kazanılır.

Başkan dış yardımın etkisi altında bulunan ülkelere örnek olarak, Tayvan'ı, Kolombiya'yı, İsrail'i, İran'ı, ve Pakistan'ı göstermiş ve şöyle demiştir:

"Bu ülkeler bir zamanlar sadece Avrupa ülkelerinin pazarları idiler. Amerikan mallarına, hünerine ve Amerikan tarzı çalışmaya alışmanın, yeni doğan ülkelerin zevklerine ve arzularına verdiği yön üzerinde ya da yardımımız kesildiğinde, mallarımıza olan talep ve ihtiyacın süreceğine ve ticari ilişkilerin yardımın son bulmasından sonra da uzun süre devam edeceğine, çok az dikkat edilmiştir."[319]

Kapitalist sistemin ABD'deki gelişmesi, ABD'yi tüm emperyalist sistemin liderliğine yükseltti. Bu sonuç, Amerikan ideolojisinin tüm dünyaya egemen kılınması için, öteden beri varolan emperyalist politikanın yaygınlaşmasına yol açtı ve dünya, son 40 yıl bu uygulamaya tanıklık etti. Harry Magdoff, *Emperyalizm Çağı* adlı yapıtında, ABD'nin dünya liderliğini nasıl örgütlediğini şöyle anlatır:

"Savaş sonrası emperyalist sistemin örgütlendirilmesi, savaş sonuna doğru kurulmuş bulunan uluslararası kurumlar aracılığı ile sağlandı: Birleşmiş Milletler, Dünya Bankası ve Uluslararası Para Fonu ki, herbirinde, çeşitli nedenlerden ötürü, ABD lider durumdaydı. Bu sistem, UNRRA'nın faaliyetleri, Marshall Planı ve Washington'ın kontrol ve finans ettiği bazı ekonomik ve askeri yardım programları ile güçlendirildi."[320]

---

[318] AID'nin dolaylı yardımının yarattığı etki *Harward Businees Rewiev*'de değerlendirilmişti. Harry Magdoff, agy., s. 168-169.
[319] agy., s. 173.
[320] agy., s. 55.

H. Magdoff bu örgütlenişin amacını, Dean Rusk'ın sözleriyle açıklarken:

"Birleşik Devletler'in ulusal çıkarlarını, uluslararası çıkarlara feda ettiği için değil, fakat ulusal çıkarlarını diğer uluslara zorla kabul ettirmeye" çalışmakla eleştirilmelerinin yakışık almadığını söyler ve dolaylı olarak ABD liderliğinden beklenenlere de değinerek, bu durumdan ötürü kıvanç duyduklarını anlatır.

"Kanımızca bu eleştiri bizim ve uluslararası hukukun güçlü olduğunun bir kanıtıdır," diyen Rusk, ABD dış politikasının muhteris emellerini şöyle özetlemektedir:

"Ancak, sadece Kuzey Amerika ile Batı yarımküresi ile ya da Kuzey Atlantik topluluğu ile sınırlandırılmış savunma taktiklerinin artık güven ve refah sağlamayacağını biliyoruz."[321]

Dean Rusk'ın şu sözleri de ABD'nin sınırsızlığına inandığı gücüne güvenerek ihtirasının nerelere uzanacağının göstergesidir:

"Dünya çok küçülmüştür. Toprak ile, su ile, atmosfer ile, bunları kaplayan uzay ile, yani dünyanın tümü ile ilgilenmeyiz."[322]

Ve Türkiye... ABD'nin gözünde küçücük, ama dünyanın çok önemli bir stratejik noktasında bulunduğu için dikkatleri üzerine çeken Türkiye, emperyalizmin ilgi alanına alınıverdi. Ama görünüşte ABD, Türkiye'ye kendiliğinden gelmedi. ABD'yi, Türkiye'ye biz çağırdık! Dünyada emperyalizme karşı ilk Ulusal Kurtuluş Savaşı'nı vermiş, özgürlüğüne ve bağımsızlığına kıskanç bir ulus olarak çağırdık; hem de "ulusal bütünlüğümüzü ve özgür ulus olarak varlığımızı sürdürebilmek için" yardım et diye. Bunun ulusal güven ve bilinci yozlaştıracağını düşünemedik.

Ve işte ABD, Türkiye'ye gelirken bizim bu isteğimizi 1947 tarihli Kongre Yasası'nın ilk paragrafında belgeleyerek; "Ben Türkiye'nin

---

[321] Harry Magdoff, agy., s. 55.
[322] agy., s. 55.

ulusal bütünlüğünü ve bağımsızlığını korumak için yardım yapacağım" diye bağırarak geldi! ABD'yi bu kongre yasasına dayalı anlaşmayla çağırdık. Böyle bir yasaya dayalı anlaşmayı imzalamanın ayıbını yarım yüzyıldır taşıyoruz, hem de tarihin şaşmaz yargısına aldırmadan.

Bu tarihten 17 yıl sonra 1964'te ünlü Johnson Mektubu, bu ayıbın yüzümüze indirilmiş şamarı, değil miydi? Ondan sonra sarsılarak, kapıldığımız tuzaktan kurtulmaya çalıştık. Kurtulmak istedikçe yeni tuzaklara düşüyorduk... Ve o tuzaklar bizi 12 Mart'lar ve 12 Eylül'lerin karanlığına iletti. Çünkü emperyalizmin tuzaklarında yürüdüğümüzün ayırdında değildik. 27 Mayıs Anayasası'yla getirilmek istenen, çağdaş insan haklarına, hukukun üstünlüğü ve hukuk ilkelerine dayalı demokratik sistemi kuracakken, ona karşı çıkanları önleyemedik.

O sistemi geliştirip çağdaş bir düzen yaratacağımız yerde, 12 Eylül Sistemiyle toplumu tam bir sıkıdüzene aldık. Bu düzenin, bizim çıkarlarımıza değil, emperyalizmin Ortadoğu'daki çıkarlarına hizmet ettiğini düşünmeden...

Cumhuriyetimizin Ulusal Kurtuluş Savaşı'nın iç dinamiği olan "Müdafaa-i Hukuk" felsefesine, "tam bağımsızlık" davasına dayandığı unutuldu. "Unutturuldu" demek daha doğru olur. Çünkü, hamiliğine - koruyuculuğuna - sığındığımız ABD, ne ulusal savaşımızı tanıdı, ne de Lozan'ı! Lozan mı, Sevr mi tartışmalarıyla 12 Eylül'ün getirdiği yozlaşmanın yeni açılımlarını yaşıyoruz!

İşte bu ortamda, ABD'nin sözde Irak'ın havadan izlenmesi için görevlendirdiği Çekiç Güç'ün, zamanla PKK'ya yardım ettiğinin saptanması üzerine, TBMM'de yapılan tartışmada Başbakan Demirel'in "Çekiç Güç'ü söküp atamazsınız, çünkü bir çıban gibi kök salmıştır," sözleriyle acı gerçeğe dikkat çekmesine karşın, önlem alınamadı. Yoksa o bu sözlerle bağımsızlığımızı tartışmaya açmak mı istedi dersiniz? Ne yazık ki gelişmeler bu soruyu yanıtsız bıraktı. Başbakan Demirel'i, bu yürekli tanısı nedeni ile kutlamalı mı? Demirel, olaylara değişik açıklamalar getiren mantığı ile yeni bir açıklama getirebilir mi? Bile-

283

miyorum! Uzun yıllar sonra ilk kez, en yetkili ağızdan gerçek durumumuzun açık bir dille anlatılması elbet çok önemliydi. Bunun değerlerini bilmeliyiz. Bu sözler, sadece bir umarsızlık söylemi sayılmamalı. Bir uyarı olarak da algılanmalıydı! Başbakan, emperyalizmin içimize kök saldığını söylüyor ve bundan kurtulmanın öyle bir kalemle kesip atmakla olmayacağını, bunun yaratacağı sorunlar sarmalının hesap edilmesi gerektiğini anlatıyordu.

Demirel, emperyalizmin tuzaklarında yürüdüğümüzün ayırdına vardığında, "ABD içimizde kök salmış." diyecekti. Benzer sözler çok önceleri de söylenmişti. İnönü'nun *TIME*'a verdiği demeçteki sözleri; sonra Çağlayangil'in, 1973'te İsmail Cem'le yaptığı bir söyleşide, "CIA yapar, organik bağlarıyla yapar. Benim istihbarat şefimle, kendisi farkına varmadan CIA benim altımı oyar. Elinde imkân var yabancı adamın. Girmiş enfiltre benim içime. Onun için hiç şaşmam. Aramam da, bulamam ki."[323] sözleri, havada kalacaktı: çünkü, tuzaklardan kurtulma azim ve kararlılığı yoktu.

Bu sözlerden, 12 Mart'ın yarattığı burukluk nedeniyle sızlanma ötesinde çıkan sonuç, tam bir teslimiyet oldu. Öyle anlaşılıyor ki, Demirel daha o yıllarda tuzakların ayırdında idi. Ancak kurtuluş düşüncesi oluşmuş değildi. Şimdi dilerim tuzaklardan kurtulmadıkça, bir yere ulaşamayacağımız anlaşılsın ve kökleri çok derinlerde olan bu çıbanı, usta bir cerrah mahareti ile çıkarmanın yollarını aramaya başlayalım.

ABD Tuzağına Düşmek

Şimdi, ABD ile ilişkinin 1947'de nasıl kurulduğunu görelim. Türkiye'yi emperyalizmin tuzağına iten ve Truman Doktrini olarak tarihe geçen yasayı ve sözleşmeyi okuyalım. Yasanın gerekçesi belki bizi kendimize getirebilir:

ABD'nin Türkiye'ye neden, nasıl yardım ettiğini, yardımın niteliğini, yardımın gerçekte bağımsızlığımıza konulmuş ipotek olduğunu belgeleyen yasa, şu başlangıç sözleriyle kendini ele veriyor:

---

[323] İsmail Cem, *Tarih Açısından 12 Mart*, 3. Basım, c. 2, s. 299.

"Madem ki Türk ve Yunan Hükümetleri, Birleşik Devletler Hükümeti'nden, milli bütünlüklerini ve hür milletler olarak mevcudiyetlerini idame ettirebilmek için, gerekli mali ve diğer yardımları acil olarak talep etmişlerdir..."[324]

Truman Doktrini olarak tarihe geçen ve Türkiye'nin son 60 yıllık yazgısını etkileyen bu sözler, bir ulusun kendini aşağılayan bir yasanın gölgesine sığındığının tarihe düşülen notudur. O Kongre Yasası'nın kabulüyle, Cumhuriyet tarihinin bağımsızlık ülküsü ipotek altına alınıyordu. Öyle ki Türkiye, Truman Doktrini'yle Amerika'nın denetimi altına alınıyordu. Ne yazık ki, bu gerçek özellikle yetkililerce görülmedi ve Türkiye o gün bugün Amerika'nın tasallutu altında yaşar oldu.

Bir imza ile, 12 Temmuz 1947 tarihinde Amerikan çıkarlarının Ortadoğu kalesinde bekçiliğe atandık.

Lozan'da uzun görüşmeler sonunda, üzerinde uzlaşmaya varılan Barış Antlaşması'nın imzalanacağı gün, İngiliz Başdelegesi ve Dışişleri Bakanı Lord Curzon, Ulusal Hükümet'in Dışişleri Bakanı ve Lozan Başdelegesi İsmet Paşa'ya der ki:

"Aylardan beri müzakere ediyoruz. Arzu ettiklerimizin hiçbirini alamıyoruz, vermiyorsunuz, anlayış göstermiyorsunuz. Memnun değiliz sizden. Ama ne reddederseniz cebimize atıyoruz. Memleketiniz haraptır. Yarın bize geleceksiniz, o zaman bu cebimize koyduklarımızdan her birini birer birer çıkarıp size vereceğiz. Bugün reddettiklerinizi o gün kabul edeceksiniz."

İsmet Paşa'nın yanıtı şudur:

"Biz bunları behemehal (her koşulda) alacağız. Biz bugün bunları alalım. Siz şimdi verin, sonra gelirsek, istediğinizi yapın."[325]

Tarihin ilginç bir rastlantısı, Lozan Antlaşması'nın imzalandığı Temmuz ayında (1923), onu yok sayacak adımların ilkine imza atılacaktı. İsmet Paşa, zamanında aldıklarını "Milli Şeflik" döneminde geri

---

[324] "Türkiye ve Yunanistan'a Yardım Hakkında Kongre Kanunu", Ek: 1.
[325] Şevket Süreyya Aydemir, *İkinci Adam*, c. 1, s. 235-236.

veriyordu. Acaba, İsmet İnönü, İsmet Paşa karşısında nasıl hesap verecek dersiniz? Bu tarihin tekerrür etmesi miydi, bizim politikacılarımızın aymazlığı mı?

Amerikan Yardım Antlaşması'nın imzalandığı 12 Temmuz 1947 tarihi, Lozan'ın intikamına giden yolun başına bizi getirip bıraktı. Bir ulus nasıl olur da, ulusal bütünlüğünün ve özgürlüğünün korunmasını, bir başka ulusun yardımına, bir başka ulusun ellerine bırakır? Tarihini yadsırcasına emperyalizme sığınır?

Tarih bilinci yanılgıya izin vermemeliydi. Lozan Antlaşması'ndan sonra *New Conventional* Gazetesinde yer alan şu satırlardaki yargının gerçekleştiğini görmemeliydik:

"Gerçekte Türkiye, teorik bakımdan bağımsız bir hükümet oldu. Lakin malumdur ki, bu ticaret ve sanatta kabiliyetsiz, sermayeden yoksun halkının bu bağımsızlık ömrü pek kısa olacak ve eski durumu bir başkası üzerine alacaktır."[326]

Bunu anlamak ne denli güçse, özümsemek o denli olanak dışıydı. Amerika'nın geçmiş uygulamalarının tarihini bilseydik, böyle bir yanlışlığa düşer miydik? Lord Curzon'ın uyarısından ders alabilmek için biraz da tarihi bilmek gerekiyormuş! Eğer Amerikan tarihini bilseydik, eğer kendi tarihimizi ve hiç olmazsa Atatürk'ün gençliğe seslenişindeki söylemin anlamını düşünseydik, Amerika'nın tuzağına düşer miydik?

Tarih Bilinci ve Biz

Evet, Amerikan tarihini, yayılmacı siyasetini ve ilişki kurduğu ülkeleri ulusal varlığından nasıl soyutladığını bilmediğimiz için tuzağına düşüverdik. Oysa ABD bu yöntemi hep uygulamış, ülkeleri tuzağına düşürmüştür.

Örneğin ABD, kendi çıkarları için, ilişkili olduğu ulusların içişlerine kadar her alanda etki sağlayacak anlaşmalar imzalatır. Bir ülkede

---

[326] aynı yerde.

çıkarı olduğunu saptadığında, o ülkeyi değişik yöntemlerle ablukaya alırcasına zorlar ve çıkarlarına en uygun anlaşmayı imzalatır. Küba ile imzalanan Platt Değiştirgesi[327] örneğini ele alalım.

ABD'nin Latin Amerika ve Karayipler'deki yayılmasını "büyük ağabey" edası ile yürütmeye çalıştığı bilinmektedir. Küba ile ilişkilerinde Platt Değiştirgesi, onun oyunculuğunun ilginç bir örneği ve belgesiydi. ABD yayılmacılığının, etki alanındaki ülkelerin yasalarını değil, anayasalarını bile değiştirecek kadar içişlerine karıştığının belgesi, bu Platt Değiştirgesi'dir. Bize yönelen Truman Doktrini, Platt Değiştirgesi'yle Küba'ya dayatılan uygulamanın benzeridir. Bu değiştirge ile, "Küba'nın güvenliğinin ve bağımsızlığının ABD tarafından korunacağına ve Küba'da ABD üslerinin kurulacağına ilişkin hüküm" Küba Anayasası'na eklenmiştir. Küba önce bu olaya direnir, ama ABD'nin baskısı sonucu 12.6.1902'de, Kongre Yasası'nın şu hükümlerini anayasasına ekler:

"Küba Hükümeti, başka devlet ya da devletlerle Küba bağımsızlığını tehlikeye sokacak sömürge ya da askeri amaçlarla üs ya da toprak verecek anlaşmalar yapmayacaktır."

"ABD, Küba'nın bağımsızlığını korumak amacıyla Küba'ya müdahale edecektir."[328]

Değiştirge bununla da bitmez. Şu hüküm, ABD'nin kendi amaçlarını gerçekleştirmek uğruna, başka ulusların onurunu hiçe sayacak kertede üstünlük kompleksi içinde olduğunu gösteriyor:

"Amerika'nın Küba'yı askeri işgal altında bulundurduğu sırada kazanılmış haklar korunacaktır."[329]

O tarihe değin bir başka örneği görülmeyen bu olay, elbet ABD için bundan sonraki uluslararası ilişkilerde örnek olarak dayatılacaktır.

---

[327] *Platt Değiştirgesi;* adını ABD Senatosu'nun Küba Anayasası'na eklenmesi için yasa önerisini hazırlayan ve kabulü için savunan Kaliforniya Senatörü Platt'ın adından almıştır.

[328] Aktaran, Prof. Dr. Türkkaya Ataöv, *Amerikan Emperyalizminin Doğuşu*, s. 113.

[329] Prof. Dr. Türkkaya Ataöv, agy., s. 113.

Bizimle yapılan 1947 Antlaşması ve Dolaylı Saldırı Doktrini'ne dayalı sözleşmelerde, bu işgalci tutumun sürdürüldüğü görülmektedir.[330] Bu yüz kızartıcı olaya Kübalı politikacı Juan Cualberto Gomez'in, 1901'deki tepkisini okuyalım:

"Bağımsızlığın ne zaman tehlikeye girdiğini ve böylece onu korumak için ne zaman müdahale etmek gerektiği kararını Birleşik Devletler'e bırakmak, gece ya da gündüz diledikleri zaman, iyi ya da kötü niyetle girebilmeleri için evimizin anahtarını teslim etmek demektir."[331]

Küba Parlamentosu'nun gösterdiği duyarlığı, ne yazık ki, ne o tarihte ne de sonraları, TBMM gösterememiştir.

Evet, ne yazık ki, ne 1947 Antlaşması'na, ne de 1959 Antlaşması'na bizden karşı çıkan politikacı olmadı. Aydın kesim de, bildiğimiz kadarıyla sol ve ulusalcı görüş yanlılarının tepkileriyle sınırlı kalmıştı.

Zincirli Hürriyet'te Mehmet Ali Aybar *Marko Paşa* adlı mizah dergisi yazarları (Aziz Nesin, Rıfat Ilgaz ve Sabahattin Ali) dışında toplumsal bir tepki gösterilmemiştir. Bu yürekli aydınlar da toplumdan bir süre dışlanmışlar, suçlanmışlar, mesleklerinden olmuşlardır.

Denilecektir ki, biz ABD'ye neyi bıraktık, neyi teslim ettik? ABD bize, güvenliğimiz ve ekonomik gelişmemiz için yardım etmedi mi? Bu ve benzeri söylemlerin konuya yüzeysel bakanların değer yargıları

---

[330] Evet Küba uygulamasına değin örneği görülmeyen bu uygulama, daha sonra 1947 Truman Doktrini'yle bize dayatılmıştır. Bu, yetkililerimizin, dikkatsizlik ve yetersizliğinden başka, tarih ve siyaset bilgi ve bilinçsizliğinin utanılası sonucudur. Bu uygulamayla Amerikan Başkanı'nın istemiyle yasalarımızı değiştirmeyi, yeni hükümler koymayı kabul etmiş, gerektiğinde ABD'li kimi görevlilerin ulusal yönetimi yönlendirmesine izin veren hükümlerin altına imza atılmıştı. O antlaşmanın yürürlükte olduğunu unutmayalım. Benzer bir antlaşma da, "Amerika'nın Türkiye'yi Dolaylı Saldırıdan koruması"nı içeren 5 Mart 1959 tarihli antlaşmadır ve 8 Mayıs 1960 tarihinde 7480 sayılı Yasayla kabul edilmiştir. 27 Mayıs'a 19 gün kala! O antlaşmaya göre, Türkiye kendisine karşı bir tehditten şüphelendiğinde Amerika'yı çağırabilecektir.. Bu çağrıya yanıt veren ABD, anayasası dahil kendi hukuk sistemiyle gelecektir yardıma(!). Böyle bir olayın Türkiye'nin işgali anlamını taşıyacağını unutmayalım. Bizden Kübalı Gomez gibi bir yürekli parlamenter çıkmadığına mı yanalım ya da utanmayı da unuttuğumuza mı?

[331] Prof. Dr. Türkkaya Ataöv, agy., s. 114.

olduğu anlaşılamadı. Dahası, bu ve benzeri söylemler, anılan 5123 sayılı "Türkiye'ye Yardım Hakkında Antlaşma" Kongre Yasası'nın iç hukuk kuralı olarak kabul edilmesi de toplumda yeterli tepkiyi görmedi. Özetle, ABD'nin yaptığı sözde yardımın bizim yararımıza olmadığı bir türlü anlatılamadı. Çünkü Amerika'nın emperyalist amacına yönelik açıklamalar, özellikle 1990'lara değin komünizm propagandası olarak niteleniyor ve hor görülüyor, dahası bu tür düşünceler yargılanıp cezalandırılıyordu. Oysa hedef, Amerika'nın bu topraklarda salt kendi ideolojisini yayarak yerleşmesinde ve Türkiye'yi stratejik üs olarak kullanmasında gizliydi.

Bu değerlendirmeden yola çıkarak, Türkiye'de Amerikan idealizminin yerleştiğini kabul etmek ve Cumhuriyet'i savunma ilkemizden ödün vermek mi gerekiyor? Yoksa ulusal onur ve tarih bilinciyle emperyalizme karşı savaşmak mı? Elbette bize düşen, ulusal bilinç ve dirençle, tarihin bize verdiği görevi üstlenerek bağımsızlığımızı ve egemenliğimizi savunmaktır.

Bu yargıyı bir de, 5123 sayılı Yasa ile kabul ettiğimiz, bu nedenle iç hukuk kuralı sayılan 22 Mayıs 1947 tarihli Kongre Kanunu'nun birinci maddesini okuduktan sonra düşünelim:

"Amerika Birleşik Devletleri Kongresi'nin Senatosu ve Temsilciler Meclisi tarafından kanunlaştırılmıştır ki, bir başka kanunun hükümleri ile çatışmadıkça *Cumhurbaşkanı, Bileşik Devletler'in çıkarına uygun mütalaa ettiği* zamanlarda Yunanistan ve Türkiye'ye, bu hükümetlerin talebi üzerine ve *kendisinin tayin edeceği kayıt ve şartlarla,* yardımda bulunabilecektir."

Yardımın temel koşullarını saptayan bu madde, altını kalın çizgilerle çizeceğimiz şu koşulları taşıyordu:

Yardım, ABD'nin çıkarlarına uygun görüldüğü zamanlarda uygulama ve kullanma koşullarıyla başkan tarafından saptanan belli bir süre için veriliyordu.[332]

---

[332] Ek. 1- Kongre Yasası'na bakınız.

Hiçbir yorum gerektirmeyen açıklıktaki bu hüküm gösteriyor ki; aslolan, ABD'nin çıkarıdır. Bu nedenle ABD, kendi çıkarına uygun görmediği an yardımı keser ya da yardım alan ülke, ABD çıkarlarını tehlikeye sokarsa cezalandırılır. Yeni Dünya Düzeni'nin patronu ABD'nin Başkanı Clinton'ın dediği gibi, "çıkarı tehlikeye girdiği an, o ülkenin içişlerine karışır" Gerekirse, Irak örneğinde olduğu gibi, başına bela olur. Bunalımlar, baskılar birbirini izler, ABD'nin cezalandırma süreci başlamıştır çünkü. Türkiye, 1947'de Truman Doktrini kapsamına girdikten yıllar sonra, yardımın bir tuzak olduğu çok geç de olsa anlaşılmıştır. Ancak bu tuzaklardan kurtulmanın her çırpınışı, yeni ekonomik, sosyal ve siyasal bunalımlara neden olmuş, tuzaktan kurtulmak isteyenler cezalandırılmıştır.

Bir ülkenin böyle bir konuma girmesinde, her şeyden önce kendi yöneticilerinin ve halkının sorumluluğu vardır. Ve bu sorumluluk, ilişkinin başladığı tarihten kök bulur. Bu sorumluluğa düşmemenin yolu, tarih bilincinden geçer. Siyasal gerçekçilik bilincinden geçer ve çıkarların yarıştığı uluslararası siyasanın güç ve çıkar dengesine bağlı olduğunu bilerek, siyasa oluşturulmasına dayanır.

Bir ülkenin yöneticilerinde böyle bir bilinç yoksa, işte o zaman, güçlü ülkenin siyasal çizgisinde takılır kalırsınız. Bunun tuzak olduğunun ayırdına vardığınızda da işten geçmiştir, *Oltada Balık* olursunuz. Nasıl mı? Tam bağımsızlığa giden yoldan, oltaya nasıl takıldık? Şimdi onu görelim.

Truman Doktrini'ne Doğru

ABD-Türkiye ilişkileri, İkinci Dünya Savaşı sırasında, "Ödünç Verme ve Kiralama Yasası" çerçevesinde yoğunlaşmıştır. Türkiye, bu ABD Yasası'na göre 1945 yılına değin, ABD'den kredi / borç ve askeri malzeme almıştır. 23 Şubat 1945 tarihinde yapılan anlaşmayla, askeri yardımın savaş sonuna değin sürmesi sağlanır. Savaş sona erdiğinde, kullanılmayan malzemeler geri verilecektir. Savaş sona erer, yardım kesilir. ABD bir başka anlaşmayla borçlarımızı siler. Bunun bir tuzak olduğunu düşünmezdik, çünkü ABD'yi "insanlığın hamisi" olarak tanıyorduk. Bu mantıkla Truman Doktrini tuzağına koşarız.

Derken, 1947 Antlaşması'yla emperyalist sistemin Türkiye'ye ve-
receği role, 1947 Antlaşması'yla adım atarız. Gerçekte bize verilen
rol, önceden planlanmış olmalı. Doğan Avcıoğlu, *Türkiye'nin Düzeni*
adlı yapıtında, Potsdam Konferansı'nda, Stalin'in Türkiye ve Boğaz-
lar'la ilgili isteklerini kabul eden ABD ve İngiltere'nin amaçlı suskun-
lukları sonucu, "Türkiye'nin Sovyet tehdidi ile karşı karşıya bırakıldı-
ğını" belirttikten sonra, der ki:

"Rusya, Çarlık zamanından beri Boğazlar Meselesi'nin ikili (ken-
di söylemlerine göre Karadeniz devletleriyle Türkiye arasında) çözül-
mesinde ısrar ettiğine göre, Potsdam Kararı, Stalin için bir zaferdir. Bu
karara dayanarak Moskova, Türkiye'ye ikili görüşmelere girişmek için
baskı yapmaya, notalar yağdırmaya başladı."[333]

Avcıoğlu'na göre, Marshall Yardımı yürürlüğe koyulduğunda
Türkiye'nin yararlandırılması uygulama planında yoktur. Ancak ne
zaman ABD'nin, Ortadoğu'yu nüfuz alanına alma ve Anadolu'da üs-
ler kurma düşüncesi gündeme gelir, Türkiye'nin stratejik üstünlüğü
anlaşılır, işte o zaman Türkiye plan kapsamına alınır. Ama yardım bir
halk deyimiyle gıdım gıdım verilecektir öyle de olur. Azgelişmiş ülke-
lerin ekonomik kalkınmalarının onların bağımsızlık eğilimlerini arttı-
racağı düşüncesi, yardımı belli bir düzeyde tutmayı gerektirir. Kaldı ki
gerçekte o yardım, soygun düzeninin ya da ABD'nin emperyalist poli-
tikasının ad değiştirmiş biçiminden başka bir şey değildir.

1945-1947 yılları, Türkiye-Sovyetler ilişkileri açısından çok ger-
gindir. Sovyet yayılmacılığı, Sovyetlerle sınır komşusu olan ülkelerde
büyük bir tehdit yaratmaktadır. Bu uygulamanın Potsdam'daki pazar-
lık (paylaşım) ile ilgili olup olmadığı konusu aydınlanmış değildir.
Ancak, savaş sonrası, dünyanın iki kutba ayrıldığı ve ABD ile Sovyet-
ler'in kendi ilgi alanlarındaki ülkelerle ilgili girişimlerinde birbirlerine
karışmadıkları düşünülürse, pazarlığın nedeni, boyutları ve uygulama
alanları tartışılabilir. Ortadoğu'da Türkiye ile Sovyetler arasında Bo-
ğazlar Sorunu nedeniyle başlayan gerginlik sürmektedir. Notalar alınıp
verilmekte, ama ABD ve İngiltere suskunluklarını bozmamaktadır.

---

[333] Doğan Avcıoğlu, *Türkiye'nin Düzeni*, s. 542.

Büyük Britanya ve ABD'nin ilgisiz kalmaları, Sovyet tehditlerine karşı Türkiye'nin yanında olmak yerine, "Sovyetler'le sorunlarınızı aranızda görüşün" öğüdüyle geçiştirmeleri nedeniyle Türkiye, yalnız bırakıldığını düşünecekti. Avcıoğlu önce buraya takılır. O iki yıl süresince Sovyetler, Boğazlar'ın statüsünü değiştirme dışında, Türk-Sovyet sınırının yeniden düzenlenmesini, Kars ve Ardahan'ın kendi sınırlarına katılmasını ister. NOTA'lar gider, NOTA'lar gelir. Amerika ve İngiltere her defasında "Sovyetler'le beliren sorunlarınızı kendi aranızda çözün" der; dahası bu öneriyi baskı niteliğinde NOTA'larla iletirler.

Avcıoğlu, Potsdam Konferansı'nı değerlendirirken Feridun Cemal Erkin'in yerinde bir eleştirisini aktarır. Erkin, anılarında, Türkiye ile ilgili bir konu görüşülürken, Dışişleri Bakanlığı Genel Sekreteri olmasına karşın bu toplantıya çağrılmamasını eleştirir. Türkiye'yi ilgilendiren bir sorunun, Türkiye'nin dışında çözülmeye kalkışılmasını şöyle yorumlar:

"Yalta'da, Sovyet önerilerini üç ülke Dışişleri Bakanlarının incelemesi kabul edilir (...) 'Küçük' memleketlerin kaderleri bakımından, başkalarına ait en kutsal hakları kapalı toplantılarda tasarruf 'yetkileri'yle belirleyen birkaç büyük devletten, direktuardan daha tehlikeli bir şey düşünülemez."

"Potsdam Konferansı'nda, direktuar, Boğazlar konusundaki görüşlerini Üç Büyükler'in Türkiye'ye ayrı ayrı bildirmelerini kararlaştırdı. Bunun ayrı ayrı görüşme anlamına mı geldiği pek kavranamadı. Potsdam'da ABD Başkanı tarafından ileri sürülen ve Büyük Britanya tarafından da desteklenen formül, belirsizdi ve tamamıyla uygunsuz idi."

Erkin'e göre, "Stalin 'Potsdam'da 1) Montreux'nün değiştirilmesi, 2) Değişikliğin Türkiye ile başbaşa tartışılması sonucunu elde etmiştir."[334] Erkin, "bunun bir tür tuzak olduğu", ABD'nin bu planı Churchill'le birlikte hazırlayıp uygulamaya koyduğu kanısındadır.

---

[334] Aktaran, Doğan Avcıoğlu, agy., s. 1571-1578.

Bu formül, Feridun Cemal Erkin'in dediği gibi, "belirsiz, uygunsuz" mudur? Yoksa bizi emperyalizmin kucağına ite, iki yıl süreli bir oyunun ilk perdesi midir? Avcıoğlu'nun şu ilginç değerlendirmesi, üzerinde düşünülmeye değer sorulara açılıyor:

"Boğazlar Sorunu birkaç yıldır Türkiye'nin dışında İngiltere, Rusya ve ABD liderleri arasında görüşülmektedir. Sorunu ilk ortaya atan da Kasım 1943 sonunda Tahran Konferansı'nda, Churchill'dir. Tahran'da, Roosevelt ve Stalin, Türkiye'nin savaşa girmesi konusunda ısrar edilmemesi için anlaşmaya varınca, Türkiye'yi ille savaşa sokmak isteyen Churchill, Ankara Hükümeti'ni Boğazlar rejimini değiştirmekle tehdit etmeyi önerir. Churchill, Stalin'den Türkiye'yi savaşa katılmaya zorlamasını bile ister!"

Prof. Edward Weisband'ın şu tespiti de ilginç değil mi?:

"Tahran'da Türkleri, ceza olarak Boğazlar'ın statüsünü değiştirmekle tehdit etmeyi öneren Stalin değil, Churchill'dir."

"Churchill sorunu ortaya atınca, Stalin de ister istemez Çanakkale Boğazı'nın statüsünü açar. Stalin: *'İngiltere'nin artık bir itirazı olmadığına göre, bu rejimi biraz gevşetmek hiç de fena olmaz,'* der, Churchill bunu da 'peki' yanıtıyla onaylar. Ne var ki, Boğazlar rejimini değiştirmenin, Türkiye'yi savaşa katılmaya zorlamanın yolu olarak ele alınması mı ya da bir başka politika mı olduğu anlaşılamaz. Ama Stalin sözün peşini bırakmaz ve; *'Aceleye gerek yok,'* cevabıyla geçiştirmiş görünür. Sorun yalnızca genel deyimlerle tartışılır. Churchill'in, o arada 'Rus gemilerini bütün denizlerde görmeyi hepsinin umut ettiklerini söylemesi Stalin'in dikkatinden kaçmamıştır. Stalin'in yanıtı ilginçtir: *'Lord Curzon'ın daha başka fikirleri vardı...'*

Bu Lord Curzon, İsmet Paşa ile Lozan'da tartışan ve ona, "bir gün bu aldıklarını geri vereceksin" diyen İngiliz diplomatıdır. Lozan unutulmamış olacak ki, "Boğazlar Sorunu"nu Tahran'da tartışırken, Churchill'in önerisine karşı Stalin'in "Aceleye gerek yok. Lord Curzon'un başka fikirleri vardı" deyişi bir tür "gördünüz mü, biz size söylemiştik, siz bize muhtaçsınız" anlamını mı içeriyordu, demeden edemiyorum.

Montrö Antlaşması üzerindeki tartışmada, Türkiye önce yalnız bırakılır. Notalar gelir gider... 8 Ağustos 1946 tarihli Sovyet notasına karşı "Montrö Antlaşması'nın Türkiye ile Sovyetler arasında değil, anlaşmanın tarafı olan devletlerin de hazır olacağı bir konferansta ele alınabileceğine ilişkin Türkiye görüşü", Erkin'e göre, Anglo-Amerikan'larca da desteklenir. Feridun Cemal Erkin, bunu Potsdam'a karşı bir değişiklik olarak yorumlar ve "üçlü karardan sonra Anglo-Amerikan'lardaki bu değişiklik, Türkiye'den, özellikle Sovyetler Birliği'ni ilgilendiren bir karara yalnız başına karşı koyma sorumluluğunu üzerine almasını istemek anlamına geliyordu"[335] der.

Türkiye'nin yazgısı bizim dışımızda çizilirken, Sovyetler karşısında yalnız bırakılışımız ve sonunda Truman Doktrini'ne sığınışımız bir oyun muydu? Böyle bir sorunun yeri değil mi? Hele Stalin'in, "Lord Curzon'ın daha başka fikirleri vardı" yanıtından sonra! Türkiye, Sovyetler'le başbaşa bırakılmış gibidir. Ama savaşımı yüreklice sürdürmektedir. Türkiye bir taşını bile kimseye vermeyecek, sonuna değin savaşacaktır.

Sovyet tehdidine karşı destek istediğimiz ABD de işe doğrudan karışmayacağını büyükelçiliğinin bildirimiyle anlatmak ister. Sözü geçen o bildirimde deniliyor ki: "Türk milletinin gösterdiği cesaret ve azmin hayranlıkla izlendiği, ABD'nin Birleşmiş Milletler Yasası'nın çiğnenmesine izin vermeyeceği bilinmelidir."[336]

Boğazlar Sorunu, Türkiye ve Sovyetler arasında notaların gelgitleriyle tartışılırken "Truman yönetiminin Sovyet istemlerinin ABD güvenliğini hedef almadığı görüşünde" olduğu yıllar sonra Dış Politika Enstitüsü'nün dergisinde açıklanmıştır.[337]

Avcıoğlu'na göre, "O günlerde Türkiye hakkında asıl söz sahibi İngiltere" olmalıdır. Çünkü 1939 tarihli *Türkiye-İngiltere Karşılıklı Güvenlik Antlaşması* bunu gerektirir. Ama İngiltere'den de ses çık-

---

[335] Doğan Avcıoğlu, agy., s. 1577.
[336] agy., s. 1577.
[337] *Dış Politika Dergisi,* 1978, S. 4, s. 8.

maz. Türk Dışişleri Bakanlığı, savaş sonrasında, 1939'daki Türkiye-İngiltere iİttifakını yineleme çabası içindedir; çabalar sonuçsuz kalır. İnönü, Saracoğlu ve Erkin arasında yapılan ilgili toplantıda Erkin'in "Türkiye, ancak kaderini Amerika ve Büyük Biritanya'ya bağlamak yoluyla esenliğe kavuşabilir" önerisi onaylanır.

Bu önerinin karara bağlandığı toplantı, Cumhurbaşkanı ve Lozan'ın Baş delegesi İsmet Paşa'nın başkanlığında yapılır. Türkiye, "esenliğe çıkmak için" kaderini Amerika'ya bağlamayı kabul eder. Bu tarihsel bir yanılgıdır ve Lord Curzon'ın 1923'te Lozan'daki sözlerinin gerçekleşmesidir. Lord Curzon'ın o kulaklara küpe değerindeki sözleri, ne yazık ki, o sözlerin dinleyeni tarafından onaylanır.[338] Curzon, İsmet Paşa'nın kapitülasyonlar konusundaki direnişini kıramayınca der ki:

"Aylardan beri müzakere ediyoruz. Arzu ettiklerimizin hiçbirini alamıyoruz. Vermiyorsunuz, anlayış göstermiyorsunuz. Memleketiniz ve sizden memnun değiliz. Ama ne reddederseniz cebimize atıyoruz. Memleketiniz haraptır. Yarın geleceksiniz. O zaman bu cebimize koyduklarınızdan herbirini birer birer çıkarıp size vereceğiz."[339]

1947'ye değin tarihimizin altın harflerle yazılı sayfalarında anıtlaşan İsmet Paşa'nın bu söze verdiği yanıt, ne yazık ki, bu kabulle tarih yanılgısına dönüşmüştür:

"Biz bunları behemehal / her koşulda alacağız. Biz bunları alalım. Siz şimdi verin, sonra gelirsek, istediğinizi yapın."[340]

Evet, emperyalizm 1947 Antlaşması'yla Lord Curzon'ın dediğini yapıyordu. İsmet *İnönü*, emperyalizme sığınarak, İsmet *Paşa*'nın aldıklarını geri veriyordu. Bu tarihsel bir yanılgıydı. Ve İsmet Paşa, bu yanılgının ayırdına ancak 1964 yılında varacak ve "yanılmışım demektir" diyecektir. Ne yazık ki, iş işten geçtikten çok sonra...

[338] Doğan Avcıoğlu, agy., s. 1573.
[339] Şevket Süreyya Aydemir, *İkinci Adam,* c. 1, Remzi Kitabevi, 3. baskı, 1973, s. 235-236.
[340] agy., c. 1, s. 235-236.

Tarih bilinci yanılgıya izin vermemeliydi. Hele Curzon'ın uyarıları ortadayken, bu konudaki yazıların mürekkebi kurumamışken, bir gazete sayfasındaki yorumu tarih sahnesine aktaran bu adım atılmamalıydı. Lozan Antlaşması'ndan sonra *New Conventional* Gazetesinde yer alan şu satırlardaki yargının gerçekleştiğini görmemeliydik:

"Gerçekte Türkiye, teorik bakımdan, bağımsız bir hükümet oldu. Lakin ticaret ve sanatta kabiliyetsiz ve sermayeden yoksun halkın bağımsızlık ömrü pek kısa olacak ve eski durumu bir başkası üzerine alacaktır."[341]

Ne yazık ki öyle olacak ve Türkiye, emperyalizmin en haininin şemsiyesi altına sığınacaktır. Hem de Lozan Kahramanı'nın imzasıyla, bir masada aldığını bir başka masa başında geri verecektir. "Mustafa Kemal olsaydı..." demeden edemiyor insan.

Türkiye'yi Kim Koruyacak?

Peki bir saldırıyla karşılaştığında ABD Türkiye'yi koruyacak mıydı? Kime karşı, nasıl koruyacaktı? Avcıoğlu, dış politika öğretim üyesi ve yazar Prof. Ahmet Şükrü Esmer'den aktardığı görüşlere ve Prof. Nihat Erim ile Kim Philby'nin anılarına dayanarak der ki: "ABD bizi koruyacak değildi; Sovyet tehdidiyle başbaşa kalmıştık. Kim Philby anılarında bu konuda der ki: "Kesin olarak inanılıyordu ki, Türkler, bu planlar hakkında en küçük kuşku duyarlarsa, Batı'ya karşı güvenleri kalmayacaktı."[342]

Avcıoğlu'na göre, ABD Dışişleri Bakanı Byrnes de anılarında, "1946 Sonbaharında, ABD'nin Türkiye'ye askeri yardım yapamayacağını, ancak az da olsa ekonomik yardım yapabileceği"ni yazmıştı.[343]

Anlaşılıyor ki Türkiye, Stalin'le başbaşa bırakılmıştır. Nedenini sorguladığınızda karşınıza, Tahran'da başlayan, Potsdam'da biçimle-

---

[341] agy., s. 236. Bu söylemdeki aşağılama, Cumhuriyet'in ilk yıllarında, Atatürk'ün hayatta olduğu dönemde yalanlanmış, ulusumuzun yetenek ve niteliği, dünyaca onaylanmıştı. Dahası Lozan'da yenilen İngiltere'nin Kralı, Atatürk'ü ziyaret ederek gönül almıştır.
[342] Avcıoğlu, agy., s. 1584 (Dipnotta).
[343] aynı yerde.

nen politika çıkar. Amaç, Boğazlar rejiminin değiştirilmesi konusunda Stalin'i yetkili kılarak, Türkiye'yi Sovyet baskısıyla karşı karşıya bırakmak olmalı. Olaylar ister istemez bu düşünceye açılıyor...

Sovyet baskıları karşısında hem Britanya hem de Amerika, "Şu an size yardıma gelemeyiz" der. Türkiye, umarsızlık içine itilmeye çalışılmıştır. Yine de Sovyet tehdidine boyun eğmez, yardımın yetişeceğini umar. Yardım geldiğinde de, gün gelecek ulusal kimliğini sorgulayacak ve İsmet Paşa "yanlış yapmışım" diyecektir. Ne yazık ki, iş işten geçmiştir.

Amerika'nın hemen yardıma gelmeyeceğinin başka tanıkları da var. Prof. Nihat Erim, San Francisco'daki Türk Delegasyonu'nda görevlidir. Onun, Molotof'un Haziran 1945'teki istekleri üzerine ABD ve İngiltere'nin tutumuyla ilgili değerlendirmesi, Prof. Ahmet Şükrü Esmer'in aşağıdaki görüşlerine koşuttur:

"Bizi kimin elinden, nasıl kurtardılar? Rus baskısı ağırdı. Fakat iş savaşa varacaksa, bu noktaya 1945-1946 yıllarında varılabilirdi. Ondan sonra durum değişti. Rusya, işgali altında bulunan İran'dan bile 1946'da askerlerini geri çekmek zorunda kaldı. Rusya'nın Türklerden isteklerini, silah kuvvetiyle almayı tasarladığına dair herhangi bir kanıt yoktur. Eğer Rusya, baskısını savaşa kadar götürseydi, Türkiye yalnız başına da savaşı kabul edecekti, ve 1945'teki tutumlarına bakılacak olursa, ne müttefik İngiltere, ne de şimdi kurtarıcılığı ile övünen Amerika yardıma koşacaktı."[344]

Amerika'nın ve İngiltere'nin, Türkiye'yi en sıkıntılı günlerde Stalin'le başbaşa bıraktıklarının bir başka tanığı Prof. Nihat Erim'dir. Prof. Erim, San Francisco Konferansı'nda iken edindiği konuya ilişkin izlenim ve gözlemlerini *YÖN* Dergisi'ne yazdığı "Türkiye'nin Dış Politika Sorunları" başlıklı anılarında şöyle anlatır:

"Türkiye derhal ABD'ye başvurdu ve dedi ki; *'Stalin'in isteklerine hayır diyeceğim. Bana yardım edebilir misiniz?'* Hasan Saka baş-

---

[344] Doğan Avcıoğlu, agy., s. 1385.

kanlığındaki kurulda ben de vardım. Amerika bize; *'Savaştan yorgun çıktık, herkes terhis edilmek istiyor. 10 bin mili aşıp size yardım etmemiz olanaksız. Ruslarla anlaşın,'* dedi. Dönüşte Londra'ya uğradık. Dışişleri Bakanı Eden ile görüştük. Ondan da aynı cevabı aldık. Eden, 'neredeyse birliklerimizde isyan çıkacak, anlaşın' diyordu. O tarihlerde Harriman, Moskova'da büyükelçi idi. Ankara'da kendisi anlattı. 'Batılı diplomatlar toplanıp, sabaha kadar Rus ordularının sınırı aşmasını beklemişler."[345]

Yine o günlerde, İngiliz Entelijans Servisi'nin önde gelenlerinden Kim Philby, anılarında, "değil 1945 - 1947 arasında Türkiye'yi Sovyet tehdidinden korumak; Truman Doktrini'nden sonra bile, Türkiye'nin korunmasının düşünülmediğini; bir Sovyet işgali olursa, gerilla savaşı hazırlığı yapıldığını" yazar ve şunları ekler:

"Anglo-Amerikan planının böyle bir savaş patlar patlamaz Türkiye'yi kendi kaderine terk etmek olduğu, Türklere açıklanamazdı. Kesin olarak inanılıyordu ki, Türkler bu planlar hakkında en küçük bir kuşku duyarlarsa, Batı'ya karşı güvenleri kalmayacaktır."[346]

Bu değerlendirmeler, Türkiye'nin Sovyet tehdidi karşısında kaderi ile baş başa bırakıldığını gösterir. Türkiye Cumhuriyeti, böyle bir tuzağın ayrımına varamaz, 1947 yılının 22 Mayıs'ında kabul edilen Kongre Kanunu kapsamına girer ve 5123 sayılı Yasa'yla yürürlüğe giren Yardım Antlaşması uygulamaya konulur.

Lord Curzon haklı çıkmıştır. Türkiye, emperyalizmin tuzağındadır artık. Ve elbet *New Conventional*'daki "bu bağımsızlık pek kısa olacak ve eski durumu bir başkası üzerine alacaktır" öngörüsü (buna kehanet denilemez) gerçekleşmiştir.

Sözü edilen Kongre Kanunu'nun giriş bölümünün (Gerekçesi de denilebilir), ulusal kimliğimiz ile bağdaşmayan bir anlatım içerdiğini görmüştük. Şimdi Truman Doktrini'ni uygulamaya koyan 12 Temmuz

---

[345] Prof. Dr. Nihat Erim, "Türkiye'nin Dış Politika Sorunları", *Yön Dergisi,* S. 156.
[346] "Kim Philby'nin Hatıraları", *Milliyet,* 6 Nisan 1968.

1947 Antlaşması'nın giriş bölümünü okuyalım ve belgeyi imzalayanları tarihin yargısına bırakalım:

"Türkiye Hükümeti, Türkiye'nin hürriyetini korumak için ihtiyacı olan güvenlik kuvvetinin takviyesini temin ve aynı zamanda ekonomisinin istikrarını muhafazaya devam maksadıyla, Birleşik Devletler Hükümeti'nin yardımını istediğinden, Birleşik Devletler Kongresi, 22 Mayıs 1947'de tasdik edilen kanun ile, Birleşik Devletler Başkanı'na, Türkiye'ye her iki memleketin egemen bağımsızlığına ve güvenliğine uygun şartlar dairesinden yardımda bulunmak yetkisi verdiğinden..."[347]

Yardım ABD'nin çıkarlarına uygun olduğu zaman ve sürede, başkana verilen yetkiyle 5123 sayılı Yasa'yla kabul edilen antlaşma uyarınca sürdürülecekti.

Bu anlaşmayı imzalarken, Amasya Protokolü'ndeki o ilkeyi yok mu saydık; ya da unuttuk mu diyeceğiz, bilemiyorum... Ülkemizin dört yanı emperyalizmin işgali altında, Mustafa Kemal'in deyimiyle, "bütün kaleleri zaptedilmiş, bütün tersanelerine girilmiş, bütün orduları dağıtılmış" olduğu bir günde bile, Amasya'dan dünyaya "ulusun bağımsızlığını yine ulusun azim ve kararı kurtaracaktır. Öyleyse, ya bağımsızlık ya ölüm!" diye seslenen biz değil miydik?

Amasya Protokolü ile dünyaya böyle haykıran bir ulusun, tam bağımsız Cumhuriyet'i kurduktan sonra emperyalizme sığınması, tarihin yargısında aklanamayacak bir suç değil midir?

Türkiye'nin "özgürlüğünü ve bağımsızlığını korumak için" umutlarını ABD yardımına bağlayanlara, Amasya Protokolü'nün bu tarih-

---

[347] Ayrıca, Mart 1950'de, Cumhurbaşkanı İsmet İnönü ve beraberindeki Türkiye Heyeti ile ABD heyetinin yaptığı görüşmenin kayıtları için bkz. Ekler Bölümü: "İnönü'den Açık Bono", (Aktaran), Cüneyt Arcayürek, *Şeytan Üçgeninde Türkiye,* Bilgi Yayınları, 1987, s. 356-365. Bu görüşme, gerek içeriği gerekse kullanılan karşılıklı üsluplardaki farklarla birlikte düşünüldüğünde, sadece iki ay sonra başlayacak Demokrat Parti'li yılların arefesinde nasıl bir teslimiyetçi politikayla yönetildiğimizi belgelemektedir. İnsanın, ülkesini seven ve bağımlızlığına tutkun her yurttaşın, bu görüşmeden memnun kalması mümkün mü? (Görüşme notlarını kitabın 11. baskısına eklememe izin veren Sayın Cüneyt Arcayürek'e teşekkür ederim.)

sel uyarısını bir yükümlülük belgesi olarak anımsatıyoruz. Ola ki birgün tarihimizin bu onur belgeleri yanlışlardan dönmek isteyenleri yüreklendirir ve dönüşün yollarını aydınlatır.

Sivas Kongresi'nde bu tezle, yani mandacıların (güdümcülerin) teziyle, Amasya Protokolü'ndeki ilkeyi savunanların tezi çarpıştı. Güdümcüler yenildi. Ve gerçekten, emperyalizme karşı ulusal bağımsızlığımız, ulusun azim ve kararı ile kurtarıldı.

Mustafa Kemal ve ABD Generali

Sivas Kongresi'nde güdümcülerin yenilgisi üzerine, Amerikan Hükümetinin temsilcisi olarak Doğu illerimizde incelemeler yapan General Harbor, Sivas'a gelir ve Mustafa Kemal'le konuşur. Harbor'ın sorusu ve Mustafa Kemal'in yanıtı, yalnız o günlere değil, bir ulusun umutlarını aydınlatan ışıktır.

General Harbor, Mustafa Kemal'e sorar: "Ulusça düşünülebilen her türlü girişim ve özveride bulunduktan sonra da, başarı elde edilmezse ne yapacaksın."

Mustafa Kemal'in yanıtı şudur:

"Bir ulus varlığını ve bağımsızlığını korumak için, düşünülen girişim ve özveride bulunduktan sonra, mutlaka başarır. 'Ya başaramazsa' demek, o ulusu ölmüş saymaktır. Öyle ise, ulus yaşadıkça ve özverili girişimlerini sürdürdükçe başarısızlık söz konusu olamaz."[348]

Bugün *'tam bağımsızlık yoktur, karşılıklı bağımlılık vardır, ABD bir dünya devletidir, onun yanında yer almalıyız; bizimle kurmak istediği stratejik işbirliğine hayır diyemeyiz'* diyen yetkisizlere ve umutlarını ABD yardımına bağlayanlara, Mustafa Kemal'in, General Harbor'a verdiği yanıtı anımsatıyoruz. Bilmem ki, emperyalizme bağlanmış beyinler bu sözleri özümseyebilirler mi?

Ne yazık ki Türkiye'nin son yarım yüzyılı, olaylara tarih bilinciyle eğilen kişiliklerin ezildiği ya da yok edildiği yıllardır.

---

[348] Atatark'ün *Büyük Söylevi*'nden.

Mustafa Kemal'in General Harbor'a söyledikleri Harbour'ı etkiler. O günlerde Mustafa Kemal, ulusal direnişi örgütlemektedir. Ülke, yer yer ulusal boyutta direnişlerle esareti reddetmektedir. Hem emperyalizm, hem de denetimindeki İstanbul Hükümeti, bu direnişlere karşıdır. General Harbor, Amerika'nın özel görevlisi olarak, bu direnişleri ulusal bir davaya dönüştürecek, rütbelerinden sıyrılmış ferd-i millet -yalnız ulusun bir bireyi- olarak ulusal davanın başındaki Mustafa Kemal'le bu koşullarda konuşmuştur.

Mustafa Kemal, konuya hakim, ne yapacağını bilen bir önder olarak, General Harbor'ı etkilemiştir. O günlerdeki Türkiye ile, 1945'lerden sonraki Türkiye'nin karşı karşıya bulunduğu tehlikeleri düşünerek, 1947 Antlaşması'nı ve onu imzalayanları tarihin yargısına bırakıyoruz!

Bugün şöyle dönüp baktığımızda, 1947'den bu yana geçen şüreç, Mustafa Kemal'i haklı çıkarmıştır. Ulusal siyasamızın ilkelerini kendimiz saptamadıkça, sorunlarımız sarmallaşır, ABD'ye daha fazla muhtaç oluruz ve özellikle Kıbrıs sorununun çözümü bile, Truman Doktrini dışında kalamaz. Çünkü içinde çırpındığımız sorunların ABD'nin Ortadoğu siyasasından soyutlanarak çözüleceğini düşünmek, gerçekleri gözardı etmektir. O sarmallaşan sorunların temelinde Amerika'nın evrensel çıkarı yatar. Bu nedenle Türkiye Cumhuriyeti başka bir antlaşma ile hak sahibi[349] olsa bile, Kıbrıs sorununun çözümü, ancak ABD'nin izniyle sağlanır. Johnson'ın o ünlü mektubundaki "sen benim iznim olmadan, benim verdiğim silah, araç ve gereçleri kullanamazsın" uyarısını eleştirirken, bu gerçek unutulmamalıdır.

Ama bu demek değildir ki, ABD'nin sözünden çıkmayalım. Amacım bir yanlışın, bir gerçeğin altını çizerek "içine itildiğimiz çıkmazdan çıkış yollarını arayalım, aramaktan vazgeçmeyelim," demektir. ABD'nin buyruğunda kalalım, demek değildir. Çünkü Amerikan yardımı bizim çıkarımız için değil, ABD'nin çıkarları için kullanılmaktadır. Amerika'nın çıkarlarına uygun olmayan yerde yardım, söz-

---

[349] Londra ve Zürih Antlaşmaları'nda Kıbrıs Türk'ünün korunması, gerektiğinde Türkiye Cumhuriyeti'nin sorumluluğuna bırakmıştır.

de kalır. Öyle ki, ABD'nin yardım diye verdiği ve parasını ödeyerek aldığımız silah, araç ve gereçlerin ABD'nin istemediği yerlerde kullanılamayacağını 1947 Antlaşması'yla kabul etmiş bulunuyoruz. Ama bu zorunluluk hiçbir zaman, Johnson'ın 5 Haziran 1964 tarihli, zamanın Başbakanı İsmet Paşa'ya yazdığı mektubun, her türlü politik edebe aykırı üslubunu haklı göstermez.

Amerika haksız mıdır? İlk bakışta haklıdır, çünkü ABD, yardımın ana ilkelerini saptayan Kongre Yasası'na göre, yardımla birlikte, yardım alan ülkelerin iç-dış siyasaları ve ekonomileri üzerinde tam bir denetim kurmuştur. Biz bu denetimi sonuçlarını düşünmeden anlaşmayı imzaladığımız an kabul etmiştik.

Truman Doktrini'nin uygulamasını içeren 12 Temmuz 1947 Antlaşması'nın ilgili maddeleri incelendiğinde nasıl bir tuzağa düşürüldüğümüz daha iyi anlaşılır. Örnek olarak antlaşmanın maddelerini okuyup düşünelim: Hoş, bu *antlaşma* da değildir. Çünkü antlaşma en az iki ülke arasında yapılır ve ülkelerin adı antlaşmanın adında ayrı ayrı yer alır. Örneğin;

"Türkiye Cumhuriyeti ile Amerika Birleşik Devletleri Arasındaki Antlaşma" denilir. Oysa sözü edilen antlaşma şöyle adlandırılmış: "Türkiye'ye Yapılacak Yardım Hakkında Antlaşma"

Bu bir *antlaşma* mı yoksa tek yanlı bir *emirname* midir? Öyledir öyle! Nedenini, maddeleri okuyup öğrenelim.

"Madde 2: Türkiye Hükümeti yapılan yardımı tahsis edilmiş bulunduğu gayeler uğrunda kullanacaktır. Sorumluluklarının icrası sırasında görevini serbestçe yapabilmesini mümkün kılmak için, bu hükümet, misyon şefine ve temsilcilerine, yapılan yardımın işleyişi hakkında rapor, malumat ve müşahade şeklinde isteyebileceği her türlü kolaylık ve yardımı sağlayacaktır."[350]

---

[350] Bu hüküm, Türkiye Cumhuriyeti Hükümeti'nin ABD Yardım Misyonu Şefi'nce denetlemesi anlamına değin, türlü biçimde yorumlanabilir.

ABD Neden Türkiye'de?

"Madde 3: Türkiye Hükümeti ile Birleşik Devletler Hükümeti, Türk ve Birleşik Devletler Milletlerine bu antlaşma gereğince yapılan yardım hususunda tam bilgi için işbirliği yapacaktır."

Bu maksatla ve iki memleketin güvenliği ile kabil telif olduğu nispette:

1- Birleşik Devletler basın ve radyo temsilcilerine, bu yardımın kullanılışını serbestçe müşahede etmelerine ve bu müşahedelerini tam olarak bildirmelerine müsaade edilecektir,

2- Türkiye Hükümeti bu yardımın amacı, kaynağı, mahiyeti, genişliği, miktarı ve işleyişi hakkında Türkiye'de tam ve devamlı yayın yapacaktır.[351]

Siz buna *antlaşma* mı, *emirname* mi dersiniz bilmem ama bu, Jonhnson'a o mektubu yazma hakkını veren bir *emirname*dir.

Bu antlaşmayı okuduktan sonra, *"yalnız Johnson değil, Lord Curzon da haklı çıkmıştır"* demek acı veriyor insana. Ama bu çıkmazdan kurtulmak için de o acıyı ta yüreğimizde duymak gerekmiyor mu?

---

[351] ABD emperyalizminin propagandasını yapma zorunluluğu bu hükümle yüklenilmiştir. Bu hüküm, öte yandan 5123 sayılı Yasa'nın da hükmüdür. Yani TBMM, ABD'nin propagandasını yapmayı yasa ile kabul etmiştir.

5

Sözleşmelerin Tuzağında
ya da
Bağımsızlıktan Bağımlılığa

-I-

> *"Ey Türk Gençliği,*
> *birinci vazifen Türk İstiklalini,*
> *Türk Cumhuriyeti'ni sonsuza dek*
> *korumak ve savunmaktır.*
> *(...) İktidara sahip olanlar gaflet ve*
> *dalalet ve hatta hıyanet içinde*
> *bulunabilirler...*
>
> *Gazi Mustafa Kemal*

> *"Tam bağımsızlık elbette, siyaset, maliye, iktisat, adalet, askerlik, kültür gibi her alanda tam özgürlük demektir. Bu saydıklarımın herhangi birinde bağımsızlıktan yoksunluk, ulusun ve ülkenin gerçek anlamıyla bütün bağımsızlığından yoksun olması demektir."*
>
> *Gazi Mustafa Kemal*
> *Söylev, s. 431*

"Bugün tarihsel ve çok büyük bir mücadele karşısında bulunmaktayız. Sözünü edeceğim Avrupa, kendisiyle ilişkisi olan ülkeleri, kendi sermayesiyle tutsaklığına alan kapitalist Avrupa'dır. Avrupa sermayesi, Türkiye'nin yüreğini kendi avucuna almıştır. Osmanlı Devleti, yaptığı her ileri atılımda bu pençenin baskısını duymaktadır. Bu gerçeği olaylarla kanıtlayacağım. Bu satırları yazdığım sırada, Avrupa finans çevreleri, Osmanlılara yeni borçlar vererek onları bir kez daha kıskıvrak yakalama çabası içindedir."

Parvus Efendi,
Türkiye'nin Mali Tutsaklığı,
(Haz.) Muzaffer SENCER, May Yayınları, s. 232, 236

Türkler çok gururludur. Devamlı ithalatta bulunuyorlar ve bir türlü o kahrolası gelişme programlarından vazgeçemiyorlar.
Türkleri satın alabilmek için Dünya Bankası Ergenekon'a* [MC Hükümeti Maliye Bakanı Yılmaz Ergenekon'a] seçimlere [1977 Seçimlerine] kadar Türkiye'ye "günlük uygulamada" bulunacağını, ancak bunun için de, gerekli koşulun, Türkiye'nin politikasından vazgeçerek kemerleri sıkmaya yönelmesi olduğu bildirilmiştir.

Executive Intelligence Review
Raporu'ndan

Sözleşmelerin Tuzağında

"Antlaşma Timurlenk kadar hunhar, Müthiş İvan kadar sefih ve kafa-
tasları piramidi üstüne oturan Cengiz Han kadar kepaze olan bir dikta-
törün zekice yürüttüğü politikasının bir toplamıdır. Bu canavar, savaş-
tan bıkmış bir dünyaya bütün uygar uluslara onursuzluk getiren bir dip-
lomatik antlaşma kabul ettirmiştir. Buna her yerde *Türk Zaferi* dediler.
Ve eski dünya parlamentolarını bunu kabule ikna ettikten sonra, büyük
sermaye grupları, soğukkanlı ticaret erbabı ve güya bazı dini temsilci-
ler bile, Türkiye'yi uygar uluslar masasında uluslararası bir konuk du-
rumuna yücelterek, Amerika'yı yüksek ülkülerinden uzaklaştırmada
birleştiler.[352]

Bu sözler Ocak 1927'de, ABD Temsilciler Meclisi'nde söyleni-
yordu. Konuşan Temsilci, Upshow'du. Konuşmanın konusu olan kişi,
onurlu bir ulusun ülkesini işgal eden emperyalizmi, kutsal topraklarının-
dan kovmak için giriştiği bağımsızlık savaşının utkusu üzerine oturt-
tuğu Cumhuriyet'i kuran Gazi Mustafa Kemal'di. Sözü edilen antlaş-
ma da, o utkunun onayladığı Lozan Antlaşması'ydı. Suçumuz ise, Lo-
zan'da özgür ve bağımsız bir ulus için *olmazsa olmaz* nitelikteki eko-
nomik bağımsızlığa engel kapitülasyonları reddetmekti. ABD, Lo-
zan'da temsil edilmedi, ancak gözlemci yolladı. Bu yolla kapitüler
haklarının korunmasını sağlama çabaları sonuç vermedi. İşte ABD bu
nedenle Lozan'ı bir türlü içine sindirememişti. Girişte aktardığımız
sözler, ABD'nin çıkarlarına engel olan Lozan ve onun mimarına karşı
duyulan kin ve nefretin sesiydi. Ve Türkiye işte böyle bir sistemin
yardımını istemişti.

Buna ne ad verilir, derseniz; yanıtı *tarih bilincinden yoksunluk*
olacaktır.

---

[352] Prof. Dr. T. Ataöv, *Amerika, NATO ve Türkiye*, s. 172.

Bir başka Amerikalı, Senatör King de, 17 Şubat 1927'de "kapitülasyonların kaldırılması, öteki antlaşmaların çiğnenmesidir" der ve konuşmasını şöyle sürdürür: "Türkler cahil, fanatik ve nefret dolu insanlardır."

Şu gerçeği unutmayalım. Amerika'nın bize bakışı hep böyle olmuştur. Çünkü Türkiye Cumhuriyeti'nin temelinde ABD'nin asla onaylamayacağı bir tarih olayı yatar. Ulusal bağımsızlık savaşı ve onun yarattığı bilinç, ABD için en tehlikeli düşmandır. Bu nedenle, bu söylem, Amerika'nın ulusal kurtuluş savaşlarına bakış açısını yansıtır. Amerika, bağımsızlık isteyen uluslara hep böyle bakar ve onları asla bağışlamaz. Amerika, Cumhuriyet kurulduktan sonra uzun süre, Türkiye Cumhuriyeti'yle diplomatik ilişkiye girmemiştir. Uzun süre ve inatla Türkiye Cumhuriyeti'ni tanımayı içine sindiremediğini, uluslararası platformlarda söylemiştir. İlk resmi, ilişki geçici bir anlaşmayla başlamıştır. Bu anlaşmanın tarihi 17 Şubat 1927'dir.[353] İşte Senatör King, bu sözleri, o anlaşmayı içine sindiremeyişin tepkisiyle söylüyordu. Hayır söylemiyor; kusuyordu...

Bilimsel çevrelerde de, Türkiye'ye karşı örgütlü tepkiler, tartışmalar gündemden düşmez. Harvard Üniversitesi Profesörlerinden Albert B. Hart "Türklerin Avrupa'da ve uygar uluslar çerçevesinde yeri olmadığını" söyler. Senatörlere ve hükümet yetkililerine gönderilen 107 imzalı bir ortak bildiride; "Kemalist rejimin mutlaka çökeceği ve milliyetçi Türk Hükümeti'nin hedeflerine asla varamayacağı" ileri sürülmektedir.[354]

Türkiye ve Amerika Birleşik Devletleri arasındaki ilişkiler değerlendirilirken, bu ilk yılların tartışmaları asla gözardı edilmemelidir. Bir ilişkinin altyapısı bilinmeden, bugününe ve geleceğine doğru tanı ko-

---

[353] Modüs Vivendi. Amerika Lozan'ı, dolayısıyla Türkiye Cumhuriyeti'ni tanımaz. 1927'de Lozan Senato'da tartışılır, ama kabul edilmez. Cumhuriyet, ABD dışındaki ülkelerce tanınmıştır. ABD Büyükelçilik düzeyinde temsil edilmek için *Modüs Vivendi* (geçici bir anlaşmayla) karşılıklı büyükelçilikle temsilini önerir. Bu öneri kabul edilir. Türkiye-ABD ilişkileri, işte o geçici anlaşmayla sürdürülmektedir. Bu, ABD'nin Lozan'ı tanımayı asla düşünmediğini göstermez mi?
[354] Prof. Dr. T. Ataöv, *Amerika, NATO ve Türkiye*, s. 172-174.

nulamaz. Çünkü ne sosyal ve ne de siyasal ilişkiler, tarihe mal olmuş temel etkenlerden soyutlanamaz.

Amerika, kendine bağlı ya da sözüne değer veren yöneticileri yeğler. Yukarıda, kendi ideallerine bağlı yöneticileri yetiştirmek için, asker ve sivil bürokratların eğitildiğini, onlara Amerikan ideolojisinin aşılandığını Podol Raporu'ndan öğrenmiştik. Öğrendik ama hiçbir önlem almadık; almayı düşünemedik bile. Çünkü ABD'ye karşı olmakla komünist olmak eş anlamlıydı. Ayrıca bu eğitimden geçen bürokratlar da cumnhuriyetin en yetkili ve etkili makamlarındaydılar. Devletin temel siyasasını onlar biçimlendiriyordu. Özal da bunlardan biri miydi dersiniz, yanıtı *evet* olacaktır.[355]

İşte bu Amerika, bundan 70 yıl önce de, Mustafa Kemal'e ve genç Cumhuriyet'e saldıran Amerika'dır. Ve bu sözler CIA'in Turgut Özal'a bakışının da bir başka ifadesi değil midir? CIA'in biyografik istihbarat raporunda Özal'a verilen değer şöyle notlanmış: "Gelmiş geçmiş en Amerikan yanlısı Türk lideri!" Nedir bu ilgi ve sevgi, neden dersiniz?

İlginçtir Amerika, bu "en Amerikan yanlısı Türk lideri"nin cenaze törenine "büyük müttefike" yakışır düzeyde katılmadı, resmi bir kurul bile yollamadı. Amerika'nın bu tavrı, yalnız Özal için değil, bizim için de düşündürücü olmalıdır. Geçmişte, Amerika yanlısı başka ülke liderlerine ne yapmışsa, bu kez de onu yapmıştır, yapacaktır. Bir Kao-Ki, bir İran Şahı, bir Markos nasıl bir sonuçla karşılaşmışsa, Özal için de öyle olmuştu! Emperyalizm insanları kullanmayı sever. İşi bitenler gözden düşer. Bu olaydan alınması gereken çok önemli dersler olduğu gözardı edilmemelidir.

---

[355] Bu satırların yazıldığı sırada, 12 Eylül sisteminin koruyucusu Özal'ın cenaze törenini; 21 Nisan günü, Antalya'da TV'de izlerken, saat 10.57'de TRT'de töreni anlatan spiker Mehmet Alkaş'ın şu sözlerini içim burkularak dinledim. Spiker, Amerikan Başkanı Clinton'ın başsağlığı mesajını veriyordu. Clinton, "Amerika'nın büyük müttefiki Cumhurbaşkanı Özal'ın kaybından duyduğu üzüntüsünü" yollamıştı. Dikkatle dinledim, ertesi gün gazetelerde de aynı ifade yer almıştı. Amerika demek ki hâlâ, Türkiye'yi müttefik olarak görmüyordu. Anladım ki Amerika'nın müttefiki Türkiye Cumhuriyeti değil, Özal'mış. 2003'ten beri AKP ve Recep Tayyip Erdoğan olduğu gibi! Bir ara da Çiller değil miydi..?

Clinton'ın sözleri, ABD'nin bize bakışını da yansıtıyordu. Bize düşen görev, bu bakışı değiştirmenin yollarını açmak mı olmalıydı, yoksa bunu usumuzun bir yerine yazarak, ilişkiyi akılcı ve gerçekçi politika temeline oturtarak sürdürmek mi? Elbet aklın ve ulusal çıkarların uyumuyla ilişkiyi dengede tutmak gerekecekti, çünkü, ABD gibi bir ülkeye aklı dışlayarak yaklaşılmaz.

ABD İle Sıcak İlişkilerin Başlangıcı

1927'den sonra da Amerika Birleşik Devletleri'yle uzun süre yakın ilişkiye girilmedi. Amerika, anlaşılan, Türkiyc Cumhuriyet'nin hedeflerine ulaşamayacağını düşünüyordu. 1940'lara değin de, bu soğukluğun sürdüğü anlaşılıyor. Savaş içinde ve sonrasında, geçmişin acısını çıkarırcasına öyle bir yakınlaşma oldu ki, birbirimize mi kenetlendik ya da biz ulusal kimliğimizin gereğini mi yerine getiremedik, ki Amerika'nın kapısında yardım dilenmeyi terk edemiyoruz?

ABD ile 1940'lardan sonra, ekonomik ve askersel alanlarda öylesine ilişkiler kuruldu, öyle anlaşmalar yapıldı ki, iç içe geçmiş, çözümü zor ilişkiler ağı içinde kaldık. Bu antlaşmalar dikkatle incelendiğinde, Türkiye'nin ulusal çıkarlarının Amerika'nın evrensel çıkarlarına feda edildiği görülür.

Bunlardan birine, bir ilk örnek olarak 23 Şubat 1943 tarihli anlaşmaya bakalım. Bu anlaşmaya göre, Türkiye'nin savunması için, "ABD Başkanı'nın devir veya tedarikine yetki vereceği savunma maddelerini, savunma hizmetlerini ve savunma bildirgelerini, ABD Hükümeti, Türkiye Cumhuriyeti'ne verecektir."

Burada bir söyleme ya da kavrama dikkat edelim. Sözleşmenin bu hükmü, "savunma maddeleri, savunma hizmetleri ve bildirgelerin" ABD'nin değerlendirilmesine bırakıldığını görürüz.

Sözleşmenin bu maddesi yeniden okunduğunda görülüyor ki bize, bizim için yararlı olanı seçme hakkı verilmiyor. Bizim için neyin "yararlı" olacağını Amerikan Başkanı saptayacak, "sen şunu istedin ama sana şu daha uygundur" diyecek ve yollayacak.

ABD'nin vereceği "savunma hizmetleri ve bilgileri" neleri içerir, belli değil... İki ülke arasında çok önemli, bizim gibi bir ülke için yaşamsal önemdeki bir konuda, soyut kavramları içeren bu antlaşma ile ABD, bize yardım adıyla tuzak kurmuyor mu? "Savunma bilgisi ve savunma hizmeti" kavramları bu yönden önemlidir. Öte yandan, "Ödünç Verme ve Kiralama" yoluyla verilecek savunma malzemeleri nelerdir? Nitelikleri ve teslim zamanları neden belirtilmemiştir? "Savunma hizmeti" kavramı üzerinde durulmamıştır bile o yıllarda. Ama antlaşmanın ikinci maddesi okunduğunda, hele yarım yüzyıla yaklaşan ilişkiler zinciriyle birlikte değerlendirildiğinde; ABD'nin, daha o tarihte bizden beklentileri olduğu ve bu kavramla onları amaçladığı anlaşılır. Okuyalım 2. maddeyi:

"Türkiye Cumhuriyeti Hükümeti *sağlayabilmekle vazifeli bulunduğu* ve müsaade edebileceği maddeleri, hizmetleri, kolaylıkları veya bilgileri ABD'ye temin edilecektir."

Biz, ABD'nin verecekleri için karşılık ödeyeceğiz. [356] Ama ABD, 2. madde ile Türkiye'nin göstereceği kolaylık ve hizmetler için hiçbir şey ödemeyecektir. Çünkü biz sözleşmeye göre "vazifeli" bulunuyoruz. ABD, bizim limanlarımızı, havaalanlarımızı, demir yollarımızı kullanacak ama karşılık ödemeyecek. Dahası savunma malzemelerini, ABD Başkanı istediği an "Batı savunması için ya da ABD'nin gereksinimi olduğunu" ileri sürerek geri alabilecektir. Bu hükmün, bir siyasal baskı nedeni olacağı düşünülmemiştir. Çünkü bir kriz ya da savaş halinde (bu antlaşma imzalandığında Türkiye ulusal savunma konsepti içindeydi) ABD, Kıbrıs olaylarında olduğu gibi, "ya benim dediğimi yaparsın, ya da savunma malzemelerini geri verirsin" dediğinde tutulacak yol-tavır hesaplanmamıştır.

Anılan hüküm şudur:

"TC Hükümeti, ABD Başkanı'nca tayin edileceği veçhile, şimdiki olağanüstü hal son bulduğu zaman, işbu anlaşmaya uygun olarak

---

[356] ABD ile 7 Mayıs 1946 tarihinde yapılan bir anlaşmaya göre, 1 Eylül 1945 tarihine kadar "Ödünç Verme ve Kiralama Sözleşmesi"ne göre doğan alacaklar tasfiye edilecek ve ABD'nin işine yarayan maddeler Türkiye'ye bırakılacak, öteki maddelerin bedelleri ödenecektir.

kendisine devredilen savunma maddelerinden yok edilmemiş, kaybolmamış veya kullanılmamış olan veya ABD Başkanı tarafından ABD veya Batı Yarım Küresi savunmasına elverişli olduğu veya ABD'nin başka bir şekilde işine yarayacağı tespit edilecek olanları ABD'ye geri verecektir."[357]

Bu antlaşma da, bundan sonrakiler gibi sözde "egemen eşitler" arasında yapılmıştır. Koşullar Amerika tarafından bize dayatılmış olabilir, kaldı ki Türkiye, hiçbir karşı koşul ileri sürmemiştir.

Sanırım, bu ilk önemli anlaşmada ABD, bize tam bir tanı koymuş olmalı ki, sonraki anlaşmalar daha da ağır koşullar ve Türkiye'nin geleceğini düşünmeden verdiği ödünler içerir.

Burada bir noktaya daha parmak basmalıyız. 23 Şubat 1945 tarihli olup, ABD'nin Ödünç Verme ve Kiralama Yasası'na göre yapılan anlaşmaların giriş bölümünde: "Türkiye Cumhuriyeti'nin savunmasının ABD için yaşamsal önemde" olduğu kabul edilmiştir. Ve sanırım, bu kavramın anlamı düşünülmüş değildir. Yani "Türkiye'nin savunması neden ABD için yaşamsal önemdedir?" diye sorulmamıştır. Bunun bir tuzak olduğu da bu nedenle görülmemiştir!

Türkiye'nin Truman Doktrini kapsamına girmesinden önce, ABD'nin Türkiye'yi Ortadoğu'da bir İleri karakol olarak kullanma hazırlıkları, peş peşe imzalanan anlaşmalarla başlamıştır. Bu anlaşmalar incelendiğinde neyi, niçin imzaladığımızın düşünülmediğini görürüz. Örnek mi? Şu tartışıp durduğumuz Truman Doktrini öncesinde imzaladığımız öyle anlaşmalar var ki; izleyelim:

1) 27 Şubat 1946 tarih ve 4832 sayılı Yasa'yla kabul edilen 60 Milyon Dolarlık Kredi Antlaşması.

2) 7 Mayıs 1946 tarihli Ödünç Verme ve Kiralama Antlaşmasına Ek Antlaşma.

3) 6 Aralık 1946 tarihli Antlaşmaya Ek ve ABD'ye Türkiye'de Mülk Edinme Olanağı Tanıyan Antlaşma. Bu antlaşma TBMM'de

---

[357] Haydar Tunçkanat, *İkili Antlaşmaların İçyüzü,* s. 25.

5002 sayılı Yasa'yla onanmış olup, yasanın 2. maddesine göre "Bu ek antlaşma gereğince yapılacak gayrımenkul satın alma, tamir, ıslah veya tevsi-genişletme işleri, Arttırma ve Eksiltme ve İhale Kanunu'na tabi olmaksızın Maliye Bakanlığı'nca yapılabilir ve yaptırılabilir" hükmü, TC Devleti'nin ABD'nin taşeronu gibi çalışmayı kabul ettiği anlamını içermez mi?

Görülüyor ki Amerika yalnız sömürmekle kalmıyor, elde ettiklerinin özenle ambalajlanıp sunulmasını karara bağlıyor. Amerika, Türkiye'den her istediğini elde etmenin ötesinde, onu her alanda kullanmakla çıkarlarının taşeronu yapmıştır.

Ne yazık ki Türkiye, ABD çıkarları için kullanıldığının ayırdına varamadığı gibi, 1947 Antlaşması'nın getireceği sorunları düşünmeden, yeni emperyalizmin en büyük tuzaklarından birine, Truman Doktrini'ne "beni de al, beni de" diye koşarak girmiştir.

Şimdi bu anlaşmayı inceleyelim.

Truman Doktrini ve "Bağımsızlık" (!)

Truman Doktrini olarak bilinen ve ABD'nin Ortadoğu ve Türkiye politikasının ana çizgilerini saptayan belgeye daha önce de değinmiştik.

"Türkiye ve Yunanistan'a Yardım Kanunu" olarak adlandırılan (75-80 Sayılı) Kongre Kanunu, bizim ve Yunanistan'ın ABD'ye "özgürlük ve bağımsız varlığımızın sürdürülmesine yardım edilmesi için" başvurduğumuzu belirten girişle başlar. Bu paragrafı ne zaman okusam, Bağımsızlık Savaşı şehitleri karşındaymışım gibi utanç duyarım!

Yasanın 1. maddesindeki yardımın, "Başkan'ın Birleşik Devletler'in çıkarlarına uygun mütalaa ettiği zamanlarda kendisinin tayin edeceği kayıt ve şartlarla yapılacağı" hükmü tam bir kapitülasyon niteliği taşır.

Bu hüküm, yardım yasasına dayalı olarak yapılan 12 Temmuz 1947 Antlaşması'nın 4. maddesinde somut koşul olarak yer almıştır. Bu koşullara uyulmadığında ABD Başkanı, anılan Kongre Yasası'nın

5. maddesinin 3 ve 4 numaralı fıkraları uyarınca, ilgili hükümeti uyarır ve/veya yardımı keser.

Ve Johnson, işte bu hükmün gereğini, bizim bu antlaşma ile kabul ettiğimiz için *iç hukuk kuralı haline gelen* Kongre Yasası'na göre 1964 yılında yerine getirmiştir. Johnson'ın, Türk - ABD ilişkilerinde bir dönüm noktası olan mektubunun ilgili bölümü şöyledir:

> "(...) Aynı zamanda, yardım sahasında Türkiye ve Birleşik Amerika arasında iki taraflı anlaşmaya dikkatinizi çekmek isterim. Türkiye ile aramızda mevcut 12 Temmuz 1947 Antlaşması'nın 4. maddesi mucibinde, askeri yardımın veriliş maksatlarından gayrı gayelerde kullanılmaması icap etmektedir. Hükümetiniz, bu şartı tamamen anlamış bulunduğunu muhtelif vesilelerle Birleşik Devletler'e bildirmiştir. Mevcut şartlar altında Türkiye'nin Kıbrıs'a yapacağı bir müdahalede, Amerika tarafından temin edilmiş olan askeri malzemenin kullanılmasına Birleşik Amerika'nın muvafakat etmeyeceğini size bütün samimiyetimle ifade etmek isterim."
>
> *05.06.1964.*
> *Lyndon B. Johnson.*

Bu mektuba tepki göstermesi gerekenler, öyle sanırım ki, yöneticiler olmalıydı. Ama mektup 1.5 yıl kamuoyundan gizlendi. Bir bakıma ABD, bir sözleşmeden doğan hakkını kullanmıştı. Olsa olsa, - uslup - üzerinde durulabilirdi. 1947 yılından 1964 yılına değin, bu antlaşmanın bir bağımlılık antlaşması olduğunu, birkaç aydın dışında değerlendiren de çıkmamıştı.

Antlaşma imza aşamasındayken Mehmet Ali Aybar ve *Marko Paşa* gazetesi sorumluları, anlaşmanın getireceği bağımlılığı ve gerçeği halkımıza anlatmaya çalışmışlardı, hem de bedelini çok ağır cezalarla ödemeyi göze alarak! Ödemişlerdi de!

1964'teki Johnson Mektubu'ndan sonra da, kimi politikacılar ya da TİP dışındaki partiler içten ve ciddi bir tutumla bu konuyu ulusal bir dava olarak ele almış ve kovalamış değildir.

Bir aydınlar hareketi olarak başlayan Doğan Avcıoğlu'nun *Yön* adlı haftalık dergisinde, o dönem Türkiye'sini konu eden *Türkiye'nin Düzeni* adlı eserinde, daha sonra yayımladığı haftalık *Türkiye İçin Devrim* gazetesinde antlaşma ve uygulamaları üzerinde belgesel yayınlar yapılmıştır. Ama, atı alan çoktan Üsküdar'ı geçmişti.

Bundan sonradır ki Türkiye, ABD'nin kirli yüzünü yavaş yavaş görüp anlamaya başlamıştır. Ama bu tartışmalar yine de zamanın yöneticilerince komünizm propagandası sayılmış, aydınlar TCK'nın 141 142. maddelerini ihlal suçlamasıyla yargılanmışlar, ağır cezalara çarptırılmışlardır. Bu yolla halkın bilgilendirilmesi önlenmiş, ABD'nin etkinliği önlenememiş, daha da artmıştır. 12 Mart ve 12 Eylül bir bakıma, halkın bu ve benzeri konularda tepkilerini önlemenin sert adımlarıdır.

Asıl sorun, 12 Temmuz 1947 tarihli antlaşma ile, anılan Kongre Yasası'nın *iç hukuk kuralı olarak kabul edilmesinde*dir. Antlaşmanın "giriş" bölümündeki ikinci paragrafa göre:

"Birleşik Devletler Kongresi 22 Mayıs 1947'de tasdik edilen kanun ile, Birleşik Devletler Başkanı'na, Türkiye'ye her iki memleketin egemen bağımsızlığına ve güvenliğine uygun şartlar dairesinde, böyle bir yardım yapılmasının BM'nin esas gayesine ulaşmayı sağlayacağı gibi, Türk ve Amerikan ulusları arasındaki dostluk bağlarını takviye edeceği inancıyla (Kongre Yasası'nı da iç hukuk kuralı olarak kabul eden - E.D.), 12 Temmuz 1947'de aşağıda imzaları bulunan zevat şu hususları kararlaştırmışlardır."

Burada sözü edilen, iki ülkeden birinin, öteki ulusun yazgısını belirleyen, ikna yoluyla kabul ettirilmiş, çok önemli sonuçlara açılacak bir antlaşmadır. Dikkat edeceğimiz nokta, her sözcüğü dikkatle seçildiği anlaşılan, politikanın değil gerçeğin dile getirildiği bir tarih belgesi ve o belgenin o bağlamda ilk ele alındığı tarih anıdır.

Bırakalım sözcükleri, antlaşmanın adı bile ABD'nin ikna gücünün üstünlüğünü gösterir. Okuyup düşünelim:

"Türkiye'ye Yapılacak Yardım Hakkında Antlaşma"... Yalnız bu ad bile tek başına dayatma sayılmaz mı? Dahası bu bir gerçeği dile getiriyor. Çünkü uluslararası antlaşmalarda kaç taraf varsa onların adları yazılır "(...) ve (...) arasında (...) konusunda yapılan antlaşma" olarak geçer kayıtlara. Örneğin, "Türkiye İle Amerika Arasında Ortak Güvenlik Antlaşması," gibi...

Bu, anlaşmanın yalnız adıyla değil, kimi hükümleriyle de Türkiye'nin Amerikan çıkarları için denetim altına alınmasına olanak veren kapitüler nitelik taşıdığının belgesidir. İmzacıların bu anlaşmayla, Türkiye'nin egemenlik hakları ve çıkarlarının ABD'ye ipotek edildiğini görmemiş olmaları bir yana; Amerika'ya bizi her alanda denetleme hakkı tanıyan nitelikteki hükümlerin nasıl imzalandığını anlamak güçtür.

Bunun *gaflet* mi, *dalalet* mi yoksa *ihanet* mi olduğunu sorgulamayı tarihin değer yargılarına bırakmanın, *ihanet* olduğuna inanıyorum.

ABD'nin Denetimi

Antlaşmaya göre, yardım alan hükümet olarak, Kongre Yasası'nın 3 / d maddesi uyarınca:

"Birleşik Devletler Bbaşkanı tarafından talep edileceği üzere, işbu kanun uyarınca herhangi bir mal, bir senet veya malumatın güvenliği için gerekli hükümleri koymayı" kabul ediyoruz. Hüküm çok açık. ABD Başkanı'nın Türkiye Cumhuriyeti Hükümeti'ne, antlaşma gereğince şu konuda yasal düzenleme yap, dediğinde hükümet ve parlamento, başkanın bu istemini yerine getirmekle yükümleniyor. Bunun egemenlik haklarımızın ABD'ye ipotek edilmesi anlamını içerdiğinden kuşku duyulabilir mi?

Türkiye - ABD ilişkilerinin boyutlarını düşünürsek, ABD Başkanı'nın, bize geniş bir alanda "yardımla ilgilidir" savıyla "şu kuralı koy, şu düzenlemeyi yap" diye emir vermesinin anlamı nedir?

Bu hüküm, açıkça hukuk kuralı koyma hakkı gibi, egemenliğin en tartışılmaz öğelerinden birinin zedelendiğini göstermez mi? Ayrıca,

ABD Başkanı, bu hükme dayanarak yargı yetkisine bile karışabilir. O konuda Türk yasalarını ve yargı yetkisini tanımadığını söyleyebilir.

Şimdi egemenlik haklarımızın en önemli ilkelerinden olan, yasa koyma ve yargılama hakkımıza da karışmaya olanak veren Kongre Yasası'nın 5. maddesini okuyalım:

"Başkan, zaman zaman işbu kanun hükümlerinin yürütülmesi için gerekli ve uygun olabilecek kurallar koyabilir ve işbu kanun uyarınca kendisine verilen yetkileri, kendisinin tayin edeceği daire, ajans, bağımsız kuruluş veya memurlar vasıtasıyla kullanabilir."

Bu hükmün anlamı açıktır. ABD Başkanı, yardımla dolaylı ilgisi de olsa, ilginin bu yasaya uygun olduğuna kendisi karar vererek, düzenleyeceği bir yasayla bizim içişlerimize karışabilecektir. Bize salt kendi çıkarlarının bekçiliğini yaptıracak düzenlemeler önerebilecektir. Örneğin, yardımın yerinde kullanılmadığını gerekçe göstererek, savunmamızı zora sokacak kararlar alabilecektir. Ve bu hüküm Kıbrıs olayları sırasında 1964 tarihinde zamanın Başkanı Johnson'ın İnönü'ye yazdığı mektupla uygulanmıştır.

ABD Başkanı'nın 1975 Şubat ayında yardıma ambargo konulması, ambargonun amacına uygun yürütülüp yürütülmediğine ilişkin kararların alınması ve ambargonun kaldırılması, yardımın başlaması için, Kongre'ye üç ayda bir rapor verilmesi de, bu hükme dayalıdır. Başkan, yardımın amaca uygun kullanılmadığına karar vermiş, yardım kesilmiş, ambargo konulmuştur. Bu hüküm, Türkiye Cumhuriyeti Hükümeti'nin ABD Başkanı ve Parlamentosu tarafından denetlenmesi anlamına değin, türlü biçimlerde yorumlanabilir.

İşte zamanın yetkilileri bu hükümlerin bize ne getireceğini, bizden ne götüreceğini düşünmeden kabul etmiş, bizi ABD'nin eline teslim etmek istemişlerdir. Bir başka ülke başkanının koyacağı kuralı kabul etmenin, bizim bağımsızlığımıza açıkça aykırı olduğunu göremeyişimizi nasıl anlatabiliriz? Tarihe karşı, gelecek kuşaklara karşı üstlendiğimiz sorumluluğun sınırları bile çizilemez.

Kongre Yasası'nın şu 3. maddesini ve fıkralarını okuyalım:

"İşbu kanun uyarınca yardım alınmasına takaddüm eden bir şart olarak yardım isteyen hükümet:

14. Yardımın etkili şekilde ve yardım alan ülkelerin taahhütlerine uygun olarak kullanıp kullanmadığını izlemek amacı ile Amerika Birleşik Devletleri memurlarının ülkeye serbestçe girişlerini,

15. Birleşik Devletler basın ve radyo temsilcilerinin bu tip yardımların kullanılması ile ilgili olarak serbestçe müşahadelerde bulunmasına ve kapsamlı malumat vermesine müsaade etmeyi,

16. Birleşik Devletler Başkanı'nın rızası olmaksızın, işbu kanun uyarınca devredilen herhangi madde veya malumatın mülkiyet veya zilyetliğini devretmemeyi, böyle bir müsaade olmaksızın, yardım alan hükümetin subayı, memuru veya görevlisi olmayan bir kimse tarafından, böyle herhangi bir maddeden faydalanılmasına veya böyle bir kimse tarafından durumların açıklanmasına müsaade etmemeyi;

17. Birleşik Devletler Cumhurbaşkanı tarafından talep edileceği üzere, işbu kanun uyarınca alınan herhangi bir mal, senet veya malumatın güvenliği için gerekli hükümleri koymayı;

18. İşbu kanun uyarınca borç, kredi, hibe veya başka bir yabancı hükümet tarafından kendisine verilmiş bulunan herhangi bir borcun anaparasını veya faizini ödemek için kullanmamayı;

19. İşbu kanun uyarınca yardım alan ülkede, Birleşik Devletler'in iktisadi yardımının amacı, kaynağı, karakteri, kapsamı, miktarı ve gelişmeleri hakkında ayrıca tam ve devamlı olarak bilgi vermeyi kabul edecektir.

Bu hüküm Türkiye'nin ABD'nin denetimine sokulduğunu gösteren bir başka örnektir: Yardımın nerede ve nasıl kullanıldığını yerinde incelemek amacıyla ABD'nin memurları hiçbir koşula bağlı olmadan ülkeye serbestçe girebilecekler. Türkiye bu memurların statülerini bile saptama yetkisinde değildir. Bunların ajan olup olmadıklarını da araştıramaz. Nerede ve nasıl inceleme yapacakları da belli değildir. Oysa ABD, aynı yasanın 1 / 2 maddesi uyarınca, FBI'ın onayından geçmemiş hiçbir sivil görevliyi gönderemez. Ayrıca, asker personel hakkında da, 19 Mayıs 1926 tarih ve (44) Stat. 5650 sayılı Yasa gereğince onay alınır.

Özetle ABD, Türkiye'ye personel yollarken, kendi ulusal güvenliğinin gereklerini yerine getirir, ama TC Hükümetleri, gelen personel necidir, TC'nin güvenliğine aykırı bir nitelik taşır mı, örneğin bir Ermeni militanı mıdır, Türkiye aleyhine faaliyette bulunan bir örgütle ilişkisi var mıdır, yok mudur gibi ulusal güvenliğinin gerektirdiği bir araştırmayı yapamaz.

Bu personel gelir, rütbesine ya da statüsüne bakmadan, ülkemizde bizim statümüzden daha üst görevdeki memurlarımızı denetleyebilir. Örneğin, yardımın ilk yıllarında, astsubaylar ya da düşük rütbeli subaylar, *uzman* ve *danışman* statüsüyle, bizim üst rütbeli subay ve generallerimize ders vermekle görevlendirilmişlerdir.

Bu, ABD'nin ordumuza bakışını gösterir.

ABD yardımı ABD'nin koyduğu hükümlere göre yapılır ve sürdürülür. Bizim bu konuda kendiliğimizden yani Amerika'ya danışmadan yardımla ilgili düzenleyici hüküm koyma yetkimiz yoktur. Amerika, yardım eden devlet statüsünün üstünlüğünü dayatmıştır. *Veren* el *alan* eden üstündür, deyimini doğrulamıştır. Bunun bir tür aşağılama olduğunu kabul edelim, aksi halde aşağılanmadan kurtulamayız. Kabul edersek daha dikkatli olur, yeni düzenlemelere meydan vermeyiz. Senatör King Robinson ile temsilci Upshow'un sözlerindeki çirkinliğin sergilenmesine sahne olmanın utancını yaşamayız.

Bu maddenin bir başka hükmü de ABD'nin yapacağı "yardımın amacı, kaynağı, karakteri ve miktarı ile gelişmeleri hakkında, ayrıca tam ve devamlı bilgi verme" yükümlülüğü getirilmesidir. Böylece ABD, bu sözde yardım antlaşmasıyla TC'nin asker ve sivil bürokrasisinin, her noktada içinde olmakla kalmıyor, ayrıca istediği ayrıntılı raporlarla, Türkiye'yi tam denetimi altına alıyor.

Bu antlaşmanın Platt Değiştirgesi'nden daha ağır hükümler taşıdığını kabul edelim. Kabul edelim ki, kurtulmanın çaresini arayalım.

TC Hükümeti, 12 Temmuz 1947 Antlaşması'yla bu Kongre Yasası'nı bir iç hukuk kuralı olarak kabul ettiğini anlamamış olamaz mı? Hadi anlamamıştır diyelim; peki antlaşmanın aşağıya aktardığımız 2. maddesinin son paragrafını da mı anlamamıştır? Bu antlaşmayı kabul edenlerden biri, daha 25 yıl önce Lozan'da, kurulacak Türkiye devletinin dışarıdan hiçbir güç tarafından denetlenemeyeceğini kabul ettiren bu devletin kurucularından biri değil miydi? Ve o kurucu, Lord Curzon'ın, "birgün bana geleceksin, bugün aldıklarını birer birer geri vereceksin," sözlerindeki alay dolu tehdidi unutmuş muydu?

İşte o madde ve o hüküm:

"Türkiye Hükümeti, yapılan yardımı tahsis edilmiş gayeler uğruna kullanacaktır. Sorumluluklarının icrası sırasında görevini serbestçe yapabilmesini mümkün kılmak için, bu hüküm misyon şefine ve temsilcilerine, yapılan yardımın kullanılışı ve işleyişi hakkında rapor, malumat ve müşahede şeklinde isteyebileceği her türlü kolaylık ve yardımı sağlayacaktır."

Görülüyor ki, bu hükme göre, misyon şefi, yani Yardım Kurulu Başkanı, Birleşik Devletler Başkanı adına (Kongre Yasası m. 5) Türkiye Cumhuriyeti Hükümeti'ni denetleme hakkına sahiptir. O hak, zaman zaman sınırları aşılarak kullanılmıştır.

Lozan'da bağımsızlığını elde etmek için verilen savaşımın etkisi ancak 20 yıl sürmüş ve Lord Curzon haklı çıkmamış mı? Bu sorunun yanıtını tarihten alalım...

Emperyalizmin Propagandasını Yapmak

Bir başka hüküm, Amerika'nın propagandasını yapma yükümlülüğü getirmektedir. O hüküm şudur:

"Türkiye Hükümeti, bu yardımın amacı, kaynağı, mahiyeti, genişliği ve işleyişi hakkında Türkiye'de tam ve devamlı yayın yapacaktır." (m. 3 / 2)[358]

---

[358] 5123 sayılı Yasa'yla yürürlüğe giren Türkiye'ye Yardım Hakkında Antlaşma'nın ikinci paragrafı.

Yani TC Hükümeti, "Ey Türk ulusu, kendi ulusal varlığımızı, bütünlüğümüzü ve bağımsızlığımızı koruyacak güçte olmadığımız için (Kongre Yasası'nın ilk üç paragrafı ve 12 Temmuz Antlaşması'nın birinci paragrafı) Amerika'ya başvurduk; o da 'Tanrı ondan razı olsun'(!) bizi kırmadı, yardım elini uzattı," diye başlayıp, hergün nereye, ne ölçüde, hangi amaçla yardım edildiğini, halkımıza anlatacaktır. Hükümet ve öteki yetkililer bunu kendilerine iş edinecektir. Çünkü sözleşme bunu gerektiriyor. Böyle bir görevin, her an Amerika'nın propagandasını yapmak gibi bir uğraşın bizi ulusal kimliğimizden soyutlayacağını, onurumuzu hergün sorgulayacak bir statü yaratacağını düşünmediğimiz için kendimizi yargılamayı düşünmedik, düşünenleri de suçladık...

Ne yazık ki, uzun yıllar bu işi başarıyla sürdürdük. Amerika en büyük dostumuz ve müttefikimizdi. Gerçekten sabah akşam her yerde ve her koşulda Amerikan propagandasını yaptık.

İşte o zamanlar sıkça söylenen, "Türkiye Amerikasız olamaz! Türkiye Amerika'dan kopsun da, Sovyetler'e mi sığınsın?" söyleminin kaynağı bu hükme dayanır. Yıllardır kendi kendimizi *ABD'siz olamayız* koşullanması altına almanın ulusal direnci yozlaştıracağını düşünmedik. Amerika'nın bize dost olduğu propagandasının olumsuz sonuçlarını bugün bile yaşıyoruz.

ABD bahsettiğimiz bu antlaşmalarla ve kapsamına girmekle övündüğümüz NATO Antlaşması'yla Türkiye'ye yerleşmiştir. 1954 Askeri Kolaylıklar Antlaşması'ndan başlayarak, Türkiye'de önemli bir askeri varlık konuşlandırmıştır. Bir dönem Türkiye'nin neredeyse dörtte üçü ABD askeri varlığını barındırıyordu. Askeri varlığın, uzun süre bizi olası bir Sovyet saldırısına karşı savunmak için bulunduğunu kabul ederek, kendinden emin olmayan bir konuma getirdiğimizi düşünmemişiz. Ne yazık ki, bunun utancını yıllarca nasıl taşıdığımızı düşünemiyoruz. Bu utancı yaşayarak bizi uyarmak isteyenleri de Sovyet yanlısı olarak suçlamadık mı? Onlar içinde belki Sovyet yanlıları az da olsa olabilir; ama onların *yurtsever* olmadıklarına yargısız infazla karar vermenin ayıbı da bize ait sayılmaz mı? Onları komünist sayarak hainlikle suçlamak, ayrı bir tartışma konusudur.

Johnson'ın ünlü mektubundan sonra başlayan uyanış ve ABD ile yapılan Askeri anlaşmaları tek bir metinde toplama çalışmaları da istenileni tam olarak sağlayamamıştır. ABD yine ana konularda istediklerini elde etmiştir. Özellikle ülkedeki Amerikalıların Türk yargısı önüne çıkarılması yine sağlanamamıştır. 1969 Savunma İşbirliği Antlaşması bu çabaların ürünüdür; ama yeni bir hüküm getirilememiş, dahası bağımlılığımız pekiştirilmiştir.

Tabii Senatör Haydar Tunçkanat'ın (E. Hava Alb.) *İkili Antlaşmaların İç Yüzü* adlı yapıtından, 1954 Askeri Kolaylıklar Antlaşması'nın uygulama örneklerini içeren bir değerlendirmeyi olduğu gibi aktarıyorum:

"23 Haziran 1954 tarihini taşıyan Askeri Kolaylıklar Antlaşması; Türk topraklarının, Amerikan Kuvvetleri tarafından barışta ve savaşta kullanılması için gerekli müsaadeyi vermekte ve 'savunma tesisleri' ve 'kolaylıklar' adları altında, barışta Amerikalılar tarafından Türk toprakları üzerinde üs, tesis ve mevziler kurulması, bunların Amerikan askeri ve sivil personeli tarafından kullanılması kabul edilmektedir. Bu üs, mevzi ve kolaylıkların kumandanları da Amerikalı olup, Amerika'ya bağlıdırlar ve oradan aldıkları emirlere göre hareket ederler. Her ne kadar, bu üs ve tesislere 'müşterek savunma tesisleri' deniliyorsa da; bu, Amerika'nın kendi güvenliğini Türkiye'de kurduğu bu tür askeri üs ve tesislerle daha iyi sağlayacağı nedeniyle, müttefiki olan Türkiye'nin de güvenliğini dolaylı olarak etkileyeceği düşüncesinden hareket edilerek, böyle adlandırılmıştır. Gerçekte bu tesislerin Türkiye'nin güvenliğini tehlikeye soktuğu her geçen gün daha iyi anlaşılmaktadır. Bu tesislerin sadece dış güvenliğini Türk birliklerinin sağlaması ise; bunların müşterek tesis olarak gösterilmeleri yolunda inandırıcı bir gerçek olamaz.

Müşterek kullanılan Adana'daki İncirlik Hava Meydanı'nda da durum bundan farklı değildir. Adana'daki İncirlik Üssü hakkında 6 Aralık 1954 tarihli müşterek talimatta, Türk Hava Kuvvetleri'nin bu meydanı kullanmaları öylesine sınırlıdır ki, İncirlik'teki Türk birlikleri, kendilerini adeta yabancı bir ülkede sanırlar. Türk Hava Kuvvetleri buraya sadece eğitim birlikleri gönderebilir. Bu nedenle o meydandaki

Türk kumandanına verilen unvan, *Atış Bombardıman Okul Komutanı*'dır. Konya ve Diyarbakır'daki av bombardıman filoları, atış için bu meydana geçici olarak giderler. Türk ve Amerikalıların kullanacağı iniş pistleri, hangarlar ve uçak durak yerleri bile ayrılmıştır. Meydandan yapılacak Amerikan uçuşları için Türklerden izin alınmaz ve gelecek uçaklar hakkında bilgi verilmez. Bu meydandan 'ilmi uçuşlar' adı altında yapılan keşif uçuşları ve bunları yapan uçaklar gizlidir; bunların yanına Türkler sokulamaz, uçuşlar ve sonuçları hakkında Türk ilgililere bilgi verilmez.

U-2 keşif uçağının Rusya'da düşürülmesinden önce, 1957 ilkbaharında Hava Harp Akademisi ile Adana İncirlik Üssü'ne yaptığımız bir ziyarette, meydanın Amerikalı kumandanı bize, kantin ve gazinoları gezdirdikten sonra, burasının Amerikan Hava Kuvvetleri'nin nöbetleşe kullandığı, özellikle stratejik bombardıman uçaklarının inip kalkması için yapılmış bir hava üssü olduğunu söyledi ve ilmi keşif uçuşlarından hiç söz etmedi. Biz daha sonra, oradaki Türk meydan komutanına, burada uçuş yapan, kanatları çok geniş ve tekerlekleri olmayan planör gibi bir uçak hakkında bilgisi olup olmadığını sorduk. Türk Komutan; "evet, böyle bir uçak var ve zaman zaman uçuş da yapıyor, fakat biz ne yaptığını bilmiyoruz. Amerikalılar uçuştan biraz önce hangardan çıkarıp pist başına getiriyorlar, oradan havalanıyor. İndikten sonra da hemen hangara sokuyorlar. Bizden kimseyi yanına yaklaştırmıyorlar" cevabını verdi.

'Müfreze 10 - 10' adıyla, bu keşif uçaklarının uçuşta topladığı bilgileri değerlendiren birlikten, bizim kumandanın haberi yoktu. Tesadüf eseri bir gün sonra, bu uçağı bir keşif görevinden dönüşte meydana inerken gördük ve Amerikalılar uçağı doğruca hangara götürüp kapattılar. 27 Nisan 1960'ta Adana'dan kalkarak Rusya üzerinde düşürülen uçak bunlardan biri idi.

27 Mayıs 1960 Devrimi'nden sonra oranın Türk komutanı, 'ilmi uçuş'ların da Türk makamlarına haber verilmesi için uçuş planlarının kendisine bildirilmesini istemiştir. Amerikalılar buna önce karşı koymuşlar, fakat sonra razı olarak, bir kasada saklamak şartıyla, ilmi uçuş planlarını vermişlerse de, Türk - Rus sınırına 100 kilometreden daha

> fazla yaklaşması yasak edilen bu tip uçuşlarda Amerikalıların ve ayrıca Malta'dan aynı maksatla kalkıp Amerikalılarla işbirliği içinde Türkiye'den geçen İngiliz uçaklarının bu yasaklara uymadıkları da bir gerçektir. Çünkü, o tarihlerde Türkiye'de çok yükseklerden uçan bir uçağı izleyebilecek ne bir radar şebekesi, ne de uçağı önleyip geri çevirebilecek bir av uçağı bulunmadığına göre; kontrol de mümkün değildir."[359]

Haydar Tunçkanat, olayları yaşamış, Kemalist bilinçle çalışmış bir yurtsever... Gözlemlerinin doğruluğu yaşamla anlaşılmıştır ama, ABD'nin tuzaklarından kurtulmamız için uyanmamıza yetmemiştir.

Johnson'ın Mektubu ve Uyanış

Bu antlaşmalar, 27 Mayıs sonrası, 27 Mayıs Anayasası'nın getirdiği özgürlük ortamında, toplumun aydın kesiminde tartışılmaya başlanmış; tartışmalar Silahlı Kuvvetler'i de etkilemişti. Özellikle, genç kadro ve ABD'ye gidip gelen, yurtsever duygularla Türkiye-ABD ilişkilerine bakan kesim, Kemalist ilkelere ters uygulamaları içine sindiremiyor, çıkış yolu arıyordu. Bu konuda özellikle Doğan Avcıoğlu'nun yayınladığı *Yön* dergisinin etkisi unutulmamalıdır. Bu arada Kıbrıs olayları nedeniyle Türkiye, soydaşlarına karşı girişilen soykırımın önlenmesi için alınan kararın uygulanmasını engelleyen ABD, kendisine duyulan güveni yitirmeye başladı. ABD 1947 Antlaşması'na dayanarak, bize verilen ABD askeri yardım malzemelerini, kendisinden izin almadan kullanamayacağımızı, Başkan Johnson'ın mektubu ile duyurdu, daha doğrusu kulağımızı çekti. İşte bu olay Türkiye-ABD ilişkilerinde bir dönüm noktası oldu! Bu olay bize, 1947 Antlaşması'nın bağımlılık belgesi olduğunu anlattı. Johnson'ın mektubu bizim uykudaki aymazlarımızın uyanmasını sağlamıştı. Lozan'da genç Türkiye'nin bağımsızlık belgesini imzalatan İsmet Paşa, 1947 antlaşmasına yanlış bakışının faturasını ödüyordu. 1947 Antlaşması'nı, o tarihte doçent olan M. Ali Aybar, *Zincirli Hürriyet*'in 5 Şubat 1948 tarihli sayısında bakın nasıl değerlendiriyordu:

---

[359] Haydar Tunçkanat, *İkili Antlaşmaların İçyüzü*, s. 288-290.

"Amerikan yardımını, bir kez bizi şimdiden istiklalimizden mahrum edeceği ve Amerikan himayesi altına koyacağı için istemiyorum. Yardım şartları malum: ABD Başkanı'ndan tutun da derece derece ta Amerikalı radyo ve gazete muhabirlerine kadar birtakım yabancılar, yardımın yerinde kullanılıp kullanılmadığını kontrol etmek bahanesiyle bizim içişlerimize müdahale edeceklerdir."

Evet, M. Ali Aybar böyle diyor, ama gerçekten bir ulusal kahraman olan ve Lozan'da Lord Curzon'la bir diplomat ustalığı ile pazarlık eden İsmet Paşa, ABD yardımı, daha doğrusu 1947 Antlaşması hakkında bakın ne demişti o günlerde:

"Büyük Amerika Cumhuriyeti'nin memleketimiz ve milletimiz hakkında beslemekte olduğu yakın dostluk duygularının yeni bir örneğini teşkil eden bu sevinçli olayı her Türk candan alkışlamalıdır."[360]

İsmet Paşa yanıldığını, ancak 1964'te anlayacak, Türkiye'ye de anlatmaya çalışacaktı, ama iş işten geçmişti. Emperyalizmin oyunları bizi yeni tuzaklarla sürecekti.

Johnson'ın mektubu, İsmet İnönü'nün, "Amerika'nın sorumluluğuna inanıyordum, bunun cezasını çekiyorum demektir; yeni bir dünya kurulur, Türkiye bu dünyada yerini bulur" sözlerine karşı bir tepkiydi ve "haddini bil" mesajını içeriyordu. Çünkü İsmet Paşa'nın o "Yeni bir dünya kurulur..." umudu, Johnson'ın cevabıyla suya düşecekti.

İsmet Paşa'nın bu sözleri büyük yankı yaratmış, gösterdiği tepki, yurt yüzeyinde ve elbet Silahlı Kuvvetler'de de büyük tepkilere neden olmuştu. Genç subaylar ve yurtseverler, İnönü'nün sözlerini kanıt göstererek çevrelerini etkilemeyi başardılar. İlk uyarı Hava Kuvvetleri'nden geldi. Genelkurmay Başkanlığı, ABD - Türkiye arasındaki antlaşmaların "ulusal çıkarlarımızı etkileyen ve sorunlar yaratan" hükümlerinin gözden geçirilmesini için çalışmalara başlanması emrini verdi. Bu konuyu içeren ve Genelkurmay Başkanı Org. Cevdet Sunay imzalı, 27 Ekim 1964 tarihli yazıyı olduğu gibi aktarıyorum:[361]

---

[360] Attilâ İlhan, *Batı'nın Deli Gömleği*, s. 217.
[361] Bu kitabın yazarı, bu olayları Millî Savunma Bakanlığı Hukuk Müşavirliği'ndeki görevi sırasında izlemiş, zaman zaman da komisyon çalışmalarında görev almıştır.

ÇOK GİZLİ

GENELKURMAY BAŞKANLIĞI KARARGÂHI
ANKARA

İLGİ: Gp. P. P: 0050. 7-64 / P. A.
KONU: Askeri Kolaylıklar

27 Ekim 1964

(   )

1. Kuzey Atlantik Paktı Antlaşmasının 3'üncü maddesine dayanılarak TÜRK ve Amerikan Hükümleri arasında 23 Haziran 1954 tarihinde NATO teatisi suretiyle yapılmış olan Askeri Kolaylıklar Antlaşması ve buna istinaden imzalanan ek Antlaşmalarda, AMERİKAlılara fazla tavizler verilmesi ve AMERİKAlıların verilen tavizleri istismar etmesi dolayısıyla milli menfaatlerin haleldar edildiği ve tatbikatta birçok güçlüklerle karşılaşıldığı Hava Kuvvetleri Komutanlığı'nın 4 Eylül 1964 tarih ve PL. PROG: 3954-251-64 / PL. sayılı yazıları ile bildirmekte ve Antlaşmanın imzaladığı tarihten bu yana Hava Kuvvetleri silah sistemlerinde, meydan tesis ve kolaylıklarının kullanılmalarında büyük değişiklikler olması dolayısıyla mezkur antlaşmanın gözden geçirilmesi teklif edilmektedir.

2. Adı geçen antlaşma, tekmil Silahlı Kuvvetler'i ilgilendirdiğinden, bu antlaşmanın Kara ve Deniz Kuvvetleri Komutanlıklarının, kendi sahalarına giren hükümlerinde, yapılmasını uygun gördükleri değişiklik veya ilaveler hakkında mütalaalarının alınması uygun görülmüştür. Bu sebeple Kara ve Deniz Kuvvet Komutanlıklarının esbabı mucibeli mütalaaları ile tekliflerinin bildirilmesini rica ederim.

Gereği için.
DAĞITIM:
KKK. lığına,
Dz. K. K. lığına,
Hv. K. K. lığına

Org. Cevdet SUNAY
Gen. Kur. Bşk.

Bilgi:

Emir, *çok gizli* kayıtlıydı, ama Silahlı Kuvvetler'de yankılandı. Çalışmalar, daha bir coşku ve bilince kavuştu. Ne var ki *gizlilik* kaydı, çalışmaları ABD'nin öğrenmesini engelleyemedi. Haydar TUNÇKANAT'ın *İkili Antlaşmaların İçyüzü* adlı yapıtından aktardığımız aşağıdaki belge, ABD'nin çalışmaları öğrendiğini ve Türk Genelkurmayı'nı sorgulamaya başladığını gösteriyor:

22 Kasım 1965 tarihli "Gizli" Belge:

"Washington'daki Ordu Karargâh Dairesi'nin İstihbarat Başkan Yardımcısı Ofisi" başlığı olan bu belge; *Gizli* damgası ve *1-A* işaretiyle belirtilen en ileri öncelik derecesini taşınmaktadır.

"İstenen bilgilerin acele öğrenilerek en geç 20 Aralık 1965 tarihine kadar Washington'a ulaştırılmasını emrediyor.

"Belgenin, 1. İSTENENLER kısmında, Türk Genelkurmayı'nın Avrupa'daki Amerikan üslerinin verilmesiyle *(ilgili hükümetçe nasıl verildiği / -E.D.)* ilgili şartları araştırmakta olduğu, bilgi olarak verildikten sonra:

a. Böylece bir teşebbüsün gerçek olup olmadığı,

b. Avrupa'daki Amerikan üslerinin veriliş şartlarını öğrenme hareketini kimin başlattığı,

c. Bu hareketin sebeplerinin bildirilmesi,

Ankara'daki Amerikan Kara Ataşesi'nden isteniyor. 'Bilgi' için Amerikan Merkezi İstihbarat Teşkilatı CIA'e, Yunanistan'daki Amerikan Kara Ataşesi'ne ve ARMA adlı teşkilata veriliyor. Yol göstermesi veya kılavuzluk için, Atina'daki Soruşturma Merkezi'ne, *(Burasının Türkiye'den Yunanistan'a gidip gelen Yunan asıllı ajanların sorguya çekildikleri yer olması muhtemeldir / Haydar Tunçkanat'ın notu)* birer kopya gönderilmiştir."[362]

---

[362] Haydar Tunçkanat, agy., s. 297-300.

Türkiye artık uyanıyordu... Bu tartışmalar sürerken Dickson Raporu, ABD'nin Türkiye'ye bakış açısının belgesi olarak gündeme geldi. ABD'nin bize bakışını ve yardımın içyüzünü öğrenmeye başlamıştık. Ulusça uyanıyorduk! Ama, Amerika peşimizi bırakacağa benzemiyordu. Atlantik ötesinin başlattığı sorgulama, bunun kanıtıydı.

ABD bu uyanışı hoş göremezdi, ama tartışmalara istediği yönü vererek, 1969 Ortak Savunma İşbirliği Antlaşması'nın, geçmişte kazandığı tartışmalı ayrıcalıkları koruyan sözleşme taslağını komisyona sundu; kabulünü ve imzalanmasını sağladı. Bu belge ya da sözleşme 1954 Antlaşması ve eklerinin değişik anlatımlarla yinelenmesinden başka bir yenilik getirmiyordu. Silahlı Kuvvetler'deki genç kadronun bağımlılıktan kurtulma çabaları, sözde kalmıştı..

Bu antlaşmayla ilgili düşüncelerimi, 1969 yılında *Millî Savunma Bakanlığı Hukuk Müşaviri* iken, bakanlık katına yazılı olarak sunmuştum. O sunuşta bakanlık görüşü olarak açıkladığım düşünceler, yapıtın ekler bölümünde tam metin olarak okuyucuya sunulmuştur. Bu düşüncelerimde özetle;

-Antlaşma taslağındaki kimi hükümlerin, TC'nin egemenlik haklarını zedeleyeceği, olumsuz sonuçlar yaratacağı;

-"Ortak savunma tesisleri" olarak adlandırılan üs ve tesislerin, kuruluş nedenleri, genişletilmesi ya da faaliyetten alıkonulmaları, işletilmeleri, bilgilerin toplanması ve değerlendirilmesinde, gerektiğinde harekât emirlerinin verilmesinde, Türkiye'nin hiçbir etkinliğinin olmadığı; karar ve uygulamanın tamamen ABD yetkililerinde bulunduğu;

-Türkiye'nin silahlı bir saldırıya uğrayacağı varsayımıyla kurulduğu savlanan tesislerin, gerçekte ABD'nin çıkarları için kurulduklarının anlaşıldığı,

-Tesislerin Türkiye'ye ait olduğu, söyleminde de bir aldatmaca olduğunun belirlendiği,

-Eğer öyle olmasaydı, işi bittiğinde ABD'nin bunları TSK'ya *bedeli karşılığında vereceği*nin, antlaşmada yer almaması gerektiği,

-Bunları işletmenin özel bilgi ve deneyim istediği, oysa Türk personelin böyle bir bilgi birikimi olmadığı, bu nedenle, işletmenin tarafımızdan denetleneceğine ilişkin hükmün de aldatmayı amaçladığı; kaldı ki Türk askerinin tesislerde güvenlik bekçisi gibi görüldüğü; tesislerde asıl işlevin ABD'li komutanın emrindeki bölümde olduğu,

-Bu bölüme de Türk askerinin giremeyeceği açıklanmıştır.

Sonuçta, bu koşullar altında, tasarının kimi hükümlerinin Türkiye'nin gerek ülke bütünlüğü, gerek egemenlik haklarını korumak bir yana, ulusal çıkarlarımıza zarar getireceğini; önerilerin yeniden müzakere edilmesini önermiştim.

Ne yazık ki, önerilerim kabul edilmedi. Amerika'ya, *elini veren kolunu kurtaramaz* atasözünün anlamını bilerek yaklaşmak gerektiği bir kez daha anlaşılmıştı.

Eisenhower Doktrini ve Dolaylı Saldırı Antlaşması

Hani bir söz vardır çözümü güç sorunlar için, "dört bir yandan bağlanmış" denir. ABD-Türkiye ilişkilerinde tek bağ yoktur, sayısız bağ vardır. ABD bizi dört bir yandan bağlamıştır. Onlardan biri de, 7480 sayılı Yasa'yla 1960 tarihinde yürürlüğe giren, 28 Temmuz 1958 tarihli Londra Antlaşması'na göre 5 Mart 1959'da imzalanan antlaşmadır.

"Türkiye Cumhuriyeti ile ABD Hükümeti Arasında İşbirliği Antlaşması" olarak anılır.

Bu antlaşma ile bir kez daha "Ulusal bütünlüğümüzün, ABD'nin Ulusal Çıkarları ve Dünya Sulhu İçin" önemi vurgulanarak, güvenliğimizin ABD Başkanı'nın öngörü ve kararına bırakıldığı görülür.

Antlaşmanın "giriş" bölümünden şu üç paragrafı birlikte okuyalım:

"24 Şubat 1955 tarihinde Bağdat'ta imzalanan Karşılıklı İşbirliği Paktı'nın 1. maddesi gereğince, bu antlaşmayı imzalayan tarafların emniyet ve müdafaaları için işbirliği yapmayı kararlaştırdıklarını ve yine aynı şekilde yukarıda zikri geçen beyannamede ifade olduğu üzere, Amerika Birleşik Devletleri Hükümeti'nin DÜNYA SULHU[363] nef'ine (yararına) emniyet ve müdafaaları için işbu beyannameye katılan hükümetlerle işbirliğinde bulunmayı kabul ettiğini nazarı itibara alarak;

Karşılıklı İşbirliği Paktı azalarının yukarıda zikri geçen Beyannamede müşterek emniyetlerini korumak ve doğrudan doğruya veya bilvasıta tecavüze mukavemet etmek hususundaki azimlerini beyan etmiş olduklarını nazarı itibara alarak;

Amerika Birleşik Devletleri Hükümeti'nin 24 Şubat 1955 tarihinde Bağdat'ta imzalanmış olan Karşılıklı İşbirliği Paktı'nın başlıca komitelerinin çalışmasına iştirak ettiğini de kaydederek aşağıdaki hususlarda anlaşmışlardır...''[364]

ABD, önceki antlaşmaları da burada anarak yineliyor. Nedeni bunlardan herhangi biri, şu ya da bu nedenle yürürlük yönünden ya da başka nedenlerle tartışmaya açıldığında, burada yinelenerek yaşama geçirilmek istenmiştir. Bu bir tuzaktır, ancak tuzak olduğunu anlamak için yurtseverlik bilinci gerekir.

Bununla bitmiyor, güvenliğimizin nasıl bozulacağı, antlaşmanın birinci maddesinde ele alınıyor ve deniliyor ki:

"Türkiye Hükümeti tecavüze mukavemete hazırdır. Türkiye'ye karşı tecavüz vukuunda, Amerika Birleşik Devletleri Hükümeti, talebi üzerine Türkiye Hükümeti'ne yardım etmek için, karşılıklı olarak üzerinde anlaşmaya varılabilecek[365] şekilde ve Ortadoğu'da sulh ve istik-

---

[363] Dünya Sulhu, gerçekte Pax Americana'dır. Çünkü dünya barışı, Amerika'nın istediği ve dayattığı "barış"tır. Elbet Amerikan çıkarları için en iyi ve doğru olan bu olacaktır.

[364] Antlaşmayı yürürlüğe koyan 7480 sayılı Yasa, Düstur (TC yasalarının kodifiye edildiği yayın) c. 40, s. 1024. Ayrıca bkz. Prof. Dr. Fahir Armaoğlu, *Belgelerle Türk-Amerikan Münasebetleri*, Türk Kültür ve Tarih Yüksek Kurumu Yayınları, 1991, s. 258 vd.

[365] ABD'nin Ortadoğu'daki önemli bir çıkarının savunulması ya da son Irak Harekâtı'nda olduğu gibi Türkiye'nin stratejik üs olarak kullanılması gerektiğinde, bu antlaşma uygulamaya konulacak ve ABD askerinin çağrılması için yapılacak sözleşmeye işaret etmek-

rarı idameyi istihdaf eden Müşterek Karar Sureti'nde derpiş edildiği veçhile, Silahlı Kuvvetler'in kullanılması da dahil olmak üzere, Amerika Birleşik Devletleri'nin anayasasına uygun *her türlü harekete*[366] girişecektir."[367]

Hani olayda ya da söylemde istenmeyen bir noktaya gelindiğinde iyi anlamak, anlatmak ya da reddetmek için derler ya; "Orada dur!".. Evet bu noktada durup maddeyi bir kez daha okuyalım;

Bu hükmün yalın anlamı şu olmalı: Türkiye Hükümeti, bir tecavüz (ki, bu biraz sonra açıklayacağımız gibi dolaylı saldırı olabilir ya da bölgede Amerika'nın çıkarları tehlikeye düşer) ya da tehditle karşılaştığında ABD'yi yardıma çağırabilecektir. Yani Amerika'nın askeriyle topraklarımıza gelerek yapacağı yardımının koşulu, antlaşmaya göre Türkiye'nin de tehdide hedef olması ve bu nedenle ABD'nin yardıma çağırılmasıdır.[368]

---

tedir, ki bu hükme dayanarak son Irak saldırısı öncesi, Türkiye'nin bir stratejik ve lojistik üs olarak kullanılması düşünülmüş, konu ABD'nin çağrılması için TBMM'nin gündemine alınmıştı.. Hükümet tezkeresi TBMM'nin 1 Mart 2003 tarihli oturumunda reddedilmişti. Eğer bu tezkere kabul edilmiş olsaydı, tezkerenin kabulünden önce, Güneydoğu'da önemli bir alana yerleşmeye çalışan Amerikan askerinin, bir daha bu topraklardan kolay kolay çıkmayacağını söylemek kehanet sayılmamalı. Çünkü bu, Amerika'nın bir ülkeye yerleşme taktiğinin en eski uygulamalarından biridir. ABD'nin bu oyunla Türkiye'ye yerleşeceği, kamuoyunun genel kanısıdır. Küba olayı bunun ilk örneğidir.

366 Bu "her türlü hareket" gibi tehlikeler içeren söylemin anlamı, Amerika'ya hele kendi hukukuyla, anayasasıyla da geldiğinde, istediği düzeni kurmasına, bir başka deyimle ülkemizin işgaline izin vermektir.. Bunu imzalayanların ve hâlâ yürürlükte tutanların suç işlediğini kamuoyunun bilgisine iletmek, yurttaşlık borcudur. Ancak bunu, devleti tüccar gibi işletmek zevki içinde çabalayanların anlayacağını sanmıyorum.

367 Bu anlaşmanın bir başka tehlike içeren hükmü, güvenliğimizin ABD'ye bırakılmasıdır. Uygulamada ABD Başkanı'nın kararlarına teslim ediliyoruz demektir. Ne yazık ki, bunun Küba'ya uygulanan Platt Değiştirgesi'nden daha ağır sonuçlar doğuracağı düşünülmemiştir.

368 Son Irak Harekâtı öncesi, Amerika Irak saldırısı için Türkiye'de [eskilere ek olarak] yeni stratejik ve lojistik üsler kurmak isterken, ABD Türkiye'nin tehdit altında olduğunu sık sık dile getiriyordu. Bu bağlamda da olası bir füze saldırısının karşılanması için Patriot füze kalkanları getirilip Güneydoğu'da belli yerlere konuşlandırılmıştı. TBMM, Amerika'nın Kuzey Irak'a asker sevkiyatına izin vermek için sunulan tezkereyi kabul etmiş olsaydı, Amerika Türkiye'yi stratejik ve lojistik üs olarak işgal edecekti. Böylece, 8 Mayıs 1960 tarihinde TBMM'de kabul edilen 7480 sayılı Yasa ile yürürlüğe giren "Türkiye Cumhuriyeti ile ABD Hükümeti Arasında İşbirliği Antlaşması"nın uygulanma

Anılan antlaşmanın 4. maddesi, 28 Temmuz 1958 tarihli Londra Deklerasyonu'na göndermede bulunuyor. Londra Deklerasyonu, 14 Temmuz 1958'de Irak'ta Baas Partisi'nin gerçekleştirdiği darbe üzerine 15 Temmuz 1958 tarihinde ABD'nin Türkiye'ye bilgi vermeden Lübnan'a ve İngiltere'nin 17-18 Temmuz'da Ürdün'e asker indirmeleri üzerine yapılan toplantıda hazırlanmıştır. Bu eylem, Eisenhower'ın 5 Ocak 1957 tarihinde Kongre'ye sunduğu "Ortadoğu'da İngiltere ve Fransa'nın terkettiği nüfuz bölgelerinde ABD'nin yer alması ve bu bölgedeki Sovyet sızmalarının, gerekirse Amerikan askeri varlığı ile önlenmesi" kararının uygulamaya konulmasıdır.

Bu, *'Eisenhower Doktrini'* olarak anılır. Irak İhtilali'nin bir ara, Türkiye Cumhuriyeti'nin o dönem sorumlularınca askeri işe karışmasıyla önlenmesi düşünülmüşse de, böyle bir serüvene girişilmesi önlenmiştir. Sözü edilen antlaşma, Ortadoğu'da, ABD'nin uygun gördüğü statüyü bozacak eylemleri ve sosyal uyanışı önlemek amacıyla hazırlanmış ve imzalanmıştır.

Antlaşmanın 2. maddesi, ABD'nin o tarihe kadar yapılan antlaşmaları ve bundan sonra yapılacak antlaşmaları da kapsayan bir anlatımı içerir ve ulusal bağımsızlık ve bütünlüğümüzün korunması bir kez daha ABD yardımına bağlanır.

Özetle bu antlaşma, bir kez daha, ABD'nin Ortak Güvenlik için öngördüğü önlemleri alma sözüyle güvenliğimizi tehlikeye atıyordu ki, bu tehlikeyi yaşayarak gördük. Bu maddenin hükmü ile, 1947 Antlaşması genişletmiş oluyor. *Eisenhower Doktrini,* daha sonra, yeni eklemelerle *Johnson Doktrini'*ne dönüşecektir.

Johnson Doktrini

Öteden beri sivil ve asker kesimdeki bürokrasi kademeleri, yardım programları çerçevesinde Amerika'da eğitilen ve böylece Amerikan ideolojisini benimseyen görevlilerin elindedir. Bu nedenle kamu ke-

---

olanağı doğacaktı. Hiç kuşku duyulmasın ki bu, Türkiye'nin işgali demekti ve Tanrı bizi korudu, Amerika'nın işgalinden şimdilik kurtulduk.

simi ve dahası özel kesimde, hizmetin hazırlanışından başlayarak, her noktada emperyalizmin etkileri ve yöntemleri, bu görevlilerce uygulanır. Bu konulara önceki bölümlerde değinilmişti.

1961 Anayasası'nın getirdiği özgürlükçü ortamda, ülke sorunlarının daha gerçekçi ve bilimsel açıdan değerlendirilmesi, 1961 Anayasası'nın sosyal bir düzeni içeren hükümlerinin bir özlem ve istem olarak kitleleri sarması karşısında, ABD, Türkiye'deki uyanıştan daha çok kuşkulanmaya başladı. Çünkü, 1956'da Rockefeller Grubu'nun hazırladığı bir raporda yer alan, önce Eisenhower Doktrini'ne ve sonra Johnson Doktrinine kaynaklık eden görüşler incelendiğinde görülür ki, azgelişmiş ülkelerdeki reformcu düşünce ve eylemleri, ABD, kendisi için sakıncalı bulmaktadır. Bu raporu birlikte okuyalım:

"Bizim güvenliğimizi sadece açık saldırılar tehdit etmiyor. Bu açık saldırılar yanında, ondan daha tehlikeli, fakat saldırı görünüşünde olmayan başka cins tehditler de vardır. Bu tehditler; içerden yapılmak istenen değiştirme ve dönüşümlerdir. Bu maskeli saldırılar, bazen iç harp şeklinde, bazen ihtilalci hareket şeklinde, bazen demokratik akımlar ve reform hareketi biçimlerinde karşımıza çıkmaktadır. Bu anlamda Yunanistan bize birinci örneği, Vietnam ikinci örneği ve nihayet Ortadoğu olayları üçüncü örneği verdi."

Bizim amacımız, bu ve buna benzer akımları önlemek olmalıdır. Bu akımlar, dikkatleri üzerine çekecek dereceye geldiklerinde, o vakit bizim izlememiz gereken iki yol vardır. Gerek bizim, gerekse komünist olmayan diğer dünya devletlerinin güvenliğini sağlamak için; mahalli kuvvetler ve akımlar tarafından sıkışık durumda bırakılmış olan dost hükümet ve rejimlere silahlı yardımlar yapmak zorunluluğunu duymalıyız. Bu zorunlulukla yapılacak askeri müdahale, ne klasik askeri stratejiye uymakta ne de geleneksel diplomatik müdahaleye benzemektedir."

"Bu askeri müdahalenin kendine özgü bir biçimi ve niteliği vardır."[369]

---

[369] M. Fahri, agy., s. 297-298. Burada sözü edilen "... askeri müdahale ne klasik askeri stratejiye uymakta ne de geleneksel diplomatik müdahaleye benzemektedir. Bu askeri mü-

Johnson Doktrini daha sonra bu ilkeler üzerine Prof. Rostow tarafından oluşturulacaktır. Bu doktrine Galula'nın "Ayaklanma Kuramı"[370] kaynaklık edecektir. Çokuluslu şirketlerin, azgelişmiş ülkeleri en çok bu yolla etkiledikleri ve denetimleri altına aldıkları görülüyor.

ABD'nin özellikle ulusalcı düşünce, ulusal bilinç ve ulusal kurtuluş eylemlerini hedef almıştır. Johnson Doktrini'ni kuranlardan Prof. Rostow'a göre:

"Bütün ulusal kurtuluş hareketleri komünist olmaya mahkûmdur. Bu sebeple ezilmelidir. Bunların önlenmesi, ABD'nin dünya yüzünde duruma el koyabilmesine bağlıdır."

John Mc Dermot, kuramın açıklanmasında, "teorinin ilk hedefi ve koşulu, ABD'nin azgelişmiş ülkelerdeki hegemonyasının artırılmasıdır" der ve görüşlerini şöyle sürdürür:

"Ulusal kurtuluş hareketlerinde, gerilla metotlarına başvurarak silaha sarılan milliyetçiler yok edilmelidir. Silaha sarılmakla onların alınyazısı çizilmiştir; isterse, anti-komünist fikirlerle yola çıkılmış olsun..."[371]

Şubat 1966'da Güney Vietnam Devlet Başkanı ve Başbakanı'nı Honolulu'da karşılarken yaptığı konuşmada Johnson der ki:

"Eğer komünist mütecavizler Vietnam'da kazanırsa, *Kurtuluş Savaşı dedikleri müdahale* yoluyla, Kore'de açık tecavüz, Filipinler, Yunanistan ve Malezya'da ayaklanmalar, Türkiye'de tecavüz tehdidi veya dünyanın herhangi bir yerinde seçimlerle elde edemediklerini yapabilecekleri inancına kapılacaktır."

---

dahalenin kendine özgü bir biçimi ve niteliği vardır" söylemi, yukarıda açıklanan anlaşmaya işaret ediyor.

[370] "Ayaklanma, bir memlekette bir partinin politikasını her manada takip etmektir, diyebiliriz. Ayaklanma normal bir harp değildir, politikanın diğer bir anlamda devam ettirilmesidir. Çünkü bir memlekette ayaklanma, ayaklananların zor kullanmaya başlamasından önce başlayabilir. Bu, *sosyal değişim*dir." David Galula, *Ayaklanmaları Bastırma Hareketleri - Teori ve Tatbikatı*, Genkur. Bşk.lığı Yayınları, 1965, s. 10.

[371] M. Fahri, agy., s. 310.

Sözleşmelerin Tuzağında...

Şu halde, ulusal kurtuluş hareketleri ezilmelidir. Ulusal kurtuluş doğrultusunda, emperyalizme karşı çıkma eğilimdeki her eylem önlenmelidir. Eylemciler isterlerse, "anti-komünist fikirlerle yola çıkmış olsunlar."[372]

Bu tarihte, Türkiye'de sonradan "terörist ya da anarşist olaylar" diye nitelenen bir olay yoktur. Peki, Johnson'ın sözleri arasındaki "Türkiye'ye tecavüz tehdidi" ne amaçla söylenmiştir? Johnson'ın ileri görüşlülüğü mü vardı? Yoksa bu sözlerle, uygulanacak bir plan mı açıklamaktaydı?

ABD'nin bir gerçeği -*1961 Anayasası'nın sosyal düzeni öngören niteliğinin halkın özlemi olduğu gerçeğini*- saptadığı için, 1961 Anayasası'nın uygulanmasını önleme amacıyla konuştuğunu düşünüyorum. 12 Mart ve 12 Eylül'de o anayasanın değiştirilmesi rastlantı değildir. O anayasa uygulanmış olsaydı, bugün Avrupa Birliği'ne kabul edilmemiz için verilen ev ödevlerinin bazılarına gerek kalmayacak; Türkiye, Atatürk'ün işaret ettiği çağdaş uygarlık yolunda kendi gücüyle yol alacaktı. Ama böyle bir Türkiyede, Amerika'nın her dediğini yapmayacaktı. Olayları bir de bu görüş açısından irdelemeyi düşünelim.

Jonhson belki de, "Türkiye'ye tecavüz tehdidi" sözleriyle bu özlemi hedefe almıştı. Dickson Raporu da aynı doğrultuda, Türkiye'deki uyanışın gelecekteki etkilerini ve alınacak önlemleri sergilemekteydi. Johnson'ın sözleri, o zaman basınımızda da yankılandı. Zamanın ana muhalefet partisi (CHP) Genel Sekreteri Bülent Ecevit, *Kim* dergisinde Johnson'ı şu sözlerle eleştirmişti:

"Başkan Johnson'a bu vesileyle şunu da hatırlatabilmek yerinde olurdu. Bu tutumla Amerika, müttefiklerinde ve Kurtuluş Savaşı veren veya kendi içlerinde hürriyet mücadelesi yürüten topluluklarda ya da herhangi bir iç meseleyle karşılaşan ülkelerde, güven değil, ancak bir huzursuzluk ve tehlike unsuru olabilir."[373]

---

[372] David Galula, agy., s. 20.
[373] *Kim* Dergisi, Mart 1966, s. 15.

335

Türkiye, ne yazık ki o tarihten sonra huzursuzluklar içine itilmiş, huzur ve güven arayışı, halka tek dava olarak dayatılmıştır. Johnson'ın sözlerinin, 12 Mart'ların ve 12 Eylül'lerin habercisi olduğunu, çok geç ve çok acı deneylerle öğrendik.

ABD Üsleri: İncirlik 1993

Önce bir haber başlığı...

> ## "Amerikalı, kovulmaktan korkuyor!"

İyi mi? Birden şaşırıyorsunuz. Amerikalı, Türkiye'den kovulmaktan korkuyormuş! Elbet yalnız "İyi mi?" diye sormazsınız, "Ne iyi! Acaba kovabilir miyiz?" dersiniz. Eğer haberin ciddiliğine inanıyorsanız, "Ne iyi, sonunda Amerikalı'yı korkutmaya başlamışız!" der, övünürsünüz kendi kendinize!

Haberin başlığındaki sözlerde ne denli ciddilik aramalı, bilemiyorum. Ama, ABD'nin Savunma Komisyonu Başkanı Patricia Schröder'in bizimle alay ettiği kesindi. Söyleşinin tümü okunduğunda yanılmadığımız anlaşılıyor; yani ABD, bayan başkan yardımcısının diliyle bizimle düpedüz alay ediyordu. Haber 10 Nisan 1993 tarihli *Milliyet* Gazetesinde yayınlandı. Gökhan Eren, ABD'nin Savunma Komisyonu Başkanı ile Türkiye'ye gelişi ve üslerle ilgili bir söyleşi yapar. Söyleşi haberinin alt başlığı şöyledir:

"Türkiye'nin ABD üsleriyle ilgili yeni müzakere yapmak istemesinden tedirgin olan ABD, Kongre üyesi ve Savunma Komisyonu Başkanı. Demokrat Partili Patricia Schröder'i Ankara'ya yolladı."

Gökhan Eren, Schröder'e sorar:

"Türkiye'yi ziyaretinizin amacı nedir?"

Schröder:

"Biz, Türkiye dahil olmak üzere, askeri üslerimizin bulunduğu bütün ülkeleri ziyaret ederek ihtiyaçlarını öğrenmek istiyoruz. Türk yetkililer, Türkiye'de bulunan ABD üsleri ile ilgili olarak tekrar tekrar müzakereye başlamak istediklerini belirttiklerinde telaşa kapıldık, 'acaba bizi ülkeden atmak mı istiyorlar' diye düşündük."

Daha sonra sorulan bir soruya verilen yanıt, bu sözlerin ciddiye alınmaması gerektiğini gösteriyor. Schröder'in Eren'in, Çekiç Güç'le ilgili sorusuna verdiği yanıt doyurucu değildir. Gökhan Eren soruyu şöyle yineler:

"İncirlik'teki ABD güçlerine güvensizlik var, İncirlik'ten kalkan ABD askeri uçaklarının PKK teröristlerini beslediği şeklinde dedikodular çıktı, bu konuda herhangi bir görüşme yapacak mısınız?"

Schröder'in yanıtı ABD'nin bize bakışını da ele veriyor:

"Doğrusu bizim hayal gücümüz o kadar geniş değil, Biz hiçbir zaman bu tür dedikoduların nereden kaynaklanmış olabileceğini keşfedemedik, çünkü oradaki görevimiz tamamen açık: Iraklı Kürtleri Saddam'dan korumak. Bunun dışında gizli bir planımız yok. Belki de, bizim İncirlik'teki komutanlarımız, bu konuya açıklık getirmekte geciktiler. Bunu da öğreneceğiz.."

Bayan Başkan'ın son tümcesi ilginçtir: "Ama, ABD niye bu bölgede *daha fazla* kargaşalık yaratmak istesin."

Önceden dediğimiz gibi, bu sözlerin diplomatik zırhını çıkardığınızda "çıkarılan kargaşanın amaca ulaşmak için yettiğinin" vurgulandığı anlaşılır. ABD'li Bayan Başkan PKK'ya yardım edildiğini, ne yadsıyor, ne de kabul ediyor. Türkiye'de politik sorun yaratan Çekiç Güç'ün, sözleşmelere aykırı ve belgelenmiş uçuşlarından, ABD Savunma Komisyonu Başkanı'nın bilgisiz olması düşünülemeyeceğine göre, demek istediği şudur:

"Bu, gizli planlarımızın kapsamındadır, fazla ileri gitmeyin."

Sözleri açık değil mi? Evet, biz bu sözleri, geçmişteki kimi olaylar nedeniyle karşılaştığımız tavırlara bakarak böyle yorumluyoruz.

Bayan Başkan, İncirlik'le ilgili olarak da şu değerlendirmeyi yapar:

"İncirlik Üssü zaten son derece önemli bir konuma sahip. Herhangi birinin üslerin yerini değiştirmek gibi bir plan yaptığını zannetmiyorum."

Görülüyor ki Schröder, gerektiğinde çok açık konuşabiliyor. Bu sözlerin ardındaki gerçek de şudur:

Kimse İncirlik'e dokunamaz. Çünkü İncirlik'in statüsü 1954'te saptanmıştır ve incelendiğinde görülecektir ki, ABD bu tarihte elde ettiği ödünleri hiç yitirmemiştir. 1954 Antlaşması ise, böyle ağır sonuçlar doğuracak bir konuyu içeren antlaşmalarla değil, nota alışverişiyle yapılmıştır.

Bir Bağımlılık Belgesi: 1980 - SEİA

1940'larda girdiğimiz emperyalist tuzakların uzantılarından biri de, *1954 Askeri Kolaylıklar Antlaşması* ve bunun uzantılarıdır. Bunların sonuncusu *1980 Savunma ve Ekonomik İşbirliği Antlaşması* (SEİA)'dır. Antlaşma 29 Mart 1980'de imzalanmıştır, 5 yıllıktır. Ama süre sonunda ABD, "Müttefiki Özal" eliyle süreyi yeniden uzatmış, yeni düzenleme her yıl ertelete ertelete bugüne gelinmiştir. Özal için "ABD'nin en büyük müttefiki" deyişi boşuna değildi! SEİA gibi bir bağımlılık belgesi üzerinde açılacak tartışmaları önlemek ve böylece toplumsal tepkiye neden olmamak, emperyalizmin politikalarına alet olmaktan başka nedir ki?

ABD Başkanı Clinton neden "büyük müttefikimiz Turgut Özal'ın ölümü büyük kayıptır"[374] demiştir?

Ufuk Güldemir, Özal'la ilgili değerlendirmesinde der ki:

"Özal, iktidarının ilk günlerinden itibaren, Amerika'nın Türkiye'de işbaşında kim olursa olsun bildiğini okumaya devam edeceği değerlendirmesini yapmış ve bunun zararlarını azaltmanın tek yolunun ABD ile kayıtsız şartsız iyi geçinmek olacağını düşünmüştür."[375]

---

[374] Ufuk GÜLDEMİR, *Teksas-Malatya,* Tekin Yayınları, 1993, s. 95.
[375] aynı yerde.

Elbette bu da bir politikaydı, adı da *'teslimiyetçilik'*ti. *Teslimiyet,* Özal'ın karşısında olduğu ve bittiğini söylediği Kemalist sisteme uygun olmadığı gibi, Kemalist sistem yok edilmedikçe de, Özalcı politikalar toplumun geniş kesiminde tepkiye karşılanacaktı.

27 Mayıs sonrasında ve özellikle Johnson'ın mektubuyla Türkiye - ABD ilişkileri üzerine başlayan tartışmaların Silahlı Kuvvetler'e yansıması sonucu, antlaşmaların ele alınması Silahlı Kuvvetler'de öne çıkarılmış ve 1964'te başlayan çalışmalar sonunda, "Askeri Kolaylıklar Antlaşması", 1969 Temmuz'unda yeniden düzenlenerek imzalanan "Ortak Savunma ve İşbirliği Antlaşması" olarak yinelenmiştir. Antlaşma, 26 Mart 1976'da bu kez "Savunma İşbirliği Antlaşması" adıyla düzenlenmiş, ABD bu anlaşmayı Senato'dan geçirmediği için, uygulanmamıştır. Ancak ambargo döneminde 1969 Antlaşması uygulanmıştır.

ABD'nin Türkiye'ye ambargo uyguladığı yıllarda üsler çalışmıştır. 1976 Antlaşması, kamuoyuna, üs kavramının yaratıldığı tepkiyi önlemek için olsa gerek, "tesis" olarak sunulmuş ve Savunma amacıyla kurulan tesisler, "Türk Silahlı Kuvvetleri'nin kendi tesisleri" olarak nitelenmiştir. Antlaşma "Tesisler Türk Komutan'ın yönetimindedir. Türk Makamlarının denetimindedir" söylemiyle sunulmuştur kamuoyuna. Oysa bu açıklamalar gerçeğe aykırıydı, ama yöneticiler kamuoyu baskısı ile ABD arasında kalmışlardı. Çünkü ikili anlaşmalar ve 1969 Antlaşması *Hürriyet* Gazetesinde Cüneyt Arcayürek tarafından açıklandığında, toplumun tepkilerine yol açmış, Amerikan karşıtı büyük gösterilere neden olmuştu. Kamuoyunun bu tür yalanlarla uyutulması, gerçeklerin toplumdan saklanması, bizi bugünlerin açmazıyla karşı karşıya getirmiştir.

1980 Antlaşması da, 1954'ün yinelenmesi olan 1969 Antlaşması'nın yeni bir kopyasıdır. Bu bağlamda, önceki anlaşmalardan ayrı bir statü doğmuş değildir. 30 Mart 1980 tarihli *Milliyet* Gazetesinde Nilüfer Yalçın, anlaşmayı şöyle sunar:

"12 üs üzerinde ABD'ye savunma önlemlerine katılma izni verildi"

339

Haber, Türkiye ile ABD arasında yapılan yeni 'Savunma ve Ekonomik İşbirliği Antlaşması'nın (SEİA) 29 Mart 1980'de Ankara'da imzalandığını; anlaşmanın TBMM'ye gizli bölümleriyle birlikte sunulduğunu içerir. Demirel, başbakandır ve Türkiye 12 Eylül'e yol almaktadır.

Bu haberle ABD, 12 Eylül'e yol açmak için toplumdaki karşıtlarına mesaj vermekle kalmamış, askerin gönlünü almak istemiş olmalı. "Ortak Savunma" adıyla anılan üslerin gerçekte yalnız ABD'nin çıkarları ve Ortadoğu'ya yönelik stratejik amaçları için kurulduğu bilinirken, Türkiye'nin Amerika'ya üslerden yararlanma ve "ortak savunma önlemlerine katılma" izni verildiğine ilişkin sözlerinin doğru olmadığını söylemeliyiz. Bu ve bunun gibi, toplumu aldatmaya yönelik söylemlerle mesaj vermenin yanlışlığının görülmediği düşünülmemeli. Böyle bir açıklama, öte yandan ABD'nin yönetim üzerindeki baskısının kanıtı olacaktır. Bu gerçeklere karşın haberin veriliş biçimi kendimizle alay etmek, kendimizi küçültmek sayılmaz mı? Kaldı ki, günümüzün çetrefilleşen sorunlarının temelinde bu tür gerçekdışı söylemlerin olduğu gizlenemezken...

Sadece bir kavram üzerinde düşünmek bile yeter, büyük yalanı anlamaya. Bu, sık sık yinelenen "Ortak Savunma" kavramıdır! Şu soruların yanıtı arayalım önce. ABD ile neyin ortak savunmasını yapıyoruz, yapacağız? Hangi ortak çıkarımız vardır? Eğer öyle ise, yani ortak çıkar ve yararlarımız varsa ve ABD, Türkiye'nin yararlarını bu ortaklık içinde düşünüyorsa, bizi neden kendi çıkarlarının bekçisiymişiz gibi görüyor? Silahlı Kuvvetlerimizin modernizasyonu için *"elden gelen(!) her türlü gayreti göstereceğini"* (Sözleşme Md. 3) söylerken, ABD'nin çıkarları ile ilgili hükümlerde neden "(...) göre yürütecektir" şeklinde kesin hüküm konuluyor? [örneğin, Temel antlaşma, md. 4 son paragraf, md. 5 / 2, 3, 4 ve 5. paragraflar, 7. md. vb. hükümler]

İncelendiğinde görülecektir ki, bu antlaşma da öncekiler gibi, Türkiye'yi bağımlılaştırma zincirinin halkalarından biridir. Yürürlüğe girdikten sonra Haziran 1980'de *Demokrat* Gazetesinin bu sözleşmeyle ilgili benimle yaptığı -o günlerde 12 Eylül'e açılan yolun kilometre taşlarının nasıl dizildiğine, bugünlere uzanan program hazırlıklarına ve bağımsızlığımıza konulacak ipoteğe işaret eden yorumlarımı içeren bir söyleşiyi, tarihe not düşürmek için buraya aktarıyorum:

Savunma ve Ekonomik İşbirliği Antlaşması (SEİA) - 1980

Soru: *Ortadoğu'da genel gelişmeler ışığında ABD'nin Türkiye'den beklediği nelerdir?*

M. Emin Değer: Sorunuzu yanıtlarken önce Ortadoğu'nun önemi üzerinde durmalıyız. Bilindiği gibi Ortadoğu, dünyanın en stratejik petrol yataklarının bulunduğu bölgedir. Ayrıca Orta Asya'ya açılan kapıdır. Bunlar ABD'nin bölgeyle olan ilgisini anlatmaya yetecektir.

ABD bu denetimi, günümüzde (1980) Avrupa ile Sovyetler'e karşı "ortak savunma politikası" kavramı içinde gösterip, NATO sözleşmesine dayandırmak istemektedir. İran İslam Devrimi, ABD özel sektörünün Basra Körfezi'ndeki çıkarlarını etkilemiştir. ABD özel sektörü, büyük ölçüde işletme hakkına sahip olduğu Basra Körfezi dışındaki petrol yataklarının da elden çıkmasını istemez. Bir yıl öncesine değin, İran, Türkiye ve Arap Yarımadası'nı içine alan stratejik bir üçgenden söz edilirken, bugün (1980) İran'daki gelişmenin İslam dünyasındaki etkilerinin ABD emperyalizminin Ortadoğu'daki güvenlik halkalarını koparmaya başladığı görülmektedir. ABD buna izin veremez. 1965 yılında ABD Dışişleri Bakanlığı'nın çıkardığı *Bülten*'in 695. sayfasında şöyle denilmektedir:

"Sadece Kuzey Amerika ile ya da Batı ile ya da Kuzey Atlantik Topluluğu (NATO) ile sınırlandırılmış savunma taktiklerinin artık güven ve refah sağlamayacağını biliyoruz. Dünya çok küçülmüştür, toprak ile, su ile, atmosfer ile, bunları kaplayan uzay ile, yani dünyanın tümü ile ilgilenmeliyiz."

Bu sözler, emperyalizmin değişmez ilkesini işaret eder. Birincisi, emperyalizmin dünya egemenliği hedefidir. İkincisi, birinci hedefe bağlı olarak ya da bu amacı gerçekleştirmek için kurduğu güvenlik örgütlerinin yetmezliğini ve yeni güvenlik kuşakları kurmak gerektiğini dünyaya duyurmaktır.

ABD'nin Türkiye ile ilgilenmesi sadece Türkiye'nin kendi konumuna, sorunlarına bağlı değildir. Ya da gayrı milli işbirlikçi burjuvazinin deyimi ile, "ABD bizi dost olarak gördüğü" için bizimle ilgilenmemektedir. Bize yapılan yardım, güvenliğimiz, gelişmemiz, çağdaş uygarlık düzeyine ulaşmamız için değildir. Eğer gayrı milli burjuvazinin söyledikleri doğru olsaydı, 30 yıldır yardım gören Türkiye'nin Silahlı Kuvvetleri, bugün yeniden yardıma muhtaç durumda kalmazdı. Eğer halka yutturmak istedikleri yalan değil gerçek olsaydı, Türkiye ekonomisi iflas içinde olmazdı. Eğer ABD bize, çıkarlarımızı ön plana alarak yardım etmiş olsaydı, ambargo uygulamazdı. İran olayları ve Ortadoğu'daki emperyalizm aleyhine gelişmeler olmasaydı, ambargonun kaldırılmasını daha çok beklerdik. ABD emperyalizmi, son gelişmeler karşısında (Haziran 1980) Türkiye'nin yeniden kazanılması için politika üretmektedir. Ama bu demek değildir ki, Türkiye'ye Türkiye için yaklaşılmaktadır. ABD, Ortadoğu'da kaybettiği İran'ın yerini onun kadar dolduracak bir ülke istemektedir (Bu noktanın üzerine basarak yineliyorum. Çünkü Türkiye hiçbir zaman Şah'ın İran'ı kadar ABD'nin buyruğunda olmamıştır). ABD'nin Şah sonrası yitirdiği Basra Körfezi denetimini güvenceye bağlaması gerekmiştir; Türkiye bu rol için uygun görülmektedir. Batılı basına yansıdığı kadarıyla Amerikan çıkarlarının Ortadoğu'daki yeni güvenlik halkası *Türkiye-İsrail-Mısır Üçgeni* olacakmış.

SEİA ve Model Arayışları

İşte tam bu sırada Savunma ve Ekonomik İşbirliği Antlaşması (SEİA) gündeme yerleşti. "24 Ocak Kararları"yla ekonomi Turgut Özal'a teslim edilmişti. Anayasa ve rejim için sistem arayışları basında tartışmaya açıldı. Sonradan anlaşıldı ki bunlar, ABD'nin güvenlik zincirlerini koruyacak yeni bir sistemin ön çalışmalarıymış.[376]

---

[376] Bu söyleşinin yapıldığı günlerde (Haziran 1980) ABD yanlısı *Yeni Forum Dergisi* ve *Tercüman Grubu*, sonradan 1982 Anayasası olarak kabul edilen anayasanın ilkelerini içeren çalışmaların içindeydi.

Aslında anayasayı değiştirme çabaları 1965'ten sonra hep gündemdeydi. Rejime yönelik oluşu, girişimcileri duraksatıyordu. 1979 başlarında fısıltılarla tartışılırken büyük sermaye ve ABD'nin onayıyla 1980'de gündeme alınması ve SEİA ile birlikte anayasanın da değiştirilmesi gereği, tartışmanın ötesinde, bir dergi ve gazetenin oluşturduğu komisyonda ete kemiğe kavuşturulacaktı.

Basına sızan haberler, çalışmaların toplumsal muhalefeti sınırlayacak bir sistem arayışı üzerinde durulduğuna ilişkindi. Öte yandan, Türkiye-Amerika ilişkileri muhalefetin sert tepkisiyle gizliliğini yitirmiş, basında tartışılır olmuştu.[377] Oysa 1950'lerde ve 1960'larda gizlilik içinde sürdürülen Türkiye - ABD ilişkileri ve sohbetlerde kararlaştırılan üs (tesis) verme ilişkileri; Türkiye'de bu toprağın her noktasına sahip çıkan toplumsal muhalefetin tepkileri nedeniyle, artık kapalı kapılar ardında yürütülemiyordu. Türkiye'de hükümetler 27 Mayıs öncesi gibi ABD'nin istemlerini gizlilik içinde değil, açıktan tartışmanın çıkmazında, ilişkileri kamuoyuna açıklamak zorundaydılar. 30 Mart 1980'de imzalanan ve basına açıklanan Türkiye - ABD Savunma ve Ekonomik İşbirliği Antlaşması'nda (SEİA), Türkiye lehine hiçbir hüküm ve kazanım elde edilememişti, ama hükümet, bu anlaşmayı muhalefetin baskılarıyla kamuoyuna açıklamak zorundaydı.

27 Mayıs Anayasası, toplumsal muhalefetin ve solun zaferiydi. İşte bu nedenle ABD ve güdümündeki çevreler, Türkiye'deki rejim değişikliğiyle, solun ve toplumsal muhalefetin sesini kısmayı hedeflemişlerdi. Toplumsal muhalefeti yıllar önce ezme girişimi, 12 Mart'ta anayasa değişikliğiyle denenmiş, ancak başarıya ulaşılamamıştı. O halde sadece anayasayı değiştirmekle yetinilmemeliydi. Rejim kökten değiştirilmeliydi. İşte Demirel'in gayrı milli burjuvazi adına, emperyalizmin direktifleri doğrultusunda uyguladığı taktiğin amacı buydu. Ulusal bilinçten yoksuncasına utanmadan açıklanan, ülkeyi Batı sermayesine açma girişimleri, ülkeyi emperyalizmin denetimine vermeyi amaçlıyordu. Çünkü sermaye, girdiği yerde kendisi için güvenlik isteyecektir.

---

[377] 12 Eylül darbesi bu amaçla gerçekleşmiş ve amaçlanan o tepkisiz toplum yapısını yerleştirmiştir.

Bu güvenliği elbet kendi düşüncesi ve denetimi doğrultusunda sağlamak isterdi. Batı sermayesine açılan Türkiye'nin, güvenlik yönünden de emperyalizmin denetiminde olması kadar doğal ne olabilirdi?

Hedef belliydi, yeter ki hedefin önündeki engeller kaldırılsın. Sistem şimdi bunun arayışı içindeydi.

Bir de şu önemli noktayı vurgulamalıydık: ABD, Ortadoğu'da kendi kendine yetebilecek gelişmiş bir Türkiye istemezdi. Çünkü böyle bir Türkiye, Ortadoğu'da güç dengesini altüst etmekle kalmayacak, tüm gelişmekte olan geri bırakılmış ülkeler için örnek durumuna geçecekti. O nedenle ABD, Türkiye'nin kendisine sürekli bağımlı kalmasını öngörmekte haksız sayılabilir miydi?

Kısaca ABD, Ortadoğu'daki çıkarlarının bekçiliğinde, sürekli kendisine bağımlı, çıkarları için kullanabileceği bir Türkiye modeli oluşturma çabasındaydı. Kısaca ABD'nin güvenini kazanacak model ya bulunacak ya da yaratılacaktı.

Soru: *Bu antlaşma, Türkiye'ye ne gibi haklar ve yükümlülükler getirmekte, Türkiye açısından ne gibi sakıncalar taşımaktadır?*

M. Emin Değer: Türkiye - ABD İlişkileri, İkinci Dünya Savaşı sırasında başlamış ve 1947 Antlaşması ile ilk kez resmi kimliğe bürünmüştür. 1950 sonrası hükümetleri de, Türkiye'yi tam anlamıyla emperyalizm tuzağına atmışlardır. Denilebilir ki Türkiye, 30 yıldır emperyalizmin tuzağındadır. Kanımızca ABD'nin 1947 yılında sağladığı ve 1950'lerden sonra geliştirdiği çıkara dayalı ilişkiler, ABD açısından hiçbir sakınca yaratmamıştır. ABD, Türkiye'de 1975'ten önce nelerden yararlanıyorsa, 1975'ten sonra gizli de olsa aynı olanaklardan yararlanmıştır. Bunların ABD'ye dayanan resmi açıklamaları her zaman yapılmaktadır. Yalnız 1975'den sonra ABD'nin Türk Silahlı Kuvvetleri ile olan ilişkilerinde bir gerileme yaşanmıştı. Kanımızca antlaşma; bu gerilemeyi durdurmayı, ondan da öte ilişkileri, NATO'nun Ortadoğu'daki gelişmeler açısından üstleneceği görevleri de kapsayacak biçimde geliştirmeyi amaçlamaktadır. Antlaşma bir temel ve üç tamamlayıcı antlaşma metni ile, uygulama anlaşmaları demeti halindedir.

Antlaşmalarda "iki hükümet arasındaki güven ve işbirliğini arttırmak amacı ile" deyimi sık sık yer almakta; "egemen eşitlik"ten söz edilmekte ve "dünya barışına böylece katkıda bulunulduğu" vurgulanarak "barışın, yeterli bir savunma düzeni ile sağlanabileceği" ileri sürülmektedir.

Temel anlaşmanın giriş bölümünde, "Kuzey Atlantik Antlaşması (NATO) alanının güvenlik ve savunmasına ilişkin yükümlülüklerin bilinci içinde" deyimiyle önceki anlaşmalarda bulunmayan yeni bir kavram yer almaktadır. Bu kavramın açık anlamı şudur: 'ABD, Türkiye'deki üsleri, bu anlaşmaya dayanarak herhangi bir Ortadoğu Harekâtı'nda kullanabilecektir.'[378] Antlaşma, ABD'ye bu hakkı vermektedir. Ortadoğu'daki gelişmeler Kuzey Atlantik Antlaşması alanının savunmasını tehlikede sayacak nitelikte görülebilir. NATO'nun son toplantılarında bu konu dile getirilmiştir. Ayrıca 7480 sayılı Yasa'ya göre, Türkiye bir tehditle karşılaştığında ABD'yi yardıma çağırabilir. Bu koşullarda da kendi hukuk düzeniyle yardım adıyla gelir yerleşir Türkiye'ye. Bu yasayla yürürlüğe girecek anlaşmanın tehlikeli sonuçlara açılacak uygulamaya neden olacağı düşülmüyor.

ABD, bu anlaşmaya dayanarak Türkiye'deki üsleri daha rahat kullanacağından, herhangi bir Türkiye Hükümeti, üslerin ve öteki ABD teşkilatlarının kullanılmasını engelleme görüntüsü içinde olmayacaktır. Çünkü, NATO Bakanlar Kurulu ya da NATO'nun yetkili organları Arap Yarımadası'ndaki, İran'daki ya da Basra Körfezi'ndeki herhangi bir olayı "Kuzey Atlantik Antlaşması alanının güvenlik ve savunması" için sakıncalı gördüğü an, Türkiye bu karara uymak zorundadır. Kanımızca, antlaşmanın getirdiği en ağır yükümlülük ve bağımlılık burada aranmalıdır.[379] ABD'nin Türkiye'den beklentilerinin en önemli bölümü de buradadır.

---

[378] ABD'nin 1991 Körfez Harekâtı'nda bu üsleri kullandığı, son Irak saldırısında da kullanmak için sergilediği girişimler anımsandığında, 1980'de yapılan bu söyleşideki öngörümüzün doğrulandığı görülmektedir.

[379] ABD, 1990 Körfez Bunalımı sırasında NATO ülkelerini yanına almış ve üsleri böylece kullanmıştır.

345

Doğal olarak ulaşılan bu nokta, gelecekteki Türkiye Cumhuriyeti Hükümetlerinin elini kolunu bağlamaktadır."[380]

Temel antlaşmanın birinci maddesindeki hüküm, geçmiş uygulamalar ve biraz sonra sunacağım bir belge ile birlikte değerlendirildiğinde daha iyi anlaşılır.

Bu hükme göre; "taraflar ekonomik ve sosyal gelişimlerini artırmak için egemen eşitlik ve karşılıklı yarar temeline dayanarak işbirliğini sürdüreceklerdir."

Şimdiye kadarki uygulamalar göstermiştir ki, bu karşılıklı ilişkiden Türkiye hiçbir yarar sağlamamıştır. Eğer sağlamış olsaydı, NATO yetkilileri, "Türk Silahlı Kuvvetleri'nin savaşamaz durumda olduklarını" söylemezlerdi. Eğer sağlamış olsaydı, 30 yıldır yardım gören Türk ekonomisi bugünkü (1980) batağa saplanmazdı. "Egemen eşitler" deyimlerinin de ne anlama geldiğini geçmiş uygulamalarda gördük. Johnson'ın İnönü'ye yazdığı mektuptaki direktif ve ambargo olayları, *egemen eşitlik* ifadelerinin aldatma olduğunu göstermiştir.

Sosyal ve ekonomik ilişkilerin amacı ise, resmi bir yayınımızda, *Ortadoğu Amme İdaresi Enstitüsü*'nün yayımladığı *"TC Devleti Teşkilatı Rehberi-1972"*de şöyle yer almıştır:

"Birleşik Amerika'daki hür müesseseleri yaşatmanın, ancak bütün dünyaya şamil bir hürriyet davası içinde mümkün olabileceği inancı ile; azgelişmiş memleketler halklarına, kendi kaynaklarını geliştirmek, hayat standartlarını iyileştirmek ve sorumluluklarını anlamış idareler kurmalarını sağlamak üzere kendi kaynaklarını harekete geçirme çabalarına sosyal ve iktisadi alanlarda, ABD'nin diğer görevli teşkilatı arasında, yardımda bulunmaktır."

Temel anlaşmanın 2. maddesindeki şu hüküm, anlaşmanın ne ölçüde ciddi olduğunu ve gerçeğe dayandığını anlatmaya yeter: "Sağlam

---

[380] Gerçekten öyle olmuş ve 1991 Körfez krizinde ve Çekiç Güç'ün son faaliyetlerinde ABD, İncirlik Üssü'nü istediği gibi kullanmıştır.

bir savunmanın sağlam bir ekonomiye dayandığı gerçeğini kabul ederek..."

Yalnız savunma değil, ülkenin varlığının sağlam bir ekonomiye dayandığı bir gerçektir. Ancak Türkiye'nin, ABD emperyalizminin tuzağında geçen yıllardan sonra ulaştığı bugünkü konumu, iflas etmiş ekonomisiyle savunmasının hangi ölçüde sağlam olacağı gerçekten düşünülmeye değer. Şu halde diyebiliriz ki, savunmamız hiçbir zaman sağlam olmayacaktır da sağlam olmak için bir desteğe gereksinilmektedir. Bu destek de emperyalizmin desteği olmamalıydı. ABD emperyalizminin desteği hangi koşullarda vereceği Devlet Teşkilatı Rehberi'nden alınmış, AID'nin kuruluş amacını belirleyen sözleşmede açıklanmıştır.

Görülüyor ki; bize yapılacak yardımın amacı bellidir: Birleşik Amerika'daki hür müesseseleri yaşatmak! Yani "Birleşik Amerika'daki hür müesseseleri yaşatmak için, Türkiye'de sorumluluklarını anlamış idareler kurulmasını sağlamak" gerekir. Bu sorumluluğun kime ve nereye karşı olduğu bellidir. Amaç, dünyaya egemen olmak isteyen, dünyayı değil, uzaya bile el koymak isteyen tekelleri yaşatmaktır.

ABD Ne Kadar Ciddidir?

Antlaşmanın 3. maddesi, "iki hükümet arasındaki karşılıklı güvenlik ve işbirliğinin güçlendirilmesi amacı ile Birleşik Devletler Hükümeti (...) savunma malzemesi, hizmetleri ve eğitimi sağlamak için *elinden gelen her türlü çabayı* gösterecektir," hükmünün gerçek anlamı ciddiyetten uzak, tam bir oyalama, dahası aldatma taktiği niteliği taşımaktadır. Bu nedenle Amerika'nın öteden beri politikasını oturttuğu ikiyüzlülüğünün belgesidir. Çağımızda, bırakın uluslararası anlaşmaları, özel işlerde bile neyin, nasıl ve hangi yöntemle yapılacağının önceden saptandığı düşünülürse, bu "elinden gelen çabayı" gösterecek hükmünün uygulama alanının ne denli sınırlar taşıdığı anlaşılır.

Bu hükmün uygulanmasında, Türkiye Cumhuriyeti, ABD'ye "benim savunmam için şunlar şunlar gereklidir, önemi nedeniyle şu tarihe değin sağlanması gerekir" diyecek; Amerika, "İnceleyeyim, eğer olanağı varsa sağlarım" yanıtıyla karşılayacak. Evet, Türkiye bu sözleşmeye dayanarak, ABD'den savunma yardımı isteyecektir. ABD de, bu hükme dayanarak, "sağlamak için elimden geleni yapmaya çabalıyorum," diyecektir. Çünkü sözleşmeyle "elinden geldiği kadar çabalamaya" söz vermiştir. Geçmişte olduğu gibi, bu kez de "Ben seni çok seviyorum dostum, sen söyle aslansın, böyle kaplansın, ama çabama karşın sonuç alamıyorsam kusur bende değil. Kongre'ye söz anlatmak güç. Ben bu sözleşmenin hükmü gereği *elimden gelen çabayı* gösteriyorum" diyerek sözleşmeye uymuş olacaktır. Görülüyor ki, bu sözleşmenin ulusal savunmamıza kurulmuş tuzaktan başka bir anlamı yoktur.

"Yardım sağlamak üzere elinden gelen her türlü gayreti göstermeyi taahhüt eder" ibaresi bir numaralı tamamlayıcı anlaşmanın 1. maddesinde de var. Yukarıda da değindiğimiz gibi, bunun anlamı açıktır. ABD, istediği zaman, istediği kadarını verecektir. Vermek istemedikleri için tekrar, "elinden gelen çabayı gösteriyorum, ama olmuyor" diyecektir. Böylesine, devlet ciddiyetinden uzak hükümlere imza atan sorumluların Türkiye'yi taşıdıkları ortam, günümüzde ABD'nin oyuncağı olmuş bir sistemi yaratır. Bu sözleşme ne yazık ki bugün de yürürlüktedir.[381]

Sözleşmelerdeki en ilginç ve ciddiyetten uzak deyimlerden biri de şudur: "Türkiye Cumhuriyeti Hükümeti, ABD Hükümeti'nin, belirli Türk Silahlı Kuvvetleri Tesislerinde müşterek savunma tedbirlerine katılmasına izin verir."

Oysa yardım, anlaşmaya göre ulusal savunma için değil, ortak savunma içindir. Ortak savunma için bile TSK'nın modernizasyonu gerekir. İşte ABD bunun için bize yardım edeceğini sözleşme ile kabul etmiş görünüyor ama "elinden geldiği kadar"... Bu durumda, Ortak Savunma'nın da bir aldatma olduğu anlaşılmıyor mu?

---

[381] Sözleşmenin yürürlükten kaldırılması için, taraflardan birinin yani ABD ya da Türkiye'nin, bir yıl önce bu iradelerini belirtmeleri görekir. Sözleşme birer yıllık sürelerle tarafların irade beyanı olmadığı sürece yürürlükte kalacaktır. Beyanda bulunduktan sonra da bir yıl yürürlükte kalır. Ortadoğu'da yeni bir düzen kurmak isteyen ABD'nin sözleşmeyi feshetmesi düşünülemeyeceğine göre, sözleşme yürürlüktedir.

İşte bu hüküm, gerçek anlamda büyük bir amaç saptırmasının belgesidir ve bir milletin onuruyla alay etmektir. Herkes bilmektedir ki, Türkiye'deki üs ve tesisler ABD kuruluşlarıdır. Bunun da ötesinde, sözleşmenin öteki hükümleri ile bu hüküm tam bir çelişki halindedir. Şimdi bu çelişkileri saptayalım:

Üsler *(Tesisler)* ABD'nindir...

3 numaralı tamamlayıcı anlaşmanın tümü incelendiğinde şu sonuçlar çıkar:

Üsler (tesisler) ABD'nindir. Neden mi? Eğer bunlar TC'nin iseler ve biz kullanmak için onlara izin veriyorsak, sözleşme sonunda ya da sözleşmenin bozulması halinde, TC Hükümeti'ne verilmesi gerekir. *"Eğer ABD, bizim üslerimizi kullanıyorsa kullanma ücreti olarak ne ödüyor?"* sorusu sorulmuyor. Eğer bir bedel ödenmiyorsa, sözleşmedeki ABD'ye tanınan kullanma hakkı nedir? 3 numaralı tamamlayıcı sözleşmenin 7. maddesinin 2. paragrafındaki şu sözler ne anlama gelir:

"Bu tür taşınmaz malların Birleşik Devletler tarafından kullanımının sona ermesinden sonra, kullanım hakkı Türkiye Cumhuriyeti Hükümeti'ne geçecek ve varsa bakiye değeri, geçmiş uygulamalar dikkate alınarak karşılıklı mutabakat ile tespit edilecektir." Yani ABD, üslerde bize ait her şeyi kullanacak, bunun için bir bedel ödemeyeceği gibi; sonunda kullandığı araç ve gereci Türkiye Hükümeti'ne satacaktır. Bundan önceki sözleşmelerde bu hüküm daha açıktı. Bu kez biçimsel bir davranışla, sözde bu üsler / tesisler ve mallar, "Türkiye Cumhuriyeti Hükümeti'nindir, Türkiye Cumhuriyeti Hükümeti, ABD Hükümeti'ne kullanmak hakkı lütfetmiştir" anlamındaki söylemlerle kendimizi aptal yerine koymaya kalkışmak nasıl yorumlanmalı, bilemiyorum

Yalnız araç ve gereçle kalmıyor parası ödenecek konular. Aynı maddenin son cümlesi şöyledir: "Söz konusu mallara, temel tesisat sistemleri ve binalara sürekli olarak eklenmiş veya yerleştirilmiş diğer sabit eşya da dahil olacaktır."

Şimdi sormak gerekir; bu tesisler, TC Hükümeti'nin değil miydi? Biz kullanım hakkını ABD'ye vermemiş miydik? O halde, hangi nedenle sözleşme sonunda bu malzemeyi parasını ödeyerek bize devrediyorlar? Evet, bu soru sorulmalı ve yanıtı alınmadan da bu sözleşme parlamentodan geçmemelidir.[382]

3 numaralı tamamlayıcı anlaşmanın 9. maddesi, tehlikeli bir amaç taşımaktadır. Bu maddeye göre, NATO Savunma Planlarını destekleyen ek eğitime ait usuller tespit edilecektir. Bu hükme göre, ABD'nin gelecekte başka alanları da bu sözleşmeye dayanarak yapılacak protokollerle kullanma olanağı sağladığı görülmektedir. Bu madde hükmüne göre ABD, kendi çıkarları doğrultusunda İncirlik ve söz konusu faaliyetlere hizmet edecek sivil ve askeri havaalanlarının kullanım hakkını da elde etmiş olmaktadır. Bu hükümle ayrıca "bu faaliyetlerle ilgili olarak" gemilerin Türkiye'nin herhangi bir limanına (sözde, hükümetin izin vereceği) girme hakkı da tanınmaktadır.[383]

Uygulama aşamaları incelendiğinde, ABD üs/tesislerinin kimin malı olduğu, hangi amaca göre ve kimlerin emri altında çalıştığı daha iyi anlaşılmaktadır.[384]

Bir Aldatma: ABD Bayrağı Sorunu

Öncelikle bir konunun altını çizmek istiyorum. Hani şu sağ basının, "tesislerde bundan böyle Türk bayrağı dalgalanacaktır" safsatası var ya, işte bu konuyu anlatacağım. Tesislerde Türk bayrağı dalgalanması bir hikâyedir, bir aldatmadır.

---

[382] Haziran 1980'de *Demokrat* Gazetesi'yle yapılan söyleşide belirttiğim bu çarpık mantık, Amerika'yla ilişkilerimizin fotoğrafı gibidir. Bir halk deyimi vardır: *"Kim okur, kim dinler mihri vefayı?"* Evet, o gün bugün aymazlık sürüyor. Kimse "Yahu neler oluyor?" diye soramıyor, sormuyor.

[383] Bu hükmün uygulanışına 2003 yılı Ocak ayında tanık olduk. İkinci Körfez Harekâtı öncesi, 2003 Ocak ayında Irak Harekâtı için kuzeyden Irak'a girecek Amerikan askerlerinin Türkiye'de konuşlandırılmaları için yapılan protokolün bu hükme dayandığı anlaşılmaktadır. Bu protokoller *Modüs Vivendi* olarak değerlendirilmiştir.

[384] Bu söyleşiyi yaptığım tarihte dikkat etmediğim önemli bir konuya işaret edeceğim. Uygulamada, bu üsler ve kimi tesisler önce NATO'nun ve bu bağlamda ABD'nin çıkarlarına hizmet etmişlerdir. Bu nedenle hem Amerika'nın hem de NATO üyesi devletlerin güvenliği için bizim topraklarımızı kullananların bize borcu vardır. Bunun bir politika gereğinden çok ekonomik sorun olduğu unutulmamalıdır.

Üç numaralı tamamlayıcı anlaşmanın 3. maddesinin 5. paragrafı, "Tesisteki Birleşik Devletler Kuvvetleri'nin karargâhında Amerikan bayrağı çekilebilir," hükmünü taşır.

Kaldı ki, her tesis ve üsteki asıl unsur, o tesisin can damarı olan yer, Amerikan personelince işletilen yerdir. Yani bu yer Pirinçlik Tesisi'ndeki Gözleme ve Dinleme Yeri'dir. Yani bu yer, İncirlik Üssü'ndeki her türlü istihbarat ve harekât merkezleridir. Ve bu bölümlere Türk personel giremez. Bu yerlerin işletilmesi doğrudan doğruya ABD personeline aittir. Türkiye Hükümeti, emperyalizme karşı gani gönüllü olduğu için, buraları ABD'ye terk etmiştir(!). 3 numaralı tamamlayıcı anlaşmanın 3. maddesi Türk Komutanı'nın güvenlikle ilgili konularda yetkili olduğu; Birleşik Devletler subayının ise, "kendi kuvvetleri ve münhasıran bunlar tarafından kullanılan teçhizat, malzeme ve yerler üzerinde komuta ve kontrolu icra edecek, aynı zamanda bunların güvenliğini sağlayacak faaliyetlerin ve bu anlaşmanın ruhuna ve hükümlerine uygun yürütülmesini sağlanacağı" hüküm altına alınmıştır. Ayrıca, iki komutanın işbirliği edecekleri alan da belirlenmiştir. Bu işbirliği; "tesisteki faaliyet ve teknik işletmenin hükümlerine uygun olarak yürütülmesi" doğrultusunda olacaktır.

Türk Askeri, Güvenlik Bekçisidir...

Bu sözlerin anlamı şudur: Güvenlik konusunda, yani tesisin dış güvenliği konusunda kuşkuya düşen ABD, Türk komutana, "güvenlik sağla" diyecektir. Ancak, Türk komutan tesisin ana unsurunun işletilmesinden sorumlu olmayacağı için, ABD'li komutana herhangi bir konuda bunu şöyle yap diyemeyecektir.. Bu görüşümüzü, aynı maddenin 2 ve 3 numaralı paragrafları doğrulamaktadır.

Hele bilgilerin paylaşılması ile ilgili bir madde var ki, teknolojik gelişmemiz ve düzeyimiz göz önüne alınırsa, 3 numaralı anlaşmanın 2. maddesinin 2. paragrafının nasıl uygulanacağı anlaşılamaz.

Tesisteki araç ve gerecin her zaman en son teknolojik gelişmeye göre değiştirilmesinin de söz konusu olduğu sözleşmede, Türk perso-

351

nelin yetiştirilmesi de, ABD'ye ve onun keyfine bırakılmıştır. 3 numaralı anlaşmanın 2. maddesinin 1. paragrafı bu konuyu düzenler:

"Bu işbirliğinin amaçlarına uygun şekilde Birleşik Devletler Hükümeti, Türk personelinin eğitimine imkân sağlayacaktır."

Peki, kaç personele, ne ölçüde, ne zaman imkân sağlayacaktır. Yani ABD'nin keyfi istediği zaman istediği kadar personele eğitim imkânı sağlanacaktır. O zamana değin ABD, tesisleri istediği gibi istediği amaç için kullanacaktır. Biz, kullanmak bir yana, niçin ve hangi amaçla kullanıldığını denetlemekten bile yoksun kalacağız.

ABD'li Müteahhit ve Yargı Hakkı - Yargı Yetkisi

Bu antlaşma ile "ABD'li müteahhit" deyimi gündeme gelmektedir. ABD'li müteahhidin, ABD'li işçilerin ve bunların yakınlarının (kayınvalideleri ve kayınbiraderleri gibi) NATO Kolaylıklar Antlaşması hükümlerine göre suç işlemeleri halinde yargılanmaları, ABD makamlarına ait olacaktır. Yani Türkiye Cumhuriyeti, burada görevli hiçbir ABD uyruğuna egemenlik hakkının olmazsa olmazı olan yargı erkini uygulayamayacaktır.

Bir bağımsızlık savaşının utkusu üzerine kurulan Cumhuriyet'in çocuklarına, emperyalizmin üs ve tesislerinin kapılarında nöbet bekletmek, egemenlik hakkının temeli olan yargı hakkını kullanmamak, kanımızca utançların en büyüğüdür. Kendilerine, "Atatürkçüyüm" diyenlerin, bu sorunlar karşısında yeterli girişimi göstermemeleri sistemin değil, insanın yozlaştığını göstermektedir. Evet, bu gidiş sistemin de yozlaşmasına altyapı oluşturmaktadır.

Uygulama Antlaşmalarından İncirlik Tesisi - gerçekte üssü - ile ilgili bölüm ABD'ye şimdiye kadar elde etmediği yeni haklar sağlamaktadır.

İncirlik Uygulama Antlaşması'na ek "Adana Askeri Terminal Kontrol Sahası İçinde Hava Trafik Hizmetlerine Ait Usuller" başlıklı anlaşmanın tanım maddesi şöyledir: "Adana Askeri Terminal Kontrol

Sahası, Merkezi İncirlik Tacı'nın oluşturduğu yarıçapı 50 deniz millik saha olup, İncirlik Hava Üssü'nü ve Adana Sivil Havaalanı'nı içerir."

Bunun anlamı şudur:

"Gerektiğinde, 50 deniz millik yarı çaplı alan içinde ABD her türlü askeri önemli alır ya da aldırır."

Çünkü söz konusu olan bu yarı çaplı dairenin merkezindeki üssün güvenliğidir.

Örneğin, güvenliğe aykırı olduğu gerekçesi ile sanayi tesislerini durdurabilir. Her türlü hasadı engelleyebilir, ulaşımı durdurabilir.

Altına 'egemen eşitler' sözcükleri ile imza koyduğumuz belge, işte böylesine bir bağımlılık belgesidir.

Tesislerden elde edilecek bilgiler hakkında ABD'nin vereceği üç aylık raporlarları inceleme ve denetim yapma olanağınından da yoksunuz. Bu raporların neleri içerdiğini bilecek teknik personeli ABD yetiştirmediği sürece, ABD'nin iradesine teslim edilmiş bulunuyoruz.[385]

ABD, istediği personeli, amacına uygun malzemeyi kendisince gerektiği zaman Türkiye'ye sokabilecektir.

Görülüyor ki, Türkiye Cumhuriyeti Hükümeti, Türkiye halkının tüm kararlılık ve bilincine karşın, böyle bir anlaşmayı imzalamış, parlamentoya sunabilmiştir.

TBMM'ye düşen tarihi görev, bu bağımlılık anlaşmasını, hükümetin suratına çarpmak olmalıdır. Ancak böylece gerçek milliyetçi ve Atatürkçülerin kimler olduğu anlaşılacaktır.

Bu arada Türkiye yurtseverlerine, devrimcilerine ve solcularına düşen tarihsel görevler vardır. Egemenlik haklarımızı geçersiz kılan tüm

---

[385] Ortak Savunma için çalışma izni verilen ve sözde bize ait olan üsler ve tesislerdeki çalışmaların ve elde edilen bilgilerin bize üç ayda bir verilen raporlarla bildirilmesine ilişkin hüküm bile, nasıl bir aldanmanın içinde bulunduğumuzu göstermektedir. İşte Amerika budur. Bu gerçekleri dile getirerek verilecek bir savaşım, inanıyorum ki, bizi dünya gözünde yüceltecektir.

bağımlılık öğesi taşıyan sözleşmeleri tıpkı Sevr Antlaşması gibi yırtarak geçersiz kılmanın ertelenemez amaç olduğunda birleşmek.. Sonra emperyalizmin ve onun uşakları olan gayri milli - işbirlikçi burjuvazinin, ulusal çıkarlarımızı yok sayan ilişkilerini gözden geçirmelerini sağlamak...

Ulusumuzun özü olan emekçi halkımızın ve tüm bireylerinin bağımsızlığa ve demokratik haklara kavuşması savaşımındaki yerini anlatmak için, aydınını, emekçisini ve gençliğini yeni görevler beklemektedir. Emperyalizm, tüm dünyada olduğu gibi, Türkiye'de de yenilecektir. Kavga ne kadar uzun ve güç de olsa, zafer yine halkımızın olacaktır."

***

Böyle demiştik 1980 Haziran'ında! Ama emperyalizm, 12 Eylül'le bizi bu kez tam bir cendereye aldı ve cenderenin burgularını da güvendiği ellere teslim etti. 1980 öncesinin yanlış ve saptırılmış aşamaları da olsa, hak arayan, devingen olan toplum bugün sindirildi, ürkek ve konuşurken duraksayan, hak aramaya bile korkan insanlardan oluşan yapıya dönüştürüldü..

İşte bu noktaya, o tuzaklarda yürüyerek geldik. Tuzaklardan kurtulmak için de, o tuzaklara nasıl düştüğümüzü bilmemiz gerekir.[386]

---

[386] Bu değerlendirme Türkiye'ye 1980 ve 1993'ten bakışı yansıtır. Bugünün Türkiye'si, o günleri de aratacak kertede bir aymazlık, kokuşmuşluk içerisinde, Cumhuriyet'in dinamiklerinden koparılmış, garip bir yapıdadır. Kimin ne istediği belli değildir.

6

Sözleşmelerin Tuzağında
ya da
Bağımsızlıktan Bağımlılığa

-II-

Statükonun, tarihin belli bir anında, güçlünün istenciyle belirlendiği kabul edilir. Yeni Dünya Düzeni için, Ortadoğu'da işte "tarihin o belli bir an"ı Körfez Krizi ile girilen dönem olmuştur. Ortadoğu'nun Yeni Dünya Düzeni'ndeki yerine göre, Türkiye'nin rolü değişmemiş görülüyor. Dahası, bugün topraklarına konuşlanmış "Çekiç Güç"ün eylemleriyle Ortadoğu'daki emperyalist gidişe ister istemez yataklık ederek, tarihin kendisine uygun görmeyeceği bir rolün içindedir Türkiye!

Türkiye, bu noktaya kaç yılda ve nasıl geldi? Bu çalışma, bu sorulara yanıt aramaktadır. Nereden geldiğimiz belli... Bir Ulusal Kurtuluş Savaşı'ndan geldik. Nasıl geldiğimiz de belli; emperyalizmin güdümünde geldik. "Kaç yılda?" derseniz; yarım yüzyılda! Tuzaklar içinden geçerek geldik! Bağımsız bir ulus olmanın onurunu bağımlılığa terk ederek geldik!

O bağımlılığın belgesel öyküsünü izlemek istersiniz sanırım. O öyküyü bilmeden, bağımsızlık arayışına başlayamayız.

Emperyalizm Karar Verir, Uygulatır

Hiç beklemediğimiz bir anda, günlerden birgün, beklenmeyen konuklar geldi ülkemize. Abramowitz hepsinden önce gelmişti. Hep böyle olmuştur. Amerikan çıkarlarıyla ilgili ters giden, olay yaratan bir sorunda Türkiye'nin direnci kırılmak isteniyorsa, o gün için yönetim sorumluluğu olmayan Türkiye'yi özleyen bir ABD'li gelir. Dostlarını

355

göreceği gelmiştir, özlemişlerdir Türkiye'yi! Kısa bir gezi için çıkmıştır yola. Geçerken de uğrayıvermiştir. 1983 Genel Seçimleri'nden önce de, Kissinger'dan tutun, Richard Perle ve Aleksandr Haig'e değin bir sürüsü gelmişti. Biri de Başkan Reagan'dan mektup getirmişti Kenan Evren'e. Geliş nedenlerini açıklamıyorlardı, ama belliydi. Özal, onların adamıydı, seçim şansının elinden alınmasını istemiyorlardı. Geldiler, etkilediler ve başardılar. Askerle yapılandırdıkları 12 Eylül sistemini, adamlarına teslim ettiler!

Abramowitz'in gelişi de öylesine bir iş içinmiş. Tarih, 11 Mart 1993'tü. "Bir ajans için bilgi topladığını, Türkiye'yi de özlediğini" söylemiş. Ama bir fısıltı dolaştı çevrede! Abramowitz "Amerika bu Nevruz'da kan görmek istemiyor" demeye gelmiş.

İstemiyor, anladık, biz de istemiyoruz. Kardeşimize silah çekmek kolay mı? Biz de istemiyorduk, ama ya PKK saldırırsa ne yapacaktık? "Patron kan görmek istemiyor" diye halkın kırılmasına mı göz yumacaktık? Ya da o toprakları terkedip çıkacak mıydık?

Yeni bir sorun çıkabilirdi, eğer olaylar umulanın dışında gelişmeseydi. Çünkü Abdullah Öcalan (APO) son günlerde açıkladığı yeni programına göre, terörü büyük kentlere ve turistlik yerlere taşıyacaktı. Devlet de buna göre önlem almıştı.

APO işte bu ortamda umulmadık bir tavırla, hem de gerilla giysilerini çıkarıp sivil elbiseyle, politik bir atağa geçti ve dünya basını önünde, "15 Nisan'a kadar ateşkes ilan ettiğini, Nevruz 1993'ün kansız geçeceğini" duyurdu. Anlaşılan, o da talimat almıştı.

APO'nun bu girişimi önceden, belli odaklar adına haber / yorum gazeteciliği yapan Cengiz Çandar ve İsmet İmset aracılığı ile açıklandı. Toplum pek inandı denilemez. İnanılması zordu ama zor olan ger-. çekleşti. Ve Nevruz 93, gerçekten kansız geçti!

Demek Abramowitz boşuna gelmemişti. Patronun bir bildiği varmış ki, "kan istemiyorum" diye "haber salmış" demek çok zor, ama gerçek! ABD, Ortadoğu'da Yeni Dünya Düzeni'nin altyapısını oluşturma peşinde olmalıydı. Yıllardır birbirine düşürüldüğü Kürt aşiret başkanlarını bir işaretle barıştırıyordu. Ortadoğu'da yeni bir üs, yeni bir çıbanbaşı açılıyordu. Kürt sorunu, Kürt Devleti'ne dönüşmenin eşiğindeydi. APO'nun ardındaki güç ortaya çıkmıştı sonunda. ABD'nin boyu görünmeye başlamıştı bile.

Bu olaydan önce, başka olayları da gözlemledik o günlerde. İlginç olaylar birbirini izliyordu

İlki 13 Mart 1993 tarihli *Hürriyet* Gazetesinde Ertuğrul Özkök'ün haber / yorumunda yer aldı. Haberin Özkök tarafından verilişi kadar, başlık da bir o kadar çok çarpıcı ve düşündürücüydü:

"Demirel'e iletilen ABD kararı"

Haber şöyle başlıyor:

"ABD'nin Ankara Büyükelçisi Barkley, geçen pazartesi günü Başbakan Demirel'in önüne, ABD Hükümeti'nin Ermenistan'a yardım kararını koyuyor. ABD'nin yardıma başlaması, Türkiye'nin endişeyle beklediği bir karardı."

İlk anda "ne var bunda?" denilecektir. Bu kararın uygulaması, hava limanlarımızın, hava yollarımızın, karayollarımızın kullanılmasına bağlı. Kardeş ve dost Azerbaycan'la savaşan Ermenistan'a yardımın ulaşmasına izin vermek iç ve dış politikada bizi güç duruma düşürürdü. Hükümetin bunu gözardı etmemesi gerekirdi. Ayrıca, "Kars, Ermeni toprağıdır" savına da destek verecek bir politika uygulanamazdı!

Özkök, haberi bir soruyla veriyor: Demirel, "Azerbaycan'a da yardım edersiniz, eşitlik sağlanır, izin verilir" demiş. Peki "ABD bu tavsiyeyi dinleyecek mi? Şimdi Ankara bunu bekliyor."

Ankara'nın beklentilerine yanıt 19 Mart'ta gelir. ABD, bu kez buyurgandır. Bill Clinton, "Erivan'la diplomatik ilişki kurun. Karayolunu da açın. Yol yapımına yardım edelim" demiş.

O günlerin bu üç acı olayı, üzerinde düşünülecek gerçekleri gözler önüne seriyor. Bunun bize yüklediği görevler olmalıydı. Bağımlılığın hangi aşamasında bulunduğumuzu, bağımsızlığımızı ne zaman ve nasıl ipotek ettiğimizi düşünmeliydik önce! Bu üç olay da, bizim dışımızda karara bağlanmış olup uygulaması bize bırakılıyordu. Bize sorulmadan alınan kararları uygulayacak mıydık? Bu tutum, sözleşmelere uygun muydu? Öyleyse "egemen eşitlik" nerede kaldı dersiniz?

Emperyalizm karar alır, biz uygular mıyız?[387] Öyleyse bu, bağımsızlıkla bağdaşır mı? Kaldı ki, bu olaylar başlangıç değildi; son da olmayacaktı.

1946-47'de girdiğimiz ABD yörüngesinde, 1950'lerden sonra giderek artan bağımlılığın bir aşamasıdır, içinde bulunduğumuz durum. 1993'ün başlarında Demirel, "Çekiç Güç, çıbanın başıdır, asıl çıbanın kökünü sökmek gerekir" demişti.

Anlaşılan, Demirel de kendini sınavda sayıyordu. Yeni Dünya Düzeni'nde emperyalizme ne denli uyum sağlayacaktı? Bu üç olayla denek taşına mı çekiliyorduk?

1964'teki Kıbrıs bunalımı sırasında, Kıbrıs'a asker çıkarma kararı üzerine, zamanın Başkanı Johnson'ın ünlü mektubuyla da uyarılmıştık.

1974 Kıbrıs Harekâtı'ndan sonra da, ABD bizi ambargo ile üç yıl cezalandırmıştı. Parasını ödediğimiz malzemeleri bile teslim etmemişti. 1978'de "ulusal savunma" tezini tartışmaya açtığımızda da, bunalımlar içine sürüklenmiştik. 12 Eylül'e değin yoğunlaşarak süren bunalımlar birbirini izlemişti. 12 Eylül'lün tarihsel bir dönüm noktası olduğu sonradan anlaşılacaktı. O tarihten sonra ABD, Türkiye'de başını ağrıtmayan bir düzen kuracak, yönetimi sözünü geçireceği kişilere teslim etmenin alt yapısını hazırlayacaktı. İlk uygulama çok başarılı oldu; Turgut Özal, aranan adamdı. Sistem ona emanet edildi. Bir dediği iki olmamıştı Özal döneminde.

---

[387] Bu kararlara uymanın sonuçları bizi güç duruma soktu. Azerbaycan'da Elçibey'e yapılan darbe ve APO'nun yeni saldırıları, emperyalizmin tuzağında olmanın acı sonuçlarıdır.

12 Eylül ve sonrasında emperyalizmin tuzaklarına yeni tuzaklar eklendi. Anayasasıyla, yeni düzenin kurumlarıyla, Türkiye'ye bağımsızlık eğilimi kaybettirilmeye çalışıldı.

Bir yerde yanlışlık yapılmıştı anlaşılan. Bu noktaya o yanlışlardan çıkamadığımız için geldik. O yanlışlara tarihin hangi döneminde düştük? Bu sorunun yanıtı olacak belgelerin bir bölümünü geçen bölümlerde inceledik. Ve gördük ki, bu yanlışlığa İkinci Dünya Savaşı sonrasında, emperyalizmin ne olduğunu, emperyalistin kim olduğunu bilmeden düşmüşüz!

İlk yanlışlık, 1947 Truman Doktrini kapsamına girişte yapılmış ve ilk tuzağa o tarihte düşmüşüz. Bu tarihten sonra, ABD ile yapılan ve birbirini izleyen anlaşmalar tuzağında geçen yarım yüzyıl, bağımsızlıktan bağımlılığa geçişin de tarihidir. Bu yarım yüzyılın yaşayan tarihi bilinmeden, yanlışlar bir bir saptanmadan, tuzaklardan kurtulamayacağımız bilinmelidir.

"Bu tuzaklara neden düştük?" sorusunun bir başka yanıtı, ne yazık ki "bilgisizlikten" ve ABD'nin emperyalist amaçlarını anlamadığımızdan olacaktır.

Neden "bilgisizlik"? Neler bilinmiyordu? Dünyaya tek pencereden bakıyorduk. Emperyalist devlet olarak başta İngiltere, Avrupa devletleri görülüyordu. Öyle ki, İsmet Paşa bile, "Amerika'nın sorumluluğuna inanıyordum, yanılmışım demektir" derken, Amerika'nın emperyal amaçlarını bilmiyor olmalıydı. Bu sözleri *TIME* Dergisiyle yapılan söyleşide söylemişti. Bu söyleşide yukarıda da gördüğümüz gibi "Yeni bir dünya kurulur, Türkiye bu dünyada yerini bulur," dediği için, Johnson'ın 5 Haziran 1964 tarihli uyarı mektubuyla hırpalanacak ve "Buraya gel, sana yanlışını düzeltme fırsatı vereyim" anlamındaki politik saygı duvarını aşan mektubu yollayacaktı. Evet, İnönü yanılmıştı; hem de büyük bir yanılgı içindeydi. Ama bu "Amerika'nın sorumluluğuna inanmasıydı" Çünkü o, ABD'nin emperyalist olduğunu düşünmüyordu. Düşünseydi, 1947 Antlaşması'nı kabul ederken daha dikkatli davranırdı. Yalnız bilmemenin de değil, emperyalizmin ne olduğunu, emperyalistin kim olduğunu açıklayan görüşlere yer veren düşüncelere değer vermeyişin de belgesiydi bu sözler.

Ne yazık ki bu sözler, bir dönemin dünya görüşünün de göstergesiydi.

İlk Tuzak...
Önce IMF'yle Tanışmıştık

Oktay Akbal'ın 1946'da yayınlanmış ilk öykü kitabının adını hiç unutmam. O kitabın adı bende toplumsal bozukluğun başlangıcını simgeleyen bir duygu ve düşünce oluşturmuştu. Akbal'ın *Önce Ekmekler Bozuldu* nitelemesi bende, toplumsal çürümenin başlangıcını çağrıştırır. Önce ekmeklerin bozulduğu bir düzende, daha sonra her şey çürür. Her şey yozlaşır, toplum giderek özünden kopar.

Buradan çıkarak ben de, ülkemizdeki çürümenin başlangıcını ve etkinliğini anlatabilmek için "önce IMF ile tanıştık," der dururum. Ya da "önce IMF vardı"! Çünkü IMF ile tanıştıktan sonra bir daha kendimize gelmedik.

Türkiye'nin IMF üyeliği ile Truman Doktrini kapsamına alınması, ilginç bir rastlantı mıdır bilinmez, birer gün ara ile gerçekleşmiştir. 11 Mart 1947'de IMF'ye üye olan Türkiye'nin, 12 Mart 1947'de Truman Doktrini kapsamına alınacağı dünyaya duyurulmuştur.

Türkiye'de geniş bir kesim -ki aralarında Cumhuriyet'in kurucu Partisi CHP ve CHP'liler de vardır- bu olayı alkışlarla karşılamış ve ABD'nin desteğiyle çağdaşlığa adım atacağımız sanılmıştır. Truman Doktrini'ni, bu tarih dönemecini çoğunluk alkışlarken, bir yurtsever ve adları sol düşüncede yer alan birkaç aydın karşı çıkmıştı. Bunun tarihsel bir yanılgı olduğu, Türkiye'nin ulusal egemenliğine karşı ve Kemalist ilkeleri hedef alan karşı cephenin ilk adımını içerdiği düşünülmüyordu. Oysa ABD, Lozan Antlaşması'nı kabul etmemiş bir devletti. Yalnız bu tarih gerçeği bile o tarihte görmezden gelinmiştir. Az da olsa kimi aydınlar, bu cephenin ayırdına varmışlar ve "Truman Doktrini'ne hayır kampanyası" açmışlardı.

Bu aydınlardan Mehmet Ali Aybar *Zincirli Hürriyet*'te, Truman Doktrini'nin bağımlılık yolu olduğunu yazıyor ve karşı düşüncelerini çekinmeden sürdürüyordu. Truman Doktrini kapsamına alınmamız için, bir de adres verilmişti. Önce o adrese başvuracak, sonra Bretton Woods, IMF ve Dünya Bankası'nın kapılarını çalacaktık. Ama biz ne IMF'yi ne de Dünya Bankası'nın ne menem şey olduğunu biliyorduk. Bretton Woods da neyin nesiydi? Buna karşın Türkiye 6 Eylül 1946'da ilk kez devalüasyon yapmış ve TL'nin değeri, 'dolar'a göre % 117 oranında düşürmüştü.[388] Dolar kredisi almamız gerektiği söyleniyordu. Bunun için başvuru yöntemini bilmiyorduk..

Önce devalüasyon yapılması önerildi. Bu da neydi, bilen yoktu ki! Ama denileni yaptık. Çünkü ABD öyle buyurmuştu. 5 Ekim 1946 tarihinde *The Economist*'in Türkiye'nin kredi gereksinmesinin karşılanması koşullarını konu eden bir yazısında, ABD'ye yapılan başvurunun kabul edilebilirlik koşullarına değiniyor ve "Amerika yetkilileri Türkiye'nin kısa sürede Bretton Woods anlaşmasına üye olacağını hatırlatarak, o zaman IMF ve Dünya Bankası'ndan kredi sağlayabileceğini belirtirler."[389] söylemiyle kredi verecek kuruma işaret ediliyordu.

Yalçın Doğan *The Economist*'in 14 Eylül tarihli sayısında Türkiye'nin 7 Eylül'de yaptığı devalüasyonu değerlendiren yazıdan şunları aktarıyor:

"Türkiye, Londra bankerlerini bile şaşkına çeviren ani ve ağır bir devalüasyon yapmıştır." Bu söylemden sonra, o tarihte Türkiye'nin IMF'ye üye olmadığı da belirtilerek, Maliye Bakanı'nın IMF'ye üye olmamasına karşın, Bretton Woods Antlaşması'na uymayı ilke edindiği açıklanıyordu. O günlerdeki bilgisizliğin belgelerini, Yalçın Doğan'ın *IMF Kıskacında Türkiye* adlı yapıtından alalım:

---

[388] Devalüasyon'un ne olduğu bilinmediğinden, konu zamanın Başbakanı Recep Peker tarafından gizli oturumda milletvekillerine anlatılır. Milletvekillerinden çoğu, "biz bu kararın sorumluluğuna katılmıyoruz" derler. Peker'in yanıtı ilginçtir: "Sizden bu sorumluluğa katılmanızı beklemiyoruz, izin istemiyoruz. Ama sadece haber veriyoruz." Aktaran, Yalçın Doğan, *IMF Kıskacında Türkiye,* Toplum Yayınevi, 1980, s. 55.

[389] agy., s. 60.

Evet, Türkiye 1946'da ne Bretton Woods'u[390] ne de IMF'yi bilirdi. Ama verilen adrese başvurmadan da Amerika'nın yardım elini uzatmayacağı bildirilmişti. Öyle diyorlardı. Çare yoktu. IMF'ye girmeye karar verildi ve konu TBMM'de tartışmaya açıldı. Ama niçin ve hangi nedenle o kapıya başvurmamızın istendiğini bilmiyorduk. Bunu TBMM'de tartışarak öğrenecektik. Çünkü ne kamuoyu ne de TBMM bu kurum ve kavramlar hakkında bilgilendirilmişti. Bilgilendirme için yapılan toplantı sonucunda milletvekillerinin konuyu anlamadıklarını Yalçın Doğan şöyle yansıtır:

"IMF'ye üyelikle ilgili yasa tasarısı TBMM Ticaret Komisyonu'nda görüşülürken, Hazine Genel Müdürü Sait Naci Elgin, konu üzerinde üç saat konuşur. IMF nedir? Türkiye bu kuruluşa neden üye olmalıdır? Devalüasyon neden yapılmıştır? vb. aydınlatıcı açıklamalar yapar. Üç saat sonra üyeler (milletvekilleri) derler ki: *"Siz iyi anlattınız, ama biz pek iyi anlayamadık. Yeniden anlatır mısınız?"*

Tasarı TBMM'de görüşülürken söz alan Ankara Hukuk Fakültesi İktisat Profesörü Yusuf Kemal Tengirşek'in konuşması daha da ilginçtir:

"Ticaretin genişletilmesine mani olan şeylerin kaldırılmasını ikisi de (ABD ve İngiltere) istiyor. Fakat bana sorarsanız, derseniz; *"44 devlet en zeki adamlarını göndermişler, bunu kabul etmişler, sen burada ne uğraşıp duruyorsun?"* Cevabım şudur: *"Bu anlaşmalara bağlanmakda Türk Milletinin İstiklali, Türk Milletinin Hürriyeti mevzuu bahistir."*[391]

Seviniyorsunuz bu düşünceleri okuduğunuzda. Aynı yerde bu tepkiyi dile getiren Tengirşek'in bağımsızlığımızı ipotek altına alan bu sözleşmeye karşı çıkacağını düşünüyorsunuz. Ama bakın, sonra ne diyor Tengirşek: "Burada iki önemli nokta vardır; biri ülkenin öz-

[390] Bretton Woods Antlaşmaları: 1944 Temmuz'unda, ABD'nin New Hampshire kentinde Bretton Woods'ta yapılan maliye ve para konferansı sonunda imzalanmış antlaşmalara verilen ad. Bu konferansta, IMF ve Dünya Bankası'nın kurulması da karara bağlanmıştır.
[391] *Tutanak Dergisi*, 1947, s. 159 / Yalçın Doğan, İMF Kıskacında Türkiye, Toplum Yayınevi, 1. Baskı, Haziran 1980, s. 64.

gürlüğü, öteki kambiyo rejimidir." Biri ülkenin özgürlüğüdür, içiniz sevinçle doldurur, ama bu sözün devamında şaşıracağınız şu sözler yer alır:

"Bence bu iki mühim noktanın ikisi itibariyle de milletlerarası para sandığına veya fonuna iltihak etmekliğimize mani bir cihet yoktur. (Bravo! sesleri) Emniyetle, huzurla iltihak edebiliriz."[392]

Bir başka üye, Tokat Milletvekili Nazım Poroy, söz alır, der ki:

"Zannederim ki, meclisimizin ilk gününden beri iki parti arasında en tatlı müzakere bu olmuştur. (hem iktidar partisi CHP'nin hem de muhalefetteki DP'nin dünya görüşlerini yansıtır bu sözler - E.D.) Memlekette Bretton Woods mukaveleleri hakkında hiçbir esaslı malumat intişar etmemiştir. (...) Ama birkaç büyük devletin tesiriyle filhakika yapılan bu mukavelelerin gayesi dünyanın iyiliğine rahatına, terakkisine matuftur."[393]

Özetini aktardığımız konuşmalardan sonra, tasarı TBMM'de o gün bulunan 305 üyenin, 305 oyu ile kabul edilir.[394] Ama oy verenlerin hiçbiri neye, niçin oy verdiğini anlamış değillerdi. Konuşmalar bunu anlatıyor. Bu 305 bilgisiz ve bilinçsiz oyla Türkiye'nin yarım yüzyıldır içinde çırpındığı bir tuzağı, alkışlarla kabul eden bir Meclisimiz ve vekillerimiz vardı o tarihlerde.[395]

Bugün mü? Türkiye artık IMF'yi de, Dünya Bankası'nı da çok çok iyi biliyor. Biliyor ve bir dediklerini iki etmiyor. Demem o ki, artık duygudan ve ulusal bilinçten habersizce eğitilmiş nesnelere döndük. Tuzaklar içinde geçen son elli yıl, bizi emperyalizmin istediği noktaya getirdi.[396]

---

[392] Tutanak Dergisi, 1947, s. 159, Aktaran, Y. Doğan, agy., s. 64.

[393] agy., s. 65-66.

[394] agy., s. 65.

[395] Bu düzeltmenin yapıldığı tarihte, Amerika'nın Irak'a asker yollamamız için yaptığı baskı altındayız. AKP ne yazık ki, ABD'ye tam anlamıyla bağlanmış. Cumhuriyet'in temel dinamiklerini hedef alan bir politika izleniyor.

[396] Bugün, ulusal egemenliğin ne olduğunu bilmeyen, sistemin temeli olan bağımsızlık ve laiklik ilkelerini yadsıyan oligarşik bir partinin yönetim açmazlarını izliyoruz. Yalnız,

Günümüzde de IMF ve Dünya Bankası'nı bilenlerimiz de var, bilmeyenlerimiz de. Artık savaşım verilmiyor. Yitirdiğimiz özümüzü arayanlar bile umutsuz.

Üç Tuzak, Üç Kuruluş

IMF ve Dünya Bankası birlikte çalışırlar, her ikisi de ABD emperyalizminin hizmetindedir. İkinci Dünya Savaşı sonrası kurulan Dünya Düzeni'nin kurumlarıdır. Daha sonra bunlara ABD'nin bir başka kurumu eklenecektir: AID.

Bu üç kuruluş, hemen "yardım", "dış yardım" kavramlarını çağrıştırır. Her iki kurum da, 1990'lara değin Doğu Bloku dışındaki dünyanın ekonomik nabzını kontrol eden kuruluşlardır. ABD'li yetkililerin de belirttikleri gibi, ABD dış politikasının temel araçlarından en önemlisi olan yardım, borç ya da kredi gibi parasal konular, bu üç kuruluşun elindedir.

Başkan Kennedy 1961'de bu gerçeği şöyle açıklar:

"Dış yardım, Amerika Bileşik Devletleri'nin dünyayı denetleme ve etkileme aracı olan ve kesinlikle çökecek ya da komünist bloka geçebilecek ülkelerin güçlendirilmesini sağlayan bir yöntemdir."[397]

ABD, dış yardım yoluyla, gerçekten, kendi deyimiyle "hür dünyayı" denetimi altına almıştır. İstemediği hükümetleri düşürür ya da istediği hükümetleri, halka karşın işbaşında tutar, muhalefeti ezer. Özetle yardım, yardım alan ülkenin bağımsızlığına karşı en büyük engeldir, tuzaktır.

Türkiye, yardımın kurallarını *isteyen*in ve *veren*in ortak istenciyle değil, *veren* yanın belirlediğini, ilk kez ABD ile imzalanan bir Ticaret

---

IMF ve Dünya Bankası değil, AB'ye girme çabalarıyla bizi özümüzden koparmak isteyen ne kadar Lozan karşıtı, ne kadar Kemalizmin düşmanı iç ve dış odak varsa elbirliğiyle giriştikleri saldırı karşısındayız. Demem o ki, 1947'de girdiğimiz yolda gele gele Cumhuriyet karşıtlarının saldırılarıyla hesaplaşma durağında düşünüyoruz. Bu durağa Amerikan yardımı ve dostluğuna güvenmenin aymazlığıyla geldik. Ancak bir Müdafaa-i Hukuk-u Milliye'ye dayanarak doğru yolu bulabiliriz.

[397] Teresa Hayter, *Emperyalizmin Yardımı*, s. 5.

Antlaşması uygulanmasında görür. Dünya Bankası adına ekonomik durumumuzu inceleyen banka, komisyon raporunda bize, "Tarımsal Kalkınma Programı" önermiştir. AID Türkiye'ye, yardım olarak traktör verecektir. Traktör Antlaşması yapılır, traktörler gelir. Türkiye, traktörleri pamuk tarımında kullanmak ister; ABD Büyükelçisi, Dışişleri Bakanı'nı uyarır. Gerçekten sözleşme incelendiğinde, traktörlerin pamuk tarımında kullanılamayacağı anlaşılır. Adnan Menderes küplere biner. Dışişleri Bakan Vekili Fevzi Lütfi Karaosmanoğlu istifa eder. Oysa, kusur onda değildir. Kusur, 1947'lerde işlenmeye başlanmış, kurallar konulmuştur. Yardımlar, verenin istediği yerde kullanılacaktır. Ama Türkiye, verilen yardımı istediği gibi kullanacağı düşüncesindedir.

Traktör Sözleşmesi'yle, yardımı verenin amacı ve istenci doğrultusunda kullanmak zorunda olduğumuzu anlarız![398]

Diğer yardım tuzağı bir bankadır! Nasıl olur demeyin. Dünya Bankası'nın önerisiyle 1950 yılında, devlet parası ve yabancı sermaye ile özel girişimciyi desteklemek üzere, "Türkiye Sanayi Kalkınma Bankası" kurulur. Banka, özel girişimciler eliyle sanayinin kurulmasını ve yerli sermayenin sanayi kuruluşlarına katılmasını sağlayacaktır. Türkiye İş Bankası Genel Müdürü Macit Duruöz, "Bankanın *özel* bir kuruluş olmasına Amerikalılarca önem gösterildiğini" söyler.

Çünkü Amerikan yardımının amacı, Türkiye'de özel girişimin önünü açmak ve sosyal nitelikli kurumları işlevsiz bırakmaktır.

Zaman içinde görülür ki, emperyalizmin kurumlarınca, kredi açılması ya da sözde yardım edilmesi, hep yeni koşullara bağlanmaktadır. Örneğin, 1968 yılında Türkiye'nin elektrik enerjisi için istenen krediyi sağlayan Dünya Bankası, TEK (Türkiye Elektrik Kurumu) Yasası'nın çıkarılmasını ve TEK'in % 8 kâr sağlamasını önkoşul olarak getirir ve kabul edilir. O gün bugün, elektriğe yapılan zammın dayanağı işte bu önkoşuldur.[399]

---

[398] Yalçın Doğan, agy., s. 71.
[399] Yalçın Doğan, agy., s. 75 (2000'li yıllarda her şey, AB'ye kabul edilmemize bağlanıyor. -E.D.).

Türk Lirası'nın ABD Doları'na göre değerlendirilmesi - yani değerinin düşürülmesi / devalüasyonlar- da, IMF'nin istekleriyle yapılmaktadır. Yalçın Doğan'a göre, IMF'nin devalüasyon önerilerinin benimsenmesi, azgelişmiş ülkelerde sanayileşmeyi engellemek içindir. Devalüasyon ülke içinde maliyetleri yükseltmekte, kıt olan sermayenin yatırıma dönüşmesi zora girmektedir. Böylece IMF reçeteleriyle sanayileşme önlenmektedir.

Sürekli devalüasyonlarla ödemeler dengesi bozulmakta, bütçe açıkları artmaktadır. Gelir dağılımı da giderek bozulmakta, fiyat artışlarını önlemek için ücretlerin sınırlandırılması, toplumsal dengesizliklere / patlamalara neden olmaktadır. Bu uygulamalardan bugünlerde sadece büyük özel kuruluşlar ve mülk sahipleri kazançlı çıkmaktadır.

Özetle, Yalçın Doğan'a göre, "IMF önlemleriyle azgelişmiş ülkelerdeki sermaye sınıfının çıkarları arasında doğrudan bir bağlantı bulunmaktadır."[400]

Thornburg Raporu'ndan başlayarak, Türkiye hakkında hazırlanan her raporda, Türkiye'nin liberal ekonomik düzene geçmesi önerilir. Ancak, KİT'lerin özelleştirilmesi bir türlü sağlanamaz ve Turgut Özal'a değin hiçbir politikacı bu konuda kesin bir söz verebilmiş değildir. Turgut Özal siyasete soyunurken, oyunu kuralına göre oynamayı göze almıştı. Başarı için Amerika'nın ne istediğini bilerek adım atacağını bunun için de kesin söz verdiğini, Ufuk Güldemir, *Teksas-Malatya* adlı yapıtında şöyle yansıtır:

"Özal, ABD'nin Türkiye Başkosolosu Newberry'nin Ortaköy'deki konutunda Türkiye Büyükelçisi Hupe ile konuşmaktadır. Büyükelçi, gayet açık ve net olarak planlarını sorar. Özal'ın o gün söylediği şu sözler, Hupe'ın bellediğinde 1989'a kadar diriliğini korumuştur."

Özal der ki:

"Kapıları sonuna kadar açacağız. İsteyen istediği yere yatırım da yapacak, toprak da alacak, ticaret de yapacak. Serbest piyasanın olma-

---

[400] agy., s. 83.

dığı yerde demokrasi de olmuyor. Ancak serbest piyasa ve rekabet anlayışı gelişirse demokrasi gelişiyor. Bakın, Batı'da serbest olmayan demokrasi var mı? Bu dediklerimiz gerçekleşirse Türkiye, Ortadoğu'nun Amerika'sı olur."[401]

Turgut Özal, böylece ABD vizesini alır ve Türkiye'yi tam anlamıyla Amerika'nın dümen suyuna sokacağına söz verir. Sözünü de tutar. Demokrasi kültürü yeterli değildir, ama "ABD için en iyi Türk"tür.

Türkiye, 24 Ocak Kararları'yla girdiği 12 Eylül'de, IMF'nin kapattığı kapıların bir bir tanığı olur. Bu, ABD'nin beklentilerinin o dönemde gerçekleşeceğinin işareti sayılmalıdır. Ama bu iniş ve çıkışların bir gün sona ereceği anlamı taşımaz. İniş ve çıkışların ABD politikalarının gereği olduğu unutulmamalıdır. Hem kurtuluş için, hem de yeni sorunlara yataklık etmemek için, "geçici ve kısa süreli çözüm, sorumluluklarını anlamış hükümetler kurmaktan geçer." Bu sorumluluk kime karşı derseniz, adres bellidir: Amerika'ya..

Ekonomik çıkmazdan çıkar yol arayan Türkiye, yeni çıkmazlara girecektir. Yine de kapılar, emperyalizmin aradığı "sorumluluğa sahip" hükümetlerin kurulacağı döneme açılacaktır.

AID ya da Tuzak İçinde Tuzak

Önce, yukarıda da değindiğimiz belgeyi, yeniden okuyup düşünelim:

"Birleşik Amerika'daki hür müesseseleri yaşatmanın ancak bütün dünyaya şamil bir hürriyet davası içinde mümkün olabileceği inancı ile, azgelişmiş memleket halklarına, kendi kaynaklarını geliştirmek, hayat standartlarını iyileştirmek ve sorumluluklarını anlamış idareler kurmalarını sağlamak üzere sağlam plan ve programlara daya-

---

[401] Ufuk Güldemir, *Teksas-Malatya,* Tekin Yayınları, 1992, s. 50. *"Neden Amerika oluyoruz, neden Türkiye olamıyoruz?"* sorusunun yanıtı, Türk olmanın ayıp sayılmasından mıdır? Bu sözlerin bir cumhurbaşkanından çıkması utanılası bir olaydır bana göre. Ama onun bir hesabı varsa ve bu Cumhuriyet'in temel değerleriyle çatışıyorsa, orada işi olmamalı değil mi? Gerçekte o kişinin kimlik sorunu ve meşrebi araştırılmalı değil mi?

nan iktisadi kalkınma için kendi kaynaklarını harekete geçirme çabalarına sosyal ve iktisadi alanlarda ABD'nin diğer görev teşkilatı arasında yardımda bulunmaktır."[402]

Azgelişmiş ülkelerin kendi kaynaklarını geliştirmek, hayat standartlarını iyileştirmek için yapılacak yardımda artniyet aranmalı mıdır? Bu sorunun yanıtı, yapılacak yardımda, projenin dikkatle incelenmesi sonunda beklenenlere yer verildiği saptanmışsa, "evet, aranmalıdır" olacaktır. Ne zaman derseniz, o ülkeyle ilgili verilerin, "Birleşik Amerika'daki hür müesseseleri yaşatmak" için yeterliliği belgelendikten sonra!

Belgeye göre bu da "bütün dünyayı kapsayan bir hürriyet davası içinde" olanaklıdır. Ola ki, o hürriyet davasının tüm insanlığı kucaklamayı amaç edindiği sanılmasın. Çünkü o hürriyet davası yalnız Amerikan çıkarlarının korunması için aranır, izlenir ve istenir.

Burada, "Birleşik Amerika'daki hür müesseseler", "Hür Dünya" ve "hürriyet davası" kavramlarının gerçekte hangi anlama geldiğine dikkat etmek gerekir. Ve daha sonra, "sorumluluklarını anlamış idareler kurmalarını sağlamak"tan ne anlaşılması gerektiği üzerinde durulmalıdır.

Ancak ondan sonra, AID'nin ve ona dayalı yardımların ne olduğu, ve gerçek anlamda "tuzak içinde tuzak" olduğu anlaşılabilir. Bu konuda gerçeğe ışık tutan uzman bir tanığı izleyelim.

Dünya Bankası'nca finanse edilen "Azgelişmiş Ülkelere Yardım Programları" hazırlanmakla görevli iken, bir raporunun - emperyalizmin çıkarlarına ters düşmesi nedeniyle - reddedilen Teresa Hayter'ı izleyelim. Hayter raporunun reddedilmesi üzerine, yazdığı *Emperyalizmin Yardımı* adlı yapıtında, "yardımın nasıl bir bağımlılık yarattığı"nı ve kimlere hangi koşullarda yapılacağını, istenen çalışmalar ve yapılan önerilerin dikkate alınmadığı hallerde bu ülkelerin yardım yerine cezalandırılırdığını anlatır.

---

[402] TODAİE Yayını, agy., s. 872.

Evet, yardım, "azgelişmiş ülkelerin sorumluluğunu anlamış idareler kurmalarını sağlamak için" yapılmaktadır. Unutulmasın ki, söz konusu sorumluluk ABD'ye karşıdır, emperyalizme karşıdır. Çünkü, "sorumluluğunu anlamış idareler"in amacı, "Birleşik Amerika'daki hür müesseseleri yaşatmak"tır. Kapitalizm, kâr ve sömürü düzeni olduğuna göre, yardım yolu ile alınan borçların tümünün ödenmesi için, yardım edilen ülkenin sistem içinde ["hürriyetçi sistem" içinde (!)] yani kapitalist / emperyalist sistem içinde kalması gerekir. Dolayısıyla, borçların ödenmesini tehlikeye sokan, "millileştirme", "sosyalist" ya da "milliyetçi" politikaya yönelmelerine ve yapı değişikliğine izin verilemez.

ABD yardımının azgelişmiş ülkelerdeki sonuçları ortadadır. Latin Amerika'ya yapılan yardım, "Kalkınma İçin İşbirliği Programları" vb. çalışmalar, bu ülkelerin ABD'ye daha çok bağımlı olmaları sonucunu doğurur. Yalnız o kadar mı? Teresa Hayter'dan izleyelim:

"Yardım ancak, emperyalist güçlerin yarı - sömürge ülkeleri sömürmeye devam edebilmek için katlandıkları fedakârlık olarak görülebilir. Etkileri bakımından yardım, kapitalist ülkelerdeki reformlara benziyor. Sömürücü sınıflar temel çıkarlarını sürdürmek için zorunlu olan en küçük miktarı gözden çıkarıyorlar. 'Resmi yardımın' sağlanması, üçüncü dünya hükümetlerinin geçmiş alacaklar üzerinden daha büyük çapta özel kâr ve faiz transferlerini hoşgörü ile karşılamalarını sağlayacaktır."[403]

Peki bu yardımlar hükümetleri zorluklardan kurtarır mı? Elbet hayır. Teresa Hayter'den izleyelim:

"Bu yardımlar, karşılaştıkları ekonomik güçlüklere bazı kısa vadeli çözümler bularak, böyle hükümetleri ayakta tutmaya yarayabilir. Üçüncü dünya ülkelerinde yardıma ve yabancı özel yatırımlara bağımlı, emperyalizmin müttefiki bir sınıfın yaratılmasını, desteklenip korunmasını da sağlar."[404]

---

[403] Teresa Hayter, agy., s. 11.
[404] Teresa Hayter, agy., s. 12.

Yardım, azgelişmiş ülkelerin özel girişimcilerinin, ABD'nin uluslararası şirketleriyle ilişkiler kurmak, geliştirmek, ABD idealizminin böylece o ülkelerde kökleşmesini sağlamak amacını taşır. Yardım alan ülke, süreç içinde yalnız ABD'nin dümen suyuna girmekle kalmaz, kendi ulusal kimliğine de yabancılaştırılır.

Rockefeller'ın mektubu, bu saptamanın doğruluğunu kanıtlar. Amaç o "müttefiklerle" ekonominin ve giderek politikanın kilit noktalarını ele geçirmektir. Yardımla kurulan tuzakları, yine T. Hayter'dan izlemeyi sürdürelim:

"Yardım alan ülkeler açısından, yardımın başka olumsuzlukları da vardır. Örneğin, yardım, veren ülkeler için yararlı, alan ülkeler için zararlı bir takım tedbirlerin benimsenmesinin sağlanması adına, doğrudan bir rüşvet olarak kullanılabilir. Bilinçli ya da bilinçsiz olarak, halk kitlelerinin yoksullaşmasına yol açan projelerde kullanılabilir, çoğu zaman da ülkenin sırtındaki borç yükünü ağırlaştırarak bağımlılığını perçinler.

Bir bakıma yardım, emperyalist ülkelerde vergi veren kişilerin uluslararası şirketlere ödediği bir ödenek çeşididir. En açık örnek, yardım veren ülkeden yapılacak ithalata, bazen de ABD'nin yaptığı gibi dünya pazarlarına sürümü olmayan mallara bağlı yardımlardır. Bağlı yardımla finanse edilen ithal malları, çoğu zaman, başka yerlerden alınabilecek olanlardan çok daha pahalıdır. Yardım, üçüncü dünya ülkelerinden, giderek artan miktarlarda transfer edilen kâr ve faizleri de kısmen finanse eder. Emperyalist güçlerin özel şirketlerinin ürünleri için, denizaşırı pazarları genişletilebilir; ayrıca yol, liman, eğitim kurumları gibi kolaylıkları sağlayarak ve üçüncü dünyanın kendi kaynaklarını bu çeşit projelere harcatarak, söz konusu şirketlerin kârlarını arttırmaya da yarayabilir."[405]

Yardım adı altında girilen tuzaklarda bakın daha neler var:

"Sömürü hapının şekere bulanıp yutturulmasını amaçlayan bir rüşvettir yardım. Ama bunun dışında kapitalist sistemi sürdürme göre-

---

[405] Teresa Hayter, agy., s. 12.

vini daha karmaşık biçimlerde de başarabilir. İhtilalci değişimlere karşı daha dayanıklı bir sosyal ve ekonomik sistem kurma çabasında da kullanılabilir.[406] İhtilalci potansiyeli düşüreceği kanısıyla; zaman zaman üçüncü dünya ülkelerinin özellikle vergi, eğitim, hatta toprak reformu gibi belli reformları benimsemeleri yardım için şart koşulmuştur. Yardım, özgül koşullara bağlanarak, sistemin daha düzgün işlemesini sağlamak için de kullanılabilir. Böylece, borçlar geri ödenebilecek, kârlar dışarı çıkabilecek ve ithalat üzerindeki engeller kaldırılabilecektir. Yardım, yıkıcı bunalımları geçiştirebilmek için de kullanılabilir."[407]

Yardım Koşulsuz Verilmez, Önkoşul; "Önerilen Politikayı Uygulamak"tır.

Teresa Hayter der ki:

"Yardım, hiçbir zaman mali kaynakların şartsız transferi olmamıştır. Çoğu kez yardımın koşulları doğrudan ve açıkça, yardım veren hükümetin çıkarlarına hizmet eder."[408]

Gelişmekte olan ülkelerin genel ekonomi politikalarıyla ilgilenen mali kuruluşların politikalarında, şarta bağlama, performans/*lavarage* zorunludur. Bu kuruluşlar Dünya Bankası, IMF ve AID'dir. Teresa Hayter'ın bu konudaki tanığı çok sağlam; Dünya Bankası'nın yıllık raporlarıdır.

1966-1967 Yıllık Raporu'na Dünya Bankası Genel Müdürü George Woods'un konuşmasından alınan "önsöz", bu konuda gerçek bir kanıttır.

"Her ülke ekonomik büyümeyi yönlendirecek itici güçlerin ve koşulların ortaya çıkmasını sağlayacak, iyice düşünülmüş bir dizi politika tedbirleri isteyebilir. İşte üye ülkelerimizle gittikçe daha çok tartıştığımız konu bu olmaktadır. Günlük ekonomik kararları yönetecek temel politikalar ve politika değişiklikleri hakkında konuşurken başka-

---

[406] Örneğin, 12 Eylül sistemine benzer sistemlerin oluşturulması gibi.
[407] Teresa Hayter, agy., s. 12.
[408] agy., s. 20.

larının işine burnumuzu sokmuyoruz. Hatta zaman zaman da yönetim konseylerinde terazinin onlardan yana ağır basması için üzerinde anlaştığımız politikalara gerekli son desteği sağlıyoruz."[409]

Bu sözler, bankanın yardım alan ülkenin günlük politikalarına değin, her yönü ile genel politikalarını yönlendirdiğini gösteriyor. "Eğer, politikaların saptanmasında işbirliği sağlanırsa son destek (sonuna kadar destek olmalı - E.D.) sağlanıyor."

Teresa Hayter bu konudaki uygulamayı şöyle açıklıyor: Yardım için proje ve program seçimi önemlidir. İnceleme bu aşamadan başlar. Ancak, "hükümetin genel ekonomi politikası, proje seçiminden çok daha önemlidir, Öyleyse yardım, bu politikayı etkilemek için kullanılır."[410]

Yardım alan ülke, politikalarını bu kuruluşların önerilerine göre düzenlemeye başladığında, bağımsızlığını ipotek altına vermiş demektir. Çünkü Hayter'a göre, "yardım kuruluşları bir hükümetle anlaşamazsa ve hükümetin politikasından da hoşnut değilse, yardım vermemeye, verdiği yardımı kesmeye ya da azaltmaya karar verir."[411] Örneğin Dünya Bankası, IMF ve AID, geçmişte Küba'ya, Goulart yönetimindeki Brezilya'ya, İll yönetimindeki Arjantin'e, Allende yönetimindeki Şili'ye yardımı kesmiş ve bu ülke hükümetlerini cezalandırmıştır.

Bu kuruluşlar, kimi ülkelerde bir politikacıyı tutarak, onun kanalıyla politikalara yön verirler ya da hükümetle anlaşarak genel politikanın değiştirilmesine yardımcı olurlar. Kimi kez de izlenecek politikalar için öneriler getirerek, hükümetin kendi politikasını oluşturmasını izlerler.

Teresa Hayter'a kulak verelim:

"IMF'nin politika önerdiği artık gizlenemiyor, ama Dünya Bankası'nın ve AID'nin politika önerdiği çok az bilinir. Politika benim-

---

[409] Teresa Hayter, agy., s. 64.
[410] agy., s. 22.
[411] agy., s. 23.

setmek için yaptıkları görüşmeler büyük bir gizlilik içinde yürütülmektedir ve bu hassas bir konudur."[412]

Kalkınma Programı Yardımı Yoluyla Denetim

Teresa Hayter, *"Kalkınma Yardımı alabilmek için, herşeyden önce kalkınmadan ne anlaşılması gerektiği bilinmelidir,"* der. Bu nedenle yardım isteyen ülke, kalkınma programlarını, yardım verecek kuruluşun genel eğilimini bilerek hazırlamalıdır. Örneğin, Dünya Bankası'nın ya da benzer bir kuruluşun benimsemediği bir proje ile başvurulmamalıdır. Yukarıda sözü geçen yıllık raporda Kalkınma Programı konusu işlenmekte ve yardım isteyen ülkelerin "dışarıdan kaynaklanan tenkitlere karşı aşırı duyarlı olmamaları gerektiği" belirtilerek, telkinlere tepki gösterecek ülkelerle "ekonomik büyümeyi amaçlayan ortaklık meyve vermeyecek" denilmektedir.[413]

Raporda öncelikle; "hedefler üzerinde anlamlı bir uzlaşmaya varılabilinirse ve ortaklar pragmatik, mesleki bir yaklaşım benimserlerse, bir kalkınma planının kapsamı ve niteliği üzerinde de görüş birliğine varılabilir. (...) Bu konuda zaman zaman yapılan danışmalar, kalkınma programlarının altında yatan ana varsayımlar ve bunları gerçekleştirmek için gerekli politika tedbirleri üzerinde anlaşmayı sağlayacak bir forum olacaktır." denmektedir.

İşte bu danışmalar sırasında, ilgili örgüt, o ülkede nasıl bir ekonomik program / politika uygulayacağı konusunda, etken olmanın yollarını arar ve bulur. Yardım isteyen ülke politikası, kurumca önerilen genel politika esas alınarak yönlendirilir.

"Denizaşırı Kalkınma Kurumu'nun (Latin Amerika için kurulmuş yardım kuruluşu-ODİ) Etkili Yardım Konferansı'nda, önerileri karşısında önceleri "egemenliğe aykırı" görülen yönlendirmelerin, daha sonra akılcı bulunduğu söylenmiştir. Bunun gerçek anlamı, zaman zaman yapılan danışmaların etkinliğinde aranmalıdır," diyor Teresa Hayter.[414]

---

[412] Teresa Hayter, agy., s. 26-27.
[413] agy., s. 66.
[414] agy., s. 66.

Dünya Bankası'na göre yardımın ana amacı: "Ülkelerin ekonomik performansını geliştirmek" olarak gösterilir. Ve denilir ki: "Buna da ancak işini bilen bir ekonomist yardımcı olur. Ekonomistin de yararlı olabilmesi için, yardım edilecek ülkeyi çok iyi bilmesi, toplumsal ve kurumsal altyapıyı değerlendirebilmesi, büyümenin ana engellerini ve zorunlu önkoşulunu tanıması"[415] gerekir.

Bu önerilerin gerçek anlamı, "büyüme"den ne anlaşılması gerektiği, bir başka deyimle, büyümeye bankanın verdiği anlam ile, ilgili ülkenin neyi amaçladığı, neyi yapmak istediği arasında uyum bulunup bulunmasından çıkarılabilir. Örneğin, Türkiye'nin yıllarca tarım ülkesi olması istenmiş ve sanayi yatırımlarımız desteklenmemiştir. Bizim sanayi yatırımlarına yönelmemiz, daha doğrusu ekonomik politikamız, Dünya Bankası ya da AID ve IMF açısından, "büyümenin ana engelidir." Oysa kredi alabilmek için "zorunlu önkoşul"a "ana engel" çıkmaması gerekir.

Eğer önkoşul bir ana engelle karşılaşırsa, elbette kredi açılmaz ya da yardım verilmez.

Dünya Bankası, IMF vb. uluslararası kuruluşlar, uzun yıllar, tarım sektörüne yatırım yapmamızı önermişlerdir. Ancak, bir yandan bu önerilerin Türkiye'de yeterince ciddiye alınmaması ve ısrarla sanayileşme politikası izlenmesi nedeniyle olsa gerek, tüketim malları konusunda sanayileşmeye karşı çıkışlar azalmıştır[416] ya da F-16 projesi

---

[415] Teresa Hayter, agy., s. 66.

[416] Attilâ İlhan'ın, Aydın Köymen'den aktardığı şu satırlar, 1970'lerin ortalarından başlanarak tüketim malları sanayileşmesine ses çıkarılmamasının nedenlerine ışık tutmaktadır, (A. İlhan, Batının Deli Gömleği, s. 121): "... eskiden uluslararası kapitalizm geri kalmış ülkelerin hep geri kalmalarını, hiç sanayileşmemelerini isterdi. Ama bugün artık sanayileşmelerini istemektedir. Ancak çağdaş anlamda, yatırım malları sanayileri kurarak, yerli teknolojilerini değil, fakat kendi ürettiği makine ve teçhizatın kullanılmasına olanak sağlayan, kendisinin ulaşmış olduğu teknoloji seviyesinde artık ulaşılmasını gereksiz bulduğu, örneğin tüketim malları sanayilerinin kurulması yönünde sanayileşmelerini istemektedir. (...) Tabii ki bundan kârlı çıkan, bir kilogramlık dokuma tezgâhında sağlanan kazanç, aynı ağırlıktaki pamuk ipliğinden sağlanan kazanca oranla fazla olduğundan, uluslararası kapitalizmin kendisi olmakta, bunun yanında geri kalmış ülkelerin sanayileşme masallarıyla uyutulmaları sağlanmakta ve böylece 'dünya ticaretini kısıtlayıcı yönde' girişimlerde bulunmaları da önlenebilmektedir."

gibi, parçaların birleştirilmesinde ucuz işçilikten yararlanma düşünce-siyle, teknolojik gelişmeye dayanmayan bir yönteme izin verilmiştir. Kaldı ki, bu yöntemle sanayileşmek olanaksızdır.

Türkiye'nin teknolojik geriliğinin temelinde ayrıca ezberci eğitim sistemi yatar. Araştıran ve eleştiren düşüncenin kabul görmemesi ya da düşünceye konulan yasaklar, özellikle 12 Eylül'ün temel sistemi olmuş ve üniversite ezberciler yatağına dönüştürülmüştür. Son yıllarda uluslararası şirketlerce yerli ortakların otomotiv sanayisine yatırımları, Rockefeller'ın önerilerine uygun bir düzenden başka bir şey olmadığını gösteriyor. Kaldı ki bu tür ortaklıklar, sadece otomotiv sanayisiyle sınırlı değildir. Türkiye'deki sanayi sektörünün hemen hemen tamamı, uluslararası dev şirketlerin ortaklarıdır. Demokratikleşme projelerinin, gerçekte "bu şirketlerin çıkarlarını engellemeyecek kadar demokratik-leşme"yi içerdiği unutulmamalıdır.

Harry Magdoff'a kulak verelim: "Dünya Bankası, kendi açısın-dan basit ve doğrudan bir kontrole başvurmaktadır. Bu kontrol şöyle işler. Herhangi bir iyi bankacı gibi, borçlunun güvenilirliği aranır. Eğer bir ülkenin mali politikası güvenilir değilse: (bir başka deyimle, sistem olarak kapitalist sisteme tam uyumlu değilse, - E.D.) borç is-temi reddedilir. Daha önce değindiğimiz Prof. Boldwin de: "Dünya Bankası şantaj niteliğinde politikalarla, ilgili ülkenin politikalarını de-ğiştirmeye kadar gidebilir." diyor[417] ya da üç kuruluş da, ilgili ülkeye sırt çevirir.

Bu üç kuruluşun yüz çevirdiği bir ülkeye, başka bir banka ya da uluslararası başka bir kuruluş, ne yardım eder ne de kredi verir. O ülke artık yalnız kalmıştır.

Türkiye'nin 1978-79 CHP Hükümeti dönemi ve Şili'nin Allen-de'nin Başkan olduğu dönem, bunun en somut kanıtıdır. Yalçın Do-ğan'ın, Zafer Başak'tan aktardığı örneklere göre, 1964'te Brezilya'ya, 1966'da Pakistan'a, 1967'de Endonezya'ya politik nedenlerle, başta ABD olmak üzere, dış yardımlar durdurulmuştur.[418]

---

[417] H. Magdoff, agy., s. 188.
[418] agy., s. 189.

Burada yardımın kesilmesinin ardındaki gerçek sebep, bu ülkelerin genel politikalarının Birleşik Devletler politikasına ters olması kadar, ABD önerilerinin de dikkate alınmamasıdır.

Harry Magdoff'un Raymond F. Mikesell'den aktardığı şu bölüm konuya ışık tutmaktadır:

"Her şeye rağmen, herhangi bir başka banka, Kalkınma Bankası (Latin Amerika Ülkeleri Kalkınma Bankası), Dünya Bankası gibi finansmanını uluslararası sermaye piyasasından temin etmek zorunda olduğundan, sağlam bir borç verme politikası uygulamak, böylece ABD Hükümeti'nin ve kamuoyunun güvenini kazanmak zorundadır. Dolayısıyla bu bankanın izleyeceği politika, Dünya Bankası'nın izleyeceği politikadan farklı olmayacaktır."[419]

ABD'nin yalnız askeri alanda değil, ekonomik alanda da etkinliği; azgelişmiş ya da gelişmekte olan ülkelerin, emperyalizmin çizdiği kader çizgisinden çıkamadığını göstermektedir.

Yardım ya da kredi sağlama çalışmalarının tümünde ana koşul, "öncelikli ve ana politikaların" saptanmasıdır.

Bir başka program, "Koordine Edici Kalkınma Yardımı" adı altında uygulanır. Bir azgelişmiş ülkenin, ihracat gelirlerindeki düşüşü önlemek için, kendi projesini uygulaması sırasında dikkate alınır ve ek finansman şu koşullarda verilir:

"(i) Düşüş (shortfail) öncesinde, ihracat tahminleri ve bunun altında yatan *"politika paketleri"* konusunda ortak bir görüşe varmak için üye, Kurum'a danışmıştır:

(ii) Danışma ve düşüş arasındaki sürede Kurum, üzerinde anlaşmaya varılan politika tedbirlerini göz önünde tutmadığı için, Tasarı'dan yararlanamayacağını üyeye bildirmemiştir;

(iii) Gerçek ihracat, tahminin altına düşmüştür ve düşüşün büyüklüğü cari projeksiyon döneminde, önceki ortalamaların üzerindedir."[420]

---

[419] (Aktaran), H. Magdoff, agy., s. 60.
[420] Teresa Hayter, agy., s. 66.

Dikkat edilirse, "politika paketleri" ve "politika tedbirleri", yardım alan ülkeye dayatılan önerilerdir. Dolayısıyla yardım, ancak bu kurumların uygun göreceği *lavarage* (yani politik performans) elde edildiği sürece sağlanacaktır.

Koşullar ABD'nin koyduğu ilkelerle koşut olduğunda yardımın önü açılır. Bunun bir başka ve gerçek yolu, emperyalizmin o ülkede etkinliğinin tartışmasız sağlanmasıdır. Bu sağlandığınd, kredi de verilir, borç para da!

Çünkü ABD'nin dediği olmuştur. Kennedy ne diyordu?:

"Dış yardım, ABD'nin dünyayı denetleme ve etkileme aracıdır."

Teresa Hayter'ın Andrew M. Kamarck'ın bir incelemesinden aktardığı bölüm, uluslararası ekonomik politikayı belirleyen bu üç kuruluşun (Dünya Bankası, AID ve IMF), azgelişmiş üye ülkelerin, uluslararası çevrelerce, gerçekte ABD'ce kabul edilebilecek politik önlemlere yönelmesi halinde yardım alabileceklerini göstermektedir.

Yukarıda da değindiğimiz gibi, bu önlemlerin alınması için de, ülkeyi inceleyecek uzmanların o ülke hakkında her şeyi bilmesi gerekir. Bunun için de yardım edilecek ülke ile ilgili araştırmada, ülkenin ekonomik performansı değerlendirilirken, cevaplandırılması gereken özel sorular, şunların çoğunu içerecektir:

a) Üretimin ve gelirin büyümesi ne durumdadır?

b) Kalkınma için harekete geçirilen kaynakların kapsamı nedir ve milli tasarrufun, gayri safi milli hasılaya (GSMH) oranı büyüyor mu?

c) Mevcut mali kaynaklar ne ölçüde etkin kullanılmaktadır?

d) Toplumsal ve kurumsal yapı, kalkınma ile ne ölçüde uygunluk göstermektedir?

e) Nüfus artışı sorunu var mıdır? Varsa nedir ve hükümet bu sorunu çözmek için ne gibi çabalar harcıyor ya da çaba harcıyor mu?

f) Kalkınmaya, örneğin savunma ile karşılaştırıldığında, yeterince önem veriyor mu?

g) Ülke, parasına ve tasarruflarının gelecekteki değerlerine duyulan güveni korumakta ne ölçüde başarılıdır?

h) İthalat kapasitesinin artış hızı nedir, yani ihracat ve öteki döviz gelirleri ne hızla artmaktadır?

i) Ülke, ithalat harcamalarında ne ölçüde kısıntı yapabilmektedir?

j) Ödemeler dengesi ve dış borçlar nasıl sürdürülüyor; örneğin, ülke, devletçe ve devlet girişimlerince alınan borçları etkin biçimde izliyor ve denetliyor mu?

k) Ülkenin kalkınma ve mali politikası ne ölçüde dengeli?

"Dikkat edilecek nokta, bu listede, özel olarak bir 'kalkınma planı'ndan söz edilmeyişidir. İyi bir kalkınma planı, bu etmenlerin tümünü içerir. Bu soruların herbirinden yüksek puan alan bir ülkenin, mutlaka yeterli bir kalkınma planı da vardır; böyle bir plan, bir dizi uygun mali ve ekonomik politikayı içerir, onların yerine geçmez."[421]

Görülüyor ki, bir ülkenin tüm sosyal ve ekonomik yapısı, bir benzetmeyle sosyo-ekonomik topografyası çıkarılmakta ve ülkelerin sosyal ve ekonomik potansiyelleri, yeraltı ve yerüstü zenginlikleri vb. tüm özellikleri, bu üç kuruluşun eline geçmektedir.

Bu projeler, bankanın ilgili birimlerince değerlendirilir. Sonra bunlara dayanılarak, o ülkeye özgü sosyal, ekonomik ve politik programlar ve önlemler hazırlanır, geliştirilir ve uygulamaya konulur. Teresa Hayter der ki, bu aşamadan sonra; "Banka borç vermeye ya da vermemeye karar verebilir, o kadar. (...) Kuşkusuz bu, ülkeyi ya da ötekilerini bankanın onaylayacağı politikaları benimsemeye itebilir. (...) Bankaya göre ideal olan, mümkün olduğu kadar çok ülkenin, bankadan borç alabilecek hale gelmesini sağlamaktır."[422]

Neden mi?

---

[421] Teresa Hayter, agy., s. 71.
[422] agy., s. 81.

Çünkü bankanın gerçek amacı, kendi politikasını (H. Magdoff'un Raymond F. Meksell'den aktardığı gibi, "ABD'nin uygun gördüğü" politikayı) azgelişmiş ya da gelişmekte olan ülkelere kabul ettirmektir. Andrew M. Kamarck'ın incelemesindeki sonuca göre de banka ya "hükümetin kalkınma planını değerlendirmeli, böyle bir plan yoksa da kendi tam ve açık bir kalkınma stratejisini hazırlamalıdır." Teresa Hayter da "Banka, ilgili hükümetle pek az ön tartışma yaptığı halde, her konuda kararlarını önceden verdiği ve kararlı olduğu izlenimini uyandırıyor."[423] görüşündedir.

Görülüyor ki emperyalizm, azgelişmiş ya da gelişmekte olan ülkelerin istencini, kendi istenci içinde eritiyor ve ülkeleri bu yolla ekonomik alanda da işgal ediyor.

AID ve Sorumluluklarını Anlamış İdareler

"AID, ekonomik yardımın yalnızca desteklenen ülkenin sınırlı sermaye ve teknik kaynaklarına eklemeler yaparak değil, aynı zamanda ülkenin politika ve programlarını etkileyerek de kalkınmayı teşvik edebileceğini, giderek daha çok kavramaktadır. Yardımın potansiyel *lavarage* rolünün daha çok bilincine vardıkça, lavarage'ı daha etkili uygulamak için çeşitli teknikler geliştirilir. *Uzun vadede, yardımın etkileme potansiyeli, kaynak aktarımından daha önemlidir.*"[424]

Bu satırlar, AID misyon görevlilerinden G. Ranis ve J. Nelson'undur ve AID'nin bir yayınından, Teresa Hayter tarafından aktarılmıştır. Yazarlar, AID yardımının, ilgili ülke politikasını ve programlarını etkileme konusunda giderek artan çeşitli etkinlikler yapıldığını anlatır. Dahası belgeler.

Yazıdaki bir tümce, amacı daha iyi vurgulamaktadır:

"Uzun vadede, yardımın etkileme potansiyeli, kaynak aktarımından daha önemlidir." sözleri, yardımla destekleme paravanı ardında,

---

[423] Teresa Hayter, agy., s. 81.
[424] (Aktaran), Hayter, agy., s. 100.

ülkelerin sosyal ve siyasal, dahası kültürel yönden ABD'nin güdümüne sokulduğunu dile getirmektedir. Bir başka deyişle gerçek amaç, ABD ideolojisini yerleştirmektir!

Lavarage sözcüğünü daha önce de görmüştük. *Lavarage*, ilk anlamda "etkileme ve inandırma" olarak algılanabilen bir sözcük. Ama Teresa Hayter, bu sözcüğün uygulamada daha kapsamlı olduğunu anlatıyor ve diyor ki:

"*Lavarage*; etkileme ve inandırmanın da ötesinde, açıkça, yardımın ülkenin belirlenmiş eylemlerle şartlandırılmasına yarar. *Lavarage*, olumlu ya da olumsuz olabilir; belli koşullar gerçekleşmedikçe yardım verilmeyebilir ya da ülkenin ekonomik performansı belirli standartlara ulaşır, ek yardım sağlanabilir. Olumlu *lavarage*'a bazen '*teşvik edici programlar*' da deniliyor."[425]

"*Lavarage* uygulamasında AID program kredileri sistemini kullanır." diyen Hayter, "program kredisi alan ülkelerin, ABD ile özel antlaşma imzalaması gerektiğini" sözlerine ekliyor ve şöyle sürdürüyor: "Çoğu kez bir yıllık bir süreyi kapsayan anlaşmada, krediyi alan hükümetin benimsemek zorunda olduğu ekonomik ve toplumsal politikalar üzerinde bir dizi genel ve özel koşul vardır. Bu koşullar, AID ile ilgili hükümet arasında imzalanan ayrıntılı ve gizli bir borç sözleşmesinde, daha da genel olarak '*Niyet Mektubu*'nda toplanır."[426]

Bu tür ilişkilerin gideceği adres bellidir; Amerika. Amerika o ülkede etkinliğini giderek pekiştirecektir. Ülkemize görevli olarak gelip bürokratlarımızı eğiten ve onların AID'nin istediği yerlere atanmasını sağlayan AID yetkilisi Richard Podol'un sözlerini anımsayalım. Podol, "Türkiye bürokrasisinin yüksek yerlerdeki görevlilerinin önemli oranda *indoktrine* edildiğini, çalışmaların orta kademe üzerinde yoğunlaştırılması gerektiğini" görev aldığı yere bildiriyordu. Raporun şu bölümünü bir kez daha dikkatle okuyup düşünelim:

---

[425] T. Hayter, agy., s. 101.
[426] agy., s. 103.

"Önemli mevkilerde Amerikan eğitimi görmüş bir Türk'ün bulunmadığı bir Bakanlık ya da İktisadi Kamu Kuruluşu hemen hemen hiç kalmamıştır."[427]

Podol'un söylemindeki bir ayrıntıya (gerçekte Rapor'un özüdür) dikkat edelim. "Amerikan eğitimi görmüş" söyleminde, eğitimin niteliği özenle vurgulanıyor. "Amerikan eğitimi ile indoktrine edilmiş"liğin altı çiziliyor.

İsmet Paşa'nın 1960'larda söylediği sözleri anımsayalım. ABD ile içli dışlı oluşumuzun zararlarını ve bağımsızlığımızın nasıl zedelendiğini anlatırken, bürokratlarımızdan söz açmıştı:

"Teklifler hazırlayacaklar... Yapabilirler mi bunu? Hepsinin etrafında *uzman* denen *yabancılar* dolu. İğfal etmeye çalışıyorlar. O da olmazsa, işi sürüncemede bırakmaya çalışıyorlar. Muvaffak olamazlarsa karşı tedbir alıyorlar. Bir görev veriyorum. Neticesi bana gelmeden Washington'un haberi oluyor."

Bu sözlerden, ABD'li uzman kılıklı ajanlarla, bürokrasideki Türk kılıklı yardımcılarının eşgüdümüyle, ilişkilerin ABD yararına işlediği anlaşılıyor. Biz bunu "ulusal istencimizin, emperyalizmin istencinde eritilmesi" olarak niteliyoruz.

Harry Magdoff, bu konuyu da özenle ele almış. Bakın ne diyor:

"ABD yetkilileri yardım alan ülkenin bu konudaki bütün kararlarına karıştıkları gibi, en güvenilir ABD taraftarı yetkililerle (çoğu kez AID yardımı ile ABD'de eğitim görmüş ve yetiştirilmiş olanlarla) ittifaklar kurmaya çalışırlar; o ülkeye danışmanlar ve teknisyenler yetiştirirler."[428]

Teresa Hayter'a göre de: "AID'nin özerkliği çok kısıtlıdır, kararlarını Washington'un onayı ile yürürlüğe koyabilir. AID'nin yardım

[427] 12 Eylül sonrası, ABD'nin onayını alan 12 Eylül Sistemi'nin emanet edildiği Özal için Ufuk Güldemir, *Teksas-Malatya* adlı yapıtında, "Biz CIA'in Özal biyografisini bizzat görmedik, ama bunu gören bir kaynağın aktardığına göre; Özal, bu dokümanda, gelmiş geçmiş en Amerikan yanlısı Türk olarak takdim edilmiştir" diye yazıyor. (s. 85-86)
[428] Harry Magdoff, agy., s. 183.

alan ülkedeki misyonu ise, resmen ABD'nin o ülkedeki elçisine bağlıdır."[429]

AID, ancak ABD'nin genel politik hedeflerine uygun, siyasal buyrukları içeren programları destekler. AID'nin desteği için, ülkenin nasıl yönetileceğine bakılmaz. Örneğin, geçmişte Arjantin, Brezilya, Şili ve Uruguay *askerlerce* yönetilirken, ABD yardımından yoksun kalmamışlardır. Dahası, eski bir dışişleri görevlisi olan Simon G. Hanson'dan, Teresa Hayter'ın aktardığı aşağıdaki satırlar, AID yardımının, ülkelere ABD karşısında boyun eğdirme yöntemi olduğunu açıklıyor.

Eski bir Dışişleri görevlisi olan Simon G. Hanson, Brezilya üzerine yazdığı bir yazıda, konuya yeni açılımlar kazandırır:

"Mr. Rusk, 'İlerleme İçin İşbirliği Örgütü'nün temel çizgisi Amerika'da gündeme alınmıştır', söylemiyle başladığı yargılayıcı düşüncesini şöyle sürdürüyor S. G. Hanson:

"Ama eğer işbirliğinin başarısını belirleyecek olan bu ülkede (örneğin Brezilya'da) demokratik hükümetin bertaraf edilmesi, büyüme hızının düşürülmesi, işçi sendikalarına indirilen öldürücü darbe, yoksullarla zenginler arasındaki uçurumun derinleştirilmesi, halk kitlelerinin yaşama düzeyindeki hızlı düşüş, ortaya çıkan işbirliğinin temel çizgisini oluşturuyorduysa,[430] ilk baştaki işbirliği kavramı çok yanlış anlaşılmış demektir. Ve eğer bu ülkede, karar verme yetkisinin acıklı bir şekilde Washington'a teslim edilmesi, kıta çapındaki deneylere ne kadar aykırı olursa olsun yatırımcıların amaçlarının kamçı zoruyla kabul ettirilmesi, işbirliğinin özünü oluşturuyorduysa, hiçbir Latin Amerika ülkesi Punta del Este'de hem bunu bilip, hem de işbirliğine katılmayı kabul edemezdi. Brezilya'nın karar verme yetkisi özellikle ya-

[429] Teresa Hayter, agy., s. 106.
[430] Dikkat edilirse, 12 Eylül'de Türkiye'de gerçekleştirilenler bu programa tıpatıp uygundur. Bu programın ancak bir askeri darbe sonucu gerçekleştirebileceği düşünülerek, ülke belli bir program dahilinde 12 Eylül'e taşınmıştır. Bu nedenle, 12 Eylül'ü önlemeye kimsenin gücü yetmezdi, yetmedi de! Dahası, ABD neyi, niçin yatığını bilerek çalışır ve hazırladığı politikayı istediği biçimde uygular.

bancı yatırımcılar yararına yok edilmiştir. Örneğin Brezilya'nın Light and Power Company, ITT, American and Foreign Power Company gibi firmalarının kâr ve zarar bildirimleri, Birezilyalıların rıza gösterdikleri bu boyun eğişin canlı anıtları olmuştur."[431]

Türkiye Ne Kadar Bağımsızdır?

"Bu sorunun anlamı ne, şimdi yeri mi?" denilebilir. Ama okuyucumun buraya kadar çevirdiği sayfalardan edindiği bilgiyle, bu soruyu sormaya başladığını düşünerek konuya bu soruyla girmeyi uygun buldum, Evet çok ağır bir soru, ne yazık ki yanıtı daha da acı ve düşündürücü. Elbet, ulusal bilinç ve düşünme yetisini yitirmemişler için; bir başka deyimle şöyle ya da böyle "Amerikan eğitiminden geçmemişler" için!

Türkiye Cumhuriyeti bağımsızlığı için ölümü hiçe sayan bir kuşağın eseridir ve bağımsızlık bizim için varlığımızın temelidir. Ama, onu korumasını da bilmek gerekir. Peki koruyabildik mi? Korumada başarısız olmuşsak; neyi, nerede ve nasıl bir tutumla yanlış yaptık? Bu soruların yanıtını arayalım diyorum. Bu araştırmada karşımıza yardım adı altında sömürü hapını yutturan emperyalizmin en acımasızı çıkacaktır. Oyun içinde oyunlarla karşılaşacak, adım adım bağımsızlığımızın ipotek altına alındığını öğrendiğimizde iş işten geçmiş olacaktı! Demokrasiye geçiş sarhoşluğundan ayılmaya fırsat bulamadan, 50 yılı tamamladığımızda, Türkiye Cumhuriyeti'nin ABD'nin dümen suyunda gezindiğine tanık olacaktık.

Önce devalüasyonla tanışmıştık, bu ilk adımı IMF ve Truman Doktrini izlemişti. Sonra mı? Bağımsızlığı için cihana kafa tutan bir ulusun egemenliğinin nasıl ipotek altına alındığını izleyip öğrenelim ve çözüm arayalım...

Türkiye, 1946 yılının 7 Eylül'ünde ilk kez devalüasyonla tanışır. Bretton Woods Antlaşması'nı imzalamıştır, Başbakan Recep Peker "Türk Lirası'nın değeri üzerinde, ünlü İngiliz iktisatçı Keynes'in Bretton Woods'ta söylediği gibi, devalüasyon yapmamız gerekir" de-

---

[431] Teresa Hayter, agy., s. 110 (dipnot).

mektedir. Devalüasyon sözcüğü halk arasında "Develi Hasan" olarak biraz alay konusu edildi. Ama kimse, enflasyon-devalüasyon gibi sözcüklerin yaşamımızda bu denli etken olacağını düşünemezdi o günlerde. Doğrusu bu sözcüklerin anlamını bilen de yok denecek kadar azdı.

1947 yılının 11 Mart'ında da IMF'ye üye olduk. Peki IMF'yi biliyor muyduk? Türkiye, uluslararası para kurumlarının oyuncağı olmaya adım attığını da bilmiyordu, bilemezdi de. Ama gün gelecek, bu örgütlere danışmadan hiçbir ekonomik ve elbet çoğu kez politik karar alamayacaktık. Bunu da bilmiyorduk o günlerde; belki dünya da bilmiyordu.

Öte yandan, yardım ya da kredinin ancak, gerek AID'nin gerekse öteki kurumların onayladıkları program ve projelere verildiğini öğrendik! Sonuçta bu kuruluşların kredilere yönelik tutumlarının, hükümete güvenoyu vermeleri ya da vermemeleri anlamına geleceğini de bilmiyorduk. Daha önce değindiğimiz gibi, belli politikalarda anlaşılamazsa hükümetlerin düşürüldüğünü, askeri darbelerin gerçekleştirildiğini de bilmiyor, düşünemiyorduk o tarihlerde. Gerçeklerle yüzyüze geldiğimizde artık çok geç kaldığımızı anladık! Bağımsızlığın nasıl gölgelendiğini ve bir daha gerçek anlamda bağımsızlığa kavuşmanın ne denli zor olduğunu anlamıştık! ABD, yeni emperyalizmi paranın krallığı üstüne kurmuştu.

Hele, Teresa Hayder'ın dediği gibi: "AID'nin program kredileri, ABD Dışişleri Bakanlığı'nca onaylanmakta, bu bağlamda da o ülkedeki AID misyonu kanalıyla, ilgili ülkenin içişlerine karışmaktaysa bağımsızlıktan nasıl söz edilebilir?"[432]

---

[432] George McGhee, adı geçen yapıtında, yardımın içişlerine karışma ortamı yarattığına değinir. "Bu tür bir dizi sorun da, 40 yıldır süren ABD askeri ve ekonomik yardımı nedeniyle birtakım ABD'li yetkililerin Türkiye'nin iç olaylarına karışma zorunluluğundan kaynaklanmıştır." der. McGhee'nin, önceden de değindiğimiz aynı yapıttaki şu sözlerini anımsamanın yeri değil mi?: "... ABD'nin Türklerin aşırı taleplerine karşı kendini korumasını gerektirmiş, Türkiye'nin alacağı yardımı, doğal olarak, mümkün olan en yüksek miktara çıkarma ve koşullarını da elden geldiğince yumuşatma isteği, Türkiye'yi bir kukla, ABD'yi de enayi durumuna düşürmeden sağlanmaya çalışılmıştır..."(G. McGhee, agy., s. 280-281) Adam daha ne desin! Kukla benzetmesini içimize sindirdikten sonra...

Özetle, uluslararası para, kredi ve yardım kuruluşları eliyle ABD, azgelişmiş ya da gelişmekte olan ülkeleri her noktasında denetler, halk deyişiyle, her yerde "hazır ve nazırdır." Uluslararası kuruluşlar, ABD'li şirketler adına zaman zaman risk araştırmaları yapar. Bunlardan "Standart and Poor" Ekonomik İstihbarat Örgütü yetkilileri 1993'te Türkiye'de boy gösterdiler! *Cumhuriyet* Gazetesinin 21 Mart 1993 tarihli haberine göre, ekonomik durumumuzun incelenmesi için gelen "Standart and Poor" yetkilileri, yeni bir değerlendirme yapmakta. 2 Nisan 1993 tarihli *Hürriyet*'te, "Standart and Poor Heyeti'nin özel sektörle temas ettikleri" haberi yer alır. Habere göre, "değerlendirme sonunda bugün [bbb] olan puanımız düşerse, dış borç kaynaklarından borç alamayan hükümet finans darboğazına girecek." Bilinmez ki, yeni oyunlara mı hazırlanılıyor, yeni tuzaklar mı yerleştiriliyor?

Türkiye 1970'lerin sonunda da benzer toplantılar sonucu aynı dar kalıba sokulmuştu. İşte bu nedenle, ABD'nin denetimindeki ülkeler, gerçek anlamda bağımsız olamazlar.

Örnek Bir Olay

> **"İyi ama sayın Başbakan, henüz size iletmeye fırsat bulamadığım bilgileri onlar (Amerikalılar) istiyorlar."**[433]

Bu sözler, 1978'de zamanın DPT Müsteşarı Bilsay Kuruç'a aittir ve Başbakan Ecevit'e söylenmiştir. Dünya Bankası Başkanı McNamara, Ecevit'in hükümet kurmasından sonra bir uzmanlar kuruluyla Türkiye'ye gelmiştir Birlikte gelen uzmanlar, Bilsay Kuruç'tan yeni "Beş Yıllık Kalkınma Planı" hakkında bilgi isterler. Kuruç, kesinleşmemiş programı tartışmaya açmak istemez, giderler. İşte o söylem, uzmanların şikâyeti üzerine, başbakanın, "niçin uzmanlar geri çevrildi?" sorusunun yanıtıdır.[434]

Bunun hem uyarı hem de "para para" diye sürekli yardım peşinde koşmanın yanlışlığını vurgulama ve en azından acı bir eleştiri olduğu unutulmamadır.

[433] Yalçın Doğan, agy., s. 74.
[434] aynı yerde, agy., s. 74.

Bu, bağımsızlık ve egemenlik ilkelerine içten bağlı bir bürokratın haklı tepkisidir. Kuruç, IMF'ye vereceği Niyet Mektubu'nda kalkınma hızını % 6 olarak göstermek ister. Türkiye Masası Şefi Sturc, bunu kabul etmez. Tartışmalar sonunda Türkiye bu oranı koymaktan vazgeçer. 4 Ağustos 1958 Devalüason Kararı'yla, önceki öneriler doğrultusunda borç batağındaki ekonomiyi kurtarmak için[435] yeni kararlar alınır. Yeni zamlar, yeni kredi politikaları uygulanır. Dolar, 9 TL. olmuştur.

Türkiye yeni bir IMF tuzağında çırpınmaya hazırdır.

İlginç bir rastlantıdır belki, ama 1958'de önerilen ve uygulanan politikalar, 1960 İhtilali ile sonuçlanmış ve bir IMF uzmanı Türk, Kemal Kurdaş, Maliye Bakanlığı'na getirilmiştir. Kemal Kurdaş, IMF'ye "siz gelmeyin, ben gerekeni yaparım" dediği için (Yalçın Doğan'a göre) ne Sturc, ne de bir başka IMF uzmanı Türkiye'ye gelir.[436]

1967-70 arasında IMF Türkiye'yi mesken edinmiştir, her yıl gelir. 1969'da yoğun bir devalüasyon baskısı altına alınır Türkiye. Vehbi Koç'un 4 Mayıs 1969'da, "Ekonomide öyle bir gidişat var ki, 1946'dan bu yana üzerine titrediğimiz demokrasi düzeni tehlikededir."[437] sözleri neredeyse 12 Mart 1971'in habercisi olmuştur.

Dünya Bankası önerileriyle, 1968'de Türkiye Elektrik Kurumu (TEK) Yasası ve Merkez Bankası Kuruluş Yasaları kabul edilir. Yakın dönemde işlemeye başlayan Sermaye Piyasası'nın kurulması, ilk kez IMF tarafından 1969'larda gündeme getirilir. Yalçın Doğan'a göre, IMF, Türkiye'nin ekonomik yapısını istenilen boyutlarda geleceğe hazırlamaktadır:

"Ancak 1960'ların sonlarına doğru IMF, Türkiye'de Sermaye Piyasası Yasası, bankacılık kesiminin düzenlenmesi, yabancı sermaye yasası ve Merkez Bankası Yasası'nın hazırlanması gerektiğini dile ge-

---

[435] 1956'ya doğru Türkiye ekonomisi, ulusal gelir artışındaki gerileme, fiyat artışları ve borçlar yüzünden sıkıntı içine girmiştir. Dışsatım 250 milyon doların altında kalmıştır. Bu, Cumhuriyet tarihinin, ekonomik açıdan İkinci Dünya Savaşı dahil, en kötü dönemidir. Ve bu noktaya, o çok övülen yardımla; IMF reçetesiyle gelinmiştir.
[436] Yalçın Doğan, agy., s. 110.
[437] agy., s. 113.

tirir; üstelik bunu da sık sık yinelerdi. Merkez Bankası sisteminden hangi özel bankaya, ne ölçüde kredi verileceği ancak özel toplantılarda kararlaştırılıyor, bazı özel bankalar açıkça kayırılıyordu. Bu, IMF'nin istekleri doğrultusunda gelişiyordu. Bu istekler yerine getirilmesine karşın, IMF konunun yasalara bağlanarak "rayından çıkmaması" yönünde ısrarlı davranıyordu. İşte, bu amaçla, bu yasaların hazırlanmasına olanak sağlayacak, merkezi Türkiye'de olan bir 'Proje Ofisi' kurulur."[438]

1970'te % 66'lık bir devalüasyon gerçekleştirilir. 12 Mart'a çok yaklaşılmıştır. Bu kez de Kemal Kurdaş'ın 27 Mayıs'ta IMF'den gelişi gibi, 12 Mart'la birlikte Dünya Bankası'ndan Atilla Karaosmanoğlu gelir.[439]

Karaosmanoğlu da IMF'ye, Kemal Kurdaş gibi, "gelmeyin" diyecektir...[440]

Yalçın Doğan, burada ilginç bir etki sezinlediğini yazar. IMF'nin bizim gibi ülkelere politik baskı yapmadığı söylentisini yadsıyan bir sezgidir, IMF'nin "Haşhaş yasağı" konusunda ABD baskısına katılmasıdır. Öyle ki, 12 Mart'ın neredeyse bir gerekçesi olacak kadar sansasyonel olaylara neden olmuştur haşhaş konusu. ABD Adalet Bakanı John Mitchell'ın, "Türkiye'ye ekonomik ceza verilmelidir", sözü o dönemde yapılanlara ve yapılacaklara ışık tutmaktadır.

---

[438] Yalçın Doğan, agy., s. 114.

[439] Buraya bir gerçeği, içinde bulunduğum hareketin bir aşamasında katkım olan gerçeği tarihe not olarak düşmek istiyorum: Atilla Karaosmanoğlu'nun 12 Mart öncesi ordu hareketinin istemiyle Hava Kuvvetleri Komutanlığı'nda 9 Mart akşamı gerçekleştirilen Komutanlar toplantısına sunulmak üzere hazırlanan Bakanlar Kurulu listesine alınması, bu hareketin ardında kimlerin bulunduğuna bir işaret sayılmalı, diyorum. Ordu hareketinin içinde bir subay olarak Karaosmanoğlu'nun listeye alınmasına karşı çıkmıştım. 9 Mart akşamı Hava Kuvvetleri Komutanlığı'ndaki Komutanlar toplantısında, darbe kararı alınamamıştı. Genelkurmay Başkanlığı'nda 10 Mart'ta yapılan toplantıya sunulan Bakanlar Kurulu listesine Karaosmanloğlu'nun Hava Kuvvetleri Komutanı Muhsin Batur'un emriyle konulduğunu not etmeliyim.

[440] 12 Eylül'de ise, IMF'nin ve Dünya Bankası'nın güvenilir bir başka adamı, Turgut Özal işbaşındadır. IMF Avrupa Masası Şefi Wiltom 15 Eylül'de Özal'ı arar ve der ki: "Siz işin başında iseniz biz endişe değil sevinç duyarız Mr. Özal; sizin adınız bizim için yeterlidir." Emin Çölaşan, *12 Eylül Özal Ekonomisi'nin Perde Arkası*, s. 67.

12 Mart gelir, geçer. Kıbrıs olayları, ABD Ambargosu, 1977 seçimleri öncesi, Türkiye'yi 70 cent'e muhtaç bırakır. Türkiye, 1940'ların sonundan bu yana genelde IMF'nin, Dünya Bankası'nın ve AID'nin önerilerine uymuştur. Ama krizden krize düşmüş, borç batağında çırpınmaktadır.

1978 ve 1979 Türkiyesi, CHP Hükümeti'yle IMF ve Dünya Bankası arasında bunalımlı gelgitler dönemidir. Batı ve Zenginler Kulübü, Türkiye için yatırım toplantıları yapar. Guadeloupe'deki toplantı sonuçsuz kalır. Çünkü ABD, "Türkiye, IMF ile anlaşmadan tek kuruş alamaz" koşulunu öne sürmüştür.[441]

Bir yandan da, Türkiye özel girişimcileri ve örgütleri paralı ilanlarla, güç durumdaki hükümeti 1979 baharında daha da yıpratmaya çalışmaktadır. Şili'deki Pinochet Darbesi öncesine benzeyen gelişmeler yaşanmakta; bir yandan da *"Allende=Büllende"* benzetmesiyle orduya çağrı çıkarılmaktadır. Bu çağrıların 12 Eylül'ün provası olduğunu gerçekle kaşılaşınca anlayacaktık.

12 Eylül'e Doğru Türkiye Gerçeği

1977 sonlarında kurulan Ecevit Hükümeti, 1978 Şubat'ında devalüasyona gider; faizleri artırır, personel giderlerindeki artışı % 2'yle sınırlar. Çünkü IMF'ye gidilecektir. Bu çalışmalardan sonra, Vural Güçsavaş başkanlığında oluşturulan kurul, Woodword'un karşısına çıkar. IMF Türkiye Masası Şefi'dir Woodword. Türk Heyeti, "Biz, siz önermeden gerekenleri yaptık" demek istemiştir. İlk düş kırıklığı Woodword karşısında yaşanır. Çünkü hazret, bu sözleri alayla karşılar, bizimkiler Woodword'u aşamazlar.

Dahası Yalçın Doğan, uzmanların (Woodword) bizi dinledikten sonra; "siz bu programla ancak pikniğe gidebilirsiniz" diye alay ettiklerini kendilerinden dinlediğini yazar.

---

[441] Yalçın Doğan, "Ambargo kaldırılırken.. Amerikan Hariciyesi'nin Türkiye'ye devalüasyon önerdiğini ve IMF ile anlaşmayı salık verdiğini" yazıyor. Şükrü Elekdağ'ın ABD Dışişlerine "IMF'ye söyleyin, devalüasyon önerisinden vazgeçsin" dediğinde, onların, 'biz de devalüasyon önerecektik' dediğini ekliyor (agy., s. 161-162).

Ancak kurul direnir ve 'niyet mektubu' onaylanır. Bu onayda da ABD'nin desteği vardır. IMF'de Yürütme Kurulu Direktör Yardımcısı William Dale devreye sokulur ve mektup bu "siyasal baskıyla" onaylanır. Ama IMF, Ecevit Hükümeti'nin programını zayıf bulmuştur.

Yalçın Doğan mektubun onaylanmasının, IMF'deki politika değişikliği ile eşzamanlı olduğunu, bu politikanın "Dünya Bankası ve IMF'nin bundan böyle uluslarüstü *(supra-national)* Merkez Bankası ve planlama örgütü gibi çalışacaklarını" yazar. Ama mektubun onayına karşın, Ecevit'in kredi beklentisi gerçekleşmeyecektir.[442] Çünkü, "Uluslarüstü Planlama Örgütü" olarak bu kurullar, Türkiye'nin kalkınma stratejisine öteden beri karşıdırlar. Ecevit'in, bu stratejiden sapmayacağını saptamışlardır. İlgili bankalara el altından, "Türkiye'nin istikrar programı ekonomiyi düzlüğe çıkarmaz ve geçmiş yılların borçlarını ödeme potansiyeline sahip değildir." söylemi sızdırılır ve uluslararası bankalar da, kredi musluklarını kapatırlar...

Bu noktaya birdenbire gelinmiş değildir, öncesi vardır. Şimdi bu gidişi izleyelim:

Dünya Bankası, IMF ve benzeri uluslararası kuruluşlar, yıllarca, bizim endüstriye değil, tarım sektörüne yatırım yapmamızı önerirler. Ancak, Türkiye'nin bu önerileri ulusal kalkınmayı aksatacağı düşüncesiyle dikkate almaması ve özellikle Sovyetler'le yapılan anlaşmalarla ağır sanayiye önem vermesi (İskenderun Demir-Çelik, Seydişehir Alüminyum kuruluşları ve Orta Anadolu Rafinerisi vb. endüstriyel açılımlar) nedeniyle, baskı yön değiştirir. Bu kez de "siz ağır sanayiye değil, hafif sanayie önem verin," önerisiyle karşılaşırız.

1977 seçimleri sonrası Hükümeti kurma görevi Ecevit'e verilir, kısa süren bir hükümet kurulur, ama güven oyu alamaz. CHP, seçimlerden birinci parti olarak çıkmıştır, güven oyu için en az 226 milletvekili gerekmektedir. CHP 215 milletvekiliyle temsil edildiği, muhalefetten ve bağımsızlardan destek oyu çıkmadığı için, Ecevit istifasını verir, Hükümeti Demirel kuracaktır.

---

[442] Y. Doğan, agy., s. 146-150.

Ve hükümet, Adalet Partisi, Milli Selamet Partisi ile Milliyetçi Hareket Partisinin birleşmesiyle Demirel'in Başbakanlığında (2. MC) kurulur. Ama İkinci MC'nin, toplumda yeterli destek bulamaması sonucu, Demirel 4 ay sonra istifa edecek, Hükümeti kurma görevi yeniden Ecevit'e verilecektir.

Kemal Derviş: 1977

Ecevit'in bulunacak bir formülle destekleneceği söylenir. O formül bulunur: Adalet Partisi'nden, Milliyetçi Hareket Partisi'nden ayrılanlar ve bağımsızlardan gelen 11 parlamenterin bağımsız statüleriyle katıldıkları yeni Hükümet, güvenoyu alır. Ve 1977 sonlarında, Dünya Bankası'ndan bir uzman gelir. Adı Kemal Derviş'tir. Attilâ İLHAN, Derviş'in önceleri bir ara, Ecevit'in danışmanı olduğunu yazar. Derviş, azgelişmiş ülkelere ilişkin bir kalkınma programıyla gelir. Türkiye ile ilgili bir de rapor hazırlamıştır. Basına sızdırılan bu rapora göre:

"Türkiye'nin sanayileşme stratejisinde değişiklik yapmak gerekmektedir. Bu ölçüde büyük bir ticaret açığı ile sanayileşme sorununu çözmek olanaksızdır. Onun için kimya, temel makina ve imalat, maden işleme gibi ağır sanayilerde gelişme beklemek gerçekçi değildir. Kaynaklar ihracata yönelik hafif sanayi dallarına kaydırılmalıdır. Ağır sanayiden gelişme beklenmemelidir."[443]

Dünya Bankası, Ecevit'in Ekonomik Programı'nı öğrenmek ve ne yapması gerektiğini anlatmak için yollamıştır Derviş'i. Ya da kendi saptamalarını doğrulatmak ve Ecevit'e tanı koymak için de yollanmış olabilir. Ecevit ne düşünüyor, ne yapacak; Türkiye, Ecevit döneminde sanayileşme hızını kesecek mi? Bunca borca karşın kredi darboğazını aşabilmek için, kendisinden istenenlere "evet" mi diyecek, "hayır" mı?

Yanıtı aranacak şu sorulara bakalım: Böyle bir araştırmaya neden gerek duyulmuştur; bu soruların gündeme taşınmasındaki amaç nedir? Bu soruların yanıtını bir başka belgede arayalım: O belge de, yine bi-

---

[443] Attilâ İlhan, *Batı'nın Deli Gömleği*, s. 259

zim bir yetkilimizin, zamanın Maliye Bakanı Yılmaz Ergenekon'un seçimler öncesi para bulmak için gittiği Washington'daki serüveniyle ilgili bir rapordan alınmıştır.

"Türkiye Maliye Bakanı Yılmaz Ergenekon, geçen hafta, Dünya Bankası ve Uluslararası Para Fonu'ndan (İMF) emir almak üzere Washington'a geldi. Buna göre Dünya Bankası'nın ifadesiyle 'Türkiye'nin kronik ve kaotik borç durumunun' düzelmesi için bir kemerleri sıkma politikasının uygulanması gerekmektedir. Chase Manhattan Bank yetkililerinden biri, 'Para Fonu'nun önerilerini iki ana noktada toplandığını ileri sürmüş ve bunlardan birinin yüzde 75 oranında bir devalüasyon ile tüm ithalatın kesinlikle durdurulması olduğunu belirtmiştir."

"Yüzde 75 oranında bir devalüasyonu yorumlayan bir başka New-Yok'lu bankacı da 'elbette yüzde 75'lik bir oran gerekiyor. Oran'ın etkili ve yıkıcı olması lazım. Tüm ithalatın durması lazım. Şayet razı olmazlarsa, biz kendilerini işbirliğine zorlarız. Biz bankacılar Türkiye'nin durumunda endişe ediyoruz" diyor. Son zamanlara kadar Türkiye, genellikle sadece tüketim mallarında bir ithalat kısıtlamasına girmiştir. Oysa şimdi Türkiye'nin hammadde ve yatırım malları ithalatını kısıtlaması istenmektedir ki, bu da ciddi bir biçimde Türkiye'nin gelişme hızını ve büyük bir hırsla başlattığı sanayileşmeyi engelleyecektir. 1970'te de üretimi durdurmuşlardı." [444]

Doğu'nun Geri Bıraktırılması ve ABD

Amerika'da, iş çevrelerince ekonomik ve siyasal analizler yapan şirketlerden biri de "Executive Intelligence Review"dir. İşi ekonomik casusluktur bir bakıma. Bu kuruluşun Türkiye ile ilgili olarak, 1977'de hazırladığı rapordan alınan yukarıdaki satırlar, bu nedenin yanıtını vermektedir. Raporun, 1977 seçimlerinden önce, Yılmaz Ergenekon'un Maliye Bakanı olarak Washington'a gidişi ve yardım istemleri üzerine hazırlandığı anlaşılıyor. Şimdi bu rapordan bir bölümü daha okuyalım:

---

[444] Attilâ İlhan, *Batı'nın Deli Gömleği*, s. 382-394

"Dünya Bankası, kredileri keserken sorunu Kıbrıs'a bağlamış ve Carter da aynı şekilde askeri yardım ile Kıbrıs sorununu birleştirmiştir. Dünya Bankası'nın kredisini kestiği projelerden biri de Afşin-Elbistan Santrali'dir ki bu, hükümetin Doğu Türkiye'yi kalkındırabilmek için gerekli gördüğü bir dönüm noktasını teşkil etmektedir."[445]

"Seçimlerin 5 Haziran'da yapılması kararlaştırıldıktan sonra Başbakan Demirel'in Dünya Bankası'nın önerilerini kabul etmesinin bir siyasi intihar anlamına geleceğini banka çevreleri bile kabul etmişlerdir."

"Türkleri satın alabilmek için Dünya Bankası, Ergenekon'a, seçimlere kadar Türkiye'ye, 'günlük uygulamada' bulunacağını, ancak bunun için de gerekli koşulun Türkiye'nin politikasından vazgeçerek kemerleri sıkmaya yönelmesi olduğu bildirilmiştir."[446]

Görülüyor ki, bizim gibi ülkeler düştükleri tuzaktan kurtulamıyorlar. Ya bu önerileri benimseyerek politikanızı buna göre çizeceksiniz, böylece yeni tuzaklara düşeceksiniz ya da direndiğimizde yalnız kalacaksınız.

Biz, bu yalnız kalışın bir belgesini daha görelim. Ecevit'e sunulduğu söylenen, dönemin Dünya Bankası Uzmanı Kemal Derviş'in raporunda bakın neler öneriliyor:

"Fiyat engelini aşması da, ancak Dördüncü Kalkınma Planı döneminde sürekli olarak devalüasyon yaparak gerçekleştirilebilir. Tek bir devalüasyon yapmak, çare değildir (...) Türkiye bugün ancak büyük teknoloji gerektirmeyen hafif sanayi alanlarında rekabet edebilecek durumdadır. Bunu da devalüasyon sağlayabilir."[447]

---

[445] Anlaşılan, "Doğu Türkiye"nin kalkınması istenmiyor. Neden mi? Bu sorunun yanıtı gözler önündedir. Bu, ABD'nin Kürt politikasının biçimlenmesi için uygulanan politikadır. O günlerde Doğu Türkiye'nin kalkınmasını istemeyenlerin bugün "Doğu'yu neden kalkındırmadınız?" diye Cumhuriyet'i sorgulamalarının, üzerinde düşünülecek bir sorun olduğunun altı çizilmelidir.. Buraya 2004'ün Ocak ayında da Kıbrıs sorununun hem AB için, hem de ABD ilişkileri için engel sorun olarak dayatıldığı gerçeğini bir not olarak düşmeliyim.
[446] Attilâ İlhan, *Batı'nın Deli Gömleği*, s. 384.
[447] agy., s. 259.

Executive Intelligence Review'de ilginç bir değerlendirmeye de yer verilmiş, New-York'lu bir bankacının şu sözleri, bize duyulan öfkenin ve geleceğe ilişkin planların gerekçesini oluşturmuyor mu? Kalkınma hızımızı kesmeyişimize ve ağır sanayiye eğilmemize kızan bu New-York'lu bankacı şöyle demişti:

"Türkler çok gururludur. Devamlı ithalatta bulunuyorlar ve bir türlü o kahrolası kalkınma programlarından vazgeçmiyorlar."[448]

Yüksek düzeydeki bu New-York'lu bankacının *Executive Intelligence Review*'e verdiği özel demeçten alınan şu sözler, bu bankacının 1978'den sonra Ecevit'e uygulanan programın ana çizgilerini verdiği gibi, 12 Eylül'ün habercisi değil midir?

> *"Soru- Maliye Bakanı ve ileri gelen Türk işadamları geçenlerde buradaydılar. Neler konuşuldu?*
>
> Cevap- Biz onlarla görüştük. Biz derken, Para Fonu, Dünya Bankası ve New-York'taki bankacıları kastediyorum. *Onlara, Kıbrıs'ta taviz verdikleri takdirde durumu gözden geçireceğimizi söyledik. Yardım konusunu Kıbrıs sorunu*[449] *ile birleştirdik.* Türkler bu *önerilerimize çok gücendiler. Hiçbir şey söylemediler.* Yani gerçekten hiçbir şey demeden, öyle oturup bizi dinlediler, fakat çok kızmışlar ve gücenmişlerdir. Hiçbir teklifimizi cevaplandırmadılar. Bence, Amerika'nın bu konuyu Kıbrıs'a bağlaması, çok yerinde bir davranıştır.
>
> *Soru- Peki Türkler ne yapacak?*

---

[448] agy., s. 387

[449] Kıbrıs sorunuyla Türkiye'nin kalkınması arasında kurulan ilişkinin, ABD için önemine dikkat çekelim. Anlaşılıyor ki Türkiye, ulusal davalarından vazgeçmedikçe Batı'nın düşmanca tavrından kurtulamayacaktır. Davalarından vazgeçtiğinde ise Müdafaa-i Hukuk bilincinden ve bağımsızlık onurundan olacaktır. *"Kırk katır mı, kırk satır mı,"* diye soruyor Batı... Bu dipnotu koyduğum 19 Mayıs 2003 tarihinde o bağımsızlık davasının ilk adımını kutluyoruz. İlginçtir, bugünün Başbakanı dün, yani 18 Mayıs'ta, Samsun'da, sözde bu ilk adımı anlatırken, "o gün işgalin kaldırılması için adımlar atılmışsa, biz de zihinlerdeki işgali kaldırmak için adım atıyoruz" dedi. Zihinlerdeki işgal kavramına dikkat edelim. Zihinlerdeki işgalin Cumhuriyet'in temel dinamikleri olduğunun altını çizelim ve Tayyip Erdoğan'ın değişimine dikkat edelim.

> Cevap- Ben falcı değilim, ama bizimle ilişkilerini koparacaklarını sanmıyorum, hatta koparmayacaklarından eminim. Seçimlerden sonra durumun çözüleceğine inanıyorum. Türkler bir işbirliğine zorlanabilir. Bir oldu bitti ile karşı karşıya bırakılabilirler. [450]
>
> *Soru- Ne demek istiyorsunuz?*
>
> Cevap- Seçim sonuçlarından önce bir şey söylemek zor. Seçim sonuçlarına kadar bir spekülasyonda bulunmak istemem. Fakat daha önce de söylediğim gibi, bir işbirliğine zorlanabilirler ve önerilerimizi kabul edebilirler. [451]

Ecevit Hükümeti'ne Kurulan Tuzak

Ecevit Hükümeti'nin "Niyet Mektubu"[452] onaylanır, ama krediler gelmez. Görünüşte Ecevit Hükümeti, toplumun büyük sermayeyi de kapsayan büyük bir kesiminden destek alarak kurulmuştur. Ancak, ardındaki kitle desteğini, sermaye temsilcilerinin ve emekçi kesimin, kısaca sınıflararası dengenin gücünü ekleyerek sağlamlaştırabilirdi. Bunun için de, büyük sermayenin istemlerini gerçekleştirecek ve kitle desteğini ayakta tutacak politika gerekiyordu. Büyük sermayenin tutumu ve emekçi kesimin istemleri arasındaki dengeyi bulmak kolay değildi, dahası çok güç bir denge hesabına dayalıydı. IMF ve Dünya Bankası beklenen kredilere yeşil ışık yakmış olsaydı, sermaye kesimi 1979 ortalarındaki çıkışı yapmazdı belki de. Ama kredilerin gelmeyişi, işadamlarını tedirgin edecekti. TÜSİAD olayın perde arkasını öğrenmek için ABD'ye bir kurul yolladı. Kurul, dönüşünde verdiği raporla, uluslararası kuruluşların hükümete güvenmediği görüşünü savundu. Bu durumda yerli büyük sermaye de, Ecevit'e desteğini çekecekti.

Hükümetin kurulmasından önce başlayan araştırmalar sonuçlanmış ve CHP ağırlıklı hükümetin kaderi çizilmiştir. Atlantik ötesinde

---

[450] "Bir oldu bitti", 12 Eylül'ün habercisiydi!

[451] A. İlhan, agy., s. 391. Bu işbirliği 24 Ocak Kararlarıyla yaşama geçirilmiştir.

[452] Niyet Mektubu *(Letter of Intend):* Fonun genel kaynaklarından yararlanmak isteyen ülkenin maliye bakanı ya da merkez bankası başkanı ya da her ikisi tarafından imzalanarak ülkenin izleyeceği ekonomik politikanın ilkelerini belirten ve fon kaynaklarından yararlanılması için fona yazılan rica mektubu (Yalçın Doğan, agy., s. 209).

kurulan tuzaklara takılan hükümetin düşürülmesi için, içerideki tuzakların sıklaştırılması gerekiyordu! Bunun da kimi koşulları hazırdı, kimi koşulları ise sahneleniyordu. Ama hükümeti toplum desteğinden yoksun bırakmak gerekti. İşte bunun bir adımı da TÜSİAD tarafından 1979 Mayıs'ında atıldı. Ama önce, TÜSİAD'ın ABD dönüşü gizli kaydıyla tuttuğu tutanakları görelim. Yalçın Doğan *IMF Kıskacında Türkiye* adlı yapıtında, bu tutanaklardan önemli aktarmalar yapar.

Şimdi bunların bir bölümünü okuyalım:

> *Sturc'le yapılan görüşmenin özetidir:*
> *(IMF Türkiye Masası Sorumlusu)*
>
> "Türkiye için büyük pazar gerekir. Büyük Pazar, Batı'dır. Doğu'dan aldığınız makineler eskimiştir. Bunlarla ihracat yapamazsınız. Türkiye bağımsız bir politika yürütmektedir. Politik etkisi ne olursa olsun, bağımsız dünya ile işbirliğinin ekonomik etkisi, Türkiye için kötü olur. Türkiye'nin Batı'dan kopmaması için her şeyi yapmak gerek. Türkiye çok hata yaptı. IMF Türkiye'ye para vermeyecek. Petrol fiyatı hala çok ucuz. Rasyonel düşünmeniz lazım. Hiçbir şey karşılıksız verilmez. Hediyenin bile bir fiyatı vardır. Verimlilik artışına dikkat edin. Avukat yetiştireceğinize üniversitelerde, tüccar yetiştirin.[453] Türkiye halen ihtiyacı olan sermayeyi getirmiyor. AET işini sadece Yunanistan'ı düşünerek ele almayın. Önemli olan, Avrupa ile bütünleşmektir. Türkiye'nin parasını önce gerçek değerine oturtması lazım. Türkiye'nin zayıf değil, kuvvetli pazara ihtiyacı var. Bu da Batı pazarıdır. Bunu Yugoslavlar bile gördü ve başarıya ulaştı." *(TÜSİAD Heyeti'nin 10-14 Ekim 1978 tarihlerinde ABD'de Yaptıkları Temasların Tam Metni, Gizli Belge, s. 4)*

---

[453] 'Tüccar yetiştirmek' ilginç bir öneri... Bu kitabın ilk baskısının hazırlıkları sürerken, Cumhurbaşkanı Başkanı Turgut Özal'ın ölümü nedeniyle, Cumhurbaşkanlığı Başdanışmanı Büyükelçi Kaya Toperi 19 Nisan 1993 tarihinde TRT'nin "Günaydın Türkiye" programında saat 08.10'da konuyla ilgili şu anısını anlattı: "Kuveyt'e Büyükelçi olarak atandığında o, Başbakan yardımcısıydı. Bana 'Türkiye değişecek, orada görevini bir tüccar gibi yapacaksın' dedi. Bu sözlerini hiç unutmam." Bu anı Özal'ın dünya görüşüne uygundur. Ama devlet ve dış ilişkiler tüccar zihniyetiyle yönetilemez. Tarih, 19 Mayıs 2003... Zamanın Başbakanı R. Tayyip Erdoğan da Tükiye'yi tüccar mantığıyla yönetip kalkındıracaklarını anlatıyor. Amaç, ulusal devleti yıkmak değil mi? Tüccarın tek düşündüğü satmak-almak ve kâr etmektir. Böyle bir mantık ancak yaşadığı toprakları yurt değil, alınıp satılan meta olarak görenlerin mantığıdır ki, devlet adamının böyle bir zihniyet içinde olması anlaşılır gibi değildir.

TÜSİAD'ın görüşme tutanakları sürüyor. Bakalım bu kez Woodward, TÜSİAD'a ne söylemiş:

Woodward ve Hauvomen ile görüşme

"Uzun dönemde Türkiye'nin potansiyeli var. Fakat kısa vadede sorun çok ciddi. Türkiye'deki bazı gelişmeler IMF'yi sûkutu hayale uğrattı. IMF dünya üzerinde çok az ülkeyle Türkiye kadar çok ciddi bir ilişkiye girmiştir. Hükümet, yapılması gerekenleri yapmıyor. İlk yapılması gereken iş, ihracatın gelişmesini imkân dahiline sokacak şartların geliştirilmesidir. İhracatı kârlı hale getirmek lazım. Onun için, devalüasyon bir araçtır. Dış bankalar sanayi ürünleri ihracatı rakamlarımıza bakıyorlar. Dış finansman çevrelerini henüz memnun edecek tedbirleri almadınız. Yeni tedbirler almanız gerekiyor. Bu tedbirleri almazsanız arkasından iflas gelir. *(aynı tutanak, s. 5)*"

IMF uzmanlarıyla yapılan görüşmelerden sonra Dünya Bankası uzmanlarıyla görüşmelere geçilmiştir:

Dünya Bankası'yla görüşme

"Yüksek kalkınma hızınız var. Yüksek hız koyup, sonra da ödemeler dengesini kuramazsınız. İhraç edecek neyiniz var? Önemli olan etkili devalüasyon. Hükümetiniz bunu yapmıyor. Halbuki Mc Namara'ya söz vermişti. Türkiye'nin rekabet edeceği çok alan var. Neden bunları yapmıyorsunuz? Balık ağı gibi, gömlek üretimi gibi... Devalüasyon olmadan Türkiye kurtulamaz. Devalüasyon olunca, halkın alımgücü düşer, siz de ihracat yaparsınız. Türk sanayisi % 30 kapasite ile çalışıyor. Demek ki siz tesisleri yanlış kurmuşsunuz. Daha küçük kapasite kurmalıydınız. Neden bu kadar yatırım yapıp kaynak israf ettiniz? Türkiye'nin kuracağı sanayiler çimento, seramik, cam, süt, peynirdir. Bunları satın, daha çok para kazanırsınız. Batı'dan en iyi teknolojiyi alıyorsunuz. Bu hatadır. Emek-yoğun teknoloji geliştirin.[454] Batı'dan teknolojisi üstün makineler almayın. Pahalı gelir size. Brezilya, Meksika, Hindistan'ı örnek alın" *(Aynı gizli belge, s. 7)*

---

[454] Bu satırlar kalkınma çabalarımızın bu kuruluşlarca hoş görülmediğinin ve onların dediklerini yapmadıkça da kredilerin açılmayacağının somut kanıtıdır.

Özetlenen TÜSİAD'ın toplantı tutanaklarına eklenecek herhangi bir yorum yoktur. Özel toplantıda tutulan bu tutanaklar çok açık biçimde Türkiye'nin Batı'nın gözündeki yerini ortaya koymaktadır. Ecevit İktidarı "kredi gelecek" diye hesap üzerine hesap yaparken, verilmiş olan "Niyet Mektubu"nun hiçbir anlamı kalmadığı kesinlik kazanmıştır. Aynı gezide TÜSİAD Heyeti, Carter Yönetimi ile de görüşmüş, bu görüşmelerin tutanağı da, yine bir belge halinde Maliye Bakanı Ziya Müezzinoğlu'na, Devlet Bakanı Hikmet Çetin'e iletilmiştir. TÜSİAD'ın Başkanı Feyyaz Berker, Ankara'da tüm bu tutanakları kendi gözlemlerini de aktararak, Başbakan Ecevit'e vermiştir.

Şimdi o tutanakların ilgili bölümünü okuyalım:

ABD Dışişleri Bakanlığı ve Carter'ın Yürütme Ofisi Yetkilileriyle Görüşme

"Kongre Türkiye'ye sempati beslemiyor. ABD Kıbrıs konusunda Camp David Olayı'ndaki gibi taraf olmak istemiyor. Batı'da çok para var. Fakat bankalar sadece Türkiye'yi sevdikleri için para vermez. Bütün dünyada IMF, etkili bir organdır. Türkiye'nin istikrar önlemleri hakkında dünyada iyimser bir hava yok. Beyrut yaşanmaz bir yer haline geldi. Onun yerini İstanbul almalı. Biz ABD Dışişleri Bakanlığı olarak bunu tercih ederiz. Fakat Türkiye'de istek yok. Kıbrıs, Lefkoşa, Atina, Beyrut'taki firmaları çekmeyi düşünüyor. Artık ABD'nin Türkiye'ye yardım için ayıracağı fonlar yok. ABD istese de, Türkiye'ye 2 milyar dolar yardım yapamaz. Carter 50 milyon dolar vermek için çok gayret sarfetti. Kongre komisyonları, bankaların işlemlerini dikkatle izliyor. Eski 'takıntılarınızı' vermeden yeni para imkânsız. Yeni para için, bozulan itibarınızın onarılması şart. Ortadoğu'da Arap-İsrail Barışı devam ettikçe, büyük inşaat pazarı ortaya çıkacak. Turizmde ve tekstilde pazar edinebilirsiniz. Ama, uzun zaman alır ve tecrübe işidir. Türkiye, yaramaz bir çocuktur. Çünkü, tüketim toplumudur. Ecevit politik olarak başarılıdır. Ancak, önemli olan ekonomidir ve ekonomide de çok değil, biraz başarılı olmak zorunludur. Bizim ABD sermayesini yollayabilmemiz için, sizin istemeniz lazım. Mevzuatınız çok iyi. Ama, gelen tersleniyor. Başbakanlığa bağlı bir birim yabancı sermayeden sorumlu kılınmalı. Türkiye'de enflasyon şu anda % 50. Buna Türkiye çok fazla dayanamaz."[455] *(Aynı belge, s. 9-10)*

Bu alıntılardan sonraki gelişmeleri yine Yalçın Doğan'dan alalım:

"Bu tutanağı okuyunca, hem Ecevit dönemini hem de ondan sonraki dönemi ve alınan kararları anlamak çok daha kolaylaşmaktadır. Bir dönemi açıklamaktaki önemi açısından TÜSİAD'ın bu gizli tutanakları tarihsel niteliktedir. Bunda hiç kuşku yoktur. Bu gezi sonrasında, iş çevreleri ile Ecevit Hükümeti arasında ipler kopmuş, taraflar birbirini suçlamaya girişmiştir."[456]

TÜSİAD'ın Ecevit Hükümet'inden umudunu kesmesine neden olan araştırması, içeride hükümete kurulacak yeni tuzakların dayanakları olacaktır. Aslında ABD, Ecevit Hükümeti'ne hiçbir zaman sıcak bakmış değildir. Her şeyden önce, Ecevit'in sırtında 1974 Kıbrıs çıkarması ve haşhaş ekimi sorunu vardır. ABD, bunu asla affetmiş olamaz. Hükümet kuracağının anlaşılması üzerine yapılan araştırmada, köşeye sıkışan, Türkiye'nin sorumluluğunu alacak Ecevit; bu bunalımlı dönemde, acaba, kimi önerilere evet der mi, yoksa eski tavını mı sürdürür? Bunun araştırması yapılmaktadır. Kuşkuyu güvene çevirmek zorsa da, ABD, kimi ödünler koparabilirim düşüncesinde olmalıdır diyoruz. Ama Ecevit'in kredilerin gelmemesi ve çaldığı tüm kapıların yüzüne kapanmasından duyduğu tepkiyle: "Köşeye sıkıştırmayın duvarı aşma olanağı vardır ama sorumluluk duygumuzdan dolayı bunu yapmayız" sözleri, ABD'nin ona duyduğu kuşkuyu arttıracaktı. Washington'a göre Ecevit, istenildiği ölçüde sert bir anti-komünist değildir. CIA'in notu da şöyledir:

"Tarafsız ya da ılımlı bir Batı karşıtı!"[457]

[455] İleride *Executive Intelligence Review* adlı bu kuruluşun raporundan yapılan alıntılarda da görüleceği gibi, uluslararası kuruluşlar, geleceğimizi belirlemişler, kaderimizi çizmişler.
[456] Yalçın Doğan, agy., s. 157-160. Not: Alıntılarla ilgili dipnotlar yazarındır.
[457] M. Ali Birand, *12 Eylül 04:00*, s. 97.

Mayıs 1979'da Warren Christopher Türkiye'ye gelir. 10 Mayıs'ta ABD-Sovyet "Salt-II" anlaşması imzalanacaktır. Christopher, Ecevit'ten Sovyetler'in bu anlaşmaya uyup uymadıklarının denetlenmesi için U-2 uçaklarına izin verilmesini ister. Ecevit'in yaklaşımı Christopher'ae ters gelir. Der ki:

"Eğer bu istediğimiz reddedilirse, Türk-Amerikan ilişkilerinin tonu değişir ve şunu da iyi bilin ki, beklediğiniz yardımlar gerçekleşmeyebilir."

Ecevit'in, bu sözler üzerine takındığı tavır gerçekten gurur vericidir. Bağımsız bir ülkenin başbakanına yaraşır bir tutumla ayağa kalkar ve der ki:

"Madem ki siz yardım ile uçuşlar arasında bir bağ kuruyorsunuz; bana bu görüşmeyi kesmekten başka bir şey kalmıyor."[458]

Bu sözler Ecevit Hükümeti[459] için çanların çalınacağını gösterir. Christopher, Washington'a vardığında bu sözleri işiten Carter'ın Başdanışmanı Zbigniew Brezinski "Bu adamla bir yere varılamaz" diyecektir. Ecevit'in sonu gelmiştir artık. Bunalımlar artırılmalıdır. Öteden beri terör, yokluklar ve türlü sorunlarla bunalan hükümet, ilginç bir rastlantı (!) sonucu Mayıs 1978'in ortalarına doğru TÜSİAD'ın ilanlarıyla sıkıştırılmaya başlanır.

Bu ilanlardan, hükümetin ekonomik programından hangi odakların hoşnut olmadığını anlayabiliriz:

"Şiddetle ihtiyaç duyduğumuz dış kredilerle, uyguladığımız ekonomik sistem birbirine çok yakından bağlıdır. Pazar ekonomisinden gitgide uzaklaşan bir anlayışla, ne Batı Dünyası'nda hak ettiğimiz yeri, ne yeter kredileri, ne de yatırımlara gerekli sermayeyi bulabiliriz."

---

[458] M. Ali Birand, agy., s. 98. [Yazarın notu: Ecevit'in tavrı elbet onur vericidir, ama gerçekçidir denilemez. Çünkü ABD yardımı koşula bağlıdır ve o koşul ne yazık ki, elimizi kolumuzu bağlamıştır. Bu görüşümüz ve nedenleri geçmiş sayfalarda açıklanmıştır.]

[459] Ecevit bu olayı, 07 Şubat 1994 tarihinde o tarihlerde TRT -1 de yayınlanan Ateş Hattı programında anlattı, doğruladı. Tanık olarak da o tarihte ABD'nin Ankara Büyükelçisi Mocambr, Şükrü Elekdağ ve Hikmet Çetin'i gösterdi.

ABD Thornburg Raporu'ndan beri öneriyordu bu "hür teşebbüsle kalkınmayı", değil mi? Demek ki maya tutmuştu; Türkiye istenilen yola girmeye hazırlanıyordu. Bir bölümünü daha okuyalım ilanların:

"Zorlayıcı önlemlerle üretim artmaz. Olsa olsa ekonomik yapı çarpılır. Giderek rejim değişir. Hür teşebbüsün yok olması ise, politik, ekonomik, sendikal, düşünsel, bütün hürriyetçi demokrasinin de yok olmasıdır."

Ne güzel değil mi? Hürriyetçi demokrasi! Ama 'kimin için bu hürriyet?' diye sormayın. Bu hürriyetçi demokrasi "hür teşebbüsün istediği fiyatla mal satması" içindir. TCK'nın 141, 142 ve 163. maddeleri mi? Onlara dokunmayın, onlar tabudur. Hürriyet içinde fiyatlar saptanır ancak, düşünceye özgürlük tanımak tehlikelidir.

Bir başka ilanda da demokrasiden ne anlaşıldığı şöyle vurgulanıyor:

"Demokratik toplumumuzun temel üreten gücünün 'hür teşebbüs' olduğunu artık anlamalıyız. Ekonomimizi bir yasakçı mevzuat ağı içinde boğan, kişinin teşebbüs şevkini kıran, kişiyi yanlış yönlere sevk eden aşırı müdahaleci ve güven sarsıcı zihniyet, bunalımın asıl sebebidir."[460]

Kissinger ne diyordu?:

"Ortadoğu'da krizi arttırdık."

Krizi arttırmak bir politikadır. Bu yöntem Türkiye'de bu tarihten sonra bilinçle ve yasalar, yasaklar gözardı edilerek uygulamaya konulmuştur. "Türkiye Hür Girişimcileri" adına verilen ilanlar, hükümeti eleştirmenin de ötesine geçiyordu. Hükümeti, sistemi değiştirecek manivelalar kullanmakla suçluyordu. Ancak, kendisi de tartışma götürmeyen bir açıklıkla, o tarihte yürürlükte olan TCY'nin 141 ve 142.nci maddelerini ihlal suçu işliyordu. Ancak Türkiye'de bu maddeler yalnız solcular için işletildiğinden, savcılar TÜSİAD'ın işlediği suçları

---

[460] Attilâ İlhan, *Batı'nın Deli Gömleği*, s. 357-358.

göremediler ya da görmek istemediler. Oysa TÜSİAD açıkça *'sosyal bir sınıfın, öteki sosyal sınıflar üzerine tahakküm kurmak'* suçunu işliyordu. Ayrıca dernek olarak da siyaset yapma yasağına aykırı işler içindeydi.

1977 seçimlerinden sonra Türkiye'ye gelen ve Başkan Carter'ın temsilcisi olarak "Gelişmekte Olan Ülkelerde Demokrasi Sorunları" panelinde konuşan Prof. W. Rostow'un, Türkiye'nin geleceğine ilişkin sözleri ilginçti. Rostow diyordu ki: "Türk demokrasisi ileride olağanüstü durumlarla karşılaşacak. Fakat Türk demokrasisini güçlendirecek girişimler durdurulamaz gibi görülüyor."

Bu sözlerin 12 Eylül'e işaret ettiği, günü gelince anlaşılacaktı!

1978 sonlarında da, Genelkurmay Başkanı ve 12 Eylül'ün lideri Org. Evren'in, Genelkurmay Başkanlığı'nda kurduğu bir özel ekibe, "Bu aşamada Silahlı Kuvvetler'in müdahalesine gerek var mıdır, varsa müdahalenin temeli ne olmalıdır, araştırılsın" emriyle görev verdiği, sonradan açıklanacaktı.[461]

Şimdi bu bilgilerin ışığında New-York'lu bankacının sözlerini bir kez daha okuyalım:

"Geçenlerde, Yunanlı bir diplomatla yaptığımız sohbette yakın gelecekte Türkiye'de ordunun yönetime el koyacağı iddiasıyla karşılaştık. Yunanlı diplomat bize, Demirel'in, Para Fonu'nun emirlerini yerine getirmediğini, bu bakımdan ancak ordunun yönetimi ele almasıyla Para Fonu'nun istediği ekonomik tedbirlerin alınabileceğini söyledikten sonra, 'oynanan oyun, 1967 yılında Yunanistan'da başarıyla gerçekleşmiş ve NATO tarafından planlanmış askeri darbe hareketine çok benzemektedir, demiştir."[462]

Bu raporda yer alan Yunanistan'daki 1967 askeri darbesinin NATO tarafından düzenlendiğine ilişkin açıklamadan, NATO'nun darbe

---

[461] M. Ali Birand, *12 Eylül 04.00*, s. 30.
[462] Attilâ İlhan, *Batı'nın Deli Gömleği*, s. 392.

planladığı da anlaşılmaktadır. Rapor yalanlanmadığına göre, bizdeki darbelerin nereden güç aldığı da açıklanmış olmuyor mu?

Bu açıklamanın yer aldığı "Executive Intelligence Review"in raporu 1977 seçimlerinden önce hazırlanmıştır. O tarihte Türkiye'de Milliyetçi Cephe (MC) hükümeti vardır ve yönetimde sol görüş yoktur. Görülüyor ki, Atlantik ötesi güçler kaderimizi çoktan çizmişler! Bir askeri darbenin kararı verilmiş, ön hazırlıkları bitmiş, sıra uygulamaya gelmiş! Rostow'un sözleri şimdi daha iyi anlaşılıyor, değil mi?

Bu düşünceleri, 12 Eylül'ü ve sonrasını, dahası günümüzü de, bu sözlerin ışığında değerlendirebilmek için sıraladık. Emperyalizmin kaderimize nasıl egemen olduğunu bilmeli ve yeni tuzaklara düşmeden tuzaklardan kurtulmanın yollarını aramalıyız. Aramalıyız ki, bağımsızlığımızı ve onurumuzu koruyabilelim. Başka türlü, dün Carter'ın temsilcisinin işaret ettiği geleceği, yarın emperyalizmin bir başka temsilcisi gösterecektir.

Rostow'un, Türkiye'nin geleceğiyle ilgili kehaneti (!) üzerine, *Cumhuriyet* Gazetesinde yayınlanan bir yazımı, o günlerin olaylarına gerçekçi bir tanı koyması ve geleceğe ışık tutması nedeniyle, buraya aktarıyorum:

Türkiye: 1977 ve Sonrası

1977 Ağustos başlarında İstanbul'da, İktisat Fakültesi Mezunları Cemiyeti'nce, "Gelişmekte Olan Ülkelerde Demokrasi Sorunları" konulu bir panel düzenlendi. Panelde, Carter'ın danışmanı olarak tanıtılan Prof. Rostow, ülkemizin geleceğini ilgilendiren konularda varsayım ve açıklamalarda bulundu.[463]

Prof. Rostow çok iyi bir Türkçe ile yaptığı uzun konuşmasında, "Türk demokrasisi ileride olağanüstü durumlarla, hatta ciddi tehlikelerle karşı karşıya gelecektir." der, "fakat" diye sürdürdüğü sözlerini "Türk demokrasisini güçlendirecek girişimler durdurulmaz gibi görülüyor" diye bitirir.

---

[463] *Cumhuriyet,* 4 Ağustos 1977.

Prof. Rostow'un bu ilginç sözleri, acaba çok kesin bir yargıyı mı ya da verilmiş bir kararı mı yansıtmaktadır?

Dikkat edilirse Rostow, "Türk demokrasisi ciddi tehlikelerle karşı karşıya gelebilir" demiyor, "ciddi tehlikelerle karşılaşacaktır" sözleriyle kesin bir yargıyı dillendiriyor.

Bu sözler üzerinde düşünürken, insan ister istemez, ABD'nin Carter'dan önceki başkanları ve ilgililerince söylenenleri; örneğin Ford'un "yardım yoluyla ilişkili olduğumuz ülkelerin iç ve dış işlerine karışabiliriz" söylemini, Dickson Raporu'nu, 12 Mart'a uzanan yoldaki emperyalist etkileri anımsıyor. Ve yine Johnson'ın Honolulu'da, Güney Vietnam Devlet Başkanı'nı karşılarken yaptığı açıklamalar, 1974 Mart'ında Sisco'nun M. Ali Birand'a söyledikleri anılarda canlanıyor.

Bu nedenle Rostow'un sözleri ve uyarılarının üzerinde önemle durmak, onları iyi değerlendirmek gerekiyor.

ABD'nin sözünün ve etkisinin geçerli olduğu ülkeleri, sosyo-politik, (özetle anti-emperyalist savaşım ve benzeri) gelişmeler nedeniyle, zaman zaman değişik yöntemlerle uyardığı düşünürlerse, Rostow'un sözlerinin bir dikkat çekmeden öte, Türkiye'nin yakın geleceğine ilişkin kimi tasarıların ön habercisi olduğu söylenebilir.[464]

1977 yılına umutla, genel seçimlerin kara yazgısını "Ak"a çevirecek bir sonuca ulaşacağını düşünerek giren Türkiye, kendini 1977 yılının son çeyreğinde tam bir kaos içinde bulacaktı.

Bu kaostan nasıl ve ne zaman çıkılacağı bilinmiyordu. Can güvenliği başta, işsizlik, hayat pahalılığı derken, 2. MC, 1. MC dönemi sav-

---

[464] Allende'nin 1970 yılında Şili Cumhurbaşkanlığı'na seçilmesi üzerine, Chicago'da yapılan gizli toplantıda, "Allende deneyiminin, ABD'nin sözünün geçerli olduğu ülkeler için disiplinsizlik örneği sayılacağı" ileri sürülür ve şu karara varılır: "Bu deney Batı demokrasilerine, özellikle, İtalya ve Fransa'ya kötü örnek olacaktır. Şili deneyimini kesinlikle durdurmak gerekir." Ama Kissinger, bu kararı, uygulama anına değin şu sözlerle gizler: "Durumu dikkatle izliyoruz, fakat bu anda, büyük bir Kuzey Amerika etkisini sağlayacak nitelikte değildir." Aslında bu sözlerin bir başka alamı şu idi: Günü geldiğinde gerekli girişimde bulunacak, Kuzey Amerika'nın etkisi görülecektir. Gerçekten de öyle olmuş, gizli toplantıda alınan karar 11 Eylül 1973 tarihinde uygulanmıştır.

rukluğunun yarattığı ekonomik bunalıma çare bulabilir miydi? Bu ve benzeri sorunlar geleceğe güvenle bakmaya izin vermiyordu. Ecevit 1977 sonunda kurduğu koalisyonla gelecek için alınacak önlemlerin yarattığı ortamda umut ve güven kaynağı olacaktı. Bunun için önkoşul, 70 cent'e muhtaç ekonominin düze çıkarılmasıydı. ABD, ünlü halk deyimiyle "işte hendek, işte deve" demişti.

Ekonomik Çıkmaz

Bugün de, içinde çırpındığımız kaos, Türkiye'mizin 1950'lerden günümüze kadar izlediği kalkınma modelinin iflasını simgeler. 50'lerden sonra emperyalizm; çokuluslu şirketlerle yerli burjuvazi (!) arasındaki bağlaşmanın sonucu kurulan "Karma Şirketler" yoluyla ekonomiyi denetim altına almış, ülke, içine itildiği israf ve tüketim ekonomisiyle sömürülmektedir. Tekelci kapitalizmin ekonomimiz üzerindeki denetimi; ikili anlaşmalarla, ekonominin genel düzenlemesi, planlama ve bürokratik etkiler dışında çarpık sanayisini de kapsamaktadır. Emperyalizmin bu denetimi, "sermaye katılması, kredi yoluyla destekleme, patent hakkı vb. yollarla kurulmuş olup, gübreden tarım ilaçlarına, traktör, yol yapım araçları, borudan takım tezgâhlarına, şeffaf banttan pile, boya sanayiine, mukavvadan motora, kolonyadan mendile, hesap makinesinden fotoğraf malzemesine kadar binlerce tüketim malı, yarı mamul ve yatırım malında görülebilir. [465] Bu, kalkınma değil, bir kaos ortamına çırpınmadır.

ABD emperyalizminin patentini taşıyan bu modele dayalı (AID Yardımı, Dünya Bankası, Uluslararası Para Fonu ve emperyalizme bağlı öteki uluslararası kuruluşların kredileriyle) kalkınma çabalarının "küçük Amerika / büyük Türkiye" olma özlemlerinin ulaştığı nokta, işte bu kaostur. Bu sakat yolla kalkınamayacağımızı söyleyenlere yıllar yılı "komünist, bölücü" denildi, kötü gözle bakıldı. Bilimsel gerçeklere uygun kalkınma yolu önerenlere, "Komünistler Moskova'ya!" diye suçlanarak yol gösterildi. Yeryüzünde yalnız tüketime dönük, emperyalizmle ekonomik bütünleşmeye dayanan karma şirketler eliyle kalkınabilmiş bir ülke bulunmadığı gerçeği görülmedi. Anlaşılıyor ki, çoku-

---

[465] *Tekelci Sermaye ile İç İçe*, Tüm İktisatçılar Birliği Yayınları, s. 40.

luslu şirketlerle işbirliği yapıp, bir ölçüde kendine ayırdığın değerin büyük bir bölümünü uluslararası şirketlere aktarma, değer aktarımı (ki, gözle görülür biçimde kâr transferi, tekelci fiyat mekanizması ve ucuz işgücü) yoluyla, halkını sömüren yerli ticaret ve montaj burjuvazisinin semirmesi ve büyümesine karşın; üretken amaca yöneltilemeyen sistemle ekonomik gelişme olmamaktadır, olmayacaktır da!

Bu tür bir modelle, her mahallede bir ya da iki milyoner (belkide milyarder) yaratılır, ama, bir ülke halkının tüm gereksinmelerini, sosyal adalet ölçüleri içinde karşılayacak kalkınma olamaz. Ayrıca bu model, bağlı olduğu kampın, kapitalist sistemin genel bunalımlarından etkilenecek ve bunalımları, sömürü düzeninin gereği daha çok yansıtacağı için, sık sık darboğazlara, ekonomik çıkmazlara da sürüklenecektir.

Bu bilimsel gerçek, ülkemiz için de geçerlidir.[466]

ABD tipi kalkınma modeli, 1958'de, ilk büyük bunalımını yaşamış ve bunu 27 Mayıs hareketi izlemiştir. 1969-1970 bunalımı ve ekonomiyi kurtarma önlemleri de 12 Mart'la düğümlenmiştir. Özellikle, 12 Mart döneminde emperyalizmin denetimi, toprağımıza ekeceğimiz ürünün seçimine kadar uzanmış, 1973 seçimlerinden sonra Ecevit'in elverdiği ölçüde bağımsız bir politika izleme girişimi ambargo ile cezalandırılmış; kapitalist bloğun, petrol fiyatlarına yapılan zam sorunuyla artan yeni bunalımına, MC'nin savruk ekonomi politikasının eklenmesiyle ülke, 1958 ve 1970'ten daha ağır bir bunalıma sokulmuştur.

İşte Rostow, tam bu ortamda konuşmuş, demokrasimizin geleceği ile ilgili kesin yargısını açıklamıştır.

Latin Amerika Gibi

ABD'nin benzer kalkınma modeli, 1958'lere kadar Latin Amerika'da uygulanmıştır. Ancak, bu uygulamadan o ülkeler halkı değil, o ülkelerin ticaret ve sanayi burjuvazisi kârlı çıkmış, "bunlar sağladıkları karları, ekonomik açıdan verimli yatırımlara yatıracaklarına, ya verimsiz tüketim alanlarına yatırmışlar ya da yurtdışına transfer etmişlerdir."

---

[466] 1979 yılında içinde çırpındığımız ve daha da ağırlaşan bunalım, sistemin doğal sonucudur. Bunalımdan çıkışın yolu sistem değişikliğinden geçer.

Böylece, egemen sınıfların emperyalizme işbirliği içinde, uyguladıkları yönetimin, Latin Amerika ülkelerinin kalkınmalarını sağlayacağı belli olmuş ve 1958'de başlayan gizli bir durgunluk aşamasına girilmiştir. Modelinin Latin Amerika'daki başarısızlığı emperyalizmi yeni yöntemler aramaya itmiştir.

Daha sonra, biçimsel yönden değişik, fakat özünde emperyalizmin sömürü ilkesine dayalı bir yöntemle, "Kalkınma İçin İşbirliği Programı" yürürlüğe konulmuşsa da, sonucu birbirini izleyen bunalımlarla sınıf çelişkisi daha kesin ve belirgin boyutlarda ortaya çıkmıştır. İç çelişkilerin sınıfsal bilinci uyarması ve yığınların sömürü düzenine karşı çıkmaya başlamasıyla, Latin Amerika'daki devrimci çabalar şehir ve kır gerillası tipi savaşıma dönmüştür.

İşte bu noktada, uluslararası tekelci kapitalizm ile bütünleşen yerli burjuvazi, çıkarlarını korumak için, emperyalizm ile ekonomik, ideolojik, politik ve hatta askeri güç yönünden tam bir işbirliğine girmiştir. Bu arada, ABD'nin gerilla tipi devrimci savaşımlara karşı, bunları önlemek için kontrgerilla (özel savaş) teorileri geliştirdiği, bu teoriyi Latin Amerika'da uygulamaya koyduğu bilinmektedir. 1960'lar ve sonrası Latin Amerika'da görülen askeri darbeler, hür dünyanın sözde özgürlük ve demokrasi havarisi ABD'nin, kimi kez doğrudan, kimi kez de dolaylı yardımlarıyla gerçekleştirilmiştir. ABD Latin Amerika'da, kendi ülkelerini istila etmiş olan silahlı kuvvetlerin kurduğu askeri hükümetleri besler ve destekler. ABD'nin geliştirdiği kurama göre Silahlı Kuvvetler, demokrasiyi korumaktadır. Yani özel girişimi; emperyalizmin çıkarına hizmet eden, halkının uyanmasını, düşünce, eylem ve örgütlenme özgürlüğünü boğan burjuva demokrasisini! Böylece, Silahlı Kuvvetler devlet yapısı içinde bu bilimsel (!) tanımlama doğrultusunda yerini alırken, sömürü çarkı daha rahat döndürülmektedir..

Türkiye'nin Geleceği

Türkiye, 1975'te başlayan ekonomik darboğazlarda, zamanında gerekli önlemler alınamadığı için, 1977'de daha çok sıkışmış, işbirlikçi yerli burjuvazi, geç de olsa, bunalımdan çıkışın yollarını aramaya başlamıştır. Ancak alınan önlemler sonucu, bunalımın faturası her zaman olduğu gibi emekçi halk yığınlarına ödetilecektir. Görülen odur ki, ilk kez bunalım daha kesin sonuçlara ulaşacak, sosyal uyanış yığınların siyasal bilincini artıracaktır.

Sosyal uyanış ve ekonomik bunalımlar, sınıfsal çelişkiyi daha çok belirleyecek, işçi sınıfının ve emekçi halk yığınlarının sömürüyü önleme çabaları ve ekonomiye katkıları oranında, ulusal gelirden pay istemeleri sonucunu doğuracaktır. Bu sonuç, egemen çevrelerin çıkarına karşı olduğu için, ilgili ülkeler yeni bir siyasal bunalıma sokularak, rejimi, demokrasiyi korumak, daha da öte o ülkeyi düze çıkarmak adına oyunlar sahnelenebilir. Ülkemizdeki ve öteki geri bıraktırılmış, ABD'nin etki alanına dahil ülkelerdeki uygulamalar, bizi böyle bir yoruma götürmektedir.

Prof. Rostow'un sözlerini bu açıdan değerlendirelim...

Carter'ın temsilcisi olarak, "Gelişmekte Olan Ülkemizdeki Demokrasi Sorunları" panelinde konuşan Rostow, ülkemizdeki durumu yorumlarken sorduğu, "kendi aralarında uyumu olmayan partilerin kurduğu hükümetlerin, dış borçları çığ gibi büyüyen bir istikrarsızlık lüksüyle nasıl başa çıkabileceği" sorusunu yanıtlarken, "Türk demokrasisinin olağanüstü tehlikelerle karşı karşıya geleceğini" söyleyerek, geleceğin umut değil, tehlikelere gebe olduğuna işaret etmişti. Rostow'un işaretlediği tehlikeler, "dış borçların ve ekonomik istikrarsızlığın" yaratacağı bunalım sonucu, sosyal uyanışın sınıfsal çelişkiyi keskinleştireceği gerçeğidir. Rostow, işte bu çelişkiyi ve uyanışı tehlikeli bulmaktadır!

Rostow, bu gerçeği vurguladıktan sonra, demokrasinin karşılaşacağı olağanüstü tehlikeler karşısında, "demokrasiyi güçlendirecek ve sağlayacak kuvvetlerin durdurulamayacağını" da belirtmektedir.

Rostow'un söylediği, "demokrasiyi güçlendirecek ve sağlayacak kuvvetler" neredeler dersiniz?

ABD tipi demokrasinin, özel girişme, emperyalizmle bütünleşmiş işbirlikçi burjuvaziye dayandığı, azgelişmiş ülkelerdeki rejim bunalımlarına Silâhlı Kuvvetler'in denetiminde (bizde 12 Mart 1971, Şili'de 11

Eylül 1973 ve Latin Amerika ülkelerindeki örneklere bakarak) çözümler aradığı düşünülürse, Rostow'un işaret ettiği adres açığa çıkıyor.

Rostow'a göre, "ayaklanma kuramı" doğrultusunda halkın uyanması, işçi sınıfının bilinçlenmesi tehlikelidir. Bu tehlikeden kurtuluşun yolu, demokrasiyi kurtaracak güçlerin işe el atmasından geçer! Görülüyor ki Rostow, açık konuşuyor!

Bu yolla belki işbirlikçi burjuvazi büyüyebilir ve emperyalizm yararlanır ama, bunalımlar çözümsüz kalır birbirini izlerler!

Türkiye'mizin içine itildiği bunalımdan, halk yığınlarının ve işçi sınıfının, bilimsel değerleri kendisine kılavuz seçerek, 12 Mart öncesi provokasyonlara gelinmemesini; tüm demokratik örgüt ve güçlerin oynanmak istenen yeni oyunlara gelmeyecek bir anlayış içinde olmalarını beklemek, Türk Devrimi'nin bunalımlı yıllarının son bulmasını isteyenlerin hakkı olduğu inancındayız.

Cumhuriyet
20 Eylül 1977

Bu yazının yayınlandığı tarihte Türkiye 2. MC Hükümeti ile yönetiliyordu. Program uygulamaya konulmuştu ve 12 Eylül'e doğru yol alındığına işaret ediliyordu. 1978'de CHP, hükümet sorumluluğunu devraldı. 22 ay tuzaklar içinde geçen süreç sonunda 1979 Senato Kısmi Seçimleri'ne gelindi. Seçim, CHP'nin yenilgisiyle sonuçlandı.

Ecevit, 1979 Cumhuriyet Senatosu ara seçimlerinde CHP'nin yenilgisi üzerine, hükümetin istifasını verdi. Demirel artık Başbakan'dı! Turgut Özal, Başbakanlık Müsteşarlığı'na atanacak, ek olarak ekonomiden de sorumlu olacaktı. Bu IMF ile barışmamızı sağladı. 1977'de sahnelenen oyunun son perdesi oynanıyordu. İlk adımda 24 Ocak Kararları dayatıldı. IMF (gerçekte ABD) ile oyunun son perdesini izleyecektik. 24 Ocak Kararları belki de New-York'lu bankacının öngörüsünün eseriydi. Kim bilir? Amaç, sorunların çözümü müydü, yoksa umutsuzluğun yeni bir arayışına yeni bir kapı mı açılacaktı? Bu devalüasyon, 12 Eylül'e atılan son adım olacaktı.

24 Ocak Kararları'nın da sorunu çözemediği Haziran 1980'de yeni bir devalüasyonla doğrulandı. 12 Eylül'e ne kalmıştı ki!

12 Eylül'le, 27 Mayıs'tan beri hak arama çabasını, yanlışlar yapılsa da sürdüren topluma yeni bir "düzen" dayatılacaktı. Demokratik hak ve istemleri toplumsal özleme çeviren sosyal uyanışı önleyerek, 24 Ocak Kararları'nın getirdiği, toplumun varsıl kesimi dışındaki geniş yığınlar için, "varsıllar yararına bir soygun düzeni," siyasal sistem olarak yerleştirilecekti.

Öyle bir sistem kuruldu ki, bugün tüm çabalara karşın, 12 Eylül sisteminin bir taşı bile kıpırdatılamıyor. Çünkü 12 Eylül'ü hazırlayanlar, Türkiye'nin bu sistemle 2000'li yıllara ulaşmasını hedeflemişti. Demokratikleşme çabalarıyla oyalanarak 2000'leri bulacağımız anlaşılıyor. 12 Eylül sistemi yıkılmadıkça, demokratikleşme çabaları yeterli sonucu vermeyecekti.[467]

Şöyle bir düşünce geliştirilebilir mi?:

12 Eylül sistemi, Sovyetler'e, -komünizme- karşı savunma gereğinin eseriydi, öyle deniliyordu. *"Sovyetler ve sistemi çöktüğüne göre, Türkiye'nin demokratikleşmesi neden engellensin?"* düşüncesi tartışılmalı; tartışılmalı ki, gerçeği görebilelim. Görelim ki, özgürlük ve bağımsızlığımızın önündeki engelleri yıkmanın yollarını arayalım.

Çünkü gerçekte ABD, "Sovyet tehdidi" ile bizdeki sosyal uyanışı ve ekonomik gelişmeyi[468] denetim altına almak istemişti. Bir

---

[467] 12 Eylül'e dokunulamadı, ama 12 Eylül kendine verilen misyonu yerine getirdi. 27 Mayıs Anayasası'nın hedefi olan sisteme "hayır" diyenler, bugün Avrupa Birliği'ne girme hevesiyle o anayasanın getireceği sistemin eşiğindeler. O anayasanın uygulanması halinde elde edilecek hak ve özgürlükler, Avrupa Birliği'ne girmenin ödülü sayılıyor. Oysa 27 Mayıs hedefinden saptırılmamış olsaydı Türkiye, AB'nin bugün verdiği önerilerin bazılarını yıllar önce kendi kararlarıyla uygulamaya koymuş olacaktı. Ama bu, emperyalizmin çıkarlarını engelleyecekti. 27 Mayıs Anayasası 12 Mart ve 12 Eylül'ün hedefine alındı, kurulan sistemin ne devrim cumhuriyeti ne de demokrasi ile ilgisi vardı. O sistemi Kemalist sistem olarak hedefe almanın nedeni, bugünlerde ortaya çıkıyor. Amaç Türk Devrimi'ni yozlaştırdıktan sonra suçlayarak Cumhuriyet'i temel dinamiklerinden koparmakmış. ABD işte bunu başardı. Lozan'ı imzalayamanın kucağına düştük.
[468] New-York'lu bankacının dilinden, emperyalizmin saldırısını anımsayalım. "Türkler çok

başka deyişle amaç, Türkiye'nin "uyanmasını önlemek"ti. Emperyalizm için asıl tehlike buradaydı; özetle ekonomik gelişme ve sosyal uyanış, ABD için tehlikelerin başında geliyordu. Özellikle bizim gibi, Ulusal Kurtuluş Savaşının görkemli utkusuna sarılan bir ulusun, dizginlenebilmesi gerekirdi. Ne diyordu Rockefeller, "ekonomik yardım, onlardaki bağımsızlık eğilimini arttırır, düşünülenin tersi sonuçlar yaratır."

Bu gerçek, özellikle günümüzde, gündemin öncelikli maddesi olarak görülmeli ve ABD'nin etkisinden kurtulmanın yolları aranmalıdır. Bir yandan Kazak petrolünün Akdeniz'e aktarılması ve Türki devletlerle ilişkilerin getireceği düşünülen ekonomik canlılık, diğer yandan GAP ve Türkiye'nin potansiyel gelişme hırsı ve demokratikleşmesi... Bu hırsın gündeme alınması ve gerçekleşmesi Türkiye'yi Ortadoğu'da lider konumuna getirecektir. ABD işte bunu istemez. ABD ya da genel deyimiyle emperyalizm için, "denetim altında borçlu bir Türkiye, en iyi Türkiye'dir."

Bu nedenle "Türkiye'nin demokratikleşmesi de kösteklenmelidir," düşüncesi ön plandadır. Bu bağlamda bağımsızlığımız, egemenlik haklarımız da sürekli denetim altında tutulur.

Egemen ve Bağımsız Olmanın Koşulları

Günümüz dünyasında, ulusların ve devletlerin birbirleriyle ilişkilerinin giriftliği, kimilerine göre, bağımsızlık ve egemenlik kavramlarının eski anlayışla uygulanmasına engeldir. (!)[469] Bu görüşü benimseyenlere göre, günümüzde aslolan, "Karşılıklı bağlılık / bağımlılıktır." Bunun, yani karşılıklı bağımlılığın emperyalizmin yeni bir kavramı olduğunu

---

gururludur. Devamlı ithalatta bulunuyorlar ve bir türlü kahrolası kalkınma programlarından vazgeçmiyorlar."

[469] Örneğin Turgut Özal, bu görüştedir. [7. Basıma Not: 19 Mayıs 2003- İktidardaki Adalet ve Kalkınma Partisi'de aynı görüşü benimsediğini açıklamıştır. Ulusal bilinç gerilerken, teslimiyetçi görüşün gelişmesi karşısında, ulusalcıların davalarına sahip çıkmamaları, dahası modernite sarmalında ulusal kültürün yozlaşmasına katkı yapıldığının ayırdına varılamaması sorgulanmalı, değil mi? Günümüzün en önemli sorunu, ulusal davadan kopmakta olduğumuz gerçeğidir.

önceden görmüştük. İlginçtir, bu kavrama İkinci Dünya Savaşı'nın başarılı komutanlarından Mareşal Montgomery, ülkesinin çıkarlarını engelleyeceği için şöyle karşı çıkar:

"Amerika, Avrupa devletlerinin sömürgecilik politikalarını desteklerken, öte yandan bu devletlerin Asya ve Afrika'daki nüfuzlarını kırmaya çalışmaktadır."[470]

Montgomery, Britanya İmparatorluğu'nun mareşalidir. Her ne kadar Britanya İmparatorluğu bu düşüncenin açıklandığı 1957'de duraklamaya geçmişse de, imparatorluğun mareşali, geçmiş özlemiyle emperyalist amaçlarını açığa mı vurmuştu dersiniz? Demek istediği şudur:

"Karşılıklı bağımlılık ilkesi bizim çıkarlarımızı da korumalı, değil mi? Oysa ABD bizim çıkarlarımıza engel oluyor."

Bu koşullarda bizim gibi gelişmekte olan ya da azgelişmiş ülkeler için "karşılıklı bağımlılık," tam anlamıyla bağımlılığa giden yol demek değil midir? "Karşılıklı bağımlılık" kavramı, 1957 Aralık ayında, bir NATO Konseyi toplantısından önce yayınlanan tebliğde şu betimlemeyle yer alır:

"Hür dünya devletleri birbirlerine karşılıklı olarak bağlıdırlar. Bir devletin kendi kendine yetmesi artık gerilerde kalmıştır. Ancak *karşılıklı bağımlılık* sayesinde hür devletler arasında işbirliği sağlanabilir ve ortak güvenlik kurulabilir. ABD ile İngiltere, bu esas üzerinde anlaşarak, buna göre faaliyet yürüteceklerdir."[471]

Bu politikanın, emperyalist bir politika olduğunun açık olması bir yana, emperyalist ülkenin yüksek rütbeli bir askerinin ağzından da açıklaması karşısında, bizim gibi bir ülkenin politikacılarının karşılıklı bağımlılığı savunmasına ne demeli, bilemiyorum. Gaflet mi, dalâlet mi, yoksa hıyanet mi?

---

[470] Aktaran M. Fahri, *Amerikan Harp Doktrinleri*, s. 282.
[471] aynı yerde.

Bunu tarihin yargısına bırakmadan değerlendirmeliyiz. Önce şu soruya yanıt arayalım: Eğer *karşılıklı bağımlılık* doktrini kapsamında isek *bağımsız* sayılır mıyız?

Truman Doktrini eseri olan ve bir meclis kararıyla iç hukuk kuralı yaptığımız Kongre Yasası'na göre "yasa çıkarmak sorumluluğu sonucu, yasama yetkisini gerektiğinde ABD Başkanı'nın önerisini göz önüne alarak kullanma yükümlülüğü altındaki parlamentomuz, egemenliğin en önemli noktasında, bağımsız karar alma yetkisine sahip midir?"[472] sorusunun yanıtı önemlidir. "Ulusal savunmamızla ilgili konularda bağımsız karar alma ve uygulamada, egemenlik hakkımızı tam olarak kullanabilir miyiz?" sorusunun yanıtı da önemlidir. Örneğin geçmişte Kıbrıs olaylarının 1964 ve 1974'teki sonuçları, ABD emperyalizminin gölgesi altında olduğumuzu gösterir. Kaldı ki tüm savunma planlarımız "ortak güvenlik ve savunma" kavramlarına göre hazırlanmış değil midir?

Bu koşullarda; "bağımsızlık ve egemenlik" kavramları süs olmaktan başka ne anlama gelir dersiniz?

Yargı yetkisi de NATO Antlaşması'na göre sınırlandırılmıştır. Oysa Hans J. Morgenthau'ya göre:

"Bağımsızlık bir ülkenin belli bir toprak parçası içinde kanun yapma konusundaki hukuksal otoritesinde bağımsız olması, diğer ülkelerle uluslararası hukuk karşısında eşit bulunmasıdır."[473]

İçinde bulunduğumuz konumu bu bilimadamının görüşlerini düşünerek değerlendirdiğimizde, egemenlik ve bağımsızlığımızın ipotek altında olduğu gerçeğiyle karşılaşırız.

Özetle ekonomik yaşantısı, iç ve dış politikası, emperyalizmin kuruluşlarınca yönlendirilen ve denetlenen, parlamentosu ABD'nin ya da IMF, Dünya Bankası gibi kuruluşların isteklerine göre yasa çıkar-

---

[472] Örneğin Çekiç Güç konusunda ters bir karar çıkmaması için ABD Dışişleri Bakanı Christopher 12-13 Haziran 1993'de Türkiye'ye geldi. Ve Çekiç Güç'ün süresi uzatıldı.
[473] Hans J. Morgenthau, agy., c. 2, s. 411-413.

ma yükümlülüğü altında bulunan, genel olarak iç ve dış politikasını tek başına saptayıp uygulayamayan bir ülkenin, tam bağımsız ve egemen bir ülke olması ne kadar olanaklı ise, Türkiye de o kadar bağımsız ve egemendir.

Böyle bir ülkenin topraklarında konuşlandırılmış emperyalist bir ülkenin askerleri, kendi emir ve komuta zinciri içinde hareket ediyorlarsa; devletin yargı sistemi dışında kalmışlarsa, egemenlik hakkı tartışmalı sayılmaz mı?

Bu noktaya nasıl geldik? Nerede, ne gibi yanlışlar yaptık? Bize, bugün düşen görev, öncelikle bu soruları yanıtlamaktır. Bugünkü çıkmazdan kurtulmanın yollarını ulusal kurtuluş bilinciyle arayalım, bulalım. Bu görevi bize, tarih bilincinin vereceğini unutmayalım.

Sonsözden Önce[474]

Çıkış Yolu Açılır mı?
ya da
12 Eylül, Niçin?

"Türkiye'nin 1970'lerde sınıflı ve demokratik niteliğini kazanması, Cumhuriyetimizin dönüm noktalarından birini oluşturur. Bu gelişim en başta, bu noktaya ulaşmayı amaçlayan devletçi-seçkinci cephenin amacına vardığı için çözülmesine yol açtı. Çünkü Türkiye Cumhuriyeti ordusu sermaye sınıfıyla organik bağ içinde değildi.

Aslında, bütün bu değişikliklerin yalnızca sınıfsal gelişme boyutuna indirgenmesi olanaksızdır. İç dinamiğin göstergesi olan sınıflaşmanın yanındaki ideolojik oluşumlar, çok büyük bir oranda, dış dünyanın doğrudan ve dolaylı etkileri sonunda ortaya çıkmıştır."

Emre Kongar,
Toplumsal Değişme Kuramları ve
Türkiye Gerçeği, s. 395, 397.

---

[474] Türkiye'nin son yarım yüzyıllık geçmişinin hazırladığı geleceği, 12 Eylül'ün öyküsü yazılmadan anlaşılamaz. Bu nedenle daha sonsöze sıra gelmedi... Yapıtın ilk basımında (1993) böyle demiştik, haklı çıktık. Sonsöze bir türlü sıra gelmiyor. Çünkü Türkiye, emperyalizmin oyuncağı olmaktan kurtulamıyor. Cumhuriyet'in evrimini gerçekleştirmek bir yana, seçimle iş başına gelenler, geriye dönüşün yollarını asfaltlıyorlar. "Duble yol" dedikleri çift akışlı bulvarlarla, dönmenin çabasındalar. Bu yoldaki rehberleri ise Amerika! Oysa onun hesabı başka. Bir yanda onlara göz kırparken, öte yanda Türkiye'yi işgal hazırlıklarını sürdürüyor. Elbet "kolay gelsin" diyen çıkmayacak. Yeniden bir bağımsızlık kavgasına hazır olmalıyız. Nasıl olsa 17. Cumhuriyet'i de kurmayı başarırız, diyorum. Bu nedenle sonsöze sıra gelmedi, gelmeyecek de...

TARİHİN TEKERLEĞİNDEKİ TAŞ

Evet
hep böyle olmuştur.
Tarihin tekerleğine konulan taşı
alıp atmak istediğinde
onlar, yüzler, binler
Elleri kırılmıştır.
Gel gör ki
kırılan on el, yüz
yüz el,
bin el, yüzbin olmuş
Fırlatıp atmışlar taşı!
Ve tekerlek hızla dönmüştür.

Tekerleğin dönüşünden ürkenler.
Yine yerleştirdiklerinde taşı
Ustalıkla hem de
Tekerleğin durduğunu gören
Yüzbinler uyanır.
Ve yüzbinler,
milyonlar, on milyon olur.
Taşa uzanır elleri
Anlaşılan hep böyle olmayacak
Taşı tuttuklarında bu kez
Bir daha konulmasın diye
Tarihin tekerleğine
Başına çalacaklar
yerleştirenin.
Ve
hiç mi hiç durmayacak
tekerlek
Dönecek
sonsuza dek!

12 Eylül 1981
M. Emin Değer

12 Eylül, Niçin?

Türkiye, 12 Eylül'e hangi koşullarda ve hangi amaçla itildi? Toplumbilim açısından bakıldığında sağlıklı bir toplumda sosyal ve siyasal olaylar, toplumun iç dinamiklerinin evrimiyle oluşur ve gelişir. Bir başka deyimle, toplumsal değişim ve dönüşümün itici gücü, o toplumun iç dinamikleridir. Oysa 12 Eylül, öncesi ve sonrasında, Cumhuriyet'in iç dinamiklerine ters oluşum ve gelişim sergilenmiştir.[475]

Bu nedenle hep şu soruyu sormuşumdur: 12 Eylül, cumhuriyetimizin karşısına neden, niçin çıkarılmıştır? Neden, Türkiye böyle bir çıkmaza itildi ve Cumhuriyet'in temelindeki ilkeler, hem de o ilkelere sahip çıkılma savıyla çiğnendi?

Devlet neden, kuruluş, gelişme ve çağdaşlaşma hedeflerine ters bir yörüngeye oturtuldu? İşte bunun için sormalıyız; 12 Eylül, neden geldi ve gelişini hazırlayan koşullar nasıl oluşturuldu? Bu sorulara gerçekçi ve sağlıklı yanıt verilmediği sürece, başka 12 Eylül'lerle belki daha ağır sonuçlar doğuracak tuzaklarla karşılaşmayacağımız söylenemez.[476]

Bu sorulara yanıt ararken, önce örnek bir CIA çalışmasını görelim:

---

[475] Değişim önlenemez bir doğa yasasıdır, ama Prof. Dr. Emre Kongar'a göre değişim, ideoloji ve teknolojinin etkisi altındadır. "Kimi durumlarda bir ideolojinin benimsenmesi (ya da toplumun kendi dinamiklerine ters ideolojik etkiler altına alınması - E.D.) güdümlü toplumsal değişmenin başlatıcısı olur." Prof. Dr. Emre Kongar, agy., s. 23.

[476] Bu satırları yazdığım 2003 Mayıs ayında Günümüz Türkiyesi'nin içine itildiği ortam, 12 Eylül'ün amacına ulaştığını gösterir. Eğer Cumhuriyet'e sahip çıkacak güçler uyanmayacaklarsa, bugünlerin de aranacağı günlere hazır olmalıyız. Hedefin doğrudan, Lozan ve sonrası ulusal kurtuluşun utkusu üzerine kurulan Cumhuriyet olduğunu bilmeliyiz. Atatürk "biz bize benzeriz, hedefimiz çağdaş uygarlıktır " derken, günümüz yetkilileri, AB'nin ölçütleriyle özdeşleşmenin çabasındalar. *Biz bize benzeriz* söylemi hiçbir zaman geçmişe takılıp kalmak değildir. Ama geçmişimizi ve kültür birikimimizi yok sayarak Avrupalı olmak gibi bir düş peşinde koşmak, Cumhuriyet'i temel dinamiklerinden koparmak demektir. Bu nedenle, gerçek cumhuriyetçilere çok ama çok ağır sorumluluklar düşmektedir. Uruguay örneğini dikkatle ve ders alarak izleyelim.

Uruguay Laboratuvarı

"Şimdi giderken, içinde bulunduğum duygular, buraya geldiğim pazar günü O' Grady'nin dairesinden Pocitos Plajı'ndaki kalabalığı seyrederken duyduğum heyecan, iyimserlik ve güvenden ne kadar farklı! Bu hükümetin halini gördükçe, bu şeyleri neden ve ne diye yaptığımızı, desteklediğimizi sormaktan kendimi alamıyorum."

"Bir zamanlar, aydını, demokratik devrimleri örnek gösterilen Uruguay, şimdi bir kokuşmuşluk ve yetersizlik örneği."[477]

12 Eylül'den beri ne zaman içine itildiğimiz çıkmazı düşünsem, usuma hemen, Philip Agee'nin bu sözleri takılır. Ünlü ve başarılı bir CIA ajanı olan Agee, bu sözleri, Uruguay'daki başarılı çalışmaları nedeniyle bir üst dereceye yükseltilerek başka bir göreve atanıp, Uruguay'dan ayrılırken söyler.

Peki Uruguay, önceleri nasıldır? Onu da, yine Agee'nin günlüğünden öğrenelim. Agee, Uruguay'daki görevine başlamak için geldiği günün izlenimlerini şöyle anlatır:

"Geldiğimde, ulusal kalkınma yolunda burada dev adımlar atılmış olduğunu gördüm. Dışarıdan bakınca, modern toplum için sosyal yardımlar sağlayan devletin çevresinde örgütlenmiş, bölünmez bir bütün olarak görülen Uruguay'da, öteki Latin Amerika ülkelerine özgü ortak yanlara rastlanmıyor. Burada, aşırı yoksulluk içinde yaşayan bir kenara itilmiş halk kitleleriyle, kıyıdaki büyük fidanlıklar ve dağlık bölgedeki çiftçilik arasında doğal aykırılıklar yok. Devamlı bunalımlar içinde yaşanmıyor, düzen sağlamlığını koruyor; cehalet, militarizm ve nüfus artışı gibi sorunlara karşılaşılmıyor."[478]

---

[477] Philip Agee, *CIA Günlüğü*, c. 2, s. 670-672. P. Agee, CIA emrinde uzun yıllar başarıyla çalışmış ve ödüllendirilmiş bir ajandır. Çalışmaları sonucu özellikle Uruguay'ın içine itildiği çürümüşlüğü gözlemlerken bir pişmanlık içine düşer. CIA'in pis işlerini, iki ciltlik *CIA Günlüğü* adını verdiği anılarında yazar. Ve elbet CIA'in hedefi haline gelir. (agy., s. 443.)

[478] Pihilip Agee, *CIA Günlüğü*, c. 2, s. 443.

Agee'nin notlarına göre Uruguay, Latin Amerika'nın en yüksek ulusal gelir düzeyine ulaşmış (kişi başına ortalama 700 Dolar) ülkesidir, 1960'ların başına dek. Bu nedenle;

"20. yüzyılda siyasete askerlerin karışmadığı, siyasal düzenin sağlamlığına örnek teşkil eden bir ülke olup, Latin Amerika'nın 'İsviçre'si' diye anlandırılmaya gerçekten hak kazanmış"tır.[479]

Agee'nin düşünceleri, gözlemlerine ve örgütün kendine verdiği bilgilere dayanır. Bu düşünceleri dile getirdiği tarih, 18 Mart 1964'tür. Bu tarihten 2 yıl 5 ay 6 gün sonra Uruguay'dan ayrılırken, 2 yıl öncesinin, o "demokratik devrimlere örnek ülke"sinin, o "Latin Amerika'nın İsviçre'si" olan Uruguay'ın yerinde yeller esmektedir. Agee'nin anılarındaki nitelemeye göre, artık "Uruguay kokuşmuşluk ve yetersizlik örneği"dir. İşte Agee'ye o başta aktardığımız soruyu sorduran, bu gözlemleridir. Sorar kendine:

"Bütün bu şeyleri neden, ne diye yaptık?"

Dikkat edilirse, bu sözler büyük bir pişmanlığı anlatır. CIA, yani Amerika, Uruguay'ı, o *"Latin Amerika'nın İsviçre'si"* olan örnek ülkeyi neden bu duruma düşürmüştür?

Neden, "aydınları ve demokratik devrimleriyle örnek olan, modern toplum için sosyal yardımlar sağlayan devletin çevresinde örgütlenmiş, bölünmez bir bütün olan" ülkeyi kokuşmuş bir düzene, umarsız bir konuma itmiştir? Bu sorulara verilecek yanıt, bizim içine itildiğimiz çıkmazda, kimlerin hangi nedenle parmakları olduğuna ışık tutacaktır. Aslında, bu soruların yanıtı kendi içindedir. Bu bağlamda Agee, gerçekte sorunun yanıtını da veriyor, ama bilinci, yanıtın ne olduğunu saptamaya yetmiyor olmalı. Belki de ayrılırken yaptıklarının çirkinliğini gördüğünde vicdanı ve utancı açıklamaya elvermemiş olmalı. Belki de o tarihte özeleştiriye de hazır değildi. Çünkü, o kokuşmuşlukta kendisinin de sorumluluğu vardı. Bilinç altında bunun utancı da yatmaktaydı, kim bilir?

[479] P. Agee, agy., s. 443.

Sorunun yanıtı, Uruguay'ın "demokratik devrimlere örnek" sorunsuz bir ülke olarak, ABD'nin önerdiklerini değil, kendi iradesiyle / istenciyle sistem dışına çıkarak, kendine özgü bir gelişim göstermesi ve sorunlarını kendi kendine çözen bir düzen kurması ve evrimleşmeye kalkışmasındadır. Bu demektir ki, Uruguay, Monroe Doktrini'nin uygulama sınırları dışına çıkacaktır ve böyle giderse, toplumsal dinamikler, düzenin, ABD'nin istenci dışında değişmesine yönelecektir. Bu da, bağımsızlık düşüncesini geliştirecektir.[480] Bağımsızlık düşüncesini geliştirmiş ülkeler, ABD'nin etkinlik alanından çıkarlar. Bunun öteki ülkeler için kötü örnek olacağı da bellidir. Şu halde, sistem dışına çıkma eğilimindeki böyle bir ülkede sosyal, ekonomik ve elbet siyasal yaşamı çürütecek bir çalışma yapılmalıdır.

İşte, Agee'nin "biz bu işleri neden yaptık?" dediği "işler" bu sonucu hazırlamıştır.

"ABD, neden böyle bir ülkeyi çürütsün? ABD, Dünya Bankası ve AID'nin amacı, ülkelerin kalkınmasına yardım etmek değil mi?" gibi safça sorular da sorulabilir. Geçen bölümlerde, kendi belgelerinden öğrendiğimize göre, ABD bir dünya devletidir, dahası "dünya lideri"dir ve bu nedenle "dünya jandarması"dır. Sistem içindeki ülkelerin, kendisinin dayattığı düzen anlayışından çıkmasına izin veremez. Böyle bir durumun, sistemini sarsacağını bilir. Ticari ve ekonomik çıkarları açısından yararlı olmayacağını düşünür. Çünkü ABD, ideolojisinin dünyanın her yerinde egemen olmasını ister. Böylece, "ticaretin bayrağı izlemesi" sağlanır, sistemin aksaksız işlemesiyle, evrensel şirketlerin kazançları ABD'ye kolaylıkla aktarılır. Bunu önleyenler, cezalandırılır. Amerika'nın yaptığı da budur.

---

[480] Bu konuda Rockefeller'ın Eisenhower'a yaptığı uyarıyı anımsayalım. Rockefeller, "Ekonomik gelişme, bağımsızlık eğilimini arttırır" diyordu. ABD bağımsız ve ulusal düşünceyi ve bu temele oturmuş yönetimleri asla hoşgörmez, yıkacağı ilk hedefi ulusal bilinç ve bağımsızlık bayrağı olmuştur..

80'li ve 90'lı Yılların Türkiyesi

12 Eylül öncesi Türkiye, Agee'nin Uruguay'dan ayrılırken çizdiği tablodaki gibiydi. Ülke sosyal, siyasal ve ekonomik alanda tam bir karmaşa içindeydi. Toplum bir iç savaşın eşiğinde çıkış yolu arıyordu. Giderek can derdi öne çıkmış, "huzur ve güven", aranan ama bulunamayan tek dava olmuştu. David Galula'nın önerisi uygulanıyordu. Galula der ki:

"Bir askeri müdahaleyi haklı kılabilmek için, ayaklanmayı bastırmakla görevli olan tarafın enerjisi, kendisinin halk tarafından sevilmediğini örtebilecek kadarsa (yani bekleyebilecekse, 12 Eylül öncesi gibi sabredecekse - E.D.) bu takdirde 'sulh ve sükûnun' aranan bir dava haline gelmesine kadar bekleyebilir."[481]

12 Eylül öncesi Türkiye'nin içine itildiği çıkmaz, Agee'nin anılarında yer alan Uruguay'ınki gibidir.

Bu nedenle 12 Eylül'ün, sürekli "huzur ve güven sağlamak ve bir daha ülkenin 1980 öncesi konuma düşmesini önlemek" için yapıldığı söylendi durdu.

Bu söylem, 1982 Anayasası'nın kabulüne ve yürürlüğe girişine, dahası 1983 seçimlerine değin dillerden düşürülmeyen bir slogan olmuştu. İlk bildiri, ülkenin, harekâtı gerçekleştirenlerce nasıl görüldüğünü göstermesi bakımından önemliydi. Çünkü, ülkeyi nasıl gördüklerini açıklamaları, nasıl bir düzen kuracaklarının da göstergesi olacaktı. Bu bildiri, daha sonra Bülent Ulusu Hükümeti'nin programı olarak sunulacaktı.

Bu nedenle, ülkenin harekâttan önce ne durumda bulunduğunu bu programdan öğrenelim. Bu, öte yandan tarihe düşülen bir nottur:

---

[481] D. Galula, *Ayaklanmaları Bastırma Hareketleri,* Teori-Pratik, s. 107.

Bülent Ulusu Hükümeti'nin Programından

Milli Güvenlik Konseyi'nin Değerli Üyeleri,

Hükümetimizin görev aldığı Eylül 1980 Türkiyesi'nin içinde bulunduğu durumu ana hatları ile tasvir edersek, görevimizin tarihi yeri ve önemi ortaya çıkacaktır.

12 Eylül öncesi dönemde, Türk Devleti'nin otoritesi zedelenmiş ve varlığı ciddi tehlikelere maruz kalmıştır. Devlet düzeni tüm kurumları ile birlikte felce uğramaya, yerini fiili bir anarşi ortamına terk etmeye başlamıştır. Milli bütünlüğümüzü sağlayan bütün unsurlar yozlaşmaya uğramış, mezhep, dil ve siyasi görüş farklılıkları ideolojik açıdan ve kasıtlı olarak istismar edilerek vatandaşlar düşman kamplara itilmişlerdir. Anarşi, terör ve bölücülük hareketleri Türkiye'yi bir iç savaşın eşiğine getirecek boyutlara ulaşmıştır.

Yasama organının faaliyeti çok yavaşlamış, bazı durumlarda tamamen durmuştur. Anayasanın öngördüğü kuvvetler ayrılığı yasama, yargı ve yürütme organları arasında bazı hallerde adeta kuvvetler çatışması haline dönüşmüştür.

Devlet memurlarının, işçilerin, öğretmenlerin ve polis mensuplarının bir kısmı gruplara ayrılmış; tarafsızlık içinde görevlerini yapmak yerine, ideolojik uçlara alet edilmiş veya alet edilmeye zorlanmışlardır.

Atatürk ilkeleri bir tarafa bırakılmış, yeni nesiller Atatürk milliyetçiliğinden, milli şuur ve ülkülerden habersiz kalarak, yabancı ideolojilerin etkisine terkedilmiştir. Cumhuriyetimizin temel ilkelerinden olan laiklik prensibi ihlal edilerek şeriat düzeni getirmeye yönelik tertiplere yeltenilmiştir.

Devlet ve millet hayatındaki bu çöküşü, ekonomik ve sosyal alandaki sorunlar ve darboğazlar daha da hızlandırılmıştır. Süratle artan nüfus, sıhhatsiz ve hızlı şehirleşme hareketi, gittikçe artan oranda işsizlik, eğitim sisteminin yapısındaki çarpıklık, milli kültür değerlerinin yozlaşması, sosyal yapıdaki dengesizlikleri büyütmüştür.

1977 yılının ortalarından sonra hızlanan enflasyon, müteakip yıllarda % 100'e yaklaşan oranlara yükselmiş, sosyal ve ekonomik dönem

uygulamasında, kalkınma hızımız nüfus artışımızı ilk defa karşılaya-
maz seviyeye düşmüştür. Ocak 1980'den itibaren uygulamaya konulan
istikrar tedbirlerinden kısa sürede olumlu sonuçlar alınmıştır. Ancak bu
tedbirleri tamamlanması için gerekli vergi kanunları ve çalışma hayatı-
nı düzenleyen mevzuat yenilikleri, yasama organının işlememesi ve si-
yasi istikrarsızlık sebebiyle kanunlaşamamıştır.[482]

İşte böyle olağanüstü zor şartların bulunduğu bir ortamda varlığı
tehlikeye girmek üzere olan Devletin, güçlükler yenilerek düzlüğe çı-
karılmasından önemli bir görev de hükümetimize verilmiştir. Bu şerefli
görevi yerine getirebilmek için Devletin ve idarenin işlemesindeki ana
tıkanıklık noktalarını açmak gerekir.[483]

1980'ler Türkiyesi, 12 Eylül kıskacına böyle itilecekti. 12 Eylül,
sorunlara, halkın etki ve katkısı dışında çözüm arayacaktı; öyle oldu.
Bulduğu sanılan çözüm, sistem olarak kurumlaştırıldı. Peki, 1990'lar
Türkiyesi'nin sosyal, ekonomik ve siyasal sorunları nelerdi?[484] Türki-
ye, terörü önleyebilmiş, can güvenliğini sağlamış ve en önemlisi ülke-
yi iç savaştan kurtarabilmiş, devletin ve ulusun birliğine yönelik tehli-
keleri savuşturabilmiş miydi? Yaşadığımız günlerde, karşı karşıya bu-
lunduğumuz kişisel ve toplumsal sorunlara baktığımızda; 12 Eylül'ün
hiçbir soruna çözüm getirmediğini, ülkenin bugün de 12 Eylül'ü hazır-
layan ortama benzer bir konumda bulunduğunu ve sorunlar sarmalında
yeni bunalımlara sürüklendiğini görürüz. Bu nedenle, 12 Eylül'ün ül-

---

[482] Zaten 24 Ocak Kararları ancak bir askeri yönetim altında uygulanabilirdi. Bunun politi-
kadaki adı, ekonomilerin militaristleştirilmesidir. Emperyalizmin dayattığı politikaların
askerler eliyle uygulanması bu yolla sağlanır.
[483] 01 Ekim 1980, *RG*.
[484] 12 Eylül öncesi ve sonrasının, 1990'lardan günümüze uzanan sürecin bize dayattığı ve
günümüzde daha da sarmallaşan sorunların ardındaki Amerika'ya, (günümüzde buna
AB'nin de eklendiğini gözönüne alarak) sonra kendimize bakalım ve soralım: Türkiye
bu noktaya, Lozan'ın intikamını almak isteyen güçlerin oyunlarıyla mı taşınmıştır? Bu
sorunun yanıtı verildikten sonra düşünüp çözüm bulunmadan, bu sarmaldan kurtulma-
mız olanaksızdır. Çözüm, ulusal bilinç ve istençtedir. Nasıl 1900'lerin öncesi ve sonrası
sorunlarını ulusal bilinç, örgütlenme ve ulusun her bireyinin el ele vermesiyle / elbirli-
ğiyle çözmüşsek, bugün de yalnız o yöntemle çıkmazlardan çıkar yol bularak esenliğe
kavuşabiliriz.

keyi bölünmenin, savaşın ve ekonomik çıkmazların eşiğinden döndürdüğü savlarının gerçekle ilişkisinin kurulamayacağı gerçeğiyle karşılaşırız.[485]

Peki, 12 Eylül ne yapmıştır? Ne yaptığını anayasadan başlayıp o dönemde çıkarılan yasalara ve dayatılan kurumlara bakarak saptayabiliriz. 12 Eylül'ün huzur ve güven için, toplumu, demokrasi yerine disiplinli bir yapıya dönüştürmeyi amaçladığı görülüyor. 12 Eylül liderliğinin "bize özgü demokrasi" dediği sistem, ancak Milli Güvenlik Kurulu'nun denetimiyle ayakta kalmaktadır. Çünkü ekonomik ve sosyal yaşam tam bir çöküntü içindedir. Bize özgü anayasa ve bize özgü demokrasi, ABD'nin güvendiği ellerle kuruldu ve güvendiği ellere teslim edildi. 24 Ocak Kararları'nın mimarı olan Turgut Özal'a; yani CIA'in Özal biyografisindeki nota göre "gelmiş geçmiş en Amerikan yanlısı Türk lideri"ne[486] önce Başbakan ve sonra Cumhurbaşkanı görevleri verildi.[487]

Milli Güvenlik Kurulu'nun denetiminde; ama emperyalizmin güvendiği liderin ellerinde bir Türkiye. Elbet önce, ABD'nin çıkarları

---

[485] Bu görüş, Temmuz 1993 Türkiyenin resmiydi. Bu satırları 19 Mayıs 2003 tarihinde yazdım. Aradan neredeyse 17 yıl geçmiş. Bugün, sorunların daha da ağırlaştığı, ekonominin, siyasal ve sosyal yaşamın tam anlamıyla başka güçlerin denetimi altında bulunduğunu, yöneticilerin ulusal istenci gözardı edip, düşünce ve programlarını uluslararası kuruluşların gözetiminde hazırlayıp uyguladıkları günlerin utancını yaşıyoruz. Dahası "ev ödevi" adıyla verilen emirlerle kendimizi beğendirme çabası içindeyiz. Cumhuriyet'in ilk kuşağı olan bizler ne yazık ki Cumhuriyet'i kendi dinamiklerinden soyutlayanlara karşı yeterince savaşım veremediğimizi anlayamadık. Tarih ve geleceğimizi emanet edeceğimiz kuşaklar bizi bağışlamayacaklardır.

[486] U. Güldemir, *Teksas-Malatya*, s. 85-86.

[487] İlk baskının (1993) son düzeltmeleri yapılırken Turgut ÖZAL'ın ölümüyle boşalan Çankaya'ya, 12 Eylül'le hesaplaşacağını ve Türkiye'yi insan haklarına, hukukun üstünlüğüne dayalı bir sisteme kavuşturacağını söyleyerek hükümet sorumluluğunu alan Demirel aday oldu. Bu çalışmalarda, içinde bulunduğumuz sistemin Türkiye'nin demokratikleşmesini istemediğine sık sık değindik. Demirel verdiği sözlerden mi kaçıyor? Ayrıca, 4-5 Mayıs 1993 tarihli gazete haberlerine göre, "Demirel, uydu kanalıyla -Özal'ın yaptığı gibi- ABD'ye yönelik ve salt yabancı basını çağırdığı bir basın toplantısında "niyetini / adaylığını Türkiye'den önce ABD'ye açıklamış." Anlaşılan, Başbakan olduğu 1965 yılındaki gibi, önce ABD'ye güven vermesi gerektiğini düşünmüş olmalı. Ne de olsa "dün dündür, bugün de bugün!" Acaba Demirel, patrona (ABD'ye) bu yolla, 12 Eylül öncesi iktidarında, "27 Mayıs Anayasası'yla memleket idare edilemez" derken bugünlere mi işaret etmişti?

için güvenli ortamı yaratılacaktı. Türkiye, Özal'ın sık sık yinelediği "2000'li yıllara bu statüyle taşınacaktı." Taşınmıştır da! Çağdaş bir demokrasinin olmazsa olmazı olan hak ve özgürlüklerin, devletin denetimine verildiği, suskun insanların toplumu; 'yıllarca' devlet terörünün gözdağı altında, dış ve iç borç batağında sıkışmış, eski ve yeni yöneticilere ilişkin yolsuzluklara hergün yenilerinin eklendiği, toplumsal çürümüşlüğün ve kokuşmuşluğun içine itilen bir Türkiye. Bu çelişkilerin ortasında, umarsız, sürekli tüketime özendirilen, daha çok borçlanan, hak ve özgürlüklerinin verilmesini bekleyen insanlar; bizim insanlarımız.

Oysa, 12 Eylül öncesi olaylarının temelinde, toplumun eşitlik, özgürlük, temel haklarının güvence altına alınması, hakça paylaşım gibi çağdaş toplumların ortak istemleri vardı. Toplum, o amaca ulaşamadı. O amaca giden yoldaki tuzaklara takıldı. Özetle halkımızın istediği, insan haklarına ve hukukun üstünlüğüne dayalı bir demokrasi içinde gelişmeydi. Böyle bir sistem, ancak halkla birlikte ve halkın elele vererek kuracağı, her türlü tehlikeye karşı koruyacağı bir sistem olabilirdi. İşte buna izin verilemedi, verilmedi; çünkü halkın uyanması istenmiyordu!

Toplum öyle bir depremle sarsıldı ki, demokrasiden korkar olduk. Çünkü toplumsal sarsıntılara, özgürlüklerin aşırılığının neden olduğu söyleniyordu. Can derdi öne çıktı ve özgürlüğün ne olduğunu öğrenemeden, yeniden askeri disiplin altına alındık. 12 Eylül böylece geldi, sistemini kurdu, yaşamını içimizde sürdürüyor.

Bir Tarih Dönemeci Olarak 12 Eylül

Türkiye, 1946'da başlayan çok partili düzene geçme çabalarının belli aşamalarında -1950'deki siyasal iktidarın seçimle değiştirilmesinden sonra- her 10 yılda bir çözümü askere bırakılan bunalımlara itildi. Gerçekte amaç, bunalıma çözüm bulmak değildi, olmadığı için de çözüm arayışlarında, bunalımın gerçek nedenleri üzerinde durulmadı. Dolayısıyla çözümler de kalıcı olamadı. Oysa bunalımların nedenleri araştırılmalı, sosyo-ekonomik ve politik çözümler, halkla birlikte tartışılıp oluşturularak, bunalımın aşılmasına çalışılmalıydı. Kanımızca, Türkiye'nin bunalıma girişinin birincil nedeni; Cumhuriyet'in kuruluşundaki özün, bir başka deyimle temelin, yani tam bağımsızlık, halk istencine dayalı ve laik bir hukuk devleti kurma hedefinden ayrılmak, özetle Cumhuriyet'in özünden, "cumhur"[488]dan halktan koparılması, emperyalizmin güdümünde yeni sisteme oturtulmak istenmesidir.

Önceden değindiğimiz gibi, Türkiye'nin, 1940'larda emperyalizmin ne olduğunu bilmeden seçtiği politikanın bizi getirdiği durak, 12 Eylül çıkmazıdır. Bu nedenle ABD ile 1947'de gelişen ilişkilerin ABD'ye güven doğrultusunda sürdürülmesinin, bağımsızlık ilkesine aykırı sonuçlar doğuracağı düşünülmemiş ve giderek yoğunlaşan ilişkiler, Türkiye'yi 12 Eylül'e, yıldan yıla derinleşen bunalımlar içine taşımıştır. Dolayısıyla 12 Eylül, Türkiye'de 1940'lardan 80'lere uzanan ve bizi çıkmaza taıyan ilişkiler zincirinin halkalarından biridir. Sonuncusu mu? Hayır! Günümüzün çıkmazı *Türkiye'nin işgaline uzanan yeni politik aymazlıklar*ın içinde çırpınmak ve bunu ulusal politika saymaktır.

Bu arada, 27 Mayıs'ın, 12 Mart ve 12 Eylül'den amaç ve sonuçları yönünden ayrılığı düşünülmeli; bu askeri el atmanın kimi nedenlerle ve hiç değilse sonuçları bakımından benzemeyen noktaları saptanarak tarihteki yerine oturtulmalıdır. 12 Mart ve 12 Eylül'ün, 27 Mayıs Anayasası'na karşı olanların eseri olduğunu, bunların Dickson Raporu'nda işaret edilen, çağdaş ve ulusal bir toplum yapısı ilkelerine savaş açan karşı devrime hizmet ettiklerini söylemek tarihe not düşmek olacaktır. Bu nedenle 12 Eylül'ün, 27 Mayıs Anayasası'nın getirdiği özgürlük ve hakları Türk toplumuna uygun görmeyen felsefesi bile, bu iki tarih olayının birbirleri ile bağdaşmayan temellere dayandığını gösterir. Bunlardan biri, 27 Mayıs, *ak*'ı; 12 Eylül ise *kara*'yı simgelemektedir.

Bu nedenle, 12 Eylül'ü yargılarken, emperyalizminin güdümünde geçen yıllar, ulusal politikadan sapmanın nedenleri, dönemin yetkilile-

---

[488] "Cumhur" sözcüğü Arap dilinde Halk demektir. Cumhuriyet de "halk yönetimi" anlamını içerir.

rinin ve sorumlularının düşünce ve değer yargılarını, siyasal, sosyal ve ekonomik olayların çözümünde izlenen politikaları, nesnel ölçülerle değerlendirmeden sağlıklı bir sonuca ulaşılamaz.

12 Eylül'ü sorgularken ve yargılarken, bu gerçeklerden yola çıkmak, yeni bunalımlara düşmemek için gereklidir. Türkiye'nin 12 Eylül'den bu yana şaşmaz ve öncelikli gündemi, bu tarih olayını tanımak, anlamak, sorgulamak ve yargılamak olmalıydı. Çünkü yeni ve ileri ekonomik ve sosyo-politik tarihsel bir sürece, ancak 12 Eylül'le hesaplaştıktan sonra girebilirdi.

Şurası gerçek ki, 12 Eylül, Türk Devrimi'nin önüne çıkarılmış en büyük engeldir. Türk Devrimi, 1920'lerdeki Kemalist hareketle; yeni ve çağdaş topluma dönüşüm yolunda büyük ivme kazanmıştır. Ancak, İkinci Dünya Savaşı sonrası toplumsal değişim ve dönüşüm, emperyalizmin ilgi odağına çekildi. Çünkü Türk toplumu, ulusal kurtuluş bilinciyle demokratikleştiğinde kazanacağı yeni ivmelerle, Ortadoğu'da emperyalizmin çıkarlarına engel olabilirdi. ABD'nin azgelişmiş ülkeler için hazırladığı programlar vardır. Ancak Türkiye için, daha özel çalışma ve program gerektiği ve bunun uygulandığının belgesi 2000'li yılların başında Türkiye'de yayımlanmıştır.[489] O yayında açıkça anlatıldığı gibi amaç, toplumun iç dinamiklerine uygun değişim ve dönüşümü engellemek, yabancı bir aşıyla toplumsal yozlaşmayı gerçekleştirip ABD'nin istediği yapısal dönüşümün koşullarını hazırlamaktı.

Çünkü ulusal kurtuluş bilincini bayraklaştırarak yaşatan Cumhuriyet Türkiyesi'nin, iç dinamiklerine dayalı bir politikayla toplumsal değişim ve dönüşümünü sağlamasını çıkarına engel sayan ABD emperyalizmi, benzer ülkelerde uyguladığı yöntemden ayrı bir yöntemle

---

[489] Avrupa Birliği'ne kabul edilmemiz için verilen ve "Ev Ödevi" olarak adlandırılan bu program, anayasa başta, tüm kural ve kurumların verilen talimata göre yeniden düzenlenmesini içerir. Günümüzde o programla yapılan değişimin bizi Cumhuriyet'in temel dinamiklerinden koparacağı anlaşılmaktadır. Hedefe alınan, Kemalizmdir. Cumhuriyetçiler nerede mi? Cumhuriyet'i AB'nin dümen suyunda yüzdürmeye çalışıyorlar. Evet, bizler de, söz üretmekten gayrı ne yapıyoruz? Elini taşın altına sokmayanlar, bedenlerini ve ruhlarını da yitirirler.

12 Eylül'ün altyapısını hazırlamıştır.[490] Bunun için, 12 Eylül'le hesaplaşırken bu engelin nasıl hazırlandığı, nasıl bir tuzağa düşürüldüğümüz saptanmalıydı. Bu yapılmadan 12 Eylül anlaşılamaz, yargılanamaz ve hesaplaşılamazdı. Dolayısıyla Türkiye, yeni ve doğru bir tarihsel sürece giremezdi.[491]

Bu durumda ilk sorumuz, "12 Eylül nedir, Türkiye bu tarih dönemecine nasıl itilmiştir?" olmalıydı ve bu sorunun nesnel ve gerçekçi yanıtı bulunmalıydı. Bu yanıt, yeni sorulara açılacak, böylece 12 Eylül'ün, 1980 öncesi içine itildiğimiz koşullarda önlenip önlenemeyeceği konusu tartışılacaktı. Çünkü 12 Eylül, ulusal devletin yıkımı için kendine özgü bir yöntemle hazırlanmış ve sonuçta o amaç gerçekleştirilmiş, sosyal denge, dışa bağımlı burjuvazinin de katkılarıyla bozulmuştu. Bu arada emekçi yığınlarla geniş halk kitlelerinin hak ve istemleri sınırlanmış, devletin insan için değil, insanın devlet için varolduğu öne çıkarılarak, "güçlü devlet" ve "otoriter yönetim" kurulmuştur. 12 Eylül Anayasası, aynı mantıkla çıkarılan yasalarla kurumlaştırılmıştır.

İnsan hakları, hukuk devleti ve yargı bağımsızlığı gibi, günümüzde demokratik bir hukuk devletinin temeli olan evrensel ilkeler, içi boşalmış kavramlar olarak 12 Eylül Anayasası'nda yer almıştı. Kanımızca bu anayasa yürürlükte kaldığı sürece, 12 Eylül, tüm kurumlarıyla bir sistem olarak yaşayacaktı. Yaşadı ve Türkiye başka güçler tarafından sorgulandı. Hem de Cumhuriyet'in kendi dinamikleriyle evrimleşmesini önleyenlerce, çağdaş sistemlerin dışında kalma suçlamasıyla. Böylece günümüzün sorunlarına kendimiz değil, o başka güçler çözüm arar, üretir ve emreder oldular.

12 Eylül sorgulanırken, "Bu anayasa değiştirilebilir mi; Türkiye demokratikleştirilerek 2000'li yıllara taşınabilecek mi?" sorularına da yanıt aranmalı, derken bir başka çıkmaza saplandık.

---

[490] Çalışmamın "Yeniden Yayınlanırken" başlıklı giriş bölümünde bu hazırlığın yeni belgelerinden örnekler sunulmuştur.

[491] Çalışmanın "Yeniden Yayınlanırken" başlıklı girişinde 12 Eylül'ün yol haritası ve belgeleri açıklanmıştır.

"Bu anayasa değiştirilebilir miydi?" Bu soruya hem 'evet', hem de 'hayır' yanıtı verilebilirdi. Öncelikle bu anayasa ve bu sistem, iktidarlara yön veren güçler istemedikçe değiştirilemezdi. Bu anayasa değiştirilmeden de toplumumuza çağdaşlığın yolunu açacak devrimsel ivme verilemez ya da o devrimsel ivme, anayasaya ve engellere karşın yakalanabilir; elbette bunun faturası başka olurdu.

Öyle de oldu! O nedenle diyoruz ki, kendimizi sorgulayıp çözüm üretemediğimiz sürece başkalarının izinde çıkmazlara sürükleneceğimizi unutmayalım. 12 Eylül bugün de tartışılmalı, dahası hesaplaşılmalıdır. Böylece, 12 Eylül'ün Türkiye'yi "sonu belirsiz bir karanlıktan döndürdüğü"ne ilişkin, ilk bakışta doğru gibi görülen yargının, ancak bu tarih olayının ardındaki gerçekler görüldüğünde yanlışlığı anlaşılacak, değerlendirmeler de gerçek yerini bulacaktır. Çünkü 12 Eylül, Türkiye'nin emperyalizmin tuzaklarında geçen yıllarının sonucudur. Emperyalizmin çizdiği kaderdir. Bu kader aşılmalı, sorunlar halkın katkılarıyla çözülmelidir. Bu gerçek, kitlelere anlatıldıktan sonra ancak demokratik istemler doğrultusunda yeni bir düzen için, toplumsal oydaşma (konsensüs) sağlanabilir.

12 Eylül ya da Adım Adım Toplumsal Parçalanma

Bu tarih dönemecini anlamak için, her şeyden önce, "12 Eylül'e nasıl gelindi?" sorusuna yanıt bulunması gerekir. İncelendiğinde görülür ki, 12 Eylül öncesi Türkiye'nin içine itildiği kaos, toplumun iç dinamiğinden kaynaklanan, sosyal gelişmenin ve değişimin sonucu olmamıştır. 27 Mayıs ile girilen dönem de, sosyal gelişmenin ve değişimin sonucu değildir. 27 Mayıs sonrası dönemde, sosyal gelişmelerden kaygı duyan Atlantik ötesi güçlerce yeni oyunlar sergilenmiştir. Dıştan destekli burjuvazinin egemenliğini paylaşmak istememesi, halk yığınlarının anayasadan doğan hakları için verdiği örgütlü savaşımın engellenmesinin yarattığı etki ve tepki, ülkeyi 12 Mart'a taşıdı. 12 Mart'la girilen dönemde olayların ivmesi saptırılarak, 12 Eylül'le noktalanmıştır. Türkiye, 12 Eylül'e oyun içinde oyunlarla itilmiştir. Bu evrelerin hemen tümünde ABD'nin etkisi ve katkısı belgelenmiştir. Bir

Johnson mektubu, Dickson Raporu, vb. ile, gençliğin sağ sol ayrımıyla birbirini suçlayıp savaşımasının art alanı aydınlanmıştır.

Dickson Raporu'nda,[492] bu oyunun nerede başladığına ve nerelere kadar uzanacağına işaret edilmişti.

Raporda dikkati çeken üç ana amaç vardır. Bunlardan biri raporda şu sözlerle yer alır:

"Bu sebeple herkes hemfikirdir ki; bu tehlike muhalefetin tedrici şekilde parçalanmasını ve bütün arzulanmayan sonuçlarıyla birlikte sol ve sol eğilimlerin benzeri bir birlik yaratmasını önlemek üzere, boğulmasını tahrik eder ve hatta bizi buna zorlar."[493]

İkinci amaç, şöyle açıklanır:

"Diğer taraftan çok müessir, tarafsızlaştırma çabalarının daha başarıyla uygulanmasının müşterek gayretle sağlanması gerekli görülmektedir (...) Rejime sadık olmayan devlet memurları ve subaylardan en tehlikelileri bir program dahilinde tasfiye edilmektedir."[494]

Ve üçüncü amaç;

"27 Mayıs'ın getirdiği anayasanın bazı maddeleri, Tabii Senatörlük Müessesesi ve benzeri problemler gibi, kanuni sistemin bazı hukuki aykırılıklarının düzeltilmesi usul ve imkânları da, rejimin gelecekteki emniyetini garanti edecek bir tedbir olarak düşünülmektedir."

Bu amaçlara ulaşmak, önce 12 Mart'ta denendi. İstenenler tam gerçekleştirilemediği için, 12 Eylül'e taşınan program, Atatürkçülük

---

[492] Dickson Raporu 1966 yılının Temmuz ayında, Tabii Senatör Haydar Tunçkanat tarafından Cumhuriyet Senatosu'nda açıklanmıştır. Dickson, 1963-1966 yıllarında Türkiye'deki ABD Yardım Kurulu'nda görev yapmış CIA ajanı bir albaydır.

[493] "Rejime sadık olmayan" nitelemesi, "ABD ideolojisini benimsemeyen" anlamındadır. Podol Raporu'ndaki, "Geniş ölçüde Türk idarecilerini indoktrine etmek gerekir." önerisi uygulanıyordu. Yani "Amerikan ideolojisi benimsetiliyordu."

[494] 27 Mayıs Anayasası değiştirilmiş ve 12 Eylül'ü kurumlaştıran yasal düzenlemeler yapılmıştır. "Yasadışı görüşü benimsediği" savlanarak, subaylar ve memurlar, özel fişlemelerle tasfiye edilmiştir.

perdesine bürünerek uygulandı; hem de Kemalizmi kendine bayrak yapan 12 Eylül kadrosunun alkışları arasında!

12 Eylül'le girilen dönemi değerlendirebilmek için, getirilen sistemi önce Türk Devrimi'nin ilkeleriyle değerlendirmek gerekir. Sonra çağdaş insan hakları ve demokrasinin değer yargıları ile ele almak; böylece toplumun 27 Mayıs'la başlayan demokratikleşme ve gelişme çabalarından saptırılarak, nereden nereye getirildiğini kavramak gerekir.[495]

12 Eylül, Kemalist Devrim'e ve Cumhuriyet'e Karşıdır!

12 Eylül'e tanı koyarken, her şeyden önce Türk Devrimi'nin Kurtuluş Savaşı, Cumhuriyet'in kuruluş ve devrimci dinamikleriyle çelişen kural ve uygulamalar dikkat çeker. Örneğin, 12 Eylül'ün ilk uygulamalarından "23 Nisan'ı bayram olmaktan çıkaran" kararını ele alalım.

Amasya Tamimi, Erzurum ve Sivas Kongrelerinden sonra Anadolu İhtilali'ni başlatan ulusun seçtikleriyle, 23 Nisan 1920'de kurulan Türkiye Büyük Millet Meclisi'nin, açılış tarihinin; ulusun padişaha ve dünyaya kafa tuttuğu bir tarih döneminin, bayram olmaktan çıkarılması, ne bir rastlantıdır, ne de "gaflet ve dalâlettir." O, yokluğa yollanmak istenen bir ulusun kendini yeniden varedişini, yeniden doğuşunu unutturmak isteyenlerin, önce kendilerine, sonra tarihimize ihanetinin belgesidir.

Bunun gibi, Ulusal Kurtuluş Savaşı örgütlenmesinin temelindeki Anadolu ve Rumeli Müdafaa-i Hukuk Cemiyeti'nin, bu örgütten doğan Cumhuriyet Halk Partisi (CHP)'nin kapatılması ve özellikle Ulusul Kurtuluş Savaşı'nın ve Cumhuriyet'in kuruluş ve temel ilke ve tarihi arşivinin yok edilmesi, hiçbir gerekçeyle savunulamaz ve bağışlanamaz. Çünkü, bu ve benzeri uygulamalar, Ulusal Kurtuluş Sava-

---

[495] 27 Mayıs Anayasası'nı uygulamış olsaydık, Avrupa Birliği ülkelerinden ileride bir sistem daha o zamandan kurulmuş olurdu. Ama o dönemde Amerika, insan haklarına ve hukukun üstünlüğüne dayalı bir sistem istemiyordu. O anayasaya açılan savaşımın nedeni budur. Çünkü o anayasa uygulanarak Türkiye kendi demokrasisini yerleştirdiğinde, Türk Devrimi tüm azgelişmişler için örnek olacaktı. Amerika bunu ister miydi?

şı'nın, bir başka deyimle anti-emperyalist savaşın utkusuna dayalı evrensel başarının yadsınmasına hizmet eder.

12 Eylül uygulamaları, öğretim birliğinin bozulması, Türk-İslam Sentezi gibi çağdaş bilime ve bilimsel sisteme aykırı, ulusal bilinç ve sosyal özden yolsun bir mantıkla, eğitim ve öğretimin çağa yabancılaştırılması; özünden saptırılması, Cumhuriyet'in kuruluş ilkelerinden soyutlanmasıyla, toplumsal yozlaşmaya kapı açmıştır. 12 Eylül'de güdülen bir başka hedef, kuşakların çağdaş düşünce ve bilimsel değerleri rehber edinen bir toplum yerine; yozlaşmış yabancı kültürlerin etkisinde kökünden koparılmış, dışarıdan yönlendirilen bir toplum yapısı oluşturmaktı. 12 Eylül işte bu amacı gerçekleştirmiştir.

Dikkat edilirse bugünlerde, Cumhuriyet'i kuruluş dönemi koşullarından, Ulusal Kurtuluş Savaşı / Anadolu İhtilali kaynağından ve ilkelerinden soyutlayarak tartışmayı "Sevr mi, Lozan mı?" noktasına getirip, toplumsal birliği parçalama planı ustalıkla ve bilinçle uygulanmaktadır. 1993'e girerken başlatılan ve gündeme bilinçle taşınan, Birinci-İkinci Cumhuriyet tartışmaları da, Cumhuriyeti, temelindeki kuruluş mitosundan koparma planının uygulamasıdır.[496] İşte bu noktada bize düşen görev, bu planı bozmaktır. 12 Eylül'le hesaplaşmanın başta gelen gerekçesi de budur.

Emperyalizmin güdümüne girdiğimiz 1950'lerden bu yana, yönetim sorumluluğu; topluma kuruluşu doğrultusunda ivme kazandıracak olan yaratıcı düşünce ve kişilere bırakmamaya çalışılmıştır. Düşünen ve üretenler değil, emredileni yapan, emperyalizmin çıkarını düşünen görevliler öne çıkmıştır. Bunun somut örneği, ünlü Podol Raporu'nda dile getirilmiştir.

Peki, Türk bürokratlarına ABD ideolojisini benimsetinceye kadar, ABD eli kolu bağlı mı beklemiştir? Elbet hayır! Önceki bölümlerde gördük ki ABD, 1950'lerden sonra, Türkiye'nin yönetim yapısının

---

[496] Bu konularda bir panelin Cumhurbaşkanı Turgut Özal tarafından yönetilmesi, bu konulara daha çok dikkat toplamıştır. Ama asıl üzerinde düşülecek nokta, Özal'ın yeminine ters düşen durumudur.

içinde, uzman ve danışmanlarını yollayarak yer almıştır. İkili anlaşmalarla sağlanan bu uygulama yoluyla ABD, bürokrasinin beyninden başlayarak her kademmize sızmıştır. Dostluk maskesi ile girmiş ve sömürü çarkını önce kendi personeli ile döndürmüştür. Bu yolla ABD ayrıca, Türk yönetim sisteminin güçlü ve zayıf yönlerini, personelin niteliğini yerinde saptamıştır. Elbet bu görevliler, özel araştırmalar yapmışlar ve bizi içimizden yönlendirmenin yöntemlerini saptayacak raporlar hazırlamışlardır.

Londra Üniversitesi Ortadoğu Kürsüsü'nde görevli bir profesörün gözlemlerini izleyelim:

"1950'lerden bu yana çeşitli vesilelerle memleketinizi ziyaret ettim. Her defasında Türkiye'deki Amerikan personel sayısının şaşırılacak derecede arttığını gördüm. Bakanlıkların hemen hepsinde Amerikalı müşavirlerin bulunduğunu gördüm. Bu beyler, çalıştıkları dairelere ait meselelerde sizlerden daha yetkili, daha heyecanlı görünüyorlar. Onların heyecanını anlamak kolay, fakat asıl izahı güç olan, sizin öyle bir duruma hangi sebeple izin verdiğiniz."[497]

Bu sözler, o günlerin en acı, ama gerçek manzarasını yansıtıyor. Sanayi, Adalet, Dışişleri, Gümrük ve Tekel Bakanlıklarıyla Ulaştırma Bakanlığı dışında her bakanlıkta, 5-15 uzman ve danışman niteliği ile çalışan ABD'li bulunmaktadır o tarihlerde. Bu uzmanların aylıkları, bize yapılan "teknik yardım" dan(!) ödenmektedir.

Yön Dergisi'ndeki açıklamaya göre; ABD'nin Türkiye'ye yaptığı yardımın (!); örneğin, 5 milyon dolar teknik yardımın 4 milyonu, bu personele aylık olarak ödenmektedir. Geriye kalan 1 milyon dolar da, ABD'de AID programına göre eğitilen (Podol Raporu'nda sözü edilen) personele, Türk memurlarının eğitimine harcanmaktadır.[498]

Görülüyor ki, ABD, sözde yardım olarak verdiklerinin, buradaki örneğe göre, her 5 milyon doların beş milyonunu da, kendi çıkarları

---

[497] *Yön*, Haftalık Dergi, 15 Temmuz 1965, S. 172.
[498] *Yön*, Haftalık Dergi, 15 Temmuz 1965, S. 172.

için kullanmaktadır. Bir başka deyimle, bir eliyle verdiklerini öteki eliyle kendi ülkesine aktarmaktadır.

Bu açıklama, yardımın kime yararlı olduğunun somut kanıtıdır. Teresa Hayter, "Yardım ancak emperyalist güçlerin, yarı sömürge ülkeleri sömürmeye devam edebilmek için katlandıkları fedakârlıktır"[499] derken, bu gerçeğe işaret etmekteymiş. Ayrıca Hayter'ın şu değerlendirmesinin örneklerini özellikle günümüzde görmüyor muyuz? "Üçüncü Dünya ülkelerinde yardıma ve özel yatırımlara bağımlı, emperyalizmin müttefiki bir sınıfın yaratılmasını destekleyip korunmasını sağlar."[500]

Burada Rockefeller'ın Eisenhower'a yazdığı mektuptaki öneriler unutulmamalıdır.

Vesayet Demokrasisi

1980'ler Türkiye'sindeyse, yönetimin ana birimlerinde ABD'ye vatandaşlık bağları ile bağlı "prenslere" yer verilmiştir. "En Amerikan yanlısı Türk" olan Özal, yönetimin ana birimlerini ABD yurttaşı da olan Türklere emanet etmiştir! Anayasa Hukuku Profesörü Server Tanilli, "Vesayet Demokrasisi" adını verdiği bugünkü sistemi şöyle değerlendirir:

"Amerika, Türkiye'de bir vesayet demokrasisi istiyordu. Ucuz emek cenneti kurulacak; askeri operasyondan sonra da iktidar bir merkez partisine emanet edilecekti. İçerideki işbirlikçi sermayenin, demokrasi ve işçi sınıfı düşmanı öteki gerici ortaklarının istediği de bir bakıma buydu. Yeni bir çerçeve gerekiyordu; ilerici, akılcı ve bilimsel düşüncenin önüne ağır engeller koyacak, temel hak ve özgürlükleri budayacak yeni bir çerçeve. Emperyalizmin çıkarları Türkiye'de otoriter bir rejimi gerektiriyordu."[501]

---

[499] Teresa Hayter, *Emperyalizmin Yardımı*, s. 11-12.
[500] Doğru değil mi? Basını ve büyük sermayesi derken, yönetimin sivri noktalarında, eğitim sisteminin doruklarında sivrilenleri ve kimi kendini görevlendiren satılmışların ne kadar çok olduğu görülmüyor mu? Teresa Hayter'ın tanıtmak istediği işte bunlar olmalı...
[501] Server Tanilli, *Nasıl Bir Demokrasi İstiyoruz*, s. 73.

İşte 12 Eylül, bir yönden de bu felsefenin ve uygulamasının adıdır. Bu vesayet demokrasisinde halkın örgütlenmesi, düşüncenin açıklanması ve hak arama gibi çağdaş demokrasinin genel ilkeleri bulunmadığından, toplumsal istencin biçimlenmesi ve derlenmesi de güçtür. Toplum tam bir cendereye alınmıştır. Toplum ve insanımız kişilik ve kimlik parçalanması içindedir. Kim kimdir bilinmez, kimlikler karışıktır.

27 Mayıs sonrasında, sorunlarını konuşmaya, tartışmaya ve çözüm aramaya başlayan Türk toplumu, bugün yılgın ve tartışmaya kuşkuyla bile yaklaşmayı düşünmeyen bir kimlik yapısındadır. 12 Eylül böyle bir toplum yaratmayı amaçlamıştı, başardığı görülüyor. Atlantik'in ötesindekiler sevinçle ellerini ovuşturuyor olmalılar. Çünkü böyle bir toplumu yönetmek ve yönlendirmek kolaydır. Özetle amaç, emperyalizme bağımlı bir toplum yaratmaktı; dışa bağımlı sözde burjuvası ve yöneticileriyle, işbirlikçi seçkinleriyle, bağımlı bir toplum; ABD'li gibi düşünen, daha doğrusu düşünmeye ve davranmaya özenen bir toplum oluşturulmuştu!

12 Eylül'ü sorgularken, Türkiye'deki ABD emperyalizminin etkinliğinin gözardı edilemeyeceğini söylemiştik. Biliyorum, kimileri "Komplo Teorisi" diye dudak bükecektir bu görüşe. Kimileri de, "ABD neden bizimle uğraşsın, bizim sorunlarımızdan, Atlantiğin ötesindeki ABD'ye ne?" diyecektir. Bu görüşler de saygındır, ama konuya uzaktan bakanların görüşleridir! Gerçeği belgeleriyle inceledikten sonra, inanıyorum ki, bu görüş sahipleri de bize hak vereceklerdir. İsterseniz önce Allende döneminin Şili Genelkurmay Başkanı olan General Prats'in şu görüşlerini okuyalım:

General Prats der ki:

"Şuna inanıyorum ki ne Allende, ne de iktidardaki partiler, silahlı kuvvetlerimize ve genellikle Şilili askeri yetkililerin kafasına, Kuzey Amerika'nın (ABD) ne kadar derinden nüfuz ettiğini anlamadılar."[502]

---

[502] Allende'nin sağ kolu olan Genelkurmay Başkanı General Prats, Şili'deki darbeden sonra Arjantin'de öldürüldüğünde, bu sözler onun anılarından aktarılmıştır.

Prast'in kendisi de ancak Allende'ye yapılan derbeden sonra anlamış olmalı bu gerçeği. Bunun başka tanıkları da vardır. Şimdi onlardan birine, bir bilimadamına, Prof. Maurice Duverger'in sözlerine kulak verelim. Duverger bilindiği gibi Fransa'nın dünyaca ünlü siyaset bilimcisidir.

Bu ünlü bilgin, 10 Nisan 1974 tarihli *Cumhuriyet* gazetesinde yayınlanan "Avrupa'nın Bağımlılığı" başlıklı yazısında, ABD'nin Avrupa'yı etkisi altına almakla kalmadığını, ayrıca Amerikan tipi bir toplum yaratma politikasını uyguladığını şu sözlerle dile getirir.

"Paranın krallığı rejimi, gittikçe Amerikan toplumundan farksız bir toplum yaratmakta ve bağımsızlık isteğinin geçerliliğini yitirmesine yol açmaktadır.

"Sonuç olarak Avrupa'nın bağımsızlığı mümkün değilse, bütün Avrupa devletleri, Amerikan Bayrağı'na birer yıldız daha eklemelidirler. Hiç değilse bu şekilde ABD Başkanı'nın seçiminde ve azlinde de söz sahibi olma olanağına kavuşurlar."

Duverger'e göre "Avrupa'da her şey Amerikan düzeninin istediği biçime girmiştir."

Avrupa, asırların kültür, uygarlık ve devlet düzeninde dünyaya örnek olmuş bir kıta, ancak bu kıtada ABD'nin etkinliği sürüyor!

ABD neden kendi deyimi ile "Hür Dünya"yı etkisi altına almak ister? Prof. Duverger, bu "Hür Dünya" deyiminin de gerçeği yansıtmadığını, gerçekte bunun bir tür bağımlılık olduğunu anlatmaktadır. Evet, 1990'lara değin "Sovyet tehdidi"ne karşı olmak savıyla ABD, Hür Dünya'ya (!) kendi düzen anlayışını yerleştirmeye çalışmış ve bunu büyük ölçüde başarmıştır da! Nasıl mı? Bir ülkeyi, özelliklerine göre hazırlanan programlarla, kendi kuruluş ve varoluş mitosundan ayırarak, özüne yabancılaştırarak, ülkenin iç dinamiklerini saptırarak bağımlılaştırmak suretiyle! ABD emperyalizminin ana programı işte budur!

Bu programların nasıl gerçekleştiği belgeleriyle incelendiğinde görülür ki, dünya son 40 yılda, Latin Amerika'da Uzak Asya'da, Afrika'da, Yunanistan ve ne yazık ki Türkiye'de bu programın uygulanmasına tanıklık etmektedir.

Bugünlerin Programı[503]

ABD, Uruguay'da demokratik devrimlere örnek bir uygulamayı iç dinamiklerden nasıl saptırmışsa, bizde de Cumhuriyet, iç dinamiklerinden saptırılarak devrimci ivme yozlaştırılmış ve toplumsal sorunların halkın katkıları ile çözümlenmesi, benzer yöntemlerle önlenmiştir. Bu uygulama dün olduğu gibi, bugün de gündemdedir. Daha da ilginci, halkın demokratik istemlerini gerçekleştirme programlarıyla yönetime getirilen koalisyonun önüne engeller çıkarılarak, demokratikleşme ve ekonomik programının gerçekleştirilmesi önlenmektedir! Ayrıca toplum, 1980 öncesinin karmaşasına sokulmaktadır. Dahası, Güneydoğu olayları 1980 öncesinin olaylarından daha da ağır sonuçlara gebedir. Çözüm aranmaktadır ama, olayın ardındaki güçler gözardı edilerek çözüme ulaşılamanın güçlüğü aşılabilecek mi, bilinmiyor. Çünkü bu olayın ardındaki güç, çözümle Türkiye'nin gönencini değil, Türkiye'yi parçalayarak Ortadoğu'yu işgal etmeyi hedeflemiştir. Bu gerçeği görenlerin yok edildiğini yaşayarak görüyoruz. Uğur Mumcu ve onun gibi ulusal bilince dayanarak çözüme ulaşanların yok edilmelerini seyrediyoruz. Bu nedenle, ulusal bilincimizi ulusal birlik ve bütünlük içinde eyleme geçiremiyoruz.

Bu bir gaflet midir? Bir yönüyle 'evet', ama bu gaflete bugün düşmedik. Gafletin temelleri 1947'de atıldı, yapıtaşları 1950'lerden sonra döşendi. Bu gafletten uyanmak gerektiğini birkaç kez anladık, gördük, ama eyleme geçiremedik. Johnson'ın mektubu ile açılan gözlerimiz, ne yazık ki Dickson Raporu ve 12 Mart'larla kapatılmak istendi. 12 Eylül ile susturulduk. 12 Eylül'le, bu suskunluğun 2000'li yıllara değin sürdürülmesi amaçlanmıştı. Ama, susan toplum olmayı içine sindiremeyen halkımızın bir bölümü, Türk Devrimi'nin verdiği

---

[503] Bu bölümün, 1993 Yaz'ında yazıldığı düşünülerek değerlendirilmesi gerekir.

iç dinamizmin etkisiyle, çağdaş toplumlardaki gelişmeyi görmenin etkileşimiyle, sorunların sivil görünümlü bir askeri sistemle çözülemeyeceğini görüyor. Gecikilmiş de olsa toplum, 1991 seçimlerinde demokratik sisteme sahip çıkma istencini gösterdi. Bu nedenle 1991 seçimlerinde, demokrasiyi tüm kural ve kurumlarıyla kuracaklarını ve 12 Eylül'le hesaplaşacaklarını söyleyen partilere oy verdi. Bunun gerçek anlamı, toplumda her kesimin 12 Eylül sistemi içinde kaldıkça özgürlüğe kavuşamayacağını, sömürüden kurtulamayacağını anlamış olmasıdır. Öyle ki, 1980 öncesi, 1961 Anayasası'na karşı olanlar bile, amaçları değişik de olsa, öncc özgürlük için, bugün demokrasi ve insan hakları savunucusu oldular. Onları bu noktaya getiren, halkın eğilimidir, değişim ve dönüşüm istemidir. Ve halkımız, 1991 seçimlerinde demokratik haklarına dayanarak, 12 Eylül'ü aşacağını, hesap soracağını söyleyen yöneticileri seçmiş, onları etkilemeye başlamıştır. Bu etki, tepkiyi getirmiş, *etnik ve dinsel parçalanma* uç vermiştir. Bu, Türkiye için geleceğin tehlikelerini içinde taşıyan bir alana açılmayı hazırlayacaktı. Cumhuriyet'in yıkılmasına kadar gidecek bir yabancı aşı idi, çünkü her öbek / etnik ve dinsel parça, olayları kendi dünya görüşü açısından değerlendirir, çözüm arar ve toplumsal birliğin özünü bozmaya kalkışırsa sonuç, çözülmeye kapı açmak olacaktı; öyle de oldu! Toplumsal çözülmenin ne getireceğini kestirmek olası değil gibi.

Neyin ne, kimin kim olduğunu ve nasıl bir geleceğe adım atacağımızı yaşayarak göreceğiz. Ancak özgürlük isteyen İslamcı görüş yanlılarının kendi sistemleri kurulduğunda, "kendi özgürlük anlayışlarına dönecekleri" söylemi gözardı edilmemelidir. Eğer söylemlerinde içtenlik yoksa, "İnsan hakları" kavramı, bu kavrama sığınarak iktidar olanlarca uygulanmayacak, İslami haklar kavramı ile yer değiştirecektir. Böyle bir gelişmenin yeni bir sapmaya ve kargaşaya yol açacağı unutulmamalıdır.

Gerçekten çağdaş demokratik sistem ve insan hakları savunucuları amaçlarından dönemezler. Demokrasi de ancak onların halkla el ele vererek sürdürecekleri savaşım sonunda elde edilecektir.

Anlaşılıyor ki demokratikleşme çabalarının kısa sürede sonuç vermesi beklenmemelidir. Bir sosyal dengeler rejimi olan çağdaş demokrasilerde, toplumun her katmanı kendi gücü ve destekçi güçlerin yönetimdeki oranı ve ölçüsünde isteklerin gerçekleşeceği düşüncesindedir. Unutulmamalı ki o denge, toplumun tamamını kavrayacak bir sistemde sağlanır. Etnik ve dinsel öbeklerin kendi dünya görüşlerini ve çıkarlarını ayrı ayrı güvenceye almayı hedefleyen bir sistemin, topluma huzur ve güven getireceği düşünülmemelidir.

Türkiye gibi, "emperyalizmin tuzaklarındaki bir ülke"de, sorunların salt ülkenin kendi dinamikleriyle çözüleceğini beklemek de doğru değildir. Halkın politika dışına itildiği, toplumun iç dinamiklerinin devredışı bırakıldığı bir ortamda, topluma "değişim" adıyla dayatılanlar, elbet halkın çıkarıyla bağdaşamaz. Unutmayalım ki, Cumhuriyet'in kuruluş mitosuna aykırı değişim programları halkın çıkarına karşıdır ve başka dinamiklere bağlıdır. Böyle programların, yeni engeller ve tuzaklarla dolu olduğu unutulmamalıdır.

Bu nedenle, atılan adımların doğru yolda, tuzaklara takılmadan yol almaya yetecek güçte olması gerekir. Bunun için de önce örgütlü ve sivil bir toplum olmayı başarmalıyız ki, bu çabaya halkın katkısını sağlanabilsin.

O zaman "gerçek demokrasi nasıl gerçekleşir?" sorusuna, "halkın azim ve kararına bağlıdır" yanıtını verebiliriz. Ama bu 'azim ve karar' eyleme geçirildiğinde ne gibi tuzaklarla karşılaşılacağı, geçen yılların örneklerine bakarak bilinmeli ve tuzaklara düşmemenin ve kurtulmanın yolları aranmalı, bulunmalıdır.[504]

---

[504] Amerikan tipi demokrasinin, asla halkın özgür istencine dayalı olmadığı, belli bir sınıfın / uluslararası sermaye güçlerinin *rıza üretimi* yoluyla, halkın istenilen adaya oy vermesinin dolaylı olarak sağlandığı bir sistem olduğu unutulmamalıdır. Dolayısıyla Amerika'nın etki alanındaki ülkelerde klasik Avrupa demokrasinin uygulanmasının istenmeyeceğini not edelim. Hoş, orada da sermayenin çıkarlarını öne alan bir demokrasi vardır. Bu nedenle Amerika'nın *Project Democracy* uygulaması için kurulan NGO'ların (sivil toplum örgütlerinin-bizim gibi ülkelerde ABD Kongresi'nin bütçesinden beslenen STK'ların) yönlendirdiği uğraşları, demokrasi kültürü Avrupa sistemine göre kurulmuş olan ülkemizde karmaşaya yol açma dışında bir işlevi olamaz.

Görülüyor ki, 1993 başlarında gelişen olaylara bakarak fazla iyimser olunamayacağı anlaşılmaktadır. Çünkü "su uyur, emperyalizm uyumaz." Adımlarımızı yeni tuzaklarla düşmemek için dikkatle atmak zorundayız. Türkiye elbet demokratikleşmelidir, demokratikleşecektir de! Ve elbet, halkın her kesiminin katkısı ve çağdaş ölçülerin toplumun her kesimince benimsenip dava olarak algılanması ve uygulanmasından sonra.

Yeni bir anayasayı, toplumsal oydaşma ile hazırlama çalışmasında, burjuvazinin ön sırada yer alması anlamlıdır. O çalışmalar dikkatle incelendiğinde, halkın istem ve özlemlerine gizli tuzaklar taşıdığı görülür. Bu çalışmalar medya aracılığı ile topluma sunuldu. Böylece, burjuvazinin de, yeni bir anayasa ile iç barışın kurulması ve sağlam bir toplumsal yapı için herkesin kabul edeceği bir sistem önerdiği yayıldı. Bir de anayasa taslağı açıklandı. TÜSİAD'ın Prof. Bülent Tanör'e hazırlattığı anayasa çalışmalarından söz ediyoruz.

Bilmem, ABD'nin statüyü (12 Eylül düzenini) korumak için düşündüğü önerileri kapsar mı bu taslak? Eğer kapsıyorsa, bu anayasa önerisi toplumsal gelişmelere göre, kimi değiştirmelerle, emekçiler ve halkın emeği ile geçinen kesimlere ödün verileceği umuduyla yasallaşacak demektir. Bu ve benzeri çalışmalar, avuntudan öte bir anlam taşımaz. Soyut nitelikte insan haklarına ve hukukun üstünlüğüne dayalı bir demokratik düzen içeren çalışmalarla değişimi yakalamak; gerçekleşmesi güç bir amaç gibi geliyor. Şu halde ne yapmalı? Bu tuzaklardan kurtulmak ve çağdaş bir toplum yapısına kavuşmak için ne yapmalı?

Önce, 12 Eylül ile hesaplaşılmalı, 12 Eylül yargılanmalı ve tasfiye edilmelidir. Ama bunun için, daha da önce, emperyalizmin tuzaklarından kurtulmalı ve kendi kendimize ayaklarımızın üstünde durmayı başarmalıyız. Bunun çok güç, ama gerçekleşmesi gerekli bir amaç olduğunu unutmayalım. Yeter ki, bir "ulusal kurtuluş bilinci ve ruhuyla" ayağa kalkıp, sorunlarımızı ele almasını bilelim. Örnek mi arıyorsunuz? Dünyada örnek olarak gösterilen kendi kaynağımıza, toplumu demokratik atılımlara itecek iç dinamiğimize dönmeyi bilelim. Sadece bilmekle yetinmeyelim, tüm istencimizi o kaynağa dönmek için kullanalım; dünyaya emperyalizmin yenilebileceğini göstermiş bir ulus olduğumuzun bilincini bayraklaştıralım. Ancak böylece kendi benliğimize kavuşur ve bu tarih bilinciyle 12 Eylül'ü aşar, yeni ve çağdaş değerlerle ulusal değerlerimizin sentezine dayalı bir sistem kurabiliriz. Bunun için de, 12 Eylül'ü nedenleri, niçinleri ve sonuçlarıyla ele alıp değerlendirmeli ve yargılamalıyız. Kısaca, 12 Eylül'le hesaplaşmalıyız![505] (19 Mayıs 1993 ve Ocak 2004)

Düzensizlik Ağında Çırpınan Dünya, Sahibini Arıyor...

İkinci Dünya Savaşı sonrası düzeninin, Birleşmiş Milletler Örgütü'nün kurucularından Amerika, yeni yüzyıla, karmaşanın içine attığı dünyaya yeni düzen verme arayışıyla girdi. Bu amaç için kime, nerede ve ne gibi roller vereceğini planladığı görülüyor. Böylece, dünya kaynaklarına el koyarken, karşı çıkacakların sesini kısmak ve olumsuzluğa meydan verilmesini önlemek istediği anlaşılıyor. İlk aşamada sağlanmış sanılan başarının başına neler geleceği bilinmiyor.

ABD dünyaya yeni düzen verme savıyla çıktığı yolun ilk kavşağında tökezleyiverdi. Yeni düzeni kurarken kendisi düzene mi geldi ne?! Gerçeği zaman gösterecek. Ama şu söz elbet insanlığın geleceğini aydınlatan, umut aşılayan anlamıyla yarınları ışıklandırmayı sürdürecek. Amerika'ya karşın HER SABAH DÜNYA YENİDEN KURU-

[505] 12 Eylül'le hesaplaşma düşüncemiz düşlerde kaldı. Çünkü düşüncemizi 12 Eylül demokrasisi içinde örgütleme olanağı sağlanamadı. 12 Eylül demokrasisi ABD'nin en güvenilir müttefik saydığı Özal'a emanet edilmişti. Özal'ı Amerkan yurttaşı Çiller izledi. Birbirini izleyen ekonomik ve siyasal krizlerin bizi Cumhuriyetin temel ilkelerine savaş açmış bir siyasal partinin iktidarına taşıdı. 1947'de girdiğimiz yolun son durağı anlaşılan burasıymış. Amerika ile "Stratejik ortaklık"ta bize verilen görev, bekçilikti. Görülüyor ki, Lozan'a karşı çıkan ve ulusalcı düşünceleri bile kendi çıkarları için tehlike olarak gören dünya jandarması önünde umarsızlığa kurban edilmek isteniyoruz. Bir yanda AB'ye girme umudu, bir başka alanda ABD'nin Irak'taki kıyıcılığına ortak olma çabası içinde, şaşkınlığa kurban edilmek isteniyoruz. Ulusal Kurtuluş Savaşı kazanımlarını korumaktan aciz olmanın sonucu, ulusal devrimin tüm kural ve kurumlarının yıkılmasına seyirci kalarak, Türk Devrimi'ne ihaneti sürdürüyoruz. Hem Batı'nın yani AB'nin hem de ABD'nin kuşatmalarındaki ana hedefin Kemalizm yani Türkiye'nin bütünlüğü olduğunu bilerek. Peki yalnız seyirci miyiz bu topraklarda? Uyanalım artık, uyanalım! Çünkü düzensizlikler ağında çırpınan dünya, sahibini arıyor.

LACAK! Ama bu, ABD kuracağı dünyadan ayrı bir dünya olacaktır. Çünkü insanoğlu değişimle var olmuştur, değişimle gelişmiş ve tarih sahnesinde rol aldıktan sonra da, geçmişinden aldığı dersleri geleceğin altyapısında kullanarak varlığını sürdürmüş, her sabah dünyayı yeniden biçimlendirmek için uyanmıştır. Her gün yenidir, ama geçmişin yaratıcı topraklarından aldığı güçle her adım, geleceğe atılacak ilk adımların başlangıcıdır.

Hz. Muhammed'in "İki günü bir olan ziyandadır, aldanmış demektir." hadisi de değişimin sürekliliğine işarettir. Değişime işaret eden söylemler, yaşam gerçeğinin bilincini oluşturur. Gerçeğin durağan olmadığını anlatmak ya da insanı çalışmaya ve değişime hazırlayarak, hergün kendini yeniden yaratacak bilgi, beceri, güven, inanç ve bilincini yenilemek ve umutlarını kendi çabalarına bağlamak anlamlarını içerir.

Bir başka deyim ya da söylem: *"Dün dündür, bugün de bugün..."* Bu da değişimin bir başka anlatımıdır. Bizim yakın siyasal tarihimizde yerini almış bir söylemdir. Bu söylemlerin ve benzerlerinin tümü, değişimin diyalektiğini anlatır.

20. Yüzyıl, Değişim Yüzyılıydı...

Evet, 20. yüzyıl dünyanın her yönden ve her açıdan baş döndürücü değişimlerle harmanlaştığı bir yüzyıldı. Öyle ki olmayacak sanılanın olduğu, olması beklenenin yarı yolda kaldığı, ama her şeye karşın, bitimine 10 yıl kalana dek, güçler dengesinin belirleyiciliği altında, yine de hergün dünyanın yeniden kurulup bozulduğu bir olaylar arenasıydı. Ama yüzyılın bitimine 10 yıl kala, bozulan yapay denge sonrası, izleyen yüzyılda yalnız politika alanında değil, sosyal, ekonomik, teknik ve elbet haklar alanında, tam bir bilinmezliğe adım atılacağı düşünülür müydü, bilemiyorum. Çünkü, iki kutuplu dünyada kurulan dengenin statüsü, yarınların neler getireceğini hesaplama ve önlem almayı olanaksız kılmamıştı. İnsanoğlu 21. yüzyılı, daha aydınlık ve huzur getireceği umuduyla karşılamayı düşünüyordu. Çünkü insanlık, içinde yaşadığı yüzyılın bilim ve teknolojideki buluş ve yaratıcılığın, özellikle tıp alanındaki buluşların, daha rahat ve daha uyumlu bir dünya sisteminin altyapısı olmasını bekliyordu.

Oysa, geçen yüzyılın yapay dengesinin bozulduğu, değişim ve dönüşümünün nasıl bir ortama açılacağının bilinemediği son 10 yılın doğurduğu karmaşa, dünyayı beklenilmeyen maceralar içine atıverdi. İnsanoğlu, umutlarla girdiği 2000'li yılların, yeni yüzyılın, yarınından emin olmayan karmaşasıyla başbaşa kaldığının ayırdına bile varamadı. O beğenilmeyen iki kutuplu dünyanın bıçak sırtındaki statüsü aranır oldu.

Sovyetler'in yıkımıyla Rusya'nın, Soğuk Savaş sonrası tarih sahnesindeki yerini alması, İkinci Dünya Savaşı sonrası kurulan dünya düzeninin sonunu getirmişti. Ancak bu olaydan sonra ortaya çıkan siyasal ve ekonomik olaylar, insanlığı tarihin önemli durak noktalarından birine, yarınların ne getireceği bilinemez noktasına hapsetmiştir. İki kutuplu dünyada yaşayan insanoğlu, kutuplararası dengenin bozulmasıyla, yarının ne getireceğini bilemez olmuştur.

Rusya'nın yeniden yapılanması, Sovyet Bloku'nun dağılması sonucu kurulan yeni devletler, dünyayı politik ve ekonomik sorunlar karmaşasıyla başbaşa bırakıvermiştir. İşte bu noktada, dünyanın, dahası evrenin tüm kaynaklarının peşindeki güç, çarkı harekete geçirmiş ve "Yeni Dünya Düzeni" bu karmaşanın çözümü olarak dayatılmıştır. Artık tek kutuplu dünyanın efendisi o olacak ve öteden beri Ortadoğu'ya sahip olma hedefine yönelerek, 1990'da Irak'a saldıracaktır. Böylece dünyanın yeniden yapılanmasında yalnızca kendi sözünün geçeceğini göstermek istemiştir. Anlaşılan o ki, ihtiyar dünya bir süre eskisi gibi olmayacaktır. Ama bu geçici bir süreçtir, tarihin diyalektik akışı, kendi yasası içinde akıp gidecek ve bu ara sürelerin mahkûmiyetini belgeleyecektir. Tarih göstermektedir ki, yeniden kuruluşta tek buyurganın rolü, çok kısa ömürlü olacaktır.

Evet, bir süre dünyayı avucunun içine alma çabasıyla mutlu günler yaşayacak belki, ama bu demek değildir ki, insanlık bir saldırgan hırsın esiri ve tek gücün hedefi olarak yaşayacaktır. Böyle bir yargının insanlığı sonsuza dek esaret altına alacağını düşünmek, insanı ve insanlık tarihini bilmemek demektir.

Daha bugünden, son 10 yılın olaylarını izleyen insanoğlu, o iki kutuplu geçmişini aramaya başlamıştır. Çünkü, insanoğlu yarının ne olacağını, bir gün sonra başına ne geleceğini bilemez durumdadır. Dünyaya yeni düzen verecek ülke, Asya ve Avrupa'daki kimi ülkeler dışında, öteki ülkeler ve kısaca insanlık bu yeni düzenin nasıl oluşacağını, kendisinin bu düzende nasıl ve nerede bir rol üstleneceğini, geleceğini nasıl planlayacağını düşünemeyen bir kör noktada bekletilmektedir. Bunun, bir yerde ve gecikmeden insanlığın yararına uç vereceği bilinmelidir. İnsanlık tarihi bunun örnekleriyle taçlanmıştır.

Bu arada, "İkinci Dünya Savaşı'nda tüm maddi kaynaklarını tüketen iki devletin, Almanya ve Japonya'nın ekonomik ve teknolojik atılımları; hele Doğu Almanya ile Batı Almanya'nın birleşmesi, İkinci Dünya Savaşı sonrası kurulan statükoyu sarsacak bir başka yeni güç dengesi olmaya aday olabilirler mi?" sorusu, bugün için yanıtsızdır. Son yıllarda teknolojik ve ekonomik konularda, Japonya'nın ABD'yi zorladığı gibi; Doğu Almanya'nın, Batı Almanya ile birleşmesiyle, ekonomik ve askeri alanda yeni oluşumlarda söz sahibi olmaya aday olup olamayacağı bilinmiyor. Birkaç kez ad değiştiren, yeni adıyla Avrupa Birliği, Doğu Bloku ülkelerinin katılım isteklerini değerlendirmiş, yeni katılımlarla Avrupa Birliği'nin dünya dengesinde etkinliğini artırma yolunda adımlar atmıştır. Bu adımların dünya güç dengesindeki etkinliğini zaman gösterecektir.

Ortaya çıkan bu yeni oluşum, yeni devletler, yeni dengeler, yeni bir düzen ya da düzensizlik mi yaratacak, bilinmiyor. Bu gelişmeler başlangıç aşamasındayken, öteden beri dünya liderliğinde tek söz sahibi olmak isteyen ABD, gelişmelere seyirci kalamazdı, kalmadı da. Her koşulda Sovyetler'in ortadan çekilmeleriyle -ki, bu sonucun kapitalizmin sosyalist sistem üzerindeki etkileriyle elde edildiği de düşünülürse - eline geçirmek istediği dünya liderliğini kaçırmamak için yeni kuramlar ve düşmanlar arayacaktı; aradı ve buldu. Ve ilk uygulamaya öteden beri hedefinde olan Basra Körfezi'nden başladı. 1990-

1991 Körfez Savaşı bunun ilk adımıydı. 2003'te o gün yarım kalan işini tamamlamak için sıvadı kollarını.

Geleceğin neler getireceğini yaşayarak öğreneceğiz. *"Zulüm ile abad olunamaz"* ya da *"Zulm ile abad olanın ahiri berbat olur"* deyimi, geleceğin nelere gebe olduğunu anlatmaya yetecektir. Yani insanlar kıyıcılıkla, çıkar için insanları öldürerek, yıkarak yakarak yönetilemez, yücelemez. Zulüm gün gelir engerek yılanı gibi kendini yok eder, deyip bekleyeceğiz. Tarih bunun örneklerine tanıklık etmektedir. Çünkü insanlık, insan olmanın bilinciyle varlığını korumuş ve gelişip değişerek insanlığı yücelten kazanımlar yaratmıştır. Evet, yalnız insan olmanın bilinciyle yaratmış ve korumuş güven vermiştir.

2002 Afganistan, Saddam ve Sonrasında Irak

Sovyetler'in potansiyel tehlike sayıldığı günlerde, ABD, Batı'yı yanında tutmayı başarmıştı. Bunun bir nedeni de, Almanya'nın yenilmiş ve uzunca bir süre müttefiklerin denetiminde Doğu ve Batı olarak ikiye ayrılmış olmasına karşın kendini bulması; aynı konumdaki Japonya'nın da ABD denetimi altında açık bir siyasal yapıyla bilimsel ve teknik alanda mucize sayılacak aşamalara imza atmasıydı. İkinci Dünya Savaşı'nın yengisi üzerine kurulmuş olan dengenin, Soğuk Savaş döneminde sürdürülmesi, potansiyel Sovyet tehdidiyle sağlanabilmişti. Bu oluşumun yarattığı denge, öteden beri Ortadoğu'daki yapay dengeyi de etkilemekte ve ABD'nin bu bölge üzerindeki etkinliği bıçak sırtında yürütülmekteydi. Birinci Dünya Savaşı öncesi ve sonrası dünya, Irak ve çevresinin petrol kaynaklarına gözünü diken süper güçlerin yarattığı dengenin şemsiyesi altında zaman zaman sarsılsa da, günümüzün tek buyurganının yarattığı tehdit kadar, tehdit altında kalmamıştı. Çünkü kimi kaymalara karşın, dengenin yarattığı tam olarak oturmamış da olsa bir statü vardı.

Bu oynak statü, Soğuk Savaş yıllarında dünya liderliğinin, iki süper güç arasında, kendi egemenlik alanlarının bozulmaması esasına dayalıydı, ama sürekli dikkat ve yarışı gerektiriyordu. Sovyetler, sosyalist sistemi, dünya sistemi olarak özellikle azgelişmiş ve gelişmekte olan ülkelerde yaymak ve yerleştirmek çabası içindeydi. Bu bağlamda, dünyanın öteki bölgelerinde olduğu gibi, Ortadoğu'da da sıcak ilişki içinde olduğu ülkelere yardım ediyordu. Bu yardımında amaç, bölgedeki ABD etkinliğinin kırılmasıydı; Johnson Doktrini bu Sovyet politika'nın etkisini azaltma amacıyla oluşturulmuştu. Ortadoğu'da bir ara Mısır, daha sonra Suriye ve Irak; giderek Yemen'in ikiye bölünmesiyle Güney Yemen, doğrudan Sovyet etkinliği altına girdi. Suriye ve Irak'ın bugünkü askeri gücünün temelinde Sovyet desteğinin yattığı saklanamaz. Libya'nın kendine özgü politikasının da, Sovyet desteğine dayandığı ve ilginç bir dengeye oturtulmak istendiği bilinir.

SSCB'nin yıkılıp, Sovyet Bloku'nun dağılması sonucu, desteğini yitiren blok ülkeleri boşlukta kaldılar. Bu boşluğun uzun süre doldurulamaması, politikanın kurallarına aykırıydı. Saddam, bu boşluktan yararlanarak, öteden beri üstün güç olma düşünü gerçekleştirmeye kalkıştı.[506] Amacı, önce Ortadoğu petrolünü tam anlamıyla denetimi altına almak, ileri giderek tek başına kullanmak ve bölgede lider olmaktı. Hırsı, aklının önünde olduğu ve dünya siyasasının dinamiklerini bilmediği için, daha adım attığı gün yenilmişti. Hem Ortadoğu'lu olmak ve hem de bu bölgede kimlerin niçin ve hangi nedenle gözü olduğunu görmemek, kendine çok güvenmenin de ötesinde bir şeydi. Ve bu nedenle de Saddam, böyle bir davanın izleyicisi olmak şansına sahip olmadığını anlayamamıştı. Savaş ve politika birbirinden ayrılamaz, belki ikincisi birincinin başarısıyla birlikte yürürse istenilen sonuç alınabilir. Saddam, ikisini de bilmediği için, hem kendini hem de Irak'ı ne zaman ve nerede sonlanacağı bilinmeyen bir maceraya sürüklüyordu.

Bu çalışmada incelediğimiz belgeler ve uygulamalardan çıkarak, dünyaya egemen olmak isteyen ABD için Ortadoğu tam denetimi altına alma amacı içinde küçük ama stratejik yönden tartışılmaz önemdedir. Bu hedefin ilk alanına ulaşmak bile zaman almıştır. Çünkü ABD

---

[506] Bu olayda Amerika'nın oyununa gelindiğine ilişkin söylenti yalanlanmadı. Dahası Kuveyt'e saldırısında zamanın ABD Bağdat Büyükelçisi bayan Madeleine Albright'ın "bizi ilgilendirmez" diyerek yüreklendirildiği söylemi yalanlanmamış suskunlukla geçiştirilmişti.

daha 1800'lerde *Asya'nın anahtarı Anadolu'dur*[507] diye yola çıkmış, misyonerlerini bu amaçla Anadolu'ya yollamıştır. Sovyetler'in ortadan çekilmesiyle, en büyük engel yok olduğundan, bölgeyi tam denetimi altına almanın adımlarını atarken, önüne çıkan her engeli yok etmek, evrene sahip olma hedef ve stratejisinin önemli bir taktik aşamasıydı. Bu, öte yandan dünyaya verilen bir mesaj olacaktı.

Saldırmış, hedefe ulaşmıştı ama, başarıya ulaşıp ulaşmayacağını zaman gösterecekti! İşte böylesi geniş ve büyük hedef içindeki bir alana atılan adımın karşısına, Saddam'ın çıkışının ne denli yanlış olduğu zamanla anlaşılacaktı. Kuşkusuz, yanıtlanacak başka sorular da var. Örneğin, Saddam'ın ortaya çıkışı, Ortadoğu'nun dinamiklerini bilmediğini mi gösterir; oyuna geldiğini mi? Hem Ortadoğu'nun dinamiklerini bilmemek, hem de gücüne çok güvenmek, Saddam'ın yenilgisini baştan hazırlamıştı. Olayların gelişmesine bakarak, Saddam'ın oyuna geldiğini varsaymak da yanlış olmayacaktır. Dünya dengesinin değişmesi, daha doğrusu dengesizliğin egemenliği karşısında, ABD'nin dünyaya vermek istediği düzenin koruyuculuğunu üstlenmesi olayların akışına uygundu. Ama bu demek değildir ki, dünyayı tek başına yönetmeye kalkışanın politikası tartışılamaz, olduğu gibi kabul edilecektir. Dünyanın öteki ülkeleri ve komşularımız, bu gelişmelerden en çok etkilenecek olan Türkiye, olayları seyirlik oyun sayacak ve sadece izleyecektir.

Stratejik konumumuz, oyunun bu ilk sahnesinin seyrinde kalmamızın doğru olmadığını gösteriyor. Ama bu demek değildir ki, biz de

---

[507] ABCFM'in faaliyetlerini özetleyen 1880 tarihli Bartlet Raporu'nun ilk cümlesi şöyledir: *"Misyoner faaliyetleri açısından Türkiye, Asya'nın anahtarıdır."* (Dr. Uygur Kocabaşoğlu, *Kendi Belgeleriyle Anadolu'*daki Amerika, Arba Yayınları, s. 29.) Burada misyonerlerin hangi amaçla Anadolu'ya yollandıklarının belgesi olan şu satırları da günümüz olaylarına ışık tutacağı düşüncesiyle aktarıyorum. [Misyonerlere verilen 1 Aralık 1883 tarihli talimat mektubunda aynen şu ifade kullanılıyordu: "Bir fetih savaşına girmiş askerler olduğunuzu unutmayın. Her ne kadar mücadele manevi alanda, kafanın kafayla, kalbin kalple mücadelesi ise de ve sizin silahınız Tanrı'nın inayeti ile güçlendirilmiş manevi bir silahsa da Napolyon'un askeri girişimlerindeki kadar araştırma, bilgi ve düşünmeye ihtiyaç gösterir. Bu mukaddes ve vaadedilmiş topraklar, silahsız bir haçlı seferiyle geri alınacaktır."]

447

Amerika'nın yanında yer alalım ve pastadan pay isteyelim. Amerika'nın kendi çıkar politikasını ve sonuçlarını bilerek stratejik ortaklık gereği onu yalnız bırakmak doğru değildir, düşüncesi bir daha düzeltilemez yanlışlıklara sapmak olacaktı. Bush'un, 1991'de hava savaşını başlattığı gün, "dünyaya yeni bir düzen vermek" amacıyla yola çıktığını ciddiye almaması, Saddam'ın sonunu hazırlamış olabilir; ama Irak halkının işgali kabul etmediğini görmemek olası mı? Amerika'nın yanında yer alma çabaları tarihimize ihanet derecesine girilmeden önlenmeliydi?

Birinci Körfez Savaşı ve sonuçları, ateşkes sonrası gelişmeler, ABD yetkilerinin ve Başkan'ın demeçleri, Yeni Dünya Düzeni koşullarının hazır olmadığını gösteriyordu. Oysa, daha savaş sürerken, ABD Savunma Bakanı'nın dünya jandarmalığına ilişkin sözleri ABD'nin gelecekteki hedeflerinin, yeni düzen için planlarının ipuçları sayılmalı, buna göre politika oluşturulmalıydı, ki bunda da yetersiz kalındı. ABD'nin kanatları altında geçen yarım yüzyılda bağımsız bir dış politika oluşturulamayışın sonucu olarak bugün Ortadoğu'da çıkarlarımızı nasıl koruyacağımızı bilemiyoruz.

ABD, 1991'in ateşkes sonrası, dört yandan çevresini sardığı Saddam'ı adım adım izliyor ve her adımını belgeliyordu. Saddam'ın politika ve güç ilişkisini bilmediğini gözönüne alarak, Yeni Dünya Düzeni'nin kuruluş hamlelerine hız verildi. Ortadoğu'yu eline geçirme fırsatını yakaladığını sanan Saddam da, hedefinden şaşmıyor ve hazırlıklarını sürdürüyordu. Ortadoğu yeni yeni krizlere açılıyordu. Saddam kendisinin de neden olduğu krizlerden yararlanmayı politika olarak seçti. Ortadoğu'nun yapısını ve bu toprakların tarihin her döneminde önemli olduğunu bilerek, bölge ülkeleriyle ortak politika oluşturup uygulamış olsaydı, belki de bugün başka bir Ortadoğu'nun eşiğinde olurduk.

Birinci Körfez Savaşı sonrasında Amerika'da Başkan değişti ve dünya jandarması yeni düzene giden yolda barışçıl atılımlarla yürüneceği tezini öne çıkarmış görüntüsünü verdi. ABD, asıl hedefinden şaşmıyordu. Şaşmazdı da! Bu arada Yeni Dünya Düzeni'nin bir başka ayağı sağlamlaştırıldı. Yugoslavya, Arnavutluk, Bosna-Hersek olaylarına el atıldı ve Avrupa'nın iç düzeni yeniden yapılandırıldı. Avrupa, bu olaylarda ister istemez ABD'nin yanında yer almıştı..

Tüm bu gelişmelerle Amerika, dünyanın gücüne erişilmez tek lideri olduğunu, eğer jandarmalık gerekiyorsa, bunun kendilerinin liderliğinde yapılabileceğini göstermekle kalmıyor, yer yer öteki ülkeleri görevlendirerek liderliğini kanıtlıyordu. Gösteri başarılıydı, ama 'Yeni Dünya Düzeni'ni tek başına kurabilecek mi, sorusu yine de yanıtsız kalıyordu.

Amerika, dünyanın neresinde çıkarlarına ters gelen bir olay varsa orada oluyor ve sorunu kendi amacına uygun çözümlere bağlıyordu. Olaylara yaklaşımı ve gösterdiği çözüm önerilerinin kabul edilmemesi cezasız kalmıyordu. Verdiği cezalar, ibret alınması içindi. Bu tutumuyla, politikasına karşı çıkan herkesin, her ülkenin cezalandırılacağı mesajı veriliyordu. Bu politikadaki başarısı tartışmasızdı. Başarılarının etkisi, siyasal alanla sınırlı değildi; onun kadar belki de daha fazla, sahip olduğu silah gücü, gerektiğinde silah gibi kullandığı ekonomisinin ve kendi denetimindeki IMF ve Dünya Bankası'nın rolü de önemli etkenlerdendi.

1990 ve 1991'in (Birinci Körfez Savaşı'nın) üzerinden geçen yıllar içinde, dünyanın başka ülkelerinde çıkan anlaşmazlıklarda, çıkarını korumak için ya da kurmayı düşündüğü yeni düzenin de hukuka bağlı olacağını göstermek amacıyla, kimi kez BM'den karar çıkarmayı sağlayan Amerika, son Irak saldırısında BM'yi ve uluslararası hukuku bilerek yok saydı. Bu tür davranışları geçmişte de görülmüştü; ama bu kez kendi kurduğu örgütten istediği kararı alamayacağını anlayınca onu çiğnemesi, geleceğin yeni düzeninin nasıl oluşacağının göstergesi mi sayılacaktı? Bunun geçmişteki örneği Milletler Cemiyeti'dir. Birinci Dünya Savaşı sonrası kurulan Cemiyet-i Akvam / Milletler Cemiyeti de kararlarının uygulanmaması sonucu kendini feshetmiş sayılmıştı. İkinci Dünya Savaşı sonunda kurulan statünün korunması için

Birleşmiş Milletler Örgütü, Cemiyet-i Akvam'ın yerini almıştı. Uluslararası anlaşmazlıklarda iki kutuplu dünyada etkin görevler üstlenen örgüt, Sovyetler'in yıkımıyla ABD'nin güdümüne girmeyi red ve kabul konusundaki duraksar tutumuyla, ABD'nin gölgesinde beklemeye alındı.

Örneğin, geçmişte Somali olayında BM'den yetki alınmıştı. Ama Bosna-Hersek için aynı duyarlık gösterilmemişti, Irak'ı da BM'nin tavrına karşın vurmuştu. Amacı Ortadoğu'da bozulan dengeyi sağlamaktı. Gücü yeni bir oluşumun ön habercisi miydi, bunu zamanla anlayacaktık.

Yeni Düzenin Altyapısı ve Ortadoğu Sorunu

Ortadoğu'da yeni dengeler aranırken, Türkiye üzerinde oynanan oyunlar ve son 25 yıl PKK saldırılarının ardındaki gücün ayak izleri açığa çıkıverdi. APO'nun yakalanması ve sonrasında izlenen gelişmeler, ABD'nin "Çekiç Güç" adıyla konuşlandırdığı askerleriyle neyi ve kimleri koruyup kollayıp, geleceğin Ortadoğu dengesinin altyapısını hazırladığı düşünülmemişti. Çünkü bağımsız bir dış politika oluşturmak düşüncesinde değildik. Bu, bizim gibi bir ülke için büyük bir gaflet idi. Politikasızlığın cezasını çekecektik. Bugün bu aymazlığın nasıl aşılacağı bile düşünülmüyor. ABD'nin stratejik ortağı olmayı politika ve marifet sayanların dalâlet çıkmazında oyalanıyoruz. Bu politikasızlığın açmazlarını Amerikan dostluğuna bağlayıp, "yaptıkların dostluğa sığmaz," diye sızlanmak da çıkar yol değildir. Çünkü Amerika'nın dostu yoktur, kullandığı aygıtlar vardır. ABD'nin bu politikasından yararlanan ve dahası desteğiyle güçlenen PKK, bir ara "Çekiç Güç'ün koruması altında eylemler de sergilemiş, tartışmalara neden olmuştu. Bugün "Topluma Kazandırılma Yasası"yla dolaylı aftan yararlandırılanlar, ABD'nin koruyucu kanatları altındadırlar. Bu demektir ki, PKK Atlantik ötesinin koruyuculuğunda gelişmiştir. Bu gerçekler, gerek medyada, gerekse sorumlu yönetim katında hep gözardı ediliyor.

Bu gelişmenin ardında, PKK gerçeği başta olmak üzere Türkiye'nin Lozan'da kazandığı hakların tartışılmasına kadar her noktada,

Lozan'ı tanımayan Amerika'nın aranması gözardı ediliyorsa, bunun adı cumhuriyete ihanet olacaktır. Bu ihaneti görüp de engel olmamak yıkıcılığa ortak olmak değil midir?

Amerika, Türkiye'yi de kullanarak Barzani ve Talabani'yi kanatlarının altında beslemiş, bugün Kuzey Irak'ta devlet statüsüyle yer alan Kürt devletinin altyapısını oluşturmuştur. Bu hazırlık çalışmalarında Barzani ve Talabani'nin Türkiye tarafından da korunması bu bağlamda, Türkiye Cumhuriyeti'nin yeşil pasaportunun verilmesi ayrı ihanete uzanan bir aymazlık değil midir? Bu olaylarla Kürt devletinin çekirdeğini oluşturduğu açık ve belliyken, bizim Irak'ta bir Kürt devletinin kuruluşuna seyirci kalışımız nasıl yorumlanmalı? Oysa ABD, çıkarları için yeniden biçimlendimeyi planladığı Irak'ta, Kürt devletini çoktan kurmuştu. Bugün onun yasallaşırılması aşamasını seyreyliyoruz. Denilecektir ki, olaylar gelişirken biz ne yaptık ki şimdi ne yapacağımızı düşünelim? İsmet Paşa'nın 1963-64'teki Kıbrıs olayları nedeniyle ABD'nin "Kıbrıs'a çıkamazsın" uyarısına karşı, "Amerika'nın sorumluluğuna inanıyordum, yanılmışım demektir" dediği gibi 'yanılmışız!'" mı diyeceğiz? En yakın tarih olayından bile ders alamıyorsak, nerede yanlış yaptık diye sormalı değil miyiz?

Türkiye'nin, Suriye ve İran'ın karşı çıkmasına rağmen kurulan bu uydu devlet, Amerika'nın Ortadoğu'ya yerleşme planının önemli bir adımı olacaktı! Bağımsız bir dış politikamız olsaydı, bu oluşumu desteklemez, önlem alırdık. ABD, bu olaylarla dünyaya şu mesajı veriyor: *Görüyorsunuz ki, Dünya ve Yeni Dünya Düzeni benden sorulur!* Clinton'ın yemin törenindeki şu sözleri unutulmamalı; "Çıkarımız olan her yere, her şeye karışırız." İşte, görünürde en demokrat ve insan hakları savunucusu, meşruluğa önem veren Başkan, bu Başkandır. Cumhuriyet'in temel taşı olmanın ötesinde bağımsızlığımızın da tarihsel belgesi olan Lozan Antlaşması'nı onaylayan TBMM'de konuşturulan Clinton'ın Lozan'ı dışlayan sözlerini ulusun temsilcisi milletvekilleri ayakta alkışlamışlardı. Stratejik ortaklığımızın ilanı da bu mecliste yapılmıştır. Lozan Antlaşması'nı onaylamayan bir devletin başkanı, bizim için kutsal olan Türkiye Büyük Millet Meclisi'nde konuşturulmuş, alkışlanmışsa bu, aymazlıktan öte, teslimiyetin utanılası belgesidir.

Peki, dünya, bu yeni güce ve o gücün yarattığı sahte Tanrı'ya biat edecek mi dersiniz?

Yeni Dünya Düzeni, eskisinin devamı olmayacak elbet. ABD bugün için gerek kendi askeriyle, gerekse sözleşmelerle bağımlılaştırdığı ülkelerin askerleriyle, dünyada en büyük askeri güçtür. ABD'ye bağımlı ülkelerin yöneticileri ve askeri de tarihsel bir dönüm noktasındadır.

Peki Amerika bugün güç olarak hangi noktadadır? Irak'ta hedeflediği kazanımları sağlayabilmiş midir? Irak onu bir hayli zorlayacak gibidir. Bugün için bize düşen, ABD emperyalizminin en zayıf anını izlemek, bağımlılıktan bağımsızlığa geçmenin zamanını saptamak ve fırsatı kaçırmamaktır.

İşte Hesap Günü... Buyurun Hesaba!

Görülüyor ki, tüm bu kara, hava ve deniz üstünlüğünü sağlamak, dünyanın en üstün savaş araçlarına sahip olmak, savaşta üstünlüğü sürdürmeye, hele kesin utkuya, bir başka deyimle istenilen sonucu masada elde etmeye yetmiyor. Başarı için, bunların yanında, davanın haklılığına inanan ve gerektiğinde kendini davası için feda eden insanın, savaşın en önemli öğesi olduğu bu olayla bir kez daha anlaşılmıştır. Amerika bugün insan öğesi dışındaki üstünlüğüne karşın en zayıf anındadır. Çünkü Amerika, savaşı yalnız para ve silah gücüne dayanarak sürdürmek istiyor. Oysa savaşta insan, hele vatan savunmasında stratejinin en önemli öğesi olduğunu gösteriverdi. Irak saldırısında ilk andaki başarı, Irak halkının vatanlarını savunma azim ve kararı karşısında, kitle imha silahı kullanılmadığı sürece, Irak'ın işgaline yetmeyeceği görüldü. Amerikan askeri ayrıca "benim bu topraklarda işim ne" diyecek noktaya geldiği için, ölümü göze alamaz, alamıyor! Ama yurdunu, evini, çoluk çocuğunu kan ve ateşten korumanın verdiği direnç ve yüreklilikle Irak halkı yenilmeyi kabul etmiyor, etmeyeceğini yeniden örgütlenerek dünyaya gösteriyor. Dünya sanki bugün Irak'ta, 1919 Anadolusu'nun ulusal bilinçle dirilişine tanık olmakta. Çünkü o topraklarda ayrıca o insanların tarihinin ve inançlarının anıtları yükseliyor. Bunlar salt gücün çözemeyeceği öğelerdir. Varolma ya da olmama noktasındaki Amerika, yeni bir Vietnam yenilgisinin eşiğinde sallanmaktadır.

Tarih tanıktır ki, zulme ve haksızlığa karşı insanoğlu zaman zaman yenilgi almışsa da, bunu yengiye ve utkuya çevirmekte gecikmemiştir. Zulüm ve zalimler sonunda yenik düşmüştür, yenik düşecektirler. Yeter ki insanlık bilinci yitirilmesin, haklı davalar için o bilinçle savaşılsın.

Burada küçük bir parantez açarak, Türkiye'nin Irak'taki zalime, işgalciye arka çıkma siyasasını değerlendirelim. Bunun için yol göstericimiz tarihimizin altın sayfalarındadır. Atatürk'ün 1937 yılı Mart ayındaki şu sözleri, Irak olayında kimin yanında olmamız gerektiğine işaret edecektir:

"Bugün bütün dünya ulusları aşağı yukarı komşu olmuşlardır ve olmak uğraşı içindedirler. Bu bakımdan, insan bağlı bulunduğu ulusun varlığını ve mutluluğunu düşündüğü kadar, bütün ulusların dirlik ve gönencini düşünmeli ve kendi ulusunun mutluluğuna ne denli değer veriyorsa, bütün dünya uluslarının mutluluğuna hizmet etmeye elinden geldiğince çalışmalıdır. Çünkü, dünya uluslarını mutluluğuna çalışmak, başka bir yoldan / dolayısıyla kendi dirlik ve mutluluğunu sağlamaya çalışmak demektir."[508]

Irak halkının, tarihin gördüğü en zalim savaşla ezilmesine karşı çıkmak ve zalime "dur!" demek yerine, zulme ortak olmak için Irak'a asker yollamaya kalkışmak, tarihimize bir daha aklanamayacak kara çalmak olduğunu düşünmek zorundayız. Hele Lozan'ı kabul etmemenin ötesinde, Lozan'da onaylattığımız bağımsızlığımızı ve egemen varlığımızı tanımayan; o egemenliğin ve bağımsızlığın mimarına

---

[508] Sami N. Özerdim, *Atatürkçü'nün El Kitabı,* Türk Dil Kurumu Yayınları, 1981, s. 218.

"hunhar, rezil ve kepaze."[509] niteliklerini yakıştırarak, hem de kendi ulusal meclisinde hakaret eden bir zalimin yanında yer almanın utancını, gelecek kuşaklara yaşatmamalıyız. Şurası gerçek ki, Irak haksız bir saldırıyla işgal edilmiştir. Saddam zalim olabilir, ama Irak halkının cezalandırılması, insan haklarını yok saymak, çiğnemek değil midir? Irak halkı işgalciye karşı direnme hakkını kullanmaktadır.

Bölgemizdeki savaşlar konusunda bize doğruyu gösterecek olan Atatürk'tür. Atatürk'ün, aynı yerdeki şu sözleri bize yol göstermekle kalmıyor, onun insanlık idealinin yüceliğini, insana duyduğu saygı ve sevginin sonsuzluğunu gösteriyor:

Herhalde şu ve bu nedenler için, ulusu savaşa sürüklemek yanlısı değilim. Savaş, zorunlu ve yaşamsal olmalı. Gerçek görüşüm şudur: ulusu savaşa götürünce vicdanımda ezinç duymamalıyım. Öldüreceğiz diyenlere karşı, 'ölmeyeceğiz' diye savaşa girebiliriz. Ama ulusun yaşamı tehlikeyle karşı karşıya kalmadıkça, savaş bir cinayettir."

"İnsanlığı tek bir beden ve bir ulusu bunun organı saymak gerekir. Bir bedenin parmağının ucundaki acıdan öteki bütün organlar etkilenir."

Irak olayını, dönemin Dışişleri Bakanı, bugünün Cumhurbaşkanı Abdullah Gül'ün; "Türkiye'nin çıkarı neredeyse, neyi gerektiriyorsa o yapılmalıdır." mantığıyla değil, Atatürk'ün bu insanlık idealini yücelten ilkesel görüş ve söylemlerinden ders çıkararak, uluslararası hukukun gösterdiği mantıkla ele almalıyız. Bu bağlamda sorunun Irak halkını zulümden kurtarmak amacıyla oluşturulacak ulusal politika ile çözümlemenin yollarını aramalıyız. Yanıtı, gecikilmeden aranacak soru şudur:

Amerikan kuyrukçuluğu mu, ulasal bir direniş ve onurlu bir politika mı?

---

[509] 5. Bölümün "Sözleşmelerin Tuzağında" başlıklı metninin birinci paragrafını anımsayalım.

Şurası gerçek ki, ulusal politikamızla Amerika'nın küresel sömürge politikası asla bağdaşmaz. Ulusal politikamız sömürgeciliğe ve emperyalizme karşıdır, bundan dönülemez. Uluslararası barış, ancak zayıfın yanında yer almakla sağlanır. Güçlünün yanında yer alarak çıkar ortaklığını onaylamak, ulusal onurumuzu yıkar ve zulmün esiri olmaktan başka bir anlam taşımaz.

Atatürk'ün şu sözleri bugün izlenecek politikayı işaret ediyor:

"Dünyanın neresinde bir rahatsızlık varsa "banane" dememeliyiz. Böyle bir rahatsızlık varsa tıpkı kendi aramızda olmuş gibi onunla ilgilenmeliyiz. Olay ne denli uzak olursa olsun, bu ilkeden şaşmamak gerekir. İşte bu düşünüş, insanları, ulusları ve hükümetleri bencillikten kurtarır. Bencillik kişisel olsun, ulusal olsun, her zaman kötü olarak anlaşılmalıdır."

Yalnız kendini ve kendi ulusunun çıkarını düşünen "lider" mukallitlerinin boy attığı dünyada, onun bu sözleri insanlığa olan sevgi ve saygının anıtı değil midir? O, insanlığın birgün her türlü zinciri kıracağına ve özgürlüğün ve barışın egemen olacağına inanarak der ki:

"Sömürgecilik ve emperyalizm yeryüzünden yok olacak ve yerine uluslar arasında hiçbir renk ve din ve ırk ayırımı gözetmeyen yeni bir uyum ve işbirliği egemen olacaktır.[510]

İşte geçen yüzyılda Tanrı'nın bize armağan ettiği lider ve bize gösterdiği yol. Öte yanda dünyanın tüm insanlığın ortak malı olan kaynaklarını tek başına ele geçirmek isteyen, caniliği liderlik olarak algılayan, sermayenin liderliğe atadığı gözü dönmüş insan avcıları... Bir yanda, hırslarının güdümünde masum halklara saldıran, uluslararası hukuku hiçe sayan çağdaş vahşet avcıları; öte yanda, bu insanlık suçu işleyenlerin dürtüsüyle Türk askerini dolar karşılığı işgalcinin emrine sunmanın yollarını arayan, inançlarını çıkarları için satışa çıkaran politikacılar, yazarlar ve onların yönlendirdiği kimliksizler, insancıklar, dini bayraklaştıran siyaset cambazları...

---

[510] Aktaran, S. N. Özerdim, agy., s. 218.

Rolümüz Nerede, Kimin Yanında Olmalı?

Sonradan yinelenmese de, Irak için yola çıkarken Bush'un "Bu bir haçlı seferi olacaktır" sözleri nedense o kimliksizlerin belleğinden siliniverdi. Irak halkının ve İslam'ın büyük önderlerinin Haçlılara karşı verdiği savaşın kutsadığı, şehit kanlarıyla yoğurulup anıtlaşan topraklarda, yeni bir Haçlı Seferi'ne çıkmanın insanlık tarihine kara leke olarak yazılacağı düşünülmüyor. Böylesine kirli ve çirkin, insanlık dışı bir saldırının yanında yer almayı tarihe karşı, inançlarına karşı nasıl savunacaklar dersiniz? Ya her şeyi din adına yapacaklarını söyleyenlerin daha ilk adımda böylesi bir yanlış yola sapmalarının hesabı nasıl verilecek dersiniz?

Kendilerini "Modern Müslüman" olarak niteleyenlere soralım. Bir İslam ülkesine, o ülkenin inanç dünyasını yıkmak isteyen, o halkın kendi toprakları altındaki zenginliğe el koymak için işgal eden gücün yanında yer almanın hesabı nasıl verilir? Özetle biz, Türkiye olarak bu Haçlı Seferinde, nerede ve kime karşı rol alacağız?

Evet Ilımlı İslam'dan Modern Müslüman'a ve "Cumhuriyet ilkelerine sahip çıkıyoruz" diyenlere değin tüm düşünenlere soruyoruz: Yerinizi bildirin. Her adımı "Tanrı'nın adına" attıklarını söyleyenlere sesleniyorum; özellikle hesap gününde vereceğiniz hesabı düşünün diyorum. İşte size inancınızın mihenk taşı; haydi, çıkın ortaya!

Lozan'ı yırtmak isteyen Amerika'dan yana mısınız; yoksa Lozan'ın yırtmak isteyenlere karşı Müdafaa-i Hukuk-u Milli'den yana mı?

Bunlardan biri, insanlığın yücelmesine açılan kapıdır, öteki insanlığın köleleşmesine giden yola açılan karanlıktır. Biri insanlığın birgün yok edeceği "Sömürgecilik ve emperyalizm"in karanlığıdır; öteki "yeryüzünden yok olacak ve yerine uluslar arasında hiçbir renk ve din ve ırk ayrımı gözetmeyen yeni bir uyum ve işbirliği egemen olacaktır."[511] sözleriyle, insanlığın ancak barış ve özgürlük içinde yüceliğine inanarak o yolda örnek olan Mustafa Kemal Atatürk'ün yoludur.

---

[511] Aktaran, S. N. Özerdim, agy., s. 218.

Ve şu soru: Lozan mı, Sevr mi?

Bu dünyanın hesap gününde ele alınacak, ertelenmeyecek hesap listesinin başında bunlar var! Bu listedeki yanlışlık öteki hesap gününden evvel akı ve karayı belli edecektir.

Bizler Lozan'dan yanayız. Lozan'a karşı olanların safında yer alanların yüzleri bugünden kapkaradır. Çünkü onlar tarihlerine ve gelecek kuşaklara karşı hıyanet içindedirler.

Kimseler, evet, hiç kimse dileriz ki ulusal davanın dışında kalmasın, gaflet, dalâlet ve hiyanet içinde olmasın.

Gün, ülkesine, tarihine ve ulusuna sahip çıkanlarla, ihanetin çamuruna batanların ayırt edileceği gündür.

Ekler

**1 - Yunanistan ve Türkiye'ye Yardım
Sağlamak İçin Kanun**
(22 Mayıs 1947 Tarihli ABD Kongre Kanunu)

**2 - 12 Temmuz 1947 Tarihli
Türkiye'ye Yapılacak Yardım Hakkında Antlaşma**

**3 - 12 Temmuz 1947 Tarihli, 5123 Sayılı,
"Türkiye'ye Yapılacak Yardım Hakkında Kanun"**

**4 - "İnönü'den Açık Bono", 26 Mart 1950 Tarihli, Cumhurbaşkanı
İsmet İnönü ile ABD Kara Kuvvetleri Kurmay Başkanı General Lawton
Collins ve Heyetleri Arasında Yapılan Görüşme**

**5 - 26 Mart 1976 Tarihli Türkiye-ABD Savunma
İşbirliği Antlaşması**

**6 - 29 Mart 1980 Tarihli Türkiye-ABD Savunma ve
Ekonomik İşbirliği Antlaşması (SEİA)**

**7 - Rockefeller'ın Eisenhower'a Yazdığı
1956 Tarihli, "Başkan'a Gizli Mektup"**

8 - Johnson Mektubu
[1963-1964 Tarihlerinde Rumların Kıbrıslı Türkleri
İmha Harekâtını Önleme Girişimine Karşı ABD Başkanı Johnson'ın
Başbakan İsmet İnönü'ye Yazdığı Tarihi Mektup]

**9 - "ABD Yönetimi ve Türkiye", Richard Perle ve Richard Burt'le
Yapılan Söyleşi / M. Ali Birand**

10 - Kimi Örgütler ve Kavramlarla İlgili Bilgiler

11 - Türkiye'ye Niçin Yardım? / Max Weston Thornburg

**12 - Türkiye-ABD Ortak Savunma ve İşbirliği Antlaşma Önerisi
Hakkında MSB Hukuk Müşavirliği'nin Görüşü**

Ek: 1

**Yunanistan ve Türkiye'ye Yardım
Sağlamak İçin Kanun**

**(Kamu Kanunu 75-80 Kongre)
22 Mayıs 1947
(Bölüm 81. 1. Oturum)
(S. 938)**

Madem ki Yunan ve Türk Hükümetleri, Birleşik Devletler Hükümeti'nden, ulusal bütünlüklerini ve özgür uluslar olarak varlıklarını sürdürebilmek için gerekli mali ve diğer yardımları ivedi olarak istemişlerdir;

Madem ki, bu ulusların, ulusal bütünlükleri ve varlıkları Birleşik Devletler'in ve bütün hürriyetsever halkların güvenliği bakımından önemli olup, şu sırada yardımın alınmasına bağlıdır;

Madem ki, Birleşmiş Milletler Güvenlik Konseyi, bir taraftan Yunanistan ve diğer taraftan Arnavutluk, Bulgaristan ve Yugoslavya sınırında hüküm süren çözümlenmemiş şartların ciddiyetini tespit etmiş olup, olağanüstü durum karşısında, halen komisyonun yapmakta olduğu tahkikatın sonucu olarak meselenin bu safhasının bütün mesuliyetini deruhte edebilecektir;

Madem ki, Gıda ve Tarım Teşkilatı'nın Yunanistan'daki misyonu, Yunanistan'ın mali ve iktisadi yardım alması zorunluluğunu tespit etmiş ve Yunanistan'ın uygun Birleşmiş Milletler Teşekküllerinden ve Birleşik Devletler ve Birleşik Krallık Hükümetlerinden yardım talep etmesini tavsiye etmiştir;

Madem ki, Yunanistan ve Türkiye'ye yardım sağlanması, Birleşmiş Milletler Antlaşması'nın amaç ve prensipleriyle ahenk halinde, hürriyet ve bütün Birleşmiş Milletler üyelerinin bağımsızlığına katkıda bulunacaktır;

Madde: 1. Amerika Birleşik Devletleri Kongresi'nin Senatosu ve Temsilciler Meclisi tarafından kanunlaştırılmıştır ki, *bir başka kanunun hükümleriyle çalışmadıkça, Başkan, Birleşik Devletler'in çıkarlarına uygun mütalaa edeceği zamanlarda* Yunanistan ve Türkiye'ye bu hükümetlerin talebi üzerine ve kendisinin tayin edeceği kayıt ve şartlarla yardımda bulunabilecektir.

2. Bu memleketlere borç verme, kredi, hibe ve diğer şekillerde mali yardımda bulunmak sureti ile,

3. Birleşik Devletler *hükümetinde görev alan şahısları bu memleketlere yardımda görevlendirilen personele uygulanacak* değişik 25 Mayıs 1938 ta-

460

rihli kanunun (52 stat 441) hükümleri, değişik şekliyle, bu paragrafta tayin edilen ilgili personele de uygulanabilecektir. Şu şartla ki, Federal Tahkikat Bürosu'nca (FBI) hakkında tahkikat yapılmamış hiç bir sivil personel, bu kanunun gayelerini tahakkuk ettirmek üzere Yunanistan ve Türkiye'de görevlendirilemez.

4. *Birleşik Devletler Askeri Kuvvetleri'ne mensup sınırlı sayıda şahısları, sadece müşavir olarak, bu memleketlere yardımda görevlendirme; görevlendirilen personele uygulanacak, değişik 19 Mayıs 1926 tarihli kanunun (44. Stat 565) hükümleri, değişik şekliyle, bu paragrafta tayin edilen ilgili personele de uygulanabilecektir.* [512]

5. *(A) mal, hizmet ve bilgileri, bu memleketlere transfer ederek ve imal edip veya başka bir şekilde tedarik edip transfer ederek, (B) bu memleketlerin personeline eğitim ve öğretim sağlamak sureti ile.*

6. *İdari masraflar ve bu kanunun hükümlerinin uygulanması dolayısıyla ortaya çıkacak personel tazminat masrafları da dahil, gerekli masrafları karşılamak ve ödemek sureti ile,* [513]

Madde: 2 (a)- Madde 4 (a)'da belirtilen İmar Finansman Kurumu avanslarından meblağlar ve madde 4 (b)de verilmiş olan yetki sayesinde tahsisler, işbu kanunun gayelerinden herhangi birisi için, hükümetin herhangi bir dairesine, ajansına veya bağımsız kuruluşuna tahsis olunabilir. Bu şekilde tahsis edilen herhangi bir meblağın avans olarak kullanılması mümkün olacaktır ve daire, ajans veya bağımsız kuruluşun isteği üzerine, bu gaye için tahsis edilmiş veya mevcut uygun tesislere fonlara veya hesaplara kredi açılabilecektir.

(b) İşbu kanun gereğince Türkiye'ye ve Yunanistan'a yardım sağlamak

---

[512] Elinizdeki kitabın, metin bölümünde gösterilen ABD belgelerinde açıkça belirtildiği gibi, azgelişmiş ülke insanlarının endoktrine edilmeleri, Amerikan ideolojisini benimsemeleri, ABD'nin önde gelen amacıdır. Personel eğitimindeki ilk hedef ideolojikti ve Amerikan idealini benimsetmekti. Ayrıca bu maddede yer alan 19 Mayıs 1926 ve 25 Mayıs 1938 tarihli yasaların ne olduğunu, bize yarar ya da zarar getireceğini düşünmeden anlaşmayı imzalayarak günümüzün sorunlarına neden olanları nasıl bağışlayabiliriz?

[513] Bu hükme göre, bunun bedelini o ülke öder. Bu hüküm pratikte şöyle uygulanmıştır. Yardımı denetlemek için ya da bu bağlamda müşavirlik gibi bir görevle ülkemize gönderilen ABD personelinin aylıkları ve öteki ödenekleri yardım faslından ödenmiştir. Bu anlamda yardımın bir soygun türü olduğu da düşünülebilir. Bu uygulamanın bize ne kadar yarar sağladığı, yardımın parasal tutarı ve bu maddeye göre ABD personeline yapılan ödemeler karşılaştırılarak bulunabilir. Bu hükmü halkımızın bilgece deyimleriyle betimleyelim: "Kaşıkla verip kepçeyle alır." Yani, küçük bir şey verir, karşılığını fazlasıyla alır! Ya da "Kaşıkla yedirip, sapıyla çıkartır." Yaptığı iyiliği hiçe indirecek derecede kötülük eder.

için Başkan'ın avans ödemeye ihtiyacı olursa *(Payment inadvance)* bu ödemeler, bahis konusu memleketlerdeki bu gaye için açılmış hesaplara verilecektir. *(Kredi verilecektir.)*

Bu hesaplardan temin olunacak meblağlar, bu maddenin (a) fıkrasında öngörülen tahsislerde olduğu gibi, alınan ödeme karşılığında yardımı temin edecek hükümet dairelerince, ajanslarına bağımsız kredi olarak verilmesi sağlanacaktır. Böyle bir tahsisin ödeme olarak kullanılmayan kısmı, harcanana kadar elde tutulacaktır.

(c) (a) fıkrası veya (b) fıkrası altında bir tahsisin herhangi bir kısmı ödeme olarak kullandığı zaman, ödemenin miktarı, ödemenin alındığı mali yıl ve onu takiben mali yıl içinde mukaveleler tanziminde veya diğer işlerde bağımsız hükümet kuruluşu, 1. maddenin (4) (A) paragrafı uyarınca transfer edilen herhangi bir maddenin iadesinin lüzumsuz olduğuna karar verirse, onun ödenmesi zamanında alınan meblağlar, "muhtelif gelirler" olarak hazineye dahil edilecektir.

(d) (1). Maddenin (4) (A) paragrafı uyarınca, Türk ve Yunan Hükümetlerine sağlanan herhangi mal ve hizmetler için İmar Finansman Kurumu tarafından avans olarak verilen veya (4) (b) maddenin kapsamı altında sağlanan meblağlardan ödeme yapılmazsa Başkan, bu hükümetlerden avans ödeme talep edebilecektir.

2. Hiçbir daire, ajans ve bağımsız hükümet kuruluşu 1. maddenin (a) ve (b) fıkraları kapsamına giren tahsislerden avans veya tediye almadıkça, bu maddenin (4) (A) paragrafı uyarınca ne Yunanistan'a ne de Türkiye'ye herhangi mal veya hizmet sağlayamayacaktır.

Madde: 3- İşbu kanun uyarınca, yardım alınmasına takaddüm eden bir şart olarak, yardım isteyen hükümet:

(a) Yardımın etkili şekilde ve yardım alan ülkelerin taahhütlerine uygun olarak kullanılıp kullanılmadığını izlemek amacı ile Amerika Birleşik Devletleri memurlarının ülkeye serbestçe girişlerini;

(b) Birleşik Devletler basın ve radyo temsilcilerinin bu tip yardımlarını kullanılması ile ilgili olarak serbestçe müşahedelerde bulunmasına ve kapsamlı malumat vermesine müsaade etmeyi,

(c) Birleşik Devletler Başkanı'nın rızası olmaksızın, işbu kanun uyarınca devredilen herhangi madde veya malumatın mülkiyet veya zilyetliğini devretmemeyi, böyle bir müsaade olmaksızın, yardım alan hükümetin subayı, memuru veya görevlisi olmayan bir kimse tarafından, böyle herhangi bir maddeden faydalanılmasına müsaade etmemeyi;

(d) Birleşik Devletler Başkanı tarafından istendiğinde, işbu kanun uyarınca alınan herhangi bir mal, bir senet veya bilginin güvenliği için gerekli yasa hükümlerini koymayı;[514]

(e) işbu kanun uyarınca borç, kredi, hibe veya herhangi bir yardım faslından alınan parayı, başka bir yabancı hükümet tarafından kendisine verilmiş bulunan herhangi bir borcun ana parasını veya faizini önlemek için kullanmamayı;

(f) işbu kanun uyarınca yardım alan ülke, Birleşik Devletler'in iktisadi yardımının amacı, kaynağı, karakteri, kapsamı, miktarı ve gelişmeleri hakkında ayrıca tam ve devamlı olarak bilgi vermeyi kabul edecektir.

Madde: 4- (a) Başka bir kanun hükmü engel olmadığı takdirde, İmar Finansman Kurumu, bu maddenin (b) fıkrası uyarınca bir tahsis yapılana kadar, işbu kanun hükümlerinin yürütülmesini sağlamak amacı ile, Başkan'ın tayin edeceği şekil ve miktarlarda ve toplamı 100.000.000 Doları geçmemek üzere avanslarda bulunmakla yetkilendirilmiş ve görevlendirilmiştir.

Madde: 5- Başkan, zaman zaman işbu kanun hükümetlerinin yürütülmesi için gerekli ve uygun olabilecek kurallar koyabilir; ve işbu kanun uyarınca kendisine verilen kudret veya yetkileri kendisinin tayin edeceği bir daire, ajans, bağımsız kuruluş veya memurlar vasıtasıyla kullanabilir.

Cumhurbaşkanı, aşağıdaki şartlardan herhangi birinin tahakkuku halinde, işbu kanunla sağlanan yardımı kısmen veya tamamen geri almakla görevlidir.

(1) Halklarını temsil eden Yunan ve Türk Hükümetleri tarafından talep vaki olursa.

(2) Güvenlik Konseyi veya Genel Kurul, Birleşmiş Milletler tarafından alınan tedbirlerin veya sağlanan yardımın, işbu kanun uyarınca sağlanan yardımları gereksiz ve arzulanmayan bir hale getirdiğine karar verirse (ve Güvenlik Konseyi'nin bu kararı ile ilgili olarak Birleşik Devletler vetosunu kullanmaktan feragat ederse),

---

[514] Bağımsız bir devletin bir başka devlet tarafından önerilen bir konuda yasa koyması halinde bağımsızlık ve egemenlikleri zedelenecektir. Çünkü egemenliğin ilk koşulu bağımsız bir parlamento ve o parlamentonun ulusal çıkarları için kendi istenciyle yasa koymak yetkisidir. ABD Başkanı'nın bu anlaşmanın uygulanması için bu konuda yasa konulmasını istemesi ve bu istemin yerine getirilmesi egemenliği ve bağımsızlığı tartışmaya açacaktır. Bir anlaşmaya böyle bir hükmün konulması bile egemenliğin tartışılmasını gündeme getirecektir. Bu bir anlamda egemenliğin yokluğunu kabul etmek demektir. Türk-Amerikan ilişkilerini bu açıdan düşündüğümüzde bu tuzağa kendi istencimizle düştük demek acı veriyor insana. Bir bu aymazlığı düşünelim, bir de Mustafa Kemal'in öncülüğündeki ulusal şahlanışı ve Lozan'ı! Neler kazanmış ve neler yitirmişiz? Lord Curzon'ı haklı çıkaranlar utansın!

(3) *Başkan, kanunun amaçlarından herhangi birinin, diğer herhangi bir hükümetler arası kuruluş tarafından alınan tedbirlerle esaslı surette gerçekleştirilmesine imkân olmadığına karar verirse,*

(4) Başkan, 3. kısım uyarınca verilen garantilerden herhangi birinin uygulanmadığına karar verirse,[515]

Madde: 6- İşbu kanun uyarınca bir ülkeye yapılan yardım, daha önce Başkanca sona erdirilmediği taktirde, Temsilciler Meclisi ve Senatonun alacakları benzer kararlarla sona erdirilebilir.

Madde: 7- Başkan, işbu kanun uyarınca yardım alan Hükümetlerin bu fonları istimali dahil, masraf ve faaliyetler hakkında kongreye üç aylık raporlar sunacaktır.[516]

Madde: 8- İşbu kanun uyarınca yardım alan ülkeye gidecek misyon başkanı senatonun tavsiyesi ve tasvibi üzerine Başkan tarafından tayin edilecek ve Başkan tarafından istenildiği şekilde işbu kanunun yürütülmesi ile ilgili görevler ifa edecektir.

---

[515] ABD Başkanı'nın 1975 Şubat ayında konulan ambargonun kaldırılması ve yardımın başlaması için, Kongre'ye 3 ayda bir verdiği raporlar, bu hükme dayanmaktadır. Başkan yardımın amaca uygun kullanılmadığına karar vermiş, yardım kesilmiş, ambargo konulmuştur. Ambargo ancak 1978 yılında kaldırılmıştır. Ama İncirlik başta ABD'nin üs ve tesisleri hizmetten alınmamıştır. Bir başka anlamda, ABD sözleşmelerden doğan hakların kullanmıştır.

[516] Bu hüküm, Türkiye Cumhuriyeti Hükümeti'nin ABD Başkanı ve Parlamentosu tarafından denetlenmesi anlamına değin, türlü biçimde yorumlanabilir. Bu ve öteki maddelerde yer alan hükümlere bakarak egemenliğimizin ve bağımsızlığımızın tam olarak uygulanmadığını belgelemeliyiz. Bunu bilerek savaşım vermenin ulusal bilincin gereği olduğunu unutmayalım

Ek: 2

12 Temmuz 1947 Tarihli,
Türkiye'ye Yapılacak Yardım Hakkında
Antlaşma

Türkiye Hükümeti, Türkiye'nin hürriyetini ve bağımsızlığını korumak için ihtiyacı olan güvenlik kuvvetlerinin takviyesini temin ve aynı zamanda ekonomisinin istikrarını muhafazaya devam maksadıyla Birleşik Devletler Hükümeti'nin yardımını istediğinden;

Birleşik Devletler Kongresi, 22 Mayıs 1947'de tasdik edilen kanun ile, Birleşik Devletler Başkanı'na, Türkiye'ye her iki memleketin egemen bağımsızlığına ve güvenliğine uygun şartlar dairesinden, böyle yardımda bulunmak yetkisini verdiğinden;

Türkiye Hükümeti ile Birleşmiş Milletler Antlaşması'nın esas gayelerine ulaşmayı sağlayacağı gibi, münasebetlerinde hayırlı bir devre açarak, Türk ve Amerikan Milletleri arasındaki dostluk bağlarını daha çok takviye edeceğine kâni bulunduklarından;

Bu maksatla kendi hükümetleri tarafından usul dairesinde verilmiş yetkileri haiz olan ve aşağıda imzası bulunan zevat, şu hususları kararlaştırmışlardır:

Madde: 1- Birleşik Devletler Hükümeti, Birleşik Devletler Başkanı'nın 22 Mayıs 1947 tarihinde tasdik edilen Kongre Kanunu'nu ve bunu değiştiren veya buna ek kanunlar hükümleri gereğince yapılmasına müsaade edeceği yardımı Türkiye Hükümeti'ne sağlayacaktır. Türkiye Hükümeti, buna mukabil herhangi bir yardımı, bu antlaşma hükümleri gereğince fiilen kullanacaktır.

Madde: 2- Birleşik Devletler Başkanı tarafından bu maksatla tayin edilen bir Türkiye Misyonu Şefi, bu antlaşma gereğince sağlanacak yardıma müteallik meselelerde Birleşik Devletler Hükümeti'ni temsil edecektir. Misyon Şefi, bu antlaşma gereğince peyderpey yapılacak muayyen yardımın kayıt ve şartlarını Türkiye Hükümeti temsilcilerine danışarak tespit edecektir. Ancak, yapılacak olan bu muayyen yardımın mali şartları, peyderpey, iki hükümetin mutabakatı ile evvelden tespit edilecektir. Misyon Şefi, Türkiye Hükümeti'ne bu antlaşma gereğince sağlanan yardımın gayelerinin elde edilmesine yarayacak malumatı ve teknik yardımı sağlayacaktır.

Türkiye Hükümeti, yapılan yardımı, tahsis edilen gayeler uğrunda kullanacaktır. Sorumluluklarını icrası sırasında görevini serbestçe yapılabilmesini mümkün kılmak için, bu hükümet Misyon Şefine ve temsilcilerine, yapılan yardımın kullanışı ve işleyişi hakkında rapor, malumat ve müşahede şeklinde isteyebileceği her türlü kolaylık ve yardımı sağlayacaktır.[517]

Madde: 3- Türkiye Hükümeti ile Birleşik Devletler Hükümeti, Türk ve Birleşik Devletler Milletlerine bu antlaşma gereğince yapılan yardım hususunda tam bilgi temini için işbirliği yapacaklardır.

Bu maksatla ve iki memleketin güvenliği ile kabili telif olduğu nispette;

1- Birleşik Devletler basın ve radyo temsilcilerine, bu yardımın kullanışını serbeste müşahede etmelerine ve bu müşahadelerini tam olarak bildirmelerine müsaade edilecektir,

2 - Türkiye Hükümeti bu yardımın amacı, kaynağı, mahiyeti, genişliği, miktarı ve işleyişi hakkında Türkiye'de tam ve devamlı yayın yapacaktır. [518]

Madde: 4- Bu antlaşma gereğince Türkiye Hükümeti tarafından elde edilen her madde, hizmet veya malumatın emniyetini sağlamak azminde bulunan ve bunda aynı derece menfaattar (yararlanıcı) olan Türkiye ve Birleşik Devletler Hükümetleri, aralarında görüştükten sonra bu uğurda diğer Hükümetin lüzumlu addedebileceği tedbirleri, karşılıklı olarak alacaklardır.

Türkiye Hükümeti, Birleşik Devletler Hükümeti'nin oluru olmadan, bu neviden hiçbir madde veya malumatın mülkiyeti veya zilyetliğini devretmeyeceği gibi, aynı muvafakat olmadan Türkiye Hükümeti'nin bir kimse tarafından bu maddelerin veya bu malumatın kullanılmasına ve bu sıfata haiz olmayan bir kimseye açıklanmasına müsaade etmeyecektir. [519]

Türkiye Hükümeti bu antlaşma gereğince verilen herhangi bir ikraz (borç), kredi, hibe veya diğer şekillerdeki yabancı bir devlet tarafından kendisine verilmiş olan yardımların hasılatının hiç bir kısmının diğer herhangi bir borcun anaparası veya faizinin ödenmesinde kullanmayacaktır.

Madde: 5- Bu antlaşma gereğince yapılmasına müsade olunan yardım kısmen veya tamamen:

1- Türkiye Hükümeti isterse;

2- Birleşmiş Milletler Güvenlik Konseyi'nin, bu hususta Birleşik Devletler Hükümeti tarafından yapılan yardımın devamını lüzumsuz veya gayri matlup -istenilmez- sayılmas) halinde,

---

[517] Bu hüküm, Türkiye Cumhuriyeti Hükümeti'nin ABD Yardım Misyonu Şefi'nce denetlenmesi anlamına değin, türlü biçimde yorumlanabilir.

[518] Johnson'ın İnönü'ye yazdığı mektubun dayanağı bu hükümdür.

[519] ABD emperyalizminin propagandasını yapma zorunluluğu bu hükümle yüklenilmiştir. Bu hüküm, öte yandan 5123 sayılı Yasa'nın da hükmüdür. Yani TBMM, ABD'nin propagandasını yapmayı bu yasa ile kabul etmiştir.

3- Yukarıda anılan Kongre Kanunu'nun 5'inci bölümünde belirtilen öteki herhangi bir durumda ya da Birleşik Devletler'in yararına uygun görmesi halinde,

Nihayet bulacaktır.

Madde: 6- Bu antlaşma bugünden itibaren yürürlüğe girecek ve her iki Hükümet tarafından tespit edilecek tarihe kadar yürürlükte kalacaktır.

Madde: 7- Bu antlaşma Birleşmiş Milletler nezdinde tescil edilecektir.

Türk ve İngiliz dillerinde, iki nüsha olarak, Ankara'da 12 Temmuz 1947 tarihinde yapılmıştır.

T. C. Hükümeti Adına   ABD Hükümeti Adına
Hasan Saka   Edwin C. Wilson

Ek: 3

12 Temmuz 1947 Tarihli, 5123 Sayılı
Türkiye'ye Yapılacak Yardım Hakkında
Kanun

Türkiye Hükümeti ile Amerika Birleşik Devletleri Arasında 12 Temmuz 1947 Tarihinde Ankara'da İmzalanan "Türkiye'ye Yapılacak Yardım Hakkında Antlaşma"nın Onanmasına Dair Kanun.

Kanun No: 5123

Madde: 1- Amerika Birleşik Devletleri tarafından Türkiye'ye yapılacak yardımın seklini tespit için Türkiye Hükümeti ile ABD Hükümeti arasında 12 Temmuz 1947 tarihinde Ankara'da imzalanan "Türkiye'ye Yapılacak Yardım Hakkında Antlaşma" onanmıştır.

Madde: 2- Antlaşmanın 2. maddesi gereğince belirtilecek mali şartlara ve 5'inci maddesinde yazılı şekillerden birine göre alınacak paralar veya devlete mal edilecek yayınların kıymetleri bir taraftan gelir bütçesine gelir, diğer taraftan bütçe kanunlarına bağlı (A) işaretli cetvellerin ilgili kısımlarında açılacak özel bölümlere ödenerek kaydedilir, para ve mal olduklarına göre nakden veya mahsuben harcanır.

Madde: 3- Bu kanun, 12 Temmuz 1947 tarihinden itibaren yürürlüğe girer.

Madde: 4- Bu kanunun hükümlerini Bakanlar Kurulu yürütür.

Ek: 4

"İnönü'den Açık Bono"*
26 Mart 1950 Tarihli, Cumhurbaşkanı İsmet İnönü ile ABD Kara Kuvvetleri Kurmay Başkanı General Lawton Collins ve Heyetleri Arasında Yapılan Görüşme

Şubat-Mart 1950'de Washington'da yapılan değerlendirmeler, 26 Mart 1950'de, Cumhurbaşkanı İsmet İnönü'nün ABD Kara Kuvvetleri Kurmay Başkanı General Lawton Collins ile yaptığı aşağıdaki görüşmede daha geniş biçimde ele alınacaktı. Ancak, Türkiye'nin "ortak savunma planları" yapma önerisine karşılık, o tarihte ABD, Türkiye ile yeni bir bağlayıcı güvenlik antlaşmasına girmek istemiyordu. Oysa Türkiye, ortak savunma planlarının yanı sıra, böyle bir antlaşmanın da peşindeydi.

ÇOK GİZLİ

Belge Arşiv Nu. 780.5/4-1750.
Konu: Türk Savaş Planlaması.

Toplantıda Bulunanlar:

Türkiye:
Cumhurbaşkanı İnönü, Millî Savunma Bakanı Hüsnü Çakır, Genelkurmay Başkanı Orgeneral Abdurrahman Nafiz Gürman, Genelkurmay İkinci Başkanı Orgeneral İzzet Aksalur.
ABD:
General Lawton Collins, ABD Büyükelçisi Wadsworth, Tümgeneral Horace MacBride, Albay Douglas Johnson ve iki çevirmen.

General Collins, Türkiye'ye son gelişinde kurmay başkan yardımcısı olduğunu, fakat şimdi kurmay başkanı olarak Amerikan Yardım Heyeti'nin neler başardığına daha büyük ilgi duyduğunu söyledi. Collins Roma, Trieste ve Atina'ya gitmişti.

---

* (Aktaran), Cüneyt Arcayürek, *Şeytan Üçgeninde Türkiye*, Bilgi Yayınları, Ankara, 1987, s. 356-365. Çerçeve dışında yer alan açıklamalar, Cüneyt Arcayürek'e aittir. Bu görüşmeyi elinizdeki kitabın 11. baskısında kullanmama izin verdiği için, Sayın Cüneyt Arcayürek'e teşekkür ederim.

İNÖNÜ: Batı Avrupa'nın savunma sorununu nasıl çözeceksiniz?

COLLINS: Bu sorun, Atlantik Paktı uyarınca çok dikkatli biçimde inceleniyor.

İNÖNÜ: Bu ne kadar zamanda kurulabilir?

COLLINS: Batılı devletlerin yeterince güçlenmeleri iki ila dört yılda gerçekleşebilir.

İNÖNÜ: Onlar zengin ülkelerdir. Birleşik Devletler de yardım içim elinden geleni yaptığına göre, bunun gerçekleşmesi neden bu kadar uzun sürüyor? Sorunu bugün ciddi biçimde düşünseler, gerçekleşmesi uzun sürmez.

COLLINS: Asker toplayabilirler, ancak donanımı -teçhizatı- bir gecede yaratamazlar.

İNÖNÜ: Cephe yeterli olmayan donanımla gerçekleşebilir, eksiklikler zamanla giderilebilir.

COLLINS: Bunu kabul ederim. Ancak bu cephenin gerçekleşmesi için, İtalya dahil, Batı Avrupa ülkelerinde en az iki ya da üç yıla gerek var...

İNÖNÜ: Her şeyden önce karar vermeleri gerekir.

COLLINS: Biz, Batı Avrupa ülkelerinin kararlı olduğu kanısındayız, fakat modern orduların donanımıyla ilgili malzemenin bir yıllık süre içinde üretilemeyeceğini biliyoruz.

İNÖNÜ: Örgütlenmenin Batı'da tamamlanacağı yolundaki iyimserliğinizden memnun oldum. Fakat bu konudaki gelişmenin ağır yürümesinden korkarım. Bu yavaş gelişme sürdüğü takdirde, istenen görev zamanında tamamlanamaz. Türkiye, topun ağzında olduğu için sabırsız...

COLLINS: Türkiye'nin kara, deniz ve hava kuvvetlerinin savaşa hazırlanmasına yardım etmek için elimizden geleni yapıyoruz.

İnönü, Collins'e "müteşekkir" olduğunu söyledi, sonra da ABD Büyükelçisi Wadsworth'a döndü, "ABD'den iyi haberler getirdiniz mi?" dedi. Büyükelçi, Dışişleri Bakanı Acheson'ın Türk Dışişleri Bakanı Sadak'a gönderdiği muhtıranın ana çizgilerini anlattı: "Türkiye'nin toprak bütünlüğü ve ulusal savunması, ABD'nin sürekli olarak aklındaydı." Bu, genel düşüncelerinin bir bölümüydü, ama sadece "düşünme" aşamasında kalmıyordu. General Collins "yardım için elimizden geleni yapıyoruz" derken, bunu amaçlamıştı. Batı Avrupa'nın bitlikte gelişmesini sağlamak için oldukça uzun bir zamana gereksinildiği eğilimini desteklemek için, Washington'da belirtilen bir noktayı ekleyebilirdi: Dışişleri. Bakanların izlenebilecek siyaset üzerinde anlaşmaları uzun sürmüyordu. Savunma Bakanları ortak toplantısında da istenen katkılar kolayca ortaya çıkıyordu ve Genelkurmay Başkanları da saptanan politikaların başarılı olmasını istiyorlardı. Ancak asıl güçlük, ülkelerin Maliye Bakanlarını kendi ülkelerinin iç ekonomilerini etkileyecek yasalara karşı çıkmamalarından kaynaklanıyordu. İnönü, General Collins'e "çok sakin durduğunu" söyleyerek sordu: "Gelecek savaşa ne kadar kaldı?"

COLLINS: Yeni bir savaşın çok yakında olduğunu düşünmüyorum.

İNÖNÜ: Niçin olmasın?

COLLINS: Sovyetler'in atom bombası stokuna sahip olmadığını düşünüyoruz. Deniz kuvvetleri yok. Uzun menzilli hava kuvvetlerini oluşturmaya henüz başlamadılar. Rusya, amaçlarından pek çoğuna savaşa girmeden eriştiğine göre, şimdilik bir savaş çıkarması için neden yok.

İNÖNÜ: Rusların yakın gelecekte Berlin'i ele geçirecekleri yolunda söylentiler duyuyorum.

COLLINS: Gençlik örgütlerini kullanarak Rusların Mayıs (*1950*) ayında karışıklıklar çıkaracağına inanıyorum. Fakat Berlin'i işgale kalkışacaklarını sanmıyorum.

İNÖNÜ: Rusların Berlin'i işgal etmeye kalkışmaları, bir çarpışmanın başlaması demektir.

COLLINS: Berlin'de kalacağız.

İNÖNÜ: Berlin'de Birleşik Devletler'in askeri gücü var, eğer Ruslar kuvvet kullanarak Berlin'i işgal etmek isterlerse, çarpışma başlar.

COLLINS: Karışıklık çıkartmak için sivil Almanları kullanacakları sanıyoruz. Fakat Rus askerlerinin Berlin'de Batılılara ait bölüme girmeye kalkışacağını sanmıyoruz.

İNÖNÜ: Bir Alman ordusu kurulacak mı?

COLLINS: Şimdilik böyle bir planımız yok.

İNÖNÜ: Almanlar olmadan Batı'nın savunulmasının mümkün olup olmayacağı konusundaki düşünceniz..?

COLLINS: Onlarsız olmaz...

İnönü, ABD Büyükelçisi'ne de bu konuda düşüncesini sordu. Wadsworth, Washington'da tersine bir şey duymadığını söyledi. Washington'da henüz Almanların silahlandırılması ya da NATO'ya alınması gibi bir plan duymamıştı. İnönü, ikili ilişkilere döndü...

İNÖNÜ: General Collins, Türkiye'yi, son ziyaretinizdeki kadar güçlü bulacaksınız. ABD'den alınan değerli ekonomik yardımla, General MacBride heyetinin getirdiği askeri yardım, Türkiye'de azami ölçülerde kullanıldı. ABD Başkanı, Türkiye'ye yardımın süreceğini söyledi. Bu demeç, Türkiye'de memnuniyet uyandırdı, 'güven duyulması'nı sağladı. Güçlükleri yenmek için Türkiye büyük çaba harcıyor. ABD ile Türkiye coğrafi açıdan birbirlerinden çok uzakta, fakat aralarında işbirliği yapmak gerekli oldu. Bu, doğru bir uygulamadır. Birlikte çalışma yöntemi, ulusal siyasetlerimiz olmalıdır.

Sonra, Collins'e dönüp, bir sorusu olup olmadığını sordu İnönü...

COLLINS: General MacBride, Türk Genelkurmayı'yla Türk savaş planları üzerinde çalışıyor, bunu öğrenmekten mutlu oldum. Bu çalışmayı sürdürmek çok önemli, bu kanıdayım. Askeri yardım ve donanımı sağlamayı sürdürmek isterdik. Fakat Kongre, para ayrılması için sağlam planlar olmasında, sağlanacak donanımın bu planların yürürlüğe girmesinde kullanılacağı hususunda güvenceler arıyor. Bu gereklidir. Örneğin; geçenlerde General Bradley'le bana Senato'nun bir komitesinde, Batı Avrupa için yapılan planların sağlam biçimde geliştirilip geliştirilmediğini sordular. Bu soruları yöneltenler, muhalefetten çok etkili senatörlerdi. Yunanistan, Türkiye ve Fransa için yeni bir ödenek isteğiyle komite huzuruna çıktığımızda, benzeri soruları yanıtlamamız gerekecek. Öteki ülkeleri ve Türkiye'yi ziyaretimin ana nedeni de bu. Buralarda kusursuz planlar yapıldığı ve pahalı malzemenin iyi kullanıldığı konusunda Kongre komitelerine gereken güvenceyi veriyoruz. ABD Kurmay Heyetleri üyelerinin, Türk Hava, Deniz ve Kara Kuvvetleri'ne ne ölçüde para ayırabileceklerini bilmeleri gerekiyor. Bu nedenle Türk savaş planları üzerinde bir şeyler bilmek zorundayız.

İNÖNÜ: Türk planları hakkında ABD'ye bilgi veriliyor, değil mi? Türkler, Amerikalılara karşı çok açıktır.

COLLINS: Bir yakınmamız yok. Yalnız kuvvetlerin yerleştirilmesini değil, önceden düşünülmesi gereken karmaşık lojistik gereksinimleri sağlamak için de doğru planlar yapmak istiyoruz. Örneğin, Türkiye'deki akaryakıt depoları tehlikeye açık. Herhangi bir yeni askeri depolama, örneğin İskenderun çevresinde olabilir, burası oldukça emindir ve bu depoların denizden ikmal edilebilecek bir konuma yerleştirilmesi için incelemeler yapılabilir.

İNÖNÜ: Türkiye ve Amerikan subaylarının bu gibi sorunları birlikte ele almamaları için hiçbir neden görmüyorum.

COLLINS: Cumhurbaşkanı isterlerse, Türk savaş planları üzerinde çalışan grubumuzu pekiştirmekten memnun kalırız.

İNÖNÜ: Müteşekkir kalırım. (Genelkurmay Başkanı Gürman da İnönü'ye katıldı.)

COLLINS: Türkler, kendi savaş planlarının bu bilgiye sahip olması gerekmeyen kişilere açıklanmasını istemiyorlar, bunun farkındayım. Türk savaş planları, Amerikan Kongresi'nde görüşülmeyecek, bu bilgiler bizde olduğu gibi, ancak bilmesi gereken kimselerce ele alınacak, bu konuda bize güvenebilirsiniz. Kongre'yi sadece Türklerin yardımı hak edecek savaş planları olduğu konusunda inandıracağız.

İNÖNÜ: Biz Amerika ile çalışıyoruz ve sizden saklanacak bir şeyimiz yok. Türk planlaması yavaş ilerliyor, fakat bu planlar dikkatle ve ayrıntıya özen gösterilerek hazırlanıyor. Askeri sorunların görüşülmesi kesinlikle teknik açıdan anlaşmalara varılmak anlamına gelmez. Görüşmelerde her iki taraf birbirine yardım edecek, bu gelişme ilerledikçe Türkiye'nin savunmasından sorumlu kişiler, kabul edilen geniş stratejik kavram ışığında kararlar verecek. İki ülkenin subayları fikirlerini birbirine açıklayacak, bir anlaşmaya varacaklar. Şu andaki görüşmelerin tek yanlı olduğunu kabul ediyorum. İki taraf, planlarını görüşebildiğinde tam bir işbirliği sağlanacağına inanıyorum.

COLLINS: Birleşik Devletler'de askeri yetkililer, siyasal anlaşmalar varolmadan önce askeri planları görüşemezler. Fakat savaş başlarsa, Rusya'ya karşı büyük ölçüde stratejik hava saldırısı olacak. Bu saldırı Batı Avrupa'ya olduğu kadarı Türkiye'ye de yardımcı olacak.

İNÖNÜ: Çok önemli bir nokta... Özellikle Rusya, Türkiye'ye saldırırsa, Birleşik Devletler Rusya'yı bombardıman edecek mi, daha ayrıntılı bilgi verir misiniz?

COLLINS: Kongre, savaş ilan ettiği takdirde, bombalarız. Kişisel kanımı söyleyeyim: Rusya, Türkiye'ye saldırırsa, bu sadece tek cepheden değil, değişik cephelerden bir saldırı olacaktır. Türkiye, bu savaşın bir cephesi olacaktır. Anımsatmak isterim: ABD Başkanı, Türkiye'nin güvenliğinin ABD'nin güvenliği için yaşamsal önem taşıdığını söylemişti.

İNÖNÜ: General, Rusya saldırırsa bu, III. Dünya Savaşı'nın başlaması demek mi olacak, buna inanıyor musunuz?

COLLINS: Kişisel fikrim öyle...

İNÖNÜ: Kişisel fikriniz olduğunu kabul ediyorum. Ama fikirlerinizi açıklamanız yaşamsal önemde. Savaşa girdiğinde Türkiye, kara-deniz ve havadan gelecek saldırılarla karşı karşıya kalacak. Rusya uzun menzilli bombardıman uçaklarının saldırısına uğrarsa, Türk Silahlı Kuvvetleri üzerindeki ağırlığı azalacak.

COLLINS: Bir III. Dünya Savaşı çıktığında, inanınız ki, böyle olacak...

İNÖNÜ: Türkiye'ye yapılacak bir saldırının III. Dünya Savaşı'nı başlatacağını düşünmek bile üzücü.

COLLINS: Kişisel kanım böyle, Rusya öncelikle Batı'ya saldıracak, buna inanıyorum.

İNÖNÜ: Hiçbir siyasal taahhüt ya da anlaşma olmadan ülkelerimiz birlikte çok sıkı çalışıyor. Türkiye, ABD Başkanı'nın çok değerli bir "beyanı"na sahip. Amerikalı askeri ve siyasi liderlerin kişisel görüşleri, Türkiye'nin "yalnız" bırakılmayacağını söylüyor. Bu değerlendirmem doğru mu?

COLLINS: Doğru...

İNÖNÜ: Türkiye geleceği artık sükûnetle ve güvenle bekleyebilir.

COLLINS: General MacBride bana, Türk savaş planlarını geliştirmek için yapılacak daha pek çok şey olduğunu söyledi. İsterlerse, (Türk) Savunma Bakanı ve Genelkurmay Başkanı'yla konuyu daha ayrıntılı biçimde görüşmekten memnun olacağım.

İNÖNÜ: General, ne kadar *öğütte* bulunursanız, o kadar memnun kalacağım.

COLLINS: Sözlerimin iyi anlaşılmasmı istiyorum. Bu görüşmelerin yapılmasını, savaş planları üzerinde daha ayrıntılı çalışılmasını ben önermiyorum. Turk Genelkurmayı ile yapacagim herhangi bir görüşme talebinin benden degil, Turk Genelkurmayı'ndan gelmesi gerekir.

İNÖNÜ: Bu görüşmelerin yapılmaması için hiçbir neden göremiyorum. Hangi noktalarda yetersiz olduğumuzu öğrenmek, bizim için memnuniyet vericîdir.

Toplantıda bulunan Türk askeri yetkilileri, İnönü'nün doğrultusunda konuştular. İnönü, "General, görüşmemiz çok yararlı oldu" dedi ve toplantı sona erdi.

Bu Görüşmeden Sonra ABD Değerlendirmesi

Collins'in İnönü ile yaptığı görüşmenin üzerinden yaklaşık 20 gün geçtikten sonra, Washington'da 10 Nisan 1950'de bir değerlendirme toplantısı düzenlendi. Ortadoğu Masası Siyasi-Askeri Danışmanı Robertson'ın bu toplantıyla ilgili hazırladığı tutanaktan *(033.1100/4-1050)*...

Konu: General Collins'in Yunanistan, Türkiye, İran, Suudi Arabistan ve Mısır'a yaptığı ziyaretler.

Katılanlar: General Collins, ABD Kara Kuvvetleri Kurmay Başkan Yardımcısı Tümgeneral Alfred Gruentner, Dışişleri Bakanı Ortadoğu Yardımcısı George MacGhee, Ortadoğu Masası'ndan Robertson.

General Collins, Türkiye Cumhurbaşkanı'nın açıkyürekliliğinden çok etkilenmişti. Fakat Türk Savunma Bakanı'yla Genelkurmay Başkanı ve yardımcısının güçlü kişiliklere sahip olduklarını sanmıyordu. Türk savaş planlarında ilk darbeden sonra çete savaşını sürdürebilmeleri için ordulara yeterli derinlik sağlanmamıştı. Bütün askeri güçlerin ilk anda yitirilmemesi için ikmal, ordonant ve öteki depolamaların gerilere alınması gerekiyordu.

Türkiye'nin Avrupa'da bulunan bölümünün savunulması için büyük bir askeri geçit ayırmak talihsizlik olacaktı. Deniz Kuvvetleri tesislerinden pek çoğu karşı taraftan gelecek top ateşinin tahribatına açık olarak, Boğaz'ın doğu yakasındaydı. Doğuda koşullandırılmış Türk ordusu ile ilgili olarak, o bölgede komşu İran askerleriyle hiçbir koordinasyon planı bulunmadığı kendisine bildirilmişti. Bu tür görüşmeler istenilir nitelikteydi.

McGhee, tarafların görüşme isteğiyle birçok kez Türklere yanaştıklarını, fakat Türklerin henüz buna rıza göstermediklerini söylemişti. General Collins, daha sonra, Türk Silahlı Kuvvetleri arasında pek az ya da hiç denecek ölçüde koordinasyon gözlemlediğine işaret etmişti. Türk Savunma Bakanı'nın Türk savaş planları konusunda çok az bilgiye sahip olduğu anlaşılıyordu. Savunma Bakanlığı ile Genelkurmay Başkanlığı'ndaki Türk askeri liderleri tatbikat alanlarına yetecek kadar zaman ayırmıyorlardı."

Nisan 1950 sonlarında Washington Büyükelçisi Feridun Cemal Erkin, Türkiye'nin bölgesel bir paktın dışında bırakılmasının halkta "dışlandığımız" gibi bir izlenim doğuracağını Dışişleri Bakanlığı Müsteşarı Webb'e anlatıyordu.

Ek: 5

**26 Mart 1976 Tarihli
Türkiye-ABD Savunma
İşbirliği Antlaşması[520]**

ABD ve Türkiye Cumhuriyeti Hükümetlerinin, Birleşmiş Milletler Anayasası'nın amaçlarına uygun olarak 51. maddeyle öngörülen ferdi ve müşterek savunma için, tarafların yekdiğerinin hükümranlık haklarına tam saygı gösterilmesine dayanarak, savunma işbirliği gereğini kabul eden taraflar, kendi ülkelerinin güvenlik ve bağımsızlığının yanı sıra dünya barışını koruma isteklerini ve iki taraf NATO *Antlaşması'na bağlı olduğu sürece, iki taraflı savunma işbirliğini sürdürmek NATO* Antlaşması'nın güvenlik ve savunmasıyla ilgili mükellefiyetlerini dikkat nazarına alarak, NATO Antlaşmasının 3. maddesi uyarınca, aşağıdaki anlaşmayı imzalamışlardır:

Madde 1- Taraflar arasında savunma işbirliğini öngören bu antlaşma, tarafların bir diğerinin mutlak hükümranlık hakkını tanıyıp saygı göstermesi esasına dayanmaktadır.

Madde 2- No. 1: Bu antlaşma içindeki savunma işbirliği NATO Antlaşması içinde gösterilen mükellefiyetlerle sınırlanmaktadır.

No. 2: Tesisler ve tesislerdeki faaliyetler Türkiye Cumhuriyeti tarafından müsaade edilen maksatlar dışında kullanılmayacaktır.

Madde 3- No. 1: Nato Antlaşması'nın üçüncü maddesiyle ve bu anlaşmayla ilgili hükümler gereğince Türkiye Cumhuriyeti Hükümeti, ABD Hükümeti'nin aşağıdaki tesislerde alınacak savunma tedbirlerini, karşılıklı kararlaştırılmış haber toplama sistem ve şebekelerinde, Kargaburun İstasyonu'nda, İncirlik Tesisi'nde;

No. 2: Türkiye Cumhuriyeti Hükümeti tarafından tasvip edilen ve bu tesisler dışında kalan ABD teşkilatları ve tesislerinde komuta ve kontrol idaresi ve lojistik ve genel destek teşekkülleri bu anlaşmanın hükümlerine tabi olacaktır.

Madde 4- No. 1: Bu anlaşmanın 3. maddesinin birinci parağrafında belirtilen tesisler, Türk Askeri Kuvvetleri tesisleridir. Tesislerin komutanı Türk olacaktır. Tesislerde Türk Bayrağı dalgalanacaktır.

No. 2: Tesislerdeki faaliyetler ve teknik çalışmalar Türkiye Cumhuriyeti tarafından tasvip edilmiş gayelerle müştereken düzenlenmiş programlar içinde yürütülecektir.

---

[520] 31 Mart 1976, *Hürriyet.*

No. 3: Tesislerde ailelerin ikametgahları ve bununla ilgili yardım ve sosyal faaliyetler, üsler teknik çalışmaların cereyan ettiği bölgelerden mümkün olduğu nispetle ayrı tutulacaktır.

Madde 5- No. 1: Tesis komutanının meşgul olacağı hususlar, üslerdeki teknik çalışmalar ve faaliyetlerin devamını sağlayacak olan kontrol, bu antlaşmanın dördüncü maddesinin ikinci paragrafında belirtildiği şekilde yapılacaktır.

Tesislerde Emniyet ve İdare: ABD Hükümeti'nin çalıştırdığı Türk sivil personelinin dışında kalan üslerdeki Türk personeli için mutlak komuta ve yardım ihtiyaçları, o bölgedeki Türk makamları ile ilişkiler.

No. 2: Bu komuta yetkisini kullanmak için de üs komutanı, bütün tesis için geçerli olacak direktifleri havi bir nizamname yayınlayacaktır.

No. 3: Amerika Hükümeti en yüksek rütbeli Amerikan subayını, her üsteki Amerikan Birliği komutanı olarak tayin edecek ve bu Amerikalı subay üs komutanı ile direkt temas etme niteliğini taşıyacaktır. Amerikan Bayrağı yüksek rütbeli Amerikan subayının bulunduğu genel karargahta dalgalanabilecektir.

No. 4: Yüksek rütbeli Amerikan subayı: Üslerde Amerikan tabiiyetindeki personel malzeme ve desteğinin tesislerin idare ve kullanılışından, onların sağlık ve sosyal durumlarından mesul olacaktır. Üslerdeki Amerikan malzemesinin kullanılışında mesuliyetlerin ifası sırasında yüksek rütbeli Amerikan subayı bu anlaşmanın yedinci maddesinde belirtilen müşterek kullanma düzenine riayet edecektir.

No. 5: Üs komutanı ile yüksek rütbeli Amerikan subayı arasında çalışma ilişkileri ve düzeni hususundaki müzakerenin esası, her üssün özellikleri dikkate alınarak ortaklaşa düzenlenecektir.

Madde 6- No. 1: Yetkili tesislerde kabul edilen teknik faaliyetler ve buna bağlı bakım hizmetleri Türk ve Amerikan personeli tarafından müştereken yürütülecektir. Bu maksatla Türk makamlar, bu kabil faaliyet, hizmet ve çalışmalar için ihtiyaç olan bütün gücün yüzde onbir ile yüzde ellisini karşılamak üzere Türk personelini görevlendirilecektir.

No. 2: Üslerdeki personel kadroları sadece Türkiye Cumhuriyeti Hükümeti tarafından tasvip edilen gaye ve görevleri ifa ile vazifelendirilecektir. İnsan gücünün görev yapacağı mahallerin tespiti ve dağılımı, mevcut standart dokümanlarda belirtilen teknik özelikler ve mesleki ihtiyaçlar dikkate alınmak suretiyle müştereken kararlaştırılacaktır. Özel tesislerdeki personel ihtiyaçlarını karşılayacak Türk personeli miktarı, tarafların karşılıklı anlaşmalarıyla takriben yüzde elli civarında olabilecektir.

477

No. 3: Bu maddenin birinci paragrafında bahsedilen yüzde 50 oranında kadro bulundurma hususuna Türkiye Cumhuriyeti Hükümeti uymak istemediği takdirde, meydana gelecek boşluğu kapatmak maksadıyla Amerikan makamları Türklerin ortak çalışmadaki hakkını zedelemeksizin, Amerikan personelini görevlendirebilecektir. Türk personelinin değiştirilmesi gibi, tasarlanan her değişikliğin doğuracağı neticeler, ilgili Amerikan makamlarına bir yıl önceden bildirilecektir.

No. 4: Buna ilaveten, üsler teknik faaliyetlerde personel yetiştirilmesi, karşılıklı kabul edilmiş programlardan üslerde görev alan ve alacak olan Türk personelinin ABD'de yetiştirilmesi, Amerikan Hükümeti tarafından karşılanacaktır. Bu anlaşmanın 19. maddesine uygun olarak, yetiştirilme masrafları, Amerika Birleşik Devletleri tarafından karşılanacaktır.

Madde 7- No. 1: Türkiye Cumhuriyeti Hükümeti tarafından her üssün gayesi, görev mahalli ve müşterek işletilmesine verilen yetki daha sonra karşılıklı olarak teferruatına inilecektir. Her antlaşma askeri ve sivil personelin savunması için gerekli görülen başlıca malzemeler için, yetki verilmiş miktarları da içine alacaktır. Kabul edilen bu miktarlar ve savunma malzemelerinin miktarlarının arttırılması, ilgili Türk makamlarından daha önceden tasvip almayı gerekecektir.

No. 2: Üslerde Amerikalıların hizmetinde görevlendirilen Türk sivil personeli de dahil olmak üzere, bu maddenin birinci paragrafında bahsi geçen yetkilerin sınırları içinde cereyan edecek değişiklikler, Amerika Birleşik Devletleri Hükümeti'nin ilgili makamları tarafından her üç ayda bir Türkiye Cumhuriyeti Hükümeti'nin ilgili makamlarına bir raporla bildirilecektir.

No. 3: Üs topraklarında tesisler ve bununla ilgili teşekküllerde yeni binaların inşası, yıkılması ve bu gibi taşınmazın cinsini değiştirecek şekilde modernleştirme faaliyetleriyle ilgili olarak, Türk makamlarının önceden tasvibinin alınması gerekmektedir.

No. 4: Birinci maddede tanımlanan başlıca malzemenin verim kapasitesini arttırmak, modern işletme kapasitesini yükseltmek ve belli başlı yeni malzeme getirilmesi daha önceden Türk makamlarının tasvibini almakla mümkün olacaktır.

No. 5: Diğer çeşitli inşaat, üste bakım faaliyetlerini yenileştirmeyi gaye edinenen değişiklikler daha önceden bölgedeki bakım imkânlarıyla yapılmış olanlar hariç olmak üzere, ilgili Türk makamlarının önceden izin vermesini icap ettirecektir.

Madde 8- No. 1: Taraflar arasında yapılmış 19 Haziran 1951 tarihli NATO Antlaşması Kuvvetler Statüsü hükümleri ve bu maddenin daha sonra gelen maddeleri gereğince, Amerikan kuvvetlerinin malzemeleri ve makul ölçüde gıda ve ihtiyac maddeleri ve Amerikan askeri kuvvetleri ve aileleri için özel açılmış dükkanlar, sivil Amerikalı personel ve aile efradı Türkiye'ye getirilip götürülebilir.

No. 2: Türkiye'ye silah ve cephane ithali, Türk makamlarının daha önceden tasvibi alınmak ve karşılıklı kararlaştırılan emniyet düzeni içinde yürütülecektir. Silah ve cephanelerin gümrük işlemleri için özel bir düzen tespit edilecektir. Gizli nitelikteki malzeme ve maddeler için gümrük kontrolü düzeni, taraflar arasında gerekli müzakerelerle tespit edilecektir.

No. 3: Başlıca malzemelerin Türkiye'ye ithaliyle ilgili olarak Türk makamlarının önceden haberdar edilmesini gerektirecektir.

No. 4: Bu antlaşma çerçevesinde faaliyetler ve üslerin çalışması devam ettiği sürece, üslerdeki faaliyetler için gerekli olan silah cephane ve belli başlı malzemeler, tarafların yetkili makamları tarafından önceden Türkiye'den çıkarılmayacak ve NATO görevini tehlikeye düşürecek bir taşınma (nakil) yapılmayacaktır.

No. 5: Malzeme, gıda maddeleri ve diğerlerinin ithali, ihracı ve dahilde yer değiştirmesi, ilgili Türk makamlarına liste halinde bildirecektir.

Madde 9- Üslere getirilecek olanlarla ilgili müsaade nizamnamesi ilgili makamların yetkileri tarafından karşılıklı olarak kararlaştırılacaktır.

Madde 10- Üslerde daha önce programlanmış bilgisayarların verimi de dahil olmak üzere, bütün haber toplama malumatı, karşılıklı varılan karar düzeni yönetmeliği içinde iki hükümet tarafından bütünüyle paylaştırılacaktır. İlgili Amerikan ve Türk yetkili makamları müştereken bir haber alma (Entelijans) geliştirecek ve bu teknik, haber alma faaliyet ve mesuliyetlerinde belli başlı çalışma görevlerinin esası olacaktır.

Madde 11- Bu antlaşma ile çalışmasına yetki verilen üslerdeki faaliyetlerin gerek üslerde, gerek diğer mahalli askeri kuvvetler ve sivil faaliyetlerin arasında bir müdahaleye sebep teşkil etmeyecek şekilde koordine edilmesi ve can, mal kaybına yol açmasından kaçınılmalıdır. Üsler ve mahalli (o bölgelerdeki) askeri-sivil tesisler arasında herhangi bir karışıklığı ortadan kaldıracak gerekli tedbirlerin alınmasında işbirliği yapacaklardır.

Madde 12- No. 1: Bu antlaşma çerçevesi içinde Türkiye Cumhuriyeti Hükümeti tarafından ABD Hükümeti'ne ayrılmış arazinin kullanılması, gerekli tadilat, kolaylıklar ve geçiş hakları Amerika Birleşik Devletleri'ne bedelsiz ve talepte bulunmaksızın bu anlaşmanın yürürlüğe girdiği tarihten itibaren sağlanmış olacak, ancak bu arazilerde Türkiye Cumhuriyeti'nin arazi sahipliği, kullanım, kolaylık ve geçiş hakları ihlal edilmeyecektir.

No. 2: Bu maddesinin hükümleri, bu antlaşma gereğince *ABD Hükümeti'ne sağlanan bazı hak ve kolaylıklar yüzünden,* özel arazi sahiplerinin ortaya çıkacak bazı taleplerini karşılamak maksadıyla Amerikan Hükümeti'ni mükellefiyetten sıyırmış (kurtarmış) olmayacaktır.

No. 4: Bu anlaşmanın feshinde veya tesislerin faaliyetleri sona erdiğinde bu maddenin ikinci paragrafında bahsi geçen mülk, Türkiye Cumhuriyeti temsilcilerine devredilecektir. Devredilen binalarda emniyet tertibatı ve diğer teçhizat da birlikte devredilecektir. İlgili makamlar bu mal ve mülkün hediye değeri olup olmadığını karşılıklı olarak kararlaştıracaklardır. Bu halde, iki hükümet arasında daha önceden yapılmış uygulamalar dikkate alınarak bakiye kıymeti (değeri), miktarı karşılıklı antlaşma ile tespit edilerek Amerikan Hükümeti'nce tazmini cihetine gidilecektir.

No. 5: Bu antlaşma gereğince Amerikan Hükümeti tarafından veya ABD Hükümeti adına Türkiye'ye ithal edilmiş veyahut Türkiye'den temin edilen, malzeme maddelerine sahip olma yolunda öncelik hakkı, Türkiye Cumhuriyeti'ne verilecektir. Böyle bir durum vukuunda bahsi geçen malzeme ve maddeler, ABD Hükümeti tarafından teslim edilecektir.

Madde 13- No. 1: Bu maddenin ikinci ve üçüncü parağrafı hariç olmak üzere bu anlaşmanın 19. maddesinin 1. paragrafında öngörülen gayeye uyularak, müşterek kararlaştırılan inşaatların masrafı, bakımı ve faaliyetlerin masrafı modernize tadilatı, tamiratı ABD Hükümeti tarafından karşılanacaktır.

No. 2: ABD Hükümeti kendi personelinin masrafını ödeyecektir.

No. 3: Türk personelin ikamet barakaları, yemek yeme bölümleri ve sosyal bakım münhasıran Türk personeli tarafından kullanılan binaların bakım ve tamir masrafları Türk Hükümeti tarafından karşılanacaktır.

No. 4: Üs hudutları içinde kullanılmak maksadıyla mahalli belediye hizmetlerinin karşılıklı antlaşma ile müştereken temininden doğacak masraflar, ABD Hükümeti tarafından karşılanacaktır.

Madde 14- Bu antlaşma maksadına hizmet edecek malzeme ve çeşitli teçhizat için hizmetler, ve sivil işçilere ABD Hükümeti tarafından görülen ihtiyaç, azami ölçüde Türkiye'den temin edilmeye çalışılacaktır. Bu prensibin uygulanması için taraflar birbiriyle müzakere edeceklerdir.

Madde 15- Bu anlaşmanın çerçevesi içinde görevlendirilmiş ve Türkiye Cumhuriyeti toprakları üzerinde üslenmiş bulunan ABD askeri kuvvetleri ve sivil personel ve aileleri, tarafların imzaladıkları 19 Haziran 1951 tarihli NATO Kuvvetler Statüsü Antlaşmasına tabi olacaktır.

Madde 16- Türkiye'de müşterek kullanılması planlanmış muhabere sistemi (Tropo scatter and line of sigt) üzerinde taraflar anlaşacaklardır.

Madde 17- Türk toprakları üzerinde faaliyetleri NATO Savunma planına göre tespit edilmiş uçak filolarının destek ünitelerinin Türkiye'ye geliş ve gidişleri ve üslenmeleri, müştereken kararlaştırılan anlaşmalarla yürütülecektir.

Madde 18- Montreaux Antlaşması'nın hükümleri saklı tutulacaktır.

Madde 19- No. 1: NATO Antlaşması'nın üçüncü maddesinde karşılıklı savunma işbirliği ve Türk savunma birliğini daha fazla geliştirmek için ABD Hükümeti bu maddede öngörülen programlar gereğince, savunma araçlarının hizmetlerinin ve askeri teknik eğitimin temini için gerekli finansmanı sağlayacaktır. Türk Hükümeti'ne sağlanacak savunma desteği, yardım alan diğer ülkelerde tatbik edilen genel şartlara ve mükellefiyetlere uygun olacaktır.

No. 2: ABD Hükümeti, bu anlaşmanın ilk dört yılı içinde, hibe, kredi ve ödünç olmak üzere bir milyar dolar tutarında savunma malzemesini Türkiye'ye verecektir. Bu meblağ, iki hükümetin yetkilileri tarafından kabul edilen yıllık program çerçevesinde, bu dört yıllık süre içinde eşit miktarlarda bölünmek sureti ile taksim edilerek ödenecektir. Başka hususta anlaşmaya varılmadığı taktirde bahsi geçen yekun miktarın yüzde 25'ine tekabül eden 250 milyon dolar, tahsisatı yapılmış dört yıl içinde hazır olacaktır. İlk yıl için hibe miktarı 75 milyon dolar olacak ve dört içinde toplam yekun hibe miktarı 200 milyon dolardan az olmayacaktır. Bu pasajda sağlanan krediler ve garantili borçların faiz hadleri, diğer NATO ülkelerine sağlanan yabancı askeri malzeme satışları ve diğer garantili borçların faizlerine uygun-benzer olacaktır. Bu maddenin birinci paragrafında kararlaştırılan gayelere ilave olarak, ABD Hükümeti, Yabancı Askeri Malzeme Satış Kanunu içinde peşin para ile satış, bakım ücretleri, yedek parçalar, malzemeler ve Türkiye Cumhuriyetine gönderilen savunma malzemeleri ve bakım işlemleri için teknik bilgiler, bunların miktar ve gönderilme şartları, karşılıklı antlaşma ile varılan bu antlaşma hükümleri süresince Amerikan Hükümeti tarafından sağlanmak amacı ile hazır olacaktır.

No. 3: Bu antlaşma hükümlerinin tamamlanmasından asgari bir yıl önce ve bu maddenin ikinci paragrafındaki savunma destek programında ve 21. maddenin birinci paragrafında kararlaştırılmış diğer paragraflarda, taraflar düzenlenen usuller gereğince, daha sonraki devreler için, savunma destek programlarının tertiplenmesi hususunda müzakerede bulunacaklardır. Bu müzakerelerin anlaşmaya varması suya düşerse ve daha sonraki programların, bir önceki programın hitamında tatbikata girmesi mümkün olmazsa, Türkiye Cumhuriyeti Hükümeti, bu anlaşmanın geçerliğini uzatmayabilir. Bu durumda, 21. maddenin 6. paragrafındaki hükümler, anlaşmadan çekilmiş olup fesh etmek için uygulanacaktır.

Madde 20- No. 1: Bu antlaşma hükümleri içinde savunma işbirliğinin uygulanmasını sağlamak için, iki hükümetin yetkili makamları, bu anlaşmanın metni ve ruhuna uygun olarak, uygulanması sırasında meydana gelecek anlaşmazlıkların çözümlenmesinde süratle temas ederek müzakerede bulunacaklardır.

No. 2: Hükümetlerin ilgili makamlarına sunulan anlaşmazlıkların iki aylık bir süre içinde çözümlenmemesi halinde, her iki taraf da, anlaşmazlıklar halledilinceye kadar özel faaliyetlerin durdurulması için 30 günlük bir mühlet tanıyacaktır. Bu gibi hallerde, taraflar, anlaşmazlık konusu olmayan faaliyetlerin tatil edilmemesini sağlayacaklardır.

Madde 21- No. 1: Bu antlaşma iki tarafın kendilerini ilgilendiren hukuki usulün tamamlanmasını müteakip tasviplerini belirten nota teatisinden sonra yürürlüğe girecektir. Bu antlaşma 4 sene yürürlükte kalacak ve 19. maddenin 3'üncü paragrafındaki antlaşma geçerliliğini uzatmak isteme halinde dört yıllık yeni bir devre için yürürlükte olacaktır.

No. 2: Bu antlaşma süresi içinde, taraflar muhtemel değişiklikleri getirmek maksadıyla, bir diğeri ile istedikleri an müzakere edebileceklerdir.

No. 3: Taraflardan herhangi biri, bir yıl önceden yazı ile bu anlaşmayı feshedebilir.

No. 4: Dört yıllık bu antlaşma süresinde taraflardan biri 19'uncu madde 3'üncü paragrafında belirtildiği gibi, geliştireceği savunma destek programında bu antlaşma hükümlerine riayet etmeyebilir veya etmeye muktedir olmadığı taktirde, o taraf iki hükümet arasında müzakere çağrısında bulunabilir. Üç aylık süre içinde anlaşmaya ulaşılmadığı taktirde, arzu eden taraf 30 gün önceden yazı ile bildirmek kaydıyla bu anlaşmayı feshedebilir.

No. 5: Bu anlaşmanın uzatılmaması ya da feshedilmesi halinde, 19. madde altındaki savunma destek hükümleri fesih ve anlaşmanın uzatılması tarihinden itibaren yürürlükten kalkmış olacaktır. Bu durumda, bu tarihten önce yüklenilmiş savunma hizmetleri ve malzemeler ile bunları satış kontratlarını sağlayacak fonlar durdurulmayacaktır.

No. 6: Fesh edilme veya bu anlaşmanın uzatılması halinde, ABD Hükümeti fesh edilme ve uzatılma tarihinden bir sene içinde geri çekilme ve fesih faaliyetini tamamlamak ve bu süre içinde nizami bir çekiliş ve feshi sağlamak amacıyla bu antlaşma yürürlükte addedilecektir.[521]*

---

[521] Türkiye'nin yürürlükten kaldırdığı antlaşma, bizim zararlarımıza karşın, ABD'nin çıkarları açısından, ABD tarafından yürürlükte sayılmaktadır. Türk Dışişleri Bakanı, böyle bir anlaşmayı imzalamaktan çekinmemiştir.

Madde 22- İngilizce ve Türkçe dillerinde ve eşit gerçerlilikte Washington'da 26 Mart 1976 tarihinde ABD Hükümeti'ni temsilen Kissinger, Türk Hükümeti'ni temsilen Çağlayangil tarafından hazırlanmıştır.

Ek: 6

**29 Mart 1980 Tarihli
Türkiye-ABD
Savunma ve Ekonomik İşbirliği Antlaşması
(SEİA)[522]**

Temel Antlaşma Metni

"Türkiye Cumhuriyeti ile ABD Hükümetleri, Birleşmiş Milletler Yasası'nın amaç ve ilkelerine bağlılıklarını yeniden teyit ederek;

Aralarındaki ilişki ve işbirliğinin demokrasi, insan hakları, adalet ve sosyal gelişme ilkelerine dayandığı kabul ederek;

Ülkelerinin, güvenlik ve bağımsızlıklarını sürdürme ve halklarının hayat seviyelerini yükseltme arzularını ifade ederek;

Bütün alanlarda olduğu gibi ekonomik ve buna ilişkin bilimsel ve teknolojik işbirliğine, bir yandan ikili düzeyde diğer yandan *Kuzey Atlantik Antlaşması Teşkilatı'nın üyeleri olarak devam etme ve aralarındaki savunma işbirliğini Kuzey Atlantik Antlaşması çerçevesi içindeki ortaklar olarak geliştirme isteklerini belirterek;*

Dünya barışının güçlenmesine katkıda bulunmaya kararlılıklarını teyit ederek;

Yeterli bir savunma düzeyinin sürdürülmesi ilkesinin, dünya barış ve istikrarının korunması için önemli bir unsur teşkil ettiğini göz önünde bulundurarak;

Silahsızlanma çabalarının hazırlandırılmasına olan inançların ve bu sürece katkıda bulunmaya karşılıklı isteklerini ifade ederek;

Süregelen dostluklarına dayanarak ve Kuzey Atlantik Antlaşması alanının güvenlik ve savunmasına ilişkin yükümlülüklerinin bilinci içinde ve Kuzey Atlantik Antlaşması'nın ikinci ve üçüncü maddelerine uygun olarak;

Aşağıdaki hususlarda anlaşmaya varmışlardır:

Madde 1: Taraflar, aralarında iki ülkeyi ilgilendiren ekonomik, savunma ve bunlara ilişkin bilimsel ve teknik konuları da içeren yakın işbirliğini sürdürecek ve geliştireceklerdir.

TC ve ABD hükümetleri, bu alanlardaki işbirliğini devamlı olarak gözden geçirecekler ve bu işbirliğini geliştirmek için gereken önlemleri saptayacak ve uygulayacaklardır.

---

[522] 1-3 Mayıs 1980 tarihli *Milliyet* Gazetesi'nden alınmıştır.

Bu amaçlarla, düzey ve zamanı her iki hükümet arasında karşılıklı olarak kararlaştıracak istişarelerde bulunulacaktır.

Madde 2: Taraflar, ekonomik ve savunma konuları arasında yakın ilişkiler içerisinde olduğunu ve sağlam bir savunmanın sağlam ekonomiye dayandığı gerçeğini kabul ederek ve Kuzey Atlantik Antlaşması Teşkilatı'nın üyeleri olarak karşılıklı sorumluluklarını yerine getirebilmek için birbirlerine yardım etmek amacıyla, Kuzey Atlantik Antlaşması'nın ikinci maddesinde öngörüldüğü üzere aralarındaki ekonomik işbirliğini, ticari, ekonomik, sınai bilimsel ve teknolojik ilişkileri de kapsayacak biçimde geliştirmeye azami ölçüde çaba göstereceklerdir.[523]

Bu amaçla, Birleşik Devletler Hükümeti, Türkiye'nin kalkınma çabalarına, karşılıklı mutabakata varılmış mali ve teknik yardımları sağlamak için elinden gelen her türlü çabayı gösterecektir.

Madde 3: Kuzey Atlantik Antlaşması'nın üçüncü maddesi çerçevesinden, iki hükümet arasındaki karşılıklı güvenlik işbirliğinin güçlendirilmesi amacıyla, Birleşik Devletler Hükümeti, TC Hükümeti'ne karşılıklı mutabık kalınacak programlara uygun olarak, savunma malzemesi, hizmetleri ve eğitimi sağlamak için elinden gelen her türlü çabayı gösterecektir. Bu alandaki işbirliği bir numaralı Savunma Desteği Tamamlayıcı Antlaşması'na uygun olarak yürütülecektir.

Madde 4: Bu anlaşmanın ikinci maddesinin ruhuna uygun olarak ve tarafların elde edecekleri karşılıklı yararların bilinci içinde TC ve ABD Hükümetleri, uygun savunma malzemelerinin üretiminde ve satın alınmasında, işbirliği imkânlarını araştıracaklardır. Taraflar yukarıda belirtilen Ekonomik ve Savunma İşbirliği alanlarında ortak yatırımları teşvik etmeyi üstleneceklerdir.

Bu amaçla Birleşik Devletler Hükümeti, savunma malzemesi ve teçhizatının Türkiye'de üretiminin, bakımının, onarımının ve modernizasyonunun geliştirilmesini amaçlayan karşılıklı mutabık kalınmış çabalarda ve TC Hükümetine yardım ve yeni savunma üretimi projelerinin geliştirilmesini ve savunma malzemesi alanındaki iki yönlü ticareti teşvik edecektir.

Bu işbirliği, 2 numaralı Savunma Sanayii İşbirliği Tamamlayıcı Antlaşması'na uygun olarak yürütülecektir.

Madde 5: 1- TC Hükümeti, ABD Hükümeti'nin belirli Türk Silahlı Kuvvetleri tesislerinde müşterek savunma tedbirlerine katılmasına izin verir.

---

[523] Bunun bir aldatma olduğunu aradan geçen 13 yıl göstermiştir. ABD, ne ekonomik, ne teknolojik, ne de sınai bilimsel ilişki kurmuş ne de yardım etmiştir. F-16 Projesi'nin amacı başkadır. Çünkü her zaman olduğu gibi bunları "elinden geldiğince" yapacaktır.

2- Tesislerin faaliyetleri ve teknik işletilmeleri, karşılıklı mutabık kalınmış amaçlara ve programlara uygun olarak yürütülecektir.

3- Bu anlaşmanın amaçları için Türkiye Cumhuriyeti topraklarında bulunan veya atanmış Amerika kuvvet ve sivil unsuruna ve bunların yakınlarına 19 Haziran 1951 tarihli "Kuzey Atlantik Antlaşması'na taraf devletler arasında kuvvetlerinin statüsüne dair sözleşme" uygulanacaktır.

4- Bu anlaşmada öngörülen savunma işbirliğinin şümulü, Kuzey Atlantik Antlaşması'ndan doğan yükümlülükler ile sınırlı olacaktır.

5- Bu işbirliği, 3 numaralı Tesisler Tamamlayıcı Antlaşması'na uygun olarak yürütülecektir.

Madde 6: Tarafların egemen eşitliği ilkesini dikkatle alarak, antlaşma ve onun tamamlayıcı anlaşmaları hükümlerinin karşılıklı esasına dayalı olarak yürütülmesi amacıyla, taraflar aşağıdaki hususlarda mutabık kalmışlardır.

a- Güvenlik yardımı ve diğer ilişkin konular da dahil olmak üzere, yetkili Birleşik Devletler askeri makamları ile bilgi değişimi, işbirliği ve iki tarafı da ilgilendiren diğer savunma konularında irtibatı idame ettirmek amacıyla TC Hükümeti, ABD'deki Büyükelçiliği bünyesinde bir askeri irtibat bürosu bulundurabilecektir.

b- Aynı şekilde Birleşik Devletler Hükümeti de, TC Hükümeti'nin yetkili makamlarıyla benzer faaliyetlerin yürütülmesi için Türkiye'de kendi kuruluşunu bulundurabilir.

Madde 7: 1- Bu antlaşma ve ona bağlı tamamlayıcı anlaşmalar 5 yıl süreyle geçerli olacaktır. Taraflardan biri, bu ilk 5 yıllık sürenin bitiminden 3 ay önce, bu anlaşmanın feshini ihbar etmediği takdirde, tarafların mutabıkıyla yahut müteakip her yılın bitiminden 3 ay önce, Taraflardan birinin fesih ihbarında bulunması suretiyle sona erdirilinceye kadar, birer yıl süreyle yürürlükte kalmaya devam edecektir.[524]

2- Bu antlaşma ve buna bağlı tamamlayıcı anlaşmaların uygulanması veya yorumlanması ile ilgili olarak anlaşmazlık ortaya çıktığı taktirde, taraflar, meseleyi çözümlemek üzere derhal istişarelere başlayacaklardır.

3- Taraflardan herhangi biri gerekli gördüğü taktirde, yazılı olarak, anlaşmanın veya buna bağlı tamamlayıcı anlaşmaların herhangi birinin tadilini veya gözden geçirilmesini önerebilecektir. bu durumda derhal istişarelere başlanacaktır. 3 ay içinde sonuç alınamazsa, Taraflardan herhangi biri, 30 günlük yazılı bir bildirimle, anlaşmayı veya uyuşmazlık konusu tamamlayıcı anlaşmayı sona erdirebilecektir.

---

[524] 1980 tarihli antlaşma, işte bu hükme dayanılarak 2000'li yıllara dek ABD istemediği sürece yürürlükte kalacaktır. Bizim istememiz mi? O'nu dikkate alan olur mu ki?

4- Taraflardan birinin, diğer tarafın antlaşma veya tamamlayıcı anlaşmaların hükümlerine uymadığı veya uyamadığı sonucuna varması haline, yazılı olarak istişare önerisinde bulunabilir ve bu istişareler derhal başlar. 30 gün içinde bir sonuca varılamaz ise, taraflardan herhangi biri 30 günlük bir yazılı bildirim ile bu anlaşmayı veya bu anlaşmanın geçerliğine halel getirmeksizin, tamamlayıcı anlaşmalardan herhangi birini sona erdirebilir.

Madde 8: Bu antlaşma ve buna bağlı tamamlayıcı anlaşmalar her iki tarafın kendi hukuki usullerine uygun olarak, onaylarını bildiren notaların teati edildiği tarihte yürürlüğe girecektir.

Madde 9: Türkçe ve İngilizce örnekleri aynı derecede geçerli olmak üzere 29 Mart 1980 tarihinde, Ankara'da 2 nüsha olarak yapılmıştır.

1 No'lu Tamamlayıcı Antlaşma

Madde 1- TC ve ABD Hükümetleri arasındaki Savunma ve Ekonomik İşbirliği Antlaşması'nın üçüncü maddesine uygun olarak, Birleşik Devletler Hükümeti Türk Silahlı Kuvvetleri'nin modernizasyon ve idame programına ihtiyacı olduğunu kabul eder. İki hükümet arasındaki güven ve işbirliğini arttırmak amacıyla Birleşik Devletler Hükümeti, TC Hükümeti'ne savunma desteği (Savunma malzemesi hizmetleri ve eğitim) sağlamak ve mümkün olabilecek en iyi koşullar ile bu 5 yıllık tedarik programını içeren modernizasyon ve bakım programının hedeflerine ulaşması için, *TC Hükümeti'ne askeri yardım sağlamak üzere elinden gelen her türlü gayreti göstermeyi taahhüt eder.*

Madde 2- Taraflar, uzun vadeli savunma planlamasının, askeri kuvvet planlamasının ve modernizasyonun vazgeçilmez bir unsuru olduğunu göz önünde bulundurarak, TC Hükümeti'ne, savunma desteği ihtiyaçlarını Bileşik Devletler kaynaklarından karşılaması için, sağlanabilecek kaynakların en etkin biçimde kullanılmasını kolaylaştırmak amacıyla, Ankara'da, bundan böyle ortak komisyon olarak anılacak ortak bir Türk-Amerikan Savunma Desteği Komisyonu kuracaklardır.

Madde 3- Ortak komisyon yüksek düzeydeki Türk ve Amerikan temsilcilerinden oluşacaktır ve bu komisyonun iki ülkeden her biri general rütbesinde ortak başkanları olacaktır.

Ortak komisyonun ortak çalışma usulleri ve idari düzenlemeleri karşılıklı antlaşma le daha ayrıntılı olarak saptanacaktır. Anılan usuller ve düzenlemeler ortak komisyonun iki ülkenin askeri örgütleri arasında mevcut muhabere ve koordinasyon yollarını tamamlayıcı mahiyette olacaktır.

Madde 4: Ortak komisyon, Türk makamlarınca, Türk Silahlı Kuvvetleri'ne terettüp eden NATO görevlileri göz önünde bulundurularak hazırlanmış olan savunma kalemleri listesine istinaden:

a- Çeşitli savunma kalemlerinin fiyatlarını ve özellikle hibe yardımı, ihtiyaç fazlası stokları kredi veya kira, askeri yardım alan 3. ülkelerden devir ve mülkün olabilecek diğer bütün yollardan elde edilebilmesi olasılıklarını dikkate alarak, döner 5 yıllık tedarik programlarının düzenli uygulanması için tavsiyele geliştirecektir.

b- Birleşik Devletler kaynaklarından sağlanabilecek askeri yardım düzeyini dikkate alaak, Türk Hükümetinin vereceği akçalı planlama verileriyle uyumlu biçimde, 5 yıllık tedarik programlarına dayalı, yıllık tedarik programı hazırlayacak,

c- Beş yıllık döner tedarik programına dayanan yıllık tedarik programını Birleşik Devletlerden sağlanacak yıllık askeri yardım miktarı dahil, her iki hükümetin yetkili makamlarına tavsiye edecek ve bu makamlar nezdinde destekleyecektir.

Madde 5: Ortak komisyonca tavsiye edilen döner beş yıllık tedarik programının uygulanması için, Birleşik Devletler Hükümet İhtiyaç fazlası savunma malzemesi sağlamaya ve savunma teçhizatını ödünç veya kira yoluyla vermeye çalışacaktır. Birleşik Devletler Hükümeti Amerikan Güvenlik Yardımı Yasası'nda bulunan yıllık yetki ve tahsislere bağlı olarak, TC Hükümeti'ne askeri yardım sağlayacaktır. Ayrıca, her iki ülke, diğer NATO müttefiklerinin Döner Beş Yıllık Tedarik Programının gerçekleştirilmesine katkısını teşvik etmek için işbirliği halinde çaba göstereceklerdir.

Madde 6: Nakit ödeme veya yabancı askeri satışlar kredileri yoluyla sağlanan savunma malzemeleri ve hizmetlerinin ücretleri uygulanabilir Amerikan mevzuatının elverdiği en düşük fiyat düzeyinde olacaktır.

Madde 7: Birleşik Devletler Hükümeti savunma malzemelerinin TC Hükümetine teslimine yüksek öncelik verecektir.

Madde 8: Bu tamamlayıcı Antlaşma yürürlüğe girişinden itibaren 5 yıl süre ile geçerli olacaktır. Taraflardan biri, diğer tarafa bu ilk beş yıllık sürenin bitiminden 3 ay önce bu anlaşmanın feshini ihbar etmediği taktirde, tarafların mutabakatıyla, yahut müteakip her yılın bitiminden 3 ay önce, taraflardan birinin fesih ihbarında bulunması suretiyle sona erdirinceye kadar, birer yıl süre ile yürürlükte kalmaya devam edecektir.

2 No'lu Tamamlayıcı Antlaşma

TC ve ABD hükümetleri, araştırma, geliştirme, üretim, tedarik ve lojistik destek alanlarında, müessir işbirliği yoluyla, karşılıklı savunma yeteneklerini ve bir bütün olarak Kuzey Atlantik İttifakı'nın savunma yeteneğini güçlendirmek arzusu ile,

Daha yüksek bir savunma imalatı yeteneğinin, güçlü savunma gayretlerinin ayrılmaz bir parçası olduğuna inanarak,

Köklü bir güvenlik ilişkisinin ahenkli ekonomik ilişkilerle desteklendiği gerçeğini göz önünde tutarak,

Ekonominin ve yeni teknolojilerin tatbikinin savunma konuları üzerindeki artan etkisini dikkate alarak,

NATO ülkelerinin ileri sınai ve teknolojik yeteneklerini geliştirmek ve sürdürmek ve mevcut kaynakların daha akılcı kullanımını, teçhizat ve hizmetlerin standartlaştırılmasını ve karşılıklı kullanılabilirliğini, daha fazla bilgi teatisini ve daha uyumlu tedarik siyasetleri izlenmesini sağlamak yolundaki çabalarını nazarı itibara alarak, aşağıdaki hususlarda mutabık kalmışlardır.

Madde 1: 1. Türkiye Cumhuriyeti Hükümeti ve ABD Hükümeti, savunma teçhizatı üretim ve bakım yeteneklerini artırabilmek ve silahlı kuvvetlerinin kendi ve ortak savunmaları için ihtiyaç duyulan modern silah ve teçhizatı daha ekonomik ve verimli şekilde elde edebilmeleri için işbirliğinde bulunacaklardır.

2. Bu amaçla, her iki hükümet de karşılıklı savunma malzemesi tedarikini ve savunma alanında teknolojik bilgilerin karşılıklı akışını kolaylaştırmaya çalışacaklardır. Ayrıca savunma teçhizatı ve hizmetlerinin tedariki için piyasa imkânları sağlamaya ve savunma teçhizatının ortak üretimi ile savunma araştırma ve geliştirmesinde işbirliğini artırmaya ve kolaylaştırmaya ve savunma teknolojilerinde bilgi alışverişi programlarını genişletmeye çalışacaklardır.

3. Bu tamamlayıcı antlaşma, konvansiyonel savunma teçhizatının araştırma, geliştirme, üretim, tedarik ve lojistik desteği hususlarında mümkün olan ikili işbirliği alanlarını kapsar. Bu tamamlayıcı antlaşma uyarınca alınacak tedbirler, Milli Silah Müdürleri Konferansı (CNAD), Bağımsız Avrupa Program Gurubu (IEPG) ve NATO (SNLC) çalışmalarını tamamlayıcı veya bu çalışmalar ile uyumlu olacaktır. Bu nedenle, IEPG ile ABD hükümeti arasında yapılan anlaşmalarda bu tamamlayıcı antlaşma arasında muhtemel bir uyuşmazlık halinde taraflar bu anlaşmanın tadili amacıyla istişarede bulunmayı kabul ederler.

4. Her iki hükümet, ilgili kanunlarına ve mevzuatlarına uygun olarak, ortak araştırma ve geliştirme için yapılacak bütün taleplere ve ittifak içinde teçhizat ve hizmetlerin standardizasyonu ve veya karşılıklı kullanılabilirliğini artırmayı amaçlayan imalat ve tedarik taleplerine en yüksek önemi verecektir.

6. Her iki hükümet, bu anlaşmanın uygulanması için ayrıntılı usuller üzerinde anlaşmaya varacaklardır. Bu usuller, aşağıdaki hususları kapsayacaktır:

a. Teklifler, "Yerli malı satın alınmasına" ilişkin kanun ve mevzuattaki fiyat fark göstergeleri ve ithal vergileri bedelleri uygulanmadan değerlendirilecektir.

b. Her iki ülkedeki vasıflı sınai ve kamusal kaynaklar azami ölçüde nazarı itibara alınacaktır.

c. Tekliflerin, satın alan hükümetin performans, kalite, teslim ve fiyat bakımından uygulanabilecek şartlarını karşılaması gerekecektir.

7. Milli savunma gereklerini göstermek amacı ile bu tamamlayıcı antlaşma çerçevesinde yapılacak karşılıklı savunma malzemesi tedarik kapsamı dışında tutacak herhangi bir malzeme kalemi, mümkün olan en kısa süre içinde, Türk Milli Savunma Bakanlığı ve ABD Savunma Bakanlığı seviyesinde kendi ülkeleri için düzenlenecek listelerde gösterilecektir. Söz konusu listeler sürekli olarak gözden geçirilecek ve yalnızca anılan seviyede değiştirilebilecektir.

8. Her iki hükümet, bu tamamlayıcı antlaşma çerçevesinde satın alınmış olan teknik bilgi paketlerinin, mülkiyet haklarını elinde bulunduran veya kontrol edenlerin ön mutabakatı olmadan ihale ve geleceğe yönelik savunma amaçlı mukavelelerin icrası dışındaki başka bir maksatla kullanılmayacağını ve söz konusu mülkiyet haklarının veya teknik bilgi paketlerinde bulunan imtiyazlı, mahfuz veya gizlilik dereceli olan veri ve bilgilerin en iyi şekilde korunacağını garanti edecektir. Teknik bilgi paketleri bunların menşei olan hükümetin yazılı rızası olmadan üçüncü bir ülkeye veya herhangi bir alıcıya hiçbir suretle verilmeyecektir.

9. Aksine mutabakat olmadıkça, bu tamamlayıcı Antlaşma çerçevesinde sağlanan savunma malzemeleri veya teknik bilgilerin ve bu bilgilerle imal edilen savunma malzemelerinin üçüncü taraflara devri, savunma malzemelerini ve teknik bilgileri sağlamış olan hükümetin mutabakatına tabi olacaktır.

10. Satın alan hükümetin talebi üzerine, bu tamamlayıcı antlaşma uyarınca satılan savunma teçhizatı kalemlerinin müteakip lojistik desteğine ilişkin düzenleme ve usuller ihdas olunacaktır. Her iki hükümet kendi savunma lojistik sistemlerini ve kaynaklarını gerektiği ve mutabık kalındığı üzere, bu amaç için hazır bulunduracaklardır.

Madde 2: 1. Birleşik Devletler Hükümeti, Türkiye Cumhuriyeti Hükümeti'ne, silah ve mühimmat dahil, savunma malzeme ve teçhizatı üretimi, bakımı, onarımı ve yenileştirilmesi için Türk Hükümeti'nin öncelikleri ışığında üzerinde karşılıklı mutabık kalınabilecek yardımları sağlayacaktır.

2. Türk Sanayii'nin üretim kapasitesinde artış meydana getirmek amacı ile, karşılıklı mutabık kalınmış savunma imalatı projeleri hazırlanacaktır. Bu projeler, yalnızca Türkiye tarafından, ortak Türk-ABD uyumlu imalat projeleri olarak veya diğer NATO üyesi ve dost ülkelerin katılacağı çok taraflı projeler olarak tahakkuk ettirilebilecektir.

Madde 3: Hükümetlerden her biri, bu antlaşma uyarınca, bakım onarım ve yenileştirme için kendi ülkesine gönderilen teçhizat ve malzemenin gümrük vergi ve resimleri veya benzeri ücretlerden muaf olarak ithal ve ihracına müsaade edecektir.

Madde 4: 1. Birleşik Devletler Hükümeti, savunma teçhizat imalatının geliştirilmesi ve NATO ittifakına ait ve hizmetlerin rasyonalizasyon ve karşılıklı kullanılabilirliğinin arttırılması amacı ile Türkiye Cumhuriyeti'ne sınai mülkiyet hakları sağlayacak veya mümkün olan hallerde hiçbir ücret almadan veya herhangi bir NATO ülkesine uygulanan şartlardan daha ağır olmamak kaydı ile bu hakları elde etmesi için TC Hükümeti'ne yardım edecektir.

2. Birleşik Devletler Hükümeti, mümkün olan ölçüde ve karşılıklılık esası üzerinden, TC Hükümeti'ne karşı araştırma, geliştirme masrafları ve tekerrür etmeyen üretim masrafları hakkında taleplerinden feragat edecektir.

Madde 5: 1. Hükümetlerden her biri, bu tamamlayıcı anlaşmayı kendi ülkesindeki ilgili sanayilerin dikkatine sunacak ve uygulanması hususunda gereken şekilde yol gösterecektir. Her iki hükümet, sanayilerin gizlilik dereceli bilgilerin güvenliği ve korumasına ait mevzuata uymasını temin için gereken bütün tedbirleri alacaklardır.

2. Bu Tamamlayıcı Antlaşma'nın uygulanması, tam sınai katılmayı içerecektir. Buna göre, hükümetler kendi tedarik ve ihtiyaç dairelerini, bu tamamlayıcı anlaşmanın amaç ve ilkelerinden haberdar edeceklerdir.[525]*

Madde 6: 1. Bu Tamamlayıcı Antlaşma'nın uygulanmasıyla ilgili olarak verilen her türlü malzeme, plan, şartname ve bilgiler bunları veren hükümet tarafından güvenlik nedenleriyle gizlilik derecesine tabi tutulduğu ölçüde, diğer hükümet de eş düşen bir gizlilik derecesini devam ettirecek ve gizlilik derecesi koyan hükümetin kullandıklarına eşdeğerde güvenlik tedbirleri uygulanacaktır.

---

[525] Ekonomik, sınai ve askeri durumumuzla ilgili bilgileri verme yükümlülüğü bağımsızlığımızın gölgelenmesi değil midir?

491

2. Bir hükümetten diğerine, gizli kalacak veya diğer hükümet tarafından gerekli görülecek şekilde, bilgilerin ifşasının önlenmesini temin edecek olan eşdeğer bir gizlilik derecesi tayin edilecektir. Arzu edilen korumayı sağlamada yardımcı olmak üzere, hükümetlerden her biri, verilen bu çeşitli bilgileri, bilginin kaynağını, bilginin bu Tamamlayıcı Antlaşma'yla ilgili olduğu ve gizli kaydıyla verildiğini gösteren bir ifadeyle işaretleyecektir.

Madde 7: Bu antlaşma, karşılıklı mutabık kalınan programlar uyarınca uygulanacaktır. Bu amaçla, her iki hükümet, yetkili makamları işbirliği yapacaklardır. İki hükümet bu antlaşma ekinde tanımlanacak programları ve projeleri, Türkiye için, mümkün olan en az masrafla uygulama yollarını arayacaktır.

Madde 8: 1. Bu Tamamlayıcı Antlaşma başlangıcında 5 yıl süreyle geçerli olacak ve bunu müteakip sona erdirilmediği sürece yıldan yıla yürürlükte kalmaya devam edecektir. Antlaşma, ilk yürürlük süresinin veya herhangi bir yıllık uzatmanın sonunda, taraflardan biri diğerine, bu sürenin sona ermesinden en az 90 gün önce sona erdirme hususundaki niyetini yazılı olarak bildirdiği taktirde sona erdirilecektir.

2. Bu anlaşmanın yorumlanması veya uygulanması hususunda anlaşmazlık doğduğu taktirde, taraflar meseleyi derhal çözmek amacı ile istişarede bulunacaklardır.

3. Taraflardan herhangi biri, yazılı olarak bu antlaşmanın gözden geçirilmesini veya değiştirilmesini önerebilir. Böyle bir durumda, istişareler derhal başlayacaktır. 3 ay içinde sonuç elde edilmezse, taraflardan her biri 30 günlük yazılı ihbarla anlaşmayı sona erdirebilir.

Madde 9: Bu Tamamlayıcı Antlaşma sona erdiğinde, antlaşma çerçevesinde imzalanan mukavelelerin uygulanması tamamlanmamışsa, anlaşmanın hükümleri, söz konusu mukaveleler için bunlar sona erinceye kadar geçerli olmaya devam edecektir. Antlaşma sona erdirildiği taktirde, 1. maddenin 8. ve 9. fıkraları ile VI. madde, anlaşmanın yürürlük süresi içinde verilen malzeme ve bilgiler yönünden geçerli olmaya devam edecektir.

3 No'lu Tamamlayıcı Antlaşma

Madde 1: TC ve ABD Hükümetleri arasındaki Savunma ve Ekonomik İşbirliği Antlaşması'nın V. maddesine uygun olarak TC Hükümeti aşağıda belirtilen Türk Silahlı Kuvvetleri tesislerine katılması için Birleşik Devletler Hükümeti'ne izin verir.

- Sinop (Elektromanyetik izleme).

- Pirinçlik (Radar uyarı uzay izleme).

- İncirlik (Hava harekât ve destek).

- Yamanlar (İzmir), Şahintepe (Gemlik), Elmadağ (Ankara), - Karataş (Adana), Mahmurdağ (Samsun), Alemdağ (İstanbul) ve Kürecik (Malatya) Muharebe Tesisleri)

- Belbaşı (Sismik bilgi toplama)

- Kargaburun (Radyo seyrüseferi)

2. TC Hükümeti, ayrıca ABD'nin tesisleri dışındaki idari ve destek teşkilat ve faaliyetlerine izin verir. Anılan teşkilat ve faaliyetler bu anlaşmanın ilgili hükümlerine tabi olacaktır.

3. İcabı halinde, bu tamamlayıcı anlaşmada belirlenen gerçekler, bunlara ilişkin uygulama anlaşmalarında ayrıntıları ile düzenlenecektir.

Madde 2: 1. Ana gayesi istihbarat toplama, muharebe veya radyo seyrüsefer olan tesislerde teknik faaliyetler ve bakım hizmetleri Türk ve Amerikan personeli tarafından birlikte yürütülecektir. Taraflarca atanacak personelin dağıtımı ve Türk personelin eğitim ihtiyaçları da dahil olmak üzere, bu işbirliğinin veçheleri, iki hükümetin yetkili makamlarınca birlikte tespit edilecektir. Bu işbirliğinin amaçlarına uygun şekilde, Birleşik Devletler Hükümeti, Türk personelin eğitimine imkân sağlayacaktır.

2. Türkiye'deki bu istihbarat toplama tesislerinden elde edilen işlenmemiş veriler de dahil olmak üzere, bütün istihbarat bilgileri, iki hükümetin yetkili teknik makamlarınca müştereken tesbit edilen düzenlemelere göre her iki hükümetçe paylaşılacaktır.

3. Türkiye'deki savunma muhabere sisteminin yetenek ve imkânlarından Türk Silahlı Kuvvetleri'nin istifadesini mümkün olduğu kadar arttırmak üzere, karşılıklı mutabakatla düzenlemelere gidilecektir.

4. ABD ve Türk makamları, tesislerin bu antlaşma ile izin verilen faaliyetleri ile diğer askeri ve sivil tesislerin faaliyetlerinin birbirine müdehalesini ve cana ve mala zarar verilmesini önlemek üzere, istişare edeceklerdir.

5. Tesislerdeki teknik faaliyetlerle ilgili olup tesislerin görev yeteneklerini artıracak nitelikteki teçhizatın modernleştirilmesi, artırılması veya ithali Türk Hükümetinin ön iznine tabi olacaktır.

Madde 3: 1. ABD Hükümeti, her tesise, Birleşik Devletler Silahlı Kuvvetleri'nin komutanı sıfatı ile ve aynı zamanda Türk tesis komutanı ile tek temas noktası olarak görev yapacak bir subay atayacaktır. Türk Tesis Komutanı ve bu şekilde atanan Birleşik Devletler subayı, kendi kuvvetleri ve münhasıran bunlar tarafından kullanılan teçhizat, malzeme ve yerler üzerinde komuta ve kontrol icra ederek, aynı zamanda bunların güvenliğini sağlayacaklar,

493

faaliyetlerin bu antlaşmanın ruhuna ve hükümlerine uygun şekilde yürütülmesini sağlamak için yakın temas ve işbirliğini sürdürecekler ve tesisteki faaliyet ve teknik işletmenin, bu antlaşma hükümlerine uygun olarak yürütülmesini sağlamaktan sorulu olacaktır.

2. Birleşik Devletler Kuvvetleri veya Birleşik Devletler Kuvvetleri'nin müteahitleri tarafından çalıştırılan Türk sivil personel, kendi işverenlerinin denetim, sorumluluk ve yönetimi altında olacaklardır.

3. Türk tesis komutanı, bu maddenin 1. fıkrası ile bu antlaşmanın II. Maddesinin I. fıkrasına göre mutabık kalınmış düzenlemelere uygun olarak, çevre güvenliği de dahil olmak üzere, tesisin bir bütün olarak güvenlik ve düzeninden ve mahalli Türk makamları ile ilişkilerden sorumludur.

4. Tesislere giriş, tesis komutanının denetimi altında olacaktır. Birleşik Devletler Kuvvetleri ve sivil unsurunun ve bunun yanı sıra Birleşik Devletler Kuvvetleri müteahhitlerinin, bu müteahhitler yanında çalışanların ve çalışan Türk sivillerin ve bunların araçlarının tesise girişi, yetkili Birleşik Devletler makamlarının talebi üzerine yetkili Türk makamlarınca verilecek standart bir tanıtma kartı ile olacaktır. Anılan tanıtma kartları bu antlaşma kapsamına giren bütün tesisler için geçerli olacaktır. Tanıtma kartı verilmesini bekleyen ve geçici görevli personel, tesise, resmi emirle ve Birleşik Devletler tanıtma kartları ile girebileceklerdir. Tesislere giriş için gereken ayrıntılı uygulama düzenlemeleri, tesislere girişe ilişkin usuller hakkındaki bir direktifte yer alacaktır.

5. Tesisteki Birleşik Devletler Kuvvetleri'nin karargâhında Amerikan Bayrağı çekilebilir.

6. Tesis komutanı, bu maddenin hükümlerine uygun olarak, tesisin bütününe uygulanacak yönergeler çıkabilir.

Madde 4: Amaç, görev, konum, tesis planı, silah ve mühimmat makinaları, ana teçhizat kalemleri kadroları ve ABD kuvvet ve sivil unsur personel kadrolarına ilişkin ayrıntılar karşılıklı mutabakatla tespit edilecektir. Böylece izin verilen kuvvet ve kadro miktarlarındaki artışlar, yetkili Türk makamlarının ön iznine tabi olacaktır. Birleşik Devletler Hükümeti'nin yetkili makamları, Türkiye Cumhuriyeti Hükümeti'nin yetkili makamlarına, Türk sivil personeli de dahil olmak üzere, tesislerden her birine tanınmış personel miktarları ile görev teşkilatları hakkında, 3 ayda bir rapor vereceklerdir. Taraflar, personel atama işlemleri nedeni ile, zaman zaman, izin verilen personel kadro miktarının geçici olarak aşılabileceğini kabul ederler.

Madde 5: 1. 19 Haziran 1951 tarihli *"Kuzey Atlantik Antlaşması'na Taraf Devletler Arasında Kuvvetlerin Statüsüne Dair Sözleşme"* hükümleri uyarınca, Birleşik Devletler Hükümeti, kuvvetleri için gereken teçhizatı ve makul miktarlarda yiyecek, ikmal maddeleri ve diğer eşyaları, münhasıran Birleşik Devletler Kuvvetleri, mensupları, sivil unsuru ve yakınları tarafından kullanılmak üzere, Türkiye'ye ithal veya Türkiye'den ihraç edilebilir. Bu ithal ve ihraçları, ABD yetkilileri Türk yetkililerine manifesto ile bildirecektir.

2. Teçhizat ana kalemleri ile silah ve mühimmatın Türkiye'ye ithali ve Türkiye içinde kesin yer değiştirmesi, yetkili Türk makamlarının ön iznine tabi olacak ve silah ve mühimmatın Türkiye içinde yer değiştirmeleri karşılıklı mutabık kalınacak güvenlik ve koruma tedbirleri altında yapılacaktır. Silah ve mühimmatın ve gizli nitelikteki teçhizat ve malzemenin gümrük denetimi için özel usuller konacaktır.

3. Modernleştirme sonucu değiştirilmek üzere belirlenecek teçhizat da dahil olmak üzere, bir tesisin işletilmesi için ihtiyaç duyulan silah ve mühimmat ile teçhizat ana kalemleri, ön bildirim yapılmadan Türkiye'den çıkartılmayacaktır.

4. Taraflardan biri tesislerdeki faaliyetini sona erdirmeden veya kendi yeteneklerini önemli ölçüde azaltmadan önce her iki tarafın yetkili makamları arasında istişare edeceklerdir.

Madde. 6. Bu antlaşma amaçlarına uygun olarak, Birleşik Devletler Hükümetince ihtiyaç duyulan malzeme, teçhizat, ikmal maddeleri hizmetler ve sivil el emeği, mümkün olan en geniş ölçüde Türkiye'den sağlanacaktır.

Madde 7: 1. Bu anlaşmanın amaçlarına uygun olarak TC Hükümeti tarafından tahsis edilmiş ıslahat, tesisat, irtifak ve geçit hakları dahil, devlet mülkiyetindeki arazi kendisinden herhangi bir bedel istenmeksizin veya talebe yol açmaksızın Birleşik Devletler Hükümeti'nce kullanılmaya devam olunacaktır. Bu madde, bu arazi sahalarının ıslah, tesisat, irtifak ve geçit haklarının mülkiyetinin Birleşik Devletlere verildiği şekilde yorumlanmayacak ve bu antlaşmanın amaçlarına uygun olarak Birleşik Devletler Hükümetine belirli mülkleri sağlayan mevcut özel kira mukavelelerinin hükümlerini etkilemeyecektir.

2. Bu Antlaşmanın amaçlarına uygun olarak Türkiye Cumhuriyeti Hükümeti'nce, Birleşik Devletler Hükümeti'ne tahsis edilen arazi sahaları üzerinde, Birleşik Devletler tarafından veya onun adına inşa veya tesis edilen bütün taşınmaz mallar, toprağa bağlı mallar dahil olmak üzere, inşa veya tesis tarihlerinden itibaren TC Hükümeti'nin malı olacak ve Türk yetkililerince Birleşik Devletler Hükümeti'ne ve onun personeline bu antlaşma amaçlarına uygun olarak söz konusu malları kullanma hususunda verilen yetkiye halel getirmeksizin, bu şekilde tescil olunacaktır. Bu tür taşınmaz malların Birleşik Devletler tarafından kullanımının kesin olarak sona ermesini müteakip, söz konusu kullanım hakkı Türkiye Cumhuriyeti Hükümeti'ne geçecek ve eğer varsa,

bakiye değeri, geçmiş uygulamalar dikkate alınarak, karşılıklı mutabakat ile tesbit edilecektir. Söz konusu mallara, temel tesisat sistemleri ve binalara sürekli olarak eklenmiş veya yerleştirilmiş diğer sabit eşya da dahil olacaktır.

3. TC Hükümeti, Birleşik Devletler tarafından veya onun adına bu anlaşmanın amaçları için Türkiye'ye ithal edilen veya Türkiye'de temin olunan her çeşit teçhizat, malzeme ve ikmal maddeleri, Birleşik Devletler Hükümeti tarafından elden çıkarıldığı taktirde, mutabık kalınacak düzenlemelere uygun olarak öncelikle iktisap hakkında haiz olacaktır.

4. Tesislerde yeni binaların veya toprağa bağlı diğer malların inşası ve mevcut binaların temel yapısını değiştiren yıkma, sökme, tadilat ve modernleştirme yetkili Türk makamlarının ön iznine tabi olacaktır.

Madde 8: 1. Münhasıran Türkiye tarafından yürütülen faaliyetler için kullanılan veya Türk personeli tarafından kullanılan mahaller hariç, tesislerin işletme ve bakım masrafları ve tesislerde karşılıklı olarak mutabık kalınmış inşaat, modernleştirme, tadil ve onarım masrafları Birleşik Devletler Hükümeti'nce karşılanacaktır.

2. Taraflardan her biri kendi personel masrafını ödeyecektir.

3. Birleşik Devletler Hükümeti'nce talep edilen ve TC Hükümeti'nce tesisin çerçevesine kadar götürülmesi sağlanan mahalli kolaylıkların tesise iletilmesi masrafları Birleşik Devletler Hükümeti'nce karşılanır.

Madde 9: 1. NATO savunma planlarını desteklemek üzere, İncirlik Tesisinde konuşlandırılmasına izin verilen Birleşik Devletler Rotasyon Filosu uçaklarının ve bunların destek birliklerinin ve bu antlaşmanın 1. maddesinin 1. ve 2. fıkraları uyarınca izin verilen faaliyetleri destekleyen uçakların Türkiye'ye geliş ve gidişleri ile faaliyetleri, uygulama antlaşmalarına uygun olarak yürütülecektir.

Bu anlaşmalar ayrıca aşağıdaki hususları kapsayacaktır;

a. İncirlik Tesisi'nin ortak kullanımı ve hava trafik kontrol hizmetlerinin sağlanması usulleri,

b. İncirlik'teki Rotasyon Filosu uçaklarının eğitimine ait usuller,

2. NATO planlarını destekleyen ilave eğitime ait usuller tespit edilecektir. Bu eğitimin uygulanması ayrı protokoller yoluyla gerçekleştirilecektir.

3. Bu faaliyetleri destekleyen uçaklar söz konusu faaliyetlere hizmet eden muayyen askeri ve sivil havaalanlarına ineceklerdir. Bu faaliyetlerle ilgili olarak hareket eden ikmal gemileri TC Hükümeti'nce izin verilen Türk limanlarına gireceklerdir.

4. Birleşik Devletler uçaklarının Türkiye'ye gelişi, gidişi ve tesislerarası uçuşlarını kolaylaştırmak için bu anlaşmaya uygun hükümler getirilecektir.

Madde 11: 1. maddenin 1. fıkrasında belirtilen tesisler yetkili Türk makamlarının denetimine tabidir. Söz konusu denetlemeler tarafların yetkili makamları arasındaki, karşılıklı olarak tatminkar idari düzenlemelere dayanacaktır.

Madde 12: Bu anlaşmalardaki hiçbir husus, TC Hükümeti'nin, olağanüstü durumlarda milli varlığını korumak için, uluslararası hukuka uygun olarak, gerekli kısıtlayıcı tedbirleri almak hususundaki doğal hakkını haleldar edemez.

Madde 13. 1. Bu antlaşma, yürürlüğe giriş tarihinden itibaren, 5 yıl süre ile geçerli olacaktır. Taraflardan biri bu ilk 5 yıllık sürenin bitiminden üç ay önce, bu anlaşmanın feshini her yılın bitiminden 3 ay önce taraflardan birinin feshi ihbarında bulunması sureti ile sona erdirilinceye kadar birer yıl süreyle yürürlükte kalmaya devam edecektir. [526]

2. Bu anlaşmanın sona ermesi halinde, Birleşik Devletler Hükümeti, hukuken sona erme tarihini takip eden bir yıl içinde, geri çekme ve tafsiye işlemlerini tamamlayacaktır. Bu antlaşma söz konusu geri çekme ve tafsiye amacı için yürürlükte addolunacaktır. [527]

EK 1. Sinop Tesisi
EK 2. Pirinçlik Tesisi
EK 3. İncirlik Tesisi
EK 4. Muhabere Tesisi
EK 5. Lojistik ve İdari Tesisler
EK 6. Muhabere ve Elektronik İsihbarat.

---

[526] Amerika çıkarlarının gerektirdiği sürece anlaşmaları yürürlükten kaldırmayı düşünmez. Bu bir müzakere taktiğidir.
[527] Önceki maddeyle ilgili taktik bu madde için de geçerlidir

Ek: 7

Rockefeller'ın Eisenhower'a Yazdığı
1956 Tarihli, "Başkan'a Gizli Mektup"[528]

Sevgili Başkanım,

Azgelişmiş ülkeler için daha akıllı ve cesur bir yardım programı hakkında yapmış olduğum teklifler dolayısıyla Camp David'de cereyan eden uzun ve yorucu tartışmalara tekrar dönmeyi gereksiz bulurum. Bununla beraber, gereksiz siyasi olaylar, tartışmalarımızın verimsiz olmadığını göstermiştir. Bu bakımdan herhangi bir özgünlük iddiası taşımayan ve fakat dış politikamızın önemli sorunlardan birini teşkil eden mesele hakkında, yararlı olacağına inandığım görüşlerimi bildirmenin zamanı gelmiştir.

Dış politikamızın genel çizgisi hakkında, hükümetle temelde hiçbir fikir ayrılığımız yoktur ve hiçbir zaman da olmadı. En azından herhangi bir insan kadar askeri paktların önemini ben de kabul ediyorum. Fakat bunların, şimdiye kadar Dışişleri Bakanlılığı'nın yapabileceğinden daha başka bir biçimde ele alınması gerektiği kanısındayım. Tam da şu sırada Rusların izlediği aktif dış politika sonucu, askeri paktların, gittikçe halkların gözünden düşmekte olduğu gerçeğini görmezlikten gelemeyiz. Geçen iki üç yıl boyunca askeri paktlar politikamızın, ciddi darbeler yemiş olduğu gerçeğini de görmek zorundayız. SEATO Paktı bunun en belirgin örneğidir. En önemli Asya ülkeleri bu pakta girmeyi reddettiler.

En son askeri projelerimizin kaderi, evvelkilerden daha da kötü oldu. Örneğin, Bağdat Paktı. Oysa bu paktı, Dullas, Amerikan diplomasisinin önemli bir başarısı, İngilizler de kendi başarıları olarak ilan ettiler. Bağdat Paktı'nın, kâğıt ve harita üzerinde iyi bir görünüş arzettiği doğrudur.

---

[528] Nelson A. Rockefeller'dan Başkan Eisenhower'a ABD yardımının amaç ve taktik uygulamalarıyla ilgili 1956'da yazılmış gizlilik dereceli mektup. Bu mektup Haftalık *ANT* dergisinin 09 Mart 1969 tarihli 127'ci sayısından alınmıştır. Dergi kaynak olarak Harvel O'Connor'ın "Petrol İmparatorluğu" ("The Empire Of oil", *Monthly Review*, 1955) adlı eserin Almanca baskısını göstermiş ve mektubun anılan kitabın 275-280 sayfalarından alındığını not etmiştir.
Buraya bir not daha düşmeliyim. Okuyucunun, Eisenhower ve Rockefeller'ın kimlikleri ve karşılıklı ilişkilerinin derinliği hakkında daha fazla bilgi edinmesi için *"Amerikan Harp Doktrinleri"* isimli kitabın 148-164. sayfaları arasındaki bölümü okunmasını salık veririm.

Zira bu pakt, *Ortadoğu'nun dört ülkesini, bizim çıkarlarımıza uygun düşen tek bir askeri pakt içinde toplamaktadır.* Bu ülkeler, komünist dünyanın güney sınır çizgisi üzerinde bulunmaktadırlar. Ayrıca, kıymetli stratejik hammadde rezervlerine ve kalabalık insan gücüne sahiptirler. Bağdat Paktı üyesi olan Türkiye, aynı zamanda NATO yoluyla bizim savunma sistemimize bağlanmıştır. Pakistan ise, aynı zamanda SEATO üyesidir. Ortadoğu'daki birçok Arap ülkesi, Bağdat Paktı'nın kendi ulusal çıkarlarına karşı olduğunu ileri sürerek, bu pakta girmemişlerdir. Gerçekten de yarattığımız bu askeri paktlar, ne Güneydoğu Asya'da, ne de Ortadoğu'da arzuladığımız hedeflere ulaşmıştır. Çünkü, bu paktlar başarıya ulaşmaları için hayati önem taşıyan bazı ülkeleri içlerine almaya muvaffak olamamışlardır. Bütün bunlarla, bu askeri organizasyonların bizim için değeri olmadığını, kurulmamaları gerektiğini söylemek istemiyorum. Ben bu paktları değil, onların kurulmasında kullanılan yol ve metotları eleştiriyorum. Şu meşhur *"Standart Oil Tröstü için iyi olan ABD için de iyidir"* tekerlemesini de burada tekrarlamak istemiyorum. Fakat yine de, gerek Bağdat Paktı'nın, gerekse SEATO ülkelerinin çok değerli kaynaklarından bizim yeterince yararlanamadığımız gerçeğini gözden uzak tutamam. Ayrıca, bu paktlar, bizim için hayati önem taşıyan köprübaşlarının güvenliğini dahi garanti altına alamamışlardır.

İkinci Dünya Savaşı'ndan sonraki Asya politikamızın başarısızlığı; Rus yöneticilerinin, Hindistan, Burma ve Afganistan'a yaptıkları ziyaretlerin ve Sovyetlerin bu bölgede büyük yatırımları kapsayan ekonomik işbirliğine gösterdikleri büyük arzu ve teşebbüslerin ışığı altında incelenecek olursa, çok daha açıklık kazanır. Bugüne dek maalesef etkili bir şekilde karşı koymayı başaramadığımız bu Rus adımları, bütün Asya ülkelerinin geleceği bakımından geniş ölçüde ekonomik ve politik sonuçlar doğurabilir. Bu yüzden biz mevcut askeri pakt ve anlaşmaları sağlamlaştırmak yanında, yenilerini de kurmak istersek -bu cins paktların çeşitli ülkelerle olan ilişkilerimizde zorunlu ve uygun bir biçimde olduğunu kabul etmek şartıyla- karşımıza çıkan yeni duruma uygun davranış göstermekle işe başlamalıyız.

Bizim politikamız hem "global", yani dünyanın bütün kara parçalarını kapsayan, hem de "total" olmalıdır. Yani politik, askeri, ekonomik, psikolojik tedbirleri ve özel metotları bir bütün içinde bir araya getirmektir. Başka bir deyişle, yapılacak şey atlarımızın hepsini bir tek arabaya koşmaktır.

Görüşümü daha iyi ortaya koyabilmek için - yüzeysel de olsa - dış politikamıza ait bir kaç ilkenin, Avrupa ve Asya'da nasıl uygulandığını tahlil etmeye çalışacağım.

Bilindiği gibi, Avrupa'da ekonomik yardımla işe başladık. Marshall Planı olmasaydı, NATO'nun kurulması mümkün olamazdı. Marshall Planı'yla gerçekleştirilen şey, baskının her çeşidinin kullanıldığı koordine bir dış politikayı sağlamak oldu. Bu politika ise, umduğumuz ve planladığımız gibi sağlam bir askeri paktın kurulmasına götürdü.

Asya'daki çabalarımız daha az başarılı sonuçlar verdi. Kanaatimce, bunun esas nedeni, tek şeyle açıklanabilir. Kurulmasını arzu ettiğimiz ittifaklar için gerekli ekonomik hazırlıkların önemini küçümsediğimiz bir dönemde, şiddet ve baskı anlayışı fazlasıyla göze batacak şekilde ortaya kondu. İttifakların askeri yönü çok sivritildi.

Hayati önem taşıyan ekonomik görüşün, Dışişleri Bakanlığı'nca küçümsenmesi, SEATO ve Bağdat Paktlarının kum üstüne inşa edilmesine yol açtı. Bence bu kum çimento ile pekiştirilmelidir. "Bayrağın ticareti takip etmesi" bir Amerikan geleneğidir.

Bu akıllı geleneğe rağmen, biz bütün enerjimizi SEATO'nun askeri yönüne harcadık. ABD'nin Çan-Kay-Şek ile birlikte Komünist Çin'e karşı açacağı bir savaşa, SEATO üyelerinin katılacağını tasavvur etmek, hemen hemen imkânsızdır. Bununla birlikte, Dışişleri Bakanlığımız böyle bir tasavvurun hesabı içindeydi.

Kaçınılmazlığını sizin de şimdi bizzat kabul ettiğiniz ekonomik tedbirlerin, düşüncesizce atılan askeri adımlar yüzünden neticesiz kaldığı bir gerçektir. Bu gerçeğin, hükümet adamlarımız tarafından gittikçe görülmesi beni memnun etmektedir. Eğer askeri paktların ve kuruluşların yolları, önceden ekonomik tedbirlerle döşenmemişse atılacak askeri adımlara itiraz edilmesi gerekir.

Sayın Başkanım, biliyorsunuz ki; dünyanın geniş bölgelerini kapsayan azgelişmiş ülkelerde, sermaye, teçhizat, idari persone ve teknik uzman eksikliği en önemli meseledir. Bütün planlamalarımızda, bu gerçeği daima hesaba katmak zorundayız. Askeri pakt ve tedbirlerin gerekliliğine inanıyorsak, bunların faturasını da ödemeğe hazır olmak gerekir.

Düşüncelerimin pratikteki en somut örneği, hatırlayacağınız gibi, bizzat meşgul olduğum İran tecrübesidir. Ekonomik yardımı harekete geçirerek İran petrolüne el koymayı başardık ve bu ülkenin ekonomisine yerleştik. *İran'da ekonomik pozisyonumuzun kuvvetlenmesi bu ülkenin dış politikasının kontrolümüz altına girmesini ve özellikle Bağdat Paktı'na üye olmasını sağladı.* Halihazırda İran Şahı, elçimize danışmadan hükümetinde herhangi bir değişiklik yapmaya bile cesaret edememektedir.

Kısaca söylemek gerekirse: Burada ileri sürülen düşünceler beni ve arkadaşlarımı, politik programımızın aşağıdaki temel ilkelere oturtulması zorunluluğuna götürdü:

1. Biz, askeri paktlarımızı kurmayı ve sağlamlaştırmayı hedef alan tedbirlere devam etmekteyiz. Çünkü, bu paktlar, herhangi bir komünist saldırısını ve ulusal hareketleri önlemekte faydalı olacaktır. Bundan başka Asya'da ve Ortadoğu'daki pozisyonlarımızı her yönden sağlamlaştıracaklardır.

Şu önemli gerçeği gözden uzak tutamayız: Magnezyum, krom, kalay, çinko ve tabii kauçuğumuzun tamamı, bakır ve petrolümüzün önemli bir kısmı, kurşun ve alüminyumun üçte biri, denizaşırı ülkelerden gelmektedir. En önemlisi, ABD tarafından kurulmuş askeri paktlardan, herhangi birinin etki alanında bulunan Asya ve Afrika'nın azgelişmiş bölgelerinden gelmektedir. Süper-stratejik maddelerin, bu arada uranyumun durumuda yukarıdakiler gibidir.

2. Bu askeri paktları sağlamlaştırmak ve genişletmek için Marshall Planı'nın Avrupa'da bize sağladığı kadar, ya da ondan daha büyük ölçüde, politik ve askeri nüfuz garantileyecek genişlikte bir ekonomik yayılma planını Asya, Afrika ve diğer azgelişmiş ülkelere yaptığımız ekonomik yardımların büyük kısmı, askeri paktlarımıza hizmet etmek üzere kurulmuş olan kanallardan akmalıdır. Bu ise bizi, askeri paktları cazip hale sokmaya götürmelidir. Zorunlu hallerde, bu paktların biçimlerinde belirli değişiklikler düşünülmelidir. Başka bir deyişle, askeri paktların ekonomik yanını mümkün olduğu kadar belirgin hale getirmeliyiz. Biz askeri paktlarımıza çekmek istediğimizi ülkere geniş ölçüde ve akıllıca ekonomik yardımlar yapmalıyız. Fakat bunu şimdiye kadar yaptığımızdan daha dikkatli ve elastiki bir biçimde yapmak gerekmektedir. Çok özel durumlarda herhangi bir şart koşmamalıyız. İkinci dönemde, hem politik hem de askeri şart ve taleplerimizi kabul ettirme yolu açılmış olacaktır.

3. Bu ilkelerden hareketle, Amerikan iktisadi yardımının yapılacağı ülkeleri üç grupta toplamayı teklif ediyorum. Ekonomik işbirliğinin çeşitli biçim ve metodları, bu her üç grupta da kullanılmalıdır.

Oltadaki Balık Türkiye[*]

Birinci gruba; bizimle dost olan ve bize uzun süreli, sağlam askeri paktlarla bağlanmış olan anti komünist hükümetlerin iktidarda olduğu ülkeler gi-

---

[*] Bu ara başlık, yazarındır.

rer. Bu ülkelere yapılacak yardımlar ve açılacak krediler öncelikle askeri nitelikte olmalıdır. Oltaya yakalanmış balığın yeme ihtiyacı yoktur. Bu noktada Dışişleri Bakanlığı ile aynı fikirdeyim, genişletilmiş iktisadi yardım, örneğin Türkiye'ye, bazı hallerde düşünülenin tersi sonuçlar verebilir. Yani *bağımsızlık* eğilimini arttırıp, mevcut askeri paktları zayıflatabilir. Bu tip ülkelere - Türkiye gibi - doğrudan doğruya iktisadi yardım da yapılabilir, ama bu ancak bize uygun ve bağlı hükümetleri iktidarda tutacak ve bize düşman muhalif hükümetleri zararsız bırakacak biçim ve miktar'da olmalıdır.

Bunlarla bağıntılı olarak özel sermaye yatırımlarını da ayarlamak gerekir. Hükümet, özel sermaye yatırımlarını cesaretlendirmeli ve onlardan akıllıca yararlanmasını bilmelidir. Bu yatırımlar yardımıyla bir çok politik amaca ulaşılabilir. Bu tip özel sermaye yatırımları, zamanla bütün *gayrımeşru muhalefeti ve politikamıza karşı mukavemeti ortadan kaldırabilmeli veya nötralize edebilmelidir.* Ayrıca bizi desteklemekte kararsız ve sallantılı bütün şahsi teşebbüs ve menfaat çevrelerini etkilemelidir. *Aynı zamanda ABD ile işbirliğine hazır yerli işadamlarına yardım arttırılmalı ve böylece bu işadamlarının, ilgili ülkenin ekonomisinde kilit noktaları ele geçirmeleri, buna dayanarak politik etkilerinin artması sağlanmalıdır.*

İkinci grup, tarafsız bir politika güden veya o eğilimi gösteren ülkeleri kapsamaktadır. Bu durumda, devlet yardımları ve kredilerin ağırlığı bu ülkelerde bizim için gerekli ekonomik koşulların yaratılmasına kaydırılmalıdır. Bu koşullar, zamanla bizim için çalışmalı ve bu ülkelerin, bize bağlı askeri pakt ve birliklere kendiliklerinden girmelerini sağlamalıdır. *Bu politikanın temel hedefi, bu ülkelerde ekonomik ilişkilerimizin arttırılması sonucunda yerli ekonominin kilit noktalarını ele geçirmektir.*

Bu ülkelerdeki, özel yabancı sermaye yatırımlarını teşvik etmeyen *hükümetlere karşı olan grup ve kişiler desteklenmelidir.* Böylece bu ülkelerdeki yeni politikamızın temelini sağlam bir şekilde atabiliriz. Bu gruba giren ülkelerin en önemlisi Hindistan'dır.

Üçüncü grup, daha sömürge halinde olan ülkeleri kapsamaktadır. Bu ülkelere yapılan özel sermaye yatırımlarının arttırılması için gerekli işlemler süratle tamamlanmalı, özel bir program dahilinde bu ülkelere daha fazla iktisadi yardım verilmelidir. Ayrıca bu ülkelerdeki sömürge idaresine karşı savaşan yerli işadamları desteklenmelidir. Bu gruptaki ülkeler için uygulayacağımız politikanın birinci aşamasında iktisadi yardım, yerli ortaklarla karma tesisler kurmak şeklinde olabilir.

Bu tip ülkeleri desteklememiz halinde, onları yumuşatıcı etkimizin tümünü kaybedebileceğimizi bilmeliyiz. Eğer bunlar yapılmazsa bu ülkelerde bağımsızlık isteğinden öyle kuvvetli bir milliyetçilik doğabilir ki, bu sömürge ülke yalnız eski sömürücü ülkenin kontrolünden çıkmakla kalmaz, bizim de kontrolümüzden çıkabilir.

Bu grubun en önemli ülkesi Belçika Kongosu'dur.

Her üç ülke grubuna da yapılacak geniş iktisadi yardımlarda, ABD'nin karşılık beklemeden yardım ettiği ve işbirliği yapmak istediğinde samimi olduğu izlenimi yaratılmalıdır. Elinizdeki bütün propaganda olanaklarıyla durmaksızın, azgelişmiş ülkelere yapılan Amerikan yardımının karşılıksız bir yardım olduğunu, art niyet taşımadığını bütün kafalara sokmalı, bu konuda hiçbir masraftan çekinmemeliyiz. Bu arada anti-komünist çalışmalarımıza, ideolojik savaşa ara vermemeliyiz. Bu ülkelere yatırım yapan kapitalistlerimiz, teknik eksperlerimiz ve diğer uzmanlarımız azgelişmiş ülkelerin milli ekonomilerinin bütün dallarına girmeli, onları bizim çıkarımıza göre geliştirmelidir.

Bu ülkelerdeki politik bakımdan güvenilir yerli işadamlarının ulusal çabaları da teşvik edilmelidir.

Bütün bu tavsiyelerin hepsi uygulandığı taktirde; ABD'nin uluslararası prestijinin bütünüyle artacağına, ayrıca gelecekte karşılaşacağımız her türlü askeri görevlerin yerine getirilmesinin kolaylaşacağına şüphe yoktur. Çünkü böylece mevcut askeri paktlar sağlamlaştırılmış ve yeni bir ruhla doldurulmuş olacaktır.

Aramızdaki yakın dostluk ve sempatiden emin olmasaydım ve bu fikirlerin, genel politikamızı sağlam ve doğru bir temele oturacağı ümidini taşımasaydım, size bu tafsilatlı mektubu yazmazdım.

Dış politikamızın ağırlık noktasının, bir başka düzeye aktarılmasıyla ilgili düşüncelerimin hepsini, kabul etmek lazım ki, bu mektup çerçevesi içinde anlatma imkânını bulamadım. Yeni politikanın yürütülmesinden sorumlu olan sizin ve çalışma arkadaşlarınızın, Asya'da ve özellikle Ortadoğu'daki pozisyonlarınızı kuvvetlendirici tedbirlerin alınması zorunluluğuna artık inanmış olmanız ve üzerinde durduğum ana meselenin, öncelik tanınması gereken çeşitli yönlerini tekrar ele almaya karar vermeniz, en büyük arzumdur. Geleceğin tarihçilerinin, ABD'nin İkinci Dünya Savaşından sonraki ikinci on yıl içinde izlediği pasif dış politika yüzünden, hür dünyanın karanlığa boğulduğunu yazmalarına imkân vermemeliyiz.

Derin saygılarımla.

Nelson A. ROCKEFELLER

Ek: 8

Johnson Mektubu

Sayın Bay Başbakan,

Türkiye Hükümeti'nin, Kıbrıs'ın bir kısmının askeri kuvvetle işgal etmek üzere müdahalede bulunmaya karar vermeyi tasarladığı hakkında Büyükelçi Hare vasıtasıyla sizden ve dışişleri bakanınızdan aldığım haber beni ciddi surette endişeye sevketmektedir. En dostane ve açık şekilde belirtmek isterim ki geniş çapta neticeler tevlit edebilecek böyle bir hareketin Türkiye tarafından takip edilmesini, hükümetinizin bizimle evvelden tam bir istişarede bulunmak hususundaki taahhüdü ile kabili telif addetmiyorum. Büyükelçi Hare, görüşlerimi öğrenmek üzere birkaç saat tehir etmiş olduğunuzu bana bildirdi.

Yıllar boyu Türkiye'yi en sağlam şekilde desteklediğini ispat etmiş olan Amerika gibi bir müttefikin, bu şekilde neticeleri olan tek taraflı bir kararla karşı karşıya bırakılmasının, Hükümetiniz bakımından doğru olduğuna hakikaten inanıp inanmadığınızı sizden sorarım. Binaenaleyh, böyle bir harekete tevessül etmeden önce Birleşik Amerika Devletleri ile tam istişarede bulunmak mesuliyetini kabul etmenizi hassaten rica etmek mecburiyetindeyim.

1960 tarihli Garanti Antlaşması ahkâmı gereğince böyle bir müdahalenin caiz olduğu kanaatinde bulunduğunuz intibaındayım. Bununla beraber Türkiye'nin mutasavver müdahalesinin, Garanti Antlaşması tarafından sarahaten men edilen bir hal sureti olan takvimi gerçekleştirme gayesine matuf olacağı yolundaki anlayışımıza dikkatinizi çekmek zorundayım. Ayrıca, söz konusu Antlaşma teminatçı Devletler arasında istişareyi gerektirmektedir.. Birleşik Amerika bu durumda, tek taraflı harekete geçme hakkının henüz kabili telif olmadığı kanaatindedir.

Diğer taraftan, Bay Başbakan, NATO vecibelerine de dikkat nazarınızı celp etmek mecburiyetindeyim. Kıbrıs'a vaki bir Türk müdahalesinin Türk-Yunan kuvvetleri arasında askeri bir çatışmaya müncer olacağı hususunda zihninizde en ufak bir tereddüt olmamalıdır. Dışişleri Bakanı Rusk Lahey'de yapılan son NATO Bakanlar Konseyi toplantısında, Türkiye ile Yunanistan arasında bir harbin "kelimenin tam manasıyla düşünülemez" olarak telakki edilmesi gerektiğini beyan etmişti. NATO'ya iltihak esası icabı olarak, NATO memleketlerinin birbirleriyle harp etmeyeceklerini kabul etmek demektir. Almanya ve Fransa NATO'da müttefik olmakla yüzyıllık husumet ve düşmanlıklarını gömmüşlerdir; aynı şeyin Yunanistan ve Türkiye'den de beklenmesi gerekir. Ayrıca, Türkiye tarafından Kıbrıs'a yapılacak askeri bir müdahale Sovyetler Birliği'nin meseleye doğrudan doğruya karışmasına yol açabilir. NATO müttefiklerinizin tam rıza ve muvafakatleri olmadan Türkiye'nin girişeceği bir hareket neticesinde ortaya çıkacak bir Sovyet müdahalesine karşı Türkiye'yi müdafaa etmek mükellefiyetleri olup olmadığını müzakere etmek fırsatını bulmamış olduklarını takdir buyuracağınız kanaatindeyim.

Diğer taraftan Bay Başbakan, bir Birleşmiş Milletler üyesi olarak Türkiye'nin vecibeleri dolayısıyla da endişe duymaktayım. Birleşmiş Milletler Ada'da sulhu korumak için kuvvet temin etmiştir. Bu kuvvetlerin vazifesi zor olmuştur, fakat geçen son birkaç hafta zarfında, Ada'daki şiddet hareketlerinin azaltılmasına tedrici bir şekilde muvaffak olmuşlardır. Birleşmiş Milletler Arabulucusu henüz işini bitirmemiştir. Hiç şüphem yok ki, Birleşmiş Milletler üyelerinin çoğunluğu, Birleşmiş Milletler gayretlerini baltalayacak olan ve bu zor meseleye Birleşmiş Milletler tarafından makbul ve barışçı bir hal tarzı bulunmasına yardım edebilecek herhangi bir ümidi yıkacak olan Türkiye'nin tek taraflı hareketine en sert şekilde tepki gösterecektir.

Aynı zamanda, Bay Başkan, askeri yardım sahasında Türkiye ve Birleşik Devletler arasında mevcut iki taraflı Antlaşma'ya dikkatinizi çekmek isterim. Türkiye ile aramızda mevcut Temmuz 1947 Antlaşması'nın 4. maddesi mucibince, askeri yardımın veriliş maksatlarından gayrı gayelerde kullanılması için Hükümetinizin, Birleşik Devletlerin muvafakatini alması icap etmektedir. Hükümetiniz, bu şartı tamamen anlamış bulunduğunu muhtelif vesilelerle Birleşik Devletlere bildirmiştir. Mevcut şartlar tahtında Türkiye'nin Kıbrıs'a yapacağı bir müdahelede Amerika tarafından temin edilmiş olan askeri malzemenin kullanılmasına Birleşik devletlerin muvafakat etmeyeceğini samimiyetimle ifade etmek isterim.[529]

Mutasavver Türk hareketinin fiili neticelerine gelince, böyle bir hareketin Kıbrıs adası üzerinde on binlerce Kıbrıslı Türk'ün katledilmesine yol açabileceği keyfiyetine en dostane bir şekilde dikkatinizi çekmek mecburiyetini hissediyorum. Tarafınızdan böyle bir harekete tevessül edilmesi, infiali mucip olacak ve girişeceğiniz askeri hareketin himaye etmeye çalıştığınız kimselerin pek çoğunun imhasını önlemeye yeter derecede müessir olması imkânsız olacaktır. Birleşmiş Milletler kuvvetlerinin mevcudiyeti böyle bir faciayı önleyemez.

---

[529] Bu paragraf özellikle son cümleleriyle, Truman Doktrini'nin ne denli bir tuzak olduğunun, Amerika'nın gerçek yüzünü tüm çıplaklığıyla gösterdiğinin belgesidir. Ve Türkiye'nin ABD'nin inisiyatifi dışında ve ABD çıkarlarına aykırı bir karar alma ve uygulama hakkından yoksun olduğunu gösterir. Bu mektup, egemenlik haklarımıza 12 Temmuz 1947 Antlaşması'yla konulan ipoteğin belgesi olarak tarihe geçecektir.

Sözlerimi pek fazla sert bulabilir ve bizim Kıbrıs meselesinde Türkiye'nin ilgisine karşı bigane olduğumuzu düşünebilirsiniz. Durumun böyle olmadığını size temin ederim. Gerek alenen gerek hususi olarak, Kıbrıs Türklerinin emniyetini sağlamakta ve Kıbrıs meselesinin nihai hal tarzının konuyla doğrudan doğruya ilgili tarafların rızasına dayanması hususu üzerinde ısrar etmekte gayret gösterdik. Amerika Birleşik Devletleri'nin sizin lehinize yeter derecede faaliyet sarfetmediği hissini taşımanız mümkündür.

Fakat herhalde bilirsiniz ki politikamız Atina'da en sert şekilde infiale yol açmış (bizim aleyhimize orada nümayişler yapılmış) ve Amerika Birleşik Devletleri ile Başpiskopos Makarios arasında esaslı bir uzaklaşma husule getirilmiştir. Daha birkaç hafta önce yaptığımız görüşme sırasında Dışişleri Bakanınıza da söylediğim gibi, Türkiye ile olan münasebetlerimize çok büyük değer veriyoruz. Sizi kendisiyle temel ortak menfaatlerimiz olan büyük bir müttefik telakki etmişizdir. Sizin güvenlik ve refahınız Amerika halkı için ciddi bir alaka mevzuu olagelmiş ve bu alakamız en pratik şekillerde ifadesini bulmuştur. Biz ve Siz, komünist dünyasının ihtiraslarına karşı koymak üzere birlikte dövüştük. Bu tesanüt bizim için büyük bir mana ifade etmektedir. Hükümetiniz ve halkınız için de aynı derecede bir mana taşıdığını ümit ederim. Kıbrıs'la ilgili olarak Türk cemaatini tehlikeye maruz bırakacak herhangi bir hal tarzını desteklemeyi düşünmüyoruz. Nihai çözüm yolu bulmaya muvaffak olamadık, zira bunun dünyadaki en girift meselelerden biri olduğu aşikardır. Fakat Türkiye ve Kıbrıslı Türklerin menfaatleri konusunda ciddi şekilde alakadar olduğumuz ve alakadar kalacağımız hususunda sizi temin etmek isterim.

Nihayet Bay Başbakan, en ciddi meseleyi, "harp mı, sulh mü" meselesini vazetmiş bulunuyorsunuz. Bu meseleler Türkiye ve Birleşik Devletler arasındaki iki taraflı münasebetlerin çok ötesinde giden meselelerdir. Bunlar, sadece Türkiye ve Yunanistan arasında bir harbi muhakkak olarak tevlit etmekle kalmayacak, fakat Kıbrıs'a tek taraflı bir müdahalenin doğuracağı, önceden kestirilemeyen neticeler sebebiyle, daha geniş çapta muhasemata yol açabilecektir. Sizin Türkiye Hükümeti'nin Başbakanı olarak mesuliyetiniz var, benim de Birleşik Amerika Başkanı olarak mesuliyetim mevcuttur. Bu sebeple, en dostane şekilde size şunu bildirmek isterim ki, bizimle yeniden ve en geniş ölçüde istişare etmeksizin böyle bir harekete tevessül etmeyeceğinize dair bana teminat vermediğiniz takdirde, meselenin gizli utulması hususunda Büyükelçi Hare'e vaki talebinizi kabul etmeyecek ve NATO Konseyi ile Birleşmiş Milletler Güvenlik Konseyi'nin acilen toplantıya çağrılmasını istemek mecburiyetinde kalacağım.

Bu mesele hakkında sizinle şahsen görüşebilmemizin mümkün olmasını isterdim. Mateessüf, mevcut Anayasa hükümlerimizin icabı dolayısıyla, Birleşik Amerika'dan ayrılamamaktayım.

Teferruatlı müzakereler için siz buraya gelebilirseniz, bunu memnuniyetle karşılarım. Genel barış ve Kıbrıs meselesinin aklı selimle ve sulh yoluyla halli hususunda sizinle benim çok ağır mesuliyet taşımakta olduğumuzu hissediyorum. Bu itibarla aramızda en geniş ve en samimi istişarelerde bulununcaya kadar sizin ve meslektaşlarınızın tasarladığınız kararı geri bırakmanızı rica ederim.

Hürmetlerimle.

Lyndon B. Jonhnson

Ek: 9

ABD Yönetimi ve Türkiye
24 Nisan 1983 / Milliyet

Richard PERLE, (ABD Savunma Bakanı Yardımcısı)
Richard BURT, (ABD Dışişleri Bakanı Yardımcısı)
YÖNETEN: M. Ali BİRAND

PERLE: "Türkiye'deki üsler, Çevik Kuvvet için hazırlanmıyor. Türkiye'de inşaa edilecek üsler, Sovyetlerin İran'a olası bir saldırısında son derece önemli caydırıcı rol oynayacaktır."

BURT: "Reagan yönetimi, Ermeni katliamını kabul etmiyor. Türkiye, Ortadoğu'daki rolünü kendi saptar. İran'ın eski rolünü Türkiye'ye vermeye çabalamak söz konusu olamaz."

Amerikan Dışişleri Bakan Yardımcısı Burt ve Savuma Bakan Yardımcısı Perle, arkadaşımızın M. Ali Birand'ın sorularını Washington'da yanıtladılar. Birand'ın soruları ve Burt ile Perle'nin verdiği yanıtlar aynen şöyle:

BİRAND: İran ve Afganistan olaylarından sonra, Türkiye'nin bölgedeki stratejik öneminin arttığı sürekli şekilde ve ısrarla vurgulanıyor. Türkiye'nin stratejik önemi eskiden neydi, şimdi nasıl görülüyor buradan?

PERLE: Doğu ile Batı, Varşova Paktı ile NATO arasındaki savunma ilişkileri açısından bakan kişiler için, Türkiye'nin daima önemi vardı. Afganistan ve İran olayları, Türkiye'nin stratejik önemi hakkında başka düşünce sahibi olanları etkiledi ve görüşleri değiştirdi. Onların gözünde Türkiye'nin önemi arttı. Yoksa jeopolitik açıdan olaylara bakanlar için Türkiye daima önemliydi.

BİRAND: Sözünü ettiğimiz olaylar bölgede çok şey değiştirdi.

PERLE: Bence Türkiye'ye karşı tehlike arttı. Sovyetler bugün daha rahat hareket edebilecek durumdalar. Ani bir harekette bulunma kapasiteleri arttı. Basra Körfezi'ni sarmak Sovyetler'in tarihsel isteklerinden biriydi. Unutmamak gerekir ki, 1788'de Büyük Katerina, bütün bölgeyi ele geçirebilmek için Mısır Körfezi'nden inmeyi planlamıştı.

BİRAND: Mr. Burt, sizin için İran ve Afganistan olayları, Türkiye'nin stratejik önemini, bölgedeki rolünü nasıl etkiledi?

BURT: Bir yandan Şah'ın düşüşü, Şiilerin katı tutumunun gelişmesi ve Batı'nın Basra Körfezi'nden gelen petrole bağımlılığının sürmesi, Brzezinski'nin dediği gibi, Güneybatı Asya'yı büyük önemi olan stratejik bir bölge durumuna soktu. Batı için son derece önemi artmış bir bölge durumuna soktu. Batı için son derece önemi artmış bir bölge oldu. Türkiye'nin burada oynayacağı bir rol var. Zira coğrafya açısından tam bu bölgede güçlü ve istikrarlı bir Türkiye'nin bulunmasıdır. Türkiye güçlü oldukça saldırgana karşı caydırıcılığı artar. Bu durumda çok güvenlik yararlı çıkar. Türkiye'nin Ortadoğu'da askeri rol oynaması veya başka roller alması gibi konular, Türkiye'nin NATO üyeliği ile tutarsız olur ve Amerikan yetkililerinin tartışamayacakları, sadece Türkiye'nin saptayacağı bir şeydir.

BİRAND: Mr. Perle, size göre Türkiye, Ortadoğu'daki istikrara nasıl katkıda bulunabilir?

PERLE: Türkiye, askeri konuların dışında zaten Ortadoğu'da giderek artan bir rol oynuyor. Ticaretini giderek arttırdığı gibi.. Askeri yönden, Türkiye'nin oynayabileceği rol, kendi sınırları içinde askeri gücünü arttırmakla, kendi öneminin boyutlarını genişletir. Türk gücünün sınırlarını dışına taşırılmasıyla değil. Eğer Türkiye, kendi sınırları dahilinde güçlü olursa, bundan NATO yararlanır ve tüm Atlantik teşkilatı güçlenir. Bu da Sovyetler Birliği'nin, NATO Güneydoğu kanadı yakınlarında maceralara girmesini engeller.

BİRAND: Gözlemciler, bölgedeki bu gelişmeleri izliyor, Türkiye'nin Batı gözünde artan stratejik önemiyle ilgili, birdenbire artan konuşmaları dinliyor ve tam bu sırada da 11 havaalanının modernizasyon anlaşmasıyla karşılaşıyorlar. Bu modernizasyon küçük bir iş değil. Bu gelişmeleri birbirine ekleyince de, Türkiye'nin NATO sorumlulukları dışında, daha geniş bir perspektif içinde Ortadoğu'da bir rol verilme hazırlığından kaygılanılıyor. Bu üslerin daha başka görevler için, Türk ordusundan çok "Çevik Kuvvet" yararlanması amacıyla hazırlandığı kuşkusu doğuyor. Bu kuşku ve kaygılar geçerli mi?

BURT: "Bu üsleri Çevik Kuvvet için hazırlamıyoruz. " Bizim yaptıklarımız, Türk ordusunun bölgede kuvvetli duruma girmesini sağlamaya yöneliktir. Doğu Türkiye, şimdiye kadar çok önemli olarak görülmemişti. İzole olmuştu. Türkiye'nin doğusu, şimdi bölgedeki son gelişmelerden bu yana önemini arttırmıştır. Bütün bu yapılanların Amerikan askerinin oraya gelmesini sağlamaya yönelik olduğu kavramı bir noktayı gözden kaçırıyor. O da, bizim açımızdan en iyi yapacağımız iş, Türkiye'nin kendini korumasını sağlamaktadır. Çok daha az masraflı bir yaklaşımdır bu. Bir tek Amerikan askerini Türkiye'de tutmak bize 90 bin dolara mal oluyor. Oysa bir Türk askerinin Türk Hükümeti'ne maliyeti yılda 6 bin dolar.

PERLE: Üsler yerinde olduğu sürece, bunun bir anlaşmaya konup konmamasının o derece bir önemi yoktur. Faaliyet gösteren bir üsse sahip olmayı, kağıt üzerinde olup, faaliyet göstermeyen bin üsse tercih ederim.

BİRAND: Muş ve Batman üslerini mi kastediyorsunuz?

PERLE: Evet.. Zira bu tesisler faaliyette olduğu sürece, Sovyetler Kafkasya'daki tümenlerini harekete geçirmek için iki defa düşünmek zorunda kalacaklardır. Sovyetler'in bu bölgede 19 tümeni ve Irak -Afganistan ve Türkiye'ye karşı kullanabilecekleri birkaç yüz uçağı vardır. Bu kuvveti, söz konusu ülkelere karşı bir saldırı mahiyetinde kullanmak için keza iki defa düşünmeleri gerekir. Zira, NATO enfrastrüktür tesisleri nedeniyle, bu bölgenin kuvvetle takviye edilmiş olmasını gözönünde bulundurmaları icap eder.. Bu üsler, Çevik Kuvvet'in yararlanması için hazırlanmıyor. Plan bu değil. Çünkü bunlar havaalanlarıdır. Lojistik destek (cephane deposu) üssü değildir. Dolayısıyla bu üslerdeki uçaklar savunma görevi yapan uçaklar olacaktır. Türkiye'nin doğusunda Amerika'nın mevcudiyeti kolay bir iş değildir. Bununla birlikte, eğer Sovyetler NATO'ya karşı bir tehdit teşkil ediyorlarsa o zaman ittifakın bu bölgesinde mevcut olan bir hava boşluğunu doldurmuş oluyoruz.

BİRAND: Bu üslerden kimlerin yararlanacağını bana söyleyebilir misiniz? NATO ülkeleri uçakları mı yararlanacak?

PERLE: Evet, Türk, Amerikan, Alman.. Yani NATO görevi çerçevesinde yararlanılacak.

BİRAND: Bu üslerin Sovyetler Birliği'ne karşı nasıl caydırıcı olacağını bana biraz daha ayrıntılı şekilde anlatabilir misiniz?

PERLE: Sovyetler'in kolay kolay tedbiri elden bırakmayan bir ülke olmasıdır. Dolayısıyla, Kafkasya'daki kuvvetlerini Güney İran'a, yani NATO'nun kuvvetli olduğu bu bölgeye kaydırmaları halinde, istemedikleri bir risk almış olurlar ki, bunu hiçbir zaman yapacaklarını tahmin etmiyoruz.

BİRAND: Yani bölgede NATO üyesi bir Türkiye var diye, Sovyetler İran'a saldırmaz mı demek istiyorsunuz?

PERLE: Sovyetler'in İran'a girmesiyle, bir NATO müttefikine saldırması arasında büyük fark vardır. NATO'nun şimdiki gücü sürdükçe, Sovyetler'in, bir NATO müttefiki olan Türkiye de dahil, NATO'ya yönelik bir harekâta girmeleri düşünülemez Dolayısıyla İran'a karşı da bir savaş başlatan veya askeri bir harekâta geçebileceklerini ümit etmiyoruz. Önemli olan nokta, şimdi NATO ittifakının bir kanadında askeri bir zayıflık mevcut. Bu bir boşluktur ve bu hem Türkiye, hem güneydoğu kanadı, hem de ittifak için tatsız bir durum ortaya çıkarmaktadır. Bu nedenledir ki, biz Türk Kuvvetlerinin modernleştirilmesine büyük önem veriyoruz.

BİRAND: Buradaki kuvvetlerin niteliği ne olacak?

PERLE: Türkiye'nin doğusundaki tesislerin kullanılmasıyla ilgili olarak eğilimimiz tamamen savunma niteliğindedir. Ancak Sovyetler, biz onlara nasıl bakıyor isek, onlar da bizim yeteneklerimizi aynı derece dikkate almaktadır. Bir askeri harekât çerçevesinde hava savunmalarını zayıflatırsa, Türkiye'deki üslerin kendilerine karşı kullanılacağı hususunda bir bilgi sahibi olmayacakları için tereddüt edeceklerdir. Dolayısıyla amacımız savunma olmakla birlikte, Sovyetler niyetlerimizin değişmeyeceğinden emin olmadıklarından, buna göre hareket etmek zorunluluğu duyacaktır ve bu durum da, caydırıcılığı yaratacaktır.

"NATO'nun sorumluluk bölgesinin genişletilmesi söz konusu değil"

BİRAND: Söylediklerimiz bir açıdan NATO'nun sorumluluk bölgesinin genişleme olasılığını da ortaya çıkarıyor mu?

PERLE: Hayır, hayır... NATO'nun sorumluluk bölgesinin dışında kuvvetlerini konumlandırması konusunda örgüt içinde oldukça güçlü bir görüş ayrılığı var. Ancak üzerinde herkesin anlaştığı nokta, NATO'nun kendisine karşı herhangi bir saldırıyı durduracak güçte olmasıdır. Bununla birlikte, Sovyetler Birliği'nin Basra Körfezi'nde yaratacağı bir savaşın, NATO topraklarına sıçraması kuvvetle muhtemeldir. Bu nedenle, NATO'nun bu bölgenin istikrarına büyük önem verdiği gözönünde tutulmalıdır. Zaten bu yaklaşım NATO içinde çeşitli görüşmelerde ve bildirilerde yer almıştır. Bu açıdan, Doğu bölgesi savunmasız olan bir NATO tehlikeli bir boşluk ortaya çıkartmaktadır. Bu boşluk Sovyetler Birliği'nin bir savaşı göze almasına sebep olabilecek bir tahrik unsuru meydana getirebilir. Dolayısıyla, eğer Türkiye özellikle doğuda güçlenirse, Sovyetler'in bir savaşı göze alma olasılığı azalır.

BİRAND: Türkiye - ABD yakınlaşması son yıllarda öylesine boyutlara ulaştı ki, çok kimse Amerika'nın Türkiye'yi, eskiden İran'ın doldurduğu role itme çabasında olduğundan kuşkulanıyor. Ne dersiniz?

BURT: İran ile Türkiye arasında çok önemli farlılıklar var. *Türkiye'yi Ortadoğu'da bekçi gibi bir duruma sokma çabasında değiliz*, stratejimiz bu değil. Bizim istediğimiz, son derece güç ve hareketli bir bölgede kendi pozisyonunu koruyabilmesini sağlamaktır.

Türkiye'nin askeri politikasını biz şekillendirmeyiz, Türk Hükümeti yapar bunu. Türk yetkilileri bu konuda son derece ısrarlı ve kararlıdırlar. Biz bu programın yürütülmesi için Türkiye'ye yardıma hazırız.

BİRAND: Bana bu üslerin Çevik Kuvvet tarafından kullanılmayacağını, buraya Amerikan askeri yığılmayacağını, Türkiye'ye NATO görevleri dışında, Ortadoğu'ya yönelik bugünkünün dışında daha değişik ve aktif bir rol verilme niyetinde olmadığınızı (tabii Türkiye bunu kabul eder veya etmez) söyleyebilir misiniz?

BURT: Böyle bir durumda her türlü olasılığı düşünmek gerek. NATO bölgesi dışında Batı Güvenlik çıkarlarını daikkate alan ve bizimle gayrı resmi olarak ikili planda hareket eden her müttefikimiz için bu geçerli. *Türkiye'nin böyle bir rolü oynayamayacağını savunmak istemiyorum.* Bu karar Türk Hükümeti tarafından verilecek bir karardır. *Bizim Türkiye'ye Ortadoğu'da herhangi bir rol alması için baskı yapmamız söz konusu değildir.* Esasen politikamız da bu değildir.

ABD, Ermeni Soykırımını Kabul Etmiyor

BİRAND: 6 ay kadar önce, ABD Dışişleri Bakanlığı bülteninin sayısında, Ermeni kökenli bir memurunuzun hazırladığı makale, Ermenilerin soykırım tezine yakın görüşler işlendi. Bundan ciddi şekilde rahatsız olan Türkiye hükümetinin girişimlerinden sonra, bakanlığınızın bu makalenin ABD Dışişleri'nin görüşünü yansıtmadığını ve ABD Dışişleri Bakanlığı'nın 1915'te cereyan eden olayların bir soykırım addedilemeyecek oranda müphem olduğunu belirtmesi ilginçtir. Bu konudaki resmi yaklaşımınız?

BURT: Olayı biliyorum Bizim tutumumuz söz konusu dergide sonradan yayınlanan tavzihin (açıklamanın) ta kendisidir. Sadece şunu söylemek istiyorum: Kişisel olarak bu makalenin yazılmış olmasından üzgünüm. Makalenin yazılmış olması, gruplar arasında olumsuz etkileri görülen gelişmelere neden olmuştur. Bizim istediğimiz, Ankara hükümetiyle iyi ve istikrarlı ilişkilerin sürdürülmesidir. Bunu yaparken, tabiatiyle Amerika'daki grupları da dikkate almak istiyoruz. *Bu aşamada*, soykırım konusunda bir tartışmaya girmek olumsuz sonuçlar doğuracaktır.

BİRAND: Türkiye ile Yunanistan arasındaki askeri yardımlarda Kongre'nin uygulamayı sürdürdüğü 7 / 10 oranını yönetim olarak, son defa bir girişim yapıp kırmayı düşünüyor musunuz?

PERLE: Biz bu tip kıstaslara kesinlikle karşıyız. Özellikle Türkiye ile Yunanistan'ın gereksinmesinden çok. Yani 7 / 10 oranının üzerinde. Bu oran biz sevmedik ve yarın da bunu önermeyeceğiz.

BİRAND: Bu defa Kongre'deki kısıntı girişimlerine karşı yeterince çaba harcadınız mı?

PERLE: Evet, çok mücadele ettik, ancak başarılı olmadık. Bizim bu defaki amacımız, Kongre'ye Türk ordusunun gereksinmelerini en açık şekilde göstermekle, ikna edebilmekti. Büyük oranda da ikna ettik sayılır, zira geçen yıla oranla büyük bir artış sağlayabildik.

BİRAND: Türk ordusunun durumunu Kongre'ye anlatırken öyle rakamlar verdiniz ki, bunların açık şekilde söylenmesi, Türk ordusunun zayıfladığını, dolayısıyla NATO güney kanadının ne büyük güçsüzlük içinde bulunduğunu karşı tarafa da söylemiş olmuyor musunuz?

PERLE: Doğru, ancak demokrasilerin cilvesi de bu. Bir ölçüde zararlı olduğu düşünülebilir. Ama Kongre'yi başka türlü ikna etmenin yolu da yoktu.

BİRAND: Bir de gizli oturum yaptınız Kongre'de. Onun nedeni neydi?

PERLE: Yine Türk Ordusunun durumunu anlattığımız bir oturumdu. Artık o kadarının dışarıya sızması gerekmediğinden dolayı kapalı oturum istedik.

BİRAND: Yunanistan ile yaptığımız görüşmelerde başarısızlık durumunda, oradaki üslerin taşınacağını açıkladınız. Türkiye bu üsleri alabilecek ülkelerin arasında mı görülüyor sizin tarafınızdan?

PERLE: Bu konuda yorum yapmak istemiyorum, zira Yunanistan ile görüşmelerimiz olumlu yönde sürüyor ve umarım yakında bitecektir. Amerika ile Yunanistan ilişkilerindeki yumuşama, Türk Yunan ilişkilerini de olumlu yönde etkileyecektir.

BURT: Antlaşma olmazsa, bu üsler için başka yerler arayacağız tabii. Ancak şimdiden bu konuda tartışma yapmaya gerek yok.

Bir nokta unutulmamalıdır ki, Amerika'nın hiçbir üssü vazgeçilmez değildir.

BİRAND: Mr. Burt, bugünlerde Ankara, Atina ve Kıbrıs'ı ziyaret edeceksiniz, bunun amacı nedir? Yunanistan ile üs anlaşmasının son rötuşları mı yapılacak? Kıbrıs görüşmelerinde bir ilerleme bekliyor musunuz? Bu görüşlerinizde Kıbrıs sorununun yeri ne olacak?

BURT: Uzun süredir yapmayı planladığım bir gezi idi. Daha çok bu bölgedeki sorunları dinlemek için gidiyorum. Yunanistan ile görüşmeleri sonuçlandırma amacını taşıdığını pek söyleyemem. Daha erken. ABD'nin Türkiye ve Yunanistan ile ikili ilişkileri görüşmelerimizde ağırlık kazanacak. Örneğin, Ege sorununu öğreneceğim. Bizce Türkiye ile Yunanistan'ı ayıran sorunlar çözülemez değildir, ancak diyalog gereklidir. Kıbrıs konusu gündemin en ağırlık noktası olmasa bile, önemli bir yeri olacak tabii. Kıbrıs konusunda ben bazıları gibi karamsar, yakında, tıkanıklığın çözülebileceğini söyleyebilecek kadar da saf değilim.

BİRAND: Teşekkür ederim.

Ek: 10

**Kimi Örgütler ve Kavramlarla
İlgili Bilgiler**

NATO

Kuzey Atlantik Antlaşması Örgütü *(NATO-North Atlantic Treaty Orga-nization)* siyasi - askeri nitelikte bir uluslararası örgütlenme. II. Dünya Savaşı sonrasında Batılı ülkeler ile Sovyetler Birliği arasındaki anlaşmazlıkların art-ması üzerine, bazı Batı Avrupa ülkeleri, Kanada ve ABD bir araya gelerek, 1949 yılında, kısaca NATO olarak anılan Kuzey Atlantik Antlaşması Örgü-tü'nü oluşturdular. Esas itibariyle, askeri bir nitelik taşıyan örgütün kuruluş antlaşmasına göre, üyelerden herhangi birisine karşı girişilecek askeri bir sal-dırı, örgütün tüm üyelerine karşı yapılmış addedilecekti. 1966 yılında Fransa, üyeliğini sürdürmekle beraber örgütün askeri kanadından çekildi. 1974 Kıbrıs krizi sonrasında da Yunanistan benzer bir durum yarattı, fakat 1980'de yeni-den eski statüsüne döndü. 1983 Mayıs'ında da İspanya örgüte üye oldu. Örgü-tün başlıca organları: a) 16 üye ülkenin temsilcilerinden oluşan ve örgütün üst düzey sorunlarının ele alındığı Kuzey Atlantik Konseyi, b) Örgütün en üst düzeyindeki askeri organı olan Savunma Planlama Komitesi c) 12 üye ülke-nin katıldığı Nükleer Planlama Grubu d) Sekreterya. Merkezi Belçika'nın başkenti Bürüksel'de olan örgütün 16 üyesi bulunmaktadır.

Örgütün üyeleri: Belçika, Kanada, Danimarka, Fransa, Federal Alman Cumhuriyeti, Yunanistan, İzlanda, İtalya, Lüksenburg, Hollanda, Norveç, Portekiz, İspanya, Türkiye, Birleşik Krallık ve ABD.

CENTO

Merkezi Antlaşma Örgütü *(CENTO-Central Treaty Organization)* 1950'lerin ortalarında kurulan Bağdat Paktı'nın devamı niteliğindeki bir böl-gesel siyasi örgütlenme. 24 Şubat 1955'te Türkiye ile Irak arasında imzalanan Karşılıklı İşbirliği Antlaşması ile temelleri atılan Bağdat Paktı, kısa bir süre sonra, Türkiye, Irak, İran, Pakistan ve İngiltere'nin doğrudan, ABD'nin ise gözlemci olarak katıldığı bir bölgesel örgütlemeye dönüşmüştür. Amacı, üye ülkelerin güvenlik ve savunma konularında işbirliğini sağlamak olan örgüt CENTO *(Central Treaty Organization)* adını almıştır. Başlıca organları; Kon-sey ve Sekreterya olan örgütün merkezi Ankara idi. 1979'da İran'da Humeyni

515

yönetiminin işbaşına gelmesi sonrasında giderek fonksiyonunu yitiren örgüt, faaliyetine son verdi.

YALTA KONFERANSI

II. Dünya Savaşı sırasında ABD, SSCB ve İngiltere liderleri olan Franklin D. Roosevelt, Josef Stalin ve Winston Churchill'in savaş sonrası dünyayı biçimlendirdikleri toplantı. 4-11 Şubat 1945 tarihleri arasında toplanan konferansta taraflar arasında çeşitli konularda derin görüş ayrılıkları ortaya çıkıyordu. Sovyetler, Uzakdoğu'da Japonya'ya karşı savaşa katılmayı kabul ediyor, buna karşılık Güney Sakhalin ve Kuril adaları ile Port Arthur deniz üssü Sovyetler'e bırakılıyordu. Almanya üç işgal bölgesine ayrılacaktı. Almanya'dan alınacak savaş tazminatı konusunda görüş ayrılıkları bulunduğundan bu konunun karara bağlanması sonraya bırakılmıştı. Polonya'nın doğu sınırları için 1919 Curzon Hattı kabul ediliyor, batı sınırlarının tespiti ise SSCB ile İngiltere arasındaki görüş ayrılıklarından dolayı ileri bir tarihe bakılıyordu. Ayrıca Polonya'da serbest seçimlerin yapılması da kararlaştırılmıştı. Kurulacak Birleşmiş Milletler Örgütü'nün Güvenlik Konseyi'nde yer alacak sürekli üyelere veto hakkı tanınması kabul ediliyor, 1 Mart 1945 tarihine kadar Almanya ve Japonya'ya karşı savaş ilan eden ülkelerin kurucu üye olmaları karara bağlanıyordu. Konferansın en önemli özelliği, o anda ortak düşmana karşı birlikte hareket eden bu ülkelerin savaş sonrasında düşledikleri dünya açısından birbirlerinden ne oranda ayrıldıklarını göstermesi, ileride ortaya çıkacak bazı çatışmaların ilk sinyallerini vermesiydi.

POTSDAM KONFERANSI

(Potsdam Conference) II. Dünya Savaşı sırasında "Üç Büyük"lerin yaptığı son önemli toplantı. Konferansın toplandığı 17 Temmuz 1945 tarihi öncesinde Almanya teslim olmuş, ABD Başkanı Roosevelt ölmüş ve yerine Truman geçmişti. Öte yandan konferans sürerken İngiltere Başbakanlığı da Churchill'den Atlee'ye geçmişti. Konferansta ele alınan konuların en önemlisi Almanya idi. Bu ülkedeki Nazi kurumları ortadan kaldırılarak ülke dört işgal bölgesine ayrılacaktı. Taraflar, Alman savaş sanayisini barış ekonomisine yardım eder bir hale getirmeye çalışacaklardır. Alman donanmasının önemli bir kısmının yok edilmesi ve savaş suçlarından yargılanması da alınan kararlar arasındaydı. Ele alınan konulardan birisi de Polonya-Almanya sınırıydı. Sovyetler Batı'ya doğru ilerledikten sonra Curzon Hattı'nı Polonya-SSCB ve

Order-Neisse Hattı'nda Polonya-Almanya sınırı olarak belirlemişti. Toplantıda İngiltere ve ABD bu sınırları tanımayınca, konunun Almanya ile yapılacak barış antlaşmasına bırakılması kararlaştırıldı.

Öte yandan 1943'ten beri Müttefiklerle işbirliği yapan İtalya'ya nispeten yumuşak barış hükümleri uygulanması ve Avusturya'nın da dört devletin işgali altına girmesi görüşleri kabul edildi. İspanya'nın Mihver devletleri ile işbirliği yaptığı için Birleşmiş Milletler'e alınmaması kararlaştırılırken, Sovyetler'in Boğazlar'a ilişkin talepleri ABD ve İngiltere tarafından kabul edilmeyince, *her devletin kendi görüşünü Türkiye'ye bildirmesi çözümü kararlaştırıldı.* Berlin yakınlarında bir kent olan Potsdam'da faaliyetlerini sürdüren konferans, 1 Ağustos 1945'te sona erdi.

Ek: 11

Türkiye'ye Ne İçin Yardım?[530]
(Max Weston Thornburg)

Geçen ilkbaharda Amerika, Türkiye'ye askeri yardım vaadetmekle Truman Doktrini'nin Amerikan dış siyasetinde bir ihtilal yaptığı belliydi. Bu münasebetle, özetle işadamları için ameli ehemmiyetine haiz bazı soruların cevaplandırılması lazımdı.

Bu sorular arasında dost yabancı milletlere yardım olarak verilen paranın manasızca israf edilmediğinin temini meselesi de vardır.

Siyasi hürriyetlerin idamesiyle çok yakından bağlı olduğuna Amerikalıların inandığı hususi teşebbüse, ki bu hususi teşebbüs sayesinde bugün başkalarıyla müştereken kullanmağa hazır olduğumuz servet meydana getirilmiştir, hakikaten kıymetli bir sistem oluşunu ispat etme fırsatı nasıl verilebilirdi. Bu sualin cevabını Türkiye'de daha iyi verebileceğimizi zannediyoruz. Halen askeri gayeler için temin edilen yüz milyon dolara ilaveten Türkiye'ye Amerika'dan yahut da Milletlerarası Bankadan birkaç yüz milyon daha istenecektir. Bu talep harpten harap olarak çıkmış milletlerin taleplerinden farklıdır. Zira Türkiye bu kredileri yardım ve kalkınma için ve fakat harp dolayısıyla ile yarıda kalmış olan iktisadi inkişafına tekrar hız vermek için isteyecektir.

Bu nedenle Türkiye'ye *plase*[531] edeceğimiz para, harp masraflarını karşılamak için değil de, bir milletin yeni gelişmesi için harcanacaktı. Şu halde gayelerimizi mümkün olduğu kadar iş adamı zihniyetiyle/düşüncesiyle tespit edelim.

Türkiye Avrupa'nın stratejik şarki kalesi ve yakın şarkın şimali kalesi olmaktan daha fazla bir ehemmiyet arz eden (daha çok önemli çıkarlar sağlayan) *bu memleket Amerikan menfaatlerinin/çıkarlarının büyük bir önem arzettiği/sunduğu bir yerde bulunmaktadır.* Türkiye, Arap dünyası tarafından yakından takip edilen içtimai ve iktisadi bir tecrübe sahasıdır. Bana bir Arap: "İngiltere ve Amerika inkişaflarını takip etmek bizim kapasitemiz haricinde-

---

[530] Yazı *FORTUNE* Dergisi'nin Ekim 1947 tarihli sayısında yayınlanmıştır. Özgün adı; "Türkiye'ye Ne İçin Yardım / Turkey Aid For What'dır. Bu çeviri 1948 tarihli olup, bana değerlendirmem için örnek insan, yurtsever bilimadamı olan Prof. Fehmi YAVUZ getirmişti.

[531] Plase, at yarışlarında, sekiz atın katıldığı yarışta ilk üç dereceyi; dört atın katıldığı ilk iki dereceyi kazanacak atın bilinmesi biçiminde oynanan oyundur. Ayrıca, topa yerden ayak ucuyla vuruş (Ali Püsküllüoğlu, *Türkçedeki Yabancı Sözcükler Klavuzu,* Arkadaş Yayınları, s. 325.

dir. Fakat Türkiye'nin bugün yaptığını biz yarın yapabiliriz" dedi. Diğer taraftan Türkiye bugün siyasi ve iktisadi bir akış içindedir. Atatürk tarafından bir Cumhuriyet idaresinin iptidai bir esası olarak kabul edilen tek parti sistemi, gittikçe kuvvet ve fikirlerinde gelişme kaydeden bir muhalefetle karşılanmaktadır. Cumhurbaşkanı İnönü'nün geçen Temmuz ayında Halk Partisi liderliğinden ayrılıp, demokratik ananelere uygun olarak iki parti sistemini takviye etmek hususunda açıkça bildirdiği kararı, hükümetin bundan sonra salahiyetini halktan alacağı hakkında bir garanti olmamakla beraber, bu hususta ümitler vadetmektedir. Fakat bu halk hükümeti ne yapacaktır? Bunun iktisadi yürüyüşü ne olacaktır? Bir Amerikan müşahidi için hayati ehemmiyeti haiz bir sualdir. Zira dış bakımdan siyasi hürriyetin esası, devletin iktisadi fonksiyonlarını genişletmeye devam etmesiyle de kaybolabiliyor.

Görünüşte bugün Türkiye'de Komünist faaliyetini gösterir pek az emare mevcut olmakla beraber, bu faaliyetin burada da bulunmadığına hüküm vermek doğru olmaz. Türkiye'nin tekamül namı altında Devletin iktisadi sahadaki faaliyetini daha fazla genişletmek, memlekette komünist idealine hizmet eder. Bir memlekette komünist fikirlerin yayılmasına; hiçbir şey iş adamları, işçiler ve çiftçiler üzerinde müessir, bir kontrole hakim olan ve sanayii içerisine alan büyük bir siyasi bürokrasi kadar yardım edemez. Eğer Türkiye'nin vaziyeti bu ise, o halde komünistler istikbale ümitle bakabilirler.

Şu anda Türk halkı tarihinin herhangi bir anından daha fazla bahse konu ettiğimiz bu iktisadi demokrasi meselesi üzerinde meşgul olmaktadır. Türkiye, tarihine çitçi bir millet olarak başlamış ve bugün de esas itibariyle aynı karakteri taşımaktadır. Yalnız 1923'ten sonra Atatürk'ün sahneye çıkmasıyla sanayileşmeye doğru yol almıştır. Devletin belli başlı istihsal vasıtaları üzerinde kontrolü icap ettiren devletçilik prensiplerinin ilham kaynağı, dış memleketler olmadığını kabul etsek bile bu yol saltanat zamanında kapitülasyonlar ile memleketin ecnebi istismarına/ sömürülmesine karşı ammeye bir emniyet tedbiri olarak alındığı söylenebilir. Devletçilik, Atatürk tarafından hususi teşebbüsün mevcut olmadığı zamanlarda lüzumlu emtianın istihsal için kurulmuş bir devlet sanayii sistemi olarak düşünülmüştür. Hiç kimse bu sistemin mucip sebeplerinin yanlış olduğunu iddia edemez. Yalnız zaman geçtikçe bu sistem bütün iktisadi faaliyetlerin şeklen Hükümet tarafından ve fakat esasında parti tarafından kontrolü manasını ifade etmiştir. On seneden fazla bir zamandan beri bu vaziyet neticesi olarak, Türkler de artık yeni kriteryumlar ve değişen tekniklere şiddetli surette ihtiyaç hasıl olduğunu anlamışlardır.

Amerikan yardımına bağlı şartları bu kadar ehemmiyetli kılan iş de bu dahili teşebbüstür.

519

Türkiye'nin yeni bir istikameteu ilerlemesi için kapı tamamıyla açıktır. Mamafih bu yolun cihetini tayin etmeden evvel Türkiye'de devlet kartellerinin neler başardıklarını ve henüz nelere dokunmadıklarını tespit etmek lazımdır.

Bu kartel sistemi halen faaliyette bulunan 100 müesseseyi ihtiva eder. Bunların senelik satış toplamı da takriben 1 milyar Türk lirası tutmaktadır.

Bu teşekküllerin çoğu Ekonomi Bakanlığı'nın kontrolü altındadır.

Yardımcı müesseseler vasıtasıyla Sümerbank ve Etibank imalat ve yeraltı servetlerin inkişafıyla meşgul olunmaktadır. Diğer bazı müesseseler, bütün yolcu ve yük nakliyatının çoğunu yapan deniz ticaret filosuna maliktir. Diğer bazıları da aynı zamanda sütlü maddeler istihsal eden ve satan şeker tröstleri işletmektedirler. Gümrük ve Tekel Bakanlığı eli altında da tütün, kibrit, alkollü içecekler, kahve, çay, tuz ve buna mümasil yüksek derecede gelir getiren maddelerinde tamamıyla bir Devlet monopolü vardır.

Diğer muhtelif Bakanlıklar da şaraphaneler, orman revirleri, satış mağazaları ve Devlet Çiftlikleri işletmektedirler.

Sümerbank'ın en mühim müessesesi Karabük'teki Demir ve Çelik Fabrikalarıdır. Bu müessese 1939'da senede 150 bin metrelik ton işlenmiş çelik istihsal edebilecek bir kapasiteyi göz önünde tutmak suretiyle bir İngiliz firması tarafından tesis edilmiştir. Bu müessese Türkiye'nin çelik darlığını bir dereceye kadar nefes alma payı vermişse de, iktisadi bir tesis olması bakımından muazzam bir muvaffakiyetsizlik timsalidir. Demir madeni havzasında 600 mil mesafede bulunan kömür istihsal merkezi ile ihraç limanından uzak bulunan Karabük, en iktisadi şekilde işleyen bir çelik fabrikasının üretimi fiyat bakımından ithal edilen çelikle rekabete girişemeyecektir.

Hususi sermayenin iştirak etmediği ve sadece Devlet parasıyla çalışan bir devlet teşekkülünde haddinden fazla meşbu/dolu ve kafi dereceden teçhiz edilmemiş (yeteri kadar donatılmamış) olan bir tek hattın bu tesisin istihsal kapasitesinin ancak bir bölümünü temin edebileceğini görememekten mütevellit işlenen hataya karşılık cezai bir müeyyide bahse konu olamaz. Bu tesisin müdafaası sadedinde birçok mütalaalar ileri sürülmüş olmakla beraber bu müessese, iktisadi bir faaliyete askeri ve siyasi mülahazaların karıştırılmasının kaçınılmaz bir israf abidesi olarak durmaktadır.

Zonguldak'taki Devlet Kömür faaliyetleriyle Etibank'ın işlettiği müesseseler, Türkiye'de çelik imalını karakterize eden şaşırtıcı ehliyetsizlik fabrikalarını taşımaktadır.

Kömür havzası geniş olup malum olan ihtiyatla, uzun ve müreffeh bir sanayiin esasını teşkil edebilecek hacimdedir. Başlıca yedi mıntıkada kömür bidayette/başlangıçta ecnebi şirketler tarafından olmak üzere uzun senelerden beri istihsal edilmektedir. Devlet, toprak üstünde büyük tesisler kurmuş olmakla beraber, bunların çoğu istihsalle alakalı cinsinden değildir. Toprak altında 18 bin işçi iptidai vasıtalarla ve sadece fena diye tasvir edilecek şartlar altında çalışmaktadırlar. Senede 4 milyon tonun aşağısında olan kömür istihsali, o kadar yüksek bir maliyetle istihsal edilmektedir ki, Devlet bütçesinden yardım mevzubahis olmasa, kömürün halk ve sınai ihtiyaçlar için temin edilmesine imkân hasıl olamayacaktır. Modern teçhizat ve metotlarla istihsal arttırılabilir ve maliyet fiyatı da düşürülebilir. Böylece kömür istihsali dahilde ve hariçte anlaşılmış ve kömür sanayiini kalkındırmak için Ameriikan mütehassıslarının yardımını isteyen mütereddit bir plan hazırlamıştır. Diğer taraftan siyasi icaplar, istihsalin sadece devamını istemektedir. Bu meselenin yegâne hal çaresi olan iktisadi icaplar (tek çözüm yolu ekonomik gerekler) ise devletin yalnız bu sahadaki faaliyetine tatbik edilmekle değil, diğer senelerdeki Devlet faaliyetlerine de uygulanmak suretiyle bir netice verebilir.

Devlet faaliyetinin üçüncü bir misali Adana civarındaki pamuk ipliği ve mensucat fabrikalarında görünür.

Buradaki fabrikalar iktisadi bakımdan nispeten inkişaf etmiş bu sahaya nazaran Sümerbank'ın geç teşekkül etmesi sebebiyle hemen hemen yarı yarıya devlet hususi teşebbüs elindedir. Hususi fabrikalar mamullerinin (Özel fabrikalar ürünlerinin) tamamını devlete satmak mecburiyetindedirler. Her fabrika için tespit edilen fiyat görünüşte iyi bir kar bırakmakta ise de, bu fiyat fabrikaların halihazır makina ve techizatını yineleme veya fabrikanın genişletilmesi için gerekli masrafları karşılayamamaktadır.

Bu sebeple ve hükümet politikasının istikbali hakkındaki şüphelerden dolayı imalatçı, imal kapasitesini genişletememektedir. Halihazır pamuklu maddeler imalini, istihlak ihtiyaçlarına nazaran az ve hususi fabrika sahipleri de imalini, istihlak ihtiyaçlarına nazaran az ve hususi fabrika sahipleri de imal kapasitelerini genişletemeyeceklerine göre, devlet halen yapmakta olduğu gibi, kendi eliyle işletilen fabrikalarını çoğaltması lazım geldiğini iddia etmektedir. Böylece sosyalizm de kendi kendine beslemektedir.

İnsan kendi kendine, gerekli fabrikalarını hususi şahıslar tarafından yapılmasının niçin teşvik edilmediğini ve böylece devletin, bu maksatla kullandığı paraların niçin kısmın tamamlanmış olan ve hayati önemi haiz olan sulama şebekelerinin tamamlanmasına ve pamuğu fabrikalara taşıyacak olan yolların inşasına harcamadığı sualini sorabilir. Bu şekilde müstehlik fiyatından alım fiyatı düşecek, imalatçıların geliri yükselecek ve devlet tarafından tatbik edilen yardım sisteminin terk edilmesiyle de ekonomik olarak kuvvetli olmayan teşekküller meydana çıkacaktır.

Yukarıdaki satırlarda, ancak devletin işlettiği birkaç müesseseye temas edilmiş olmakla beraber, bunlar sistemin uumu hakkında bir fikir vermektedir. Bunlar zekaları yüksek, tahsilleri esaslı ve bir grup olarak Amerika'da kendi işlerini yapanlar kadar sanayii faaliyetleri idare edebilecek kabiliyette insanlardır. Birer şahıs olarak bunlar yalnız tecrübe ve daha ehemmiyetli olan rasyonel gayeler bakımından noksandırlar.

Devletin, iktisadi faaliyet sistemine karşı en kesin tenkit, bu sistemin inkişafına rehberlik edecek gerçek iktisadi prensiplerden uzak olmasıdır. İktisadi tesisler, teknik ve inşaat bakımından iyi yapılmakta fakat nakliyat, elektrik kuvveti ve müştak maddelerin kullanılması gibi yardımcı hizmetler hususi bir teşebbüsün göz önünde bulundurulması lazım gelen, aksi halde iflası müncer olacak noktalardır.

Diğer taraftan kısa görüşlü siyasi veya askeri düşüncelerin tesiri altında ağır sanayiin zamanından evvel inkişaf ettirilmesine çalışılmasıyla, hakikatte sınai inkişafın gerekli seviyeye yükselmesine mani olunmuştur.

Memleketin para ve kabiliyet bakımından büyük sanayisi ekonomik olarak ilerlemiş Garp Devletlerinde görülen en modern faaliyetlere benzer gösterişli tesislere hasredilmiştir.

Memleket menabiinin (memleket zenginliklerinin) pek az bir kısmı, gösterişsiz olan ve fakat müreffeh milli bir ekonominin istinat etmesi icap eden esaslı muazzam imalathanelere, resmi amme ve amme binalarına malik olacaktır. Şu kadar ki memleket yollara, sulama sistemlerine mektep ve amme sıhhati servislerine ve inkişaf eden canlı bir iktisadi hayata malik olmadıkça, bu iktisadi abideler zayıf esaslar üzerinde kalmış olacaktır. Burada Amerikan iktisadi yardım programının tercih edilmesi lazım gelen belirli bir hedefini görmeğe başlıyoruz.

Türkiye'yi doyuran ve öküzle çekilen kara sabanla, İngilizlerin inşa ettiği muazzam Karabük Fabrikası arasındaki gedik çok büyüktür.

Sulanmayan, gübrelenmeyen ve nakliyat için hemen hemen yolsuz olan Çukurova'dan, Akdeniz sahillerine kadar öküz arabalarına bağlı olan pamuk tarlaları ile yüksek bir iktisadi seviyesine malik olan Kayseri'deki mensucat fabrikaları arasındaki gedik hakikaten cesimdir.

Zonguldak kömür havzasının, yer üstünde mevcut mükemmel marangozhaneler, garajlar vesait farkları ile aynı havzanın iktisadi teşkilatının icap ettirdiği basit fakat hayati ehemmiyeti haiz teknik problemler arasında derin bir uçurum vardır. Tamamen veya kısmen inkişaf etmiş (gelişmiş) birçok müessese Türk iktisadi hayatının tahakkukunu istediği seviyeyi ve bu seviyeye yükselmesinin mümkün olduğunu gösterir münferit birer işarettir. Yalnız bu münferit tesislerin meydana getiriliş şeklinde kullanılan usul; bu tesisler arasında kalan büyük sahaları doldurmak ve böylece birbirine bağlı sağlam bir iktisadi bünye meydana getirmekte kullanılamaz.

Bu gediği kapatmaya doğru ilk adım galip bir ihtimalle, Amerikan Teknik yardımı ile Devlet tarafından atılabilir. Böyle bir adım, hakikaten faydalı olacak amme tesisleri kurmağa başlamakla atılabilir.

Türk iktisadiyatının inkişafı için lüzumlu şartlardan biri, potansiyel istihsal sahalarına (üretim alanlarına) potansiyel istihlak sahalarına ve harici piyasalara ihraç limanlarına taşıyacak olan basit ve fakat bütün iklim değişikliklerine tahammülü olan bir yollar şebekesidir. Türkiye'nin siyasi hudutları arasında yüz tane "küçük Türkiye'ler" vardır ki bunların herbiri diğerinden tecrit edilmiş olup her birinin istihsali, potansiyelinin üçte biri ile onda biri arasındadır.

Türkiye'nin bu küçük, Türkiye'leri bir araya getirilmediği takdirde azami istihsal kapasitesine varamayacağı bedihidir. Bu yapılmadıkça milli servete bir surplus ilave edilmeyecek ve aynı zamanda hayat seviyesinde göze çarpar bir inkişaf (gelişme) kaydedilemeyecektir.

Türkiye'de göze çarpan diğer bir noksan da sulama şebekelerinin mevcut olmayışıdır. Potansiyel bakımından zengin olabilecek bir çok mıntıkalar sulama imkânsızlığı hesabıyla bu evsafı bulamamaktadır. Böylece mıntıkaların bir çoğunda su mebzul olmakla beraber, suyu çiftçinin ayağına getirmek imkânları mevcut değildir. İçtimai ve iktisadi bakımdan Türkiye ile kabili kıyas olan dünyada pek az memleket vardır ki, umumiyetle sıhhat seviyesi diye kabul asgari seviyeden daha dun olabilsin. Türkiye'de tipik bir şehir ve bilhassa tipik bir köy mahalle ekonomisinin ne kadar iyi olursa olsun, amme helalarından ve banyolarından ve tabii su kaynağı olmadığı hallerde de içilecek sudan mahrumdur. Pisliğe ve bütün hastalıkların nakili olan kara sineklere, merkezi Hükümetin duvarlara astığı sıhhat afişleri haricinde hiçbir ehemmiyet verilmemektedir.

Türkiye halkının, meydana getirilecek diğer inkişaflardan faydalanabilmesini sağlamak için, her şeyden evvel, bir el temizliğine ve dezenfekteye ihtiyaç vardır.

Henüz zirai Türkiye'de, cehaletin nispeti kabarık olmakla beraber, hükümet, halk eğitimi sahasında birçok şeyler başarılmıştır. Yeni Türkiye'nin programında halk eğitime ait kısmın, bu işi başarılması imkânsız bir cesamet (dev gibi irilik) arz ediyor. Bununla beraber, bu sahada çok fazla işler başarılmıştır. Bu sahaya aynı dikkat sarf edilmeye devam olunduğu taktirde, okur yazar nispeti yükselecek ve programın müteakip safhalarının tahakkuku tasrih edilecektir.

Yukarıda kuşbakışı gözden geçirdiğimiz bu mevzular, bize Türkiye'de şahsi teşebbüsün inkişafından evvel, Devletin başarmak mecburiyetinde olduğu işler hakkında bir fikir vermektedir.

Kısaca, yapılacak işler, yollar, sulama şebekeleri, amme sıhhati tedbirleri ve binlerce köyün malik olmadığı mektepler açmaktır. Bu işler halk için Devlet tarafından başarılması lazım gelen işler listesidir.

Devlet fabrikalarındaki işçiler için bedava mesken, giyecek ve yiyecek temini belki siyasi bir hal çaresi olabilir. Fakat Türkiye'nin karşılaştığı içtimai ve iktisadi meselelerin bir hal çaresi olamaz. Hür insanların bedava yemeğe ihtiyaçları olmamalıdır.

Türkiye tarafından tatbik edilecek bir amme tesisi programı, halk arasında yeni iktisadi hayatın temelini teşkil edebilirse de bu, kâfi değildir.

Emin esaslara dayanarak inkişaf eden bir zirai iktisat, paralel olarak bir taraftan tam bir zirai inkişaf sağlamak, diğer taraftan bu inkişafa gerekli faydayı temin etmek için ziraatla beraber, inkişaf eden hafif sanayiin gelişmesi Çiftçi Hititlilerden tevasür ettiği (miras olarak aldığı) bir demir çubuk yerine çelik bir sapana muhtaçtır. Yine çiftçinin mahsullerini istihsal ve nakletmek için basit fakat modern vasıtalara ihtiyacı vardır. Bu basit vasıtaların çoğu Türkiye'de imal edilebilir. Bazıları hariçten parça olarak ithal edilerek dahilde monte edilebilir.

Zirai istihsalin iptidai maddelerini ve fazla gıda istihsalini kıymetlendirmek için, zirai inkişafı hafif gıda maddeleri sanayii takip edecektir. Bu memlekette, dünya piyasaları ile kolayca rekabet edebilecek meyve, sebze, et ve balık konserve fabrikaları kurulabilir. Türkiye bu maddeleri istihsal etmek için ideal bir memlekettir. Ve kendisi, yarı aç kalmış bir kıt'anın merkezinde bulunmaktadır. İnşaat malzemesi ve muhtelif yeni istihlak taleplerini karşılamak için diğer hafif sanayii de kurulmasını icap ettirecektir.

Bu işler nasıl yapılacaktır:

Amerikalıların bu işleri nasıl başaracakları hususunda şüphemiz yoktur. Amerikalılar, Türkiye'nin de aynı usulle başaracağını ümit etmek isterler. Yani, bu işlerin Devlet faaliyetinin genişletilmesiyle değil, fakat Türk halkının teşebbüsü ve kabiliyetiyle başarılmasını ister. Türkiye'nin kuvvet kaynağı Türk'tür. Bu geniş potansiyelden ferdi teşebbüsler ve ihtiyari iş kombinezonları yolu ile istifade edilmesi keyfiyeti, Amerikalıların ferdi teşebbüsüne verdikleri mananın ta kendisidir. Türk'ün kendi kendine hafif sanayii kurmasında Amerika'da muhtelif şeyler yapabilir. Bununla beraber, her şeyden evvel, Türkiye'nin ilk olarak yapması lazım gelen bir vazife vardır. Bu, yeni sanayiinin kurulması için gerekli şeraitin tahakkuk ettirilmesi vazifesidir.

Şimdiye kadar Türk Hükümeti, böyle bir muhitin hazırlanması için bir şey yapmış değildir. Yalnız Hükümet dairelerinin en büyüğü değil, iktisadi inkişafta en büyük rolü oynayan İktisat Bakanlığında bile, hususi teşebbüs problemleri ve potansiyelleri hakkında tetkikler yapmakla tavzif edilmiş bir tek şahıs yoktur.

Milli sanayileşme fikrini gösteren ve birbirini takip eden beş senelik milli planlarda, 18 milyon Türk halkının birer fert olarak memleketlerinin inkişafında pasif bir rolden daha fazla bir şey yapmağa davet ettiklerini gösterir bir tek söz yoktur. Bilakis bu planlarla devlet hususi teşebbüse karışma demektedir.

Bundan başka, hükümet, yanlış ve sağlam olmayan bir vergi sistemini kabul etmiş ve keyfi fiat ve piyasa kontrolleri ile döviz kontrolleri koymuş ve devlet faaliyeti için birçok istisnalar ve ruçhanlar/üstünlükler temin eden ithalat ve ihracat lisansları sistemini kabul etmiştir. Bu bürokrasinin meydana getirilmesinde kullanılacak bir usul olabilir. Fakat herhalde hususi teşebbüse lüzumlu şartları yaratamaz. Bir çok Amerikalının, bizim refahımızı temin eden prensipleri kabul etmeyen beş senelik planları niçin destekleyeceğimiz hususu açık değildir. Aynı şekilde, hususi teşebbüsün yer almadığı bir iktisadi inkişaf programında kendi hususi teşebbüsleriyle nasıl yardım edeceklerini anlayamamak tadırlar. Bununla beraber, on seneyi mütecaviz bir zamandan beri ilk defa olarak Türk Bakanları amme muvacehesinde memleketin kalkınmasında hususi teşebbüsünde de yer almasını istediklerini ilan etmişlerdir. Eğer bu hakikatse ve önümüzdeki Ekim ayında toplanacak Büyük Millet Meclisi tarafından kabul edilecek bir programsa, bu taktirde, bizim yardım programımız yalnız Türklerin ihtiyaçlarına değil, Amerikan prensiplerinin istediklerine de uygun bir program olabilir.[532]

Hafif sanayi için olduğu kadar, ziraat ve amme tesisleri içinde, Birleşik Amerika mütehassıslar temin edebilir. Türkiye'nin teknik meselelerine gerekli hal tarzlarını bulabilecek mühendislere malik bulunmaktayız. Yeni istihsali meydana getirecek istihsal maddelerine ve çoğalan iştira kuvvetinin doğuracağı istihlak talebini tatmin edebilecek istihlak maddelerine malik bulunuyoruz. Birçok cenubi Amerika memleketi için yaptığımız gibi lüzumlu anlaşmalar vasıtasıyla, Türk hususi teşebbüslerinin, dolar ihtiyaçlarını tatmin etmek için gerekli mali menabie/kaynağa malik bulunuyoruz.

Milletlerarası İmar ve Kalkınma Bankası (Dünya Bankası) kredinin diğer bir kaynağıdır. /çıkardır. Bizde aynı zamanda, Türkiye'de hususi teşebbüsün işleme tarzını gösterecek hususi sermaye ve tecrübe de mevcuttur. Bu

---

[532] Yardım programlarıyla Amerikan yaşam felsefesini benimsetmek...

sermaye ve tecrübelerimiz muhtelif faydalı şekiller alabilir. Mesela bize Türkiye kabiliyetli teşebbüs idarecileri gönderir ve Türklerde bunlardan istifade eder. Diğer taraftan Türk teşebbüslerine ortaklık veya tesahüp/sahiplenme şeklinde de yardım edebilir.

140 milyon Amerikalı'nın, Amerika'yı meydana getirişlerinde ve hala geliştirmelerinde kullandığı vasıtalar bunlardır. Biz bu vasıtalara malik bulunuyoruz. Ve nasıl kullanacağımızı da biliyoruz Eğer başkaları aynı neticeleri istiyorlar ve bizim yardımımızı talep ediyorlarsa programlarını birlikte tetkik edebilir ve programlarının ne şekil alabileceğini kararlaştırabiliriz.

Böylece bir tetkikin neticesinde yapılacak yardım muazzam bir nakdi ikraz (borç) olmasa da daha müreffeh bir Türkiye'nin inkişafına yardım edecektir. İşte bu esaslar dahilinde Amerikanın dış iktisat politikası mana ifade edebilir.

Şüphe yok ki bu faaliyetlerimizle emperyalizm ve dolar diplomasisinin tenkitlerini üzerimize celp edeceğiz. Bununla beraber bizler ve diğer milletler bu gibi cümlelere lazım gelen cevabı verme zamanının geldiği kanaatindedirler Şimdiye kadar temin edilebilen iktisadi refahın en yüksek seviyesine, Amerikanın nasıl eriştiğini göstermek diğer milletler için de aynı seviyeyi teminde yardım etmek her halde emperyalizm demek değildir. Yalnız bizim sistemimizi gösterme usulümüz en muvaffak şekilde olmalıdır[533]

Bugün, belki dünyada, hiçbir memleket Türkiye içerisinde kapalı bulunan potansiyel servetler bakımından daha müsait şeraite malik değildir.

Bu neticeyi doğuran sebepler meyanında/yanında 19 milyon Türk'ün çalışkanlığı; cesareti ve karakteri müessir bir faktördür. Bununla beraber Cumhuriyetleri henüz gençtir. Bu kararları almak Türklere ait bir şeydir. Fakat bizim de alacağımız kararlar vardır. Bunlardan biri, bizden alınacak yardımın kullanılmaya şekliyle alakalıdır. Türkiye'nin durumu bu noktanın ehemmiyetini arttırmaktadır.

Eğer Cumhurbaşkanı İsmet İnönü'nün son 12 Temmuz beyannamesi, tek parti diktatörlüğünün sonu manasına geliyor, ve eğer Bakanların son zamanlarda hususi teşebbüsü destekleyecekleri vaadleri yerine getirilirse ve eğer Türkiye bizden yardımını bu vaat ve beyanatların tatbikatı ışığı altında isterse, o zaman yalnız sermayemizi değil, fakat aynı zamanda hizmetlerimizi, ananelerimizi ve ideallerimizi plase edecek ve elden gitmesine müsaade edemeyeceğimiz bir plasman fırsatı elde etmiş olacağız.

---

[533] Amerika'nın emperyalist politikası gizlenerek yardım edilmeye çalışılmalıdır, demek istiyor.

Ek: 12

**Türkiye-ABD Ortak Savunma ve İşbirliği Antlaşma Önerisi
Hakkında MSB Hukuk Müşavirliği'nin Görüşü**

**TC
Millî Savunma Bakanlığı Müsteşarlığı
ANKARA**

30 Ocak 1969

HUK. MÜŞ: ....
KONU: Türkiye Cumhuriyeti ve Amerika Birleşik Devletleri Hükümetleri Arasında Müşterek Tedbirlerle İlgili Antlaşma Hakkında Hukuk Müşavirliği'nin Görüşü

BAKANLIK KATINA

1- Antlaşmanın 1'inci maddesiyle "Karşılıklı işbirliği, tarafların egemenlik ve eşit haklarına mütekabilen riayet edileceği" hükmünün, Kuzey Atlantik Antlaşmasının 3'üncü maddesine dayandığı;

".... taraflar, kendi hususi vasıtalarını geliştirmek ve birbirlerine karşılıklı yardımda bulunmak .... münferit ve müşterek mukavemet kudretini idame ve tezyit amacının tahakkukunu sağlayacağı;

Antlaşmanın dibacesinde "silahlı bir tecavüze karşı koymak üzere müşterek imkânlarını geliştirmekten söz edildiği" halde;

Antlaşma tamamen ABD'nin Türkiye'de kurduğu ve kuracağı tesisleri esas almakta ve TC Hükümetine tesislerin,

a) Kuruluş,

b) Kuruluş sebebi,

c) Genişletilme veya kaldırılma sebebi,

d) İşletme,

e) Bilgileri toplama değerlendirme,

f) Harekete geçme,

Konularında karar ya da karara iştirak yetkisi tanınmamaktadır. Antlaşmanın muhtelif yerlerine serpiştirilen yukarda belirtilen konulardaki "TC Hükümetinin muvafakatının alınacağı" sözleri, III. maddenin (g) fıkrasıyla ilgili mutabakat zaptında, hükümsüz hale getirilmiştir.

527

Bu hükümler hem Kuzey Atlantik Antlaşmasına hem de bu antlaşma tasarısının I'inci maddesinde gösterilen ve esasını Birleşmiş Milletler Yasası'ndan alan "bütün üyelerin egemen eşitliği prensibi"ne aykırıdır.

2- Kuzey Atlantik Antlaşması'nın 3'üncü maddesinin uygulanması amacını güden bir anlaşmada;

a) T. C. Hükümeti, Kuzey Atlantik Antlaşmasının bölgesinde bulunması dolayısıyla, müşterek ya da münferit savunma gücünün idame ve tezyidini isteyecek,

b) Bu isteğe ABD cevap verecek.

c) Hangi konularda ve nerelerde ne gibi savunma tesisleri kurulacağına Türk Genelkurmayı lüzum gösterecek, Türk Hükümeti karar verecek; ve ABD bu kararın uygulamasında yardımcı unsur olacaktır. Çünkü burada, savunulacak ülke Türkiye'dir.

Türkiye'nin savunmasında ise ilk ve son söz elbette Türkiye Hükümeti'ne ait değil midir? Antlaşma bu imkânı kısıtlamakta ve hatta, mutabakat zaptıyla ortadan kaldırılmaktadır.

3- Ayrıca V. madde ile getirilen mali külfet, Türkiye'nin bütçesini tehdit eder mahiyettedir.

4- Yine V'inci maddenin 3'üncü bendinde, "İşbu anlaşmanın amaçları için T. C. Hükümeti tarafından tahsis edilen arazi üzerinde ABD tarafından veya onun namına inşa ve tesis olunan" ibaresi, "egemen eşitler ilkesine aykırıdır. Yukarda da belirtildiği gibi savunulan ülke Türkiye'dir, bizim ülkemizdir, buraya kurulacak tesisler anlaşmaya göre sözde (binalar, müştemilat ve içinde bütün malzemeler) Türkiye Hükümeti'ne aittir.

5- 3'üncü maddenin - b - fıkrası "müştereken savunma tesislerinde amaç, mahiyet, mahal, süre ve (...) önceden TC Hükümeti tarafından tasvip olunacaktır" hükmü taşıyor.

Bu, öyle bir hüküm ki: TC Hükümeti kayıtsız şartsız ABD hükümetinin bu topraklardaki kendi maksadını, Kuzey Atlantik Antlaşması amacı gibi göstererek kuracağı her türlü tesise, kayıtsız şartsız evet demek zorunda kalacaktır. Kanaatimizce anlaşmanın "eşitlik ve hükümranlık haklarını" zedeleyen ve muhtemel bir savaşı, ülkemizde çıkarmak, anlaşmaya taraf diğer devletler ülkelerini böylece savaşın etkilerinden kurtaracak şartları, olayları peşinen kabul ettiğimizi hatta kabul edenleri tarih huzurunda müşkül durumda bırakacak bir hükümdür.

a) Çünkü anlaşmada, amaç, açıklığa kavuşmamıştır.

b) Amaç ülkemizi korumak olduğu halde, uygulama bu amaca karşıttır.

c) Tesislerin kuruluş nedenini yerini kapsamını, işleyişini ve nihayet kullanma kararını vermek, T. C. Hükümeti'ne ait değildir.

Burada ki "tasvip" (Madde 111 / b) kayıtsız şartsız bir tasviptir, gelecek hükümetleri de Türkiye'nin kaderine menfi yönde söz sahibi yapacak şekilde bağlanmaktadır. Fıkranın; tasvip, yerine "TC Hükümeti amacı tespit, şümul, mahiyet, mahal ve süreyi buna göre tayin eder" şeklinde değiştirmesi uygun olur.

6- Müeyyidesiz hukuk kuralı yok sayılır. Devletler hukuku genellikle müeyyidesizdir, lakin iki devlet arasındaki anlaşmanın hükümlerine riayet olunmaması halinde ne yapılacağı, müeyyidenin ne olacağı gösterilmemiştir.

7- VII. madde fıkraları çelişik hükümler taşımaktadır. 2'inci fıkra, 1'inci fıkra hükmünün uygulanması imkânını ortadan kaldırmakta "(...) ABD yetkili Türk makamlarına (...) ithal edilecek her türlü silah ve mühimmatın cins ve miktarı hakkında bilgi verecek, ve istediği silah ve malzemeyi yukarda 4 ve 5'inci maddelerde izah ettiğimiz gibi Türkiye'nin güvenliğini düşünmeden yurda sokacaktır. Bu tehlikeler aratacak bir düzenlemedir ve kabul edenleri tarih huzurunda müşkül durumda bırakır.

8- IX'uncu madde, tesislerin müşterek işletme ve kullanma esaslarına tabi olacakları hususundaki karşılıklı mutabakatla ilgili hüküm;

a) Bu tesislerde, tesisi işletecek personel,

b) Tesislerdeki bütün cihazlardan anlayan personel,

c) "Karara iştirak edecek ve kararda Türkiye'nin menfaatine değişiklik yapacak personel" bulundurabileceği takdirde işleyecek bir hükümdür.

Bu personeli de ABD'de yetiştireceğine göre, IX. maddenin 2'inci fıkrası uygulama imkânlarından mahrumdur.

9- X'uncu maddenin 2'inci fıkrası, ABD'nin Türkiye'de gerektiğinde polis gücü bulundurmasına yetki verecek niteliktedir. Bu fıkra kalkmalıdır.

10- Komuta yetki ve sorumluluklarıyla ilgili maddelerin, yukarda etraflıca belirtilen görüşler muvacehesinde işleyeceği muhakkaktır.

Bilmeden hiçbir şey yapılamaz. Tesislerin işletilmesini, alınacak bilgilerin değerlendirilmesini ABD yetkilileri yapacak olduktan sonra, komuta sorumluluğuna iştirak, üstelik bizi müşkül durumda bırakır.

11- Herhangi bir sebeple, antlaşma son bulursa, tesisler olduğu gibi Türkiye Cumhuriyeti Hükümetince bırakılmalıdır. Bu sebeple XX. madde tadil edilmelidir.

12- XXI'inci maddenin maksadı müphemdir. Münferit savunma gayretine yardım amacına güder gibi geliyor.

13- XXII'inci madde anlaşmazlıkların çözüm yolunu göstermekte ise de; getirdiği usuller dolayısıyla bir anlaşmazlığın çözümüne değin, anlaşmazlık konusu esasen sonuçlanacaktır.

Bu sebeple işlemeyeceği muhakkak görülmektedir

Anlaşmazlıkların çözümü için çabuk karar veren, pratik bir organın kurulması şarttır.

14- Bu haliyle anlaşmanın; Türkiye'nin gerek ülke bütünlüğünü gerek egemenlik haklarını korumak bir yana tehlikeye düşürdüğü düşünülmektedir.

Buna dayanılarak hazırlanan prototip uygulama anlaşmasının da aynı sakıncalarla milli çıkarlarımıza uygun olmadığını arz ederim.

M. Emin DEĞER
Hakim Albay
Hukuk Müşaviri

Kaynakça

AKSOY, Muammer, "Atatürk Işığında Tam Bağımsızlık İlkesi", *Yavuz Abadan'a Armağan* içinde, SBF Yayınları, 1969.

AGEE, Philip, çev. Üner, Mine, *CIA Günlüğü,* E Yayınları, 1975.

ARCAYÜREK, Cüneyt, *Şeytan Üçgeninde Türkiye,* Bilgi Yayınevi, 1987.

ATAÖV, Türkkaya, *Amerikan Belgeleriyle Amerikan Emperyalizminin Doğuşu,* Doğan Yayınevi, Eylül 1968.

ATAÖV, Türkkaya, *Amerika, NATO ve Türkiye,* Aydınlık Yayınları, 2. Baskı, 1969.

AVCIOĞLU, Doğan, *Milli Kurtuluş Tarihi: 1938'den 1995'e,* 3 c., İstanbul Matbaası, 1974.

AVCIOĞLU, Doğan, *Türkiye'nin Düzeni Dün-Bugün-Yarın,* c. 2, Tekin Yayınları, 10. Baskı, 1976.

AYDEMİR, Şevket, Süreyya, *Tek Adam,* 3 c., Remzi Kitabevi, 1965.

AYDEMİR, Şevket Süreyya, *İkinci Adam,* 3 c., 1967.

BARNET I. Richard-MULLER Ronald E., *Evrensel Soygun-Çok Uluslu Şirketlerin Gücü,* Türkçesi: Osman Deniztekin, E Yayınları.

BİRAND M. Ali, *12 Eylül, Saat: 04.00,* Karacan Yayınları 1984.

BİRAND M. Ali, *12 Eylül, Özal Ekonomisinin Perde Arkası.*

CEM, İsmail, *Tarih Açısından 12 Mart,* Cem Yayınevi, 3. Baskı, 1993.

ÇÖLAŞAN, Emin, *12 Eylül, Özal Ekonomisinin Perde Arkası.*

DEMARİS, Ovid, *Kirli İşler İmparatorlukları-Durty Business*, (çev. Lale Burak), 1976.

DOĞAN, Yalçın, *IMF Kıskacında Türkiye, 1946-1980,* Toplum Yayınları, 1. Baskı, 1980.

EFENDİ, Parvus, *Türkiye'nin Mali Tutsaklığı* (Yayına hazırlayan: Muammer SENCER), May Yayınları, 1977.

FAHRİ, M., *Amerikan Harp Doktrinleri,* Yön Yayınları 1966.

GÜLDEMİR, Ufuk, *Texas-Malatya,* Tekin Yayınları, 1998.

GÜLDEMİR, Ufuk, *Çevik Kuvvet'in Gölgesinde Türkiye, 1980-1984,* Tekin Yayınevi, 1986.

HANÇERLİOĞLU, Orhan, *Felsefe Sözlüğü,* c. 7, Remzi Yayınevi.

HAYTER Teresa, *Emperyalizm Yardım (AID AS IMPERLIALIMS)* Türkçesi: Somay Özdemir, Yöntem Yayınları, Aralık 1972.

İLHAN, Attilâ, *Batı'nın Deli Gömleği,* Karacan Yayınları, 1981.

JULİEN, Claude, *Amerikan İmparatorluğu,* çev. Tahsin Saraç-Aysel Güler-
can, Hitit Yayınları, 1969.

KOÇ, M. Şükrü, *Emperyalizm ve Eğitimde Yabancılaşma,* Güven Matbaası,
1970.

KONGAR, Emre, *Toplumsal Değişme Kuramları ve Türkiye Gerçeği,* Bilgi
Yayınevi, 2. Baskı, 1979.

MAGDOFF, Harry, *Emperyalizm Çağı-ABD'nin Dış Politikasının Ekonomik
Temelleri,* Çev. Doğan ŞAFAK, Odak Yayınları, 1974.

McGHEE, George, *ABD-Türkiye-NATO-Ortadoğu,* çev. Belkis Çorakçı, Bilgi
Yayınevi, 1922.

MOGENTHAU, Hans J., *Uluslararası İlişkiler.*

SELÇUK, İlhan, *Güzel Amerikalı, Fahri,* Fahir Onger Yayınları, İstanbul, 1965.

SÖNMEZOĞLU, Faruk, *Ansiklopedik Politika Sözlüğü,* İletişim Yayınları.

SWEEZY-BARAN-MAGDOFF, *Çağdaş Kapitalizmin Bunalımı,* Bilgi Ya-
yınevi, 1975.

TANİLLİ, Server, *Nasıl Bir Demokrasi İstiyoruz?,* Cem Yayınevi, 5. Basım,
1993.

TODİE, *Türkiye ve Ortadoğu Amme İdaresi Enstitüsü Evlet Teşkilatı Rehberi,*
1972 Basımı.

TOKER, Metin, *Demokrasimizin İsmet Paşalı Yılları, 196-1965,* Bilgi Yayınevi.

TUNÇKANAT, Haydar, *İkili Antlaşmaların İçyüzü,* 3. Baskı, Tekin Yayın-
evi, 1975.

TUNÇKANAT, Haydar, *Amerikan Emperyalizmi ve CIA,* Tekin Yayınevi,
1987.

STEFANOS, Yeasimons, *Azgelişmişlik Sürecinde Türkiye,* 3 c., çev. Babür
Kuyucu, Gözlem Yayınları, 2. Baskı, 1977.

DERGİLER:
Türkiye İçin Devrim
Yakın
Yön
KİM

GAZETELER:
Cumhuriyet
Demokrat
Hürriyet
Milliyet
Vatan
Bayrak

Emperyalizmin Tuzaklarındaki Ülke: Oltadaki Balık Türkiye, M. Emin Değer'in *CIA, Kontrgerilla ve Türkiye* adlı kitabının sürdürümüdür. *CIA, Kontrgerilla ve Türkiye* sadece geçmiş olaylara değil, içinde yaşadığımız günlerin olaylarına, ondan da öte bağımsızlığına kavuşma çabasındaki ülkelerde sergilenecek emperyalist oyunlara bu oyunların arkasındaki gerçeklere ışık tutan bir kitaptır.

M. Emin Değer'in
CIA, Kontrgerilla ve Türkiye
adlı kitabı hakkında yapılan önemli değerlendirmelerden
bazıları şöyledir:

Uğur MUMCU: "Bu kitapta okuyacağız satırlar, bu 'yediveren bağımsızlık gülü'nün kimlerin çizmeleri altında ezildiği kanıtlamaktadır. Sömürgelerin, kendi ülkemizdeki sürüngenlerle birlikte bu yediveren bağımsızlık gülünü nasıl dalından koparıp ezip yoketmek istediklerini okurken, çağımızın tek ve büyük suçlusu emperyalizmi ayak ayak izleri ile çirkin soluğu ile yanıbaşınızda duyacaksınız. Devletimizin temelindeki ilk harç, bağımsızlık bilincidir demiştik. Bu bilinç nasıl yokedilmiş? İşte bunun yanıtlarını veriyor Emin Değer. Bu gerçekler sadece geçmiş olayları değil, ileride yaşayacağımız CIA damgalı oyuncuları da sergilemektedir," diyordu.

*

İlhami SOYSAL: 25 Nisan 1977 tarihli *Vatan* Gazetesinde; kitaptan uzun uzun söz ediyor ve emperyalizmin Türkiye'deki oyunlarının iç yüzünü öğrenmek için "Alın, Emin DEĞER'in belgesel kitabını okuyun..." diyordu.

*

Örsan ÖYMEN: 26 Nisan 1977 tarihli *Milliyet*'te; kitabın geniş bir özetini vererek; "Emin Değer'in *CIA, Kontrgerilla ve Türkiye* el kitabını, seçim dönemine, bilinen koşullar altında girdiğimiz şu günlerde, dikkatle okumalıyız... Değer, Türkiye ile ABD arasındaki ilişkilerin bir cüzünü son derece ilginç belgelere dayanarak" diyordu.

*

Refik ERDURAN: Yine 26 Nisan 1977 tarihli *Milliyet*'te; "Sözünü ettiğimiz *CIA, Kontrgerilla ve Türkiye* adlı kitabı incelemeye vakit bulamazsanız bile, Örsan Öymen'in yazısını dikkatle okuyun lütfen. Hiç abartmadan söyleyeyim ki, bu bir "vatan borcudur" sözleriyle kitabın önemini belirtiyordu.

*

533

Ali SİRMEN: *Cumhuriyet* Gazetesi dış politika yazarı, 4 Mayıs 1977 günlü yazısında yapıttan alıntılarla söz ettikten sonra şunları yazıyordu: "Değer, ilginç yapıtında, CIA'in ayaklanma kuramını gayet açık bir şekilde anlatmaktadır. David Glula adlı bir CIA görevlisinin kaleme alıdğı, *Ayaklanmaları Bastırma Hareketleri Teori ve Tatbikatı* adlı kitaptan bölümleri yapıtına aktaran DEĞER, çalışmasında CIA ile Amerikan sermayesi arasındaki doğrudan bağlantıyı ya da örgütün varlık nedenini de hemen yakalıyor ve Rockefeller Grubu'nun ayaklanmalar ile ilgili bir raporuna dokunuyor."

*

Prof. Türkkaya ATAÖV: 4 Mayıs 1977 tarihli *Vatan*'daki köşesinde; "Emin Değer, Millî Savunma Bakanlığı Hukuk Danışmanlığı gibi yetkili koltuklardan yabancılarla olan ilişkilerimizi yakından izleyebilmiş ve Amerikan emperyalizminin bağımsızlık, egemenlik ve haklarımıza her saldırısında bir Türk subayına yaraşır biçimde tepki göstermesini bilmiştir. Emin Değer, Ortak Savunma'nın ulusal savunma olmadığını kanıtlıyor, çünkü Türkiye'deki üslerin Amerika tarafından hâlâ kullanıldığını göstererek Milliyetçi Cephe iktidarının sözcülerini de suçüstü yakalıyor, yabancı askeri görevlilere Mustafa Kemal'in yıllarca önce Amerikan Generali Harbor'a verdiği yanıt gibi karşılık veriyor. Emin Değer, emperyalizme de kendi ulusal çıkarlarımıza da bilimsel, yurtsever ve gerçekçi teşhisler koymuştur." diyordu.

*

Attilla AKSOY: 10 Mayıs 1977 tarihli *Cumhuriyet* Gazetesinde; "Bir Kitap-Bir Sorun" başlıklı yazıda, dünyanın geri bırakılmış ülkelerindeki emperyalist oyunları, bu arada Allende'nin katlini, Guetamala, Brezilya, Vietnam, Gana vb. ele alarak uygulanan oyunların sonuçlarıyla CIA arasında bağlantı kurmak zorunda kalındığını bunun için insan usunun zorlandığını yazdıktan sonra diyor ki: "Bu kez bir yol göstericimiz var: Emin Değer. Geçtiğimiz ay yayımlanan çalışması ile şu karartılmış günlerde uyanık tutuyor bizi. CIA'in evrensel işlevi, 12 Mart ve yabancı parmağı ve dış politikamızın önemli kesitlerinin ele alındığı çalışmada... Emin Değer'i göstermeye çalıştığı ABD'nin çeşitli ülkelerde askeri güçlerle olan ilişkileri, o ülkenin iç siyasetlerine müdehale yönünden kullanılması olgusuna tam bir kanıt oluşturacak nitelikte... Emin Değer çalışmasını ilginç düşündürücü ve öğretici kılmayı başarmış."

*

Der Spiegel Dergisi: Türkiye'deki olaylar üzerine yorum yapan yabancı basın da CIA, *Kontrgerilla ve Türkiye* adlı kitabı güvenilir kaynak olarak kullanmaktadır. Örneğin, Almanya'nın *Der Spigel* dergisi 8 Mayıs 1978 tarihli 19 numaralı sayısında Malatya olaylarını yazarken diyor ki: *"1971 yılından bu yana Türk politikasında bu tür silahlı eylemlerin uygulanacağını yazan Emin Değer,* 'CIA, Kontrgerilla ve Türkiye' *adı ile yayınladığı kitabında, CIA kaynaklarına alıntı yaparak "Öyle eylemler gerçekleştirilmelidir ki, bu eylemler kamuoyunda ayaklanıcılar tarafından yapılmış gibi anlaşılsın" de-nildiğini yazıyor."* Aynı dergi son olarak da Maraş olaylarını değerlendirir-ken, olaya yapıtın belirttiği açıdan bakmakta ve Ocak 1979 tarihli ve 1 numa-ralı sayısında yine yapıttan söz etmektedir.

*

M. Emin Değer'in
Emperyalizmin Tuzaklarındaki Ülke: Oltadaki Balık Türkiye adlı kitabı hakkında yapılan önemli değerlendirmelerden bazıları şöyledir:

İlhan SELÇUK: *Oltadaki Balık Türkiye* adlı kitaba yazdığı önsöz Rıfat Ilgaz'ın son yazısıymış; ilgiyle okudum. Ölümüne pek az kala Ilgaz soruyor: "Sakın geç kalmış olmayalım?" Yanıtlıyor: "Hayır!..." Ve sözünü sürdürüyor: "Tam çağı, işe başlamanın doğan günle!... / Yırt otuzunda aldığın diplomayı / Alfabelik çocuk ol!..." M. Emin Değer'in *Oltadaki Balık Türkiye* adıyla ya-yınlanan son kitabı, Rıfat Ilgaz'ın önsözdeki şiirin üç dizesini sonuna kadar anlamlı kılıyor?... "Körüz gözbebeklerimize mil çekilmiş mil / Acımısız bir namlu şakağımızda soğuk / Tetikte kendi parmağımız, yabancının eli değil..." Peki, Türkiye nasıl *oltadaki* oluyor? Bu ne biçim benzetmedir?.. Benzetme, kitabın yazarı Emin Değer'in değil, bütün dünyanın adını bildiği bir Amerika-lı'nın, Nelson A. Rockefeller'ın... ABD Başkanı Eisenhower'a yazıdığı bir mektupta Rockefeller bu benzetmeye başvuruyor... M. Emin Değer, 40 yıldan beri kendi içimizde neler olup bittiğine ilişkin bir dikkatin büyüteciyle yaşa-dığımız olaylara yaklaşmış; mikroskobun altındaki dokuda incelenen hücre-lerde ortaya çıkan hastalık nedir?.. Bilinçsizliğin kör güdüsünde benliğini dış güdüme teslim etmiş bir toplum düzeyindeyiz. İnanmayan *"Oltadaki Balık Türkiye"*yi okusun

Server TANİLLİ: "Emin Değer'i 1977'de yayımladığı ve basım üstüne basım yapan o ilginç araştırmasında *CIA-Kontrgerilla ve Türkiye* adlı kitabın-dan hatırlayacaksınız. Kontgerllaya ülkemizde Rıfailer de karışsa, ilginçliğini, bugün de sürdürüyor o kitap. Anlamlı tanıtımıyla Rıfat Ilgaz'ın ölmeden önce yazdığı son yazısıyla okura sunulan yeni eseri *"Oltadaki Balık Türkiye"* bir bataklığa saplanışın öyküsü. İnsanlık tarihinde emperyalizme karşı ilk ulusal Kurtuluş Savaşını -yüzünün akıyla- veren bir ülkenin İkinci Dünya Savaşı'nın ertesinde içeriden ve dışarıdan omuz verilip yeniden aynı sistemin içine düşürülüşü; Nelson A. Rockefeller'ın Başkan Eisenhower'a yazdığı mektupta kullandığı deyimiyle *"oltadaki balık"* haline gelişi... Çağdaş tarihimizin en acı öyküsüdür anlatılan... İnandırıcılığı belgelerle güçlendirilen, alabildiğine titiz bir araştırma bu. Büyük bir ilgiyle, ama yine de hüzünle okuyorsunuz. Çünkü Emin Değer, o hengâmede aymazlıkları, yer yer ihanetleri de sergiliyor. "Bu kadarı da olmaz" diyorsunuz; olmuş ama... Aynı zamanda bir yurtseverin eseri bu!

Derya SAZAK: "Tuzaklardan kurtulmak için, o tuzaklara nasıl düştüğümüzü bilmemiz gerekiyor." Ortadoğu'da savaş ve barışların "gelgit"ine ve her defasında Türkiye'nin başına örülmek istenen çoraplara akıl erdiremeyenler için, M. Emin Değer'in çalışması "başucu" kitabı değerindedir.